Supply Chain Management und Advanced Planning

Hartmut Stadtler · Christoph Kilger
Herbert Meyr
Herausgeber

Supply Chain Management und Advanced Planning

Konzepte, Modelle und Software

Springer

Herausgeber
Prof. Dr. Hartmut Stadtler
Universität Hamburg
Institut für Logistik und Transport
Von-Melle-Park 5
20146 Hamburg
hartmut.stadtler@uni-hamburg.de

Dr. Christoph Kilger
J&M Management Consulting AG
Willy-Brandt-Platz 5
68161 Mannheim
christoph.kilger@jnm.de

Prof. Dr. Herbert Meyr
Technische Universität Darmstadt
Fachgebiet für Produktion und
Supply Chain Management
Hochschulstr. 1
64289 Darmstadt
meyr@pscm.tu-darmstadt.de

ISBN 978-3-642-14130-0
DOI 10.1007/978-3-642-14131-7
Springer Heidelberg Dordrecht London New York

Die Deutsche Nationalbibliothek verzeichnet diese Publikation in der Deutschen Nationalbibliografie; detaillierte bibliografische Daten sind im Internet über http://dnb.d-nb.de abrufbar.

© Springer-Verlag Berlin Heidelberg 2010
Dieses Werk ist urheberrechtlich geschützt. Die dadurch begründeten Rechte, insbesondere die der Übersetzung, des Nachdrucks, des Vortrags, der Entnahme von Abbildungen und Tabellen, der Funksendung, der Mikroverfilmung oder der Vervielfältigung auf anderen Wegen und der Speicherung in Datenverarbeitungsanlagen, bleiben, auch bei nur auszugsweiser Verwertung, vorbehalten. Eine Vervielfältigung dieses Werkes oder von Teilen dieses Werkes ist auch im Einzelfall nur in den Grenzen der gesetzlichen Bestimmungen des Urheberrechtsgesetzes der Bundesrepublik Deutschland vom 9. September 1965 in der jeweils geltenden Fassung zulässig. Sie ist grundsätzlich vergütungspflichtig. Zuwiderhandlungen unterliegen den Strafbestimmungen des Urheberrechtsgesetzes.
Die Wiedergabe von Gebrauchsnamen, Handelsnamen, Warenbezeichnungen usw. in diesem Werk berechtigt auch ohne besondere Kennzeichnung nicht zu der Annahme, dass solche Namen im Sinne der Warenzeichen- und Markenschutz-Gesetzgebung als frei zu betrachten wären und daher von jedermann benutzt werden dürften.

Einbandentwurf: WMXDesign GmbH, Heidelberg

Springer ist Teil der Fachverlagsgruppe Springer Science+Business Media (www.springer.com)

Vorwort

Hartmut Stadtler[1], Christoph Kilger[2] und Herbert Meyr[3]

[1] Universität Hamburg, Institut für Logistik und Transport, Von-Melle-Park 5, 20146 Hamburg, Deutschland
[2] J & M Management Consulting AG, Willy-Brandt-Platz 5, 68161 Mannheim, Deutschland
[3] Technische Universität Darmstadt, Fachgebiet Produktion & Supply Chain Management, Hochschulstraße 1, 64289 Darmstadt, Deutschland

Nun ist es endlich soweit – die von vielen Studierenden lang ersehnte deutsche Auflage unseres Buches „Supply Chain Management and Advanced Planning" liegt in Ihren Händen.

Hierzu wurde die vierte englischsprachige Auflage von den ursprünglichen Autoren möglichst genau ins Deutsche übersetzt und an einigen Stellen durch Verweise auf deutsche Quellen ergänzt. Bei der Übersetzung wurde deutlich, dass es für viele englische Fachbegriffe (noch) keine treffenden deutschen Ausdrücke gibt. Wir haben es dann bei den englischen Fachbegriffen belassen, auch um dem Leser den Einstieg in die englischsprachige Fachliteratur zu erleichtern. Der Leser möge die daraus mitunter entstehende „Ungelenkigkeit" verzeihen.

Um einen attraktiven Verkaufspreis für dieses Lehrbuch zu ermöglichen, musste der Umfang deutlich gekürzt werden. So entschieden wir, die Fallstudien zum Einsatz von Advanced Planning Systemen (ehemals Teil IV) auszusparen und verweisen den interessierten Leser auf die englische Ausgabe.

Schließlich sei noch erwähnt, dass sich mit Herrn Herbert Meyr, einem bewährten Autor der ersten Stunde, das Herausgeberteam verjüngt hat. Ohne die tatkräftige Unterstützung unserer Mitarbeiterinnen und Mitarbeiter wäre die vorliegende Übersetzung allerdings nicht zustande gekommen. Hier ist insbesondere das Engagement von Stephanie Eppler, Florian Seeanner, David Steffen, Christian Steger und Michael Walter hervorzuheben. Allen ein herzliches Dankeschön!

... und nun wünschen wir allen Lesern eine lehrreiche Lektüre!

Hartmut Stadtler	Hamburg, Mai 2010
Christoph Kilger	Mannheim, Mai 2010
Herbert Meyr	Darmstadt, Mai 2010

Inhaltsverzeichnis

Vorwort V
Hartmut Stadtler, Christoph Kilger und Herbert Meyr

1   Einführung 1
Hartmut Stadtler
Literatur 4

Teil I. Grundlagen des Supply Chain Management

2   Supply Chain Management – Ein Überblick 7
Hartmut Stadtler
2.1   Definitionen 7
2.2   Bausteine 9
2.3   Ursprung 25
Literatur 35

3   Analyse der Supply Chain 39
Christopher Sürie und Michael Wagner
3.1   Motivation und Ziele 39
3.2   Prozessmodellierung 41
3.3   Leistungsmessung 51
3.4   Bestandsanalyse 61
Literatur 67

4   Supply Chain Typen 69
Herbert Meyr und Hartmut Stadtler
4.1   Motivation und Grundlagen 69
4.2   Funktionale Attribute 70
4.3   Strukturelle Attribute 75
4.4   Beispiel aus der Konsumgüterindustrie 78
4.5   Beispiel aus der Computermontage 82
Literatur 88

5   Advanced Planning 89
Bernhard Fleischmann, Herbert Meyr und Michael Wagner
5.1   Was ist „Planung"? 89
5.2   Planungsaufgaben entlang einer Supply Chain 96
5.3   Beispiele für Typ-spezifische Planungsaufgaben und Planungskonzepte 104
Literatur 121

Teil II. Konzeption von Advanced Planning Systemen

6 Struktur der Advanced Planning Systeme 125
Herbert Meyr, Michael Wagner und Jens Rohde
Literatur 133

7 Strategic Network Design 135
Marc Goetschalckx und Bernhard Fleischmann
7.1 Die Planungsumgebung 135
7.2 Modelle zum Strategic Network Design 139
7.3 Implementierung 145
7.4 Literaturüberblick 147
7.5 Module zum Strategic Network Design in APS 148
7.6 Zusammenfassung 149
Literatur 151

8 Demand Planning 153
Christoph Kilger und Michael Wagner
8.1 Ein Demand Planning Rahmenwerk 153
8.2 Demand Planning Strukturen 155
8.3 Der Demand Planning Prozess 161
8.4 Statistische Prognoseverfahren 165
8.5 Demand Planning Controlling 170
8.6 Zusätzliche Funktionen 176
Literatur 183

9 Master Planning 185
Jens Rohde und Michael Wagner
9.1 Die Entscheidungssituation 186
9.2 Modellbildung 193
9.3 Ermittlung eines Plans 202
Literatur 205

10 Demand Fulfillment & ATP 207
Christoph Kilger und Herbert Meyr
10.1 Available-to-Promise (ATP) 208
10.2 Die Dimension „Produkt" 212
10.3 Die Dimension „Zeit" 215
10.4 Die Dimension „Nachfrageort" 216
10.5 Order Promising 224
Literatur 229

11 Production Planning & Scheduling 231
Hartmut Stadtler
11.1 Beschreibung der Entscheidungssituation 231
11.2 Vom Modell zum Belegungsplan 232
11.3 Modellbildung 236
11.4 Aktualisierung eines Belegungsplans 242
11.5 Zur Wahl der Anzahl der Planungsebenen 244
Literatur 250

12 Purchasing & Material Requirements Planning 251
Hartmut Stadtler
12.1 Grundlagen der Materialbedarfsplanung (MRP) 251
12.2 Erzeugung der unkritischen Aufträge 254
12.3 Mengenrabatt und Auswahl von Zulieferern 260
Literatur 264

13 Distribution & Transport Planning 267
Bernhard Fleischmann
13.1 Planungssituationen 267
13.2 Modelle 274
Literatur 284

14 Koordination und Integration 285
Boris Reuter und Jens Rohde
14.1 Koordination von APS-Modulen 286
14.2 Integration von APS 290
14.3 Supply Chain Event Management 299
Literatur 301

15 Collaborative Planning 303
Christoph Kilger, Boris Reuter und Hartmut Stadtler
15.1 Einführung 304
15.2 Arten der unternehmensübergreifenden Zusammenarbeit – Collaborations 308
15.3 Ein generischer Prozess zur unternehmensübergreifenden Zusammenarbeit und zum Collaborative Planning 317
15.4 Software Unterstützung 324
Literatur 326

Teil III. Einführung von Advanced Planning Systemen

16 Das Aufsetzen eines Supply Chain Projektes 331
Christoph Kilger
16.1 Supply Chain Evaluierung 334
16.2 Supply Chain Potenzial Analyse 344
16.3 Projekt-Roadmap 350
Literatur... 354

17 Der Auswahlprozess.. 357
Christoph Kilger und Ulrich Wetterauer
17.1 Erzeugung einer Shortlist 358
17.2 Anforderungen an das APS................................. 365
17.3 Implementierung und Integration 367
17.4 Aufwand für Nachbetreuung und Support-Modell 370
Literatur... 372

18 Der Implementierungsprozess 373
Ulrich Wetterauer und Herbert Meyr
18.1 Das APS-Einführungsprojekt 373
18.2 Modellierungsphasen eines APS-Projektes 392
Literatur... 399

Teil IV. Zusammenfassung und Ausblick

19 Zusammenfassung und Ausblick........................... 403
Hartmut Stadtler und Christoph Kilger
19.1 Zusammenfassung zum Advanced Planning................... 403
19.2 Weiterentwicklung der APS 404
19.3 Management der Veränderungen 407
19.4 Abgrenzung und Zukunftsaussichten des SCM 408
Literatur... 409

Teil V. Anhang

20 Prognoseverfahren 413
Herbert Meyr
20.1 Prognose bei Saisonalität und Trend........................ 413
20.2 Initialisierung der Trendparameter und Saisonkoeffizienten 420
Literatur... 425

21 Lineare und Gemischt-Ganzzahlige Optimierung 427
Hartmut Stadtler
21.1 Lineare Optimierung 428
21.2 Ganzzahlige und Gemischt-Ganzzahlige Optimierung 432
21.3 Anmerkungen und Empfehlungen 436

Literatur ... 439

22 Genetische Algorithmen ... 441
Robert Klein und Oliver Faust
22.1 Grundidee ... 441
22.2 Populationen und Individuen ... 442
22.3 Evaluation und Selektion von Individuen ... 445
22.4 Rekombination und Mutation ... 446
22.5 Fazit ... 448
Literatur ... 449

23 Constraint Programming ... 451
Robert Klein und Oliver Faust
23.1 Überblick und Grundidee ... 451
23.2 Constraint Satisfaction Probleme ... 452
23.3 Constraint Propagation ... 454
23.4 Suchalgorithmen ... 455
23.5 Schlussbemerkungen ... 457
Literatur ... 458

Index ... 461

Über die Autoren ... 469

1 Einführung

Hartmut Stadtler

Universität Hamburg, Institut für Logistik und Transport, Von-Melle-Park 5, 20146 Hamburg, Deutschland

Supply Chain Management – lediglich eine weitere kurzlebige Management-Philosophie?

Bereits in der ersten englischsprachigen Auflage dieses Buches im Jahr 2000 ist als Antwort auf diese Frage die folgende Einschätzung zum *Supply Chain Management* (SCM) und zur Entwicklung des *Advanced Planning* zu finden – eine Einschätzung, die wir auch aus heutiger Sicht unterstreichen können:

Heutzutage konzentrieren sich Unternehmen auf das, was sie am besten können – die Kernkompetenzen. Dies bedeutet aber auch, dass Sachgüter und Dienstleistungen nicht mehr vollständig von einem Unternehmen allein erstellt werden und ihre Güte von allen an der Wertschöpfung beteiligten Unternehmen abhängt. Diese Erkenntnis führte zu der neuen Herausforderung, rechtlich selbstständige Unternehmen zur Zusammenarbeit zu bewegen und deren Material-, Informations- und Geldflüsse zu koordinieren. Eine neue Management-Philosophie wurde benötigt – das Supply Chain Management.

Es bedarf keiner großen Phantasie vorherzusagen, dass das SCM nicht die letzte Management-Philosophie sein wird, obwohl es aus unserer Sicht weit mehr Facetten aufweist als viele seiner Vorgänger. Die vielen möglichen Facetten machen es aber auch sehr schwer, das SCM vollständig zu beschreiben. Angesichts der großen Breite des SCM werden wir uns in diesem Lehrbuch auf die neuesten Entwicklungen zur Koordination der Material- und Informationsflüsse mit Hilfe von Standardsoftware – den Advanced Planning Systemen (APS) – konzentrieren.

Die Leistungsfähigkeit heutiger APS beruht wesentlich auf Entwicklungen in den drei Bereichen

- Informationstechnologie (z. B. Datenbanken),
- Kommunikationstechnologie mit elektronischem Datenaustausch (EDI) über das Internet und
- mathematische Optimierung zur Lösung großer quantitativer Planungsmodelle.

Mit Beginn der neunziger Jahre war ein Stand erreicht, der völlig neue Perspektiven für die Planung und Steuerung der Flüsse innerhalb einer Supply Chain eröffnete: Ein Kundenauftrag, eine Bedarfsprognose oder eine erwartete Entwicklung des Absatzmarktes konnte nunmehr unmittelbar in alle dazu erforderlichen Aktivitäten aufgelöst und an die für deren Ausführung verantwortlichen Partner in der Supply Chain gesandt werden. Zur Ausführung der

Aktivitäten werden detaillierte (Maschinen-) Belegungspläne erzeugt und so die zeitgenaue Auftragserfüllung sichergestellt. Dies ist – grob umrissen – die Aufgabe der APS. Im Unterschied zu den herkömmlichen *Enterprise Resource Planning* (ERP) Systemen sind die APS darauf ausgelegt, (nahezu) optimale Pläne für eine (unternehmensinterne) Supply Chain unter bestmöglicher Nutzung der potenziellen Engpassressourcen zu erzeugen.

Dieses Lehrbuch stellt die den APS zugrunde liegenden Prinzipien und Konzepte vor. Um die Struktur des Buches besser zu verstehen und zu erinnern, wurde eine sog. Mind-Map gezeichnet (Abb. 1.1). Im ersten Teil des Buches werden die Grundlagen des SCM beginnend mit einer Definition des SCM und der zugehörigen Bausteine beschrieben. Die Ursprünge des SCM lassen sich bis in die fünfziger Jahre zurückverfolgen als Forrester (1958) damit begann, das dynamische Verhalten industrieller Produktions-/Distributionssysteme zu untersuchen (siehe Kap. 2).

Als erster Schritt zur Einführung von APS in Unternehmen empfiehlt es sich, den Ist-Zustand der Supply Chain (SC) und seiner Elemente zu analysieren und zu dokumentieren (Kap. 3). Ein geeignetes Mittel hierzu sind Kennzahlen. Diese können wertvolle Einsichten bieten und auch als Zielvorgaben in einem SCM-Projekt eingesetzt werden. Ein bekanntes Werkzeug in diesem Zusammenhang ist das SCOR-Modell, das eine grafische Darstellung der SC in mehreren Aggregationsebenen ermöglicht und diese durch Kennzahlen ergänzt. Oft sind es die Bestände an den verschiedenen Lagerorten innerhalb einer SC, auf die sich die Aufmerksamkeit des Managements richtet. Wir werden daher die möglichen Ursachen für das Entstehen von Beständen diskutieren.

Obwohl APS darauf ausgelegt sind, in vielen Branchen eingesetzt werden zu können, variieren die auftretenden Entscheidungsprobleme erheblich. Eine Typologie der SCs (Kap. 4) soll es den Lesern ermöglichen, die Anforderungen einer bestimmten SC mit den besonderen Eigenschaften eines APS abzugleichen und so eine bestmögliche Auswahl eines APS vorzunehmen. Beispiele aus der Industrie machen die unterschiedlichen SC-Typen deutlich. Kapitel 5 zeigt die Grundideen des Advanced Planning anhand der Prinzipien der hierarchischen Planung und erläutert die Planungsaufgaben entlang der SC anhand der Supply Chain Planungs-Matrix (SCP-Matrix).

Der zweite Teil des Lehrbuchs, II, geht auf die allgemeine Struktur von Advanced Planning Systemen (APS) ein (Kap. 6) und bietet eine detaillierte Beschreibung der einzelnen Module der SCP-Matrix. In diesem Teil werden wir uns nicht nur auf die derzeit verfügbaren Funktionen und Modellierungsmöglichkeiten in APS beschränken. Vielmehr werden wir aufzeigen, was wir als gutes Advanced Planning ansehen und von zukünftigen APS Versionen erwarten. Die Darstellung beginnt mit dem Modul zum strategischen Entwurf von Netzwerken (Kap. 7), gefolgt von den Modulen für die operative Planung der Beschaffung, Produktion und Distribution. Die Qualität der Entscheidungsunterstützung eines APS hängt wesentlich von den Modellie-

1 Einführung 3

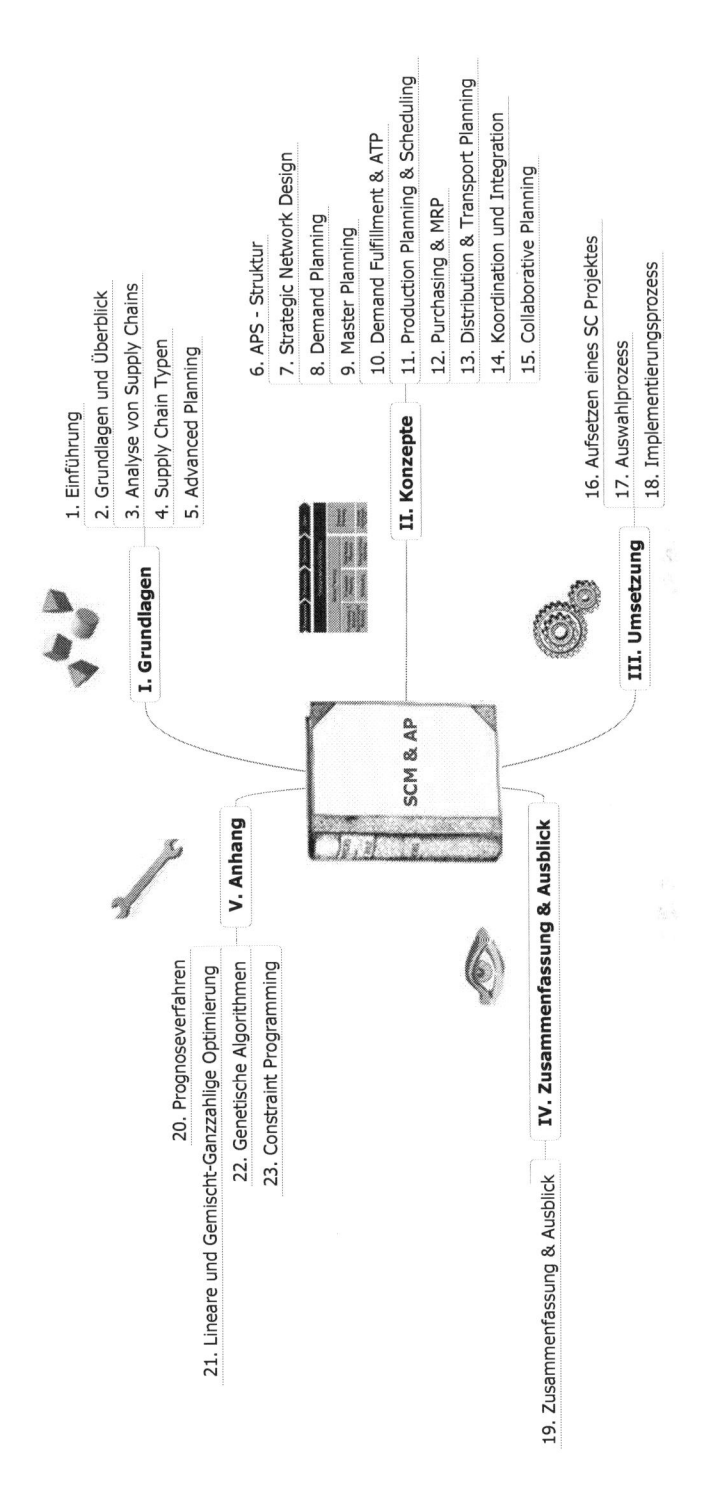

I. Grundlagen
1. Einführung
2. Grundlagen und Überblick
3. Analyse von Supply Chains
4. Supply Chain Typen
5. Advanced Planning

II. Konzepte
6. APS - Struktur
7. Strategic Network Design
8. Demand Planning
9. Master Planning
10. Demand Fulfillment & ATP
11. Production Planning & Scheduling
12. Purchasing & MRP
13. Distribution & Transport Planning
14. Koordination und Integration
15. Collaborative Planning

III. Umsetzung
16. Aufsetzen eines SC Projektes
17. Auswahlprozess
18. Implementierungsprozess

IV. Zusammenfassung & Ausblick
19. Zusammenfassung & Ausblick

V. Anhang
20. Prognoseverfahren
21. Lineare und Gemischt-Ganzzahlige Optimierung
22. Genetische Algorithmen
23. Constraint Programming

SCM & AP

Abb. 1.1. Struktur dieses Buches

rungsmöglichkeiten, den eingesetzten Lösungsverfahren und der Abstimmung zwischen den Modulen ab. Die Kapitel 8 bis 13 beschreiben die wesentlichen Modellierungsmöglichkeiten und geben die einsetzbaren Lösungsverfahren an, ohne auf spezielle APS einzugehen. Obwohl ein APS aus mehreren Modulen besteht, reklamieren die APS-Anbieter für sich, über eine aufeinander abgestimmte, integrierte Software-Lösung mit enger Verknüpfung zu einem ERP-System zu verfügen. Diese Verknüpfungen sind Gegenstand des Kapitels 14.

Falls es sich um eine unternehmensübergreifende SC handelt, werden die Planungsfunktionen (üblicherweise) nicht durch ein einzelnes, zentrales APS gesteuert. Vielmehr wird jeder Partner dezentral seinen Bereich mit einem eigenen APS planen. Hier setzt das Collaborative Planning an (Kap. 15), bei dem sich die SC Partner auf den Austausch bestimmter Daten und Abstimmungsprozeduren der dezentralen Pläne verständigen. Der Leitgedanke dabei ist, dass die SC ohne Reibungsverluste zusammenarbeitet und der Fluss an Informationen, Gütern und finanziellen Mitteln nicht unterbrochen wird.

Der dritte Teil, III, ist der Einführung eines APS in einem Unternehmen oder in einer SC gewidmet. Diese stellt natürlich Anforderungen, die über die bloße Modellierung weit hinausgehen. Häufig werden für die damit verbundenen Aufgaben spezialisierte Beratungsgesellschaften beauftragt, um ihre Expertise und Kapazität zur Einführung neuer und effizienter Prozesse in das Projekt einzubringen, um das APS an die Kundenanforderungen anzupassen und um die Schulung des Personals vorzunehmen. Im Detail beschreiben das Kapitel 16 die mit einem SCM Projekt verbundenen Aufgaben, das Kapitel 17 den Auswahlprozess eines APS und das Kapitel 18 die Implementation der Software in einem Unternehmen.

Der vierte Teil, IV, fasst unsere Erfahrungen mit APS zusammen und gibt einen Ausblick auf mögliche zukünftige Entwicklungen.

Der Anhang (Teil V) bietet eine Einführung in die grundlegenden Ideen der Algorithmen, die zur Lösung der in dem Teil II aufgeführten Modelle in APS zur Verfügung stehen. Diese Einführung ermöglicht es, die Arbeitsweise der APS besser zu verstehen und deren Einsatzgrenzen abzuschätzen. Es beginnt mit den Prognoseverfahren für das Demand Planning (Kapitel 20). Das Simplexverfahren und das Branch & Bound sind die Lösungsverfahren, um einen optimierten Master Plan oder Distributionsplan zu erzeugen (Kapitel 21). Schließlich sind noch das Constraint Programming und die Genetischen Algorithmen zu nennen, die als alternative Lösungsverfahren für die Ressourcenbelegungsplanung (Ablaufplanung) ausgewählt werden können, um geeignete Auftragsreihenfolgen auf mehreren Ressourcen zu erzeugen (Kapitel 22 und 23).

Literatur

Forrester, J. (1958) *Industrial dynamics: A major breakthrough for decision makers*, Harvard Business Review, Bd. 36, 37–66

Teil I

Grundlagen des Supply Chain Management

2 Supply Chain Management – Ein Überblick

Hartmut Stadtler

Universität Hamburg, Institut für Logistik und Transport, Von-Melle-Park 5, 20146 Hamburg, Deutschland

Was ist der Kern des *Supply Chain Management* (SCM)? In welcher Beziehung dazu steht das Advanced Planning? Inwieweit können die dahinter liegenden Konzepte als „fortschrittlich" bezeichnet werden? Wo liegt der Ursprung des SCM? Diese und ähnliche Fragen werden in diesem Kapitel beantwortet.

2.1 Definitionen

In den neunziger Jahren haben mehrere Autoren versucht, den Kern des *Supply Chain Management* (SCM) in eine treffende Definition zu fassen. Die wesentlichen Bausteine beziehen sich auf

- den Gegenstand der Management-Philosophie,
- die Zielgruppe,
- die verfolgten Ziele und
- die wesentlichen Mittel, um diese Ziele zu erreichen.

Der Gegenstand des SCM ist offensichtlich ein Wertschöpfungsnetzwerk (engl. *Supply Chain*), bestehend aus einem Netzwerk von Organisationen, die an den wertschöpfenden Prozessen und Aktivitäten zur Erzeugung von Sachgütern und Dienstleistungen für Kunden beteiligt sind (Christopher 2005, S. 17, frei übersetzt durch den Autor). Im engeren Sinne besteht eine Supply Chain (SC) aus zwei oder mehr rechtlich selbständigen Organisationen, die durch Material-, Informations- und Geldflüsse miteinander verbunden sind. Es kann sich hierbei um Organisationen handeln, die Teile, Komponenten oder Endprodukte produzieren, Dienstleistungen erbringen sowie um wichtige Kunden. Mithin schließt die obige Definition einer SC auch die Zielgruppe – die Endverbraucher – mit ein.

Wie Abb. 2.1 zeigt, besteht ein Wertschöpfungsnetzwerk i.d.R. nicht nur aus einer Kette; vielmehr sind divergierende und konvergierende Flüsse eines komplexen Netzwerkes mit vielen gleichzeitig zu bearbeitenden Kundenaufträgen zu koordinieren. Um die Komplexität zu reduzieren, bietet es sich mitunter an, sich auf die Teilmenge der wesentlichen Flüsse der gesamten SC zu beschränken. So endet die Betrachtung der SC beispielsweise für eine gegebene Organisation(seinheit) bei den Kunden ihrer Kunden und in entgegengesetzter (Fluss-)Richtung bei den Lieferanten ihrer Lieferanten.

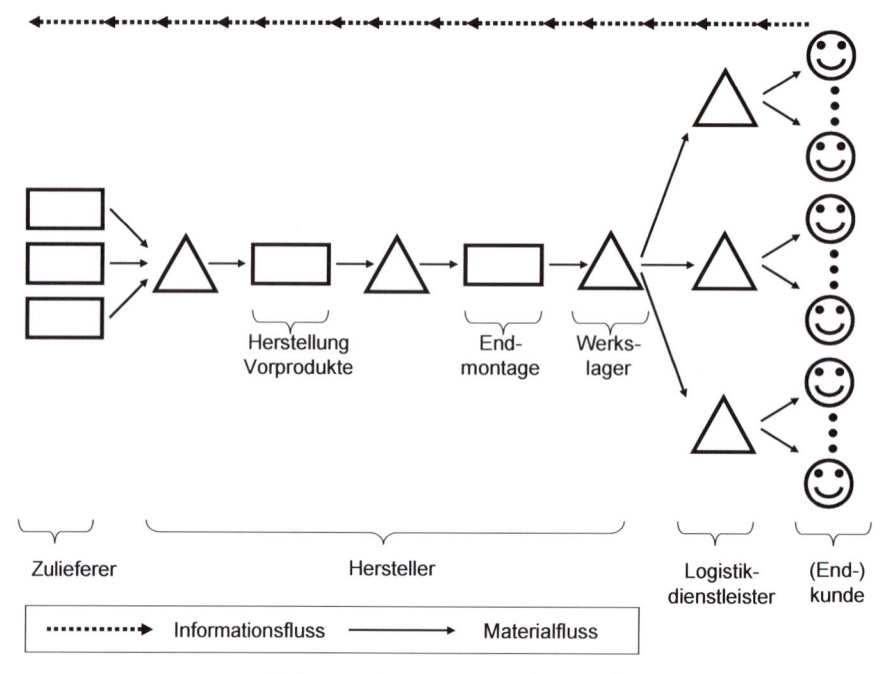

Abb. 2.1. Supply Chain (Beispiel)

Im weitesten Sinne wird der Begriff SC auch für ein großes Unternehmen mit vielen Standorten, die oft über mehrere Länder verteilt sind, verwendet. Für derartige multinationale Unternehmen stellt die Koordination der Material-, Informations- und Geldflüsse ebenfalls eine anspruchsvolle Aufgabe dar. Dennoch sollte die Entscheidungsfindung und -durchsetzung für derartige SCs einfacher sein, da die Standorte Bestandteil einer einzigen Organisation mit einer eindeutigen Führung(sebene) sind. Eine SC im engeren Sinne wird auch als *inter-organisatorische* SC bezeichnet, während der Begriff *intra-organisatorische* SC der weitesten Sichtweise entspricht. Für beide Sichtweisen ist eine enge Zusammenarbeit zwischen den betrieblichen Funktion(seinheit)en wie Marketing, Produktion, Beschaffung, Logistik und Finanzierung unverzichtbar – eine Voraussetzung, die heute bereits in vielen Unternehmen erfüllt sein sollte.

Die Hauptzielsetzung, der alle Bestrebungen innerhalb einer SC unterzuordnen sind, ist die Verbesserung der Wettbewerbsfähigkeit. Dieses Ziel ist notwendig geworden, weil aus Sicht der Kunden nicht mehr jede einzelne Organisation(seinheit) allein für die Wettbewerbsfähigkeit ihrer Produkte verantwortlich ist, sondern die SC insgesamt. Es ist offensichtlich, dass ein Unternehmen nur dann von einer SC Partnerschaft zu überzeugen ist, wenn damit zumindest langfristig eine *Win-Win Situation* verbunden ist. Kurzfristig kann dieses Prinzip allerdings für einzelne Partner einer SC verletzt sein.

Ein allgemein anerkanntes Mittel zur Verbesserung der Wettbewerbsfähigkeit besteht in einem herausragenden Kundenservice, der nachfolgend detaillierter behandelt wird (Abschnitt 2.2). Dieser schließt auch die genaue Erfüllung des von den Kunden erwarteten Lieferservice ein, der dann mit minimalen Kosten zu erreichen ist.

Es gibt zwei wesentliche Bereiche, in denen die Wettbewerbsfähigkeit einer SC verbessert werden kann. Der eine betrifft die *Integration* (oder Kooperation) der beteiligten Organisationseinheiten, während der andere auf eine bessere *Koordination* der Material-, Informations- und Geldflüsse abzielt. Dabei stellen die Überwindung von Hürden zwischen Organisationen, die Abstimmung von Strategien und die Beschleunigung der Flüsse entlang der SC gängige Ansatzpunkte dar.

Mit den obigen Ausführungen ist es nun leicht möglich, den Begriff des *Supply Chain Management* (SCM) zu definieren: Das SCM umfasst die Integration der an der SC beteiligten Organisationseinheiten und die Koordination der Material-, Informations- und Geldflüsse, die zur Erfüllung der (End-)Kundennachfrage erforderlich sind, um eine Verbesserung der Wettbewerbsfähigkeit der gesamten SC zu erreichen (siehe Sterman 1989; auch Lee et al. 1997).

2.2 Bausteine

Das *Haus des SCM* (vgl. Abb. 2.2) zeigt ausgewählte Facetten des SCM. Das Dach repräsentiert das übergeordnete Ziel des SCM – die Wettbewerbsfähigkeit –, das mit Mitteln des *Kundenservice* zu erreichen ist. Wettbewerbsfähigkeit lässt sich auf vielfache Weise verbessern z. B. durch Kostensenkungen, flexible Anpassung an Änderungen der Kundennachfrage oder durch eine überragende Produkt- und Servicequalität.

Das Dach ruht auf zwei Säulen, die die Hauptbestandteile des SCM repräsentieren. Dies sind zum einen die Integration der zu einem Netzwerk gehörenden Organisationen und zum anderen die Koordination der Informations-, Material- und Geldflüsse. Aus der Abbildung ist ebenfalls erkennbar, dass eine Vielzahl an Fachgebieten zu den Grundlagen des SCM beigetragen haben.

Die beiden Hauptbestandteile des SCM, die eine neue Sicht auf eine SC darstellen, sollen nun in ihre Bausteine zerlegt und vorgestellt werden. Als erstes erfordert die Bildung einer SC die *Wahl geeigneter Partner(unternehmen)*, die sich für eine mittelfristige Zusammenarbeiten eignen. Als zweites muss die Zusammenarbeit auch über Organisationsgrenzen hinweg tatsächlich praktiziert werden, um wirksam und erfolgreich zu sein. Drittens benötigt eine inter-organisatorische SC neue Konzepte der *Führung*, mit denen die Strategien der Partner aufeinander abgestimmt werden können.

Die Koordination der Flüsse entlang der SC kann mit Hilfe der neuesten Entwicklungen in der *Informations- und Kommunikationstechnologie* wirksam unterstützt werden. Diese erlauben es, zuvor manuell ausgeführte Pro-

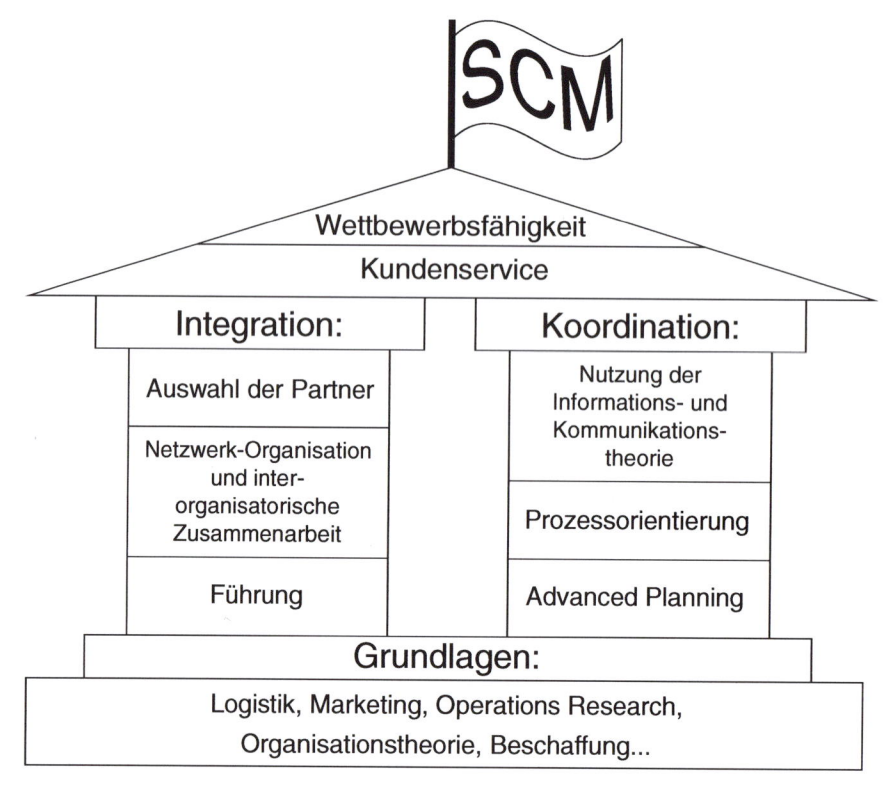

Abb. 2.2. Haus des SCM

zesse nunmehr zu automatisieren. Insbesondere lassen sich Aktivitäten über Organisationsgrenzen hinweg hinsichtlich möglicher Verschwendungen leicht überprüfen (z. B. lässt sich die doppelte Erfassung einer Warensendung sowohl im Warenausgang als auch im Wareneingang ggf. auf eine Aktivität reduzieren). Mit der *Prozessorientierung* geht häufig ein Redesign gefolgt von einer Standardisierung des neuen Prozesses einher.

Um Kundenaufträge auszuführen, muss die Verfügbarkeit des benötigten Materials, des Personals, der Maschinen und der Werkzeuge geplant werden. Obwohl Produktions- und Distributionsplanung seit Jahrzehnten im Einsatz sind, werden diese doch zumeist isoliert und innerhalb enger Systemgrenzen eingesetzt. Die Koordination der Pläne über mehrere Standorte und rechtlich selbständige Organisationen hinweg stellt eine neue Herausforderung dar, die mit der Entwicklung von *Advanced Planning* (Systemen) angenommen wurde.

Nachfolgend soll das Haus des SCM genauer beschrieben werden, wobei wir mit dem Dach beginnen, dann die beiden Säulen näher betrachten und schließlich die Grundlagen und Referenzen angeben.

2.2.1 Kundenservice

Kundenservice hat viele Facetten. Folgt man einer empirischen Studie, die von LaLonde und Zinszer (zitiert in Christopher 2005, S. 48ff.) durchgeführt wurde, dann besteht der Kundenservice aus Elementen, die

- vor einer Transaktion,
- während einer Transaktion und
- nach einer Transaktion stattfinden.

Einige dieser Elemente werden im Weiteren näher betrachtet.

Elemente, die zeitlich vor einer Transaktion liegen, beziehen sich auf alle Unternehmensaktivitäten vor Vertragsabschluss. Hierzu gehört der Zugang der Kunden zu Informationen über die angebotenen Produkte und Dienstleistungen sowie die Kontaktpersonen und -adressen. Für Standardprodukte (wie Schrauben) mag eine unpersönliche Kontaktaufnahme über das Internet ausreichen. Bei umfangreichen Projekten hingegen, wie dem Bau eines Geschäftshauses, werden mehrere Ansprechpartner auf verschiedenen Hierarchieebenen persönlich einzubeziehen sein. Schließlich ist auch das flexible Eingehen auf Kundenwünsche von ausschlaggebender Bedeutung, um sich für Ausschreibungen zu qualifizieren und um Kundenaufträge zu gewinnen.

Elemente, die während einer Transaktion stattfinden, tragen aus Sicht des Kunden zur Auftragserfüllung bei. Die Zuordnung verfügbarer Endprodukte (aus dem Lagerbestand) stellt eine Option dar. Falls Produkte oder Dienstleistungen erst auf Kundenanforderungen erstellt werden, spielt die Lieferzeit für die Einhaltung des gewünschten Liefertermins eine entscheidende Rolle. Während der Lieferzeit können die Kunden über den Auftragsstatus und den aktuellen Standort der Ware informiert werden. Mit der Auslieferung der Ware können weitere Dienstleistungen einhergehen, wie die Einweisung des Kunden in den Gebrauch des Produkts, die Pflege und Wartung etc.

Elemente, die nach Abschluss einer Transaktion folgen, beziehen sich auf Dienstleistungen, wie die Reparatur und den Austausch defekter Teile, die Instandhaltung, die Art und Weise wie mit Beschwerden der Kunden verfahren wird und die Produktgarantie (Christopher 2005, S. 50ff.).

Als Zielvorgaben und zur Messung des Kundenservice werden in der Praxis Kennzahlen (engl. *key performance indicators*) eingesetzt, wie die maximale Lieferzeit, der Anteil der Aufträge, die innerhalb von x Tagen ausgeliefert werden, der Anteil der Aufträge ohne Beanstandungen durch Kunden oder der Lieferservicegrad (zu weiteren Einzelheiten siehe Abschnitt 3.3 und Silver et al. 1998, S. 243ff.).

Sobald ein bestimmtes Niveau des Kundenservice vereinbart worden ist, muss zu dessen Messung eine feinere Gliederung der Kennzahlen herangezogen werden, die es jeder an dem Auftragserfüllungsprozess beteiligten Organisationseinheit ermöglicht, ihren Beitrag zu dessen Erfüllung zu erkennen. Das folgende Beispiel zur Zerlegung der mit einem Kunden vereinbarten Lieferzeit soll dies verdeutlichen (Abb. 2.3).

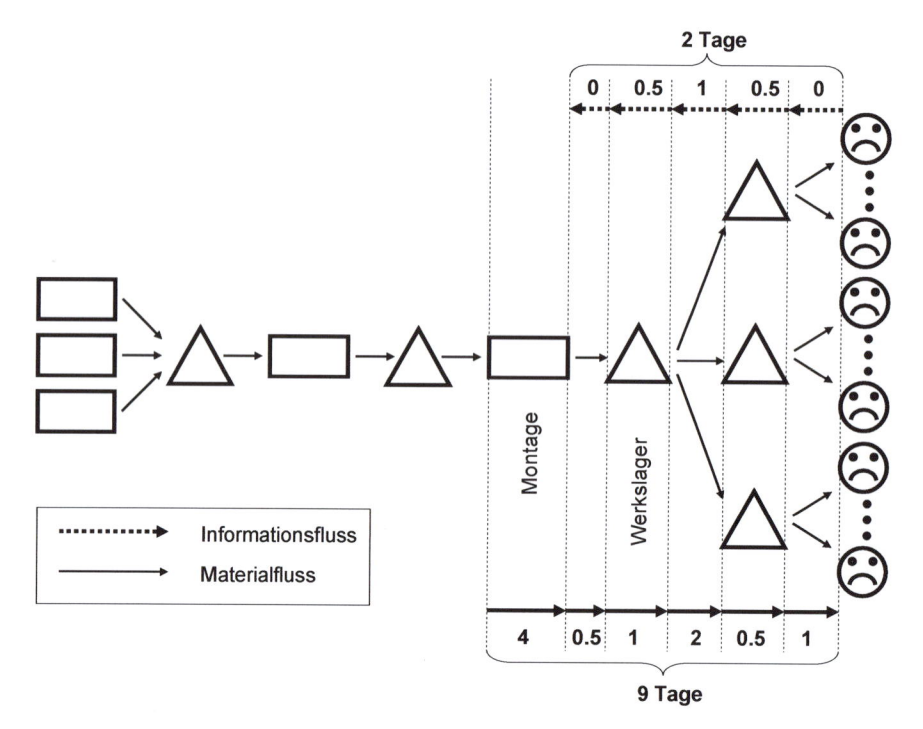

Abb. 2.3. Durchlaufzeit eines Auftrags und Auftragsentkopplungspunkt

Unterstellt sei eine vereinbarte Lieferzeit von neun Tagen. Addiert man die Vorlaufzeiten der zur Auftragserfüllung erforderlichen Tätigkeiten, so wird deutlich, wo der Auftragsentkopplungspunkt (engl. *decoupling point*) als Grenze zwischen der Fertigung auf Lager und der Auftragsfertigung liegen muss: Da die Vorlaufzeit einschließlich der Montage elf Tage beträgt, kann die Endmontage nicht mehr auftragsbezogen erfolgen. Es handelt sich demnach um eine Montage auf Lager. Ergänzt sei noch, dass die Analyse der Vorlaufzeiten entgegen dem Materialfluss (engl. *upstream*) vorzunehmen ist.

Bestände, die im Auftragsentkopplungspunkt angelegt werden, verursachen Kosten und erhöhen die Durchlaufzeiten der Produkte. Für einen Auftragsentkopplungspunkt gilt, dass keine kundenspezifischen Teile oder Komponenten upstream zu fertigen sind. Idealerweise werden im Auftragsentkopplungspunkt nur Gleichteile gelagert, die für verschiedene Endprodukte verwendet werden können. Dies reduziert das Risiko, die „falschen" Produkte im Lager zu halten, falls sich unerwartete Nachfrageverschiebungen ergeben.

Sollte sich herausstellen, dass die kumulierten Vorlaufzeiten der kundenspezifischen Teile zu einer Überschreitung der gewünschten Lieferzeit führen, müssen alle SC Partner – möglicherweise unter Einbeziehung der Schlüsselkunden – nach Wegen zur Reduktion der Vorlaufzeiten der betroffenen Informations- und Materialflüsse suchen (beispielsweise könnte eine elektronische Übermittlung der Auftragsinformationen zu einer Einsparung von einem Tag führen und ein weiterer Tag konnte durch eine EDV-gestützte Maschinenbelegungsplanung in der Endmontage eingespart werden mit der Folge, dass statt einer Montage auf Lager nunmehr eine auftragsbezogene Montage möglich ist).

2.2.2 Integration

Wie zuvor ausgeführt, besteht eine SC im weitesten Sinne aus rechtlich selbständigen Unternehmen, die zur Erzeugung von Sachgütern und Dienstleistungen mit dem Ziel zusammenarbeiten, die Wettbewerbsfähigkeit der SC insgesamt zu verbessern. Die Integration umfasst alle Bausteine, die dazu beitragen, dass die Unternehmen mittelfristig zusammenarbeiten. Diese sind:

- die Auswahl von Partnerunternehmen,
- die Netzwerkorganisation und die inter-organisatorische Zusammenarbeit sowie
- die Führung.

Die *Auswahl von Partnerunternehmen* beginnt mit einer Analyse der Sachgüter oder Dienstleistungen, die in einem bestimmten Marktsegment angeboten werden (sollen) (siehe auch Kapitel 3). Zuerst wird versucht, die damit verbundenen Aktivitäten auf die bestehenden Partnerunternehmen aufzuteilen, sofern diese zu deren Kernkompetenzen gehören. Als nächstes werden die Aktivitäten, die zu Standardprodukten und -dienstleistungen gehören und über kein Potenzial zur Differenzierung gegenüber den Wettbewerbern verfügen, von Unternehmen außerhalb der SC beschafft. Für die verbleibenden Aktivitäten wird geprüft, ob möglicherweise neue Partner in die SC aufzunehmen sind (als Teil eines make-or-buy Entscheidungsprozesses (Schneider et al. 1994)).

Die Auswahlkriterien sollten nicht nur auf Kosten basieren, sondern vor allem das zukünftige Potenzial eines Partners im Hinblick auf die Unterstützung der Wettbewerbsfähigkeit der SC einbeziehen. Wichtig ist eine passende Unternehmenskultur und eine Verpflichtung zur Mitwirkung an der Erreichung der Ziele der SC. Ein potenzieller Partner kann sein spezifisches Produktionsprozess- oder Produkt-Know-how einbringen sowie die Fähigkeit zu deren Weiterentwicklung. Für eine globale SC müssen zusätzliche Kriterien beachtet werden, wie Steuern, Wechselkurse etc. (vgl. Kap. 7). Sowohl die Möglichkeit, Aktivitäten denjenigen SC Partnern zuzuordnen, die diese am besten ausführen können, als auch die Anpassungsfähigkeit der Struktur einer SC an die Anforderungen der Märkte, wird als bedeutender Vorteil gegenüber herkömmlichen hierarchischen Organisationen angesehen.

Aus Sicht der Organisationstheorie stellen SCs eine besondere Form der *Netzwerkorganisation* dar. Diese bestehen aus lose verknüpften, unabhängigen, gleichberechtigten Akteuren. Ihre Organisationsstruktur wird dynamisch an die zu bearbeitenden Aufgaben und die Ziele des Netzwerks angepasst (Sydow 1992; Hilse et al. 1999, S. 30). Aus Sicht der Kunden wird das Netzwerk als (virtuelle) Einheit betrachtet. Der Begriff virtuelles Unternehmen bezieht sich auf Netzwerke oder Unternehmen, die nur kurzfristig, oftmals beschränkt auf die Ausführung eines einzigen Kundenauftrags, zusammenarbeiten.

Inter-organisatorische Zusammenarbeit ist für eine schlagkräftige SC ein Muss. Eine SC stellt eine Mischung aus Elementen einer rein marktlichen und einer hierarchischen Koordination dar und versucht dabei, die jeweils vorteilhaftesten Elemente zu kombinieren. Im Idealfall macht jeder Partner in der SC das, was er am besten kann und zu seinen Kernkompetenzen zählt, während er von restriktiven, aufwendigen Entscheidungsprozessen und Verwaltungsaufgaben entlastet ist, wie sie für eine große Hierarchie typisch sind.

Informationen und Know-how sollen offen zwischen den Partnern ausgetauscht werden. Der Wettbewerb der Partner in einer SC wird ersetzt durch die Verpflichtung zur Verbesserung der Wettbewerbsfähigkeit der SC insgesamt. Diese Elemente dienen dazu, die Innovationsfähigkeit und die Flexibilität zur Anpassung an neue Marktentwicklungen zu fördern (Burns und Stalker 1961, S. 121ff.). Ein Risiko bleibt allerdings, nämlich die Aufkündigung der Partnerschaft.

Obwohl die Partner einer inter-organisatorischen SC rechtlich selbständig sind, hängen sie wirtschaftlich voneinander ab. Die Partnerschaft wird nur dann Bestand haben, wenn jeder Einzelne daraus Vorteile zieht (Win-Win Situation) – zumindest mittelfristig. Falls die Win-Win Situation kurzfristig nicht über Preismechanismen erreicht wird, sind Kompensationszahlungen vorzusehen. Ferner können zur Festigung der Beziehungen zwischen den SC Partnern verschiedene Formen von Bindungen verstärkt werden. Diese können sein:

- technische Bindungen, die sich auf die von den Partnern eingesetzten Technologien beziehen,
- Wissensbindungen, die sich aus dem Wissen über das Geschäftsmodell ergeben,
- soziale Bindungen durch gegenseitiges Vertrauen,
- administrative Bindungen, die auf der Kenntnis der Verwaltungsabläufe und Geschäftsprozesse basieren und
- rechtliche Bindungen auf der Grundlage von Verträgen zwischen den Partnern (Håkansson und Johanson 1990, S. 462).

Eine zusätzliche Bindung kann durch Kapitalverflechtungen entstehen. Bindungen müssen gelebt und ständig erneuert werden, damit sich Vertrauen bildet – eine Voraussetzung für langfristige Partnerschaft. Zudem ist in globalen SCs auf mögliche kulturelle Unterschiede zu achten (Ulijn und Strother 1995).

Führung, der dritte Baustein der Integration, ist ein heikles Thema angesichts des Ideals einer aus mehreren Partner bestehenden, sich selbst organisierenden, polyzentrischen SC. Zumindest sollten einige Entscheidungen von allen Mitgliedern der SC gemeinsam getroffen werden, wie beispielsweise die Kündigung oder die Aufnahme eines (neuen) Partners. Ähnliches gilt für die Abstimmung einer gemeinsamen Strategie (siehe beispielsweise Rockhold et al. 1998).

In der betrieblichen Praxis wird die Führung der SC entweder durch ein fokales Unternehmen übernommen oder durch einen Lenkungsausschuss. Als *fokales Unternehmen* kommen solche Partner in Betracht, die über die (finanziellen) Mittel verfügen, das größte Produkt- oder Produktionsprozess-Know-how besitzen oder den größten Anteil an der Wertschöpfung des Auftragserfüllungsprozesses haben. Mitunter bildet auch der Gründer der SC das fokale Unternehmen. Die herausgehobene Stellung des fokalen Unternehmens führt dazu, dass dessen Entscheidungen von allen Partnern akzeptiert werden. Alternativ können *Steuerungsausschüsse*, bestehend aus mindestens einem Vertreter für jeden SC Partner, eingesetzt werden. Dabei sind die Regeln, nach denen Entscheidungen zu fällen sind – wie die Stimmenanzahl je Mitglied –, vorab zu verhandeln.

Trotz der Vorteile, die eine SC bietet, sollte nicht vergessen werden, dass diese zerbrechlich ist – der Ausstieg eines Partners kann die Existenz der gesamten SC gefährden. Auch kann ein Mitglied Gefahr laufen, seine Attraktivität einzubüßen und dann durch einen Wettbewerber ersetzt zu werden, sobald sein Know-how von den übrigen SC Partnern übernommen wurde.

Schließlich sei noch angemerkt, dass der Koordinationsaufwand der Aktivitäten über die Partnerunternehmen hinweg nicht größer sein sollte als in einer Hierarchie. Angesichts der jüngsten Entwicklungen in der Informations- und Kommunikationstechnologie sowie im Bereich Software zur Planung und Steuerung der Materialflüsse, ist diese Anforderung inzwischen weitestgehend erfüllbar.

2.2.3 Koordination

Die Koordination der Informations-, Material- und Geldflüsse – die zweite Hauptkomponente des SCM – besteht aus drei Bausteinen:

- Nutzung der Informations- und Kommunikationstechnologie,
- Prozessorientierung und
- Advanced Planning.

Fortschritte in der *Informationstechnologie* (IT) machen es möglich, Informationen an verschiedenen Orten in der SC zu verarbeiten und so aufwendige Planungsrechnungen im Rahmen des Advanced Planning durchzuführen. Die Software zum Advanced Planning wird als *Advanced Planning System* (APS) bezeichnet. Preiswerte und große Speichermedien mit kurzen Zugriffszeiten erlauben zudem die Speicherung und Aufbereitung umfangreicher historischer Daten, wie die in der Vergangenheit realisierten Absatzmengen. Die in den sog. Data Warehouses gespeicherten Daten können heute dazu genutzt werden, das Kundenverhalten zu analysieren und genauere Absatzprognosen zu erstellen. Eine grafische Benutzeroberfläche erleichtert es den Anwendern, auf Daten zuzugreifen und diese zu bearbeiten.

Kommunikation mittels elektronischem Datenaustausch (engl. *Electronic Data Interchange* (EDI)) kann über private oder öffentliche Netze erfolgen, wobei das wohl bekannteste das Internet ist. Über dieses Medium können die Mitglieder einer SC umgehend und kostengünstig informiert werden. Zum Beispiel kann jedes Mitglied einer SC mit Hilfe von sog. *Alerts* über den unerwarteten Stillstand einer Produktionslinie in Kenntnis gesetzt werden.

Starre Standards, die in der Vergangenheit zur Kommunikation zwischen Unternehmen einer Branche entwickelt wurden (wie ODETTE in der Automobilindustrie), werden inzwischen durch flexiblere Meta-Sprachen (wie die Extensible Markup Language (XML)) ersetzt.

Parteien, die miteinander kommunizieren, werden unterteilt in (Corsten und Gössinger 2001): Unternehmen (engl. *Business* (B)), Konsumenten (engl. *Consumer* (C)) oder öffentliche Verwaltung (engl. *Administration* (A)). Zwei Arten der Kommunikationsbeziehungen seien im Weiteren vorgestellt:

Business-to-Business (B2B) Kommunikation erlaubt es Unternehmen, ihre Prozesse zu reorganisieren (wie z. B. den Beschaffungsprozess). Manuelle Tätigkeiten, wie die Erteilung eines Auftrags für ein Standardteil, können heutzutage von einem Rechner aus automatisch erfolgen. Dieser steuert den gesamten Prozess von der Übermittlung des Auftrags, der Auftragsannahme durch den Zulieferer und die Auftragsausführung, bis hin zu Wareneingang und -kontrolle. Schließlich wird der Rechnungsbetrag an den Zulieferer automatisch überwiesen. So war es der Ford Motor Company möglich, das Personal im Einkauf drastisch zu reduzieren (Hammer und Champy 1993, S. 57ff.). Weitere Vorteile liegen in der Beschleunigung der Prozesse und der geringeren Fehleranfälligkeit.

Darüber hinaus können Unternehmen Internet-basierte Marktplätze (auch *e-Hubs* genannt) nutzen (Kaplan und Sawhney 2000). Diese Marktplätze lassen sich nach vier Merkmalen unterscheiden:

- die Art der Güter (es handelt sich um Bauteile, Roh-, Hilfs- oder Betriebsstoffe),
- die Dauer der Geschäftsbeziehung (unterschieden wird zwischen mehrmaligem oder einmaligen Einkauf),
- der Preismechanismus (mit entweder festen Preisen, z. B. in einem elektronischen Katalog oder Preisverhandlungen im Rahmen einer Auktion) und
- der Parteinahme von e-Hubs, die entweder den Verkäufer oder den Käufer bevorteilen oder eine neutrale Position einnehmen.

Der weltweite Zugriff auf das Internet führt nicht nur zu einer Verschärfung des Wettbewerbs und zu Preisreduktionen, sondern auch zu neuen Absatzmöglichkeiten. Hauptsächlich kommen Marktplätze an den Schnittstellen zwischen zwei oder mehreren SCs zum Einsatz, während

die Koordination der Flüsse zwischen Unternehmen einer SC durch interne Planabstimmungen, dem sog. Collaborative Planning (vgl. Kap. 15), unterstützt wird.
- **Business-to-Consumer (B2C)** Kommunikation zielt auf die Einbindung der (End-)Kunden über das Internet ab. Dabei müssen einige Herausforderungen gemeistert werden. Hierzu zählen beispielsweise ein benutzerfreundlicher Zugang zu den Informationen über die angebotenen Produkte und Dienstleistungen, ein sicherer Zahlungsverkehr und schließlich der Transport der Waren und Dienstleistungen zu den Kunden. B2C eröffnet einen neuen Absatzkanal zu den Endkunden und eine neue Möglichkeit, den Kunden in die SC einzubinden.

Der zweite Baustein, die *Prozessorientierung*, ist darauf ausgerichtet, alle zur Erfüllung von Kundenaufträgen erforderlichen Aktivitäten so effizient wie möglich zu koordinieren. Es beginnt mit der Analyse der bestehenden SC und der gegenwärtigen Zuordnung der Aktivitäten auf die Partner. Mit Hilfe von Kennzahlen lassen sich Schwachstellen, Engpässe und Verschwendungen in der SC, insbesondere an den Schnittstellen zwischen den beteiligten Unternehmen, identifizieren. Ein Vergleich mit sog. Best Practices kann diese Aufgabe zusätzlich unterstützen (zu weiteren Einzelheiten siehe Kapitel 3). Das Ergebnis könnte darin bestehen, dass einige Aktivitäten einem Verbesserungsprozess unterzogen werden, während einige andere neu zugeordnet werden. Der Baustein „Prozessorientierung" ähnelt dem *Business Process Reengineering* (Hammer und Champy 1993); allerdings führt er nicht zwingend zu einem radikalen Redesign. Wie bereits Hammer (2001, S. 84) ausführt, „streamlining cross-company processes is the next great frontier for reducing costs, enhancing quality, and speeding operations."

Advanced Planning – als dritter Baustein – umfasst lang-, mittel- und kurzfristige Planungsebenen. Die hierzu angebotene Standardsoftware – die sog. *Advanced Planning Systeme* – existieren nunmehr seit mehr als zehn Jahren. Obwohl APS in mehrere Module untergliedert sind, bilden diese durch einen engen Informationsaustausch eine in sich geschlossene, umfassende Software-Suite. Die Anpassung der Module an die spezifischen Anforderungen einer SC erfordert großes Fachwissen und Erfahrung, z.B. zur Datenmodellierung, zur Modellierung von Funktionen, zu den Lösungsverfahren des Operations Research und zum Einsatz der EDV im Allgemeinen.

APS ersetzen die bestehenden *Enterprise Resource Planning* (ERP) Systeme nicht, sondern ergänzen diese. APS übernehmen nunmehr die Planungsfunktionen, während die ERP-Systeme weiterhin für die Transaktionen und die Anweisungen an die Ausführungsebene zuständig sind. Die Vorteile dieser neuen Aufgabenteilung werden deutlich, wenn man sich die bekannten Defizite der traditionellen ERP-Systeme auf der Planungsebene vergegenwärtigt (Drexl et al. 1994). Die Kritik beginnt bereits mit der unzulänglichen Zerlegung und Modellierung der Planungsaufgaben. Ferner werden die Planungsaufgaben rein sequenziell abgearbeitet, ohne dass eine Revision übergeordneter Entscheidungen vorgesehen ist. Einige Planungsaufgaben, wie die Stücklistenauflösung, werden ohne Beachtung der verfügbaren (Produktions-)Kapazitäten durchgeführt. Zudem gehen feste Vorlaufzeiten als Vorgaben in die Stücklistenauflösung ein, obwohl Vorlaufzeiten bekanntermaßen nicht Vorgaben, sondern Ergebnisse der Planung sind. Es verwundert daher nicht, dass sich Anwender von ERP-Systemen über lange Durchlaufzeiten und Lieferterminüberschreitungen beklagen. Ein weiterer Kritikpunkt besteht darin, dass die Produktions- und Distributionsplanung in weitgehend getrennten EDV-Systemen stattfinden. Schließlich ist anzumerken, dass ERP-Systeme im Hinblick auf ein einzelnes Unternehmen konzipiert wurden. Der Anspruch der APS besteht demgegenüber in einer inter-organisatorischen Sichtweise einer SC.

APS sollen die Mängel der ERP-Systeme beheben, obwohl sie auch aus mehreren Modulen bestehen. Diese sind jedoch sehr viel enger miteinander verknüpft, bilden die potenziellen Engpassressourcen angemessen ab, basieren auf einem hierarchischen Planungskonzept und machen sich neueste Optimierungsmethoden zu nutze. Die Planerstellung erfolgt heutzutage im Hauptspeicher eines Rechners und kann daher kurzfristig aktualisiert werden (z. B. im Falle eines unerwarteten Stillstandes einer Produktionslinie).

Advanced Planning bietet die Möglichkeit, frühzeitig Engpässe zu erkennen und diese bestmöglich auszunutzen. Maßnahmen zu deren Behebung können im Sinne einer Kostensenkung bzw. Gewinnerhöhung simuliert und bewertet werden. Unterschiedliche Szenarien zukünftiger Rahmenbedingungen lassen sich „durchspielen", um einen robusten ersten Schritt für die anstehenden Entscheidungen zu entwerfen. Als robusten ersten Schritt bezeichnet man die unmittelbar anstehenden Entscheidungen, die eine gute Ausgangsbasis für die zukünftigen Rahmenbedingungen darstellen. Ferner ist es nicht mehr erforderlich, feste Vorlaufzeiten (mit hohen Wartezeitanteilen) als Planungsvorgaben zu verwenden, da Kapazitätsverfügbarkeiten explizit und angemessen in den einzelnen Planungsebenen berücksichtigt werden. Dies sollte es den Unternehmen ermöglichen, die planinduzierten Durchlaufzeiten im Vergleich zu den Ergebnissen eines ERP-Systems drastisch zu reduzieren.

Als besonderer Vorteil wird die Möglichkeit eines APS gesehen, die „Machbarkeit" von (neuen) Kundenanfragen hinsichtlich einer Auftragsannahme und der damit verbundenen Lieferterminzusage zu prüfen (ATP, siehe Kapitel 10). Falls die Lagerbestände zur Auftragserfüllung nicht ausreichen, besteht die Möglichkeit, eine neue Planversion zu erzeugen und darin die Auswirkungen der Einplanung des neuen Kundenauftrags zu simulieren. Es ist offensichtlich, dass eine SC diese neuen Planungsoptionen dazu nutzen kann, Terminzusagen besser einzuhalten, flexibler auf Kundenanfragen zu reagieren und gleichzeitig die Wirtschaftlichkeit eines (neuen) Kundenauftrags zu beurteilen.

Schließlich sei noch darauf hingewiesen, dass eine bessere Integration der Organisationseinheiten nicht von den Maßnahmen zur Koordination der Flüsse getrennt werden darf (und umgekehrt). Dabei ist es durchaus möglich, die Wirkungen der Einbeziehung eines zusätzlichen Partners in die SC oder die einer Postponement-Strategie mit Hilfe des Advanced Planning zu bewerten. Andererseits bildet die Struktur eins Netzwerks den Rahmen, innerhalb dessen die Optimierung der Flüsse in einer SC durchgeführt wird.

2.2.4 Strategische Entscheidungen und der Bezug zum SCM

Nach Porter (1998b, S. 55) besteht eine Strategie in der „ ... creation of a unique and valuable position, involving a different set of activities." Ein Unternehmen kann sich in eine vorteilhafte Wettbewerbsposition bringen, indem es entweder andere Aktivitäten als die übrigen Wettbewerber durchführt oder indem es ähnliche Aktivitäten anders ausführt.

Die Ausrichtung von Aktivitäten an eine Strategie zeigt das folgende Beispiel. Das Unternehmen IKEA hat sich auf die Ausstattung von Wohnräumen einer bestimmten Kundengruppe spezialisiert. Die Zielgruppe ist preisbewusst und bereit, die eingekauften Waren selbst nach Hause zu transportieren und dort die Endmontage durchzuführen. IKEAs Aktivitäten wurden auf diese Kundenanforderungen zugeschnitten. Dies wirkt sich auch auf den Produktentwurf und die Struktur der SC aus. So befinden sich die Verkaufsräume und das Lager unter einem Dach. Eine genaue Beschreibung der Aktivitäten, die die strategische Wettbewerbsposition von IKEA ausmachen, spiegelt sich in der nachfolgenden Übersicht zu dem Aktivitäten-System wider (siehe Abb. 2.4).

Die Übersicht zeigt unter anderem die Aktivität „Kunden montieren selbst" und deren Verknüpfungen zu anderen Aktivitäten. Ein weiteres Beispiel stellen die „Eigenentwürfe für geringe Produktionskosten" dar, die zusammen mit einer „100 % Beschaffung von Zulieferern mit langfristiger Bindung" unmittelbar zu „geringen Produktionskosten" beitragen. Zu erwähnen ist, dass die grau hinterlegten Aktivitäten zu den wesentlichen Elementen der Strategie gehören. IKEAs Aktivitäten-System zeigt auch, dass es in der Regel sehr viele miteinander in Beziehung stehende Aktivitäten gibt, die zusammen die Unternehmensstrategie ausmachen.

Ein weiterer wichtiger Teil der Strategie besteht in der Abstimmung der Aktivitäten innerhalb einer SC. „The success of a strategy depends on doing many things well – not just a few – and integrating among them" (Porter 1998b, S. 64). Eine Strategie wird nur dann erfolgreich sein, wenn die Aktivitäten aufeinander abgestimmt sind, besser noch, wenn Sie sich gegenseitig unterstützen.

Die höchste Stufe des „Fit" – auch als Optimierung des Aufwandes bezeichnet (Porter 1998b, S. 62) – wird dann erreicht, wenn die Aktivitäten koordiniert und Informationen mit dem Ziel ausgetauscht werden, Redundanzen zu eliminieren und Verschwendungen zu vermeiden.

Zur Erinnerung: SCM wurde als Aufgabe definiert, die beteiligten Organisationseinheiten zu integrieren und die Material-, Informations- und Geld-

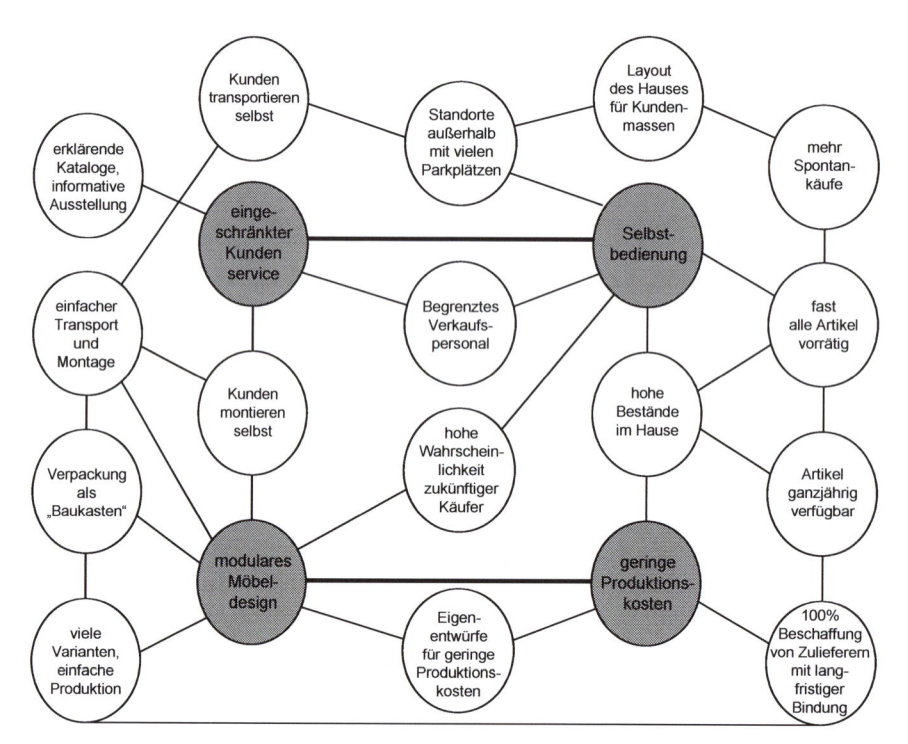

Abb. 2.4. Aktivitäten-System zu IKEA's strategischer Ausrichtung (Porter 1998b, S. 50)

flüsse zu koordinieren. Daraus ergibt sich, dass das SCM *keine* eigenständige Strategie darstellt. Vielmehr kann und soll das SCM ein integraler Bestandteil der Strategie einer SC sein, aber auch mit den individuellen Unternehmensstrategien der Partner in Einklang stehen. Die folgenden Aussagen fassen die Diskussion zusammen:

- Das SCM ist ein Ansatz, mit dem Wettbewerbsvorteile durch die Integration der beteiligten Organisationseinheiten und die Koordination der Flüsse erzielt werden.
- Das SCM befasst sich hauptsächlich mit den Aktivitäten des Auftragserfüllungsprozesses, d. h. einem Ausschnitt aus der Strategie einer SC.
- Das SCM setzt spezifische Werkzeuge ein, um den bestmöglichen „Fit" zwischen den strategischen Aktivitäten einer SC zu erzielen.

Zur Bestimmung einer Unternehmensstrategie existieren bereits viele ausgezeichnete Lehrbücher (z. B. Aaker 2001), so dass hier auf eine detaillierte Darstellung verzichtet werden soll. Im Wesentlichen gibt es zwei vorherrschende Denkschulen:

- den ressourcenbasierten Ansatz und

- den marktbasierten Ansatz.

Als Ressource kommen in Betracht „... all assets, capabilities, organizational processes, firm attributes, information, knowledge, etc., controlled by a firm that enable the firm to conceive of and implement strategies that improve its efficiency and effectiveness" (Barney 1991, S. 101). Der Schwerpunkt liegt hier in der bestmöglichen Nutzung und Weiterentwicklung des Potenzials der vorhandenen Ressourcen.

Mit dem marktbasierten Ansatz (Porter 1998a, S. 3ff.) wird nach einer Industrie und den dazu gehörenden Märkten gesucht, in der ein Unternehmen am besten im Wettbewerb bestehen kann. Die Stärke des Wettbewerbs wird bestimmt durch

- die vorhandenen Wettbewerber,
- die potenziellen Neueinsteiger,
- die Macht der Käufer und Lieferanten und
- mögliche Ersatzprodukte oder -dienstleistungen.

Wie erwartet, schließen sich die beiden Denkansätze nicht aus – vielmehr ergänzen sie sich. Für weitere, tiefer gehende Erörterungen sei auf zwei Fallstudien verwiesen. Die eine Fallstudie beschreibt die Bestimmung von Strategien für eine SC in der Textilindustrie (Berry et al. 1999), die andere die Strategien für die Herstellung von Beleuchtungsanlagen (Childerhouse et al. 2002).

Während die Bestimmung und Umsetzung einer Strategie bereits für ein einzelnes Unternehmen schwierig ist, stellt diese eine noch viel größere Herausforderung für eine inter-organisatorische SC dar. Insbesondere müssen die Strategien der einzelnen Partner mit der Strategie der SC insgesamt in Einklang gebracht werden. Aber es gibt auch noch weitere „Probleme", die gelöst werden müssen; einige wurden bereits als Teil der Säule „Integration" des Haus des SCM diskutiert, wie der „Fit" der beteiligten Unternehmen (siehe Abschnitt 2.2.2). Im Rahmen der Entwicklung einer SC übergreifenden Strategie müssen für jeden Baustein die zu erreichenden Erfüllungsgrade definiert und (grobe) Pfade zu deren Erreichung aufgezeigt werden.

Auch wenn SC Partner durch Verträge gebunden sind, bleibt eine SC zerbrechlich. Bestenfalls ist das Bestehen einer SC auf einen mittelfristigen Planungszeitraum ausgelegt, um nach Ablauf der vertraglichen Bindung über die Fortsetzung der Partnerschaft zu entscheiden. Der Partner hat sich dann dem Wettbewerb zu stellen. Auf diese Weise wird zumindest mittelfristig der Konkurrenzdruck in einer SC aufrecht erhalten. Es erscheint daher notwendig und sinnvoll, „Notfallpläne" für den Fall eines Zerbrechens der SC zu entwickeln. Diese können darin bestehen

- die Beziehungen zu Zulieferern und Kunden zu pflegen, die derzeit nicht Teil der SC sind,
- flexible (Produktions-)Kapazitäten einzusetzen, die auch in anderen SCs genutzt werden könnten und

- sich an mehreren SCs zu beteiligen, um das Risiko zu verteilen.

Anzumerken ist, dass das Thema Strategie in der Literatur hauptsächlich unter der Prämisse eines reinen Wettbewerbs erörtert wird. Im Rahmen des SCM kommt erschwerend noch das Thema der unternehmensübergreifenden Zusammenarbeit (engl. *Collaboration*) hinzu. Eine Schwierigkeit dabei ist, einen Kompromiss zwischen den mitunter divergierenden Interessen der einzelnen SC Partner zu finden. Als Beispiel sei die Bestimmung eines fairen *Verrechnungspreises* für den Austausch von Produkten und Dienstleistungen zwischen SC Partnern angeführt. Angenommen der Preis, den die Kunden für ein Endprodukt zu zahlen bereit sind, ist fest vorgegeben, dann führt eine Erhöhung des Verrechnungspreises, der einem SC Partner gewährt wird, zwangsläufig zu einem entsprechenden „Verlust" bei den anderen Mitgliedern. Ferner müssen sich die SC Partner mit Fragen der Anreize, Zuschüsse und Garantien für Investitionen auseinander setzen, die zwar dezentral getroffen werden, aber allen SC Partnern zugute kommen.

Da allgemeingültige Regeln zu Berechnung fairer Verrechnungspreise oder Kompensationszahlungen noch ausstehen (Regeln für spezielle Anwendungen zeigen Cachon und Lariviere (2005); Dudek (2004); Pfeiffer (1999)), wird das Problem in der Praxis durch Verhandlungen gelöst. Diese sind dann besonders delikat, wenn die SC Partner Informationen zu ihren (wahren) Kostenstrukturen zurückhalten und wenn die Verteilung der Macht innerhalb der SC die Verhandlungsergebnisse bestimmt.

Im Übrigen kann auch eine Collaboration zwischen miteinander konkurrierenden SCs bestehen. Hier ist z. B. die horizontale Zusammenarbeit bei der Distribution von Gütern für dieselben Kunden(regionen) zu nennen, die eine Konsolidierung von Sendungen und damit Kostenreduktionen ermöglicht (wie in der Nahrungsmittelindustrie (Fleischmann 1999)), oder der gemeinsame Einkauf von Standardteilen, der die Einkaufsmacht gegenüber Lieferanten erhöht (wie in der Automobilindustrie).

Inzwischen sollte deutlich geworden sein, dass eine geeignete SC Strategie immer auf die spezifischen Belange und die Potenziale einer SC abgestimmt sein muss. Ein einfaches Kopieren von Rezepten, die aus *Benchmarking Studien* gewonnen werden oder eine Analyse allgemeiner *Erfolgsfaktoren* (siehe z. B. Fröhlich und Westbrook 2001; Jayaram et al. 2004; Fettke 2007) mag ein guter Ausgangspunkt sein, wird aber kaum zu einer vorteilhaften Wettbewerbsposition führen. In jedem Fall sollte eine SC-Strategie zu einer Ausgestaltung der Bausteine des SCM führen, die den spezifischen Anforderungen einer SC gerecht wird (siehe Abb. 2.5).

Die Fachgebiete, die das heutige Bild des SCM wesentlich geprägt haben, werden in dem nachfolgenden Abschnitt vorgestellt.

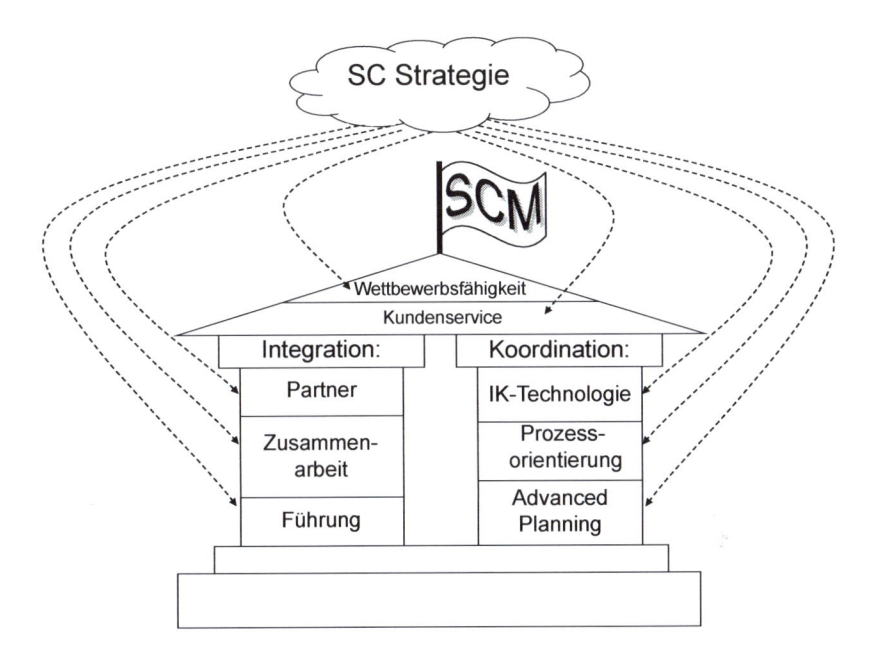

Abb. 2.5. Beziehungen zwischen der SC Strategie und den Bausteinen des SCM

2.2.5 Fachgebiete

Eine SC erfolgreich im täglichen Geschäft zu betreiben, erfordert sehr viel mehr als die zuvor genannten Bausteine. In der Literatur findet man hierzu Beiträge aus den Fachgebieten

- Logistik und Transport,
- Marketing,
- Operations Research,
- Organisationspsychologie, Organisations- und Transaktionskostentheorie,
- Einkauf und Beschaffung,
- ...

um nur einige zu nennen (eine vollständige Liste enthält Croom et al. 2000, S. 70).

Unstrittig sind die enge Verzahnung zwischen SCM und Logistik, wie ein Blick auf die fünf Prinzipien des logistischen Denkens zeigt (Pfohl 2004, S. 20ff.):

- Denken in Werten und Nutzen,
- Denken in Systemen,
- Orientierung an den Gesamtkosten,
- Serviceorientierung und

- Streben nach Effizienz.

Das Denken in Werten und Nutzen macht deutlich, dass es der (End-)Kunde ist, der das Produkt wertschätzen muss. Der Wert und Nutzen eines Produkts kann dadurch erhöht werden, dass man es genau zum Zeitpunkt und am Ort des Bedarfs zur Verfügung stellt. Systemdenken erfordert, dass alle an dem (Auftragserfüllungs-)Prozess beteiligten Einheiten simultan in die Betrachtungen einbezogen werden. Optimale Lösungen werden nur für den Gesamtprozess angestrebt, wohl wissend, dass optimale Lösungen für Teilbereiche für das Gesamtsystem häufig suboptimal sind. Alle Aktivitäten sind an dem zu erfüllenden Lieferservice auszurichten. Dabei ist die Serviceorientierung nicht auf den Endkunden beschränkt, sondern bezieht sich auf alle Einheiten, die ein Produkt oder eine Dienstleistung erhalten. Was die einzusetzende Technologie betrifft, sind die Prozesse so zu gestalten und auszustatten, dass ein gegebener Output mit einem möglichst geringen Input erzielt wird. Zudem hat sich die Entscheidungsfindung an wirtschaftlichen Zielen zu orientieren, wobei sowohl kurzfristige Gewinnziele als auch langfristige Entwicklungsperspektiven ins Kalkül zu ziehen sind. Diese beiden Dimensionen werden durch Beachtung der sozialen und ökologischen Auswirkungen betrieblicher Entscheidungen ergänzt.

Ein weiteres Fachgebiet, das zur Modellbildung und -lösung beigetragen hat, ist das Operations Research. Mathematische Modelle werden insbesondere zur Koordination der Flüsse entlang einer SC eingesetzt. Die Grundlagen der Modellbildung wurden bereits in den sechziger und siebziger Jahren entwickelt. Allerdings konnten diese Modelle erst mit dem Aufkommen leistungsfähiger Rechner, großer Arbeitsspeicher und der Verfügbarkeit ausgefeilter Lösungsverfahren, wie der Mathematischen Programmierung und den mächtigen Meta-Heuristiken (z. B. Genetischen Algorithmen und Tabu Search), mit vertretbarem Rechenaufwand gelöst werden (siehe Teil V des Buchs).

Auffallend ist, dass sich die Literatur zum SCM überwiegend bisher auf die Integration einer inter-organisatorischen SC konzentriert hat. Hingegen liegt das Schwergewicht der Forschung zur Koordination der Flüsse auf intra-organisatorischen SCs. Während die Anwendung eines APS auf eine inter-organisatorische SC mit einer zentralen Planungsinstanz ohne Weiteres möglich ist, bildet die Koordination dezentraler Planungsinstanzen ohne eine übergeordnete zentrale Planungsebene neue Herausforderungen (wie die Bereitstellung der zur Planung benötigten Daten, die Abstimmung der dezentralen Pläne, Kompensationszahlungen etc.). Angesichts der bekannten Mängel des den ERP-Systemen zugrunde liegenden Sukzessivplanungskonzeptes stellen APS einen großen Fortschritt dar – auch wenn Sie bisher weitgehend für intra-organisatorische SCs konzipiert wurden (neuere Entwicklungen für inter-organisatorische SCs werden in Kapitel 15 vorgestellt). So ist der Begriff *Advanced* in APS im Vergleich zu der unzulänglichen Entscheidungsunterstützung der ERP-Systeme zu sehen.

Für Leser, die mehr zu den ersten Ideen und Veröffentlichungen wissen möchten, die unser gegenwärtiges Bild des SCM geprägt haben, ist der folgende Abschnitt gedacht.

2.3 Ursprung

Der Begriff SCM wurde bereits im Jahr 1982 von den beiden Unternehmensberatern Oliver und Webber geprägt. Sie vertraten die Meinung, dass die Betrachtung eine SC dazu führt, dass die Aufgaben der Logistik nunmehr in den Bereich der Unternehmensführung (Vorstandsebene) fallen, da „... only top management can assure that conflicting functional objectives along the SC are reconciled and balanced ... and finally, that an integrated systems strategy that reduces the level of vulnerability is developed and implemented" (Oliver und Webber 1992, S. 66). Aus ihrer Sicht stellt bereits die Koordination der Material-, Informations- und Geldflüsse innerhalb eines großen multinationalen Unternehmens sowohl eine Herausforderung als auch eine gewinnbringende Aufgabe dar. Offensichtlich ist jedoch die Bildung einer SC aus mehreren eigenständigen Unternehmen, die wie eine einzelne Einheit agieren, noch wesentlich anspruchsvoller.

Erste Forschungen zur Integration und Koordination der verschiedenen betrieblichen Funktionen begannen bereits weit vor der Einführung des Begriffs des SCM im Jahre 1982. Diese entstanden innerhalb der Forschungsgebiete Logistik, Marketing, Organisationstheorie, Industrielles Management und Operations Research. Einige bahnbrechende Forschungsergebnisse werden im Weiteren wiedergegeben, ohne jedoch den Anspruch auf Vollständigkeit zu erheben (zu weiteren Ausführungen siehe Ganeshan et al. 1998). Es handelt sich hierbei um Erkenntnisse

- zu den Absatzkanälen (Alderson 1957),
- zu Collaboration und Kooperation (Bowersox 1969),
- zur Lagerhaltung in Produktions- und Distributionsnetzwerken (Hanssmann 1959),
- zum Bullwhip-Effekt in Produktions- und Distributionssystemen (Forrester 1958) und
- zur hierarchische Produktionsplanung (Hax und Meal 1975).

2.3.1 Forschung zu den Absatzkanälen

Alderson (1957) sprach sich für die Erforschung der *Absatzkanäle* als Teilbereich des Marketing aus. Er befasste sich mit den Prinzipien des *Postponement* . Diese fordern, dass „... changes in form and identity occur at the latest possible point in the marketing flow; and changes in inventory location occur at the latest possible point in time" (Alderson 1957, S. 424). Vorteile des Postponements sind erstens ein verringertes Absatzrisiko, da die Produkte so lange wie möglich in einem (Grund-)Zustand verbleiben, so dass auf unerwartete Änderungswünsche der Märkte durch entsprechende Produktmodifikationen reagiert werden kann. Zweitens kann das Postponement zur Verringerung der Transportkosten führen, da die Produkte so lange an einem Lagerort (z. B. dem Werkslager) in der SC verbleiben, bis ein Bedarf (z. B. in einem Distributionszentrum) den Weitertransport in der SC rechtfertigt. Damit werden Transporte zwischen Lagern derselben Distributionsstufe zum Ausgleich von Fehlmengen oder unangemessen hohen Beständen vermieden. Drittens kann im Zuge der Analysen zum Postponement erkannt werden, dass auf einen Produktionsschritt vollständig verzichtet werden kann, „... if a step is not performed prematurely, it may never have to be performed" (Alderson 1957, S. 426). Als ein Beispiel führt Alderson den Verzicht auf das Verpacken von Weizen in Säcke an; stattdessen wurde ein Lastwagen mit offenem Kastenaufbau als Transportmittel gewählt.

Die drei Prinzipien des Postponement werden auch heute noch angewandt. So zeigt das IKEA Beispiel, dass Kunden gewillt sind, die Ware selbst von Paletten zu nehmen, wodurch das Einsortieren in Regale entfallen kann. Als weiteres Beispiel sind die IKEA Kunden zu nennen, die die Endmontage der Möbel selbst übernehmen.

Allerdings ist zu beachten, dass eine derartige Produktdifferenzierung bereits ein entsprechendes Design voraussetzt. Spätere kundenspezifische Produktmodifikationen müssen auch technisch und wirtschaftlich machbar sein. Mit dem Advanced Planning ist es nunmehr möglich, die Wirkung einer Postponement-Strategie in einem unternehmensübergreifenden Zusammenhang zu bewerten. So gelang es Hewlett Packard, alternative Postponement-Strategien für Tintenstrahldrucker zu analysieren und zu simulieren, bevor man sich für eine Strategie entschied (Lee und Billington 1995).

2.3.2 Collaboration und Koordination

Bowersox (1969) beschrieb den damaligen Wissensstand im Marketing, der physischen Distribution und dem Systemdenken. Demnach war man sich bereits bewusst, dass die unterschiedlichen Ziele der einzelnen betrieblichen Funktionen innerhalb eines Unternehmens einem effizienten Handeln entgegen stehen können. Folgende Beispiele führt Bowersox (1969, S. 64) an:

- Die Produktion bevorzugt traditionell große Losauflagen eines Produkts und geringe Beschaffungskosten für die Zukaufteile.
- Der Vertrieb ist daran interessiert, möglichst das gesamte Produktsortiment in der Nähe der Kunden zu lagern, um die nachgefragten Mengen kurzfristig ausliefern zu können.
- Das Finanzwesen favorisiert hingegen möglichst geringe Bestände,
- während die Distribution für eine Gesamtkostenbetrachtung entsprechend den Leitideen der physischen Distribution eintritt.

Große Losauflagen mit langen Belegungsdauern auf den Maschinen reduzieren zwar den Rüstkostenanteil, führen aber zu erhöhten Lagerbeständen und

-kosten. Ähnlich verhält es sich mit den Lagerbeständen der Endprodukte. Diese erlauben zwar kurze Auslieferungszeiten, verursachen jedoch hohe Lagerkosten. Außerdem stehen Einzelteile und Baugruppen, die bereits in Endprodukten verbaut wurden, nicht mehr zur Herstellung anderer Endprodukte zur Verfügung und verringern so die Flexibilität, die nötig ist um auf Marktänderungen reagieren zu können (siehe Postponement).

Des Weiteren kritisiert Bowersox, dass sich die Betrachtung physischer Distributionssysteme gemeinhin auf die eines vertikal integrierten Unternehmens beschränkt. „A more useful viewpoint is that physical distribution activities and related activities seldom terminate when product ownership transfer occurs." (Bowersox 1969, S. 65) Falls die Schnittstelle zwischen zwei oder mehreren physischen Distributionssystemen nicht sauber definiert und synchronisiert ist, kann dies zu „...excessive cost generation and customer service impairment" (Bowersox 1969, S. 67) führen.

Obwohl Bowersox den Standpunkt der physischen Distribution einnimmt, hat er bereits die Notwendigkeit einer intra-organisatorischen als auch inter-organisatorischen *Kooperation und Koordination* gesehen.

2.3.3 Lagerhaltung in Produktions- und Distributionsnetzwerken

Die erste Veröffentlichung eines analytischen Modells zur Lagerhaltung für eine dreistufige SC und deren Interaktionen geht auf Hanssmann (1959) zurück. In jedem Lagerort wird eine Lagerhaltungspolitik mit periodischem Kontrollintervall und der Wiederauffüllung auf ein vorgegebenes Niveau (eine sog. „order-up-to Politik") verfolgt. Lieferzeiten gehen als ganzzahlige Vielfache eines Kontrollintervalls in das Modell ein. Die Kundennachfrage wird als normalverteilt angenommen. Zwei Fragestellungen werden untersucht: An welcher Stelle in der SC ist ein Lager einzurichten, wenn nur genau ein Lagerstandort zugelassen wird? Welche Lagerhaltungspolitik ist optimal, wenn auf jeder der drei Stufen einer SC ein Lager vorgesehen wird? In das Modell gehen die Fehlmengenkosten, die Lagerkosten und die Erlöse als Funktion der Lieferzeit ein. Als Lösungsverfahren wird die Dynamische Programmierung eingesetzt.

Die Wahl der Lagerorte und der Lagerhaltungspolitiken für serielle, konvergierende und divergierende SCs sind auch heute noch ein wichtiges Forschungsgebiet.

2.3.4 Der Peitscheneffekt in Produktions- und Distributionssystemen

Der Peitscheneffekt (engl. *Bullwhip Effect*) beschreibt die zunehmenden Ausschläge der Auftragsgrößen und der Lagerbestände je weiter die Lagerorte von der Endkundennachfrage entfernt sind. Überraschenderweise tritt dieses Phänomen bereits bei relativ konstanter Nachfrage der Endprodukte auf.

Dieses Phänomen soll hier eingehend erläutert werden, da es ein Klassiker des SCM ist.

Bereits im Jahr 1952 entdeckte Simon (1952) den Peitscheneffekt. Einige Jahre danach studierte Forrester (1958) das dynamische Verhalten industrieller Produktions- und Distributionssysteme anhand von Simulationsmodellen. Das einfachste untersuchte System besteht aus einer Kette mit einem Einzelhändler, einem Distributionszentrum, einem Werkslager und einem Werk (Abb. 2.6). Über die Höhe der Beschaffungsaufträge entscheidet jede Organisationseinheit dezentral, wobei lediglich lokal zugängliche Informationen eingehen. Jede Organisationseinheit hat die Nachfrage der nachfolgenden (engl. *downstream*) Einheit zu erfüllen. Ein weiterer wichtiger Aspekt bei der Auftragserteilung sind die zu beachtenden Vorlaufzeiten, d. h. die Zeitspanne zwischen der Erteilung eines Beschaffungsauftrages und dessen Eintreffen im Lager. Diese Zeitverzögerungen sind in der Abb. 2.6 in „Anzahl Wochen" oberhalb der Pfeile angegeben. Der Ablauf sieht wie folgt aus: Bei Eintreffen eines Kundenauftrags wird der Einzelhändler versuchen, diesen aus seinem Lager zu befriedigen. Die Lieferzeit an den Endkunden aus dem Lager beträgt dann eine Woche. Der Einzelhändler benötigt für die Erstellung eines Beschaffungsauftrags an das Distributionszentrum drei Wochen (einschließlich der Auftragsbearbeitung). Hinzu kommt die Dauer der Zustellung des Auftrags zum Distributionszentrum von einer halben Woche. Das Distributionszentrum benötigt zur Auftragsbearbeitung eine Woche und zur Anlieferung beim Einzelhändler eine weitere Woche. Folglich verstreichen fünfeinhalb Wochen zwischen dem Eintreffen eines Kundenauftrags (der nicht sofort aus dem Lager bedient werden kann) bis zur Wiederauffüllung des Lagers des Einzelhändlers (vgl. Abb. 2.6: Summe der fett geschriebenen Zahlen). Vorlaufzeiten für die weiter „upstream" gelegenen Organisationseinheiten können in analoger Weise bestimmt werden (siehe Abb. 2.6).

Forrester konnte zeigen, welche Auswirkungen eine einmalige 10% Erhöhung der Endkundennachfrage auf die in der Supply Chain erteilten Beschaffungsaufträge und die Lagerbestände hat (vgl. Abb. 2.7). Er beobachtete, dass „...orders at factory warehouse reach, at the 14th week, a peak of 34% above the previous December" und „...the factory output, delayed by a factory lead-time of six weeks, reaches a peak in the 21st week, an amount 45% above the previous December" (Forrester 1961, S. 25). Offensichtlich haben sich die Beschaffungsaufträge und die Lagerbestände um so höher aufgeschaukelt, je weiter die Organisationseinheit von der Endkundennachfrage entfernt liegt. Dies führt zu vermeidbaren Lagerbestands- und Fehlmengenkosten und einem instabilen System. Obwohl die verwendete Zeiteinheit von einer Woche aus heutiger Sicht überholt erscheint und besser durch die Einheit „Tag" ersetzt werden sollte, ändert sich die Struktur der Ergebnisse nicht. Derartige sog. „Information-Feedback Systeme" wurden inzwischen vielfach mit Hilfe von Simulationssoftware (z. B. DYNAMO) untersucht.

1
2
0.5
2
0.5
3
0
Werk
Werkslager
Distributions-zentrum
Einzelhändler
6
0
1
2
1
1
1
0
Zeitbedarf Informationsfluss
Zeit
Zeitbedarf Materialfluss
Zeit

Abb. 2.6. Darstellung der von Forrester betrachteten SC (Forrester 1961, S. 22)

Um die Relevanz der Forschungsergebnisse von Forrester für die heutige Diskussion des SCM zu zeigen, werden im Weiteren neuere Studien zum Peitscheneffekt vorgestellt.

Mit der Einführung des sog. *Beer Distribution Game*, einem Management-Planspiel, wurde durch Sterman (1989) erneut das Interesse der Forscher und Praktiker auf den Peitscheneffekt gelenkt. Ausgehend von der These der „beschränkten Rationalität" bei der Entscheidungsfindung untersuchte Sterman das Beschaffungsverhalten von Entscheidungsträgern in industriellen Produktions- und Distributionssystemen bei lokal begrenzt verfügbaren Informationen.

In einer derartigen Umgebung, in der sich das Wissen eines Entscheidungsträgers auf den aktuellen Lagerbestand, die ausstehenden Bestellungen, die aktuelle und die frühere Nachfrage des direkt nachfolgenden SC Partners beschränkt, tendieren Entscheidungsträger dazu überzureagieren, indem sie unangemessen hohe Beschaffungsauftäge erteilen (um Fehlmengensituationen zu vermeiden). Dabei verstärken sich die „Ausschläge" je weiter man die SC „upstream" betrachtet – und dies bei einer stabilen Endkundennachfrage mit einer Steigerung des Nachfrageimpulses um 10% zu Beginn des Planspiels!

Dieses Verhalten, das weit entfernt von einer optimalen Lösung für die gesamte SC ist, wurde nicht nur in vielen weiteren unabhängigen Studien reproduziert, sondern auch in der industriellen Praxis beobachtet. So wurde

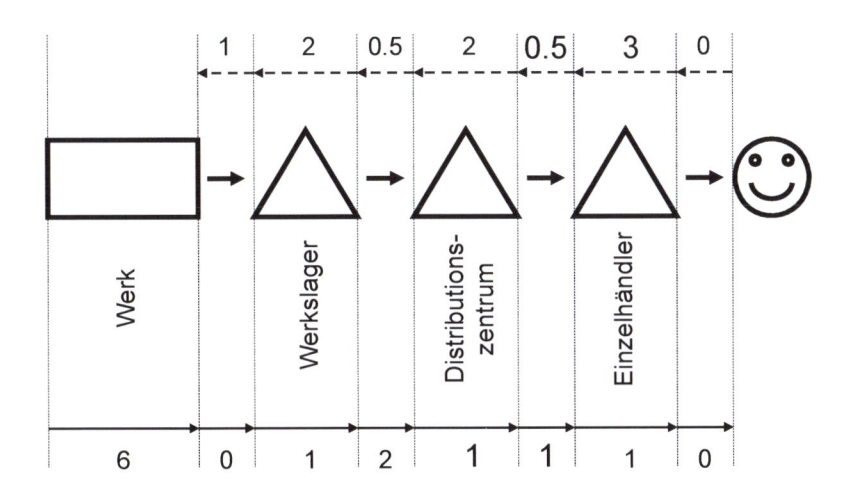

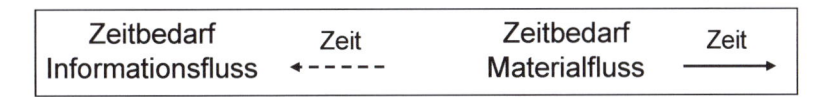

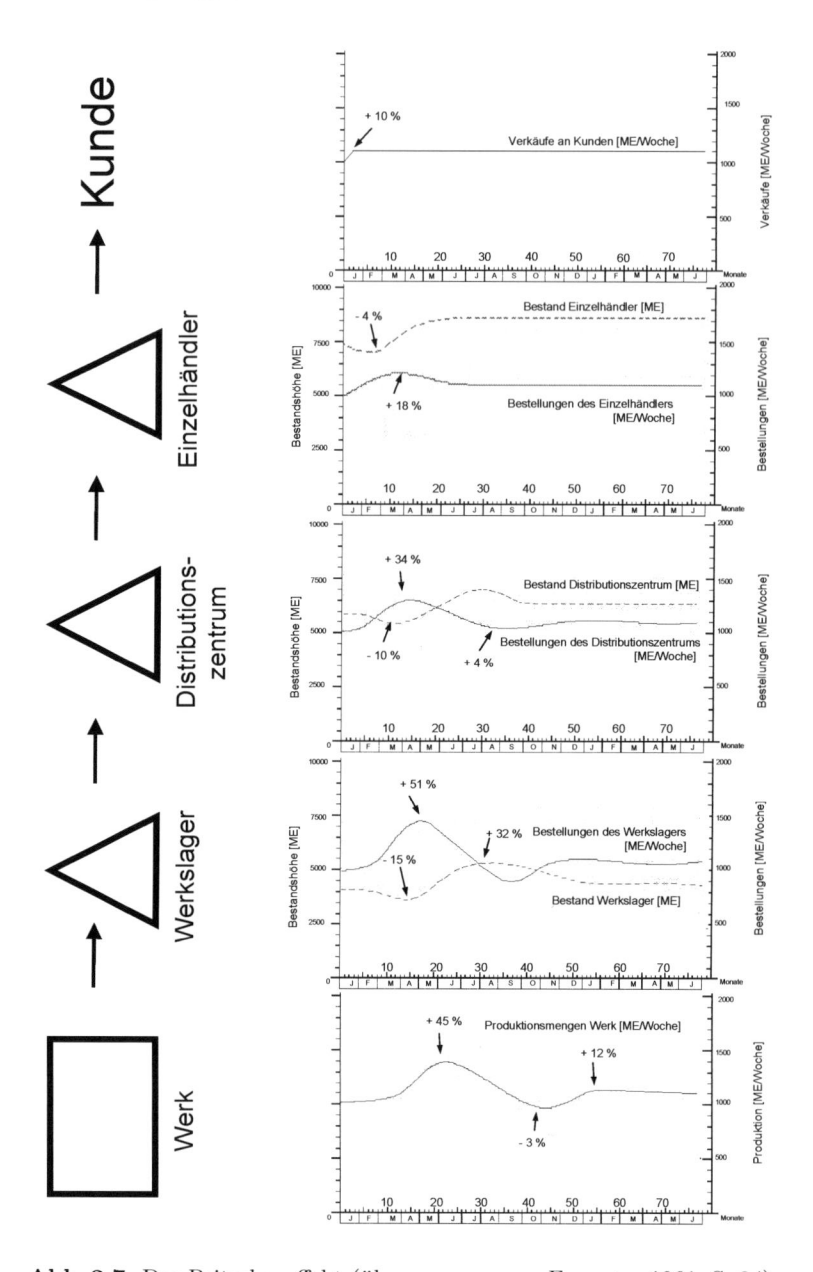

Abb. 2.7. Der Peitscheneffekt (übernommen aus Forrester 1961, S. 24)

der Begriff des Peitscheneffekts von Procter & Gamble Führungskräften eingeführt, nachdem sie die Nachfrage nach Pampers Windeln eingehender untersucht hatten (siehe Lee et al. 1997).

Reale Produktions- und Distributionssysteme sind natürlich noch viel komplexer als das oben beschriebene. Wenn man jedoch das Entscheidungsverhalten einzelner, in der SC lokal verantwortlicher Führungskräfte genauer unter die Lupe nimmt, ergeben sich möglicherweise noch größere Ausschläge. Untersuchungen zu den Ursachen des Peitscheneffekts und Maßnahmen zu seiner Behebung sind inzwischen zu einem beliebten Forschungsfeld geworden. Nach Lee et al. (1997) können die Empfehlungen zur Behebung des Peitscheneffekts in vier Kategorien eingeteilt werden:

- vermeide mehrfache Bedarfsprognosen,
- reduziere die Losgrößen (in Produktion und Beschaffung),
- verwende stabile Preise und
- verhindere das Ausnutzen von Fehlmengensituationen.

Die Maßgabe, mehrfache Bedarfsprognosen zu vermeiden, ist so zu verstehen, dass sich die Beschaffungsentscheidungen immer an der Endkundennachfrage und nicht an den Bestellmengen der direkten Partner „downstream" orientieren sollen. So werden große Ausschläge durch Losgrößenbildung oder durch Überreaktionen vermieden. Mit dem Aufkommen des EDI und der Erfassung der Endkundennachfrage am Point-of-Sale (POS) besteht heute die Möglichkeit, exakte Daten zeitnah an alle Mitglieder der SC weiterzuleiten, um so den Zeitverzug in dem „Information-Feedback System" drastisch zu verringern. Selbst wenn die Endkundennachfrage nicht verfügbar ist, können selbst einfache Prognoseverfahren (vgl. Kap. 8) Überreaktionen des Entscheidungsträgers verhindern und so die Nachfrageprognosen glätten.

Radikaler wäre der Übergang von dezentralen Entscheidungen zu einer zentralen Instanz, die die Materialflüsse in der SC steuert und Beschaffungsaufträge auslöst. Selbst die Endkunden können in das Beschaffungswesen einbezogen werden, wie das Beispiel des *Vendor Managed Inventory* (VMI) zeigt. Im VMI übernimmt der Zulieferer die Verantwortung dafür, dass es im Eingangslager des Abnehmers nicht zu Fehlmengen kommt. Eine weitere Option besteht in der Ausschaltung von „downstream" SC Partnern durch eine direkte Belieferung der Kunden (ein bekanntes Beispiel hierfür ist die Direktvermarktung von Rechnern durch die Fa. Dell Computers).

Losbildung stellt eine bekannte Methode zur Reduktion von Rüst- und Bestellfixkosten pro Zeiteinheit dar. Bestellfixkostensätze lassen sich durch die Anwendung des EDI zur Auftragsübermittlung oder auch durch eine Standardisierung und ein Redesign des Bestellprozesses drastisch senken. Transportkosten können oft durch den Versand ganzer Wagenladungen verringert werden. Dies sollte allerdings nicht durch Vergrößerung der Lose erfolgen, sondern durch Zusammenstellung mehrerer Kundenaufträge zu einer Wagenladung. Ähnlich wirkt die Einbeziehung von Logistikdienstleistern, die ihrerseits kleine Sendungsgrößen aus mehreren Quellen zusammenstellen („konsolidieren") und so wirtschaftliche Transporte in ganzen Wagenladungen über große Entfernungen ermöglichen. Analog kann ein Logistikdienstleister mehrere Sendungen an einen Kunden zusammen ausliefern. Dies kann auch dazu führen, dass die Häufigkeit der Belieferung erheblich zunimmt, ohne dass sich die Transportkosten erhöhen. Zudem lassen sich die Sicherheitsbestände bei gleichem Lieferservicegrad reduzieren, da der Risikozeitraum sinkt.

Auf Marketingaktionen zur Belebung der Nachfrage, wie z. B. Rabattaktionen, sollte verzichtet werden, da diese den Peitscheneffekt verstärken. Diese Erkenntnis hat Unternehmen dazu bewogen, die Preise „einzufrieren", indem man den Kunden einen *Dauerniedrigpreis* (engl. *every day low price*) verspricht.

Die vierte Maßnahmengruppe, um dem Peitscheneffekt zu begegnen, zielt auf die Unterbindung von „Luftbestellungen" im Falle von Fehlmengensituationen ab (das sog. *Gaming*). Unter Luftbestellungen versteht man Bestellungen von nicht (unmittelbar) benötigten Mengen in der Erwartung, dass nur ein Teil der Bestellungen tatsächlich ausgeliefert wird. Dieses Verhalten kann durch verschiedene Maßnahmen unterbunden werden:

- eine restriktive Stornierungspolitik,
- eine Begrenzung der Bestellungen auf einen Anteil der früheren Abnahmemengen und
- den Austausch von Informationen über Kapazitäten und Lagerbestände.

Viele der obigen Empfehlungen zur Vermeidung des Peitscheneffekts profitieren von den Fortschritten in der Informations- und Kommunikationstechnik sowie den leistungsfähigen Datenbanken, die genaue und zeitnahe Informationen zu früheren und aktuellen Zuständen der SC (z. B. Bestände in den einzelnen Lagern) bereithalten. Oft lassen sich so Verspätungen in Produktions- und Distributionssystemen erheblich verringern oder sogar vollständig vermeiden. Dies reduziert wiederum unerwünschte Rückkopplungen, wie Überreaktionen auf unvorhergesehene Ereignisse. Ferner kann ein mathematisches Modell der SC die Entscheidungsfindung unterstützen und so die Grenzen der „Rationalität" der Entscheidungsträger erweitern (Haehling von Lanzenauer und Pilz-Glombik 2000). Die Forschung zeigt, dass ein APS mit seinen Modellierungsmöglichkeiten und state-of-the-art Lösungsverfahren dazu beitragen kann, den Peitscheneffekt zu verringern.

2.3.5 Hierarchische Produktionsplanung

Obwohl bereits sehr früh mathematische Modelle zur Produktionsplanung entwickelt wurden, stand erst mit der von Hax und Meal (1975) vorgeschlagenen hierarchischen Produktionsplanung ein Konzept zur Verfügung, das hierarchisch koordinierte, lösbare Modelle zur Entscheidungsunterstützung der einzelnen Entscheidungsebenen einer hierarchischen Organisation vorsah. Das erste veröffentlichte Konzept war auf einen Reifenhersteller zugeschnitten; schnell wurde jedoch die breite Anwendbarkeit des Konzepts deutlich.

Im Wesentlichen besteht die *hierarchische (Produktions-)Planung* aus fünf Elementen:

- Dekomposition und hierarchische Strukturierung,
- Aggregation,
- hierarchische Koordination,
- Modellbildung und
- Lösung der Modelle.

Das „Entscheidungsproblem" wird in zwei oder mehr Teilprobleme zerlegt. Die zu treffenden Entscheidungen werden den einzelnen Teilproblemen, nunmehr als Planungsebenen bezeichnet, zugeordnet, wobei der obersten Planungsebene die wesentlichen, langfristigen Entscheidungen obliegen – d. h. diejenigen Entscheidungen mit den größten Auswirkungen auf den Gewinn und die Wettbewerbsfähigkeit. Die Zerlegung in einzelne Planungsebenen wird als *hierarchisch* bezeichnet, falls für jede Planungsinstanz genau eine übergeordnete Planungsinstanz existiert, die den Rahmen für die Entscheidungen der untergeordneten Planungsinstanz festlegt (mit Ausnahme der obersten Planungsebene der Hierarchie). Man beachte, dass zu einer Planungsebene mehrere Planungsinstanzen gehören können (z. B. eine dezentrale, operative Werksplanung je Werk in einem multinationalen Produktionsunternehmen), die durch eine einzige übergeordnete Planungsinstanz koordiniert werden.

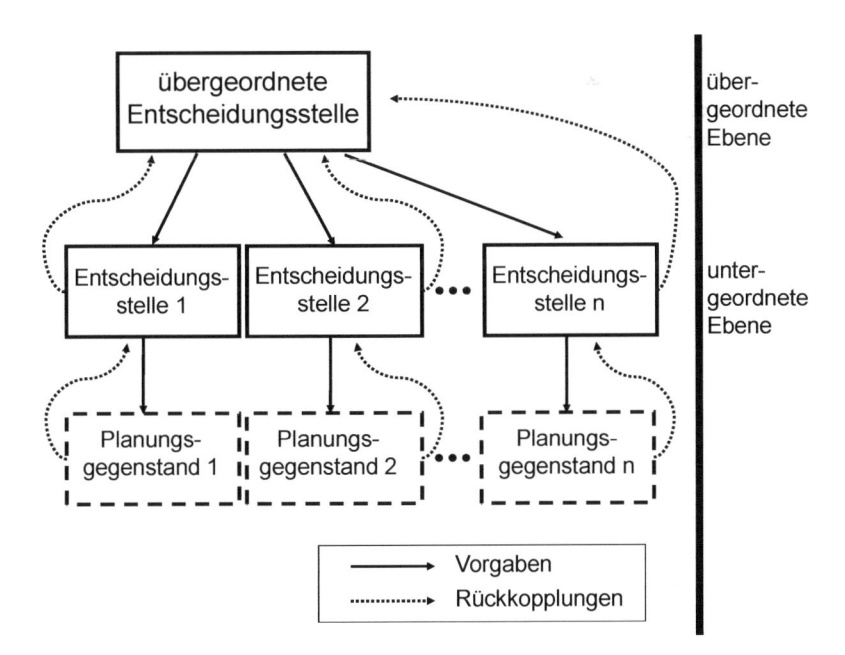

Abb. 2.8. Grundlegende Struktur eines hierarchischen Planungssystems

Wie auch die Zerlegung dient die *Aggregation* dazu, die Komplexität des Entscheidungsproblems zu reduzieren. Sie kann darüber hinaus auch die Unsicherheit der Daten (z. B. der Nachfrageprognosen) verringern. Aggregation kann auf drei Arten vorgenommen werden: bzgl. der Zeit, der Produkte und der Ressourcen. Als Beispiel sei eine mittlere Planungsebene betrachtet, bei der die Zeit zu Wochenperioden aggregiert und als Produkte lediglich die Hauptprodukte betrachtet werden – ohne Differenzierung in Produktvarianten – während die Produktionskapazitäten der Werke durch eine grobe Angabe der (wöchentlichen) Produktionsraten der Hauptprodukte abgebildet werden.

Hierarchische Koordination lässt sich durch Vorgaben und Rückkopplungen erreichen. Eine einleuchtende Vorgabe stellt die Zielvorgabe dar (z. B. ein Ziellagerbestand für ein Hauptprodukt am Ende des Planungszeitraums). Eine andere Möglichkeit besteht in der Vorgabe von Verrechnungspreisen für die Nutzung von Ressourcen, z. B. für die Nutzung zusätzlichen Personals. Demgegenüber kann eine Planungsinstanz Informationen zur Erfüllung der Vorgaben als Rückkopplungen an die übergeordnete Planungsebene zurückmelden. Diese erlauben es der übergeordneten Planungsebene, ggf. den Plan zu revidieren, um so eine bessere Koordination der Pläne der untergeordneten Planungsebene(n) herbeizuführen und die Zulässigkeit der Pläne zu ermöglichen. Zum besseren Verständnis sind in Abb. 2.8 die ausgeführten Erläuterungen dargestellt. Hierbei lässt sich beispielsweise der „Planungsgegenstand" als zu steuernder Produktionsprozess interpretieren.

Für jede Entscheidungsinstanz wird ein *Modell* aufgestellt, das die Entscheidungssituation angemessen abbildet und das Verhalten der untergeordneten Planungsinstanzen (z. B. die Reaktion auf mögliche Vorgaben) mit einbezieht. In ein (Planungs-)Modell gehen auch die Vorgaben der jeweils übergeordneten Planungsinstanz ein. Auf diese Weise werden die Vorgaben der übergeordneten Planungsinstanz disaggregiert. Falls ein mathematisches Modell gewählt wird, muss auch auf dessen Lösbarkeit geachtet werden.

Schließlich ist noch ein geeignetes *Lösungsverfahren* für das Planungsmodell anzugeben. Dabei kommen nicht nur optimierende Lösungsverfahren in Betracht, sondern auch manuelle Verfahren und Gruppenentscheidungen.

Das hierarchische Planungskonzept hat sowohl Forscher als auch Praktiker angezogen. Entsprechend vielfältig sind die bereits vorhandenen Vorschläge zur Ausgestaltung derartiger Planungssysteme (zu weiteren Einzelheiten siehe Schneeweiss 1999). Da die hierarchische Planung ein attraktives Konzept zur Lösung komplexer Entscheidungsprobleme bereitstellt, das es auch erlaubt, Entscheidungsträger auf den verschiedenen Planungsebenen mit in die Entscheidungsfindung einzubeziehen, verwundert es nicht, dass die heutigen APS auf dem hierarchischen Planungskonzept basieren (zu weiteren Einzelheiten siehe Kap. 5).

Literatur

Aaker, D. (2001) *Developing business strategies*, John Wiley, New York, 6. Aufl.

Alderson, W. (1957) *Marketing behavior and executive action*, R. D. Irwin, Homewood, Illinois

Barney, J. (1991) *Firm resources and sustained competitive advantage*, Journal of Management Studies, Bd. 17, 99–120

Berry, W.; Hill, T.; Klompmaker, J. (1999) *Aligning marketing and manufacturing strategies with the market*, International Journal of Production Research, Bd. 37, 3599–3618

Bowersox, D. (1969) *Physical distribution development, current status, and potential*, Journal of Marketing, Bd. 33, 63–70

Burns, T.; Stalker, G. (1961) *The management of innovation*, Tavistock Publications, Oxford

Cachon, G.; Lariviere, M. (2005) *Supply Chain Coordination with Revenue-Sharing Contracts: Strengths and Limitations*, Management Science, Bd. 51, Nr. 1, 30–44

Childerhouse, P.; Aitken, J.; Towill, D. (2002) *Analysis and design of focused demand chains*, Journal of Operations Management, Bd. 20, 675–689

Christopher, M. (2005) *Logistics and supply chain management, creating value-adding networks*, Financial Times Prentice Hall, Harlow, 3. Aufl.

Corsten, H.; Gössinger, R. (2001) *Einführung in das Supply Chain Management*, Oldenbourg, München, Wien

Croom, S.; Romano, P.; Giannakis, M. (2000) *Supply chain management: An analytical framework for critical literature review*, European Journal of Purchasing & Supply Management, Bd. 6, 67–83

Drexl, A.; Fleischmann, B.; Günther, H.-O.; Stadtler, H.; Tempelmeier, H. (1994) *Konzeptionelle Grundlagen kapazitätsorientierter PPS-Systeme*, Zeitschrift für betriebswirtschaftliche Forschung, Bd. 46, 1022–1045

Dudek, G. (2004) *Collaborative planning in supply chains – a negotiation-based approach*, Lecture notes in economics and mathematical systems, Bd. 533, Springer, Berlin

Fettke, P. (2007) *Supply Chain Management: Stand der empirischen Forschung*, Zeitschrift für Betriebswirtschaft, Bd. 77, Nr. 4, 417–462

Fleischmann, B. (1999) *Kooperation von Herstellern in der Konsumgüterdistribution*, in: E. Engelhard; E. Sinz (Hrsg.) *Kooperation im Wettbewerb. Neue Formen und Gestaltungskonzepte im Zeichen der Gobalisierung und Informationstechnologie*, Gabler, Wiesbaden, 68–196

Forrester, J. (1958) *Industrial dynamics: A major breakthrough for decision makers*, Harvard Business Review, Bd. 36, 37–66

Forrester, J. (1961) *Industrial dynamics*, M.I.T. Press, New York, London

Fröhlich, M. T.; Westbrook, R. (2001) *Arcs of integration: an international study of supply chain strategies*, Journal of Operations Management, Bd. 19, 185–200

Ganeshan, R.; Jack, E.; Magazine, M.; Stephens, P. (1998) *A taxonomic review of supply chain management research*, in: S. Tayur; R. Ganeshan; M. Magazine (Hrsg.) *Quantitative models for supply chain management*, Kluwer Academic, Dordrecht, TheNetherlands, 839–879

Haehling von Lanzenauer, C.; Pilz-Glombik, K. (2000) *A supply chain optimization model for MIT's beerdistribution game*, Zeitschrift für Betriebswirtschaft, Bd. 70, Nr. 1, 101–116

Håkansson, H.; Johanson, J. (1990) *Formal and informal cooperation strategies in international networks*, in: D. Ford (Hrsg.) *Understanding business markets*, Academic, London, 100–111

Hammer, M. (2001) *The superefficient company*, Harvard Business Review, Bd. 79, 82–91

Hammer, M.; Champy, J. (1993) *Reengineering the corporation*, HarperBusiness, New York

Hanssmann, F. (1959) *Optimal inventory location and control in production and distribution networks*, Operations Research, Bd. 7, Nr. 4, 483–498

Hax, A.; Meal, H. (1975) *Hierarchical integration of production planning and scheduling*, Logistics: TIMS Studies in Management Sciences, Bd. 1, North–Holland, Amsterdam, 53–69

Hilse, H.; Götz, K.; Zapf, D. (1999) *Netzwerk contra Hierarchie: Die Abbildung organisationsstruktureller Widersprüche in einem neuartigen Potential für Rollenstress*, in: K. Götz (Hrsg.) *Führungskultur: Die organisationale Perspektive*, Hampp, Mering, München, 29–44

Jayaram, J.; Kannan, V.; Tan, K. (2004) *Influence of initiators on supply chain value creation*, International Journal of Production Research, Bd. 42, 4377–4399

Kaplan, S.; Sawhney, M. (2000) *E-hubs: The new B2B marketplaces*, Harvard Business Review, Bd. 78, 97–103

Lee, H.; Billington, C. (1995) *The evolution of supply-chain-integration models in practice at Hewlett-Packard*, Interfaces, Bd. 25, Nr. 5, 42–63

Lee, H.; Padmanabhan, V.; Whang, S. (1997) *The bullwhip effect in supply chains*, Sloan Management Review, Bd. 38, 93–102

Oliver, R.; Webber, M. D. (1992) *Supply-chain management: Logistics catches up with strategy (reprint from Outlook (1982))*, in: M. Christopher (Hrsg.) *Logistics – The strategic issues*, Chapman and Hall, London, 63–75

Pfeiffer, T. (1999) *Transfer pricing and decentralized dynamic lot-sizing in multistage, multiproduct prodcution processes*, European Journal of Operational Research, Bd. 116, 319–330

Pfohl, H.-C. (2004) *Logistiksysteme. Betriebswirtschaftliche Grundlagen*, Springer, Berlin, 7. Aufl.

Porter, M. (1998a) *Competitive strategy, techniques for analyzing industries and competitors*, Free Press, New York, originally published 1980

Porter, M. (1998b) *On competition*, Harvard Businesss School Publishing, Boston

Rockhold, S.; Lee, H.; Hall, R. (1998) *Strategic alignment of a global supply chain for business success*, in: H. Lee; S. Ng (Hrsg.) *Global supply chain and technology management, POMS series in technology and operations management*, Bd. 1, Production and Operations Management Society, Miami, Florida, 16–29

Schneeweiss, C. (1999) *Hierarchies in distributed decision making*, Springer, Berlin

Schneider, D.; Bauer, C.; Hopfmann, L. (1994) *Re-Design der Wertkette durch make or buy*, Gabler, Wiesbaden

Silver, E.; Pyke, D.; Peterson, R. (1998) *Inventory management and production planning and scheduling*, Wiley, New York, 3. Aufl.

Simon, H. A. (1952) *On the Application of Servomechanism Theory in the Study of Production Control*, Econometrica, Bd. 20, Nr. 2, 247–268, ISSN 0012-9682

Sterman, J. (1989) *Modeling managerial behavior: Misperceptions of feedback in a dynamic decision making experiment*, Management Science, Bd. 35, Nr. 3, 321–339

Sydow, J. (1992) *Strategische Netzwerke*, Gabler, Wiesbaden

Ulijn, J.; Strother, J. (1995) *Communicating in business and technology: From psycholinguistic theory to internationalpractice*, Peter Lang, Frankfurt am Main

3 Analyse der Supply Chain

Christopher Sürie[1] und Michael Wagner[2]

[1] SAP Deutschland AG & Co. KG, Hasso-Plattner-Ring 7, 69190 Walldorf, Deutschland
[2] Paul Hartmann AG, Paul-Hartmann-Str. 12, 89522 Heidenheim, Deutschland

Soll ein Verbesserungsprozess angestoßen werden, ist es wichtig, ein klares Bild von der Struktur der Supply Chain und ihres Funktionierens zu besitzen. Daher ist eine detaillierte *Analyse* der Prozesse, die die Supply Chain ausmachen, notwendig. Es werden Werkzeuge benötigt, die eine angemessene Beschreibung, Modellierung und Bewertung von Supply Chains unterstützen. In Abschnitt 3.1 werden verschiedene Aspekte hinsichtlich der Motivation und der Ziele der Analyse einer Supply Chain diskutiert. Anschließend werden in Abschnitt 3.2 Modellierungskonzepte und -werkzeuge präsentiert, die sich dazu eignen, Supply Chain Prozesse zu analysieren. Das SCOR-Modell wird in diesem Abschnitt eingeführt. Aufbauend auf diesen Konzepten werden Kennzahlen vorgestellt, die eine Bewertung der Supply Chain Leistungsfähigkeit ermöglichen (Abschnitt 3.3). An Schnittstellen zwischen zwei Partnern werden oft Bestände aufgebaut. Da eine nahtlose Integration der Supply Chain Partner für die gesamte Leistungsfähigkeit der Supply Chain essentiell ist, kommt der genauen Analyse dieser Schnittstellen (d.h. dieser Bestände) eine besondere Bedeutung zu. Aus diesem Grund gibt Abschnitt 3.4 einen Überblick über Bestandsarten und führt eine standardisierte Analysemethodik ein.

3.1 Motivation und Ziele

Eine präzise Analyse der Supply Chain dient verschiedenen Zwecken und sollte eher eine kontinuierliche Aufgabe als eine einmalige Aktion sein. Obwohl Supply Chain Partnerschaften für einen längeren Zeitraum angelegt sind, entwickeln sich Supply Chains in dem heutigen, sich schnell ändernden Geschäftsumfeld stetig weiter, um die Kundenanforderungen bestmöglich zu erfüllen. Wenn eine Supply Chain zum ersten Mal analysiert wird, kann das Ergebnis als Startpunkt für einen kontinuierlichen Verbesserungsprozess oder als Benchmark für zukünftige Analysen verwendet werden. Die initiale Analyse ermöglicht es oft, Potentiale und Chancen zu identifizieren und kann dazu genutzt werden, Ziele zu definieren, zum Beispiel um in einem APS-Implementierungsprojekt (siehe Kap. 16) den Nutzen einer erfolgreichen Implementierung zu messen. Auf der anderen Seite sollte sich die Analyse der Supply Chain parallel zu den Veränderungen der realen Welt entwickeln.

Damit messen die jeweiligen Kennzahlen den aktuellen Zustand der Supply Chain und können somit für das Controlling verwendet werden.

Viele Autoren, sowohl Forscher als auch Praktiker, haben sich Gedanken über Konzepte, Modelle sowie detaillierte Kennzahlen gemacht, um die Leistungsfähigkeit einer Supply Chain zu messen (siehe z. B. Dreyer 2000, Lambert und Pohlen 2001 und Bullinger et al. 2002). In den meisten Konzepten spielen zwei grundlegend verknüpfte Aspekte eine wesentliche Rolle: *Prozessmodellierung* und *Leistungsmessung*. Diese beiden Themen werden in den beiden folgenden Abschnitten genauer untersucht. Zuvor sind jedoch noch einige generelle Anmerkungen angebracht.

Supply Chains unterscheiden sich hinsichtlich vieler verschiedener Eigenschaften voneinander (siehe auch Kap. 4 für eine detaillierte Supply Chain Typologie). Eine besondere Eigenschaft, die vielfach in der Literatur hervorgehoben wird, ist die Unterscheidung in Supply Chains, die innovative Produkte herstellen, gegenüber solchen, die funktionale Produkte herstellen (siehe z. B. Fisher 1997 und Ramdas und Spekman 2000). Supply Chains mit innovativen Produkten sind durch kurze Produktlebenszyklen, veränderliche und instabile Nachfragesituationen, jedoch hohe Gewinnmargen gekennzeichnet. Dies führt zu einer starken Marktorientierung, um Angebot und Nachfrage ins Gleichgewicht zu bringen, sowie zu flexiblen Supply Chains, die sich schnell an die Marktgegebenheiten anpassen können. Andererseits gibt es aber auch Supply Chains mit funktionalen Produkten, die mit einer eher stabilen Nachfragesituation sowie langen Produktlebenszyklen konfrontiert sind. Diese Supply Chains sind durch eher niedrige Gewinnmargen gekennzeichnet. Diese Art von Supply Chain konzentriert sich daher meistens auf Kostenreduzierungen des physischen Materialflusses sowie auf wertschöpfende Prozesse. Kennzahlen zur Leistungsmessung beider Supply Chain Arten unterscheiden sich dementsprechend. Während *time-to-market* (die Zeitspanne von der Produktentwicklung bis zur Markteinführung) eine wichtige Kennzahl für Supply Chains mit innovativen Produkten darstellt, hat diese Kennzahl für Supply Chains mit funktionalen Produkten nur eine untergeordnete Bedeutung. Demnach ist für eine Supply Chain Analyse nicht nur die korrekte Typisierung, sondern auch die Auswahl der zu ermittelnden Kennzahlen wichtig. Die Supply Chain Vision oder die strategischen Ziele sollten ebenfalls an dieser Stelle einbezogen werden.

Zusätzlich ist sowohl die Verbindung zwischen Prozessmodell und realer Welt als auch die Verbindung zwischen Prozessmodell und den zur Leistungsmessung verwendeten Kennzahlen von Bedeutung. Obwohl die beteiligten Unternehmen sehr häufig nach Funktionen organisiert sind, sollte die Analyse der Supply Chain prozessorientiert erfolgen. Daher ist es besonders wichtig, diejenigen Einheiten zu identifizieren, die zur gemeinsamen Zielerreichung beitragen. Diese Einheiten sind über die Supply Chain Prozesse nicht nur miteinander, sondern auch mit den Buchhaltungssystemen ihres eigenen Unternehmens verknüpft. Daher kann diese Verbindung die Verknüpfung zwischen der finanziellen Leistungsfähigkeit der Supply Chain Partner und der nicht-finanziellen Leistungsfähigkeit, die zur Analyse der gesamten Supply Chain herangezogen wird, darstellen.

Schließlich muss ein ganzheitlicher Blick über die gesamte Supply Chain bewahrt werden. Dies ist von besonderer Wichtigkeit, da die Gesamtkosten der Supply Chain in der Regel nicht minimiert werden, wenn jeder einzelne Supply Chain Partner versucht, seine eigenen Kosten unter den von den Partnern definierten Randbedingungen zu minimieren. Da dies auf den ersten Blick nicht unbedingt einleuchtend erscheint, soll es mit einem Beispiel illustriert werden. Betrachtet wird eine Kunde-Lieferant-Beziehung, die über Vendor-Managed-Inventory (VMI) gesteuert wird. Auf der Kundenseite reduziert die VMI-Implementierung Kosten, die über eine Preisreduktion des Endprodukts an den Markt weitergegeben werden und wiederum zu einer Steigerung des Marktanteils führen kann. Trotz dieses Erfolgs kann der Lieferant seine erhöhten Kosten nicht ausgleichen. Obwohl einige seiner Kostenbestandteile geringer wurden (z. B. Auftragsabwicklungskosten, Prognosekosten), reicht dies nicht, die höheren Bestandskosten auf seiner Seite auszugleichen. Insgesamt hat also die Supply Chain als Ganzes von der VMI-Implementierung profitiert, obwohl ein Partner schlechter gestellt ist. Daher muss bei der Analyse der Supply Chain ein ganzheitlicher Blickwinkel bewahrt werden, aber gleichzeitig müssen auch Mechanismen gefunden werden, um Partner, die nicht direkt am Erfolg der Supply Chain partizipieren, besser zu stellen.

3.2 Prozessmodellierung

3.2.1 Konzepte und Werkzeuge

Die Prozessorientierung des Supply Chain Management wurde schon im vorhergehenden Abschnitt hervorgehoben. Seit der Einführung der Wertschöpfungskette durch Porter ist in der Ökonomie das Paradigma bekannt, dass Prozessorientierung zu besseren Ergebnissen führt als die traditionelle Fokussierung auf Funktionen. Bei der Analyse von Supply Chains ist die Modellierung von Prozessen ein wichtiger Bestandteil. In diesem Zusammenhang stellen sich verschiedene Fragen: Welche Prozesse sind wichtig für die Supply Chain und wie können diese Prozesse abgebildet werden?

Um die erste Frage zu beantworten, hat das Global Supply Chain Forum acht Kern-Supply-Chain-Prozesse identifiziert (Croxton et al. 2001):

- Kundenbeziehungsmanagement (CRM),
- Kundenservicemanagement,
- Nachfragemanagement,
- Auftragsabwicklung,
- Materialflussmanagement,
- Lieferantenbeziehungsmanagement (SRM),

- Produktentwicklung und Kommerzialisierung,
- Rückläufermanagement.

Obwohl sich die Wichtigkeit der einzelnen Prozesse und der in ihnen enthaltenen Aktivitäten zwischen verschiedenen Supply Chains unterscheidet, decken diese acht Prozesse einen wesentlichen Teil der zu analysierenden Gesamtheit ab. Jeder dieser Prozesse sollte sowohl aus einem strategischen Blickwinkel (insbesondere während der Implementierung) als auch aus einem operativen Blickwinkel betrachtet werden. Abbildung 3.1 zeigt den Auftragsabwicklungsprozess und die Schnittstellen der strategischen bzw. operativen Teilprozesse zu den sieben anderen Kernprozessen.

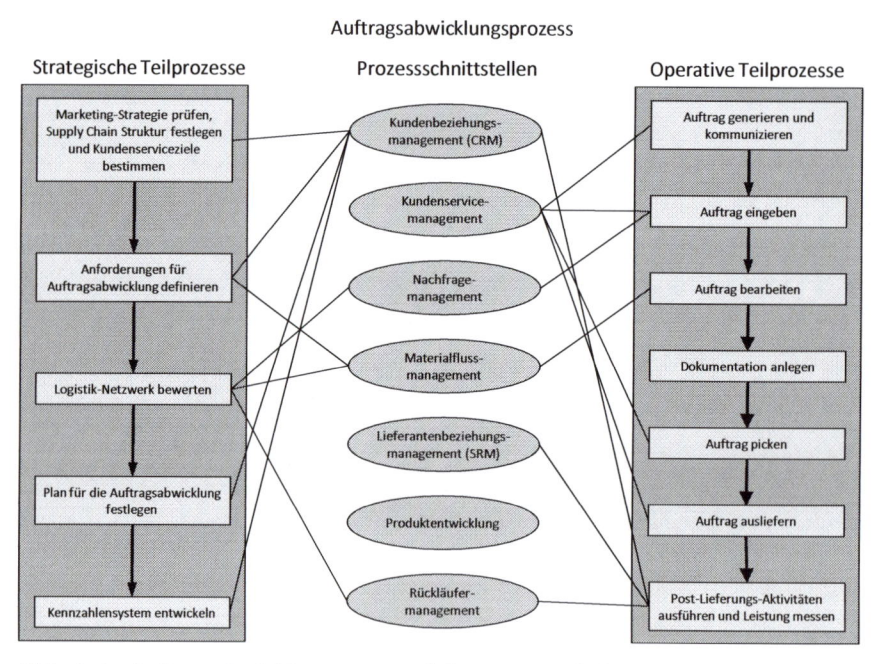

Abb. 3.1. Auftragsabwicklungsprozess (übersetzt nach Croxton et al. 2001, S. 21)

Am besten können Prozesse durch eine Beobachtung der Material-, Informations- und Geldflüsse analysiert werden. Ein Materialfluss wird häufig durch eine Bestellung (Informationsfluss) ausgelöst und zieht eine Rechnung sowie ein Zahlung (Informationsfluss und Geldfluss) nach sich, um nur einige Prozessschritte zu nennen. Dennoch sind sehr viele funktionale Einheiten an diesem Prozess beteiligt: Der Einkauf als Initiator, die Produktion als Verbraucher, die Logistik als interner Dienstleister und die Buchhaltung als Schuldner. Außerdem interagieren diese funktionalen Einheiten mit den korrespondierenden funktionalen Einheiten des Lieferanten. Bei der Analyse von

Supply Chains und ihrer Materialflüsse (sowie der korrespondierenden Informationsflüsse) muss sichergestellt sein, dass diese von ihrem Ursprung bis zum Endkunden (Verbraucher) und, falls Retouren von Bedeutung sind, wieder zurück betrachtet werden. Besondere Bedeutung haben dabei die Schnittstellen zwischen funktionalen Einheiten, insbesondere wenn diese zwei Unternehmen verknüpfen. Ein funktionaler Blickwinkel kann manchmal für die Strukturierung des Prozesses hilfreich sein.

Bisher sind verschiedene Werkzeuge und Sprachen zur Abbildung von Prozessen entwickelt worden. Eine Modellierungssprache, die im Zusammenhang mit Supply Chain Management häufig zitiert wird, ist die *Process Chain Notation*, die im Original von Kuhn (1995) entwickelt wurde (Brause und Kaczmarek 2001; Arns et al. 2002).

Diese Notation erlaubt eine hierarchische Strukturierung der Prozesse. Dies ist eine notwendige Voraussetzung für die Modellierung von Supply Chains, die häufig sehr große und komplexe Systeme darstellen. Außerdem erlaubt ein hierarchischer Aufbau die Modellierung verschiedener Teile der Supply Chain mit einem unterschiedlichen Detaillierungsgrad, um sich auf die wesentlichen Prozessschritte konzentrieren zu können. Prozessketten werden durch Quellen (z. B. einen Kundenauftrag) und Senken (z. B. die Akzeptanz einer Lieferung durch den Kunden) charakterisiert. Diese sind durch eine chronologische Sequenz von Prozesskettenelementen verbunden. Diese Elemente wiederum beschreiben die einzelnen Aktivitäten, die ausgeführt werden, und können weiter in Teilprozesse verfeinert werden.

Das Konzept der ereignisorientierten Prozessketten ist ebenfalls sehr beliebt, um Prozesse zu modellieren (z. B. ARIS Toolset (Scheer 2002)), und kann zur Analyse von Supply Chains verwendet werden.

Die Prozessmodelle müssen mit Kennzahlen zur Leistungsmessung verknüpft werden. Außerdem erfüllen Prozessmodelle einen weiteren Zweck. Sie können verwendet werden, um verschiedene Szenarien zu simulieren, indem den Prozesskettenelementen bestimmte Eigenschaften (z. B. Kapazitäten, Prozesszeiten, Verfügbarkeiten) zugewiesen werden und anschließend eine Engpassanalyse durchgeführt wird (Arns et al. 2002). Hier kann eine Simulation helfen, neu entworfene Prozesse zu validieren. Zusätzlich ermöglicht sie es, notwendige Veränderungen rechtzeitig zu erkennen.

Das mit großem Abstand am weitesten verbreitete Modell, das speziell für die Modellierung von Supply Chains entwickelt wurde, ist das SCOR-Modell, welches aus diesem Grund in einem separaten Abschnitt genauer vorgestellt wird.

3.2.2 Das SCOR-Modell

Das *Supply Chain Operations Reference* (SCOR-)Modell (aktuelle Version ist 9.0) ist ein Werkzeug, um Supply Chains abzubilden, zu analysieren und zu konfigurieren. Das SCOR-Modell wurde durch das *Supply-Chain Council*

(SCC) entwickelt, das 1996 als eine gemeinnützige Organisation von *AMR Research*, dem Beratungsunternehmen *Pittiglio Rabin Todd & McGrath* (PRTM) sowie 69 weiteren Unternehmen (Supply-Chain Council 2007b) gegründet wurde. Im Jahr 2007 hatte das SCC nahezu 1000 Mitglieder, hauptsächlich Praktiker, Technologieanbieter sowie Unternehmensberater (Supply-Chain Council 2007a).

Das SCOR-Modell ist ein Referenzmodell. Es stellt keine Optimierungswerkzeuge zur Verfügung, sondern zielt darauf ab, eine standardisierte Terminologie für die Beschreibung von Supply Chains zu etablieren. Diese Standardisierung erlaubt ein Benchmarking von Prozessen und die Identifikation von Best Practices für spezifische Prozesse.

Standardisierte Terminologie

In verschiedenen Unternehmen werden mit bestimmten Begriffen oft unterschiedliche Bedeutungen verknüpft. Je weniger man sich der unterschiedlichen Verwendung eines Begriffs bewusst ist, desto wahrscheinlicher ist es, dass Missverständnisse auftreten. Die Verwendung einer einheitlichen Terminologie, die Begriffe definiert und ihren Gebrauch vereinheitlicht, verbessert die Kommunikation zwischen den Partnern der Supply Chain. Dadurch werden Missverständnisse vermieden oder zumindest reduziert. Das SCC hat eine einheitliche Terminologie innerhalb des SCOR-Modells etabliert.

Ebenen des SCOR-Modells

Das SCOR-Modell besteht aus Prozessdefinitionen, die verwendet werden, um die Beschreibung SCM-relevanter Prozesse zu standardisieren. Das SCC empfiehlt, die Supply Chain vom Lieferanten des Lieferanten bis zum Kunden des Kunden zu modellieren. Es werden kundenbezogene Interaktionen (Auftragsannahme bis Faktura), physische Materialflüsse (z. B. bezogen auf Ausrüstung, Bedarfe, Produkte oder Software), Marktbeziehungen (z. B. Nachfragebefriedigung) und (seit Release 4.0) auch das Rückläufer-Management unterstützt. Marketing und Vertrieb sowie Produktentwicklung werden im SCOR-Modell (Supply-Chain Council 2007b, S. 3) nicht betrachtet.

Die Standardprozesse sind jeweils in vier hierarchische Ebenen unterteilt: *Prozesstypen*, *Prozesskategorien*, *Prozesselemente* und *Implementierung*. Im SCOR-Modell werden nur die oberen drei Ebenen betrachtet, die im Folgenden detaillierter beschrieben werden (in Anlehnung an Supply-Chain Council 2002, S. 10–221). Die unterste Ebene (Implementierung) ist nicht Bestandteil des SCOR-Modells, da sie zu unternehmensspezifisch ausgeprägt ist.

Ebene 1 – Prozesstypen

Ebene 1 besteht aus den fünf elementaren Prozesstypen: *Planung* (engl. *Plan*), *Beschaffung* (engl. *Source*), *Produktion* (engl. *Make*), *Lieferung* (engl.

Deliver) und *Rückgabe* (engl. *Return*). Diese Prozesstypen beinhalten operative aber auch strategische Aktivitäten (siehe Kap. 5). Die Beschreibung der Prozesstypen erfolgt nach Supply-Chain Council (2002) und Supply-Chain Council (2007b).

Plan. „Plan" beinhaltet Prozesse zum Abgleich der Ressourcenkapazitäten mit der Nachfragesituation sowie die Kommunikation dieser Pläne innerhalb der Supply Chain. Außerdem ist die Messung der Leistungsfähigkeit der Supply Chain und das Management von Beständen, Vermögenswerten sowie von Transporten ein Bestandteil dieses Prozesstyps.

Source. „Source" beinhaltet die Identifikation und Auswahl von Lieferanten, die Lieferantenbewertung sowie die Planung ihrer Lieferungen und Zahlungsprozesse. Daneben beinhaltet dieser Prozesstyp das Management der Lieferantenbeziehungen und -kontrakte sowie der Bestände der angelieferten Produkte.

Make. Im Fokus des Prozesstyps „Make" stehen Prozesse, die Rohstoffe, Zwischenprodukte oder Endprodukte in ihren nächsten Status transformieren, um den aktuellen Bedarf und zukünftige Bedarfe zu decken. Make beinhaltet Prozesse zur Planung von Produktionsaktivitäten, Produktion, Prüfung, Verpackung sowie die Freigabe von Produkten zur Auslieferung. Außerdem ist das Management von unfertigen Erzeugnissen, Werkzeugen und Anlagen Bestandteil dieses Prozesstyps.

Deliver. „Deliver" deckt Prozesse wie die Auftragsannahme, Reservierung von Beständen, Angebotserstellung, Auftragskonsolidierung, Transportplanung, Erzeugung von Transportdokumenten sowie Rechnungserstellung ab. Dieser Prozesstyp beinhaltet alle Schritte, die für das Auftragsmanagement, Lagermanagement und die Auslieferung (bis zur Installation beim Kunden, sofern erforderlich) notwendig sind. Außerdem fallen das Management von Endproduktbeständen, die Aufrechterhaltung von Servicegraden sowie die Einhaltung von Import-/Export-Anforderungen in diesen Bereich.

Return. Im Fokus des Prozesstyps „Return" steht der Rücklauf defekter sowie überschüssiger Produkte sowie das Management von Maintenance, Repair & Operations (MRO-)Produkten (Wartungs-, Reparatur- & Instandhaltungsprodukte). Der Prozesstyp „Return" erweitert den Umfang des SCOR-Modells in dem Bereich des Kundenservice nach Lieferung des Produkts. Dieser Prozesstyp beinhaltet die Autorisierung von Rückläufern, die Planung von Rückläufen, den Empfang und die weitere Disposition der zurückgelieferten Produkte sowie die Ersatzlieferung oder Gutschrift. Außerdem werden die durch Rückläufer generierten Bestände sowie die Einhaltung von Rückgaberichtlinien abgebildet.

Ebene 2 – Prozesskategorien

Die fünf Prozesstypen der Ebene 1 werden in Ebene 2 in 26 *Prozesskategorien* unterteilt. Diese Ebene beinhaltet zusätzlich fünf „Enable" Prozesskategori-

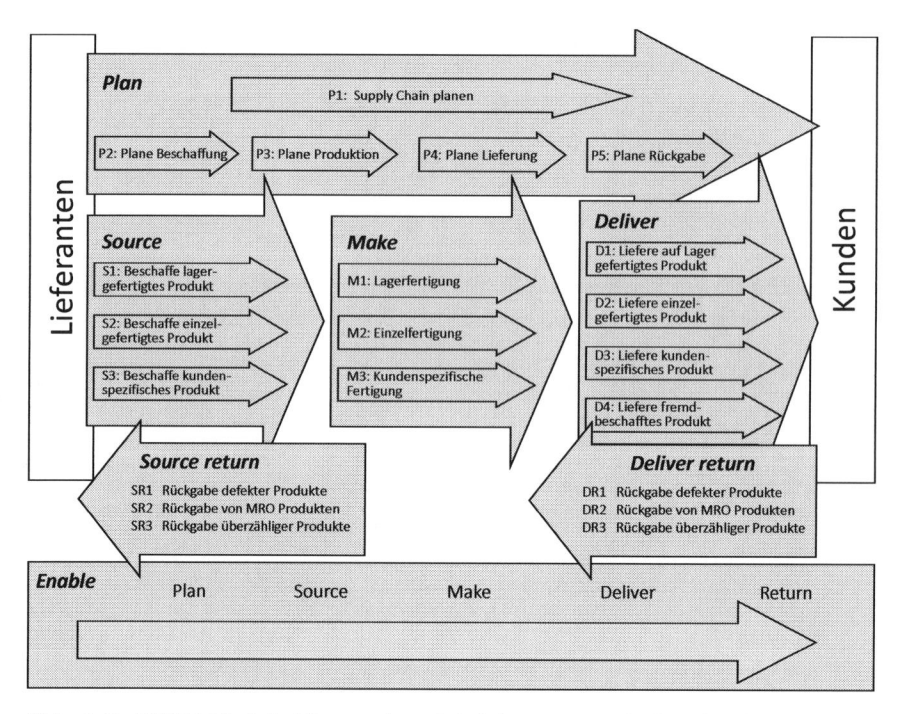

Abb. 3.2. SCOR-Modell: Ebenen 1 und 2 (übersetzt nach Supply-Chain Council 2007b, S. 9)

en, eine für jeden Prozesstyp (siehe Abb. 3.2). Auf dieser Ebene lassen sich häufig Redundanzen wie überlappende Planungsprozesse oder doppelte Einkaufsprozesse identifizieren. Verspätete Kundenbelieferungen können auf eine notwendige, stärkere Integration von Lieferanten und Kunden hinweisen. Jede Prozesskategorie ist einem der Bereiche *Planung* (Planning), *Ausführung* (Execution) oder *Unterstützung* (Support) (siehe Tabelle 3.1) zugewiesen.

Planung. Prozesskategorien aus dem Bereich Planung unterstützen die Zuweisung von Ressourcen zu erwarteter Nachfrage. Dies beinhaltet den Abgleich von Angebot und Nachfrage innerhalb eines angemessenen Planungszeitraums. Meistens werden diese Prozesse periodisch ausgeführt. Sie beeinflussen direkt die Flexibilität der Supply Chain in Bezug auf Änderungen der Nachfragesituation.

Ausführung. Prozesskategorien aus dem Bereich Ausführung sind solche, die direkt durch aktuelle oder geplante Nachfrage ausgelöst werden. Im SCOR-Modell beinhalten sie die Produktionsplanung, die physische Produktion sowie Transporte. Die Prozesstypen Source, Make und Deliver sind darüberhinaus unterteilt nach der Art der Kundennachfrage (z. B. Make-to-Stock (Lagerfertigung), Make-to-Order (Auftragsfertigung) und

Engineer-to-Order (Auftragsentwicklung)). Die Prozesskategorien aus dem Bereich Ausführung sind die Kernprozesse der Supply Chain.

Unterstützung. Prozesskategorien aus dem Bereich Unterstützung sind unterstützende Prozesse für andere Prozesskategorien. Hierunter fallen die Vorbereitung, Aufrechterhaltung und Kontrolle von Informationsflüssen sowie die Verknüpfung zwischen verschiedenen Prozessen.

Tab. 3.1. Prozesstypen und -kategorien

	Plan	Source	Make	Deliver	Return
Planung	P1	P2	P3	P4	P5
Ausführung		S1–S3	M1–M3	D1–D4	SR1–SR3, DR1–DR3
Unterstützung	EP	ES	EM	ED	ER

Ebene 3 – Prozesselemente

Auf dieser Ebene wird die Supply Chain abgestimmt. Die Prozesskategorien werden weiter untergliedert in *Prozesselemente*. Detaillierte Kennzahlen und Best Practices (bewährte Methoden) für diese Elemente sind Bestandteil des SCOR-Modells auf dieser Ebene. Zusätzlich können die meisten Prozesselemente verknüpft werden und besitzen einen *Zufluss* (Information und Material) und/oder einen *Abfluss* (ebenfalls Information und Material). Abbildung 3.3 zeigt beispielhaft die dritte Ebene der Prozesskategorie „P1: Plan supply chain" (Planung der Supply Chain). Das Supply-Chain Council (2002, S. 10–51) definiert die Prozesskategorie und ihre Prozesselemente wie folgt:

P1. Die Entwicklung und Festlegung von Handlungen über einen definierten Zeitraum, um eine Zuordnung von Supply Chain Ressourcen zu Supply Chain Anforderungen zu gewährleisten.

P1.1. Der Prozess der Identifikation, Priorisierung und Beachtung (gesamtheitlich sowie der relevanten Bestandteile) aller potenziellen Nachfragequellen eines Produkts oder Services.

P1.2. Der Prozess der Identifikation, Bewertung und Betrachtung aller wertschöpfenden Aspekte (gesamtheitlich sowie der relevanten Bestandteile) der Supply Chain.

P1.3. Der Prozess der Entwicklung eines Ablaufplans, der Supply Chain Ressourcen den Supply Chain Anforderungen zuweist.

P1.4. Das Ermitteln von Vorgehensweisen über einen definierten Zeitraum, die eine geplante Zuordnung von Supply Chain Anforderungen repräsentieren.

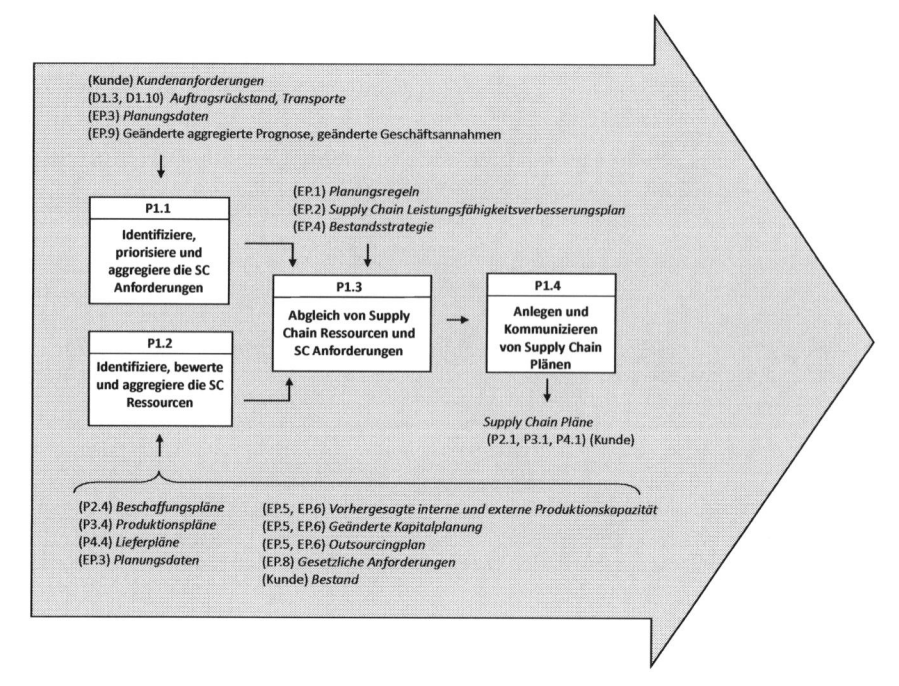

Abb. 3.3. Ebene 3 des SCOR-Modells (Beispiel) (übersetzt nach Supply-Chain Council 2002, S. 11)

Die Zuflüsse und Abflüsse von Prozesselementen sind nicht notwendigerweise Zu- oder Abflüsse anderer Prozesselemente. Dennoch gibt die Angabe in Klammern die korrespondierenden Supply Chain Partner, Prozesstypen, Prozesskategorien oder Prozesselemente an, von denen die Information oder das Material kommt. Die Prozesselemente dienen eher als Referenzen und nicht unbedingt als Beispiele möglicher Reihenfolgen.

Die Prozesselemente werden in der vierten Ebene weiter verfeinert. Auf dieser Ebene implementieren Unternehmen ihre individuellen Geschäftsprozesse. Allerdings ist diese Ebene nicht mehr Bestandteil des SCOR-Modells und wird daher nicht weiter vertieft.

Kennzahlen und Best Practices

Das SCOR-Modell unterstützt die Leistungsmessung auf allen Ebenen. Die Kennzahlen der Ebene 1 liefern einen Überblick über die Supply Chain aus der Managementperspektive (siehe Tabelle 3.2). Die Kennzahlen der Ebenen 2 und 3 beinhalten spezifische Kennzahlen entsprechend der jeweiligen Prozesskategorien bzw. Prozesselemente. Tabelle 3.3 gibt beispielhaft einen Überblick über Kennzahlen der Ebene 3, die auf das Prozesselement „S1.1: Schedule product deliveries" (Planung der Produktlieferungen) bezogen sind.

Tab. 3.2. Kennzahlen der Ebene 1 des SCOR-Modells (Supply-Chain Council 2007b, S. 8)

Extern, kundengerichtet			Intern gerichtet	
Zuverlässigkeit	Reaktionsfähigkeit	Flexibilität	Kosten	Vermögen
Perfekte Auftragserfüllung	Auftragsabwicklungszykluszeit	Flexibilität bei Bedarfsschwankungen	SCM Kosten	Cash-to-Cash Zykluszeit
		Anpassungsfähigkeit gg. Bedarfserhöhungen	Umsatzkosten	Rentabilität des SC Anlagevermögens
		Anpassungsfähigkeit gg. Bedarfssenkungen		Rentabilität des Umlaufvermögens

Die Kennzahlen sind systematisch fünf Kategorien zugeordnet: *Zuverlässigkeit*, *Reaktionsfähigkeit*, *Flexibilität*, *Kosten* und *Vermögen*. Sowohl Zuverlässigkeit als auch Reaktionsfähigkeit und Flexibilität sind Kennzahlen, die primär nach außen in Richtung der Kunden gerichtet sind, wohingegen Kosten und Vermögen nach innen auf die Supply Chain als solche gerichtet sind.

Im Jahr 1991 initiierte PRTM für SCC-Mitglieder die *Supply Chain Performance Benchmarking Studie* (heute: Supply-Chain Management Benchmarking Serie) (Stewart 1995). Innerhalb dieser Studie werden alle Kennzahlen der Ebene 1 und ausgewählte Kennzahlen der Ebenen 2 und 3 gesammelt. Diese Informationen werden branchenspezifisch ausgewertet. Unternehmen, die an der Studie teilnehmen, haben die Möglichkeit ihre eigenen Werte mit den Ergebnissen der Studie zu vergleichen. Darüberhinaus werden Best Practices identifiziert. Ausgewählte Best Practices werden bezogen auf Prozesskategorien und Prozesselemente im folgenden Absatz kurz vorgestellt.

Ein Beispiel für eine Best Practice aus der Prozesskategorie „P1: Plan Supply Chain" (Supply Chain planen) ist eine hohe Integration des Auftragsabwicklungsprozesses, angefangen von der Kundendaten- und Auftragserfassung über die Produktion bis zur Lieferantenanfrage. Das SCC empfiehlt, diesen integrierten Prozess durch Verwendung eines APS mit Schnittstellen zu allen beteiligten Lieferanten und Kunden durchzuführen. Darüber hinaus wird die Verwendung von Werkzeugen empfohlen, die eine ausgewogene Entscheidungsunterstützung unter Abwägung verschiedener Zielkriterien (beispielsweise Lieferbereitschaft gegenüber Lagerbestand) ermöglichen

Tab. 3.3. Kennzahlen der Ebene 3 des SCOR-Modells – Beispiel „S1.1: Schedule product deliveries" (Planung der Produktlieferungen) (Supply-Chain Council 2007b, S. 11)

Kennzahl	Definition
% der geänderten Lieferungen innerhalb der Durchlaufzeit des Lieferanten	Die Anzahl der Lieferungen, die innerhalb der Durchlaufzeit des Lieferanten geändert wurden, geteilt durch die gesamte Anzahl der Lieferungen innerhalb der Messperiode
Durchschnittliche Verspätung je Konstruktionsänderung	Anzahl der durch Konstruktionsänderungen induzierten Verspätungen gegenüber dem Lieferdatum geteilt durch die Anzahl der Konstruktionsänderungen
Durchschnittliche Verspätung je Planänderung	Anzahl der durch (Zeit-)Planungsänderungen induzierten Verspätungen gegenüber dem Lieferdatum geteilt durch die Gesamtzahl der Planungsänderungen
Durchschnittliche Freigabezeit je Änderung	Zykluszeit für die Umsetzung von Änderungen geteilt durch die Gesamtanzahl der Änderungen
Kosten der Einplanung von Lieferungen	Die Summe der Kosten, die durch die Planung von Auslieferungen verursacht werden
Zykluszeit für die Rücklauftransportplanung	Die durchschnittliche Zeit, die für die Planung des Rücktransports eines MRO-Produkts benötigt wird

(Supply-Chain Council 2002, S. 12). Um das Prozesselement „P1.3: Balance supply chain resources with supply chain requirements" (Abgleich von Supply Chain Ressourcen und Supply Chain Anforderungen) (siehe Abb. 3.3) effektiv auszuführen, wird als Best Practice empfohlen, ein APS zu verwenden, um den Ausgleich zwischen Angebot und Nachfrage herzustellen und eine optimale Kombination von Kundenservice und Ressourcenverbrauch zu erreichen.

Verwendung des SCOR-Modells

Nachdem die Elemente des SCOR-Modells vorgestellt wurden, soll nun gezeigt werden, wie das SCOR-Modell angewendet werden kann (Supply-Chain Council 2007b, S. 19–21). Ein beispielhafter Ablaufplan für die Anwendung besteht aus sieben Schritten:

1. Definiere die Geschäftseinheit, die betrachtet werden soll.
2. Platziere die Einheiten, die an den Prozesstypen Source, Make, Deliver und Return beteiligt sind (geographisch). Nicht nur die Einheiten des untersuchten Unternehmens, sondern auch die Standorte der Lieferanten

(und der Lieferanten der Lieferanten) sowie der Kunden (und der Kunden der Kunden) sollten berücksichtigt werden.
3. Markiere die Materialflüsse zwischen den Standorten der betrachteten Einheiten mit gerichteten Pfeilen.
4. Ordne jedem Standort die wesentlichen Source-, Make-, Deliver- und Return-Prozesskategorien zu und verbinde diese (siehe Abb. 3.4).
5. Definiere (Teil-)Prozessketten der abgebildeten Supply Chain (z. B. für bestimmte Produktfamilien). Eine (Teil-)Prozesskette besteht aus einer Sequenz von Prozessen, die im Rahmen der „P1" Prozesskategorie geplant werden.
6. Führe die Planungsprozesskategorien („P2"–„P5") ein, um die Zuordnung der Ausführung zu den Planungsprozesskategorien darzustellen (mit Hilfe gestrichelter Linien) (siehe Abb. 3.4 und auch Tabelle 3.1).
7. Definiere sofern möglich einen übergeordneten „P1" Planungsprozess, d. h. eine Planungsprozesskategorie, die zwei oder mehrere (Teil-)Prozessketten koordiniert.

Kritische Prozesskategorien der Ebene 2 können in Ebene 3 weiter detailliert werden. Auf dieser Ebene stehen die detailliertesten Kennzahlen und Best Practices zur Verfügung. Daher wird auf dieser Ebene eine detaillierte Analyse und Dokumentation der Verbesserung der Prozesselemente unterstützt. Die *Implementierung von Supply Chain Prozessen und Systemen* ist nicht Bestandteil des SCOR-Modells. Dennoch können die vorgestellten Kennzahlen des SCOR-Modells verwendet werden. Sie ermöglichen ein internes und externes Benchmarking und die Dokumentation der Maßnahmen, die erfolgreiche Änderungen an den Prozessen der Supply Chain bewirkt haben.

3.3 Leistungsmessung

Neben der Abbildung der Supply Chain Prozesse ist es wichtig, diesen Prozessen Kennzahlen zuzuordnen, um Veränderungen messen und die Güte individueller Prozesse, aber auch die der gesamten Supply Chain, bewerten zu können. Dabei ist es wichtig, nicht „irgendetwas" zu messen, sondern die wirklich relevanten Kennzahlen zu bestimmen. Diese müssen nicht nur an der Supply Chain Strategie ausgerichtet sein (siehe Abschnitt 2.2.4), sondern sollen auch die wichtigen Ziele der Organisation, die verantwortlich für den betrachteten Prozess sind, reflektieren. In den beiden folgenden Abschnitten werden zunächst einige allgemeine Aspekte der Leistungsmessung in Supply Chains diskutiert und anschließend einige Kennzahlen für Supply Chains vorgestellt.

3.3.1 Generelle Aspekte

Kennzahlen sind definiert als Zahlen, die in einer eindeutig definierten Form über relevante Kriterien berichten (siehe z. B. Horváth 2006 für eine ausführliche Einführung zu Kennzahlen und Kennzahlensystemen). Kennzahlen

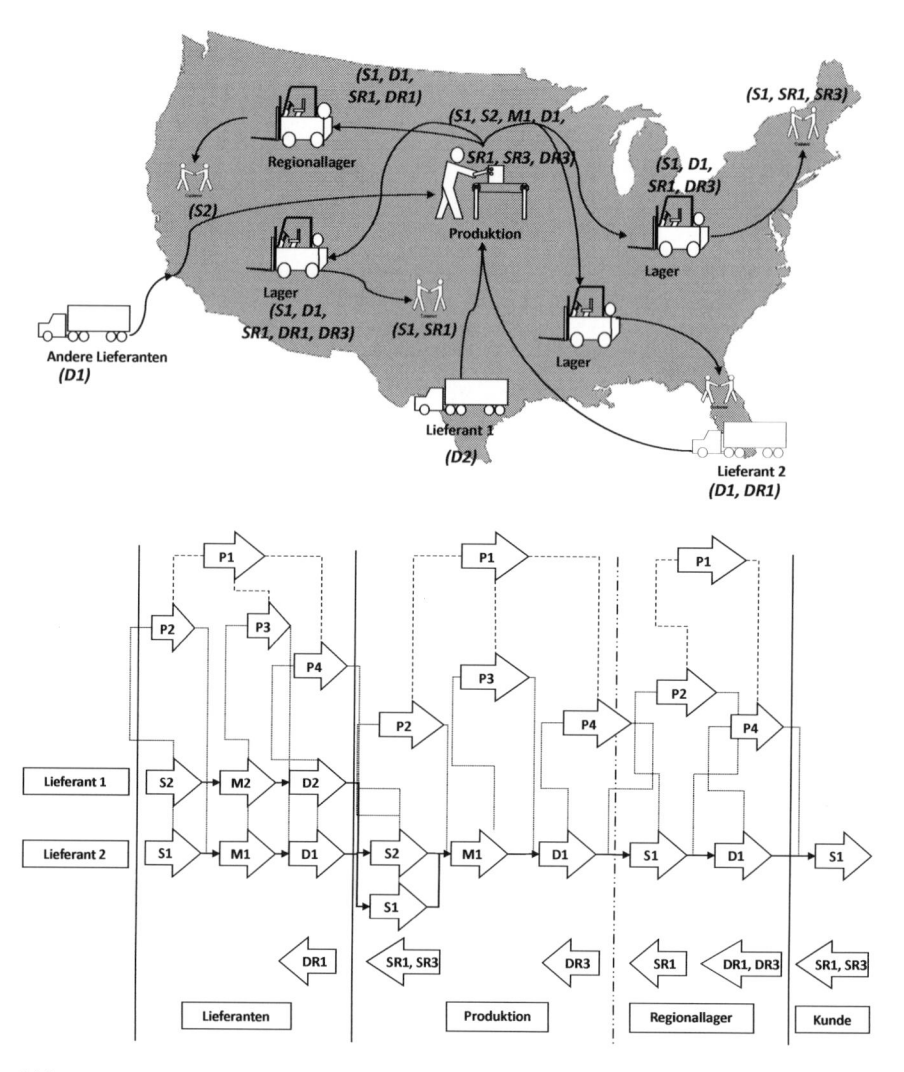

Abb. 3.4. Beispielergebnis der Schritte 4 und 6 (übersetzt nach Supply-Chain Council 2007b, S. 19–21)

(Key Performance Indicators, KPIs) werden in vielen Bereichen verwendet. Ihre hauptsächliche Anwendung findet sich im *operativen Controlling*. Ein Controllingsystem ohne die Verwendung von Kennzahlen ist kaum vorstellbar. Die Verwendung einer Vielzahl von Kennzahlen ermöglicht Unternehmen eine Steuerung auf Basis von management-by-exception (Führen nach dem Ausnahmeprinzip).

Kennzahlen können drei verschiedenen Funktionen zugeschrieben werden:

Information. Ihr Hauptzweck besteht darin, das Management zu informieren. In dieser Funktion werden Kennzahlen zur Entscheidungsunterstützung und zur Identifikation von Problemen verwendet. Hierzu werden für Kennzahlen Zielwerte definiert.

Steuerung. Kennzahlen sind die Basis für Zielwertdefinitionen. Diese Zielwerte führen die Prozessverantwortlichen dazu, das gewünschte Ergebnis zu erzielen.

Kontrolle. Kennzahlen werden zur Überwachung von Vorgängen und Prozessen eingesetzt.

Der große Nachteil von Kennzahlen besteht darin, dass sie nur *quantitativ messbare Faktoren* beschreiben können. „Weiche" Faktoren sind dagegen schwierig zu messen und es besteht eine höhere Wahrscheinlichkeit, dass diese Faktoren nicht hinreichend beachtet werden, sobald Kennzahlen eingeführt werden (z. B. Motivation der Belegschaft). Daher sollen immer auch nicht-quantifizierbare Ziele, die nicht in die Menge der Kennzahlen aufgenommen wurden, beachtet werden.

Bei der Verwendung von Kennzahlen ist es wichtig, auf ihre *korrekte Interpretation* zu achten. Es ist wichtig, beobachtete Veränderungen von Kennzahlen über einen kausalen Zusammenhang mit dem ihnen zugrunde liegenden Prozess zu verknüpfen. Ein kurzes Beispiel soll dies veranschaulichen. Um die Produktivität eines Vorgangs zu messen, wird das Verhältnis von Umsatz zu Arbeitseinsatz als aussagekräftige Kennzahl definiert:

$$\text{Produktivität} = \frac{\text{Umsatz } [EUR]}{\text{Arbeitseinsatz } [\text{Std.}]} \qquad (3.1)$$

Umsatz wird dabei in Geldeinheiten (EUR) gemessen, während der Arbeitseinsatz in Arbeitsstunden gemessen wird (pro Werk, Maschine oder Werker), wobei die relevante Berechnungsgrundlage für den Arbeitseinsatz beispielsweise durch das betrachtete Produkt bestimmt wird. Angenommen die Produktivität beträgt 500 EUR/Std. in Periode 1 und 600 EUR/Std. in der darauffolgenden Periode. Das ist definitiv ein signifikanter Unterschied. Tatsächlich wird bei dieser Berechnung der Produktivität unterstellt, dass ein *kausaler Zusammenhang* zwischen Umsatz und Arbeitseinsatz besteht. Auf der anderen Seite gibt es aber auch viele andere Erklärungen für diesen Anstieg der Produktivität. Diese müssen ebenfalls untersucht werden, bevor eine endgültige Schlussfolgerung gezogen werden kann. In diesem Beispiel können Preiserhöhungen, Änderungen des Produktmixes, eine höhere Ressourcenauslastung oder der Abbau von Lagerbeständen einen substanziellen Anteil der beobachteten Produktivitätserhöhung verursacht haben. Aus diesem Grund ist es von enormer Bedeutung, angemessene Kennzahlen mit einer klaren Beziehung zwischen der Kennzahl und dem Kausalmodell zu finden.

Außerdem sollte beachtet werden, wie sich Kennzahlen in Bezug auf die strategischen Ziele der Supply Chain verhalten. Falls die Kennzahlen und die

Strategie nicht aufeinander abgestimmt sind, kann es passieren, dass unterschiedliche Supply Chain Einheiten konkurrierende Ziele verfolgen. Beispielsweise erhöht ein Supply Chain Partner seinen Lagerumschlag durch eine Reduzierung der Sicherheitsbestände, reduziert aber damit die Lieferfähigkeit eines anderen Supply Chain Partners.

Bei der Auswahl der Kennzahlen für eine Supply Chain ist außerdem die funktionsübergreifende, prozessorientierte Struktur der Supply Chain zu beachten. Funktionale Kennzahlen sind daher häufig zu einfach und sollten durch funktionsübergreifende Kennzahlen ersetzt werden, um sicherzustellen, dass einzelne Einheiten in der Supply Chain nicht ihre funktionalen Ziele (z. B. Kapazitätsauslastung maximieren), sondern gemeinsame Ziele (z. B. eine bessere Auftragsabwicklungsquote im Vergleich zu einer konkurrierenden Supply Chain) optimieren.

Historisch gesehen basieren Kennzahlen und Kennzahlsysteme meistens auf *Finanzdaten*, da Finanzdaten schon immer verfügbar waren. Verbesserungen im Bezug auf die bessere finanzielle Entwicklung, die durch eine erfolgreiche Anwendung der Gedanken des Supply Chain Managements verursacht wurde, können mit diesen Kennzahlen gemessen werden. Dennoch sollen auch einige zusätzliche Kennzahlen, welche die Leistung der Supply Chain direkter beschreiben, definiert werden. Schließlich liegt der Schwerpunkt des SCM in der Kundenorientierung sowie der Integration und Koordination verschiedener organisatorischer Einheiten.

Die Maßgabe, nicht-finanzielle Kennzahlen in die Bewertung der Geschäftsprozesse einzubeziehen, ist weithin akzeptiert. Kaplan und Norton (1992) haben das Konzept der Balanced Scorecard (BSC) eingeführt, das eine weite Beachtung nicht nur in der wissenschaftlichen Literatur, sondern auch in der praktischen Anwendung gefunden hat. Neben finanziellen Kennzahlen enthält die BSC eine Kundenperspektive, eine Innovations- und Lernperspektive sowie eine interne Unternehmensperspektive. Diese verschiedenen Perspektiven integrieren unterschiedliche Kennzahlen in eine Managementauswertung, die einen detaillierten Einblick in die Leistungsfähigkeit des Unternehmens ermöglicht. Die individuell ausgewählten Kennzahlen sind abhängig vom betrachteten Unternehmen und der Situation, in der sich dieses Unternehmen befindet. Abbildung 3.5 zeigt beispielhaft eine BSC eines global agierenden Bau- und Ingenieurunternehmens.

Eine zunehmende Anzahl von Beiträgen in der Literatur beschäftigt sich mit der Anpassung von Balanced Scorecards an die Anforderungen des Supply Chain Managements (siehe z. B. Brewer und Speh 2000 und Bullinger et al. 2002). Es werden sowohl Anpassungen innerhalb des originalen Ansatzes mit den oben eingeführten vier Dimensionen als auch strukturelle Veränderungen vorgeschlagen. Zum Beispiel schlagen Weber et al. (2002) eine Balanced Scorecard für Supply Chains vor, die aus einer finanziellen Perspektive, einer Prozessperspektive sowie zwei neuen Perspektiven, die sich auf die Kooperationsqualität und die Kooperationsintensität beziehe, besteht. Zusätz-

```
                    ┌─────────────────────────┐
                    │  Finanzielle Perspektive │
                    ├─────────────────────────┤
                    │  Return-on-Investment   │
                    │  Cash Flow              │
                    │  Projektprofitabilität  │
                    │  Profitvorhersagezuverlässigkeit │
                    │  Vertriebsrückstand     │
                    └─────────────────────────┘
```

Kundenperspektive		Interne Perspektive
Preisindex		Stunden mit Kundenzusammenarbeit
Kundenrankingbefragung		Angebotsabschlussrate
Kundenzufriedenheitsindex		Nacharbeit
Marktanteil		Betriebssicherheitsindex
		Projekterfolgsindex
		Projektabschlussrate

```
                    ┌─────────────────────────┐
                    │ Innovations- und Lern-  │
                    │ perspektive             │
                    ├─────────────────────────┤
                    │ % Umsatz aus neuen Services │
                    │ Verbesserungsrate       │
                    │ Belegschaftszufriedenheit │
                    │ Mitarbeitervorschlagswesen │
                    │ Umsatz pro Mitarbeiter  │
                    └─────────────────────────┘
```

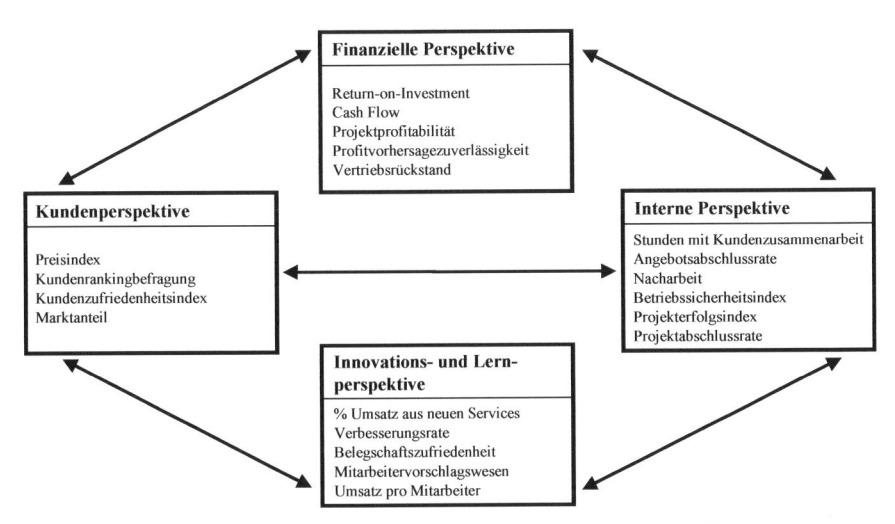

Abb. 3.5. Beispiel von Kennzahlen in einer BSC (übersetzt nach Kaplan und Norton 1993, S. 136)

lich zu der Balanced Scorecard auf Supply Chain Ebene schlagen sie Balanced Scorecards für die beteiligten Unternehmen in einer zweiten Ebene vor. Im Unterschied zu der Supply Chain Balanced Scorecard sollen diese weiterhin eine Kundenperspektive (für den letzten Supply Chain Partner) und eine Lernperspektive enthalten.

Nicht-finanzielle Kennzahlen haben den Vorteil, dass sie sich häufig leichter messen lassen und ihnen keine Kosten zugewiesen werden müssen, um sie zu berechnen. Außerdem lenken sie die Aufmerksamkeit direkt auf die physischen Prozesse. Wie später noch genauer ausgeführt wird, ist die Lieferfähigkeit (Delivery Performance) eine solche Messgröße für Supply Chains. Wie sich eine verbesserte Lieferfähigkeit auf die finanzielle Leistungsfähigkeit einer Supply Chain (hier: Economic Value Added (EVA)) auswirken kann, zeigt Abbildung 3.6. Man kann erkennen, welche finanziellen Kennzahlen durch die Lieferfähigkeit beeinflusst werden und wie sich diese letztendlich im EVA niederschlagen. Andererseits ist es wichtig herauszufinden, durch welche Prozessverbesserungen eine bessere Lieferfähigkeit erreicht werden kann. Ein ähnliches Instrument, das die Verknüpfung von Ursachen und finanzieller Leistungsfähigkeit über nicht-finanzielle/logistische Kennzahlen aufzeigt, sind die Enabler-KPI-Value Netzwerke, die in Kapitel 16 vorgestellt werden.

Wenn die Leistungsfähigkeit von Supply Chains bewertet werden soll, sind insbesondere die folgenden Punkte zu beachten:

Definition der Kennzahlen. Da Supply Chains meist unternehmensübergreifend sind oder zumindest mehrere Unternehmensteile beinhalten, ist es wichtig eine *einheitliche Definition* aller Kennzahlen zu verwenden.

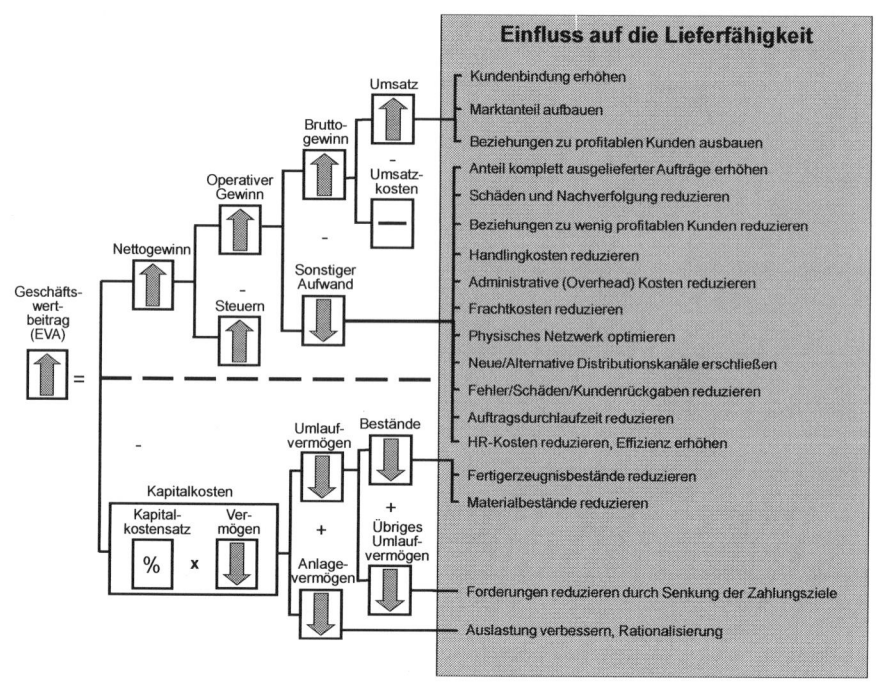

Abb. 3.6. Beziehung zwischen Lieferfähigkeit (Delivery Performance) und EVA (übersetzt nach Lambert und Pohlen 2001, S. 13)

Andernfalls ist der Vergleich der Kennzahlen und ihre einheitliche Verwendung kontraproduktiv.

Sicht auf Kennzahlen. Die Sicht auf bestimmte Kennzahlen kann in Abhängigkeit der jeweiligen Partner (Kunde oder Lieferant) unterschiedlich sein. Ein Lieferant beispielsweise berechnet die Auftragserfüllungsrate (order fill rate) basierend auf dem Datum des Auftragseingangs sowie auf Basis des Versanddatums, da dies die Daten sind, die er direkt beeinflussen kann. Aus Kundensicht ist die Basis der Berechnung das Auftragserteilungsdatum sowie das Lieferdatum. Sobald die von Lieferant und Kunde verwendeten Daten voneinander abweichen, führt dies zu unterschiedlichen Ergebnissen in Bezug auf die vereinbarte Auftragserfüllungsrate. Daher ist es wichtig, dass sich beide auf *eine Sichtweise* einigen.

Datenerfassung. Daten, die zur Berechnung der Kennzahlen benötigt werden, sollen konsistent über die gesamte Supply Chain erfasst werden. *Konsistenz* in Bezug auf die Maßeinheiten und die Verfügbarkeit *aktueller* Daten sind für die Supply Chain Partner essentiell. Außerdem ist die *Vollständigkeit* der verwendeten Daten eine Voraussetzung, d. h. alle notwendigen Daten sollen in Systemen verfügbar und den Supply Chain Partnern zugänglich sein.

Vertraulichkeit. Vertraulichkeit ist ebenfalls ein wichtiger Punkt, sofern mehrere Unternehmen die Supply Chain bilden. Da alle Partner rechtlich selbständige Einheiten bilden, kann das Bedürfnis bestehen, den Partnern keine vollständige Transparenz über die eigenen internen Prozesse bieten zu wollen. Zudem kann es Ziele geben, die nicht gemeinsame Ziele aller Partner darstellen.

Trotzdem ist es weithin akzeptiert, dass die Integration der Supply Chain von der Verwendung von Kennzahlen profitiert. Kennzahlen unterstützen die Kommunikation zwischen den Partnern der Supply Chain und sind eine wertvolle Hilfe für die Koordination ihrer individuellen, aber dennoch gemeinsamen Pläne.

3.3.2 Kennzahlen für Supply Chains

Es existiert sehr viel Literatur mit Vorschlägen für Kennzahlen zur Beschreibung und Leistungsmessung in Supply Chains (z. B. Lapide 2000, Gunasekaran et al. 2001, Bullinger et al. 2002 und Hausman 2003). Obwohl jede Supply Chain einmalig ist und eine spezielle Behandlung erfordert, gibt es doch einige Kennzahlen, die für sehr viele Anwendungsfälle Aussagekraft besitzen. In den folgenden Absätzen werden einige dieser Kennzahlen vorgestellt. Da sie verschiedene Aspekte der Supply Chain behandeln, sind diese in vier Kategorien gruppiert: Lieferfähigkeit (Delivery Performance), Supply Chain Reaktionsfähigkeit, Vermögen und Bestände sowie Kosten.

Lieferfähigkeit

Da die Kundenorientierung eine wesentliche Komponente des SCM-Gedankens ist, stellt Lieferfähigkeit eine wesentliche Kennzahl zur Bewertung der Leistungsfähigkeit einer Supply Chain dar. Da versprochene Liefertermine aus Sicht des Kunden bereits zu spät sein können, muss dessen Erwartung oder sogar das Wunschdatum das Ziel markieren. Daher muss der Liefertermin mit dem Datum, auf das sich beide Partner geeinigt haben, verglichen werden. Nur die *perfekte Auftragserfüllung*, d. h. die Lieferung des richtigen Produkts zum richtigen Zeitpunkt an den richtigen Ort, garantiert Kundenzufriedenheit. Eine pünktliche Lieferung, die nur 95% der gewünschten Bestandteile enthält, wird häufig nicht zu einer 95% Zufriedenheit des Kunden führen. Eine hohe Lieferfähigkeit kann die Wettbewerbsposition einer Supply Chain positiv beeinflussen und zu einer Erhöhung des Marktanteils führen. In Bezug auf die Lieferfähigkeit werden in der Lagerhaltungsliteratur verschiedene Kennzahlen, genannt *Servicegrade*, unterschieden (siehe z. B. Tempelmeier 2005, S. 27–29 oder Silver et al. 1998, S. 245). Der α-Servicegrad (P_1, Cycle Service Level) ist eine ereignisorientierte Kennzahl. Er wird definiert als die Wahrscheinlichkeit, dass ein eintreffender Kundenauftrag komplett aus dem Bestand bedient werden kann. Üblicherweise wird er in Bezug auf eine vordefinierte Periodenlänge definiert (z.B. Tag, Woche). Eine weitere Kennzahl ist der mengenorientierte β-Servicegrad (P_2), der definiert ist als der Anteil der eintreffenden Kundenauftragsmengen, die durch den vorhandenen Lagerbestand bedient werden können. Im Unterschied zum α-Servicegrad berücksichtigt der β-Servicegrad auch das Ausmaß, zu dem eintreffende Kundenaufträge bedient werden können. Der γ-Servicegrad ist sowohl eine zeit- als auch eine mengenorientierte Kennzahl. Er beinhaltet zwei Aspekte: die Menge, die nicht durch den Bestand gedeckt werden kann und die Zeit, die benötigt wird, um diese Fehlmenge nachzuliefern. Damit beinhaltet der γ-Servicegrad die vom β-Servicegrad nicht berücksichtigte Zeitdimension. Eine exakte Definition ist:

$$\gamma\text{-Servicegrad} = 1 - \frac{\text{durchschnittl. Fehlbestand am Periodenende}}{\text{durchschnittl. Periodennachfrage}} \quad (3.2)$$

Weiterhin ist die *Liefertreue* eine wichtige Kennzahl. Sie ist definiert als der Anteil der Kundenaufträge, die an oder vor dem gewünschten Datum ausgeliefert werden. Eine niedrige Liefertreue zeigt an, dass der Kundenauftragsannahmeprozess nicht im Einklang mit der Durchführung und dem Auftragsabwicklungsprozess steht. Dies kann zum einen die Ursache haben, dass die Auftragsannahme auf Basis unzulässiger (Produktions-)Pläne durchgeführt wird oder dass Produktions- oder Transportaktivitäten nicht wie geplant ausgeführt werden.

Die Messung der *Prognosegenauigkeit* kann ebenfalls wertvolle Aufschlüsse geben. Die Prognosegenauigkeit verknüpft vorhergesagte Verkaufsmengen mit tatsächlichen Verkaufsmengen und misst damit die Fähigkeit zukünftige Nachfrage zu prognostizieren. Eine bessere Prognose des Nachfrageverhaltens der Kunden hat eine verringerte Notwendigkeit, Produktions- und Distributionspläne anpassen zu müssen, zur Folge. Einen Überblick über Methoden zur Messung der Prognosegenauigkeit gibt Kap. 8.

Eine weitere wichtige Kennzahl in Zusammenhang mit der Lieferfähigkeit ist die *Auftragsdurchlaufzeit*. Die Auftragsdurchlaufzeit aus Kundensicht ist die durchschnittliche Zeit, die zwischen Erteilung des Auftrags und Auslieferung benötigt wird. Immer kürzere Auftragsdurchlaufzeiten werden von Kunden verlangt und sind notwendig, um eine gute Wettbewerbsposition zu erhalten. Allerdings zählt nicht nur die Kürze der Durchlaufzeit, sondern auch deren Verlässlichkeit, wobei zu berücksichtigen ist, dass diese beiden Aspekte (kurz vs. verlässlich) unterschiedliche Kostenaspekte beinhalten.

Supply Chain Reaktionsfähigkeit

Die Reaktionsfähigkeit beschreibt die Fähigkeit der Supply Chain sich an Änderungen im Marktumfeld anzupassen. Supply Chains müssen in der Lage sein, sich an signifikante Änderungen im Markt innerhalb eines angemessenen

Zeitrahmens anzupassen, um ihre Wettbewerbsposition zu erhalten. Um diese Reaktionsfähigkeit zu messen, gibt es Kennzahlen, die die Fähigkeit, das Ausmaß und die zeitliche Dauer solcher Anpassungen nachverfolgen. Diese Kennzahlen sollen die Fähigkeit zur Anpassung von Plänen (Flexibilität innerhalb der bestehenden Supply Chain) aber auch die Fähigkeit zur Änderung der Struktur der Supply Chain (Flexibilität der Supply Chain als solche) messen. Ein Beispiel in diesem Zusammenhang ist die Produktionsflexibilität nach oben, die sich bestimmt aus der Anzahl der Tage, die eine Supply Chain benötigt, um sich an einen nicht erwarteten 20-prozentigen Nachfrageanstieg anzupassen.

Eine weitere Kennzahl in diesem Bereich ist die *Planungszykluszeit*, die einfach als der Zeitraum zwischen zwei aufeinanderfolgenden Planungszyklen definiert ist. Lange Planungszyklen verhindern die Anpassung des Plans an kurzfristige Änderungen im Marktumfeld. Insbesondere geplante Aktionen gegen Ende eines Planungszyklus sind nicht an die aktuelle Situation angepasst, da sie auf Basis veralteter Daten, die zu Beginn des Planungszyklus verfügbar waren, getroffen worden sind. Eine angemessene Dauer des Planungszyklus soll in Abhängigkeit des Planungshorizonts, des Planungsaufwands sowie des Aggregationsgrads des Planungsprozesses getroffen werden.

Vermögen und Bestände

Kennzahlen in Bezug auf die Vermögensposition der Supply Chain sollten ebenfalls nicht vernachlässigt werden. Eine solche Kennzahl ist der *Kapitalumschlag*, der als Quotient aus Umsatz und Kapital definiert ist. Daher misst der Kapitalumschlag die Effizienz eines Unternehmens in der Verwendung seines Vermögens durch die Berechnung eines Umsatzes pro Vermögen. Werte für diese Kennzahl sind jedoch sehr branchenspezifisch.

Eine weitere Kennzahl, die beobachtet werden sollte, ist die *Lagerumschlagshäufigkeit*, die definiert ist als Quotient aus dem wertmäßigen Materialverbrauch einer Periode und dem durchschnittlichem Lagerbestand einer Periode. Eine einfache Methode, um die Lagerumschlagshäufigkeit zu erhöhen, ist, die Bestände zu senken. Die Lagerumschlagshäufigkeit liefert jedoch auch ein gutes Beispiel, um aufzuzeigen, dass bestimmte Kennzahlen nicht verwendet werden sollen, um individuelle Ziele zu verfolgen. Betrachtet man eine Supply Chain mit mehreren Stufen und unter der Annahme, dass auf jeder Stufe die gleiche Menge an Bestand gehalten wird. Da der Wert der Güter steigt je näher sich das Gut beim Kunden befindet, ist eine höhere Lagerumschlagshäufigkeit weiter unten in der Supply Chain wertvoller. Zudem verringert die Senkung des Bestands näher beim Kunden die Wahrscheinlichkeit, dass Bestände repositioniert werden müssen, weil sie auf die falschen Lagerorte verteilt sind. Andererseits können reduzierten Bestandskosten auch Nachteile gegenüberstehen (z. B. erhöhte Rüstkosten in der Produktion oder unzufriedene Kunden (wegen einer unzureichenden Lieferfähigkeit)). Daher muss bei Verwendung dieser Kennzahl darauf geachtet werden, dass ein ganzheitlicher Blick auf die gesamte Supply Chain bewahrt wird.

Das *Bestandsalter* ist definiert als die durchschnittliche Zeit, in der Güter sich im Bestand befinden. Das Bestandsalter ist eine zuverlässige Kennzahl für hohe Lagerbestände, muss allerdings in Bezug zu den betrachteten Gütern gesetzt werden. Ersatzteile für vom Markt genommene Produkte haben natürlich ein wesentlich höheres Alter als Fertigproduktbestände des zuletzt auf den Markt gebrachten Produkts. Die Untersuchung der Verteilung des Bestandsalters in Abhängigkeit der Produkte ist sehr gut geeignet, um nicht notwendige „Bestandsreserven" zu identifizieren und um den Bestandsumschlag zu erhöhen.

Die Bestimmung der richtigen Lagerbestandshöhe ist keine einfache Aufgabe, da sie produkt- und prozessabhängig ist. Außerdem induzieren Bestände nicht nur Kosten, sondern sie stiften auch einen Nutzen. Daher ist zusätzlich zur aggregierten Betrachtung auch eine Betrachtung auf der Ebene einzelner Produkte wichtig (z. B. auf Basis einer ABC-Analyse); aber auch eine detaillierte Untersuchung der Bestandskomponenten (wie in Abschnitt 3.4 vorgeschlagen) kann angebracht sein.

Kosten

Zum Abschluss werden finanzielle Kennzahlen erwähnt, denn schließlich besteht das Ziel aller genannten Aktionen darin, einen kommerziellen Gewinn zu erzielen. In diesem Abschnitt wird der Schwerpunkt auf kostenbasierte Kennzahlen gelegt. Die Kosten der verkauften Produkte (costs of goods sold) sollen immer im Zusammenhang mit den wesentlichen Supply Chain Prozessen betrachtet werden. Daher ist ein integriertes Informationssystem auf einer einheitlichen Datenbasis eine wesentliche Voraussetzung für eine erfolgreiche Supply Chain.

Produktivitätskennzahlen zielen häufig darauf ab, Kostentreiber im Produktionsprozess zu identifizieren. In diesem Zusammenhang ist die *Wertschöpfung der Arbeitskraft* eine Kennzahl, die sich berechnet als Quotient der Differenz von Umsatz und Materialkosten und der gesamten eingesetzten Arbeitskraft (gemessen in Anzahl an Vollzeitkräften). Diese Kennzahl sagt aus, welchen Wertbeitrag eine durchschnittliche Arbeitskraft zu den verkauften Produkten leistet.

Schließlich sollten auch die *Gewährleistungskosten* als Indikator für die Produktqualität beobachtet werden. Obwohl die Gewährleistungskosten auch stark davon abhängen, wie der Prozess der Gewährleistung ausgeführt wird, kann diese Kennzahl auch dazu dienen, andere Problembereiche aufzudecken. Dies ist insbesondere vor dem Hintergrund bedeutend, dass eine hohe Produktqualität nicht nur eine typische Eigenschaft für den Erfolg im Supply Chain Management darstellt, sondern auch generell ein Erfolgskriterium ist.

3.4 Bestandsanalyse

Häufig zitierte Aussagen wie „Bestände verdecken Fehler!" fordern die Vermeidung jeglichen Bestands in der Supply Chain. Diese Denkweise wird der Just-in-time-Philosophie zugeschrieben, die die Prozesse in der Supply Chain so aufeinander abstimmt, dass fast keine Bestände mehr notwendig sind. Dies ist in der Regel nur in bestimmten Branchen oder bestimmten Bereichen einer Supply Chain für ausgewählte Teile möglich.

In allen anderen Fällen sind Bestände notwendig und müssen daher effizient gesteuert werden. Bestände in der Supply Chain sind immer das Ergebnis der jeweiligen ein- und ausgehenden Prozesse (Transport, Produktion usw.). Das bedeutet, dass die isolierte Minimierung der Bestände kein sinnvolles Ziel des SCM sein kann, stattdessen müssen diese mit den dazugehörenden Prozessen gesteuert werden.

Bestände verursachen Kosten (Lagerkosten), aber sie erzeugen auch *Nutzen*, konkret die Reduktion der Kosten für die ein- und ausgehenden Prozesse. Daher ist die Aufgabe hier, den richtigen Ausgleich zwischen den Kosten für die Lagerhaltung und dem erzeugten Nutzen zu finden.

Bestände können anhand der *Motive* für die Lagerhaltung in einzelne *Komponenten* zerlegt werden. Die wichtigsten Komponenten sind in Tabelle 3.4 dargestellt und werden in den folgenden Abschnitten beschrieben.

Tab. 3.4. Bestandskomponenten, deren Einflussfaktoren und deren Nutzen

Bestandskomponente	Einflussfaktoren	Nutzen
Produktions-Losgrößenbestand	Auflagehäufigkeit	Reduktion der Rüstzeiten und -kosten
Transport-Losgrößenbestand	Liefermenge	Reduktion der Transportkosten
Transitbestand	Transportzeit	Reduktion der Transportkosten
Saisonaler Bestand	Nachfragespitzen, knappe Kapazitäten	Reduktion der Kosten für Überstunden und Investitionen
Work-in-Process	Durchlaufzeit, Produktionsplanung und -steuerung	höhere Auslastung, geringere Investitionen in zusätzliche Kapazitäten
Sicherheitsbestand	Nachfrage- und Lieferzeitunsicherheiten, Prozessunsicherheit	höherer Servicelevel, Reduktion der Kosten für Notfalltransporte und entgangene Absätze

Die Unterscheidung der Bestandskomponenten ist notwendig um

- den Nutzen zu identifizieren,
- die Einflussfaktoren auf die Bestandshöhe zu erkennen und

- um Bestandsziele zu setzen (z. B. in APS).

Die *Bestandsanalyse* ermöglicht die Zerlegung der *durchschnittlichen* Bestandshöhe in die Komponenten. Sie zeigt die unterschiedlichen Ursachen für die in der Vergangenheit gehaltenen Bestände und die relative Bedeutung der einzelnen Bestandskomponenten. Der *aktuelle* Bestand einzelner Lagerteile (engl. stock keeping units (SKUs)) kann jedoch im Zeitablauf höher oder niedriger sein. Daher ist der aktuelle Bestand auch nicht für die Bestandsanalyse geeignet.

In einer ex-post Analyse kann man untersuchen, ob der Zielkonflikt zwischen dem Nutzen und den Lagerkosten für jede Komponente und SKU effizient gesteuert wurde (*Bestandsmanagement*). In den folgenden Abschnitten werden die Motive, der Nutzen und die Einflussfaktoren einiger wichtiger Komponenten erläutert (siehe auch Chopra und Meindl 2007, S. 50).

Produktions-Losgrößenbestand oder Zyklusbestand

Der Zyklusbestand (wobei hier „Produktions-Losgrößenbestand", „Losgrößenbestand" und „Zyklusbestand" synonym verwendet werden) wird genutzt, um den Bedarf zwischen zwei aufeinanderfolgenden Auflagezeitpunkten desselben Produkts abzudecken. Exemplarisch wird ein Farbenwerk betrachtet, das zweiwöchentlich abwechselnd blaue und gelbe Farbe produziert. Dann muss das Produktionslos den Bedarf der aktuellen Periode und der folgenden Periode abdecken. Somit entspricht die Produktionsmenge dem 2-Wochen-Bedarf und die Reichweite ist zwei Wochen. Die Aufgabe des Zyklusbestands ist die Reduktion der Kosten für das Einrichten und Reinigen der Produktionsanlagen (sog. Rüstkosten). Die Bestimmung des richtigen Ausgleichs zwischen fixen Rüstkosten und Bestandskosten ist normalerweise eine komplexe Aufgabe, da diese Entscheidung auch von den Losgrößen anderer Produkte abhängen kann. Ein Überblick über die dort auftretenden Aufgabenstellungen wird in Kap. 11 gegeben.

Für die Bestandsanalyse von Endprodukten in einer Make-to-Stock Produktion (Lagerfertigung) ist es häufig ausreichend, von einer zyklischen Auflage mit einer durchschnittlichen Losgröße q^p über ein Intervall mit mehreren Produktionszyklen auszugehen. Dann folgt der Bestandsverlauf dem sog. „Sägezahn-Verlauf", der in Abb. 3.7 dargestellt ist.

Der durchschnittliche Zyklusbestand CS entspricht der halben durchschnittlichen Losgröße: $CS = q^p/2$. Die mittlere Losgröße kann aus der gesamten Anzahl an Produktionsauflagen su und dem gesamten Bedarf d^p im Analyseintervall berechnet werden: $q^p = d^p/su$. Somit wird für die Analyse des Zyklusbestands nur die Anzahl der Auflagen und der gesamte Bedarf benötigt.

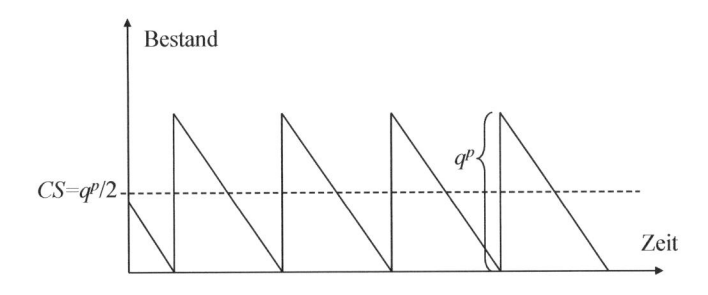

Abb. 3.7. Bestandsverlauf für die Berechnung des Zyklusbestands

Transport-Losgrößenbestand

Dasselbe Prinzip zur Reduktion der Fixkosten je Los kann auf Transportverbindungen angewandt werden. Jeder LKW verursacht einen Fixkostensatz je Transport zwischen Lager A und Lager B. Wenn dieser LKW nur teilweise beladen ist, dann sind die Kosten je transportierter Einheit höher als für eine Komplettladung. Daher ist es wirtschaftlich, die Transportmengen zu einem gemeinsamen Transport zusammenzufassen und diesen als Komplettladung durchzuführen. Somit hat dann ein Transport den Bedarf bis zur nächsten Belieferung zu decken. Die Entscheidung über die „richtige" Höhe der Losgröße muss in der Regel die Abhängigkeiten zu den Transporten anderer Produkte auf derselben Verbindung und die Kapazitäten der Transporteinheiten (z. B. LKW, Container etc.) berücksichtigen (siehe Kap. 13).

Für die Bestandsanalyse kann man die durchschnittliche Transportmenge q^t aus der Anzahl der Lieferungen s innerhalb des Analyseintervalls und des gesamten Bedarfs d^t für das Produkt am Ziellager errechnen: $q^t = d^t/s$. Im Unterschied zum Produktions-Losgrößenbestand entspricht hier der mittlere Transport-Losgrößenbestand nicht der Hälfte, sondern der ganzen Transportmenge q^t wenn man den Bestand an beiden Lagerorten – in der Quelle und im Ziel – berücksichtigt. Es muss nämlich an der Quelle bis zum nächsten Transport der Bestand aufgebaut werden und im Ziel baut sich der Bestand analog bis zur nächsten Lieferung ab. Daher beträgt der durchschnittliche Bestand in der Quelle und im Ziel jeweils die Hälfte der Transport-Losgröße die sich dann zum gesamten Transport-Losgrößenbestand addieren: $TLS = q^t$.

Diese Berechnung geht von der Annahme aus, dass es einen kontinuierlichen Zufluss der Güter in das Quelllager gibt. Dies trifft zu, wenn das Lager aus einer kontinuierlichen Produktion versorgt wird oder wenn die Produktionslose nicht auf die Transportlosgrößen abgestimmt sind. Dies trifft für die meisten Produktions-Distributionsketten zu.

Transitbestand

Während der Transport-Losgrößenbestand am Anfang und am Ende einer Transportrelation gehalten wird, gibt es noch den Bestand, der gerade zwischen den Standorten transportiert wird. Dieser Bestand hängt nur von der Transportzeit und dem Bedarf ab, da der „auf dem LKW gehaltene Bestand" dem Bedarf während der Transportzeit entspricht. Der Transitbestand ist unabhängig von der Transportfrequenz und daher auch unabhängig von der Transport-Losgröße. Der Transitbestand kann unter Inkaufnahme einer Transportkostensteigerung verringert werden, falls die Transportzeit durch einen schnelleren Transportmodus (z. B. Luftfracht statt LKW) reduziert werden kann.

Der mittlere Transitbestand TI wird durch Multiplikation der durchschnittlichen Transportzeit mit dem durchschnittlichen Bedarf errechnet. So ist beispielsweise bei einer Transportzeit von zwei Tagen und einem durchschnittlichen Bedarf von 50 Stück pro Tag der mittlere Transitbestand $TI = 100$.

Saisonaler Bestand

In saisonalen Branchen (z. B. Konsumgüterindustrie) werden Bestände aufgebaut, um zukünftige Bedarfsspitzen abdecken zu können, die die Produktionskapazitäten überschreiten. So gesehen gibt es hier also einen Zielkonflikt zwischen der regulären Kapazität, der Überstunden-Kapazität und dem saisonalen Bestand. Der saisonale Bestand kann somit bei der Reduktion von entgangenen Absätzen, von Kosten für Überstunden und von Opportunitätskosten für ungenutzte Maschinen helfen. Im Unterschied zu den oben vorgestellten Bestandskomponenten, die je Produkt definiert sind, wird der saisonale Bestand für mehrere Produkte, die die knappe Kapazität teilen, gleichzeitig genutzt. Abbildung 3.8 zeigt, wie der saisonale Bestand auf Basis des Kapazitätsprofils eines kompletten Saisonzyklus bestimmt werden kann.

In diesem Fall wird der saisonale Bestand in den Perioden 3 und 4 aufgebaut und dann in den Perioden 6 und 7 für die Erfüllung der Nachfrage genutzt. Der gesamte saisonale Bestand, der in der Abbildung dargestellt ist, wurde auf Basis der Annahme bestimmt, dass alle Produkte in dem Umfang vorproduziert werden, wie sie in den Engpassperioden benötigt werden. In der Praxis würde man die Produkte vorproduzieren, die geringe Lagerkosten verursachen und die, für die Prognosen mit hoher Sicherheit ermittelt werden können. In Kap. 9 stellen wir Modelle vor, mit denen die optimale Höhe des saisonalen Bestands ermittelt werden kann.

Work-in-Process Bestand (WIP)

Den WIP-Bestand gibt es in nahezu jeder Supply Chain, da der Produktionsprozess eine gewisse Zeit dauert und während dieser Zeit Rohmaterial

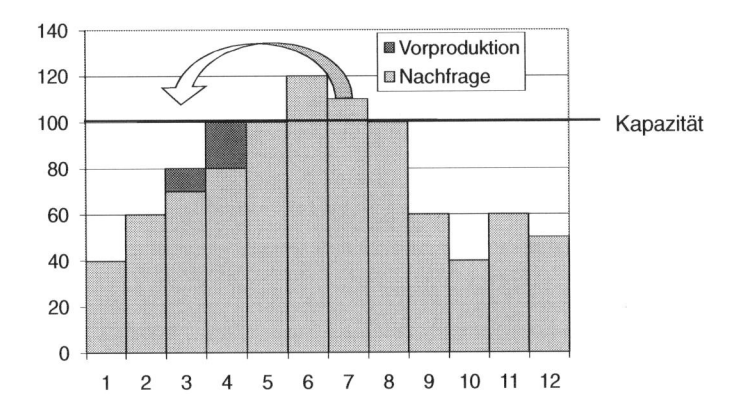

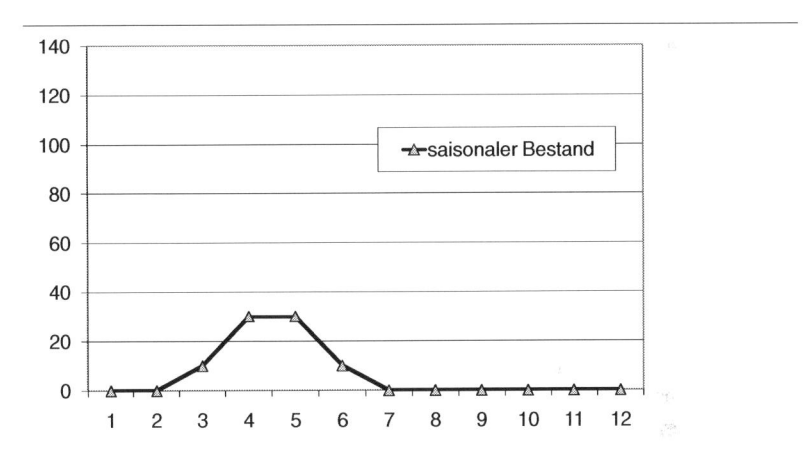

Abb. 3.8. Beispiel für die Bestimmung des saisonalen Bestands

und Komponenten in Fertigprodukte transformiert werden. In einem mehrstufigen Produktionsprozess setzt sich die Produktionsdurchlaufzeit aus der tatsächlichen Bearbeitungszeit und den zusätzlichen Wartezeiten zwischen den einzelnen Vorgängen – z. B. weil Ressourcen belegt sind – zusammen. Der *Nutzen* des WIP-Bestands liegt in der Vermeidung von Wartezeiten der Engpassanlagen auf fehlendes Material. Dadurch erhöht er die Auslastung der Arbeitsplätze und Maschinen und vermeidet Investitionen in zusätzliche Kapazitäten. Der Wartezeit-Anteil der Durchlaufzeit wird zudem durch das Produktionsplanungs- und -steuerungssystem beeinflusst (siehe auch Kap. 11), das die Aufträge so einplanen sollte, dass die Wartezeiten minimiert werden. Daher kann man den WIP Bestand durch durchdachten Einsatz von APS reduzieren. In diesem konkreten Fall trifft die Aussage „Bestände verdecken Fehler!" in leicht modifizierter Form wirklich zu: Zu hoher WIP-Bestand verdeckt Fehler in der Produktionsplanung und -steuerung.

Nach Little´s Gesetz (siehe z. B. Silver et al. 1998, S. 697ff) ist die durchschnittliche Produktionsdurchlaufzeit LT proportional zur Höhe des WIP-Bestands. Falls d^w der durchschnittliche Bedarf pro Zeiteinheit ist, gilt $WIP = LT \cdot d^w$.

Sicherheitsbestand

Der Sicherheitsbestand soll gegen Unsicherheiten schützen, die aus internen Prozessen wie der Produktionsdurchlaufzeit, aus unbekanntem Kundenbedarf oder aus unsicheren Lieferzeiten resultieren. Dies bedeutet, dass die größten Treiber für die Höhe der Sicherheitsbestände Unterbrechungen in Produktions- und Transportprozessen, Prognosefehler und Lieferzeitabweichungen sind. Der Nutzen des Sicherheitsbestands liegt darin, dass er schnelle Kundenbelieferungen ermöglicht und entgangene Absätze, Notfalltransporte und den Verlust des Goodwills vermeidet. Zudem ermöglicht der Sicherheitsbestand für Rohmaterial einen gleichmäßigen Fluss der Produkte im Produktionsprozess und vermeidet Unterbrechungen aufgrund von Fehlbeständen auf Rohmaterialebene. Neben der Unsicherheit, die oben angesprochen wurde, ist die Liefer- oder Durchlaufzeit (Produktion und Beschaffung) der größte Treiber für die Sicherheitsbestände.

In der Bestandsanalyse ist der *beobachtete* Sicherheitsbestand der Restbestand, der sich ergibt, wenn man vom mittleren beobachteten Bestand die vorher diskutierten Bestandskomponenten abgezogen hat. Dieser beobachtete Sicherheitsbestand kann dann mit dem aus wirtschaftlichen Gründen notwendigen Sicherheitsbestand verglichen werden. Eine kurze Einführung in die Berechnung von Sicherheitsbeständen wird in Kap. 8 gegeben.

Eine weitere Komponente, die in einem Auslieferlager entstehen kann, ist der Kommissionierbestand. Er umfasst beispielsweise den Bestand auf teilweise gefüllten Paletten, von denen die kleinen Mengen für die Kundenaufträge kommissioniert werden.

Die wesentlichen Schritte der Bestandsanalyse sind im Folgenden nochmals zusammengefasst:

1. Berechnung des durchschnittlichen Bestands (AVI) aus den Vergangenheitswerten (i. d. R. tägliche oder wöchentliche Bestände) über eine ausreichend lange Zeit (z. B. ein halbes Jahr).
2. Bestimmung der möglichen Bestandskomponenten (z. B. Zyklusbestand, Sicherheitsbestand) und deren zugehörigen Treiber (z. B. Losgrößen, Lieferzeiten).
3. Zerlegung des AVI in die Komponenten inkl. des *beobachteten* Sicherheitsbestands.

4. Berechnung des *notwendigen* Sicherheitsbestand und Vergleich mit dem *beobachteten*.
5. Die verbleibende Differenz (+/−) zeigt den vermeidbaren Pufferbestand (+) oder Produkte, die nicht ausreichend Bestand hatten (−).
6. Berechnung der optimalen Bestandshöhen für die wichtigsten oder größten Komponenten unter Berücksichtigung der Lagerkosten und des Nutzens.

Bei der Optimierung von Beständen sollte das wichtigste Prinzip des Bestandsmanagements jederzeit Berücksichtigung finden: Das Ziel ist es, das Optimum zwischen den Kosten der Lagerhaltung und deren Nutzen zu finden. Zudem muss dieser Ausgleich für jede einzelne Komponente gefunden werden. In Teil II wird gezeigt, wie APS diese schwierige Aufgabe des Bestandsmanagements unterstützen können.

Literatur

Arns, M.; Fischer, M.; Kemper, P.; Tepper, C. (2002) *Supply chain modelling and its analytical evaluation*, Journal of the Operational Research Society, Bd. 53, 885–894

Brause, F.; Kaczmarek, M. (2001) *Modellierung und Analyse von Supply Chains*, Wirtschaftsinformatik, Bd. 43, Nr. 6, 569–578

Brewer, P.; Speh, T. (2000) *Adapting the balanced scorecard to supply chain management*, Supply Chain Management Review, Bd. 5, Nr. 2, 48–56

Bullinger, H.-J.; Kühner, M.; van Hoof, A. (2002) *Analysing supply chain performance using a balanced measurement method*, International Journal of Production Research, Bd. 40, Nr. 15, 3533–3543

Chopra, S.; Meindl, P. (2007) *Supply Chain Management*, Prentice Hall, Upper Saddle River, New Jersey, 3. Aufl.

Croxton, K.; Garcia-Dastugue, S.; Lambert, D.; Rogers, D. (2001) *The supply chain management processes*, The International Journal of Logistics Management, Bd. 12, Nr. 2, 13–36

Dreyer, D. (2000) *Performance measurement: a practitioner's perspective*, Supply Chain Management Review, Bd. 5, Nr. 5, 62–68

Fisher, M. (1997) *What is the right supply chain for your product?*, Harvard Business Review, Bd. 75, Nr. 2, 105–116

Gunasekaran, A.; Patel, C.; Tirtiroglu, E. (2001) *Performance measures and metrics in a supply chain environment*, International Journal of Operations & Production Management, Bd. 21, Nr. 1/2, 71–87

Hausman, W. (2003) *Supply chain performance metrics*, in: T. Harrison; H. Lee; J. Neale (Hrsg.) *The practice of supply chain management: Where theory and application converge*, Kluwer Academic, Boston, 61–76

Horváth, P. (2006) *Controlling*, Vahlen, München, 10. Aufl.

Kaplan, R.; Norton, D. (1992) *The balanced scorecard – Measures that drive performance*, Harvard Business Review, Bd. 70, Nr. 1, 71–79

Kaplan, R.; Norton, D. (1993) *Putting the balanced scorecard to work*, Harvard Business Review, Bd. 71, Nr. 5, 134–142

Kuhn, A. (1995) *Prozeßketten in der Logistik. Entwicklungstrends und Umsetzungsstrategien*, Verl. Praxiswissen, Dortmund

Lambert, D.; Pohlen, T. (2001) *Supply chain metrics*, The International Journal of Logistics Management, Bd. 12, Nr. 1, 1–19

Lapide, L. (2000) *What about measuring supply chain performance*, http://lapide.ascet.com

Ramdas, K.; Spekman, R. (2000) *Chain or shackles: understanding what drives supply-chain performance*, Interfaces, Bd. 30, Nr. 4, 3–21

Scheer, A.-W. (2002) *ARIS - Vom Geschäftsprozeß zum Anwendungssystem*, Springer, Berlin, 4. Aufl.

Silver, E.; Pyke, D.; Peterson, R. (1998) *Inventory management and production planning and scheduling*, Wiley, New York, 3. Aufl.

Stewart, G. (1995) *Supply chain performance benchmarking study reveals keys to supply chain excellence*, Logistics Information Management, Bd. 8, Nr. 2, 38–44

Supply-Chain Council (2002) *Supply chain operations reference-model – version 5.0*, Tech. rep., Pittsburgh

Supply-Chain Council (2007a) http://www.supply-chain.org, letzter Abruf am 19.07.2007

Supply-Chain Council (2007b) *Supply-Chain Operations Reference-model. SCOR Overview. Version 8.0*, Tech. rep., Pittsburgh, http://www.supply-chain.org/page.ww?name=SCOR+8.0+Model+Download&section=SCOR+Model, letzter Abruf am 19.07.2007

Tempelmeier, H. (2005) *Bestandsmanagement in Supply Chains*, Books on Demand, Norderstedt, 1. Aufl.

Weber, J.; Bacher, A.; Groll, M. (2002) *Konzeption einer Balanced Scorecard für das Controlling von unternehmensübergreifenden Supply Chains*, Kostenrechnungspraxis, Bd. 46, Nr. 3, 133–141

4 Supply Chain Typen

Herbert Meyr[1] und Hartmut Stadtler[2]

[1] Technische Universität Darmstadt, Fachgebiet Produktion & Supply Chain Management, Hochschulstraße 1, 64289 Darmstadt, Deutschland
[2] Universität Hamburg, Institut für Logistik und Transport, Von-Melle-Park 5, 20146 Hamburg, Deutschland

Das in Abschnitt 3.2.2 vorgestellte SCOR-Modell ist ein ausgezeichnetes Hilfsmittel, um Supply Chains zu analysieren, zu visualisieren, über ihre Struktur zu diskutieren und um Redundanzen und Schwächen aufzuzeigen. Es erlaubt, strukturelle Veränderungen zu definieren und neue Strategien zur Verbesserung der Leistungsfähigkeit der ganzen Supply Chain zu formulieren.

Wenn es um Planungsaspekte geht, ist das SCOR-Modell allein aber nicht mehr ausreichend. Im nachfolgenden Kapitel wird, zur Unterstützung des SCOR-Modells auf Ebene 2, eine „Supply Chain Typologie" vorgeschlagen, die hilfreich ist, spezifische Planungsprobleme einer Supply Chain zu identifizieren, um im nächsten Schritt speziell dafür passende Entscheidungsmodelle und Lösungsverfahren zu finden. Zwei Beispiele einer Supply Chain – aus der Konsumgüter- und Computerindustrie – sollen Aufbau und Anwendung der Typologie veranschaulichen. Diese Beispiele werden in Kap. 5 wieder aufgegriffen, um zu zeigen, wie auf die spezifischen Anforderungen dieser beiden „SC-Typen" zugeschnittene Planungssysteme konstruiert werden können.

4.1 Motivation und Grundlagen

In der Anfangszeit der Produktionsplanung und -steuerung wurde zur Materialbedarfsrechnung vorwiegend ein einzelnes Planungskonzept bzw. zugehöriges Softwaremodul, das „Material Requirements Planning" (MRP), eingesetzt – ohne zu berücksichtigen, dass in verschiedenartigen Branchen wie z. B. der Lebensmittelindustrie oder Automobilbranche auch grundsätzlich unterschiedliche strukturelle Voraussetzungen und Planungsanforderungen vorherrschen. Würde man jedoch einen Produktionsplaner fragen, ob sein Produktionssystem einzigartig ist und deswegen spezifisches Know-how zur Planung und Steuerung erfordert, wäre die Antwort ziemlich sicher „ja". Die Wahrheit liegt wie immer irgendwo zwischen den Extremen. Mit ein bisschen Abstraktionsvermögen lassen sich durchaus Gemeinsamkeiten in vielen Produktions- und Distributionssystemen entdecken. Diese führen zu ähnlichen Planungsanforderungen und können deswegen auch durch die gleichen Softwaremodule oder -systeme unterstützt werden. Die Kunst liegt darin, diese Gemeinsamkeiten zu identifizieren und die dazu passende Software auszuwählen.

Mit den gebotenen Modellierungsmöglichkeiten und Optimierungsverfahren sind APS deutlich mannigfaltiger, aber auch schwerer überschaubar als MRP- oder ERP-Systeme, sogar wenn man sich nur auf eine einzige Planungsaufgabe oder ein einzelnes Softwaremodul konzentriert. Ein konkretes Softwaremodul eines Herstellers wird sich meist für einen bestimmten Typ von Supply Chain besser eignen als für einen anderen. Deswegen soll nachfolgend eine *Supply Chain Typologie* entwickelt werden, die hilft, eine gegebene Supply Chain durch ausgewählte Attribute zu charakterisieren, von denen wir denken, dass sie für eine Entscheidungsunterstützung und Softwareauswahl maßgeblich sind. Solche Attribute können nominale (z. B. ein Produkt ist lagerfähig oder nicht), ordinale (z. B. wird der Einfluss eines Teilnehmers einer Supply Chain als höher oder niedriger als der Durchschnitt eingeschätzt) oder kardinale (d. h. der Attributwert ist abzählbar wie beispielsweise die Anzahl rechtlich selbstständiger Teilnehmer einer Supply Chain) Ausprägungen haben.

Um der Typologie eine übersichtliche Struktur zu verleihen, werden verwandte Attribute mit einem ähnlichen Fokus zu Kategorien zusammengefasst (vgl. Tab. 4.1 und Tab. 4.2). Dabei soll zwischen „funktionalen" Attributen, die für jedes Unternehmen bzw. für jeden Teilnehmer einer Supply Chain auftreten, und zwischen „strukturellen" Attributen, die die Beziehungen zwischen den verschiedenen Teilnehmern einer Supply Chain charakterisieren, unterschieden werden.

4.2 Funktionale Attribute

Die *funktionalen Attribute* (vgl. Tab. 4.1) eines Supply Chain Teilnehmers sind eingeteilt in die vier Kategorien

- Beschaffungstyp,
- Produktionstyp,
- Distributionstyp[1] und
- Absatztyp.

Der **Beschaffungstyp** bezieht sich auf die *Anzahl* (wenige ... viele) und *Art der Vorprodukte*, die beschafft werden. Die Art der Vorprodukte kann beispielsweise variieren von Standard-Vorprodukten bis hin zu sehr spezifischen Einzelanfertigungen, die spezielles Produkt- bzw. Prozesswissen des Lieferanten oder eine spezielle technische Ausrüstung benötigen. Als Ausprägungen des *Sourcingtyps* sind beispielsweise Single Sourcing, Double Sourcing oder Multiple Sourcing zu nennen. Single Sourcing liegt vor, wenn für ein bestimmtes Vorprodukt nur ein einziger Lieferant zur Verfügung steht

---

[1] Stellvertretend für Transport- und Lagerprozesse im Allgemeinen wird hier und in späteren Kapiteln hauptsächlich auf die Distribution fokussiert. Für Supply Chains, bei denen die wesentlichen Logistik-Aktivitäten eher auf der Zugangs- als auf der Abgangsseite liegen, kann aber analog vorgegangen werden.

Tab. 4.1. Funktionale Attribute der Supply Chain Typologie

Funktionale Attribute	
Kategorien	Attribute
Beschaffungstyp	Anzahl und Art der Vorprodukte
	Sourcingtyp
	Lieferflexibilität
	Wiederbeschaffungszeit und Liefertreue
	Vorprodukt-Lebenszyklus
Produktionstyp	Organisationstyp
	Wiederholungsgrad
	(Um-)Rüstkosten und -zeiten
	Produktionsengpässe
	Arbeitszeitflexibilität
	etc.
Distributionstyp	Distributionsstruktur
	Auslieferfrequenz
	Inanspruchnahme von Transportmitteln
	Verlade-Restriktionen
Absatztyp	Art der Kundenbeziehungen
	Nachfragesicherheit
	Nachfrageverlauf
	(End-)Produkt-Lebenszyklus
	Produktanzahl
	Standardisierungsgrad
	Erzeugnisstruktur
	Serviceanteil

oder aus bestimmten Gründen genutzt werden kann. Im Double Sourcing wird dasselbe Vorprodukt anteilig von zwei Lieferanten bezogen (z. B. 60% der Nachfrage vom Hauptlieferanten, die übrigen 40% vom Nebenlieferanten). Die zugehörigen Lieferverträge werden meist über einen mittelfristigen Zeitraum (beispielsweise für den Produktlebenszyklus) abgeschlossen. Darüber hinaus können Vorprodukte auch alternativ von drei oder mehr Lieferanten beschafft werden. Das Attribut *Lieferflexibilität* beschreibt, inwieweit Flexibilität im Bestell- und Lieferprozess besteht. Bestellmengen der Abnehmer oder Liefermengen der Lieferanten können beispielsweise vertraglich auf eine feste Menge fixiert und damit inflexibel auf bestimmte Mindest- oder Maximalmengen limitiert oder (da im Vertrag nicht näher spezifiziert) frei variierbar sein. *Lieferzeit* und *Liefertreue* hängen eng zusammen. Die Lieferzeit (aus Sicht des Abnehmers auch Wiederbeschaffungszeit genannt) gibt die durchschnittliche Zeitspanne wieder, die zwischen Bestelleingang beim Lieferanten (bzw. Aufgabe einer Bestellung durch den Kunden) und Ankunft der bestellten Ware beim Kunden verstreicht. Für gewöhnlich geht mit kürzeren Lieferzeiten auch eine höhere Liefertreue einher, d.h. die zugesagten Liefertermine können eher eingehalten werden. Der *Lebenszyklus von Vorprodukten* oder *Materialien* wirkt sich direkt auf das Risiko der Überalterung der Vorproduktbestände aus. Je kürzer Vorprodukt-Lebenszyklen sind, desto häufiger müssen auslaufende Vorprodukte durch neue (meist technologisch verbesserte oder eher der aktuellen Mode entsprechende) Nachfolger ersetzt werden.

Der **Produktionstyp** besteht aus sehr vielen Attributen. Die beiden bekanntesten sind der *Organisationstyp* und der *Wiederholungsgrad* der Produktion. Werkstattorganisation und Fließorganisation (auch Werkstatt- bzw. Fließfertigung genannt) repräsentieren zwei konträre Philosophien der Anordnung von Betriebsmitteln. Bei Werkstattorganisation sind alle Betriebsmittel, die eine ähnliche Funktion erfüllen (z. B. alle Bohrmaschinen) räumlich und organisatorisch an einem Standort – in einer sog. „Werkstatt" – zusammengefasst. Bei Fließorganisation sind die Betriebsmittel hingegen in der Reihenfolge der zur Herstellung eines bestimmten Produkts (oder Produkttyps) nötigen Arbeitsschritte anzuordnen und somit am herzustellenden Objekt orientiert. „Fließlinien", als spezielle Form einer Fließorganisation, weisen gut aufeinander abgestimmte Betriebsmittel (in diesem Fall „Arbeitsstationen") auf, so dass sehr kurze Durchlaufzeiten möglich und kaum Pufferbestände nötig sind. Deswegen kann eine Fließlinie aus Sicht der Planung in der Regel als eine (planerische) Einheit aufgefasst werden. Gruppenfertigung stellt einen Kompromiss aus Werkstatt- und Fließorganisation dar, der die Vorteile beider Extremformen zu vereinen bzw. ihre Nachteile abzuschwächen sucht.

Das Attribut *Wiederholungsgrad* kann grob in die Ausprägungen Massen-, Sorten- und Einzelfertigung eingeteilt werden. Bei Massenfertigung wird ein einzelnes Produkt in großen Mengen über einen sehr langen Zeitraum hergestellt. Bei Sortenfertigung werden mehrere Kundenaufträge einer bestimmten Produktsorte oder die prognostizierte Sortennachfrage mehrerer zukünftiger Perioden zu einem Produktionsauftrag, dem sog. „Produktionslos", zusammengefasst. Auf einem Betriebsmittel werden dann sukzessive Produktionslose unterschiedlicher Sorten gefertigt. Beim Sortenwechsel ist ein (Um-)Rüstprozess erforderlich, der von der Größe des Loses unabhängige („fixe") Rüstkosten oder -zeiten verursacht. Einzelfertigung drückt hingegen aus, dass für einen bestimmten Kunden auf dessen spezielle Wünsche hin, einmalig oder in geringer Menge, ein auf diesen Kunden zugeschnittenes Produkt (konstruiert und) gefertigt wird. Dies ist in der Regel mit einem so hohen Aufwand verbunden, dass die Zeit- und Reihenfolgeplanung der mit diesem Kundenprojekt verbundenen Aktivitäten sehr große Sorgfalt erfordert.

Je nach Anwendungssituation kann der Rüstaufwand eine sehr große oder auch eine vernachlässigbare Rolle spielen. Dies rechtfertigt ein separates Attribut *Rüstkosten und -zeiten*, das den kosten- oder zeitmäßigen Einfluss der Rüstprozesse ausdrückt. Falls der Rüstaufwand sogar von der Reihenfolge der auf einem Betriebsmittel aufgelegten Sorten abhängig ist, wird von „reihenfolgeabhängigen Umrüstkosten oder -zeiten" gesprochen. Stellt die Produktionskapazität der Betriebsmittel einen limitierenden Faktor dar, soll das Attribut *Produktionsengpässe* die Gründe hierfür näher beleuchten. In einem mehrstufigen Produktionssystem können die Engpassmaschinen beispielsweise stationär und bekannt sein, sie können sich aber auch bei verändertem Nachfragemix verlagern („Shifting Bottlenecks"). Zusätzliche Arbeitszeit in Form von Überstunden oder Zusatzschichten zur Verfügung zu stellen, offeriert eine Möglichkeit, die Produktionskapazität auch mittelfristig noch zu erhöhen, wenn Investitionen nicht mehr möglich sind. Das Attribut *Arbeitszeitflexibilität* beschreibt diese Fähigkeit, die Arbeitszeit an eine sich verändernde Nachfrage anzupassen. Nähere Ausführungen zu den oben genannten Merkmalen und weitere Attribute von Produktionstypen können beispielsweise nachgelesen werden bei Schäfer (1978), Schneeweiss (2002, S. 10ff.) oder Silver et al. (1998, S. 36ff.).

Der **Distributionstyp** besteht aus den Attributen Distributionsstruktur, Auslieferfrequenz, Inanspruchnahme von Transportmitteln und Verlade-Restriktionen. Die *Distributionsstruktur* kennzeichnet das Netz aus Transportrelationen zwischen dem/n Produktionswerk/en (bzw. ihnen zugeordneten Werkslagern) und den Kunden. Eine einstufige Distributionsstruktur liegt vor, wenn direkt vom Produktionsstandort zu den Kunden transportiert wird. In einem zwei- oder dreistufigen Distributionsnetz existieren eine bzw. zwei weitere Zwischenebenen, z. B. aus Zentrallagern (ZL) und/oder Auslieferlagern (AL) bzw. bestandslosen Umschlagpunkten (UP).

Die *Auslieferfrequenz* kann beispielsweise zyklisch oder dynamisch sein. Zyklisch bedeutet, dass Waren in festen Zeitabständen zum Kunden gesandt werden, z. B. gemäß sich wöchentlich wiederholenden Fahrplänen. Im dynamischen Fall wird ein Kunde bzw. eine Kundenregion nur dann angefahren, wenn bei Auftreten einer temporären Kundennachfrage ein individueller Transportauftrag generiert wurde. Was die *Inanspruchnahme von Transportmitteln* betrifft, kann man zwischen eigenen und fremden Transportmitteln, die in begrenzter oder unbegrenzter Kapazität zur Verfügung stehen, unterscheiden. Ferner kann das Transportmittel entweder einen einzelnen Abladepunkt direkt in einer Stichfahrt oder mehrere Abladepunkte gemeinsam in einer Tour (zyklisch oder dynamisch) anfahren. Von unbegrenzter Kapazität kann ausgegangen werden, wenn Fahrten auf dem freien Transportmarkt von Logistikdienstleistern eingekauft werden. Allerdings sind dann meist mengen- und entfernungsdegressive Transportkosten zu beachten. Darüber hinaus können *Verlade-Restriktionen*, wie beispielsweise die Forderung einer ausreichenden Produktkühlung oder der Bildung von Komplettladungen („Full Truck Loads"), eine Rolle spielen.

Der **Absatztyp** hängt wesentlich von der *Art der Beziehungen* eines Supply Chain Teilnehmers *zu seinen Kunden* ab. In einem Extremfall würde ein Kunde, mit dem im Sinne einer dauerhaften Kooperation frei Informationen über die zu erwartende Kundennachfrage oder die voraussichtliche

Produktionskapazität ausgetauscht werden, als enger Partner in der Supply Chain behandelt werden. Im konträren Extremfall würden Kunden, die in gegenseitigem Wettbewerb stehen (und für die beispielsweise mittels Internet-Auktionen jeweils die größtmögliche Zahlungsbereitschaft ermittelt werden soll), als anonyme Marktteilnehmer behandelt werden. In engem Bezug hierzu steht das Attribut *Nachfragesicherheit*, das aussagt, inwieweit zuverlässige Informationen über die zukünftige Kundennachfrage vorliegen. Die Nachfrage kann beispielsweise durch mittelfristige Verträge oder durch vorliegende Kundenaufträge, die eine lange Vorlaufzeit haben, weitgehend bekannt sein. Möglicherweise muss sie aber auch durch Nachfrageprognosen, die in der Regel mit längerem Prognosehorizont immer unzuverlässiger werden, antizipiert werden. Für Planungsbelange spielt neben der Sicherheit der Nachfrage auch der *Nachfrageverlauf* eine wichtige Rolle. Während eine gleichmäßige, stationäre Nachfrage meist im Einklang mit den verfügbaren Produktionskapazitäten steht, muss bei saisonal oder gar sporadisch auftretender Nachfrage über Ausgleichsmaßnahmen nachgedacht werden.

Die Gesamtlänge und der davon bereits absolvierte Anteil des *(End-) Produkt-Lebenszyklus* beeinflussen natürlich wesentlich die Auswahl geeigneter Marketing-, Produktionsplanungs- und Finanzstrategien. Des Weiteren charakterisieren die Attribute *Produktanzahl*, das die Breite des Produktangebots ausdrückt, Standardisierungsgrad und Erzeugnisstruktur die zu verkaufenden Endprodukte. Der *Standardisierungsgrad* umfasst – wie schon bei den Vorprodukten – wieder das ganze Spektrum von Standard-(End-)Produkten, für die eine Vielzahl von Wettbewerbern existieren, bis hin zu hoch spezialisierten Maßanfertigungen. Die Zwischenform der kundenindividuellen Massenfertigung („Mass Customization"), bei der Kunden sich aus einer Vielzahl von angebotenen Optionen einen individuellen Mix zusammenstellen können, erlangt heutzutage immer größere Wichtigkeit. Die *Erzeugnisstruktur* (Stückliste, Bill of Materials) gibt an, wie sich ein Endprodukt aus seinen Vorprodukten (z. B. Komponenten, Rohmaterialien) zusammensetzt. Falls Rohmaterialien lediglich in Form, Größe oder Oberfläche verändert werden, spricht man von einer seriellen Struktur. In einer konvergierenden Struktur wird ein Folgeprodukt aus mehreren Vorprodukten montiert (oder gemischt). Dagegen steht eine divergierende Struktur für das Zerlegen (bzw. Aufspalten) von einem einzelnen Vorprodukt in mehrere Folgeprodukte. In einer gemischten Struktur treten sowohl konvergierende als auch divergierende Merkmale auf.

Bisher standen in der Betrachtung vorwiegend physische Güter im Vordergrund. Das Attribut *Serviceanteil* beschreibt, inwieweit auch Dienstleistungen, wie z. B. Kundenschulungen, eine Rolle in der Leistungserstellung einer Supply Chain spielen.

Tab. 4.2. Strukturelle Attribute der Supply Chain Typologie

Strukturelle Attribute	
Kategorien	Attribute
Topographie der Supply Chain	Netzstruktur
	Globalisierungsgrad
	Entkopplungspunkt(e)
	Hauptengpässe
Integration und Koordination	Rechtliche Stellung
	Kräfteverhältnis
	Koordinationsrichtung
	Art der ausgetauschten Information

4.3 Strukturelle Attribute

Die *strukturellen Attribute* (vgl. Tab. 4.2) einer Supply Chain sind gruppiert in die zwei Kategorien

- Topographie der Supply Chain und
- Integration und Koordination.

Die *Netzstruktur* – als ein zur **Topographie der Supply Chain** gehöriges Attribut – drückt aus, wie sich der Materialfluss zwischen stromaufwärts („upstream") und stromabwärts („downstream") gelegenen Teilnehmern der Supply Chain gestaltet. Seine Ausprägungen können, analog wie es für die Erzeugnisstruktur schon beschrieben wurde, seriell, konvergierend, divergierend oder eine Mischung aus allen dreien sein. Oft spiegelt sich die Erzeugnisstruktur sogar in der Netzstruktur wider, z. B. wenn Vorprodukte und Endprodukte jeweils nur an einem Standort produziert werden. Der *Globalisierungsgrad* beschreibt die räumliche Verteilung der Supply Chain Teilnehmer. So kann beispielsweise zwischen nationalen Supply Chains, bei denen alle Teilnehmer demselben Land angehören, internationalen (aber kontinentalen) oder sogar globalen, weltumspannenden Supply Chains unterschieden werden. Bei Letzteren stellen Handelsbeschränkungen, Zölle, Steuern und sich über die Zeit verändernde Wechselkurse mit den daraus resultierenden Währungsrisiken meist wichtige Einfluss- und Unsicherheitsfaktoren dar.

Des Weiteren sind Entkopplungspunkte zu nennen. Ein *Entkopplungspunkt* ist meist als die Stelle in einer Supply Chain definiert, ab der weitere Bearbeitungs- oder Transportprozesse nur durchgeführt werden, wenn ein konkreter Kundenauftrag vorliegt (vgl. Abschnitt 2.2). Alle Prozesse upstream eines Entkopplungspunkts müssen also prognosebasiert durchgeführt werden. Man beachte, dass Entkopplungspunkte produkt-, standort- und marktabhängig sind und deswegen in einer Supply Chain meist mehrere Entkopplungspunkte existieren.[2] Typischerweise wird zwischen den prominenten Ausprägungen „Engineer-to-Order" (keinerlei prognosebasierte Prozesse), „Manufacture-to-Order of Parts" (bereits Vorprodukte werden auftragsorientiert produziert), „Assemble-to-Order" (erst die Endmontage findet auftragsorientiert statt) und „Deliver-to-Order" (entspricht „Make-to-Stock", d. h. alle Produktionsprozesse werden prognosebasiert ausgeführt) unterschieden. Allerdings sind auch weitere Ausprägungen möglich. Im Extremfall des „Vendor Managed Inventory" (VMI) ist sogar ein „Deliver-to-Stock" möglich, d. h. ein Zulieferer füllt selbstständig das Lager seines Kunden auf, um diesem Bestellprozesse zu ersparen. Das Attribut *Hauptengpässe* deutet darauf hin, an welcher Stelle der Supply Chain die wesentlichen Engpässe und damit die größten Schwierigkeiten zu erwarten sind. Diese können beispielsweise in den Produktionskapazitäten eines Mitglieds oder einiger Mitglieder liegen. Möglicherweise stellen aber auch bestimmte Vorprodukte den Hauptengpass dar.

Die Kategorie **Integration und Koordination** umfasst die Attribute rechtliche Stellung, Kräfteverhältnis, Koordinationsrichtung und Art der ausgetauschten Information. Die *rechtliche Stellung* der Supply Chain Teilnehmer wurde bereits erwähnt. Falls die Teilnehmer rechtlich selbstständig sind, liegt eine inter-organisationale Supply Chain vor, anderenfalls wird von intra-organisationalen Supply Chains gesprochen. Bei letzteren sind Material- und Informationsflüsse typischerweise deutlich leichter zu koordinieren. In inter-organisationalen Supply Chains hängt die Entscheidungsfindung stark vom *Kräfteverhältnis* zwischen den beteiligten Partnern ab. Ein fokales Unternehmen wird aufgrund seiner ökonomischen Vormachtstellung die anderen Partner einer Supply Chain auch dann dominieren, wenn diese eigentlich rechtlich selbstständig sind. In einer polyzentrischen Supply Chain sind die (selbstständigen) Partner dagegen auch faktisch gleichberechtigt.

Zur Charakterisierung der Informationsflüsse in Supply Chains sind eigentlich ebenfalls viele Attribute nötig, von denen hier nur zwei beispielhaft angeführt werden sollen. Die *Koordinationsrichtung* kann vertikal, horizontal oder beides gleichzeitig sein. Vertikale Informationsweitergabe wird beispielsweise in hierarchischen Planungssystemen genutzt, um Vorgaben von höher gelegenen an tiefer gelegene Planungsebenen zu senden, während in der Umkehrrichtung die untergeordneten Ebenen aufgrund ihrer Detailkenntnisse der lokalen Gegebenheiten meist wertvolles Feedback liefern können. Andererseits ist in der Regel auch ein horizontaler Informationsaustausch zwischen benachbarten Planungseinheiten derselben Ebene möglich und nötig, beispielsweise wenn die Auslieferung eines Kundenauftrags kurzfristig verschoben werden muss, weil unvorhergesehen eine Maschine ausgefallen ist. In den meisten Planungssystemen wird sowohl horizontaler als auch vertikaler Informationsaustausch erforderlich sein. Darüber hinaus beeinflusst natürlich auch die *Art der ausgetauschten Informationen* Planungsprozesse ganz wesentlich, da

---

[2] Leser, denen diese Aussage – nicht ganz unberechtigt – etwas widersprüchlich erscheint, seien auf Meyr (2003) verwiesen.

sie die Datengrundlage für Entscheidungen bildet. Beispielhaft führe man sich nur vor Augen, dass in inter-organisationalen Supply Chains trotz einer partnerschaftlichen Grundhaltung monetäre Information, z. B. über anfallende Produktionskosten, wohl nur sehr zögerlich weitergegeben wird, wogegen Informationsaustausch über geplante Produktionsmengen eher denkbar erscheint.

Während Güterproduktion und Produktionstypologien, die sich mit der Herstellung von Sachgütern beschäftigen (vgl. z. B. Schäfer 1978), schon seit Jahrzehnten etabliert sind, rücken die Serviceindustrie und mit ihr auch Dienstleistungen charakterisierende Typologien (vgl. z. B. Corsten und Gössinger 2007, Kap. 1.2.2 oder Meffert und Bruhn 2009, Kap. 2.2–2.3, mit speziellem Fokus auf das Marketing) in jüngerer Zeit verstärkt in den Vordergrund.

Natürlich bieten die oben angesprochenen Attribute nur einen sehr groben Rahmen zur Identifikation von Supply Chain Typen und ihren spezifischen Planungsanforderungen bzw. Entscheidungsproblemen, der für ein konkretes SCM-Projekt dann noch detaillierter ausgestaltet werden muss. Hierfür können tiefer spezialisierte Typologien hilfreich sein (wie z. B. für Produktionsprozesse mit Zuschnitt- oder Packanforderungen durch Dyckhoff und Finke (1992) vorgeschlagen). In einer solch detaillierten Betrachtung stellt sich manchmal dann sogar heraus, dass hochspezifische Planungsmethoden erforderlich sind, die von APS bisher noch nicht unterstützt werden.

Allerdings gerät man auch leicht in Gefahr, Typologien zu detailliert auszugestalten zu wollen. Deswegen sollte man immer im Auge behalten, was der Zweck einer Typologie ist. Da in diesem Buch Entscheidungsfindung und Entscheidungsunterstützung im Vordergrund stehen, ist es sinnvoll, sich auf Prozesse zu konzentrieren, die für die wichtigsten Produkte oder Dienstleistungen relevant sind (z. B. „A-Produkte", die aus einer ABC-Klassifikation nach dem jährlichen Umsatz resultieren; vgl. Silver et al. 1998, S. 32ff.). Darüber hinaus sollte man sein Hauptaugenmerk auf Aktivitäten legen, die entweder an potenziellen Engpässen der Supply Chain anfallen oder wichtige Performancegrößen (z. B. die Auftragsdurchlaufzeit) kritisch beeinflussen.

Nachdem für jeden Partner einer Supply Chain eine solche Liste funktionaler Attribute aufgestellt worden ist, offenbaren sich Gemeinsamkeiten oder Unterschiede zwischen den Partnern. Für Partner mit hohen Gemeinsamkeiten macht es Sinn, über ein einheitliches Tool zur Entscheidungsunterstützung (z. B. Softwaremodul eines APS) nachzudenken, um Synergieeffekte in der Einführung und späteren Nutzung zu erzielen.

Als Beispiele für die Anwendung der obigen Typologie werden in den beiden folgenden Abschnitten zwei unterschiedliche Supply Chain Typen, die *Konsumgüterindustrie* und die *Computermontage*, vorgestellt. Sie werden in Abschnitt 5.3 wieder aufgegriffen, um typspezifische Planungsanforderungen zu identifizieren und speziell dazu passende Planungskonzepte zu entwerfen.

4.4 Beispiel aus der Konsumgüterindustrie

Zunächst wird die Typologie auf das Beispiel der Konsumgüterindustrie angewendet. Funktionale Attributsausprägungen werden nur für den Konsumgüterproduzenten als einen stellvertretenden Supply Chain Teilnehmer vorgestellt. Die strukturellen Attributsausprägungen beschreiben das Zusammenspiel von Lieferanten, Herstellern, Händlern etc. in einer „typischen" Konsumgüter Supply Chain. Einige Attribute der Abschnitte zuvor werden im Beispiel nicht benutzt, da sie für Konsumgüter Supply Chains keine nennenswerte Rolle spielen.

Tabelle 4.3 gibt einen Überblick über die Charakteristika einer Konsumgüter Supply Chain. Da die Eigenschaften der zu verkaufenden Endprodukte – der Konsumgüter – diesen Typ von Supply Chain prägen, starten wir mit der Kategorie *Absatztyp*.

Absatztyp Nachfolgend konzentrieren wir uns auf den Subtyp von Konsumgütern, der durch hohe Standardisierung, geringes Volumen, Gewicht und geringen Wert pro Stück gekennzeichnet ist (z. B. Lebensmittel, Getränke, Büroartikel oder Standard-Elektronik-Produkte). Nachdem diese Standardprodukte oft in verschiedenen Verpackungsgrößen oder unter verschiedenen Markennamen verkauft werden, liegt in gewissem Sinne eine „divergierende" Erzeugnisstruktur vor. Deswegen bietet ein typischer Konsumgüterhersteller oft mehrere Hunderte Endprodukte an, die aber technologisch miteinander verwandt sind.

Der Konsument erwartet, seine bevorzugte Marke im Regal eines Supermarktes oder Elektronik-Fachmarktes zu finden. Falls das Produkt dort nicht vorrätig ist, wechselt er wegen der in der Konsumgüterindustrie vorherrschenden geringen Produktdifferenzierung meist die Marke und kauft ein vergleichbares Produkt eines Wettbewerbers. Deswegen sind Konsumgüterhersteller gezwungen, prognosebasiert auf Lager zu produzieren. Der Produktlebenszyklus von Konsumgütern beträgt meist mehrere Jahre. Aus diesem Grund ist ausreichend Vergangenheitsinformation über die Nachfrage nach Endprodukten vorhanden, die als solide Grundlage für Nachfrageprognosen dienen kann. Allerdings unterliegt die Nachfrage nach einigen Produkten bzw. Produktgruppen saisonalen Einflüssen (z. B. Eiscreme oder Glühbirnen) oder wird durch temporäre Preisnachlässe und Werbeaktionen stimuliert. Da eine Produktdifferenzierung durch Funktionalität bei Konsumgütern in der Regel kaum möglich ist, müssen Marketing und Vertrieb an den Hebeln Produktverfügbarkeit und Preis ansetzen. Insgesamt liegt ein sehr kompetitiver Markt vor.

Distributionstyp Konsumgüter werden über Großhändler und/oder Einzelhändler zum Konsumenten verbracht. Deswegen umfasst das Distributions-

Tab. 4.3. Supply Chain Typologie für die Konsumgüterindustrie

Funktionale Attribute	
Attribute (vgl. Tab. 4.1)	Ausprägung
Anzahl und Art der Vorprodukte	wenige, Standard (Rohmaterial)
Sourcingtyp	multiple
Wiederbeschaffungszeit & Liefertreue	kurz, zuverlässig
Vorprodukt-Lebenszyklus	lang
Organisationstyp	Fließlinie
Wiederholungsgrad	Sortenfertigung
Umrüstkosten und -zeiten	hoch, beide reihenfolgeabhängig
Produktionsengpässe	bekannt, stationär
Arbeitszeitflexibilität	gering
Distributionsstruktur	dreistufig
Auslieferfrequenz	dynamisch
Inanspruchnahme von Transportmitteln	unkapazitiert, Touren (3. Stufe)
Nachfragesicherheit	Prognosen
Nachfrageverlauf	saisonal
Produktlebenszyklus	mehrere Jahre
Produktanzahl	Hunderte
Standardisierungsgrad	Standardprodukte
Erzeugnisstruktur	divergierend
Serviceanteil	Sachgüter
Strukturelle Attribute	
Attribute (vgl. Tab. 4.2)	Ausprägung
Netzstruktur	gemischt
Globalisierungsgrad	mehrere Länder
Entkopplungspunkt(e)	Deliver-to-Order
Hauptengpässe	Kapazität der Fließlinien
rechtliche Stellung	intra-organisational
Kräfteverhältnis	mächtige Kunden
Koordinationsrichtung	beide
Art der ausgetauschten Information	vielfältig

netz eines Konsumgüterherstellers meist drei Distributionsstufen (vgl. Fleischmann 1998 und Abb. 4.1).

Oft sind nur ein oder wenige Produktionswerke für die Herstellung des Produktspektrums verantwortlich. Aus dem Gesamtsortiment werden lediglich einige Produkttypen in mehr als einem Werk gefertigt. Die Endprodukte werden in wenigen, meist nahe bei den Produktionswerken angesiedelten, vollsortimentierten Zentrallagern vorgehalten. Sehr große Kundenaufträge (z. B. von Großhändlern oder Discountern) werden direkt ab Werk oder ZL an den jeweiligen Abladepunkt geliefert. Die meisten Aufträge haben aber nur eine

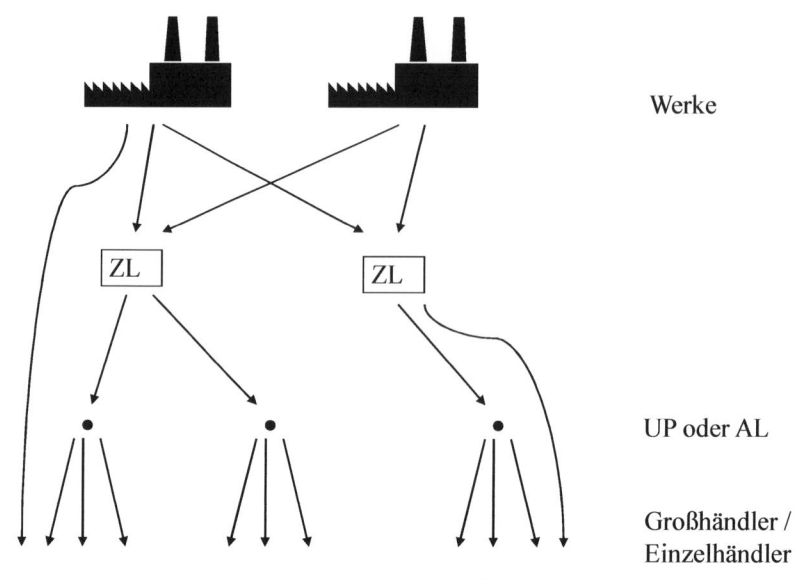

Abb. 4.1. Dreistufiges Distributionssystem

eher kleine Größe und müssen über eine relativ lange Distanz transportiert werden. Deswegen ist in der Regel eine zusätzliche Transportstufe nötig, auf der in der Nähe (höchstens 100 km Radius) der Kunden Regionalläger oder bestandslose Umschlagpunkte angesiedelt sind, von denen die Produkte in Eintagestouren zu den Kunden verbracht werden. Auf der (meist) relativ langen Strecke zwischen ZL und AL/UP werden alle Aufträge einer Region gebündelt (für gewöhnlich durch Logistikdienstleister), damit sich eine hohe Transportauslastung erzielen lässt.

Im Gegensatz zu Auslieferlagern wird in Umschlagpunkten kein Bestand vorgehalten. Die dadurch gesparten Lagerkosten werden allerdings meist durch höhere Transportfrequenzen zwischen ZL und UP erkauft, die nötig sind, da die Kunden weiterhin – oft sogar in stärkerem Maße als früher – eine häufige und schnelle Belieferung erwarten. Ähnliche Distributionsstrukturen sind vorzufinden, wenn große Handelsketten ihre (hohe Anzahl an) Verkaufsfilialen aus ihren eigenen Zentrallagern versorgen.

Produktionstyp Produktionssysteme in der Konsumgüterherstellung umfassen oft nur eine oder zwei Produktionsstufen, z. B. Herstellung und Verpackung. Auf jeder Produktionsstufe existieren eine oder mehrere parallele (kontinuierliche) Produktionslinien, die nach dem Fließprinzip organisiert sind. Eine Produktionslinie führt zwar sehr viele Arbeitsschritte aus. Da diese aber gut aufeinander abgestimmt oder sogar getaktet sind, kann eine Linie als eine planerische Einheit aufgefasst werden. Die Linien sind hoch automatisiert und kapitalintensiv, weswegen eine Auslastung nahe an der Kapazitätsgrenze angestrebt wird. Aufgrund der Automatisierung können kurze und sehr zuverlässige Durchlaufzeiten erreicht werden.

Die Kapazität der Produktionslinien ist begrenzt. Wie oben erwähnt, sind sie meistens hoch ausgelastet. Deswegen stellen sie potenzielle Engpässe dar. Zur Bedienung der Linien, insbesondere auch zu ihrer Umrüstung, ist gut ausgebildetes Personal nötig. Die Arbeitszeit kann normalerweise kurzfristig nicht ausgedehnt werden. Überstunden oder Zusatzschichten müssen in der Regel bereits mittelfristig für das ganze Linienpersonal beantragt und vom Betriebsrat genehmigt werden. Allerdings ist das manchmal insofern nicht möglich, als sich die Unternehmen bereits am Limit der gesetzlichen Arbeitszeit befinden.

Es existiert zwar eine Vielzahl an Endprodukten. Diese sind bei Fließfertigung aber technologisch miteinander verwandt und können meist zu wenigen *Rüstfamilien* zusammengefasst werden. Umrüstungen zwischen Artikeln derselben Familie sind dann i. d. R. vernachlässigbar. Umrüstungen zwischen Artikeln von verschiedenen Familien verursachen aber hohe (teilweise reihenfolgeabhängige) Rüstkosten und -zeiten. Deswegen ist eine losweise Fertigung unumgänglich.

Beschaffungstyp Meist haben Konsumgüter eine sehr überschaubare Erzeugnisstruktur mit Standard-Vorprodukten anstatt spezifischer, komplizierter Komponenten, so dass nur wenige (Rohstoff- und Verpackungs-)Lieferanten in die Beschaffung einbezogen werden müssen. In diesem Fall stellen Beschaffungsprozesse keine echte Schwierigkeit dar. Der Lebenszyklus der Vorprodukte ist relativ lang. Deswegen können mittel- bis langfristige Kooperationen und Verträge den gewünschten Fluss an Rohmaterial zwischen Lieferanten und Herstellern sicherstellen. Falls dennoch Probleme im Materialbezug auftreten sollten, kann wegen des hohen Standardisierungsgrades der Vorprodukte aber gegebenenfalls auch noch kurzfristig auf alternative Zulieferer ausgewichen werden.

Topographie der Supply Chain Das Produktionsnetz des Herstellers (mit möglicherweise mehreren Werken für dasselbe Produkt), das Distributionsnetz des Herstellers und evtl. auch die Distributionsnetze einiger Groß-/Einzelhändler enthalten sowohl divergierende als auch konvergierende Elemente. Damit liegt eine gemischte Netzstruktur vor. Die Netze erstrecken sich meist über mehrere Länder oder sogar Kontinente. Da die Endprodukte auf Basis von Prognosen gefertigt werden müssen, sind die Entkopplungspunkte der Hersteller meist in Zentrallagern oder Regionallagern angesiedelt, von wo aus die Güter nach Eingang von Kundenaufträgen ausgeliefert werden. Nachdem die Beschaffungsseite eher unproblematisch ist, bilden die Produktionslinien des Herstellers mit ihren knappen Produktionskapazitäten in der Regel den Hauptengpass der gesamten Supply Chain.

Integration und Koordination Die Machtverhältnisse in Konsumgüter Supply Chains haben sich in den letzten Jahren bzw. Jahrzehnten wegen der geringen Produktdifferenzierung auf der einen Seite und starken Konzentration auf wenige, große Handelsketten auf der anderen Seite von den Herstellern zum Handel verschoben. Da Logistikkosten in der Konsumgüterindustrie eine wesentliche Kostenkomponente darstellen, sind Konsumgüterhersteller auf eine gute intra-organisationale Koordination angewiesen, wenn sie wettbewerbsfähig sein wollen. Mehrere Organisationseinheiten desselben Unternehmens (z. B. Auftragsabwicklung, Vertrieb, Produktion, Einkauf) müssen horizontal Informationen austauschen. Darüber hinaus könnte eine zentrale Planungsstelle (z. B. Zentrallogistik) die Vielzahl an dezentralen Einheiten aufeinander abstimmen, indem koordinierte Vorgaben gemacht werden bzw. Feedback gesammelt und an die betroffenen Stellen weitergeleitet wird. Somit würde sich ein reger horizontaler Informationsaustausch ergeben. Da alle Organisationseinheiten zu demselben Unternehmen gehören, würde einem freien Informationsaustausch grundsätzlich nichts im Wege stehen. In der betrieblichen Praxis ist allerdings oft auch eine dezentrale Koordination mit schlecht aufeinander abgestimmten Anreizen vorzufinden, so dass Bereichsrivalitäten einem freien Informationsfluss entgegen stehen.

Neuere logistische Konzepte des SCM betonen aber eher die inter-organisationalen Beziehungen in Konsumgüter Supply Chains. Dabei steht insbesondere die Schnittstelle zwischen Konsumgüterherstellern und großen Handelsketten im Fokus. Einige Unternehmen haben v. a. mit folgenden Ideen positive Erfahrungen gemacht:

- Der Informationsfluss zwischen Herstellern und Handel wurde durch EDI- und WWW-Verbindungen ausgeweitet und beschleunigt.
- Im Rahmen des *Continuous Replenishment/Efficient Consumer Response (ECR)* wurden kurze Lieferzyklen zwischen Herstellern und Handel installiert, um zeitnah und in kleinen (Transport-)Losen die Endkunden-Nachfrage bedienen zu können.
- Traditionelle Verantwortlichkeiten wurden aufgelöst. Sehr große Händler bzw. Handelsketten ließen verstärkt davon ab, explizite Bestellaufträge an ihre Zulieferer, die Konsumgüterhersteller, zu senden. Stattdessen bauten sie Lager auf, die durch die Zulieferer selbstständig auf ein Bestandsniveau befüllt werden, das beiden Parteien gelegen kommt. Wenn dabei der Bestand im Lager bis zur Entnahme durch den Handel dem Zulieferer gehört, spricht man von Konsignationslagern. Wie bereits erwähnt, wird eine solche Übereinkunft als *Vendor Managed Inventory* (VMI) bezeichnet.

4.5 Beispiel aus der Computermontage

Als zweite, vom Charakter her gegensätzliche Anwendung der obigen allgemeinen Supply Chain Typologie soll nun die *Computermontage* betrachtet

Tab. 4.4. Supply Chain Typologie für die Computermontage

Funktionale Attribute	
Attribute (vgl. Tab. 4.1)	Ausprägung (fix / konfigurierbar)
Anzahl und Art der Vorprodukte	viele, Standard & spezifisch
Sourcingtyp	multiple
Wiederbeschaffungszeit & Liefertreue	kurz & lang, unzuverlässig
Vorprodukt-Lebenszyklus	kurz
Organisationstyp	Fließfertigung & Gruppenfertigung
Wiederholungsgrad	große / kleine Lose
Rüstkosten und -zeiten	irrelevant
Produktionsengpässe	unproblematisch
Arbeitszeitflexibilität	hoch
Distributionsstruktur	zweistufig
Auslieferfrequenz	dynamisch
Inanspruchnahme von Transportmitteln	Direktverbindungen
Nachfragesicherheit	Prognosen & Kundenaufträge
Nachfrageverlauf	schwach saisonal
Produktlebenszyklus	wenige Monate
Produktanzahl	wenige / viele
Standardisierungsgrad	Standard / kundenspezifisch
Erzeugnisstruktur	konvergierend
Serviceanteil	Sachgüter
Strukturelle Attribute	
Attribute (vgl.Tab. 4.2)	Ausprägung
Netzstruktur	gemischt
Globalisierungsgrad	mehrere Länder
Entkopplungspunkt(e)	Assemble-/Configure to Order
Hauptengpässe	Material
rechtliche Stellung	inter- & intra-organisational
Kräfteverhältnis	bei Zulieferern & Kunden
Koordinationsrichtung	beide
Art der ausgetauschten Information	Prognose & Kundenaufträge

werden. Tabelle 4.4 fasst die Eigenschaften dieses Typs zusammen, so dass ein direkter Vergleich mit dem Konsumgütertyp aus Tab. 4.3 möglich ist. Wiederum werden funktionale Attribute nur für den Computerhesteller als ein beispielhaftes Mitglied der Supply Chain gezeigt, während strukturelle Attribute die Beziehungen zwischen den verschiedenen Partnern der Supply Chain verdeutlichen.

Absatztyp Computer weisen eine strikt konvergierende Erzeugnisstruktur auf. Die Systemeinheit wird aus mehreren Komponenten wie beispielsweise dem Gehäuse, der Hauptplatine, dem Hauptprozessor („Central Processing Unit", CPU), der Festplatte, einer Soundkarte etc. zusammengebaut. Der Standardisierungsgrad variiert zwischen zwei Extremen:

- *Standard-Computer* mit *fix vorgegebenen Konfigurationen*, d. h. nur einige schon vorgegebene, standardisierte Varianten werden angeboten. Die Kunden können nur zwischen diesen fixen Varianten wählen. Es sind keine Änderungen oder Erweiterungen (zumindest der Systemeinheit) möglich.
- *Kundenspezifische Computer*, die vollständig *konfigurierbar* sind. In diesem Fall legt der Kunde entweder konkret fest, welche Komponenten er von welchem Zulieferer bezogen und eingebaut haben möchte, oder er spezifiziert zumindest die gewünschten Eigenschaften („Optionen") oder Performance-Kennzahlen der benötigten Komponenten (wie z. B. einen Wunsch nach einer eher „langsamen" CPU, dafür aber einer „High-End" Grafikkarte). Der Hersteller testet die technische Baubarkeit der Konfiguration, d. h. er überprüft, ob die angeforderten Komponenten miteinander verträglich sind, und kalkuliert den Preis. Da viele verschiedene Komponenten, die wiederum von mehreren alternativen Lieferanten stammen können, miteinander kombiniert werden können, ergibt sich eine sehr große Zahl potenzieller Endproduktvarianten.

Natürlich spielt sich die Realität irgendwo zwischen diesen Extremen ab. Beispielsweise werden einige Standard-Computer mit wenigen zur Auswahl stehenden Optionen wie zusätzlichem Hauptspeicher oder einer größeren Festplatte definiert. Oder es wird nur eine begrenzte Anzahl an Festplattengrößen, CPUs, Gehäusen etc. zur Auswahl gestellt, auf die der Kunde seine Präferenzen richten muss. Die daraus resultierenden Endproduktvarianten wurden alle bereits auf Baubarkeit geprüft und mit einem Preis versehen. Im Folgenden werden allerdings nur die beiden obigen Extremvarianten betrachtet, um die Bandbreite der Möglichkeiten aufzuzeigen.

Der Computer selbst besteht aus der Systemeinheit und weiterem Zubehör (sog. „Accessories") wie beispielsweise Kabel, Software, Handbüchern, einer Tastatur und einer Maus. Ein typischer Kundenauftrag umfasst meist mehrere Auftragspositionen für verschiedene Produktfamilien (z. B. Desktop-Computer, Server, Laptops oder ähnlichem) und externe Einheiten („Peripherie") wie beispielsweise Lautsprecher, Monitore, Drucker usw. Wenn ein Kunde die Auslieferung von „Komplettaufträgen" verlangt, bedeutet dies, dass alle Auftragspositionen eines Kundenauftrags gemeinsam zum Kunden geliefert werden sollen (z. B. weil dem Kunden ein Drucker ohne zugehörigen Computer nichts nutzen würde). Daraus resultiert eine vielstufige Erzeugnisstruktur, die den Kundenauftrag selbst (der wiederum aus mehreren Auftragspositionen für Computer verschiedener Produktfamilien und für Peripherie bestehen kann), Computer (Systemeinheit und Zubehör) und Systemeinheiten (montiert aus Gehäuse, Hauptplatine etc.) umfassen kann. Einige Computerhersteller führen auch die Bestückung der Hauptplatine aus weiteren Komponenten wie einer Leiterplatte, Speicherchips etc. selbst durch, was die Erzeugnisstruktur weiter vertieft.

Die Produktdifferenzierung ist erstaunlich gering. Preis, Geschwindigkeit und Zuverlässigkeit der den Kunden zugesagten Liefertermine sind meist kaufentscheidend. Die Soll-Auftragsdurchlaufzeiten variieren – je nach Produktfamilie – zwischen wenigen Tagen und wenigen Wochen. Wegen des rapiden technologischen Fortschritts muss ein sich schnell veränderndes Umfeld gemeistert werden. Die kurzen Endprodukt-Lebenszyklen von wenigen Monaten bedingen ein hohes Risiko der Überalterung von Endprodukt-Beständen. Nur für einige Tage kann rein kundenauftragsorientiert produziert werden. Wenn man weiter in die Zukunft schaut, verringert sich der Anteil bereits bekannter Kundenaufträge drastisch. Die zum momentanen Zeitpunkt noch nicht bekannten zukünftigen Aufträge müssen durch Prognosen antizipiert werden. Die Nachfrage unterliegt schwach saisonalen Einflüssen wie beispielsweise dem Weihnachtsgeschäft oder einem (z. B. bei Nicht-Übertragbarkeit des Jahresbudgets durch Behördenkäufe verursachten) Jahresendgeschäft.

Distributionstyp Systemintegratoren, die Komplettlösungen für Großkonzerne (z. B. Banken und Versicherungen) und mittlere bzw. kleine Geschäftskunden anbieten, und Elektronik-Märkte, die Standard-Computer („Consumer-PCs") an Privatkunden verkaufen, stellen typische Kunden dar. Dann wird häufig ein zweistufiges Distributionssystem genutzt, bei dem Computer und Peripherie durch Logistikdienstleister in einem Distributionszentrum als Teil des Auslieferprozesses „on the fly" zu einem Komplettauftrag zusammengeführt werden. Manchmal verkaufen Hersteller auch direkt über das Internet an Privatkunden. In diesem Fall ist ein Paketdienst für die Auslieferung an die Konsumenten verantwortlich. Man beachte, dass bei den oben angesprochenen „Komplettaufträgen" die letzte Stufe der Erzeugnisstruktur nicht in einem Produktionswerk, sondern in einem Distributionszentrum angesiedelt ist.

Produktionstyp Wesentliche Produktionsprozesse bei der Herstellung von Computern sind die „Bestückung der Hauptplatine", die „Montage der Systemeinheit", ein „finaler Test" und das „Verpacken" (was der letztlichen „Montage" des Computers entspricht). Die Bestückung der Hauptplatine erfolgt in Fließorganisation auf hoch automatisierten Bestücklinien mit sehr kurzen Produktionsdurchlaufzeiten. Sie kann „inhouse" im selben Werk durchgeführt werden oder in einem separaten Produktionswerk desselben Herstellers, das upstream in der Supply Chain angesiedelt ist. Natürlich können Hauptplatinen aber ebenso von externen Lieferanten fremdbezogen werden.

Der Hauptprozess „Montage der Systemeinheit" findet entweder in Fließorganisation oder in Produktionszellen (Gruppenorganisation) statt. Allerdings sind hier manuelle Prozesse vorherrschend. Trotz der manuellen Tätigkeiten und der daraus resultierenden einfacheren Konfigurierbarkeit der Computer sind die Prozesszeiten stabil. Zur Montage ist kein speziell ausgebildetes Personal erforderlich. Deswegen kann auch kurzfristig zusätzliches Personal eingesetzt werden (z. B. über Leiharbeitsfirmen oder als Ferienarbeiter), wodurch eine hohe Arbeitszeitflexibilität erreicht wird. Standard-Computer werden in großen Produktionslosen (in Fließfertigung) hergestellt. Konfigurierbare Computer werden dagegen wegen der Spezifität der Kundenwünsche nur in kleinen Losen (und eher in Produktionszellen) gefertigt. Rüstkosten und -zeiten sind ohnehin vernachlässigbar gering, da der Hauptvorbereitungsaufwand für ein neues Los in der Bereitstellung der für die Produktvariante benötigten Komponenten steckt, die parallel zur Montage anderer Varianten durchgeführt werden kann. Insgesamt sind in der Produktion selbst keine ernst zu nehmenden Engpässe zu erwarten, d. h. Produktionskapazität ist in der Regel unkritisch.

Beschaffungstyp Da die Produktionsprozesse selbst von eher simpler Natur sind, liegt die Hauptkompetenz eines Computerherstellers in seiner Fähigkeit, die Zulieferer zu managen und mit dem Vertrieb bzw. Kundenauftragsmanagement zu synchronisieren. Tausende von Komponenten, Accessories und externen Einheiten müssen eingekauft werden und rechtzeitig zum vom Kunden gewünschten bzw. ihm zugesagten Verbau- und Liefertermin vor Ort sein. Dabei sind die zu beschaffenden Komponenten sehr inhomogen. Sowohl Standard-Komponenten als auch hochspezifische Komponenten werden benötigt. Die Wiederbeschaffungszeiten variieren von wenigen Tagen bis zu mehreren Monaten und sind meist sehr unzuverlässig.

Aufgrund des steten technologischen Fortschritts sind – wie bei den Computern selbst – auch die Lebenszyklen der Komponenten oft sehr kurz. Deswegen besteht auf der Zugangsseite ebenfalls ein sehr hohes Überalterungsrisiko. Da für kritische Lieferanten mittel- oder gar langfristige Verträge sinnvoll sind, werden meist Unter- und Obergrenzen für Beschaffungsmengen fixiert. Aus Sicht der Computerhersteller sind solche Verträge und die mit den dort festgelegten Mindestmengen verbundene bevorzugte Belieferung besonders wertvoll, wenn Lieferengpässe drohen und Multiple Sourcing unmöglich ist, also wenn die Macht in der Supply Chain bei einem Lieferanten liegt.

Bei einigen Komponenten, wie z. B. Festplatten, ist Multiple Sourcing gängige Praxis. Diese Komponenten werden von mehreren Lieferanten eingekauft. Wenn der bevorzugte Lieferant kurzfristig in Lieferschwierigkeiten gerät, können bei Standard-Computern einfach die Bezugsmengen der alternativen Zulieferer erhöht werden. Eine teurere Form der Produktsubstitution ist das sog. „Upgrading". Hier kann für eine (ggf. temporär) nicht verfügbare Komponente kein gleichwertiger, sondern höchstens ein deutlich höherwertiger Ersatz gefunden werden. Beispielsweise muss statt einer vom Kunden gewünschten 500 GB Festplatte eine 1000 GB Festplatte oder statt eines langsamen ein schnellerer Prozessor eingebaut werden, wenn die weniger leistungsfähige und billigere Variante gerade nicht vorrätig ist. Sofern die Preise bereits frühzeitig vereinbart wurden und deswegen zum Verbau-Zeitpunkt nicht mehr angepasst werden können, wird der Kunde über sein „Upgrade" evtl. sogar nicht einmal informiert.

Topographie der Supply Chain Es liegt wiederum eine gemischte Netzstruktur vor: sehr viele Zulieferer (von Komponenten, Accessories und Peripherie) sind mit wenigen Montagewerken (für Hauptplatinen und die verschiedenen Produktfamilien), wenigen Distributionszentren und einer großen Anzahl Kunden (unterschiedlichen Typs, wie oben erklärt) verbunden. Das gesamte Netz erstreckt sich meist über mehrere Länder und sogar Kontinente.

Einige Computerhersteller konnten ihre Entkopplungspunkte erfolgreich upstream verlagern, um risikobehaftete und teure Endproduktbestände zu verringern oder ganz zu vermeiden. Im Falle fixer Standardkonfigurationen ist heutzutage ein Assemble-to-Order-Entkopplungspunkt gängige Praxis, d.h. ein Computer wird nur dann montiert, wenn ein expliziter Kundenauftrag für die jeweilige Standard-Konfiguration vorliegt. Die zugehörigen Komponenten müssen aber bereits prognosebasiert bestellt worden sein. Eine Verlagerung des Entkopplungspunktes upstream reduziert Endproduktbestände und sichert damit gegen Nachfrageunsicherheit ab, erhöht allerdings (soweit dies nicht durch andere strategische Maßnahmen kompensiert werden kann) auch die Auftragsdurchlaufzeiten. Bei frei konfigurierbaren Computern liegt ein „Configure-to-Order"-Entkopplungspunkt als Spezialfall eines Engineer-to-Order-Entkopplungspunktes vor. Hier muss ein eingehender Kundenauftrag zunächst auf Baubarkeit geprüft werden, und es muss ein kundenindividueller Preis berechnet werden. Schlimmstenfalls müssten sehr spezifische Komponenten sogar noch bei ihren dedizierten Lieferanten bestellt werden. Insgesamt kann festgehalten werden, dass in Computer Supply Chains in der Regel die Materialzulieferung (und nicht die Produktionskapazität) den wichtigsten limitierenden Faktor darstellt.

Integration und Koordination An Computer Supply Chains partizipieren sowohl inter- als auch intra-organisationale Mitglieder. Deswegen besteht sowohl Bedarf an enger Zusammenarbeit zwischen rechtlich selbstständigen Unternehmen (z.B. indem Nachfrageinformationen wie Kundenaufträge und Prognosen horizontal ausgetauscht werden) als auch an vertikaler Koordination von unterschiedlichen organisatorischen Einheiten des Computerherstellers. Sowohl vereinzelte Zulieferer als auch Kunden können die Macht in Computer Supply Chains auf sich konzentrieren. Ersteres ist beispielsweise der Fall bei Komponenten, deren Hersteller eine Art Monopol oder Oligopol bilden, wie beispielsweise Betriebssysteme oder CPUs. Wie oben angesprochen, können langfristige Verträge ein Instrument für Computerhersteller sein, um den gewünschten Zufluss dieser kritischen Komponenten zu sichern.

In den Abschnitten *Konsumgüterherstellung* und *Computermontage* des nachfolgenden Kapitels 5.3 werden wir diese beiden Supply Chain Typen wieder aufgreifen, um zu veranschaulichen, welche spezifischen Planungsprobleme sich aus den Attributausprägungen dieser beiden Typen ableiten lassen und wie speziell darauf zugeschnittene Planungskonzepte aussehen können.

Literatur

Corsten, H.; Gössinger, R. (2007) *Dienstleistungsmanagement*, Oldenbourg, München, 5. Aufl.

Dyckhoff, H.; Finke, U. (1992) *Cutting and packing in production and distribution: A typology and bibliography*, Physica, Heidelberg

Fleischmann, B. (1998) *Design of freight traffic networks*, in: B. Fleischmann; J. v. Nunen; M. Speranza; P. Stähly (Hrsg.) *Advances in Distribution Logistics, Lecture Notes in Economics and Mathematical Systems*, Bd. 460, Springer, Berlin, 55–81

Meffert, H.; Bruhn, M. (2009) *Dienstleistungsmarketing*, Gabler, Wiesbaden, 6. Aufl.

Meyr, H. (2003) *Die Bedeutung von Entkopplungspunkten für die operative Planung von Supply Chains*, Zeitschrift für Betriebswirtschaft, Bd. 73, Nr. 9, 941–962

Schäfer, E. (1978) *Der Industriebetrieb – Betriebswirtschaftslehre der Industrie auf typologischer Grundlage*, Gabler, Wiesbaden, 2. Aufl.

Schneeweiss, C. (2002) *Einführung in die Produktionswirtschaft*, Springer, Berlin, 8. Aufl.

Silver, E.; Pyke, D.; Peterson, R. (1998) *Inventory management and production planning and scheduling*, Wiley, New York, 3. Aufl.

5 Advanced Planning

Bernhard Fleischmann[1], Herbert Meyr[2] und Michael Wagner[3]

[1] Universität Augsburg, Fachgebiet Produktion und Logistik,
Universitätsstraße 16, 86159 Augsburg, Deutschland
[2] Technische Universität Darmstadt, Fachgebiet Produktion & Supply Chain Management, Hochschulstraße 1, 64289 Darmstadt, Deutschland
[3] Paul Hartmann AG, Paul-Hartmann-Str. 12, 89522 Heidenheim, Deutschland

5.1 Was ist „Planung"?

Wozu planen? Entlang einer Supply Chain müssen minütlich Hunderte und Tausende von individuellen Entscheidungen getroffen und miteinander abgestimmt werden. Diese Entscheidungen sind von unterschiedlicher Wichtigkeit. Neben der eher unbedeutenden Frage, welcher Produktionsauftrag als nächstes auf einer Maschine bearbeitet werden soll, muss beispielsweise auch über die Errichtung oder Schließung kompletter Fabriken befunden werden, was den Arbeitsmarkt ganzer Regionen beeinflussen kann. Deswegen gilt: je wichtiger eine Entscheidung ist, desto sorgfältiger muss sie vorbereitet sein.

Diese Vorbereitung ist die Aufgabe der *„Planung"*. Planung unterstützt die Entscheidungsfindung, indem Alternativen für zukünftige Aktivitäten identifiziert und einige gute oder sogar die beste ausgewählt werden. Der Planungsprozess kann in folgende Phasen untergliedert werden (vgl. Domschke und Scholl 2005, S. 26 ff.):

- *Erkennen* und *Analysieren* eines Entscheidungsproblems,
- Definition eines oder mehrerer *Ziele*,
- *Prognose* zukünftiger Entwicklungen,
- *Identifikation* und *Evaluation* zulässiger Handlungsalternativen (sog. *„Lösungen"*) und schließlich
- *Auswahl* einer oder mehrerer guter Lösungen.

Supply Chains sind sehr komplexe Gebilde. Nicht jedes Detail, das in der betrieblichen Realität eine Rolle spielt, kann und sollte auch in einer Planung abgebildet werden. Deswegen muss in der Planung immer von der Realität abstrahiert und mit einer vereinfachten „Kopie der Realität", einem sogenannten *Modell*, gearbeitet werden. Die Hauptschwierigkeit der Modellbildung ist, die Realität so einfach wie möglich und doch so detailliert wie nötig, d. h. ohne irgendwelche wichtigen Restriktionen der Praxis zu übersehen, in einem Modell abzubilden. Abstrahiert man zu stark, sind die resultierenden Pläne nicht umsetzbar, da wichtige Praxisaspekte nicht beachtet werden. Abstrahiert man zu wenig, sind die resultierenden Modelle zu detailliert und zu komplex, als dass sinnvolle Lösungen dafür gefunden werden könnten.

Prognose- und *Simulationsmodelle* versuchen, zukünftige Entwicklungen vorherzusagen und Input-/Outputbeziehungen in komplexen Systemen zu erklären. Allerdings unterstützen sie nicht die Auswahl einer oder mehrerer Lösungen, die im Hinblick auf vorher zu definierende Kriterien als „gut" angesehen würden. Dies ist die Aufgabe von *Optimierungsmodellen*, die sich von den vorher beschriebenen Modellen durch ein zusätzliches Ziel (bzw. eine sog. „*Zielfunktion*") unterscheiden, das zu minimieren oder maximieren ist.

Pläne werden nicht für die Ewigkeit gemacht. Die Gültigkeit eines Plans ist auf einen *Planungshorizont* beschränkt, der zuvor festgelegt werden muss. Spätestens wenn der Planungshorizont erreicht ist, muss ein neuer Plan erstellt werden, der den aktuellen Status der Supply Chain widerspiegelt. Planungsaufgaben werden gewöhnlich in Abhängigkeit von der Länge des Planungshorizonts und der Wichtigkeit der zu treffenden Entscheidungen den folgenden drei Planungsebenen zugeordnet (vgl. Anthony 1965):

Langfristige Planung: Entscheidungen dieser Ebene werden als *strategische Entscheidungen* bezeichnet. Sie sollten den Grundstein für die zukünftige Entwicklung eines Unternehmens / einer Supply Chain legen. In der Regel betreffen sie das Design und die Struktur der Supply Chain als Ganzes und haben langfristige Auswirkungen, die über mehrere Jahre spürbar sind.

Mittelfristige Planung: Die Mittelfristplanung muss sich innerhalb des durch die strategische Planung bereits vorgegebenen Rahmens bewegen. Ihre Aufgabe ist, die Flüsse und Ressourcennutzung in der strukturell bereits festgelegten Supply Chain mengenmäßig und zeitlich grob zu koordinieren und somit routinemäßig zu treffende Entscheidungen vorzubereiten. Der Planungshorizont variiert zwischen 6 und 24 Monaten, so dass auch saisonale Einflüsse, z. B. auf die Nachfrage, betrachtet werden können.

Kurzfristige Planung: Die unterste Planungsebene muss alle Aktivitäten soweit spezifizieren, dass sich daraus detaillierte Anweisungen zur unmittelbaren Ausführung und Kontrolle ergeben. Deswegen benötigen Modelle der Kurzfristplanung die höchste Detailtreue und Planungsgenauigkeit. Der Planungshorizont liegt zwischen wenigen Tagen und drei Monaten. Die Kurzfristplanung ist zwar stark durch die Struktur- und Mengenentscheidungen der übergeordneten Planungsebenen beschränkt. Dennoch bestimmt sie wesentlich die eigentliche Leistungsfähigkeit der Supply Chain, z. B. im Hinblick auf Durchlaufzeiten, Termintreue, Kundenservice und weitere strategisch wichtige Ziele.

Die letzten beiden Planungsebenen sind Teil der sog. *operativen Planung*. Einige Autoren bezeichnen die zweite Ebene auch als *taktische Planung* (vgl. z. B. Günther und Tempelmeier 2009, S. 27). Da dieser Begriff in der Literatur teilweise widersprüchlich verwendet wird, soll im Nachfolgenden auf seine Nutzung verzichtet werden.

Ein intuitives Rezept zur Planerstellung wäre, sich alle Handlungsalternativen anzusehen, nach bestimmten Kriterien zu vergleichen und die beste davon auszuwählen. Leider stößt diese naheliegende Vorgehensweise meist auf drei große Schwierigkeiten, die eine Umsetzung unmöglich machen:

Erstens ist für einen Vergleich der Alternativen meist nicht nur ein einzelnes Kriterium relevant, sondern es müssen mehrere konfliktäre Zielsetzungen herangezogen werden, die keine eindeutige Präferenz erlauben. Beispielsweise soll gewöhnlich ein möglichst hoher Kundenservice erreicht werden, gleichzeitig aber auch der Lagerbestand minimiert werden. In diesem Fall existiert keine „optimale" Lösung in dem Sinne, dass eine einzelne Handlungsalternative für beide Ziele zur individuell höchsten Zielerreichung führen würde (100% Kundenservice bei 0 Bestand). Ein üblicher Weg, um mit solchen *multikriteriellen Entscheidungsproblemen* umzugehen, ist Mindest- oder Maximalerreichungsgrade für alle Ziele außer einem zu setzen, das dann optimiert wird. Im obigen Beispiel könnte man beispielsweise versuchen, bei einem garantierten Mindestservice Bestände zu minimieren. Ein anderer sinnvoller Weg könnte sein, alle Ziele mit Erlösen oder Kosten zu bewerten und den daraus resultierenden *Gewinn* (= Erlöse - Kosten) zu maximieren. Allerdings lassen sich manche Ziele, wie beispielsweise der Kundenservice, oft nur schlecht als monetäre Größen ausdrücken. Für solche Ziele könnte man Skalenwerte definieren, aus denen eine gewichtete Summe gebildet und anschließend optimiert wird. Diese Vorgehensweise birgt jedoch die Gefahr in sich, dass Lösungen als „optimal" interpretiert werden, die auf Basis mehr oder minder willkürlich gesetzter Gewichte ausgewählt wurden. Ein APS bietet grundsätzlich alle drei Möglichkeiten des Umgangs mit mehreren Zielkriterien.

Die zweite Schwierigkeit wird durch die riesige Anzahl potenzieller Handlungsalternativen hervorgerufen, die typischerweise in der Supply Chain Planung vorliegen. Bei kontinuierlichen Variablen, wie beispielsweise Auftragsgrößen oder Startzeiten von Arbeitsgängen, gibt es sogar unendlich viele Auswahlmöglichkeiten. Aber auch bei diskreten Entscheidungen, z. B. über die Reihenfolge von Produktionsaufträgen auf Maschinen, kann die Alternativenanzahl kombinatorisch groß sein (vgl. Kap. 11). In solchen Fällen sollten mathematische Methoden des *Operations Research (OR)* den Planungsprozess und die Entscheidungsfindung unterstützen. Einige Methoden, wie beispielsweise die Lineare Programmierung (LP) oder Netzwerkflussverfahren, sind tatsächlich in der Lage, in kurzer Zeit optimale Lösungen zu finden. Für die meisten kombinatorischen Optimierungsprobleme können mit *„Heuristiken"* wie z. B. der sog. „Lokalen Suche" aber nur sehr gute, „nahezu optimale" Lösungen in akzeptabler Rechenzeit ermittelt werden. Der Erfolg dieser Methoden hängt stark davon ab, wie ein Problem modelliert wurde. Im Anhang (Teil V) wird beispielhaft anhand einiger wichtiger Typen von Optimierungsmodellen auf Potenziale und Limitationen von OR-Methoden eingegangen.

Die dritte und wohl auch größte Schwierigkeit liegt im Umgang mit Unsicherheit. Planung ist immer zukunftsgerichtet und deswegen auch stets auf

Daten über potenzielle zukünftige Entwicklungen angewiesen. Diese Daten können zwar mit Hilfe von Prognosemodellen geschätzt werden. Ein mehr oder weniger bedeutender Prognosefehler lässt sich aber nicht vermeiden. Prognosefehler sind für eine unzureichende Produktverfügbarkeit und damit für einen schlechten Kundenservice verantwortlich. Sicherheitsbestände sind eine Möglichkeit, um sich gegen Unterschätzungen der Kundennachfrage abzusichern. Aber es gibt auch noch andere Wege, um mit Unsicherheit in der Planung umzugehen.

Ein Beispiel hierfür ist die *rollierende Planung*. Da die spätere Realisierung fast immer vom ursprünglichen Plan abweicht, sind beständige Plan-Ist-Abgleiche nötig, in denen diese Diskrepanz gemessen wird. Dann kann ggf. – d. h. bei zu großer Abweichung – mit einer Plan-Revision reagiert werden. Die rollierende Planung ist eine Implementierung dieser Plan-Kontroll-Revision-Schleife. Der Planungszeitraum (z. B. ein Jahr) wird in überschneidungsfreie (Sub-)Perioden (z. B. Monate) unterteilt. Beispielsweise wird zu Beginn des Januars ein Plan erstellt, der die Perioden Januar bis Dezember abdeckt. Davon wird aber nur die erste Periode, die sog. *gefrorene Zone*, tatsächlich umgesetzt. Zu Beginn der zweiten Periode (Februar) wird ein neuer Plan generiert, der auch die aktuellen Entwicklungen der Vorperiode Januar mit einbezieht. Der neue Planungszeitraum umfasst wiederum einen Planungshorizont von einem Jahr und überlappt damit mit dem vorangegangenen. Allerdings reicht er eine Periode weiter in die Zukunft (bis Ende Januar des Folgejahres; vgl. Abb. 5.1) usw.

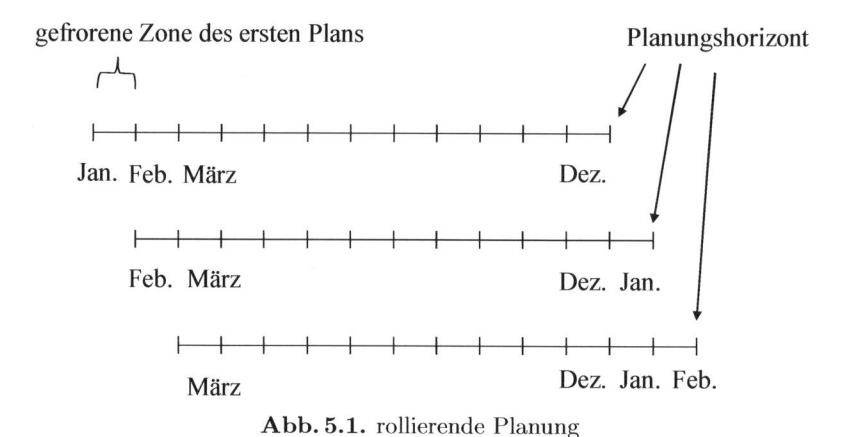

Abb. 5.1. rollierende Planung

Dieses Vorgehensprinzip ist – sowohl in herkömmlichen Planungssystemen als auch bei Nutzung von Advanced Planning Systems – ein beliebter Weg, um in der operativen Planung mit Unsicherheit umzugehen. Noch effizienter, aber auch mit höherem Informationsbedarf verbunden, ist die *ereignisgetriebene Planung*: Ein neuer Plan wird nicht nur in regelmäßigen Zeitabständen

(z. B. monatlich) erstellt, sondern auch wenn besonders bedeutende Ereignisse, wie z. B. unerwartete Absätze, größere Kundenänderungen, Maschinenausfälle usw., eintreten. Diese Vorgehensweise erfordert, dass jederzeit alle planungsrelevanten Daten, wie aktuelle Informationen über Bestände, den Arbeitsfortschritt usw., vorliegen und kontinuierlich auf neuestem Stand gehalten werden. Für ein APS, das seine Daten aus einem Enterprise Resource Planning (ERP) System bezieht, ist dies durchaus möglich.
Drei Charakteristika sind kennzeichnend für APS:

- eine *integrierte Planung* der gesamten Supply Chain, die zumindest die Lieferanten und die Kunden eines einzelnen Unternehmens, evtl. aber sogar ein umfassenderes Netzwerk von Unternehmen einschließt;
- eine *"echte Optimierung"* in dem Sinne, dass Handlungsalternativen, Ziele und Handlungsrestriktionen der verschiedenen Planungsprobleme sauber definiert werden und dass optimierende Planungsmethoden, seien sie exakt oder heuristisch, die Alternativenauswahl unterstützen (vgl. Fleischmann und Meyr 2003, Kap. 9.4);
- ein *hierarchisches Planungssystem* (vgl. Schneeweiss 2003 und Kap. 2), das als (wohl) einziges Planungskonzept eine Kombination der beiden obigen Eigenschaften zulässt: Eine „optimale" Planung einer kompletten Supply Chain ist weder durch eine monolithische noch durch eine sukzessive Planung möglich. Erstere würde versuchen, alle Planungsaufgaben *gleichzeitig* zu betrachten und zu erfüllen, was schlichtweg nicht praktikabel ist. Letztere würde diese Planungsaufgaben *nacheinander* abarbeiten, was wegen der Missachtung wichtiger Abhängigkeiten (die immer auch in Gegenrichtung bestehen) sicherlich nicht optimal wäre. Hierarchische Planung stellt hier einen Kompromiss dar, der eine praktikable Berücksichtigung der Interdependenzen zwischen den vielfältigen Planungsaufgaben zulässt.

Es sei darauf hingewiesen, dass das herkömmliche Material Requirements Planning (MRP) Konzept (vgl. Orlicky 1975), das in fast allen ERP-Systemen implementiert ist, keine der oben genannten Eigenschaften aufweist: Es ist auf den Produktions- bzw. Beschaffungsbereich beschränkt, nutzt keine Optimierungsmethoden bzw. verfolgt meist nicht einmal eine irgendwie spezifizierte Zielsetzung und stellt ein Sukzessivplanungskonzept dar.

Die Grundidee der hierarchischen Planung ist es, die gesamte Planungsaufgabe in *Planungsmodule* zu dekomponieren. Die Planungsmodule repräsentieren Teilpläne, die unterschiedlichen Planungsebenen zugeordnet sind. Zwar deckt jede Ebene für sich schon die komplette Supply Chain ab. Allerdings unterscheiden sich die Planungsaufgaben von Ebene zu Ebene (vgl. z. B. Miller 2001): Auf der obersten Ebene existiert nur ein einziges Planungsmodul, das einen sehr groben, aber dafür unternehmensweiten, langfristigen Plan entwickeln soll. Je tiefer eine Planungsebene angesiedelt ist, desto enger ist der Ausschnitt der Supply Chain, der durch ein dieser Planungsebene zugeordnetes Planungsmodul abgedeckt wird, desto kürzer ist der Planungshorizont und desto detaillierter ist der zu entwerfende Plan. Pläne bzw. Planungsmodule für die unterschiedlichen Supply Chain Ausschnitte einer Ebene werden durch einen umfassenderen Plan der in der hierarchischen Struktur nächsthöheren Ebene koordiniert (vgl. Abb. 5.2).

langfristig, aggregiert, umfassend

mittelfristig

kurzfristig, detailliert

Informationsfluss

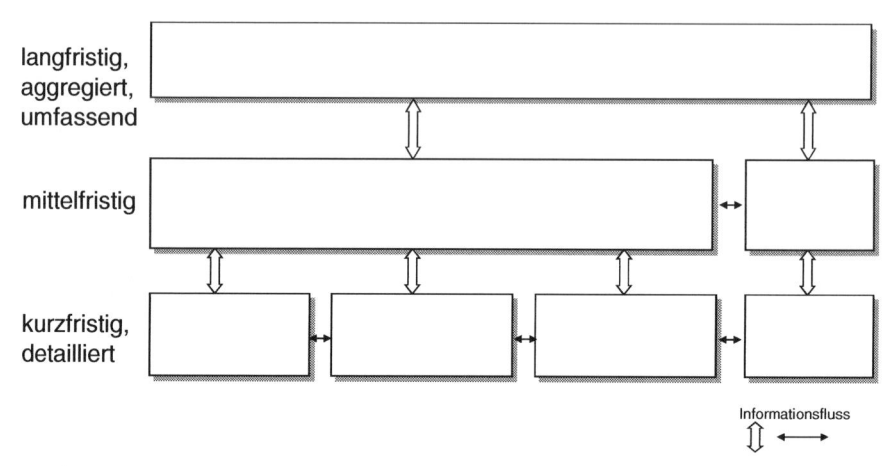

Abb. 5.2. Hierarchie der Planungsaufgaben

Der ansteigende (bzw. abnehmende) Detaillierungsgrad, der sich ergibt, wenn man in der Hierarchie eine Ebene tiefer (höher) wandert, wird durch Disaggregation (bzw. Aggregation) von Daten als Input der Planung und von Ergebnissen als Output der Planung erreicht. *Aggregation* betrifft beispielsweise

- Produkte, die zu Produktgruppen zusammengefasst werden können,
- Ressourcen (Betriebsmittel und Personal), die zu Kapazitätsgruppen zusammengefasst werden können, und
- Zeit, indem kürzere Perioden (z. B. Wochen) zu längeren Perioden (z. B. Monaten) zusammengefasst werden.

Die Module sind durch vertikale und horizontale Informationsflüsse verbunden. Das Ergebnis eines höher gelegenen Planungsmoduls setzt einen groben Rahmen für die untergeordneten Pläne, während deren Ergebnisse für die höhere Planungsebene wertvolle Feedback-Informationen über die Performance (z. B. hinsichtlich Kosten, Durchlaufzeiten, Auslastung) des Grobplans liefern. Will man ein *hierarchisches Planungssystem* (HPS) entwerfen, muss man viel Sorgfalt auf die Definition der modularen Struktur, die Zuweisung von Planungsaufgaben zu Planungsmodulen und die Festlegung der Informationsflüsse zwischen diesen verwenden. Gewöhnlich ist ein HPS in eine rollierende Planung eingebettet. Vorschläge zur Definition der Planungshorizonte und zum Zusammenspiel der Planungsintervalle von Planungsmodulen unterschiedlicher Ebenen sind beispielsweise bei Hax und Meal (1975) sowie Stadtler (1986) zu finden.

Planung zieht zukünftige Entwicklungen in Betracht, identifiziert Alternativen für zukünftige Handlungen und bereitet Direktiven für deren Implementierung vor. In die Praxis umgesetzt werden diese Entscheidungen aber normalerweise außerhalb des Planungssystems. Wegen dieser Trennung und wegen der oben angesprochenen vordefinierten Zeitabstände zwischen zwei Neuplanungen („Planungsintervalle") muss eine zeitliche Lücke zwischen der Planung und ihrer finalen Umsetzung überbrückt werden, die Raum für unvorhergesehene Ereignisse lässt. Deswegen und damit Planungssysteme überschaubar und handhabbar bleiben, werden in der Regel nicht alle Entscheidungen durch das Planungssystem selbst vorbereitet. Es verbleiben immer noch einige Freiheitsgrade bis zur finalen *Ausführung* eines Plans, die dazu genutzt werden können, um den Plan genauer auszugestalten oder gar zu revidieren. Im Folgenden wird unter „Ausführung" (engl. „Execution") der Start und die anschließende Steuerung bzw. Kontrolle aller Aktivitäten verstanden, die sofort in die Tat umgesetzt werden müssen. Deswegen können Entscheidungen, die die Ausführung betreffen, im Gegensatz zu Handlungsanweisungen, die durch ein Planungssystem vorgeschlagen werden, nicht mehr revidiert werden.

In diesem Sinne erhält ein *„Ausführungssystem"* („Execution System") Ausführungsdirektiven durch ein übergeordnetes Planungssystem, überprüft, ob die dem Plan zugrunde liegenden Annahmen noch gültig sind, reichert den Plan nötigenfalls um zusätzliche Details an (beispielsweise indem Produktionsaufträgen entsprechende Transportaktivitäten zugeordnet werden) und bringt – soweit inzwischen keine unvorhergesehenen Ereignisse aufgetreten sind – das daraus resultierende Ergebnis zur endgültigen Ausführung. Falls jedoch unvorhergesehene Ereignisse, wie beispielsweise ein Maschinenausfall, eingetreten sind, obliegt es dem Ausführungssystem, dies zu erkennen und unmittelbar zu reagieren. Kleinere Probleme können direkt durch das Ausführungssystem „repariert" werden. Falls die Schwierigkeiten aber ernster Natur sind, muss eine Warnmeldung (ein sog. „Alert") zurück an das Planungssystem gesendet werden, die eine außerordentliche Neuplanung auslöst. Diese Art von ereignisgetriebener Planung erleichtert den Einsatz eines HPS und erhöht seine Flexibilität. Eine Voraussetzung hierfür ist allerdings ein Kommunikationssystem, das durch vorher zu definierende Ereignisse ausgelöste Warnmeldungen an die jeweils relevanten Planungsebenen, Planungsmodule und Entscheidungsträger weiterleitet (vgl. Kap. 14). Darüber hinaus kann ein Planungsmodul selbst ebenfalls Warnmeldungen für andere Planungsmodule generieren.

APS versuchen, Planungsprozesse zu automatisieren. Dies kann zu Widerständen bei (menschlichen) Planern führen, da sie fürchten, durch Maschinen ersetzt zu werden. Diese Angst leitet sich aus drei wesentlichen Vorteilen ab, die APS bieten: Sie visualisieren Informationen, sie reduzieren die Planungszeit und erhöhen damit die Planungsflexibilität und sie erlauben einen einfachen Einsatz von Optimierungsmethoden. Allerdings ist diese Angst letztlich unbegründet. Wie oben ausgeführt wurde, basiert computergestützte Planung auf Modellen und jedes Modell ist vor allem eine Vereinfachung der Realität. Deswegen werden immer menschliches Wissen, menschliche Erfahrung und menschliches Können nötig sein, um die Lücke zwischen Modell und Realität zu überbrücken und zu schließen. Planungssysteme, ganz egal wie fortgeschritten bzw. „advanced" sie auch sein mögen, bleiben immer Entscheidungs*unterstützungs*systeme, d. h. sie sollen einem menschlichen Entscheidungsträger helfen. Sogar bei ereignisgetriebener Planung ist es in der Regel der Mensch, der (an der Schnittstelle zwischen Ausführungs- und Planungssystem) entscheidet, ob ein Plan revidiert werden muss oder nicht. Und zuletzt steht auch hinter jedem Planungsmodul ohnehin immer ein Mensch, der dessen Funktion, Daten und Ergebnisse zu verantworten hat.

5.2 Planungsaufgaben entlang einer Supply Chain

Eine inter-organisationale Supply Chain besteht aus intra-organisationalen Teilabschnitten für jedes an der Supply Chain partizipierende Unternehmen. Diese lassen sich, wie wir in Kap. 4 bereits gesehen haben, wiederum gliedern nach den logistischen Funktionen „Beschaffung", „Produktion", „Distribution" und „Absatz". Jede Funktion – nachfolgend auch als „logistischer Prozess" oder „SC-Prozess" bezeichnet – bringt sehr verschiedenartige Planungsaufgaben mit sich. Die *Beschaffung* umfasst alle Aktivitäten, die Ressourcen (z. B. Material, Personal usw.) für die Produktion zur Verfügung stellen. Die *Produktion* kombiniert und transformiert Inputgüter in höherwertige Outputgüter, wozu die durch die Beschaffung bereitgestellten, evtl. aber nur in begrenzter Kapazität zur Verfügung stehenden Ressourcen (sog. „Produktionsfaktoren") benötigt werden. Die *Distribution* überbrückt die Distanz zwischen den Produktionsstandorten und den Kunden, d. h. dem Handel oder anderen Produktionsunternehmen, die die hergestellten Produkte wieder selbst zur eigenen Produktion benötigen. Alle diese Prozesse werden angestoßen durch Nachfrageprognosen oder Kundenaufträge, die durch den *Absatz*-Prozess bestimmt oder erfasst werden.

Die Supply Chain Planning Matrix

Die *Supply Chain Planning Matrix* (SCP-Matrix, vgl. Rohde et al. 2000[1]) klassifiziert die in einer intra-organisationalen Supply Chain auftretenden Planungsaufgaben nach den beiden Dimensionen „Planungshorizont" und

---

[1] Man beachte, dass bei Rohde et al. (2000) nicht wie hier strikt zwischen Planungsaufgaben und diese lösenden Softwaremodulen unterschieden wird. Deswegen wird dort die erst im nachfolgenden Kapitel vorgestellte Abb. 6.1 als „Supply Chain Planning Matrix" bezeichnet.

"SC-Prozess". Abbildung 5.3 zeigt charakteristische Planungsaufgaben, wie sie – allerdings in verschiedener Ausprägung und mit unterschiedlicher Wichtigkeit – bei so gut wie allen SC-Typen auftreten. In der Abbildung sind langfristige Planungsaufgaben in einer einzelnen Box dargestellt, um den umfassenden, ganzheitlichen Charakter der strategischen Planung zu visualisieren. Die anderen Boxen repräsentieren die Einträge der Matrix, korrespondieren aber nicht exakt mit den Planungsmodulen eines HPS. Diese können auch nur Teile einer Box enthalten – z. B. könnten die kurzfristigen Planungsaufgaben nach den zusätzlichen Dimensionen „Produktionsstandorte" oder „Produktgruppen" weiter unterteilt werden – oder Planungsaufgaben mehrerer Boxen integrieren. Wie in Abschnitt 5.1 bereits angesprochen wurde, ist die Bildung von Planungsmodulen für verschiedenartige Planungsaufgaben ja gerade eine ganz wesentliche Fragestellung beim Design eines HPS. Kapitel 6 wird zeigen, dass sich die SCP-Matrix auch sehr gut eignet, um *Softwaremodule* unterschiedlicher Softwarehersteller darin einzuordnen und damit in ihrer Funktionalität zu beschreiben.

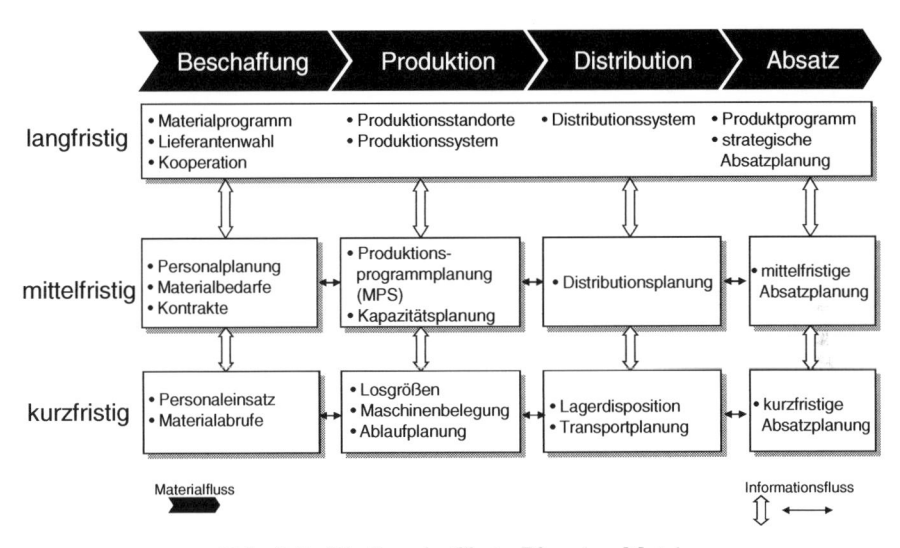

Abb. 5.3. Die Supply Chain Planning Matrix

Langfristige Planungsaufgaben

Produktprogramm und strategische Absatzplanung Die Entscheidung über das Produktprogramm, das ein Unternehmen anbieten will, sollte auf einer langfristigen Prognose basieren, die den voraussichtlichen Absatz aller potenziellen Produkte aufzeigt. Eine solche Prognose muss auch Interdependenzen zwischen bereits existierenden Produktlinien, zukünftigen

Produktneuentwicklungen und Absatzpotenzialen in erstmals zu erschließenden Verkaufsregionen oder -kanälen erfassen. Abhängig vom Produktprogramm werden dann szenariobasiert die weiteren Konsequenzen für die Supply Chain grob abgeschätzt. Langfristprognosen sollten ökonomische, politische und wettbewerbsorientierte Faktoren genauso einbeziehen wie Informationen über Produktlebenszyklen. Wegen der hohen Unsicherheit können langfristige Absätze nicht für jeden einzelnen Artikel vorhergesagt werden. Deswegen werden üblicherweise Artikel, die ähnliche Verkaufs- oder Produktionseigenschaften aufweisen, zu Gruppen aggregiert, innerhalb derer sich Prognosefehler leichter ausgleichen. Will man das Produktprogramm optimieren, d. h. die für das Unternehmen langfristig am gewinnbringendsten Produkte aus der Menge der potenziell möglichen Neuprodukte auswählen, sollte nicht nur auf die variablen Deckungsbeiträge der unterschiedlichen Produkte geachtet werden, sondern es müssen auch die für die Aufnahme in das Produktprogramm entstehenden Fixkosten in die Entscheidungsfindung mit einbezogen werden.

Wenn ein Hersteller darüber nachdenkt, eine neues Produkt oder eine neue Produktgruppe in sein Portfolio mit aufzunehmen, stellt sich unmittelbar die Frage, wo Entkopplungspunkte für unterschiedliche Kundengruppen oder verschiedene Absatzmärkte platziert werden sollten. Die Lage von Entkopplungspunkten wird wesentlich durch die (strategische) Entscheidung über die Servicezeiten (Zeitspanne zwischen Eingang eines Kundenauftrags und der geplanten Auslieferung an den Kunden) determiniert, die von Kunden akzeptiert würden und deswegen für eine bestimmte Produkt-Markt-Kombination angestrebt werden sollen (vgl. z. B. Meyr 2003). Je kürzer die Servicezeit ist, desto zufriedener wird ein Kunde sein – desto näher muss der Entkopplungspunkt aber auch beim Kunden angesiedelt sein. Wie wir im vorangegangenen Kapitel gesehen haben (S. 87), birgt dies aber auch eine erhöhte Nachfrageunsicherheit für höherwertige Produkte in sich.

Distributionssystem Da Unternehmen in jüngerer Vergangenheit aus Kostengründen ihre Produktionskapazitäten meist auf wenige Standorte konzentriert haben, sind die Abstände zwischen Produktionsstandorten und den Kunden – und damit die zugehörigen Distributionskosten – gewachsen. Bei solchen und ähnlichen Änderungen der Hersteller-Kunde-Beziehung muss das bisherige Distributionssystem reorganisiert werden. Hierbei ist über eine neue physische Struktur des Distributionssystems, d. h. über Anzahl, Lage und Größe der bestandsführenden Punkte und der Umschlagpunkte sowie über die nötigen Transportrelationen, nachzudenken.

Typische Daten für eine Entscheidung über die zukünftige Distributionsstruktur sind die langfristige Absatzprognose, das Produktprogramm, die geplanten Produktionskapazitäten der unterschiedlichen Produktionsstandorte und die damit verbundenen Kosten. Das Ziel ist dabei, die langfristigen Kosten für Transport, Lagerhaltung, Umschlag und Investitionen in Betriebsmittel (z. B. Lager, Bereitstellungssysteme etc.) zu minimieren. Die Frage, ob Transporte durch eine eigene Fahrzeugflotte oder durch Logistikdienstleister abgewickelt werden sollen, ist natürlich eng mit der Entscheidung über die physische Distributionsstruktur verbunden. Deswegen sollten beide Planungsaufgaben zusammen in einem integrierten Modell betrachtet werden.

Produktionsstandorte und Produktionssystem Langfristige Veränderungen im Produktprogramm oder in den Absatzzahlen zwingen dazu, die existierenden Produktionskapazitäten und bisherigen Produktionsstandorte zu überdenken. Darüber hinaus führen kontinuierliche Verbesserungen der Produktionstechnologie zu geänderten strukturellen Voraussetzungen. Es sind also nicht nur die Produktionssysteme selbst, sondern auch die zugehörigen Produktionsplanungssysteme periodisch dahingehend zu überprüfen, ob sie noch zeitgemäß sind. In der Regel werden Entscheidungen über Produktionsstandorte und über die Distributionsstruktur wegen der starken Interdependenzen gemeinsam getroffen. Sie gründen auf Langfristprognosen und den bereits vorhandenen Produktionskapazitäten (aggregiert, d. h. ohne jede Maschine einzeln zu betrachten). Die Gestaltung des Produktionssystems umfasst dabei nicht nur die Auswahl anzuschaffender Betriebsmittel, sondern auch das ganze Fabriklayout inkl. des Materialflusses zwischen den Maschinen.

Materialprogramm und Lieferantenwahl Das Materialprogramm ist oft unmittelbar mit dem Produktprogramm verbunden, da Endprodukte häufig aus Komponenten oder Materialien bestehen, die bereits existieren oder für deren Gestaltung kaum Freiheitsgrade vorhanden sind. Manchmal können allerdings auch unterschiedliche Vorprodukte oder Materialien alternativ für denselben Zweck verwendet werden. Um daraus eine Auswahl zu treffen, müssen Preis (inkl. potenzieller Mengenrabatte), Qualität und Verfügbarkeit in Betracht gezogen werden. Da A-Materialarten (vgl. z. B. Tempelmeier 2008, Kap. B.1) den größten Teil der Beschaffungskosten verursachen, sollten diese über eigene, mit besonderer Sorgfalt geplante Beschaffungskanäle bezogen werden. Hierzu müssen auch Zulieferer hinsichtlich Qualität, Service und Bezugskosten klassifiziert werden.

Kooperationen Eine weitere Reduktion der Beschaffungskosten kann oft durch strategische Kooperationen mit Zulieferern von A-Komponenten oder A-Materialarten erreicht werden. Die Planung und Evaluation von Kooperationskonzepten erhält immer größere Bedeutung, da verstärkt ganze Supply Chains anstelle einzelner Unternehmen miteinander im Wettbewerb stehen. Um sowohl Bestände als auch Nachlieferungen zu reduzieren, nutzen solche Konzepte Ideen wie *VMI (Vendor Managed Inventory)*, *Dauerniedrigpreise („Every-Day-Low-Price")* und *JIT (Just-In-Time) Beschaffung*. Während diese Kooperationskonzepte die operative Planung direkt betreffen, setzen das *Simultaneous Engineering* oder *Konsolidierungszentren* eher einen strategischen Rahmen für tägliche Beschaffungsprozesse.

Mittelfristige Planungsaufgaben

Mittelfristige Absatzplanung Die Hauptaufgabe der mittelfristigen Absatzplanung ist es, das Absatzpotenzial verschiedener Produktgruppen in unterschiedlichen Verkaufsregionen vorherzusagen. Da aggregierte Vorhersagen geringere Prognosefehler als detaillierte aufweisen und da diese mittelfristigen Prognosen den Input für die anschließende Produktionsprogrammplanung darstellen sollen, werden Produkte gemäß ihrer Produktionseigenschaften (z. B. bevorzugte Ressourcen, Umrüstzeiten etc.) zu Gruppen zusammengefasst. Es wird typischerweise auf wöchentlicher oder monatlicher Basis mit einem Horizont von einem Jahr oder länger prognostiziert. Dabei sind Absatzrelevante Effekte, wie mittelfristige Werbemaßnahmen oder Preisnachlässe, in die Überlegungen mit einzubeziehen. Das für Endprodukte erforderliche Sicherheitsbestandsniveau hängt offensichtlich maßgeblich von der Prognosegüte ab. Um Sicherheitsbestände planen zu können, müssen Prognosefehler deswegen als Teil der Absatzplanung kontinuierlich ermittelt und überwacht werden.

Distributionsplanung Die mittelfristige Distributionsplanung beschäftigt sich mit den Transporten von, zwischen und zu den Lagern sowie mit der Bestimmung der dort erforderlichen Bestandsniveaus. Ein zulässiger Distributionsplan muss in der Lage sein, die geschätzte Nachfrage zu bedienen und gleichzeitig die verfügbaren Transport- und Lagerkapazitäten nicht zu überschreiten. Als Ziel wird eine Minimierung aller relevanten Kostenarten verfolgt, zu denen insbesondere Lager- und Transportkosten zählen. Der Planungszeitraum ist ebenfalls in Wochen- oder Monatsperioden aufgeteilt. Deswegen kann das zugrunde liegende Planungsmodell wiederum nur aggregierte Kapazitäten (z. B. die gesamte Transportkapazität anstelle einzelner Fahrzeuge) in Betracht ziehen. Soweit eine eigene Flotte zur Verfügung steht, sollte ein Distributionsplan die Nutzung dieser Flotte, aber auch einen gegebenenfalls erforderlichen temporären Zukauf externer Transportdienstleistungen wiedergeben.

Produktionsprogrammplanung und Kapazitätsplanung Die mittelfristige Produktionsplanung soll die verfügbare Produktionskapazität einer oder mehrerer Produktionsressourcen möglichst effizient und kostengünstig nutzen. Dabei obliegt es der Produktionsprogrammplanung (auch „Master Production Scheduling" (MPS) genannt), saisonale Schwankungen der Nachfrage auszugleichen. Die Kapazitätsplanung muss das ggf. nötige Maß an mittelfristig bereitstellbaren Zusatzkapazitäten (z. B. Überstunden oder Zusatzschichten) bestimmen. Da wieder nur Produktfamilien und Wochen- oder Monatsperioden betrachtet werden können, würde es keinen Sinn machen, Produktionsprozesse sehr detailliert abzubilden. Deswegen wird in der Regel auch hier (zu Ressourcengruppen) aggregiert. Ziel der Planung ist es, für die gegenläufigen Kosten der Bereitstellung/Inanspruchnahme von Produktionskapazitäten und Lagerung (insbesondere von Saisonbeständen) ein Gesamtminimum zu finden. Falls mehrere Produktionsstandorte alternativ genutzt werden können, müssen auch die anfallenden Transportkosten in die Überlegungen mit einbezogen werden.

Personalplanung Die Kapazitätsplanung liefert einen groben Überblick über die zur Herstellung der Endprodukte benötigte Arbeitszeit. Die Personalplanung muss darüber hinaus die Personalkapazität für Komponenten bzw. vorgelagerte Produktionsstufen, die vor der Endmontage der Produkte durchlaufen werden müssen, bestimmen. Bei diesem Planungsschritt muss auf das spezifische Know-how unterschiedlicher Personalkategorien und ihre Verfügbarkeit gemäß Betriebsvereinbarungen Rücksicht genommen werden. Falls nicht ausreichend reguläres Personal zur Erfüllung der geplanten Arbeitslast zur Verfügung steht, muss die Personalplanung den erforderlichen Überhang an Teilzeitkräften und Leiharbeitern ausweisen.

Materialbedarfsplanung Da die Produktionsprogrammplanung lediglich Endprodukte und kritische Materialarten abdeckt (Konzentration auf Engpassfaktoren), muss die Materialbedarfsplanung (auch als „Material Requirements Planning" (MRP) bezeichnet) die Produktions- und Beschaffungsmengen für die verbleibenden Vorprodukte ermitteln. Dies kann zum einen programmorientiert gemäß dem traditionellen MRP-Konzept (vgl. Orlicky 1975), das auch in den Produktionsplanungs- oder Beschaffungsmodulen der meisten ERP-Systeme realisiert ist, oder zum anderen verbrauchsorientiert durch stochastische Lagerhaltungspolitiken geschehen. Das MRP-Konzept eignet sich vor allem für wichtige (aber unkritische, da keinen Engpass darstellende) A-Komponenten. Dagegen bieten sich stochastische Lagerhaltungspolitiken eher für C-Materialarten an. Die Materialbedarfsplanung sollte auch eine mehrstufige Losgrößenplanung erlauben, damit Abhängigkeiten zwischen Produktionslosen und Bestelllosen unterschiedlicher Dispositionsstufen einer mehrstufigen Stückliste abgebildet werden können. Auch dieser mittelfristige Planungsschritt gibt wieder einen wöchentlichen oder monatlichen Rahmen vor – in diesem Fall für Bestellmengen und für Sicherheitsbestände von Vorprodukten, welche eine ausreichende Versorgung der Produktion garantieren sollen.

Kontrakte Mit Kenntnis der wöchentlichen oder monatlichen Bedarfe der Materialbedarfsplanung können Rahmenvereinbarungen mit A-Lieferanten getroffen werden. Solche Verträge schreiben den Preis, die Gesamtmengen und weitere Konditionen für Materialien fest, die während der nächsten Planungsperiode geliefert werden sollen.

Kurzfristige Planungsaufgaben

Kurzfristige Absatzplanung In Make-to-Stock Umgebungen umfasst die kurzfristige Absatzplanung lediglich die Auslieferung von Kundenaufträgen aus Lagerbeständen. Hierzu kann der physische Bestand partitioniert werden in einen für bereits eingegangene Kundenaufträge reservierten Anteil und in einen Anteil, der für zukünftig eintreffende Kundenanfragen noch verfügbar ist und diesen zugesprochen werden kann – also *„Available-to-Promise"* (ATP) ist. Wenn eine Kundenanfrage eingeht, überprüft der Vertrieb, ob die angefragte Menge aus dem ATP-Bestand bedient werden kann und nimmt im positiven Falle eine entsprechende Reservierung vor. Falls Kundenanfragen sich nicht nur auf die aktuelle, sondern auch auf zukünftige Perioden beziehen können, müssen in die ATP-Berechnung außer dem physischen Bestand, der bereits auf Lager liegt, auch noch geplante, zukünftige Produktionsmengen eingeschlossen werden (die beispielsweise aus der mittelfristigen Produktionsprogrammplanung bekannt sind). Eine *Capable-to-Promise* (CTP) Funktionalität ist dann eine Erweiterung der herkömmlichen ATP-Logik, bei der eine zusätzliche Option zur Generierung neuer Produktionsaufträge besteht.

Lagerdisposition, Transportplanung Da die mittelfristige Distributionsplanung lediglich wöchentliche oder gar monatliche Transportmengen für Produktgruppen vorschlägt, muss die kurzfristige Lagerdisposition und Transportplanung diesen Grobplan in Tagesmengen für Einzelartikel konkretisieren. Der resultierende, periodenbasierte Auslieferplan muss im Detail alle erforderlichen Transportkapazitäten (z. B. die jeweiligen Fahrzeuge) und die einzelnen Kundenaufträge bzw. Kurzfristprognosen berücksichtigen. Der hier erreichbare Kundenservice wird durch die zum Transport zur Verfügung stehenden Produktionsmengen limitiert. Es müssen täglich Fahrzeugladungen zusammengestellt werden, die in möglichst kostengünstigen Touren die jeweiligen Kundenorte anfahren.

Transporte treten natürlich nicht nur als Teil des Distributionsprozesses auf, sondern können auch auf der Beschaffungsseite anfallen. Wenn dies der Fall ist und sie vom Empfänger kontrolliert werden, muss die Transportplanung zusätzlich auf die Zulieferung ausgedehnt werden. Dies gilt analog für die mittel- und langfristige Beschaffungsplanung.

Losgrößen-, Maschinenbelegungs-, Ablaufplanung Die kurzfristige Produktionsplanung bestimmt die Größe, Reihenfolge und den konkreten Produktionszeitpunkt der Produktionslose auf den zur Verfügung stehenden Maschinen. Die Losgrößenplanung muss die gegenläufigen Kosten für Rüstprozesse und Lagerhaltung möglichst gering halten, dabei aber auch Abhängigkeiten zwischen verschiedenen Produkten beachten, die entweder durch die gemeinsame Nutzung derselben limitierten Ressourcen oder durch eine mehrstufige Erzeugnisstruktur entstehen können. Diese Produktionslose müssen minutengenau, unter Berücksichtigung der begrenzten Produktionskapazität, so in eine Reihenfolge auf den betroffenen Maschinen gebracht werden, dass die geplanten und den Kunden evtl. bereits kommunizierten Liefertermine möglichst eingehalten werden. Falls Rüstkosten und Rüstzeiten nicht von der Produktionsreihenfolge abhängen, können beide Planungsaufgaben ggf. sequenziell angegangen werden. Allerdings treten in komplexen Produktionssystemen öfters ungeplante Unterbrechungen oder Verzögerungen auf. Deswegen muss der Produktionsfortschritt kontinuierlich überwacht werden, so dass der Ablaufplan – falls nötig – überarbeitet werden kann.

Personaleinsatz, Materialabrufe Die kurzfristige Ablaufplanung bezieht zwar bereits aggregiert Personalkapazitäten unter Berücksichtigung des Knowhows und der Fähigkeiten unterschiedlicher Personalkategorien ein. Allerdings ist auch hier noch eine Konkretisierung durch eine anschließende Personaleinsatzplanung nötig, z. B. um die Einsatzzeiten der einzelnen Mitarbeiter im Hinblick auf deren persönliche Arbeitszeitkonten und Tarifvereinbarungen zu bestimmen. Des Weiteren müssen in der Materialbeschaffung mittelfristig getätigte Rahmenvereinbarungen nun durch konkrete Materialabrufe kurzfristig umgesetzt werden. Soweit dabei Freiheitsgrade bestehen, sind diese kosteneffizient auszunutzen.

Koordination und Integration

Wie bereits erwähnt wurde, müssen die Planungsmodule eines HPS durch horizontale und vertikale Informationsflüsse miteinander verbunden werden. Typische Inhalte werden nachfolgend kurz angerissen. Abschnitt 5.3 wird dazu weitere anschauliche Beispiele liefern.

Horizontaler Informationsfluss Die wichtigsten horizontalen Informationsflüsse verlaufen entgegen dem Materialstrom, d. h. von den Konsumenten zu den Lieferanten. Dies betrifft v. a. Kundenaufträge, Absatzprognosen, unternehmensinterne Beschaffungsaufträge zur Wiederauffüllung des Lagerbestands oder zur Sicherstellung der Produktionsfähigkeit an den verschiedenen Standorten und Bestellungen an Zulieferer. So betrachtet wird die ganze Supply Chain durch Kundenaufträge getrieben. Allerdings kann zusätzlicher Informationsaustausch in beide Richtungen, der auch nicht nur auf benachbarte Planungsmodule begrenzt ist, die Leistungsfähigkeit einer Supply Chain noch weiter erhöhen. Man denke z. B. nur an den in Kap. 2 beschriebenen Bullwhip Effekt. Hierfür sind insbesondere Informationen über aktuelle Bestandslevel, verfügbare Restkapazität, realistische Durchlaufzeiten und Verkäufe am Point-of-Sale geeignet.

Vertikaler Informationsfluss Abwärts gerichtete Informationsflüsse koordinieren untergeordnete Teilpläne, indem die Ergebnisse einer übergeordneten, umfassenderen Planung in Form von Direktiven weitergeleitet werden. Typischerweise werden diese Informationen aggregierte Mengen betreffen, die einzelnen Produktionsstandorten, Abteilungen oder Prozessen vorgeschrieben werden. Der zeitliche Verlauf sollte hier am besten durch Endbestände am Planungshorizont der untergeordneten Planungsmodule ausgedrückt werden. Dies lässt der unteren Planungsebene mehr Flexibilität als periodenorientierte Vorgaben, bildet aber dennoch die größere Weitsicht der oberen Planungsebene, die einen längeren Planungshorizont aufweist, ab. Neben Bestandsvorgaben kann die erwünschte Koordination auch durch eine abgestimmte Zuordnung von Kapazitäten oder Vergabe von Lieferterminen erreicht werden.

Aufwärts gerichtete Informationsflüsse versorgen die obere Planungsebene mit detaillierteren Informationen über Leistungsdaten der Supply Chain, z. B. über konkrete Kosten, Produktionsraten, die Auslastung von Betriebsmitteln, realisierte Durchlaufzeiten etc., als sie in einer aggregierten Planung normalerweise betrachtet werden. Diese Informationen können dann von der oberen Ebene genutzt werden, um die Konsequenzen der übergeordneten, aggregierten Planung für die detaillierteren Prozesse der tieferen Ebene besser abschätzen zu können.

5.3 Beispiele für Typ-spezifische Planungsaufgaben und Planungskonzepte

Bisher wurden weitgehend allgemeine Planungsaufgaben, die gewissermaßen in jeder Supply Chain auftreten, beschrieben. Allerdings variiert die Bedeutung der jeweiligen Planungsaufgabe je nach betrachtetem Supply Chain Typ. Manche Aufgaben, wie z. B. die *Losgrößenplanung* oder die *Bestimmung der Materialabrufe*, können bei einem SC-Typ besonders kompliziert (und deswegen wichtig zu planen) sein, bei einem anderen Typ aber ziemlich simpel (und deswegen kaum planungsrelevant) sein. Um dies zu verdeutlichen, werden nachfolgend die beiden beispielhaften SC-Typen des letzten Kapitels, die *Konsumgüterindustrie* und die *Computermontage*, wieder aufgegriffen.

Deren wichtigste Planungsaufgaben werden aus den Charakteristika des jeweiligen SC-Typs abgeleitet. Um eine bessere Differenzierung zuzulassen, führen wir für einige besonders charakteristische Planungsaufgaben Typ-spezifische Bezeichnungen ein. Die Tabellen 5.1 (S. 105) und 5.2 (S. 114) verdeutlichen den logischen Zusammenhang zwischen der Typologie aus Abschnitt 4 (Tabellen 4.3 und 4.4) und dem Einfluss, den die jeweiligen Attribute eines SC-Typs auf die Planung haben. Zusätzlich werden hierarchische Planungskonzepte eingeführt, die spezifisch auf die proprietären Planungsanforderungen der beiden SC-Typen zugeschnitten wurden. Um die Beschreibung

Tab. 5.1. Spezifische Planungsaufgaben des SC-Typs „Konsumgüterindustrie"

Attribute & Ausprägungen	Einfluss auf die Planung
Multiple Sourcing für Material	kurz- & mittelfrist. Lieferantenzuweisung
Fließlinienorganisation	simultane ...
Sortenfertigung	... Losgrößen- und ...
reihenfolgeabh. Umrüstungen	... Reihenfolgeplanung notwendig
bekannte, stationäre Engpässe	Fokus auf Engpässe möglich
geringe Arbeitszeitflexibilität	mittelfristige Planung der Arbeitszeit
dreistufige Distributionsstruktur	Wahl der Distributionskanäle, Zuweisung von Sicherheitsbeständen
saisonaler Nachfrageverlauf	Aufbau von Saisonbeständen
langer Produktlebenszyklus	zeitreihenbasierte Prognose
Hunderte von Verkaufsartikeln	Aggregation ...
Standardprodukte	... von Artikeln ...
divergierende Erzeugnisstruktur	... nötig & möglich
alternative Produktionsstandorte	integrierte mittelfristige Produktions- & Distributionsplanung
Deliver-to-Order	Prognosen & Sicherheitsbestände für Endprodukte, Deployment, Shortage Planning
kapazitätsbeschränkt	hohe Auslastung angestrebt, kapazitiertes Master Planning
intra-organisational	zentrale Koordination durch ...
beide Koordinationsrichtungen	... mittelfristiges „Master ...
unbeschränkte Information	... Planning" möglich
starke Kunden	hoher Servicelevel angestrebt

kurz zu halten, konzentrieren wir uns nachfolgend lediglich auf mittel- und kurzfristige, operative Planungsaufgaben.

5.3.1 Konsumgüterindustrie

Produktionsprogrammplanung, Kapazitätsplanung und mittelfristige Distributionsplanung Nachdem in der Konsumgüterindustrie oft eine stark schwankende bzw. saisonale Nachfrage vorzufinden ist und Produktionskapazität meist den limitierenden Faktor in Konsumgüter-SCs darstellt, ist es Aufgabe der Produktionsprogrammplanung, den Trade-Off zwischen Lagerkosten für saisonale Bestände, die in Zeiten niedriger Nachfrage aufgebaut werden können, und zusätzlichen Kapazitätskosten, die anfallen, wenn in Zeiten einer Spitzennachfrage Überstunden gemacht werden, möglichst gut auszubalancieren. Bisher hatten Konsumgüterhersteller eher starre Arbeitszeitvereinbarungen, weswegen Änderungen eines Schichtplans bereits frühzeitig, in der Regel also mittelfristig, angekündigt werden mussten. Deswegen und aufgrund der knappen Produktionskapazität ist die mittelfristige Planung der Arbeitszeiten eine entscheidende Aufgabe in der Konsumgüterindustrie. In der Zwischenzeit ist bei Tarifverhandlungen allerdings ein Trend zu flexibleren Arbeitszeitvereinbarungen zu erkennen. Dadurch entsteht ein größerer Freiheitsgrad in der Produktionsprogrammplanung, den intelligente Planungsmethoden zur Kostensenkung nutzen können.

Darüber hinaus nutzen viele Unternehmen der Konsumgüterindustrie Produktionsnetze, in denen bestimmte Artikel an mehreren alternativen Standorten produziert werden können. Da dann Kapazitätsengpässe innerhalb des ganzen Netzes ausgeglichen werden können, resultiert ein noch komplexeres Planungsproblem, in dem zusätzlich Produktions- und Transportkosten für alternative Produktionsstandorte bzw. Distributionskanäle eine Rolle spielen. Diese Erweiterung der standortbezogenen Produktionsprogrammplanung (bzw. des Master Production Scheduling) führt zu einem SC-Planungsproblem, das sowohl die mittelfristige Produktionsprogrammplanung als auch die mittelfristige Distributionsplanung umfasst und nachfolgend als (kapazitiertes) *Master Planning* bezeichnet wird. Falls die angesprochenen Produktionsstandorte ihre Vorprodukte oder Rohmaterialien von mehreren alternativen Lieferanten mit unterschiedlichen Einkaufspreisen oder Inbound-Transportkosten beziehen können, muss das Master Planning gleichzeitig auch noch die Beschaffungsseite integrieren.

Da sich in der Konsumgüterindustrie die Nachfrage kurzfristig noch ändern kann, wäre es unklug, wenn die im Master Planning ermittelten Produktionsmengen als unveränderbar betrachtet würden und das wesentliche Ergebnis der Mittelfristplanung bilden würden. Es sollte eher für die kurzfristige Ablaufplanung noch ein Freiraum verbleiben, in dem auf aktualisierte (und damit zuverlässigere) Nachfrageinformation reagiert werden kann. Deswegen ist es geschickter, dass die in Anspruch genommene Produktionskapazität (genutzte Arbeitszeit, Schichtmuster und Überstunden), der aufzubauende Saisonbestand und die auf den verschiedenen Distributionskanälen benötigte Transportkapazität als die eigentlich wichtigen Entscheidungen des Master Planning betrachtet und zur Koordination der Kurzfristplanung herangezogen werden.

Mittel- und kurzfristige Absatzplanung Da ein Deliver-to-Order Entkopplungspunkt vorliegt, sind alle Produktions- und auch die meisten Planungsprozesse durch Prognosen – genauer gesagt durch Nachfrageprognosen für Endprodukte – getrieben. Die Prognoseplanung (das sog. „Forecasting") spielt oft eine herausragende Rolle in der Konsumgüterindustrie, weil Endproduktbestände relativ teuer sind und Nachlieferungen („Backlogs") bzw. Fehlmengen („Lost Sales") das Vertrauen der Kunden schmälern können. Diese negativen Effekte werden manchmal sogar noch verstärkt durch Wertverluste, die wegen einer kurzen Haltbarkeit von Endprodukten (z. B. im Frische-Sortiment oder bei Modeartikeln) entstehen. Deswegen ist es nötig, wiederkehrende saisonale Einflüsse und einmalige Sondereinflüsse wie z. B. eine zusätzliche Nachfrage, die durch temporäre Preisnachlässe oder Marketingmaßnahmen hervorgerufen wird, in die Absatzplanung einzubeziehen.

Die große Anzahl an Endproduktvarianten lässt es nicht zu, dass einzelne Artikel für einen mittelfristigen Planungshorizont individuell prognostiziert werden. Da Konsumgüter als Standardprodukte mit divergierender Erzeugnisstruktur in der Regel eng verwandt sind, ist es oft naheliegend, mehrere Artikel zu Produktgruppen zu aggregieren. In der mittelfristigen Prognoseplanung werden dann nur die Produktgruppen als Aggregat betrachtet für Perioden von einer Woche oder länger. Für die Mittelfristprognosen sollte der Planungshorizont grundsätzlich mindestens einen Saisonzyklus, am besten aber sogar mehrere Saisonzyklen umfassen. Gewöhnlich besteht die Prognoseplanung zumindest aus zwei Schritten: Zunächst werden zeitreihenbasierte, statistische Prognosen erstellt, die Trends oder saisonale Effekte erfassen. Hierzu wird die Verkaufshistorie auf ein sich wiederholendes Muster analysiert und im Erfolgsfall in die Zukunft extrapoliert. Dies ist in der Regel einfach möglich, da wegen der langen Produktlebenszyklen eine ausreichende Verkaufshistorie vorliegt. In einem zweiten Schritt wird einmalig auftretende Nachfrage, die durch geplante Marketingmaßnahmen o. ä. verursacht wird, hinzu addiert.

Die kurzfristige Prognoseplanung muss detailliertere Schätzungen liefern – in der Regel für einzelne Artikel und auf einem feineren Zeitraster, z. B. auf Tagesbasis. Kurzfristprognosen umfassen meist keinen vollständigen Saisonzyklus. Außerdem ist in der Vergangenheitszeitreihe der Saisoneinfluss wegen der feinen Granularität nur schlecht erkennbar. Deswegen sollte er aus der Mittelfristprognose übernommen werden. Als Konsequenz werden Kurzfristprognosen aus einer eigenen, Zeitreihen-basierten Grundprognose, der mittelfristig kalkulierten saisonalen Komponente und einer kurzfristig für Sondereinflüsse wie Preisaktionen (die dem Vertrieb in der Kurzfristplanung gewöhnlich auf Tagesbasis bekannt sind) geschätzten Zusatznachfrage gebildet.

Losgrößen- und Maschinenbelegungsplanung Produktionsplanung in der Konsumgüterindustrie erscheint auf den ersten Blick ziemlich simpel, da der Produktionsprozess meist lediglich ein- oder zweistufig ist. Allerdings trügt der Schein. Wegen der oft hohen reihenfolgeabhängigen Rüstkosten und -zeiten liegt ein sehr komplexes Planungsproblem vor. In diesem Fall müssen Losgrößen und Losreihenfolgen gleichzeitig festgelegt werden, da zwischen den beiden Teilproblemen starke Interdependenzen bestehen: Änderungen in der Losreihenfolge wirken sich auf die Höhe der Rüstkosten und -zeiten und damit auf die zur Produktion faktisch verbleibende Nettokapazität aus, was die Losgrößenentscheidung naturgemäß beeinflusst. Auf der anderen Seite setzt eine Reihenfolgeentscheidung ihrerseits das Wissen um die Anzahl (und damit implizit Größe) der einzuplanenden Lose voraus. Je knapper Produktionskapazitäten sind, desto stärker wirken sich diese wechselseitigen Abhängigkeiten aus und desto komplexer wird das Planungsproblem. Zum Glück sind die Engpässe häufig wenigstens bekannt und stationär, so dass es möglich ist, sich zunächst auf die Engpassstufe mit ihren parallelen Produktionslinien zu konzentrieren und den dafür resultierenden Plan auf die andere(n) Stufe(n) mit größeren Kapazitätsreserven zu propagieren.

Transportplanung, Lagerdisposition Eine weitere Schwierigkeit der Konsumgüterindustrie ist es, Bestände in einem mehrstufigen Distributionsnetz sinnvoll zu verteilen, so dass das Gesamtbestandsniveau relativ niedrig ist und dennoch ein hoher Kundenservice mit geringen Lieferzeiten bzw. hohen Servicegraden erreicht wird. In der Kurzfristplanung sind hierbei vor allem zwei Bestandsarten, nämlich der Losgrößenbestand und der Sicherheitsbestand, betroffen.

In der Konsumgüterindustrie werden Endproduktbestände prognosebasiert – also ohne explizite Kundenaufträge zu kennen – aufgebaut. Die hierzu benötigten Produktionsmengen und der aus der kurzfristigen Produktionsplanung resultierende *Losgrößenbestand* müssen auf die verschiedenen bestandsführenden Punkte (Lager) des in der Regel dreistufigen Distributionssystems verteilt werden, an denen die Kundenaufträge aufprallen. Je nachdem, ob nur die Auslieferung aus den nahe bei den Kunden liegenden Auslieferlagern der dritten Stufe oder bereits die Transporte aus den nahe an den Produktionswerken liegenden Zentrallagern auftragsorientiert erfolgen (vgl. Abb. 4.1), ergeben sich unterschiedliche Möglichkeiten des Risk Pooling und der Transportbündelung, was Lagerkosten (für Sicherheits- und Transportlosgrößenbestände), Transportkosten (wegen unterschiedlicher Transportfrequenzen und Fahrzeugauslastungen) und Lieferzeiten den Kunden gegenüber (wegen unterschiedlicher Entfernungen vom Lager zum Kunden) beeinflusst.

Will man Kunden kurze Lieferzeiten bieten und gleichzeitig Bündelungseffekte bei Transporten zwischen Zentral- und Auslieferlagern realisieren, sollte man Sicherheitsbestände nahe beim Kunden – also in Auslieferlagern – vorhalten. Falls der Fokus eher darauf liegt, durch Risk Pooling Lagerbestände zu reduzieren, sollten Sicherheitsbestände (zu Lastern längerer Lieferzeiten oder einer schlechteren Transportbündelung) eher in den Zentrallagern vorgehalten werden. In einem dreistufigen Distributionssystem stellt also nicht nur die absolute Höhe des (Sicherheits-)Bestandsniveaus ein wichtiges Planungsproblem dar, sondern auch die Verteilung der Bestände über die Stufen und bestandsführenden Punkte des Netzes. Aufgabe des sog. *„Deployment"* ist es damit, die kurzfristigen Transportaktivitäten und insbesondere die Verteilung der Bestände im Distributionsnetz so zu planen, dass Kundenaufträge gemäß den obigen Zielen „bestmöglich" erfüllt werden können.

Wegen des intensiven Wettbewerbs in der Konsumgüterindustrie und der Vormachtstellung der Kunden (d. h. des Handels) werden sehr hohe Servicelevel angestrebt. Allerdings können nicht immer alle eingehenden Kundenanfragen unmittelbar aus dem vorhandenen Lagerbestand bedient werden. Die unangenehme Aufgabe, die weniger wichtigen Aufträge bzw. dahinter stehenden Kunden auszuwählen, die sich am ehesten vertrösten lassen oder deren dauerhafte Abwanderung sich am ehesten verschmerzen lässt, wird als *„Shortage Planning"* bezeichnet. Es stellt damit einen Spezialfall des Deployment bei Engpass-Situationen dar.

Koordination und Integration Da eine intra-organisationale Supply Chain vorliegt, können Informationen auch zentral zur Verfügung gestellt werden. Es ist – soweit die Unternehmensorganisation das zulässt – sogar eine zentrale Koordination möglich. Diese Koordinationsaufgabe sollte dann beim Master Planning auf der mittelfristigen Ebene angesiedelt sein, da hier (wie wir vorhin gesehen haben) Beschaffung, Produktion und Distribution ohnehin integriert betrachtet werden müssen.

Nachdem wir in den vorangegangenen Abschnitten die spezifischen Planungsaufgaben des SC-Typs „Konsumgüterindustrie" abgeleitet haben, stellt sich nun die Frage, wie diese in einem integrierten Planungskonzept, das die ganze (intra-organisationale) Supply Chain bestmöglich abdeckt, miteinander verbunden werden sollten. Wie der Abschnitt 5.1 gezeigt hat, stellt die *hierarchische Planung* einen vielversprechenden Weg dar, um eine solche Koordination umzusetzen. Leider kann an dieser Stelle nur eine grobe und sehr allgemeine Skizze eines Planungskonzepts entworfen werden. Details hinsichtlich der Aggregation von Produkten oder Ressourcen, der Periodeneinteilung von Planungsmodulen oder hinsichtlich Planungsintervallen müssten jeweils noch anwendungsspezifisch ausgestaltet werden. Deswegen zeigt Abb. 5.4 lediglich das „Grundgerüst" eines Planungssystems, welches die wesentlichen Planungsmodule und grundlegenden Informationsflüsse zwischen diesen umfasst. Eine komplexere Konsumgüter Supply Chain würde sicher weitere Planungsaufgaben hervorbringen und zusätzliche Planungsmodule und Informationsverbindungen erfordern. Aber dennoch hoffen wir, damit zumindest die Grundidee vermitteln zu können, wie die charakteristischen Planungsaufgaben eines SC-Typs „Konsumgüterindustrie" durch ein speziell darauf zugeschnittenes Planungskonzept reflektiert werden können bzw. sollten.

Die in Konsumgüter-SCs vorherrschende Unsicherheit zwingt dazu, dass nur solche Entscheidungen, die sich keinesfalls auf einen späteren Zeitpunkt (zu dem aktuellere Informationen vorliegen) aufschieben lassen, bereits im mittelfristigen *Master Planning* vorbestimmt werden sollten. Nur diese unbedingt notwendigen Informationen sollten in Form von Anweisungen an die kurzfristige Planungsebene weitergegeben werden. Wie oben bereits angesprochen, umfassen solche Entscheidungen in Konsumgüter-SCs in der Regel die Bestimmung von Arbeitszeiten, wie beispielsweise Schichtmuster, (wegen der geringen Arbeitszeitflexibilität) und den Aufbau von Saisonbeständen (wegen der langen Vorlaufzeiten, die hierfür nötig sind). Damit die Entschei-

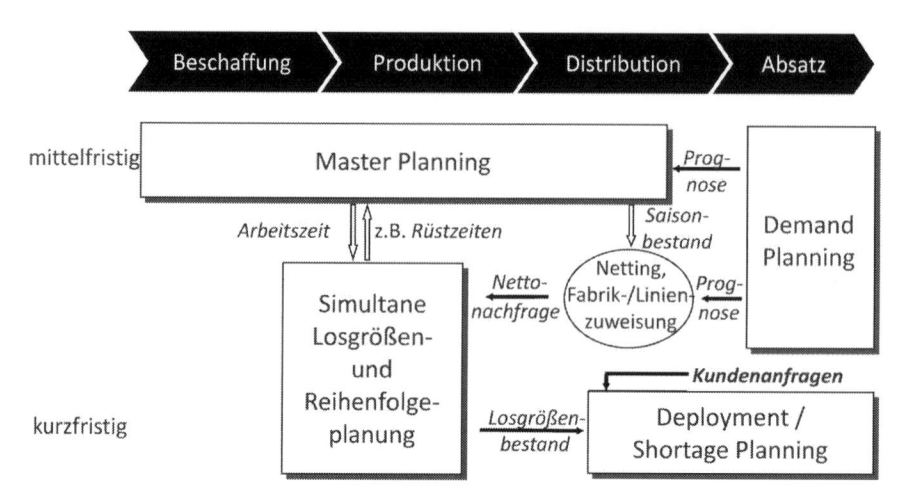

Abb. 5.4. Beispielhaftes operatives Planungskonzept für den SC-Typ „Konsumgüterindustrie"

dungen sinnvoll aufeinander abgestimmt sind, müssen alle diese potenziell beeinflussenden Faktoren berücksichtigt werden. Für das mittelfristige Master Planning in Konsumgüter-SCs bedeutet dies, dass Anforderungen wie

- dynamische Prognosen der Kundennachfrage
  (um Saisonalität abbilden zu können),
- begrenzte Kapazitäten von Ressourcen aller Art und die Möglichkeiten zur Kapazitätserweiterung,
- Mindestbestände (für Sicherheits- und Losgrößenbestand)

und Entscheidungen über

- Güterflüsse zwischen Produktionsstandorten, Zentrallagern, Auslieferlagern, Umschlagpunkten und Kunden
  (weil Bestände im Distributionsnetz verteilt werden müssen) bzw.
- Produktionsmengen in den Fabriken
  (um die benötigte Arbeitszeit zu ermitteln)

gleichzeitig in einem umfassenden Blick auf die ganze Supply Chain erfasst sein müssen.

Dies kann – wegen der hohen Komplexität – und sollte – wegen der großen Unsicherheit – nur in aggregierter Form getan werden, z. B. für Produkttypen (anstatt Einzelartikeln oder Rüstfamilien), Personal- oder Maschinengruppen (anstatt einzelner Personen oder Maschinen) und Monatsperioden (anstatt Tagesperioden). Nachfrageinformationen müssen dann natürlich in derselben Granularität vorliegen. Die hierfür benötigten mittelfristigen Prognosen werden meist im Rahmen des *„Demand Planning"*, das eine vom Master Planning losgelöste Planungsaufgabe darstellt, durch einen Zentralvertrieb gewonnen.

Dieser sammelt die (da nahe bei Kunden ermittelt, meist genaueren) dezentralen Prognosen der regionalen Vertriebsgesellschaften ein, konsolidiert sie und reichert sie um zusätzliche, nur zentral verfügbare Informationen, z. B. über geplante TV-Werbespots etc., an. Um Saisonalität abbilden zu können, sollte der Planungshorizont mindestens einen Saisonzyklus umfassen, was in vielen Anwendungsfällen ein Jahr bedeutet.

Eine Mittelfristplanung wird nur dann realistisch sein, wenn sie versucht zu antizipieren, ob ihre Vorgaben später in der Kurzfristplanung auch tatsächlich umgesetzt werden können. Dies ist der Grund, warum bei Konsumgüter-SCs in der Mittelfristplanung bereits der durchschnittliche Rüstaufwand, der sich als Ergebnis der kurzfristigen Losgrößen- und Reihenfolgeplanung der Vergangenheit ergeben hat, als Schätzung für einen zukünftig voraussichtlich entstehenden Rüstaufwand kapazitätsreduzierend eingeht. Würde man im Master Planning keinen solchen Kapazitätsabschlag vornehmen, wären die aus dem Master Planning resultierenden Vorgaben später kaum implementierbar, da sie wegen gänzlicher Vernachlässigung von Umrüstvorgängen aufgrund unrealistisch hoher Kapazitätsannahmen gebildet worden wären. Die Losgrößen- und Reihenfolgeplanung direkt in das Master Planning zu integrieren und so die spätere Kurzfristplanung konkret zu simulieren, wäre sicher genauer als eine aggregierte Abschätzung des durchschnittlichen Rüstaufwandes, scheitert meist aber an der dadurch deutlich erhöhten Planungskomplexität.

Die Kurzfristplanung selbst muss dagegen die Vorgaben der Mittelfristplanung hinnehmen und versuchen umzusetzen. Sie hat aber einerseits einen detaillierteren Blick auf die Supply Chain, als es für die Mittelfristplanung möglich war. Andererseits stehen ihr auch aktuellere Informationen zur Verfügung. Beides kann dazu führen, dass die mittelfristigen Vorgaben nicht eins zu eins umgesetzt werden können oder sollen. Dennoch stellen sie eine wichtige Orientierungshilfe zur Abstimmung mehrerer Planungsmodule und der dahinter stehenden Unternehmensbereiche dar. Der höhere Detaillierungsgrad der Kurzfristplanung ist gut am Beispiel der *Simultanen Losgrößen- und Reihenfolgeplanung (SLR)* ersichtlich. Anstelle von Produkttypen, bei deren Bildung v. a. auf den (z. B. saisonalen) Nachfrageverlauf der zugehörigen Artikel geachtet wurde, stehen nun zusätzlich deren Rüsteigenschaften im Vordergrund. Deswegen werden Rüstfamilien betrachtet, für die gilt, dass Umrüstungen zwischen Artikeln derselben Familie kaum Rüstaufwand, Umrüstungen zwischen Artikeln verschiedener Familien aber hohen Rüstaufwand verursachen (vgl. Abschnitt 4.4, S. 81). Ein Produkttyp besteht dann in der Regel aus mehreren Rüstfamilien, was den höheren Aggregationsgrad des Master Planning widerspiegelt.

Der Planungshorizont ist nun deutlich kürzer (z. B. zwei Monate). Kapazitäten werden ebenfalls genauer als in der Mittelfristplanung betrachtet, in der Regel für jede Produktionslinie getrennt. Deswegen müssen die relativ groben Arbeitszeitvorgaben der Mittelfristplanung nun disaggregiert werden, beispielsweise indem Überstunden für einzelne Linien spezifiziert werden. Des Weiteren ist darüber nachzudenken, wie der für Produkttypen festgelegte Saisonbestand auf die einzelnen Rüstfamilien verteilt werden soll.

Wie bereits erwähnt liegen kurzfristig in der Regel aktualisierte und damit bessere Prognosen über die Kundennachfrage vor. Diese Kurzfristprognosen, der disaggregierte Saisonbestand und die einzuplanenden Sicherheitsbestände müssen mit den in den Zentrallagern befindlichen Anfangsbeständen abgeglichen werden, um die Nettonachfrage (auf Rüstfamilienebene) zu ermitteln, die durch die SLR noch bedient werden muss. Diese Nettonachfrage muss außerdem noch den unterschiedlichen Produktionsstandorten (und ggf. den dortigen Produktionslinien) *zugewiesen* werden. Falls die Anfangsbestände in den Zentrallagern bereits unter das geplante Sicherheitsbestandsniveau gefallen sind, müssen zusätzlich Aufträge zur Auffüllung von Sicherheitsbeständen generiert werden. Diese als „*Netting*" bezeichnete Planungsaufgabe ist im Wesentlichen also ein Disaggregationsschritt, der sich aus der notwendigen Integration der beiden Planungsebenen ergibt. Man beachte, dass aufgrund der aktualisierten Nachfrageinformation und als Ergebnis der obigen Disaggregation eventuell auch die im Master Planning bisher eingeplanten (aber noch nicht umgesetzten) Transportflüsse durch die Kurzfristplanung noch einmal angepasst oder revidiert werden müssen.

Die dezentrale SLR der einzelnen Produktionsstandorte ist dafür zuständig, die Linienbelegungsplanung vorzunehmen, d. h. die Größen und Reihenfolgen der Produktionslose unterschiedlicher Rüstfamilien auf den verschiedenen Produktionslinien der unterschiedlichen Standorte zu bestimmen. Nach einem anschließenden weiteren Disaggregationsschritt, in dem diese Produktionsmengen auf die einzelnen Artikel der Rüstfamilien verteilt werden müssen, sind die resultierenden Endproduktlosgrößenbestände in die Zentrallager zu verbringen, an denen die oben angesprochenen Aufgaben des *Deployment* und ggf. des *Shortage Planning* anfallen.

Aus Gründen der Übersichtlichkeit umfasst Abb. 5.4 lediglich zwei Dimensionen. Eigentlich wären aber eher drei nötig, da oft mehrere Produktions-, Lager- und Vertriebsstandorte vorliegen, an denen Planungsaufgaben wie SLR, Shortage Planning oder kurzfristiges Demand Planning jeweils dezentral zu erfüllen sind. Darüber hinaus sind möglicherweise zusätzliche Planungsebenen oder -module erforderlich, z. B. um Maschinen oder Werkzeuge zwischen Produktionsstandorten zu verlagern. Dies kann relevant sein, wenn die Gesamtnachfrage der Kunden über die Zeit hinweg zwar stabil bleibt, sich in ihrer regionalen Zusammensetzung aber verschiebt. Dann ist es möglicherweise günstiger, einmalig eine Maschine in eine weiter entfernte Nachfrageregion zu verlegen, anstatt dauerhaft Endprodukte dorthin verbringen zu müssen. Eine solche Planungsaufgabe wäre von ihrer Fristigkeit und Planungshäufigkeit her sicherlich oberhalb des Master Planning angesiedelt.

Dieses kleine Beispiel zeigt bereits, dass unsere Typologie bei weitem nicht erschöpfend ist (und sein kann). Schon kleine Änderungen bzgl. der getroffenen Annahmen können beträchtliche Auswirkungen auf Planungsaufgaben und sogar auf daraus resultierende Planungskonzepte haben. Ein zweites Exempel soll dies weiter verdeutlichen: in unserem Konsumgüterbeispiel waren wir (implizit) davon ausgegangen, dass die betrachteten Produkte eine ausreichend lange Haltbarkeit aufweisen. Bei Frische-Produkten (Milch, Joghurt o. ä.) muss darauf geachtet werden, dass sie nur eine begrenzte, relativ kurze Zeit gelagert werden können. Dann ist das Planungskonzept aus Abb. 5.4 offensichtlich nicht mehr geeignet und muss entsprechend angepasst werden. Dennoch denken wir, dass ziemlich viele Supply Chains dem oben eingeführten SC-Typ „Konsumgüterindustrie" entsprechen. Das Frischeprodukt-Beispiel zeigt aber, dass unbedingt dokumentiert werden muss, *wie* ein Planungskonzept aus den spezifischen Charakteristika eines SC-Typs abgeleitet wurde. Nur dann ist es möglich zu überprüfen, ob die eigene Supply Chain diesem Typ ausreichend ähnelt und an welchen Stellen gegebenenfalls Anpassungen des Planungskonzepts nötig sind.

Als zweites, zur Konsumgüterindustrie ziemlich gegensätzliches Beispiel für Typ-spezifische Planungsaufgaben und für die damit verbundenen Planungskonzepte wird nun der in Abschnitt 4.5 vorgestellte SC-Typ „Computermontage" wieder aufgegriffen.

5.3.2 Computermontage

Wie unten näher ausgeführt und in Tab. 5.2 zusammengefasst bedingen die spezifischen Eigenschaften des SC-Typs „Computermontage" ganz andere Schwerpunkte in der Planung.

Produktionsprogrammplanung, Kapazitätsplanung und mittelfristige Distributionsplanung Im Gegensatz zum SC-Typ „Konsumgüterindustrie" ist der Hauptengpass bei der Computermontage weniger in der Produktionskapazität, sondern eher in der Materialversorgung zu finden. Da eine ziemlich hohe Arbeitszeitflexibilität vorherrscht, liegt auch in der Mittelfristplanung der Fokus nicht so sehr auf der Herstellung. Die Hauptschwierigkeit ist vielmehr, mit der beschränkten Verfügbarkeit wichtiger Komponenten umzugehen. Wenn kritische Zulieferer eine hohe Macht in der Supply Chain haben, können mittel- bis langfristige Verträge (die sowohl Mindest- als auch Maximaleinkaufsmengen festschreiben) den erwünschten Zufluss an Komponenten sicherstellen. Diese Liefer- und Abnahmeverpflichtungen beschränken den Materialzugang (nach oben und nach unten), mit dem geplant werden kann. Wegen der langen Lieferzeiten müssen allerdings ziemlich viele Komponenten bereits mit ausreichend Vorlaufzeit prognosebasiert bestellt werden.

Eingeschränkte Materialverfügbarkeit und lange Lieferzeiten zwingen dazu, dass bereits mittelfristig Kundennachfrage und potenzieller Komponentenzugang in Einklang gebracht werden müssen. Um Lieferterminüberschreitungen zu vermeiden, sollte das (nachfolgend noch näher zu besprechende)

Tab. 5.2. Spezifische Planungsaufgaben des SC-Typs „Computermontage"

Attribute & Ausprägungen	Einfluss auf die Planung
Vielzahl von Vorprodukten benötigt lange Wiederbeschaffungszeiten unzuverl. Wiederbeschaffungszeiten kurze Vorprodukt-Lebenszyklen	mittelfristiger Master Plan koordiniert ... ... Einkauf & Order Promising Sicherheitsbestände von Komponenten hohes Risiko für Überalterung, Preisnachlässe, Phase-In, Phase-Out
keine Engpässe in der Produktion	nur rudimentäre Kapazitätsplanung nötig
zweistufige Distributionsstruktur	merge-on-the-fly
Prognosen & Aufträge verfügbar kurze Produktlebenszyklen kundenspezif. Erzeugnisstruktur konvergierende Erzeugnisstruktur	Forecast Netting keine Zeitreihen verfügbar Konfigurationstest Demand-Supply Matching, Substitution von Komponenten
Assemble-to-Order materialbeschränkt	Prognosen & Sicherheitsbestände für Komponenten, Order Promising, Allocation Planning Master Planning synchr. Materialzugang
starke Lieferanten starke Kunden	lang- & mittelfristige Verträge kurze Servicezeiten, hohe Liefertreue angestrebt

Order Promising über die Komponentenverfügbarkeit Bescheid wissen. So können bei Eingang von Kundenanfragen unmittelbar zuverlässige Liefertermine kalkuliert und dem Kunden mitgeteilt werden. Diese Informationen über die Materialverfügbarkeit (das vorhin bereits erwähnte „ATP") sollten ein Ergebnis eines in diesem Fall materialbeschränkten Master Planning sein. Deswegen ist es Aufgabe des Master Planning, den Einkauf einer Vielzahl von unterschiedlichen Komponenten und damit den geplanten Materialzufluss zu synchronisieren und Informationen über die geplante Materialverfügbarkeit dem *Order Promising* in Form von ATP zur Verfügung zu stellen.

Die mittelfristige Distributionsplanung erhält nur dann Relevanz, wenn ein Kundenauftrag aus mehreren alternativen Quellen bedient werden könnte, so dass zwischen verschiedenen Distributionskanälen zu wählen wäre. Nur in diesem (eher seltenen) Fall muss das Distributionssystem tatsächlich in das Master Planning einbezogen werden.

Mittelfristige Absatzplanung Bei Configure-to-Order und Assemble-to-Order Entkopplungspunkten werden sämtliche Montageprozesse durch konkrete Kundenaufträge angestoßen. Prozesse, die „upstream" („flussaufwärts", d. h. in Richtung der Lieferanten) des Entkopplungspunkts liegen, darunter natürlich speziell die *Beschaffung* und der *Einkauf*, müssen direkt oder indirekt auf Basis von Prognosen erfolgen.

Im ersten Fall wird die Komponentennachfrage *direkt* aus der Verkaufs- bzw. Verbauhistorie von Komponenten geschätzt. Da die Lebenszyklen von Computern und ihren Komponenten allerdings meist eher kurz sind, ist dies häufig schwierig. Manchmal kann auf Information über die Lebenszyklen von verwandten Komponenten mit ähnlicher Funktionalität (z. B. einem ausgelaufenen Vorgängermodell) ausgewichen werden. In der Regel ist ein solch direkter Ansatz aber hauptsächlich für C-Komponenten und -Material mit geringem Wert und eher langen Lebenszyklen geeignet.

Für High-Tech- und A-Komponenten mit eher kurzen Lebenszyklen ist das Risiko einer Überalterung sehr hoch, so dass nicht nur eine Unterdeckung, sondern auch eine Überdeckung der Nachfrage vermieden werden sollte. In diesem Fall kann man versuchen, eine (hoffentlich) genauere Komponentenprognose *indirekt* aus dem Produktionsprogramm für Endprodukte abzuleiten. Dazu muss zunächst die Endproduktnachfrage für aggregierte Produkttypen geschätzt werden. Die Komponentennachfrage (= der geplante Materialzufluss) muss dann daraus in einer Art Stücklistenauflösung (jedoch als integraler Bestandteil des Master Planning Prozesses) errechnet werden. In einer Assemble-to-Order Umgebung, in der vorwiegend Standardvarianten produziert werden, ist diese Vorgehensweise unproblematisch. Falls aber ein Configure-to-Order Entkopplungspunkt vorliegt, muss zusätzlich die Stückliste selbst, d. h. der Anteil bestimmter Komponenten innerhalb eines Produkttyps (z. B. der Anteil von 160 GB und 250 GB Festplatten innerhalb der Notebook-PCs) geschätzt werden, was wiederum ein sehr schwieriges Planungsproblem darstellt. Man beachte, dass die hier angesprochene Komponentennachfrage zwar dem geplanten Materialzufluss entspricht, der oben als Ergebnis des Master Planning gefordert wurde. Allerdings muss der Master Planning Prozess darüber hinaus gleichzeitig auch die (evtl. langen) Lieferzeiten für Material und die potenziell beschränkte Materialverfügbarkeit in Betracht ziehen. Deswegen ist das Master Planning eine deutlich komplexere Planungsaufgabe, als es eine reine Prognoseplanung wäre.

Kurzfristige Absatzplanung Kurzfristig sind genauere Informationen über die Kundennachfrage verfügbar, d. h. der Anteil bereits bekannter Kundenaufträge ist höher. Deswegen muss man darüber nachdenken, wie diese Informationen in den Prognoseprozess integriert werden können und wie „alte" Prognosen mit neu eingehenden Kundenaufträgen verrechnet werden sollen (sog. „Forecast Netting"). Letzteres umfasst als Teilaufgaben die Kontrolle der Prognosegenauigkeit und die Reaktion auf Prognosefehler. Da Prognosefehler durch Sicherheitsbestände kompensiert werden sollten, geht es hierbei letztlich also um das Wiederauffüllen von Sicherheitsbeständen (falls die Prognosen zu pessimistisch waren) bzw. um die Reduktion des momentan verfügbaren Bestandes (falls die Prognosen zu optimistisch waren). In

Konsumgüter-SCs ist das Netting – wie wir gesehen haben – eine „relativ einfache" Planungsaufgabe, da nur Endproduktbestände betrachtet werden müssen. In der Computerindustrie müssen dagegen auch Komponenten-Bestände in das Netting einbezogen werden. Dies impliziert, dass die Prognosegenauigkeit auch auf Komponentenebene gemessen werden muss.

Wegen der kurzen Lebenszyklen besteht nicht nur die Gefahr zu niedriger Bestände, sondern auch zu hoher Bestände am Ende des Lebenszyklus. Deswegen muss über Werbeaktionen oder Preisnachlässe am Ende des Lebenszyklus nachgedacht werden, um Komponentenbestände abzubauen, für die eine Überalterung droht. Häufiges Phase-In und Phase-Out für Komponenten und Produkte – d. h. Ersetzen eines auslaufenden Vorgängermodells durch sein moderneres, in der Regel technologisch verbessertes Nachfolgemodell – sind eine weitere Konsequenz kurzer Lebenszyklen. Deswegen müssen häufig Prognosen für Vorgänger und Nachfolger miteinander abgeglichen werden (vgl. Kap. 8).

Ein upstream liegender Entkopplungspunkt bedingt relativ lange Lieferzeiten („Servicezeiten") dem Kunden gegenüber. Im Gegensatz zur Konsumgüterindustrie liegt bei Computer-SCs also eine beträchtliche Zeitspanne zwischen der Kundenanfrage und der Auslieferung eines Komplettauftrags an den Kunden. Wenn ein Kunde schon warten muss, möchte er wenigstens eine verlässliche Zusage des voraussichtlichen Liefertermins (auch „(First) Promised Date" genannt) erhalten. Deswegen sind die Planungsaufgabe *„Order Promising"* und alle weiteren Prozesse des *„Demand Fulfillment"* bei solchen SC-Typen von außerordentlicher Wichtigkeit. Während im Order Promising kurze Servicezeiten und frühe Liefertermine (nahe am Kundenwunschtermin) angestrebt werden, hat im darauf folgenden Demand Fulfillment eine Erfüllung des im Order Promising bestätigten Liefertermins die höchste Priorität.

Das *Order Promising* ist häufig „online" zu erledigen, d. h. ein Kunde möchte eine Bestätigung seines Lieferwunsches und eine Nennung des voraussichtlichen Liefertermins unmittelbar (z. B. innerhalb weniger Minuten) nach seiner Anfrage erhalten. In diesem Fall muss das Order Promising nach dem First-Come-First-Served-Prinzip durchgeführt werden, was bedeutet, dass die Kunden in Reihenfolge ihrer Anfragen abgearbeitet werden müssen. Dadurch besteht die Gefahr, dass Komponentenbestände frühzeitig für wenig attraktive Kundenaufträge reserviert werden und damit potenziell später eingehenden, noch lukrativeren Aufträgen nicht mehr zur Verfügung stehen (die dann abgelehnt oder zumindest verschoben werden müssten). Um höhere Gewinne zu realisieren, kann es deswegen sinnvoll sein, Kontingente für Komponenten zu bilden und diese unterschiedlichen Kundenklassen zuzuweisen (ähnlich wie es beispielsweise im Revenue Management von Fluggesellschaften getan wird). Eine solche „verfeinerte" Zuteilung der ATP-Mengen wird nachfolgend als *„Allocation Planning"* bezeichnet. Man beachte, dass diese Zuteilungsproblematik nur in Engpass-Situationen als Planungsaufgabe relevant wird, wenn die Kundennachfrage die verfügbaren Bestände überschreitet.

Losgrößen- und Maschinenbelegungsplanung Es wurde bereits angesprochen, dass beim SC-Typ „Computermontage" Rüstkosten und -zeiten vernachlässigbar gering sind. In der Produktion treten keine ernsthaften Engpässe auf. Arbeitszeiten sind – sogar kurzfristig – weitgehend flexibel. Deswegen ist eine Losgrößenplanung unnötig. Die Maschinenbelegungsplanung, bei der bereits *freigegebene* Kundenaufträge mit dem Ziel, die zugesagten Liefertermine zu erfüllen, auf den Produktionslinien einzulasten sind, ist ebenfalls kaum kritisch.

Allerdings muss, um die als nächstes freizugebenden Aufträge auszuwählen, der momentan verfügbare, prognosebasiert beschaffte Komponentenbestand („Supply") den bereits zugesagten und mit einem Liefertermin versehenen Kundenaufträgen zugewiesen werden. Dieses sog. *Demand-Supply Matching* ist wiederum nur in Engpass-Situationen relevant. Wenn der Bestand an Komponenten nicht ausreicht, um alle Kundenaufträge wunschgemäß (bzw. genauer zusagegemäß) zu erfüllen, muss entschieden werden, ob und welche Kunden vertröstet werden sollen oder ob man versuchen will, bestimmte Lieferungen zu beschleunigen. Im ersten Fall muss die Abteilung „Order Management" mit einigen, sorgfältig auszuwählenden Kunden in Kontakt treten und sie darüber informieren, dass ihre Aufträge nur verspätet geliefert werden können. Natürlich muss in diesem Zug auch ein neuer Liefertermin zugesagt werden, so dass als Folge dieses *„Re-Promising"* Second und manchmal sogar Third oder Fourth Promised Dates vergeben werden. Im zweiten Fall muss die Beschaffungsabteilung mit einigen kritischen Zulieferern verhandeln, um die Auslieferung ihrer Komponenten zu beschleunigen, was beispielsweise durch eine bevorzugte Abarbeitung oder die Wahl eines schnelleren (und damit teureren) Transportmodus geschehen könnte. Da Hunderte von Komponenten und Tausende von Kundenaufträgen betroffen sein können und deswegen in die Betrachtung einbezogen werden müssen, ist dies offensichtlich nicht nur eine sehr wichtige, sondern auch eine sehr schwierige Planungsaufgabe. Es bleibt anzumerken, dass noch weitere Freiheitsgrade bestehen können, z. B. durch Komponentensubstitution, wenn Kunden möglicherweise auch mit ähnlichen Komponenten von alternativen, ursprünglich nicht vereinbarten Zulieferern zufrieden wären.

Transportplanung, Lagerdisposition Wie es bereits für die mittelfristige Distributionsplanung der Fall war, ist auch die kürzerfristige Transportplanung in der Regel eine unkritische Planungsaufgabe. Manchmal können, wie oben angesprochen, alternative Transportmodi existieren, wie z. B. Standardlieferung durch einen Spediteur oder Expresslieferung durch einen Paketdienst, aus denen auszuwählen ist. Meist fällt die Entscheidung hier aber nicht schwer.

Allerdings sollte man sich vor Augen führen, dass – wegen der konvergierenden Erzeugnisstruktur von Computern – eine Zuweisung von momentan verfügbaren Beständen zu Kundenaufträgen, ähnlich der des Demand-

Supply-Matching, auf mehreren Stufen downstream vom Entkopplungspunkt (also in Richtung Kunde) erforderlich sein kann. Beispielsweise stellen in einem zweistufigen Distributionssystem die Distributionszentren, in denen die einzelnen Auftragspositionen (für Monitore und Computer etc.) zu Komplettaufträgen kombiniert werden, die letztmögliche Stufe dar. Grundsätzlich sind solche Zuweisungen aber immer dann nötig, wenn ein Kundenauftrag die Freigabe eines Materials (oder Ausführung eines Prozesses) anstößt, das freigegebene Material (oder der Output des Prozesses) aber nicht dauerhaft für diesen spezifischen Auftrag reserviert bleiben soll. Beispielsweise könnte Auftrag 1 die Montage einer Systemeinheit auslösen, Auftrag 2, der eine höhere Priorität besitzt, diese Systemeinheit aber letztlich für sich in Anspruch nehmen. Eine solche Vorgehensweise erhöht zwar die Flexibilität bei der Auftragserfüllung, leider aber auch die Planungsnervosität.

Im Gegensatz dazu würde eine dauerhafte Reservierung von ATP im Rahmen des Order Promising – als frühestmögliche „Hochzeit" zwischen einem Kundenauftrag und den dafür benötigten Komponenten – zwar eine sehr hohe Liefertreue (da alle erforderlichen Komponenten ja bereits verfügbar wären und nicht mehr anderweitig verwendet werden könnten) und lückenlose Auftragsverfolgung (da der derzeitige Status jederzeit bekannt ist) ermöglichen. Sie würde aber auch sehr hohe WIP-Bestände mit sich bringen, was wegen des hohen Überalterungsrisikos in der Regel lieber vermieden werden sollte.

Insgesamt liegt der Hauptfokus der Kurzfristplanung aber auf der Beschaffungsseite. Wie oben angesprochen, müssen Sicherheitsbestände bereits auf Komponenten-Ebene vorgehalten werden. Dies ist umso wichtiger, je länger und unzuverlässiger die Lieferzeiten von Lieferanten sind. Im Vergleich zu Konsumgüter-SCs ist die Bestimmung passender Sicherheitsbestandslevel noch einmal deutlich komplizierter, da Servicegrade zwar normalerweise für Endprodukte definiert und gemessen werden, die Sicherheitsbestände selbst aber für Komponenten gesetzt werden müssen. Darüber hinaus besteht zusätzlich das oben erwähnte Überalterungsrisiko für Komponenten. Das am Ende des Lebenszyklus auftretende, kurzfristige Sicherheitsbestandsplanungsproblem erhält dadurch den Charakter eines Newsboy-Problems (vgl. z. B. Tempelmeier 2005, Kap. C.2.1 oder Thonemann 2005, Kap. 5.2).

Koordination und Integration Wegen der großen Macht einiger Zulieferer und Kunden sollte eine intensive Zusammenarbeit angestrebt werden, z. B. um Informationen über Kapazität (v. a. Materialverfügbarkeit) und Nachfrage auszutauschen. Für den Teil der Planung, der sich innerhalb des eigenen Unternehmens abspielt, bietet sich eine zentrale Koordination durch einen (materialbeschränkten) Master Plan an, der die Aktivitäten der Abteilungen für Vertrieb, Produktion, Beschaffung und Kundenauftragsmanagement (Order Management) gegeneinander abgleicht. Dabei stellt der geplante Komponentenzugang das vorrangige Ergebnis des Master Planning dar. Wie in Abb. 5.5 zu sehen ist, lassen sich diese Informationen nutzen, um die Beschaffung (durch den aggregierten Zugang) und das Order Promising (durch das ATP) miteinander zu synchronisieren. Als Input des Master Planning können mittelfristige Prognosen für die Endproduktnachfrage (aggregiert zu Produkttypen) und „Attach Rates", d. h. Prognosen für den Anteil einzelner Komponenten an diesen Produkttypen, herangezogen werden. Beide sind Ergebnisse des *Demand Planning*, einer Planungsaufgabe, die üblicherweise in der Verantwortlichkeit des Vertriebs liegt. Wie in Konsumgüter-SCs müssen wieder dezentrale Prognosen der unterschiedlichen Verkaufsregionen eingesammelt, konsolidiert, um zentrale Informationen angereichert und zu einer aggregierten Unternehmensprognose weiterverarbeitet werden.

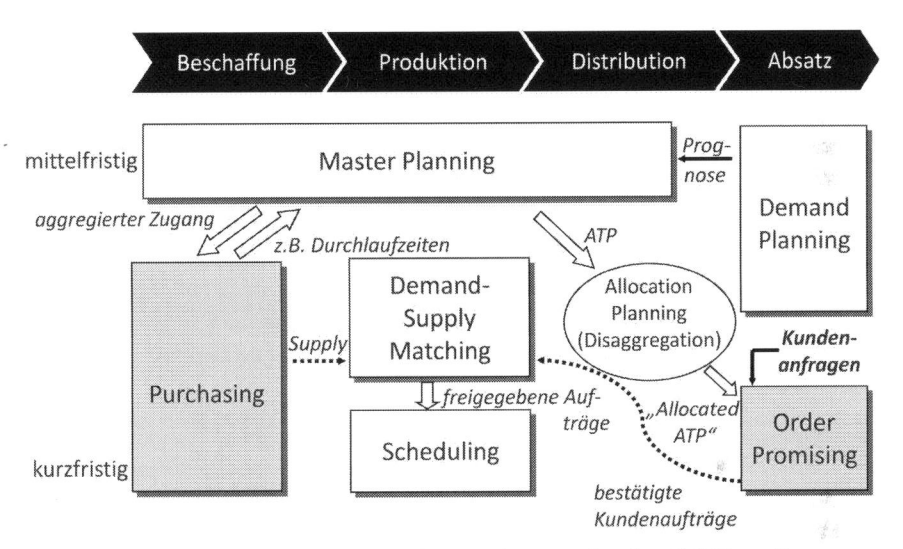

Abb. 5.5. Beispielhaftes operatives Planungskonzept für den SC-Typ „Computermontage"

Dann ist es Aufgabe des *Master Planning*, den geplanten Zugang an Komponenten mit der Endproduktnachfrage in Einklang zu bringen. Diese Aufgabe wäre unproblematisch, wenn nicht auf weitere Restriktionen geachtet werden müsste. Da die Produktionskapazität in der Regel wenig beschränkend ist, liegt das Hauptproblem darin, gleichzeitig Unter- und Oberschranken bei der Beschaffung kritischer Komponenten und variierende, teilweise lange und unzuverlässige Lieferzeiten der Lieferanten zu berücksichtigen. Das Ziel sollte dabei sein, den Gewinn aus den Verkaufserlösen, die mit den verschiedenen Produkttypen in unterschiedlichen regionalen Märkten erzielt werden können, abzüglich der für die nötigen Komponentenbestände entstehenden Lagerkosten zu maximieren. Man sollte aber beachten, dass monetäre Aspekte dabei gar nicht zwingend im Vordergrund stehen müssen. Wichtig ist vor allem, dass die Beschaffungsseite (nachfolgend als „Purchasing" bezeichnet) und auf der

Abgangsseite das Order Promising durch einen *gemeinsamen* Master Plan – egal ob billig oder teuer – aufeinander abgestimmt werden.

Das *Purchasing* muss den aggregierten Komponentenzugang – z. B. den wöchentlichen oder monatlichen Zugang an Festplatten einer spezifischen Größe oder Größenklasse – kennen, den das Master Planning ermittelt hat. Die konkreten Beschaffungsaufträge an einzelne Lieferanten (die somit einen höheren Detaillierungsgrad aufweisen) müssen in Summe diesen aggregierten Zugang bestmöglich treffen. Dabei sind Multiple Sourcing, bestehende Rahmenverträge mit Zulieferern, ökonomische Beschaffungslosgrößen und von der Unternehmensleitung vorgegebene Serviceziele in Betracht zu ziehen. Der Master Plan kann aus Komplexitätsgründen nur besonders kritische A-Komponenten einbeziehen. Deswegen müssen die verbleibenden B- und C-Komponenten direkt, d. h. zeitreihenbasiert, prognostiziert und bestellt werden. Als Ergebnis des Purchasing ergibt sich ein Materialzufluss an Komponenten (in Abb. 5.5 als „Supply" gekennzeichnet), der in die Wareneingangslager geliefert wird und dort einer zukünftigen Montage zur Verfügung steht.

Auf der anderen Seite benötigt das Order Promising Informationen über die ATP-Mengen, d. h. den Teil des auf Lager liegenden Bestandes und des (bereits in Transport befindlichem oder durch das Master Planning geplanten) erwarteten Komponentenzugangs, der bisher noch nicht für einzelne Kundenaufträge reserviert worden ist und deswegen zukünftig noch Kunden versprochen werden kann.

Da der Master Plan auf Basis der (prognostizierten) Endproduktnachfrage erstellt wurde, existiert eigentlich bereits eine grobe Zuordnung des Komponentenbestands – und damit des ATP – zu unterschiedlichen Absatzmärkten. Allerdings müssen oft noch detailliertere Kontingente für kleinere Verkaufsregionen gebildet werden, damit ein Online-Order-Promising möglich wird. Deswegen sollte der Output des Master Planning in einem weiteren *Allocation Planning* Prozess noch zu sogenanntem „Allocated ATP" verfeinert werden. Ähnlich dem Netting in Konsumgüter-SCs ist diese Planungsaufgabe vorwiegend als Disaggregationsschritt zu verstehen, der nötig ist, weil das Master Planning aus Komplexitätsgründen nur eine grobe Zuordnung vornehmen kann. Aufgabe des *Order Promising* ist es dann, bei eingehenden Kundenanfragen einen Liefertermin vorzuschlagen. Hierzu werden für alle benötigten Komponenten innerhalb des Allocated ATP noch freie, unreservierte Mengen gesucht. Falls der Kunde den sich daraus ergebenden Lieferterminvorschlag akzeptiert, gilt der Auftrag als bestätigt. Dann werden die zugehörigen Komponenten im Allocated ATP (gewöhnlich aber nicht im physischen Bestand) reserviert, so dass sie nicht noch ein zweites Mal gebucht werden können.

Die Kopplung zur kurzfristigen Produktionsplanung ist eher lose. Das *Demand-Supply Matching* muss den verfügbaren Komponentenbestand, der als „Supply" aus den kurzfristigen Beschaffungsaktivitäten des Purchasing resultiert, mit den bestätigten Kundenaufträgen abgleichen. Man beachte, dass tatsächlicher und geplanter Supply wegen der unzuverlässigen Lieferzeiten der Lieferanten beträchtlich voneinander abweichen können. Diskrepanzen sollten im Idealfall durch (im Master Planning und im Purchasing) eingeplante Sicherheitsbestände ausgeglichen werden können. Ist dies nicht der Fall, kann – wie oben bereits angesprochen – versucht werden, einzelne Lieferungen zu beschleunigen. Andernfalls müssen als Ergebnis eines Re-Promising ausgewählte Aufträge hinausgeschoben werden. Ergebnis des Demand-Supply Matching sind dann die bestätigten Aufträge, die als nächstes zur Produktion freigegeben werden sollen und anschließend im Rahmen der kurzfristigen Maschinenbelegungsplanung, dem sog. *„Scheduling"*, noch auf den Produktionslinien eingeplant werden müssen. Es wurde schon erwähnt, dass Komponenten im Order Promising und im Demand-Supply Matching den Kundenaufträgen meist nur temporär zugeordnet werden. Deswegen können bis hin zu den Distributionszentren zusätzliche, dem Demand-Supply-Matching sehr ähnliche Planungsaufgaben downstream vom Entkopplungspunkt anfallen.

Sicherlich existieren noch weitere sinnvolle Möglichkeiten, um die Planungsaufgaben und Planungsmodule von Computermontage-SCs hierarchisch miteinander zu verbinden. Egal welche davon letztlich gewählt werden: Auf jeden Fall sollte ein Planungskonzept für die Computermontage spezifisch auf die (in Tab. 5.2 zusammengefassten) Planungsanforderungen zugeschnitten sein, die für diesen SC-Typ charakteristisch sind.

Literatur

Anthony, R. (1965) *Planning and control systems: A framework for analysis*, Harvard University, Boston

Domschke, W.; Scholl, A. (2005) *Grundlagen der Betriebswirtschaftslehre*, Springer, Berlin, 3. Aufl.

Fleischmann, B.; Meyr, H. (2003) *Planning Hierarchy, Modeling and Advanced Planning Systems*, in: A. de Kok; S. Graves (Hrsg.) *Supply Chain Management: Design, Coordination, Operation, Handbooks in Operations Research and Management Science*, Bd. 11, North–Holland, Amsterdam, 457–523

Günther, H.-O.; Tempelmeier, H. (2009) *Produktion und Logistik*, Springer, Berlin, Heidelberg, New York, London, Paris, Tokyo, 8. Aufl.

Hax, A.; Meal, H. (1975) *Hierarchical integration of production planning and scheduling*, Logistics: TIMS Studies in Management Sciences, Bd. 1, North–Holland, Amsterdam, 53–69

Meyr, H. (2003) *Die Bedeutung von Entkopplungspunkten für die operative Planung von Supply Chains*, Zeitschrift für Betriebswirtschaft, Bd. 73, Nr. 9, 941–962

Miller, T. (2001) *Hierarchical Operations and Supply Chain Planning*, Springer, Berlin

Orlicky, J. (1975) *Material requirements planning*, McGraw-Hill, New York

Rohde, J.; Meyr, H.; Wagner, M. (2000) *Die Supply Chain Planning Matrix*, PPS Management, Bd. 5, Nr. 1, 10–15

Schneeweiss, C. (2003) *Distributed Decision Making*, Springer, Berlin, 2. Aufl.

Stadtler, H. (1986) *Hierarchical production planning: Tuning aggregate planning with sequencing and scheduling*, in: S. Axsäter; C. Schneeweiss; E. Silver (Hrsg.) *Multistage production planning and inventory control, Lecture Notes in Economics and Mathematical Systems*, Bd. 266, Springer, Berlin et al., 197–226

Tempelmeier, H. (2005) *Bestandsmanagement in Supply Chains*, Books on Demand, Norderstedt, 1. Aufl.

Tempelmeier, H. (2008) *Material-Logistik – Modelle und Algorithmen für die Produktionsplanung und -steuerung in Advanded Planning Systemen*, Springer, Berlin, Heidelberg, New York, 7. Aufl.

Thonemann, U. (2005) *Operations Management – Konzepte, Methoden und Anwendungen*, Pearson Studium, München et al.

Teil II

Konzeption von Advanced Planning Systemen

6 Struktur der Advanced Planning Systeme

Herbert Meyr[1], Michael Wagner[2] und Jens Rohde[3]

[1] Technische Universität Darmstadt, Fachgebiet Produktion & Supply Chain Management, Hochschulstraße 1, 64289 Darmstadt, Deutschland
[2] Paul Hartmann AG, Paul-Hartmann-Str. 12, 89522 Heidenheim, Deutschland
[3] SAP AG, Dietmar-Hopp-Allee 16, 69190 Walldorf, Deutschland

Advanced Planning Systeme wurden zu verschiedenen Zeitpunkten durch unterschiedliche Softwarehersteller unabhängig voneinander auf den Markt gebracht. Dennoch ist eine gemeinsame Struktur zu erkennen, die die meisten dieser Systeme miteinander teilen. APS bestehen typischerweise aus mehreren (evtl. aus weiteren Komponenten gebildeten) *Softwaremodulen*, von denen jedes eine oder mehrere der Planungsaufgaben aus der SCP-Matrix in Abb. 5.3 inhaltlich abzudecken versucht (vgl. Rohde et al. 2000).

Wie Abb. 6.1, die wiederum die beiden Dimensionen *Planungshorizont* und *Supply Chain Prozess* aus Abschnitt 5.2 aufgreift, zeigt, werden mittel- und langfristige Aufgaben eher integriert in einem einzelnen Softwaremodul betrachtet. Da kürzerfristige Planungsaufgaben eine höhere Detailgenauigkeit benötigen, ist die Anzahl der Softwaremodule auf der Kurzfristebene dagegen deutlich höher. Die Namen der Softwaremodule sind natürlich von APS-Hersteller zu APS-Hersteller verschieden. Die unterstützten Planungsaufgaben sind trotzdem weitgehend dieselben. Um den universellen Charakter der den Softwaremodulen zugrunde liegenden Planungsaufgaben hervorzuheben, wurden deswegen für Abb. 6.1 herstellerunabhängige Namen gewählt.

APS behandeln in der Regel nicht alle Planungsaufgaben, die in Abschnitt 5.2 identifiziert worden sind. In den nachfolgenden Teilen bzw. Kapiteln dieses Buches wird gezeigt werden, welche Planungsaufgaben tatsächlich angegangen werden (Teil II), wie APS ausgewählt und implementiert werden sollten (Teil III) und welche Lösungsmethoden typischerweise in APS genutzt werden (Teil V). Vorab soll jetzt bereits ein kurzer Überblick über die Softwaremodule und deren wichtigste Planungsaufgaben gegeben werden:

Strategic Network Design. Meist existiert in APS ein Softwaremodul zur strategischen Netzwerkgestaltung, dem sog. „Strategic Network Design". Dieses deckt die langfristigen Planungsaufgaben aller vier Supply Chain Prozesse ab. Vor allem stehen dort aber die Wahl der *Produktionsstandorte* und die Gestaltung des *Distributionssystems* im Vordergrund. Darüber hinaus werden noch weitere Fragestellungen, die in der *strategischen Absatzplanung* auftreten (z. B. welche Produkte sollen in welchen Märkten angeboten werden), betrachtet. Im Wesentlichen sollen mit diesem Softwaremodul also die grundsätzliche Struktur der Supply Chain

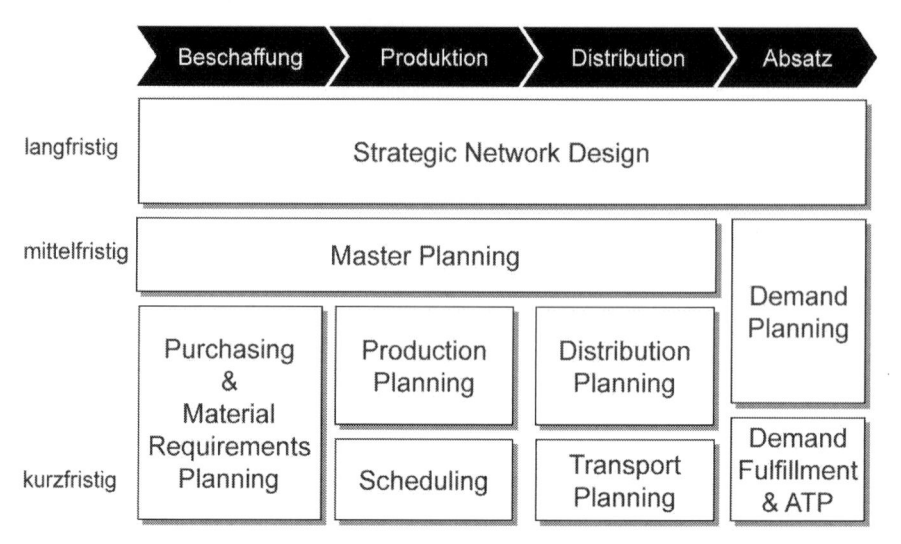

Abb. 6.1. Softwaremodule, durch die die Planungsaufgaben der SCP-Matrix (Abb. 5.3) inhaltlich abgedeckt werden

bestimmt und die wichtigsten Materialströme zwischen Lieferanten und Kunden festgelegt werden.

Demand Planning. Noch verbleibende Planungsaufgaben der *strategischen Absatzplanung* (wie z. B. langfristige Nachfrageprognosen) und die Aufgaben der *mittelfristigen Absatzplanung* werden in der Regel durch ein weiteres Softwaremodul „Demand Planning" bedient.

Demand Fulfillment & ATP. Des Weiteren bieten die meisten APS-Hersteller ein Softwaremodul „Demand Fulfillment & ATP" zur *kurzfristigen Absatzplanung* an.

Master Planning. Das Modul „Master Planning" koordiniert die Beschaffungs-, Produktions- und Distributionsprozesse der gesamten (meist mehrere Standorte umfassenden, intra-organisationalen) Supply Chain auf der Mittelfristebene. Die Planungsaufgaben *Distributions-, Kapazitäts-* und *Personalplanung* werden häufig gleichzeitig angegangen. Darüber hinaus wird die *Produktionsprogrammplanung* unterstützt und in eine standortübergreifende Supply Chain Planung eingebettet.

Production Planning und Scheduling. Falls zwei getrennte Softwaremodule „Production Planning" und „Scheduling" existieren, ist Ersteres für die *Losgrößenplanung* verantwortlich, während Letzteres sich mit der *Maschinenbelegungs-* und *Ablaufplanung* beschäftigt. Allerdings existiert oft auch nur ein einziges Softwaremodul, das alle diese Planungsaufgaben abdecken soll.

Die Produktionsplanung ist auf dieser sehr detaillierten Ebene stark von der Organisationsform des jeweiligen Produktionssystems abhängig. Außerdem sollten alle potenziellen Engpässe explizit erfasst und mehrstufige

Produktions- oder Erzeugnisstrukturen integriert betrachtet werden können. Um diesen Anforderungen auch im Hinblick auf branchenspezifische Eigenheiten gerecht werden zu können, bieten manche Softwarehersteller mehrere alternative Softwaremodule zum Production Planning und Scheduling an, die auf den Einsatz in unterschiedlichen Industrien zugeschnitten sind.

Distribution Planning und Transport Planning. Für die kurzfristige *Transportplanung* existiert ein eigenes Softwaremodul „Transport Planning". Darüber hinaus soll sich manchmal ein zusätzliches Modul „Distribution Planning" noch detaillierter mit der *Distributionsplanung* und den Materialflüssen in der Supply Chain beschäftigen, als dies in der Regel im umfassenderen Master Planning getan werden kann.

Purchasing & Material Requirements Planning. Die Planungsaufgaben *Materialbedarfsplanung* und *Materialabrufe* werden oft ERP-Systemen überlassen, da diese als Transaktionssysteme entsprechende Funktionalitäten traditionell bedienen. Soweit nur Materialien betroffen sind, die keinen Engpass darstellen, kann eine Stücklistenauflösung auch tatsächlich unproblematisch in einem ERP-System durchgeführt werden. Allerdings wird eine „fortschrittliche" (im Sinne des „advanced", das für APS namensgebend ist) Beschaffungsplanung, die alternative Lieferanten, Mengenrabatte und Mindest- (wegen mittelfristiger Kontrakte) und Maximalmengen (wegen potenzieller Materialrestriktionen) in der Beschaffung berücksichtigen kann, von ERP-Systemen nicht betrachtet. Einige APS-Hersteller haben spezielle Softwaremodule zum „Purchasing & Material Requirements Planning" auf den Markt gebracht, die solche (mittel- bis) kurzfristigen Beschaffungsentscheidungen direkt unterstützen. Darüber hinaus können auch Softwaremodule des „Collaborative Planning" helfen, die traditionelle Interaktion zwischen Hersteller und Zulieferern in der Beschaffung zu beschleunigen (siehe Kap. 15).

Die Softwaremodule von APS sind auf eine deterministische Planung ausgelegt. Wie wir in der bisherigen Diskussion über Entkopplungspunkte gesehen haben, spielt für dem Entkopplungspunkt vorgelagerte Prozesse (d. h. upstream vom Entkopplungspunkt) Unsicherheit über die Kundennachfrage eine sehr wichtige Rolle. Hinzu können weitere Unsicherheitsfaktoren der Zugangsseite kommen wie beispielsweise unzuverlässige Zulieferer. Allerdings existieren Unsicherheiten ebenso auf der Abgangsseite, d. h. downstream zwischen Entkopplungspunkt und Kunden, z. B. können trotz der Nachfragesicherheit eines Make-to-Order Kundenauftrages downstream vom Entkopplungspunkt unvorhersehbare Maschinenzusammenbrüche oder ungeplante Zeitverzögerungen bei Transportprozessen der Distribution auftreten. Um sich gegen diese Unsicherheiten abzusichern, müssen Puffer – entweder in Form von Sicherheitsbeständen oder von Sicherheitszeiten – eingeplant werden. Unsicherheit ist je nach Lage des Entkopplungspunkts und nach Branche zwar mehr oder minder stark ausgeprägt, betrifft grundsätzlich aber *alle* Supply Chain Prozesse. Deswegen ist ein einzelnes Softwaremodul zum Umgang mit Unsicherheit eigentlich nicht ausreichend (vgl. Tempelmeier 2001). In Einklang mit einigen Softwareherstellern beschreiben wir die Sicherheitsbestandsplanungsfunktionalität von APS aber trotzdem nur in Kap. 8, wenn die Details des Demand Planning Moduls diskutiert werden.

Wie wir in den vorangegangenen Kapiteln gesehen haben, können sich Planungsaufgaben je nach Branche und SC-Typ deutlich unterscheiden. Dies gilt insbesondere für kurzfristige Planungsaufgaben, weil diese sehr detailliert abgebildet werden müssen (vgl. z. B. Drexl et al. 1994). Auch Softwarehersteller tragen diesem Umstand verstärkt Rechnung und bieten alternative Softwarekomponenten und/oder sogar Softwaremodule an, die zwar die gleichen Planungsaufgaben, aber mit unterschiedlicher Brille für verschiedene Branchen im Blick haben. Deswegen wäre eigentlich eine dritte Dimension *SC-Typ* in Abb. 6.1 sinnvoll. Aus Gründen der Übersichtlichkeit haben wir jedoch dort darauf verzichtet und die Notwendigkeit von branchenspezifischen Lösungen lieber durch die separate Abb. 6.2 veranschaulicht.

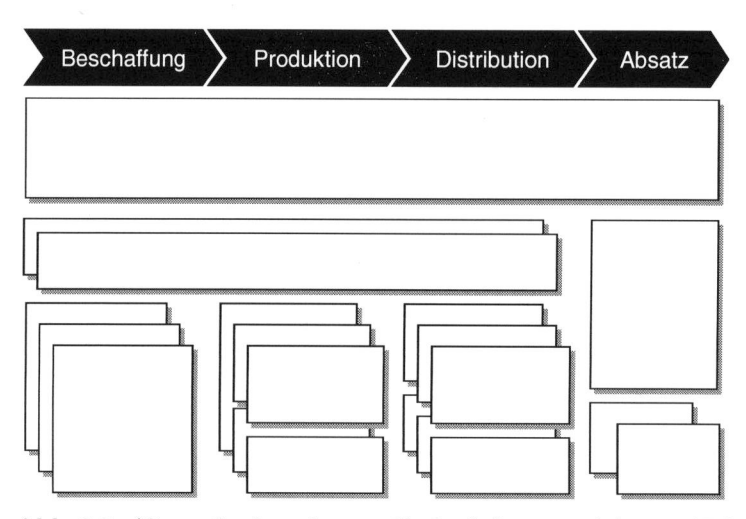

Abb. 6.2. Alternative branchenspezifische Softwaremodule von APS

Softwaremodule können sozusagen als „Bausteine" von Planungskonzepten und -systemen verstanden werden, die je nach geplanter Anwendung in unterschiedlicher Weise miteinander verbunden werden können. Die Anwender (kaufen,) installieren und integrieren nur die Module, die für ihr Geschäft essenziell sind. Manchmal, aber eher selten, werden auch Komponenten oder Module unterschiedlicher Softwarehersteller miteinander kombiniert.

Umgekehrt wird es natürlich vorkommen, dass APS-Hersteller für manche Planungsaufgaben keine geeigneten Softwaremodule anbieten können. Allerdings scheinen die Hersteller stark bemüht zu sein, „Komplettlösungen" bereitzustellen. Deswegen haben sie meist auch zusätzliche Module zum Informationsaustausch oder zur Zusammenarbeit mit Zulieferern bzw. Kunden („Supply Chain Collaboration"; siehe Kap. 15) und zur faktischen Ausführung der Planung („Supply Chain Execution"; siehe unten) im Portfolio. In der Regel packt ein APS-Hersteller die oben genannten Module mit weiteren Softwaremodulen, z. B. für ERP und CRM, in einer übergreifenden Supply Chain Management Suite zusammen, die dann interessierten Kunden als umfassende Antwort auf alle ihre Supply Chain Fragestellungen angeboten wird. Deswegen ist es beim Besuch der Internetauftritte einiger APS-Hersteller etwas schwierig, die zu Zwecken der Supply Chain *Planung* gedachten Softwaremodule der Suite (und vor allem die von diesen Modulen abgedeckten Funktionalitäten) identifizieren und die in Abb. 6.1 beschriebene generelle Struktur von APS auch wirklich nachvollziehen zu können.

Softwaremodule werden nicht immer gemäß ihrer ursprünglich vom Softwarehersteller intendierten Bestimmung eingesetzt. Zum Beispiel kann ein Softwaremodul zum Master Planning auch zur Distributionsplanung benutzt werden. Es dient in der Anwendung damit als Ersatz für ein vom bevorzugten Hersteller möglicherweise gar nicht oder (in Augen des Kunden) zu teuer angebotenes Softwaremodul „Distribution Planning". Diese Zweckentfremdung des Master Planning Moduls bringt gegenüber einem speziell für die Distributionsplanung gedachten Softwaremodul sicher einen geringeren Modellierungs- bzw. Anwendungskomfort und eine eingeschränkte Funktionalität mit sich. Sie ist aber grundsätzlich möglich, weil sich die Planungsaufgaben ähneln und manche Lösungsmethoden generell genug sind, um sie – eine entsprechend angepasste Modellierung vorausgesetzt – für verschiedene Problemtypen einzusetzen.

Neben den oben angesprochenen Softwaremodulen werden in der Regel noch weitere Softwarekomponenten angeboten, die als „Middleware" das Zusammenspiel der verschiedenen Softwaremodule und eine Integration mit anderen Softwaresystemen, wie z. B. ERP-Systemen oder Datenbanken, erlauben (vgl. Kap. 14).

Allerdings ist es nur ein allererster Schritt, die technischen Voraussetzungen zur informatorischen Verbindung verschiedener Softwaremodule anzubieten. Die eigentlich kritische Frage ist, welche Informationen zu welchen Zeitpunkten über diese Verbindungen fließen sollten. Das Hauptproblem ist es also, Planungskonzepte zu entwerfen und zu implementieren, die diese Softwaremodule im Hinblick auf die Ziele des Unternehmens bzw. der Supply Chain als Ganzes bestmöglich koordinieren. In Kap. 5 wurden solche Planungskonzepte bereits vorgestellt und es wurde gezeigt, dass sie auf die spezifischen Planungsanforderungen der jeweils betrachteten SC-Typen zugeschnitten sein müssen. In der Regel stellen APS-Hersteller inzwischen sog. „Branchenlösungen" zusammen, d. h. sie definieren Pakete von Softwaremodulen, die sich in ihren Augen besonders gut für bestimmte Branchen oder Industrien eignen. Allerdings geben sie meist keine Hilfestellung, wie diese Module im Hinblick auf die spezifischen Anforderungen der jeweiligen Branche informatorisch miteinander verbunden werden sollten. Nur selten werden tatsächlich regelrechte „Branchen-Workflows" angeboten, die als eine Art „generelles Template für eine Branche" auch einen vorkonfigurierten Informationsfluss zwischen den Modulen aufweisen.

Eine Stärke von APS ist es, Visibilität in der Supply Chain zu schaffen. Deswegen werden auch (meist auf Internet-Technologie basierende) Tools zur Kommunikation zwischen und Integration von verschiedenen Supply Chain Teilnehmern angeboten, die an unterschiedlichen Standorten tätig sind. Diese Softwarekomponenten stellen alle Daten zur Verfügung, die für eine SC-weite, lang- und mittelfristige Planung benötigt werden, und kommunizieren das Ergebnis einer koordinierenden Zentralplanung an die jeweils zu koordinierenden, dezentralen Einheiten. Meist ergänzt ein ereignisgetriebenes Alert-System, das Warnmeldungen generieren und zwischen den SC-Teilnehmern versenden kann, diese Interaktion zwischen zentraler und dezentraler Planung (vgl. Abschnitt 5.1).

Da die Internet-Technologie für unterschiedliche Einsatzzwecke genutzt werden kann, bieten APS-Hersteller zunehmend auch Werkzeuge für E-Business, beispielsweise zur Öffnung virtueller Märkte oder zum Einkauf von Rohmaterial, an. Allerdings stehen solche Formen von marktbasierter Koordination, bei denen Wettbewerbsprinzipien und Preismechanismen zur Koordination zwischen zwei oder mehr Teilnehmern herangezogen werden, nicht im Mittelpunkt dieses Buches. Stattdessen konzentrieren wir uns auf partnerschaftliche Zusammenarbeit innerhalb einer Supply Chain und damit auf *Collaborative Planning* (vgl. Kap. 15) als inter-organisationalem Koordinationsmechanismus, da diese dem Kooperationsgedanken, der dem SCM zugrunde liegt, wesentlich besser entspricht.

Abbildung 6.3 zeigt die Schnittstellen zwischen Advanced Planning Systemen aufeinander folgender Supply Chain Teilnehmer, an denen eine solche partnerschaftliche Zusammenarbeit möglich ist. Sie kann in zwei Richtungen auftreten: Zusammenarbeit mit Zulieferern und Zusammenarbeit mit Kunden. Aus der Sicht eines Supply Chain Individuums ist Zusammenarbeit damit an beiden Enden seiner SCP-Matrix wichtig, ganz links auf der Beschaffungsseite und ganz rechts auf der Absatzseite. Der Unterschied zwischen den beiden Arten der Zusammenarbeit besteht im Wesentlichen darin, dass im Falle der beschaffungsseitigen „Procurement Collaboration" eher ein konvergierender und im Falle der absatzseitigen „Sales Collaboration" eher ein divergierender Ausschnitt der Supply Chain vorliegt:

- Eine der wichtigsten Anwendungen der absatzseitigen *Sales Collaboration* ist das gemeinsame mittelfristige Demand Planning, bei dem in einer iterativen Zusammenarbeit mit dezentralen Vertriebseinheiten oder sogar mit Kunden Prognosen gewonnen werden. Dabei werden die Vorhersagen der verschiedenen Teilnehmer nicht einfach nur in einer Vertriebshierarchie aggregiert, sondern in wechselseitigem Informationsaustausch,

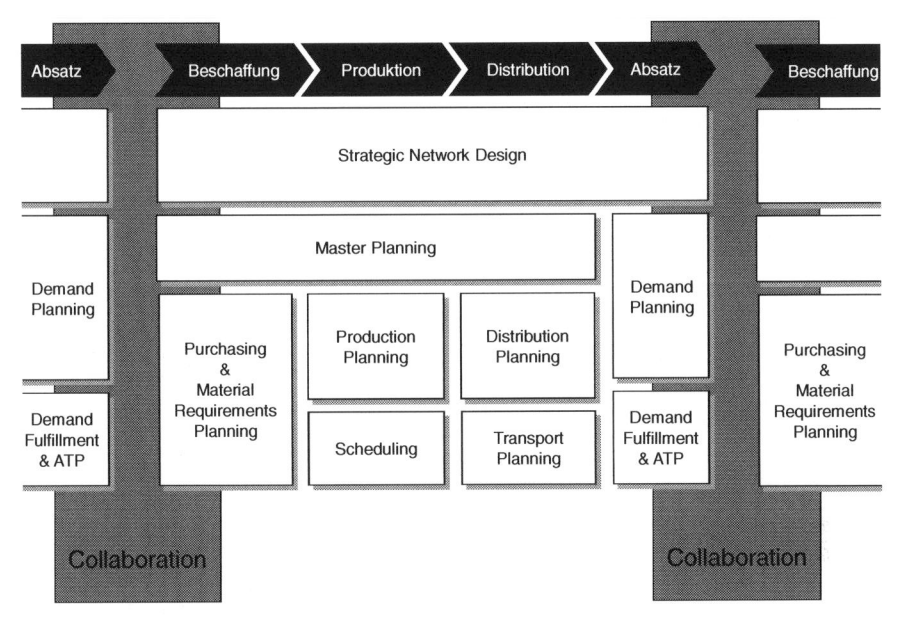

Abb. 6.3. Informationsaustausch zwischen APS aufeinander folgender SC-Teilnehmer durch „Collaborative Planning"

z. B. durch „Judgmental Forecasting" (siehe Kap. 8), aneinander angeglichen. Falls Engpasssituationen auftreten, kann kurzfristiges Collaborative Planning herkömmliche ATP-Prozesse unterstützen, indem zusätzliche Informationen über alternative Produktkonfigurationen, geplante Liefertermine und über Absatzpreise zur Verfügung gestellt werden.

- Aufgabe der mittelfristigen, beschaffungsseitigen *Procurement Collaboration* ist es, zu einer Übereinkunft mit dezentralen Einkaufsabteilungen und mit Zulieferern über Beschaffungspläne zu kommen, die aus den Master Plänen abgeleitet und dadurch mit der Absatzseite koordiniert sind. Hierbei müssen aggregierte Beschaffungsmengen disaggregiert und auf die in Frage kommenden Zulieferer gemäß ihren Lieferpotenzialen verteilt werden. Diese Lieferpotenziale können im Rahmen eines iterativen Informationsaustausches mit den Lieferanten evaluiert werden, der es erlaubt, potenzielle Lieferengpässe frühzeitig zu erkennen und zu umgehen.

Wie Abschnitt 5.1 bereits gezeigt hat, sollen Supply Chain Execution Systeme (SCES) die Lücke schließen, die zwischen einer reinen Entscheidungsvorbereitung durch APS und der tatsächlichen Ausführung („Execution") dieser Entscheidungen in der Praxis entstehen kann. Abbildung 6.4 (vgl. z. B. Kahl 1999) zeigt, dass Softwaremodule zur Supply Chain Execution auf einer Ausführungsebene ebenfalls alle vier SC-Prozesse „Beschaffung", „Produktion", „Distribution" und „Absatz" ansprechen. Allerdings betreffen sie hier die tatsächliche Entscheidungsausführung, was bedeutet, dass der Planungshorizont noch einmal deutlich kürzer ist und im Minuten- bzw. sogar Sekundenbereich liegt. Beispielsweise beschäftigen sich SCES mit der Bestellübermittlung an Lieferanten, der Materialentnahme und -bereitstellung aus Lagern, der Werkstattsteuerung, Transportdurchführung (inkl. Sendungsverfolgung, dem sog. „Tracking und Tracing") und der zeitnahen Beantwortung von Kundenanfragen. Falls nötig, ergänzen sie die Handlungsanweisungen der APS um weitere Details (die z. B. aus menschlichem Planungswissen resultieren). In der Hauptsache beobachten und kontrollieren sie aber die Ausführung der Entscheidungen, die durch APS vorbereitet wurden. Eine permanente *Online*-Kontrolle der Ausführungsprozesse lässt sogar Reaktionen auf unvorhergesehene Ereignisse in Echtzeit („Real-time"), z. B. innerhalb weniger (Milli-)Sekunden, zu.

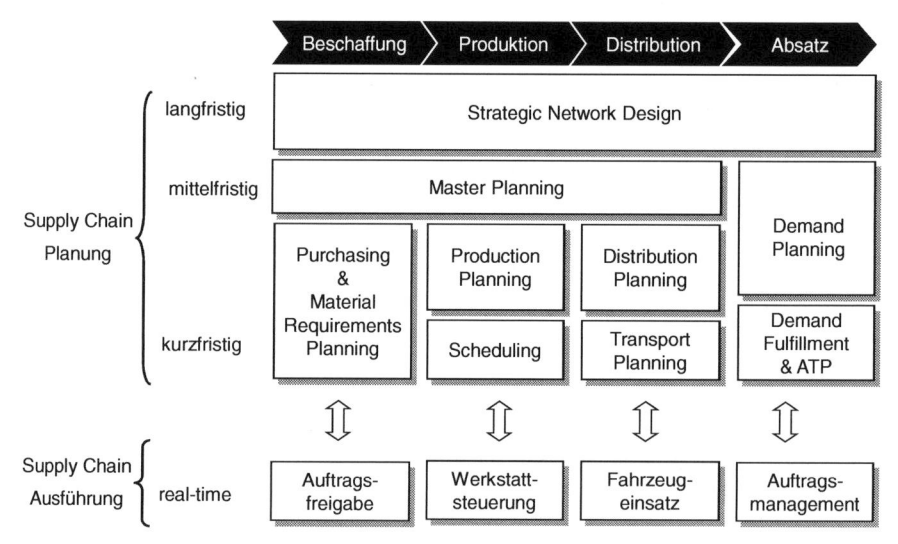

Abb. 6.4. Beziehung zwischen APS und Supply Chain Execution Systemen

SCES sind über Warnsysteme, sog. „Supply Chain Event Management" (SCEM) Systeme, eng mit APS verbunden. Damit sind sie in der Lage, die starren Planungsintervalle einer traditionellen rollierenden Planung zu durchbrechen, und erlauben eine reaktive, ereignisgetriebene Planung. Es fällt allerdings schwer, eine klare Trennlinie zwischen den Funktionalitäten von APS und SCES zu ziehen. Beispielsweise könnten Teilaufgaben des Auftragsbestätigungsprozesses (sog. „Order Promising") sowohl in APS als auch in SCES erledigt werden. Gewöhnlicherweise werden ATP-Mengen im Rahmen der ATP-Allokation den unterschiedlichen Kundengruppen durch ein APS zugewiesen (vgl. Kap. 10). Eine Online-Suche nach freien ATP-Mengen (ATP-Konsumption) für eine Echtzeit-Antwort auf Kundenanfragen muss aber durch ein SCES erfolgen. Damit könnten Suchregeln zur ATP-Konsumption sowohl im APS definiert sein (und als Anweisung an das SCES gesendet werden) als auch direkt innerhalb des SCES gepflegt werden.

Literatur

Drexl, A.; Fleischmann, B.; Günther, H.-O.; Stadtler, H.; Tempelmeier, H. (1994) *Konzeptionelle Grundlagen kapazitätsorientierter PPS-Systeme*, Zeitschrift für betriebswirtschaftliche Forschung, Bd. 46, 1022–1045

Kahl, S. (1999) *What's the "value" of supply chain software?*, Supply Chain Management Review, Bd. 3, 59–67

Rohde, J.; Meyr, H.; Wagner, M. (2000) *Die Supply Chain Planning Matrix*, PPS Management, Bd. 5, Nr. 1, 10–15

Tempelmeier, H. (2001) *Supply Chain Planning with Advanced Planning Systems*, in: *Proceedings of the 3rd Aegean International Conference on Design and Analysis of Manufacturing Systems*, Tinos Island, Greece

7 Strategic Network Design

Marc Goetschalckx[1] und Bernhard Fleischmann[2]

[1] School of Industrial and Systems Engineering, Georgia Institute of Technology, 765 Ferst Drive, Atlanta, Georgia, 30332-0205, USA
[2] Universität Augsburg, Fachgebiet Produktion und Logistik, Universitätsstraße 16, 86159 Augsburg, Deutschland

Dieses Kapitel befasst sich mit der langfristigen strategischen Planung und Gestaltung einer Supply Chain. Abschnitt 7.1 erläutert die Planungssituation und die Problemstellung. In Abschnitt 7.2 wird das Problem als gemischtganzzahliges Modell formuliert, während Abschnitt 7.3 die Anwendung dieser Modelle beschreibt. Die Abschnitte 7.4 und 7.5 geben einen Überblick über die relevante Literatur sowie die in APS verfügbaren Softwaremodule.

7.1 Die Planungsumgebung

Im Rahmen der strategischen Planung streben Unternehmen an, ihre Supply Chain so zu gestalten, dass ihre ökonomische Leistungsfähigkeit über einen längeren Zeitraum maximiert wird. Zusammen mit der Produktforschung und -entwicklung sowie dem Marketing stellt die Supply Chain eines der wichtigsten Werkzeuge zur Erreichung der strategischen Unternehmensziele dar. Während des strategischen Planungsprozesses legen die Unternehmen ihre wichtigsten Produkte, Absatzmärkte, Produktionsprozesse sowie Rohstoff- und Komponentenlieferanten fest. Nahezu alle Unternehmen müssen von Zeit zu Zeit ihre Supply Chain anpassen, um auf veränderte Marktsituationen zu reagieren. Insbesondere der Trend zu Fusionen und Übernahmen sowie die Globalisierung tragen zur häufigeren Durchführung dieses Prozesses bei und erhöhen dessen Wichtigkeit. Beispielsweise kann ein Unternehmen anstreben, in eine geographische Region ohne vorhandene Infrastruktur zu expandieren, wie die Expansion von Elektronikkonzernen nach Osteuropa zeigt, nachdem die dortigen Länder eine Marktwirtschaft eingeführt hatten. Andere Unternehmen hingegen sehen nach einer Fusion oder Übernahme die Notwendigkeit, überflüssige Distributionssysteme zu konsolidieren. Schließlich wird die strategische Planung nicht nur für die Expansion, sondern auch für die Konsolidierung und den Rückzug genutzt, wie am Beispiel des Rückzugs der Streitkräfte der Vereinigten Staaten zu beobachten war, als diese eine Strategie für die Schließung der Stützpunkte in Westeuropa entwickelten.

Typischerweise schwankt der Planungshorizont der strategischen Planung zwischen drei und zwölf Jahren. Die zu treffenden Entscheidungen beinhalten die Errichtung oder Schließung von Werken und Distributionszentren, die Zuweisung von Produkten zu Werken und die Einrichtung der wesentlichen Produktionslinien. Die Ziele sind zumeist finanzieller Natur, wie z. B. die Maximierung des Kapitalwerts des Gewinns oder die Minimierung des Kapitalwerts der Kosten unter Berücksichtigung des Kundenbedarfs, der Servicegrade sowie von Budgetrestriktionen. Die Ergebnisse dieser Entscheidungen sind die Festlegung von Produktions- und Distributionskapazitäten sowie die Zuweisung dieser Kapazitäten zu den Produkten und Kundenregionen. Im Rahmen des Master Planning werden diese Kapazitäten und Zuweisungen zu Vorgaben. Das Master Planning bestimmt sukzessive die Materialflüsse und Bestände für einige kürzere Perioden innerhalb eines Saisonzyklus.

Sicherlich haben die Entscheidungen in der strategischen Netzwerkplanung (engl. Strategic Network Design) einen großen Einfluß auf die langfristige Profitabilität und die Wettbewerbsfähigkeit eines Unternehmens. Diese weitreichenden Entscheidungen müssen jedoch typischerweise auf Basis von stark aggregierten Prognosen und ökonomischen Trends erfolgen. Der Bedarf für Konsumgüter in Entwicklungsländern wie Südafrika hängt von den Informationen über die Bevölkerungsstruktur dieser Region sowie den globalen und regionalen ökonomischen Rahmenbedingungen ab. Die Rentabilität der Erfüllung des Bedarfs hängt wiederum von den Devisenkursen während der Planungsperiode ab. Infolgedessen haben Unternehmen nicht nur ein besonderes Interesse an der ökonomischen Effizienz ihrer Supply Chain unter den angeommenen Rahmenbedingungen, sondern auch an der Robustheit und Flexibilität ihrer Supply Chain, um diese an sich ändernde und unvorhergesehene Bedingungen anzupassen.

Die Entscheidungen der strategischen Netzwerkplanung haben interdependente räumliche und zeitliche Eigenschaften. Beispielsweise kann ein Unternehmen während der Expansion in eine neue geographische Region entscheiden, die Produkte während der ersten zwei Jahre in bereits existierenden Werken zu produzieren und diese in die neuen Kundenregionen zu transportieren. Bei signifikant gestiegenem Bedarf zu Beginn des dritten Jahres könnte die regionale Produktion aber die günstigste Produktions-Distributions-Strategie sein. Dies würde die unmittelbare Errichtung eines neuen Werks implizieren. Viele Entscheidungen im Rahmen der strategischen Planung sind Ja-Nein-Entscheidungen. Beispielsweise könnte eine Entscheidung sein, ein Werk in drei Jahren zu eröffnen oder auch nicht. Aber es ist nicht möglich, eine halbe Fabrik zu errichten.

Schließlich wird der strategische Planungsprozess noch durch die Tatsache erschwert, dass Unternehmen die strategische Planung selten durchführen. Ein typischer Planungszyklus kann wie bei der Erstellung einer Konzernstrategie bei fünf Jahren liegen. Inzwischen können die Beteiligten der vorhergehenden strategischen Planung entweder befördert worden sein oder sie haben das Unternehmen verlassen. Daraus folgt, dass das neue Planungsteam wenig Erfahrung in der Entscheidungsunterstützung im Rahmen der strategischen Planung besitzt und die zugrunde liegenden Methoden, wie z. B. die Modellierung und die Lösung dieser Modelle, nicht beherrscht.

Um eine angemessene Entscheidungsunterstützung für die strategische Planung einer Supply Chain bereitzustellen, müssen folgende grundlegende Charakteristika von Supply Chains beachtet werden: Sie sind ganzheitlich, global und stochastisch.

Eine ganzheitliche Betrachtungsweise einer Supply Chain beschränkt sich nicht ausschließlich auf einen einzelnen Aspekt ihrer Leistungsfähigkeit, wie z. B. Lagerbestände, Fertigungslöhne oder die Auslieferung, sondern erfordert einen integrierten und umfassenden Blick über die gesamte Wertschöpfungskette. Dieser beginnt bei den Rohstofflieferanten und geht über zahlreiche Bearbeitungsstationen und Transportkanäle bis hin zum Verbraucher. Zusätzlich muss die Entwicklung dieser Wertschöpfungskette über mehrere Jahre hinweg betrachtet werden. Der Ansatz „von der Wiege bis zum Grab" ist nicht nur räumlich, sondern auch zeitlich zu verstehen. Außerdem dürfen die strategischen Entscheidungen zur Gestaltung einer Supply Chain sowie die zugehörigen Investitionen nicht losgelöst von den daraus resultierenden operativen Entscheidungen betrachtet werden. Daher verbindet die Gestaltung einer Supply Chain die strategische Investitionsplanung mit dem Master Planning. Sie muss die Kosten für den Einkauf, die Produktion, die Distribution und den Transport sowie die Kapazitäten berücksichtigen, außerdem die Bedarfsplanung der Kunden. Auch die Lebenszyklen der unterschiedlichen Produkte, das Produktportfolio, die Ressourcen, Fusionen und Übernahmen sind zu beachten. Zusammengefasst sind dies räumlich bzw. organisatorisch verteilte Komponenten einer Supply Chain zu einem bestimmten Zeitpunkt. Der ganzheitliche Blick auf die Supply Chain erfordert den Ausgleich der unterschiedlichen Interessen der verschiedenen Akteure und Organisationseinheiten in der Wertschöpfungskette.

Wertschöpfungsketten sind in nahezu jeder Branche zunehmend global ausgerichtet, so dass Werkstoffe gekauft, verbaut und anschließend zum Kunden transportiert werden, ohne dass nationale Grenzen berücksichtigt werden. Während momentan Zölle und Abgaben immer noch eine große Rolle spielen, geht der Trend hin zur Abschaffung dieser Handelshemmnisse und zu zollfreiem Handel. Eine angemessene Gestaltung der Supply Chain muss diese Bedingungen und Aspekte des internationalen Handels sowie der zahlreichen Incoterms (*international commercial terms*), Zölle und Abgaben, sonstige Handelshemmnisse und Wechselkurse miteinbeziehen. Die Zuweisung der Produkte zu den Werken in unterschiedlichen Ländern kann die durch ein multinationales Unternehmen zu entrichtenden Steuern signifikant beeinflussen. Die Steuern hängen zudem vom internen Handel und den Transferpreisen innerhalb des Unternehmens ab. Diese Steuerproblematik muss als Teil der gesamtheitlichen Gestaltung der Supply Chain angegangen werden.

Die Errichtung eines Standorts als Bestandteil der Gestaltung einer globalen Supply Chain ist eine wichtige strategische Entscheidung. Der Lebenszyklus eines Werkes oder sogar einer Distributionseinrichtung kann mehrere Jahrzehnte umfassen. Die Informationen über ökonomische Verhältnisse und die Marktsituation sind naturgemäß zum Zeitpunkt der Entscheidung über die Errichtung des Standorts nicht mit Sicherheit bekannt. Die Konfiguration der Supply Chain muss nicht nur effizient im Hinblick auf die erwarteten Bedingungen, sondern auch robust und flexibel genug sein, um auf unvermeidliche Gegebenheiten reagieren zu können. Folglich sind die Gewinne für eine denkbare Konfiguration einer Supply Chain nicht genau bestimmbar, sondern folgen einer gewissen Verteilung, welche von den Eintrittswahrscheinlichkeiten zahlreicher ökonomischer Fakten abhängt. Unglücklicherweise können diese Eintrittswahrscheinlichkeiten für einen langfristigen Planungshorizont nicht ex ante bestimmt werden. Eine konkrete Kombination denkbarer ökonomischer Zustände und Parameter nennt man Szenario. Man geht davon aus, dass nur eine geringe Anzahl von grundlegenden Trends für die zukünftigen ökonomischen Zuständen möglich sind. Ein Unternehmen unterstellt dabei typischerweise einen optimistischen, einen neutralen, einen am besten geschätzten oder einen pessimistischen Trend. Jeder dieser Trends beinhaltet eines oder mehrere Szenarien.

Das Problem besteht somit in der Konfiguration einer Supply Chain, die viele Produkte, viele Stufen und Standorte in vielen Ländern umfasst. Zu beachten sind prognostizierte Parameter für mehrere Perioden und unter verschiedenen Szenarien sowie Materialflüsse, die über Stücklisten (Bill of Materials, BOM) verbunden sind. Für ein Unternehmen sind Investitionen umso attraktiver, je höher die erwartete Rentabilität und/oder je geringer die Varianz dieser Rentabilität ist.

Die Komplexität dieses ganzheitlichen, globalen und szenario-basierten Konfigurationsproblems übersteigt die Fähigkeiten und das Verständnis jedes noch so sachkundigen und erfahrenen Entscheidungsträgers. Um die Entscheidungsträger in angemessener Zeit zu einer wünschenswerten Konfiguration ihrer Supply Chain zu führen, ist eine IT-basierte Unterstützung notwendig. Man braucht sowohl ein mathematisches Modell der Supply Chain als auch effiziente Methoden, die imstande sind, wünschenswerte Konfigurationen dieser Supply Chain zu generieren.

Sicherlich ist die sinnvolle Durchführung einer strategischen Planung eine herausfordernde Aufgabe. Die Modelle zur Entscheidungsunterstützung müssen umfassend sein und sowohl technische als auch finanzielle Aspekte abdecken. Zumeist sind sie unternehmens- und branchenspezifisch und erfordern eine große Anzahl und Vielfalt von Daten, welche meistens mit großer Unsicherheit prognostiziert werden müssen. Die Entscheidungen sind binär, und folglich sind die entsprechenden gemischt-ganzzahligen Modelle nur schwer optimal lösbar. Wegen der unsicheren Daten muss man mit Szenarien arbeiten, deren Auswahl und Aufstellung aber selbst ein nicht-triviales Problem ist. Man könnte auf die Idee kommen, alle denkbaren, besonders signifikanten Szenarien zu betrachten. Jedoch existieren meistens zu viele Kombinationsmöglichkeiten der signifikanten Trends, so dass die Berücksichtigung aller entsprechenden Szenarien das Konfigurationsproblem unlösbar machen würde.

7.2 Modelle zum Strategic Network Design

7.2.1 Basiskomponenten

Wie bereits im vorigen Abschnitt erläutert, umfasst die Konfiguration einer Supply Chain zwei Planungsebenen: strategische strukturelle Entscheidungen über die Netzkonfiguration und operative Entscheidungen wie im Master Planning über die Materialflüsse im Netzwerk. Abbildung 7.1 zeigt den Zusammenhang zwischen den Planungsebenen und den Zielgrößen.

Struktur-Entscheidungen
- Standorte
- Kapazitäten
- Neue Produkte
- Produkt/Standort-Zuordnung

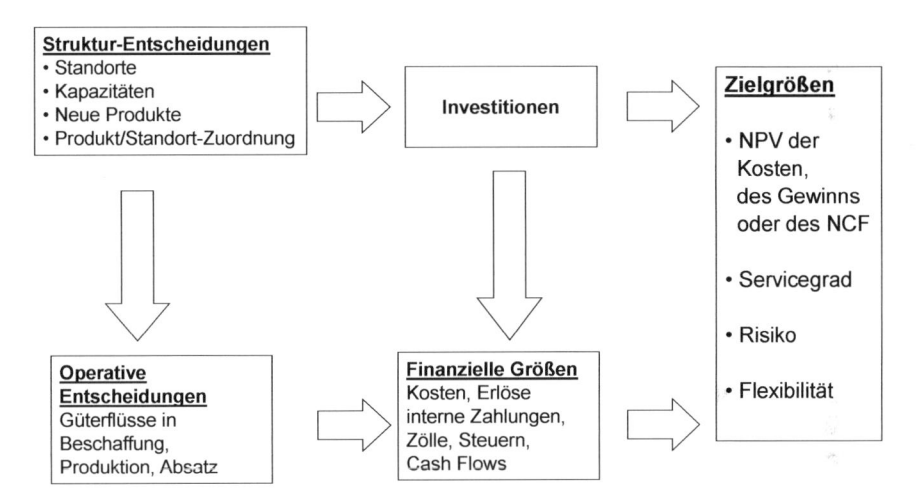

⟹ **Investitionen** ⟹ **Zielgrößen**
- NPV der Kosten, des Gewinns oder des NCF
- Servicegrad
- Risiko
- Flexibilität

Operative Entscheidungen
Güterflüsse in Beschaffung, Produktion, Absatz

⟹ **Finanzielle Größen**
Kosten, Erlöse interne Zahlungen, Zölle, Steuern, Cash Flows ⟹

Abb. 7.1. Abhängigkeit zwischen strategischer und operativer Planungsebene

Die finanziellen Ziele werden sowohl direkt durch die strategischen Entscheidungen über die Investitionen und die Konfiguration als auch durch die jährlichen finanziellen Größen aus dem Master Planning beeinflußt. Die Entscheidungen im Master Planning werden durch die Investitions- und Konfigurationsentscheidungen beeinflusst. Beispielsweise kann die Investition in eine neue Maschine die variablen Produktionskosten signifikant verändern. Weitere Ziele werden in Abschnitt 7.3 erläutert.

Den beiden Planungsebenen entsprechend enthält ein Modell für das strategische Netzwerk-Design zwei grundsätzliche Typen von Entscheidungsvariablen: binäre Strukturvariablen und kontinuierliche Flussvariablen. Beide werden benötigt, um die wesentlichen Komponenten einer Supply Chain zu modellieren, wie z. B. Produkte, Kunden, Händler und Lieferanten, Werke und Distributionseinrichtungen, verschiedene Länder und Planungsperioden.

In der strategischen Planung werden als Periode gewöhnlich Jahre verwendet. Typische strukturelle Variablen sind $Status_{k,t}$, die angeben, ob ein Standort k in einem Jahr t „geöffnet" ist oder nicht, und analog $Status_{k,j,t}$, die angeben, ob eine Maschine j an einem Standort k im Jahr t verfügbar ist. $Alloc_{p,k,t}$ zeigt an, ob ein Produkt p einem Standort k im Jahr t zugewiesen ist. Allen diesen Variablen kann man Fixkosten zuordnen. Die Entwicklung einer Supply Chain wird durch Investitionsentscheidungen angetrieben. $Invest_{k,j,t}$ gibt an, ob eine Investition im Jahr t für eine Maschine j am Standort k getätigt wird. Die Investitionsausgaben, die einen Hauptteil des Cash Flows ausmachen, werden diesen Variablen zugeordnet.

Die Flussvariablen drücken für die verschiedenen Prozesse in einer Supply Chain Mengenangaben in einer Planungsperiode aus. $Production_{p,k,t}$ gibt z. B. die Produktionsmenge von Produkt p am Standort k im Jahr t an.

Modelle zur Konfiguration für das Supply Chain Design enthalten üblicherweise vier Typen von Nebenbedingungen: die Flusserhaltung, die Kapazitätsbedingungen, die Konsistenz der Strukturvariablen sowie Gleichungen zur Berechnung von Zwischenergebnissen, wie z. B. die Bestandteile der Zielfunktion. Jeder Typ von Nebenbedingungen wird im Folgenden näher erläutert.

Die Nebenbedingungen zur Flusserhaltung betreffen die Mengenverhältnisse von Material zwischen verschiedenen Produkten, Standorten und Transportkanälen. Diese spiegeln die Tatsache wider, dass ein in einen Standort oder die gesamte Supply Chain eingehender Materialfluss diese(n) zwangsläufig auch wieder verlassen muss, wenn auch in anderer Form. Eine generische Materialflusserhaltungsbedingung sieht folgendermaßen aus:

$$Inflow_{p,k,t} + Production_{p,k,t} = Outflow_{p,k,t} + Consumption_{p,k,t} \ \forall p,k,t \quad (7.1)$$

Dabei bezeichnet $Inflow_{p,k,t}$ den Zufluss an Produkt p im Jahr t von allen Quellen zu Standort k, $Outflow_{p,k,t}$ den Abfluss von Standort k zu allen Zielorten und $Consumption_{p,k,t}$ den Verbrauch durch den Kundenbedarf oder durch Transformation in andere Produkte. Letztere Mengen werden aus den Produktionsmengen mittels einer Stücklistenauflösung berechnet.

Der zweite Typ von Nebenbedingungen stellt sicher, dass das Modell durch Zuweisung von Kapazitäten zu unterschiedlichen Ressourcen eine zulässige Konfiguration liefert. Kapazitätsrestriktionen treten typischerweise bei Produktionsprozessen auf und betreffen entweder ein Einzelprodukt oder eine Gruppe von Produkten, die die gleiche Ressource benötigen. Diese Nebenbedingungen erzwingen auch die Konsistenz zwischen der Zuordnung von Produkten zu Standorten, dem Status eines Standorts bzw. einer Anlage und dem Fluss durch diesen Standort oder diese Anlage. Ein Beispiel einer Kapazitätsbedingung für ein einzelnes Produkt p auf einer Anlage k ist:

$$Production_{p,k,t} \leq Capacity_k t \cdot Alloc_{p,k,t} \ \forall t \quad (7.2)$$

$Capacity_k t$ drückt hierbei die gesamte Kapazität einer Anlage k für ein Produkt p im Jahr t aus.

Wenn mehrere Produkte sich eine gemeinsame Kapazität teilen, wird diese als beschränkte Ressource modelliert. Typische Beispiele für Ressourcen sind Produktionsstunden auf einer Anlage oder die Lagerkapazität. Eine generische Formulierung solcher Nebenbedingungen für eine Anlage j, die die Produkte $p \in P$ bearbeitet, lautet wie folgt:

$$\sum_{p \in P} ResourceRequirement_{p,k,j} \cdot Production_{p,k,t}$$
$$\leq Capacity_{k,j,t} \cdot Status_{k,j,t} \ \forall \, t \quad (7.3)$$

$Capacity_{k,j,t}$ ist die Kapazität der Anlage j am Standort k in Periode t, wie z.B. die verfügbaren Produktionsstunden im Jahr t,
$ResourceRequirement_{p,k,j}$ ist die pro Einheit von einem Produkt benötigte Zeit auf der Anlage j.

Der dritte Typ von Nebenbedingungen stellt die Konsistenz der unterschiedlichen strukturellen Variablen sicher, z.B. die Konsistenz der Investitionen und der Variable $Status$. Ein Beispiel einer solchen Restriktion, die den Status einer Anlage j am Standort k und die entsprechende Investition betrifft, ist:

$$Status_{k,j,t} = Status_{k,j,t-1} + Invest_{k,j,t} \ \forall \, k, j, t \quad (7.4)$$

$Status_{k,j,0}$ ist der aktuelle Anfangsstatus, der einen Eingabeparameter darstellt. So kann der Status einer neuen, noch nicht errichteten Anlage j nur auf „verfügbar" wechseln, wenn eine entsprechende Investition stattfindet. Für jedes Produkt p, das auf Maschine j bearbeitet wird, muss folgende Nebenbedingung gelten:

$$Alloc_{p,k,t} \leq Status_{k,j,t} \ \forall \, k, t \quad (7.5)$$

Ähnlich kann ein Produkt nur einem geöffneten Standort k zugewiesen werden:

$$Alloc_{p,k,t} \leq Status_{k,t} \ \forall \, p, k, t \quad (7.6)$$

Eine typische Zuordnungsrestriktion in der Automobilindustrie ist die Unumkehrbarkeit einer Produkt-Standort-Zuweisung:

$$Alloc_{p,k,t} \geq Alloc_{p,k,t-1} \ \forall \, k, t \quad (7.7)$$

In der Regel existiert eine Begrenzung $MaxCount_k$ der Anzahl an Produkten, welche einem Standort k zugewiesen werden können:

$$\sum_p Alloc_{p,k,t} \leq MaxCount_k \ \forall \, k, t \quad (7.8)$$

Weitere Bespiele für Restriktionen zur Konfiguration sind die Begrenzung der Anzahl an Standorten oder Bedingungen, die fordern, dass mindestens ein Standort aus einer vorgegebenen Menge von Standorten geöffnet werden muss, oder die Vorgabe der Reihenfolge von Investitionen, so dass eine Einrichtung eröffnet sein muss, bevor eine andere Einrichtung genutzt werden kann. Schließlich können Nebenbedingungen dafür genutzt werden, zu garantieren, dass eine errichtete Anlage oder ein geöffneter Standort eine gewisse Mindestauslastung aufweist.

Der vierte Typ von Nebenbedingungen sind Gleichungen, die Zwischenergebnisse oder abgeleitete Variablen berechnen. Eine typische Verwendung ist die Berechnung von Teilen der Zielfunktion. Das Ziel der Konfiguration einer Supply Chain ist die Maximierung der langfristigen ökonomischen Leistungsfähigkeit eines Unternehmens. Dieses Ziel muss durch finanzielle, unternehmensspezifische Leistungsindikatoren ausgedrückt werden, welche den Entscheidungsträgern vertraut sind. Im Rahmen der strategischen Konfiguration einer Supply Chain ist der Leistungsindikator der Kapitalwert (net present value (NPV)) des Netto Cash Flows (net cash flow (NCF)).

$$NPVNCF = \sum_{t=1}^{T} NCF_t \cdot (1+cdf)^{-t} = \sum_{t=1}^{T} \left(\sum_{c \in C} \frac{NCF_{c,t}}{er_{c,t}} \right) \cdot (1+cdf)^{-t} \quad (7.9)$$

$NCF_{c,t}$ ist der Net Cash Flow für ein Land c in der Landeswährung im Jahr t. $er_{c,t}$ ist der Wechselkurs für die Währung im Land c ausgedrückt in der Währung des Heimatlandes. cdf ist der Diskontierungsfaktor des globalen Unternehmens.

Eine allgemeine Definition des NCF basiert auf dem Ergebnis vor Steuern, Zinsen und Abschreibungen (earnings before interest, taxes and amortization (EBITA)) (vgl. Choi 1997):

$$EBITA = VerkaufsErloese - FixKosten$$
$$- VariableKosten - Abschreibung \quad (7.10)$$

$$NCF = (1 - Steuersatz) \cdot (EBITA - Zinsen)$$
$$+ Abschreibung - Tilgung \quad (7.11)$$

In einem Modell zur Konfiguration einer Supply Chain muss der NCF auf diejenigen Komponenten beschränkt werden, welche durch die berücksichtigten Entscheidungen beeinflusst werden können. Gewöhnlich werden Entscheidungen über Zins- und Tilgungszahlungen nicht explizit modelliert. Stattdessen werden Zinsen implizit durch Diskontierung des NCF berücksichtigt. Dann kann man den für die Zielfunktion 7.9 relevanten $NCF_{c,t}$ wie folgt formulieren:

$$NCF_{c,t} = (1-Steuersatz_c) \cdot (Umsatz_{c,t} - VariableKosten_{c,t} - FixKosten_{c,t})$$
$$+ Steuersatz_c \cdot Abschreibung_{c,t} - Investitionsausgaben_{c,t} \quad (7.12)$$

Jede Komponente erhält man durch Summation aller Aktivitäten in einem Land c im Jahr t. Der Absatz und die variablen Kosten sind lineare Funktionen der entsprechenden Flussvariablen. Die Fixkosten werden durch die Variablen *Status* und *Alloc* und die Investitionsaufwendungen durch die Variable *Invest* bestimmt. Die Berücksichtigung der Abschreibung hängt von den landesspezifischen Steuergesetzen ab und kann über die Abschreibungen der relevanten Jahre $s = 0, 1, 2, \ldots$ nach Tätigung der Investition ermittelt werden. Die Abschreibung im Jahr t aufgrund einer Investition im Umfang von $I_{j,k}$ in Anlage j am Standort k in einem der Jahre $t - s$ beträgt

$$Abschr_{k,j,t} = \sum_{s=0}^{t-1} Abschreibungsrate_s \cdot I_{k,j} \cdot Invest_{k,j,t-s} \quad (7.13)$$

Bei einer linearen Abschreibung für eine Anlage über einen Fünfjahreszeitraum beträgt die *Abschreibungsrate* beispielsweise 20% pro Jahr.

Während jede Entscheidungsvariable und jede Nebenbedingung für sich selbst genommen einfach ist, entstehen durch die große Anzahl an Variablen und Nebenbedingungen sehr große Optimierungsprobleme. Die Erstellung und Wartung der Modellformulierung, Daten und Lösungsverfahren erfordern erhebliche IT-Ressourcen. Typische, umfangreiche Modelle zur Konfiguration einer Supply Chain beinhalten Tausende von Binärvariablen und Millionen von kontinuierlichen Variablen in Zehntausenden von Nebenbedingungen. Beispielsweise berichten Santoso et al. (2005) von der Lösung einer Modellformulierung mit 1,25 Millionen kontinuierlichen Variablen für einen industriellen Anwendungsfall. Papageorgiou et al. (2001) präsentieren in einem kleinen, anschaulichen Beispiel ein Modell mit 3000 Binärvariablen.

7.2.2 Erweiterungen

Im Folgenden werden einige Erweiterungen des Basismodells aus Abschnitt 7.2.1 vorgestellt.

Transferzahlungen

Transferzahlungen zwischen den nationalen Tochtergesellschaften eines international tätigen Unternehmens beeinflussen die Umsatzerlöse und die Beschaffungskosten der betroffenen Tochtergesellschaften. Zur Modellierung dieses Sachverhalts ist die genaue Abbildung der Vorschriften im internationalen Handel und der Transferpreise erforderlich (vgl. Papageorgiou et al. 2001).

Falls die Transferpreise als Entscheidungsvariablen angesehen werden, ergibt sich ein schwieriges nichtlineares Optimierungsproblem, das sogar auf operativer Ebene mit einer vorgegebenen Supply-Chain-Konfiguration schwer zu lösen ist (vgl. Vidal und Goetschalckx 2001).

Bedarfsrestriktionen

In den meisten Netzwerk-Design-Modellen muss der gegebene Bedarf je Produkt, Region und Jahr vollständig erfüllt werden. Die variablen Kapazitäten für Produktions- und Distributionsprozesse werden bei der Lösung des Optimierungsmodells dem gegebenen Bedarf angepasst. In diesem Fall sind die Umsatzerlöse fix, so dass sie aus der Gleichung zur Bestimmung des NCFs in 7.12 entfernt werden können. Dennoch gibt es auch Situationen, in denen die strukturellen Entscheidungen den Bedarf beeinflussen. Beispielsweise kann die Eröffnung eines neuen Produktionsstandortes den Bedarf im entsprechenden Land erhöhen, oder der Bedarf für ein neues Produkt wird überhaupt erst aufgrund der Markteinführung generiert. Der Bedarfsverlauf beginnt dann erst im Jahr der Produkteinführung und entwickelt sich dem Lebenszyklus entsprechend. Aus diesem Grund können Modelle mit vorgegebenem Bedarf zwar die Entscheidungen unterstützen, **ob** ein neues Produkt entwickelt werden soll und **wo** es produziert werden soll, aber nicht die Entscheidung, **wann** es eingeführt werden soll. Letzere Entscheidung erfordert eine variable Zuordnung des Bedarfs im Lebenszyklus zu Jahren. Diese Art von Modell wurde nur von Popp (1983) vorgeschlagen.

Zeitliche Aspekte

Die Dauer eines Produktions- oder Transportprozesses kann durch die Wahl der Produktionstechnologie beziehungsweise der Transportart beeinflusst werden. Da kürzere Durchlaufzeiten einen wichtigen Wettbewerbsvorteil darstellen, kann ein Zeitfaktor in die Zielfunktion eingefügt werden. Dies ist insbesondere in sehr dynamischen Märkten wie der Computerindustrie von besonderer Wichtigkeit. Arntzen et al. (1995) benutzen hierfür eine gewichtete Summe aus Kosten und Durchlaufzeiten als Zielfunktion.

Bestände

Die strukturellen Entscheidungen können erhebliche Auswirkungen auf die Bestände in der Supply Chain haben. Wie dies modelliert wird, hängt von der Art des Bestands ab:

Der *WIP-Bestand* in einem Produktions- oder Transportprozess ist gleich dem Produkt aus der Prozessmenge und der entsprechenden Durchlaufzeit. Er hängt somit linear von der Flussvariable ab. WIP wurde in den Arbeiten von Arntzen et al. (1995) und Vidal und Goetschalckx (2001) behandelt.

Der *Losgrößenbestand* wird durch Prozesse verursacht, die losweise mit Unterbrechungen ablaufen. Er beträgt die Hälfte der durchschnittlichen Losgröße sowohl auf der Eingangsseite als auch auf der Ausgangsseite des Prozesses. Falls die Anzahl der Lose je Periode fix ist, hängt der Losgrößenbestand linear von den Flussvariablen ab.

Saisonale Bestände werden in strategischen Netzwerk-Design-Modellen mit jährlichen Perioden nicht berücksichtigt. Im Fall von kürzeren Periodenlängen können sie wie in Modellen des Master Planning als Periodenendbestand behandelt werden (vgl. 9).

Der *Sicherheitsbestand* wird durch die Flusszeiten und die Anzahl an Bestandspunkten im Netzwerk beeinflusst. Es handelt sich dabei um eine nichtlineare Beziehung, die zudem noch von vielen anderen Faktoren, wie zum Beispiel dem gewünschten Servicegrad und der Lagerhaltungspolitik, abhängt. Es empfiehlt sich daher eine separate Berechnung außerhalb des Network-Design-Modells für jede in Frage kommende Lösung.

7.3 Implementierung

Ein Netzwerk-Design-Modell, wie es zuvor beschrieben wurde, liefert auf Basis der gegebenen Daten und der Zielfunktion eine optimale Lösung. Im Rahmen der strategischen Supply Chain Planung ist eine einzelne Lösung jedoch nur wenig wert und kann sogar zu einer falschen Einschätzung der Leistungsfähigkeit führen. Die Definition oder Bestimmung einer „optimalen Supply-Chain-Konfiguration" ist aus mehreren Gründen unmöglich. Auf der einen Seite sind die für die langfristige Planung benötigten Daten hochgradig unsicher. Außerdem müssen bei der Konfiguration einer Supply Chain mehrere Zielsetzungen erfüllt werden, und drittens sind einige dieser Zielsetzungen nicht einmal quantifizierbar.

Neben der wohldefinierten finanzbasierten Zielfunktion $NPVNCF$ sind weitere Zielsetzungen von Bedeutung (vgl. Abbildung 7.1): Der **Kundenservice** hängt von den strategischen globalen Standortentscheidungen ab. Die Errichtung eines neuen Produktionsstandortes oder eines Distributionszentrums kann beispielsweise zur Erhöhung der Kundenzufriedenheit im entsprechenden Land führen. Die Erhöhung der Kundenzufriedenheit sowie deren Auswirkungen sind jedoch schwer zu quantifizieren. Das **Risiko**, das als Variabilität einer finanziellen Zielsetzung ausgedrückt werden kann, kann nur dann bestimmt werden, wenn Eintrittswahrscheinlichkeiten für unterschiedliche Szenarien der unbekannten Daten bekannt sind. Die **Flexibilität** eines strukturellen Designs kann als dessen Fähigkeit zur Anpassung an unvorhergesehene Änderungen von Umweltzuständen angesehen werden. Einige Teilaspekte der Flexibilität können durch die Auswertung unterschiedlicher Szenarien beurteilt werden. Hierzu zählt beispielsweise die Volumenflexibilität der Supply Chain zur Anpassung an Bedarfsänderungen bestimmter Produkte. Andere Teilaspekte können jedoch nur schwer quantifiziert werden.

Beispielsweise erlaubt die Errichtung einer Mehrzweckmaschine die Produktion zukünftiger Produkte, die bisher noch nicht konzipiert wurden. Diese Entscheidung wirkt sich positiv auf die Produktflexibilität aus, wohingegen die Entscheidung, eine spezielle Maschine für bereits existierende Produkte einzuführen, dies nicht tut. Die Mehrzweckmaschine kann jedoch im Vergleich zur Speziallösung zu erhöhten variablen Produktionskosten führen. Der Kompromiss zwischen Flexibilität und Effizienz ist sehr schwer zu quantifizieren. Schließlich sind Kriterien wie die politische Stabilität eines Landes oder die Existenz eines etablierten und fairen Rechtssystems von entscheidender Bedeutung, doch sind sie nicht quantifizierbar.

Bei teilweise nicht quantifizierbaren Zielsetzungen und unbekannten Wahrscheinlichkeiten der Szenarien durchläuft der strategische Planungsprozess üblicherweise iterativ die in Abbildung 7.2 dargestellten Schritte (vgl. Ratliff und Nulty 1997):

Generierung der Alternativen: Durch die Lösung des zuvor definierten Optimierungsproblems mit unterschiedlichen Zielfunktionen für eine Vielzahl von Szenarien werden mehrere alternative Supply-Chain-Konfigurationen generiert. Damit die Optimierung handhabbar ist, sollte ein aggregiertes Modell benutzt werden, das lediglich grobe Approximationen der Master-Planning-Ebene umfasst. Zielfunktionen, die im aktuellen Optimierungslauf nicht benutzt werden, können in Form von Nebenbedingungen berücksichtigt werden. Zusätzliche Alternativen können durch Intuition und unternehmerische Erfahrung bestimmt werden.

Bewertung der Alternativen: Die operative Ebene kann in jeder Design-Alternative durch detailliertere Modelle unter verschiedenen Szenarien optimiert werden. Da die Netzwerkkonfiguration gegeben ist, sind auf dieser Ebene die Kosten oder der Gewinn die zentralen Zielfunktionen. Noch detailliertere Ergebnisse können durch Simulation der Materialflüsse erreicht werden. Hierdurch können zusätzliche operative Unsicherheiten berücksichtigt werden, wie zum Beispiel kurzfristige Schwankungen des Bedarfs oder der Maschinenverfügbarkeit, was genauere Aussagen über Leistungskennzahlen wie Servicegrade oder Durchlaufzeiten erlaubt.

Benchmarking: Die Key-Performance-Indikatoren, die durch die Bewertung der Alternativen bestimmt werden, werden nun mit den Best-Practice-Werten des betreffenden Industriezweigs verglichen. Dadurch kann eine weitere Beurteilung der Qualität und eine grobe Validierung der Supply-Chain-Konfiguration durchgeführt werden.

Auswahl der Alternativen: Schließlich können die in den vorangegangenen Schritten berechneten Leistungskennzahlen und die Berücksichtigung von zusätzlichen, nicht quantifizierbaren Zielen zu einer Eliminierung ineffizienter und unerwünschter Konfigurationen benutzt werden. Interne Diskussionen des Projektteams und Präsentationen für die Entscheidungsträger, wie den Unternehmensvorstand, können zusätzlich dazu beitragen. Während dieses Prozesses können Vorschläge für zusätzliche Szenarien und Ziele oder abgewandelte Alternativen entstehen. Es ist möglich, dass dieser Prozess mehrmals nacheinander durchlaufen werden muss.

```
                     Schritte                    Hilfsmittel

Szenarien       ⟹  ┌──────────────┐    Aggregierte Optimierungsmodelle (MIP)
Zielfunktionen  ⟹  │ Generierung  │    für die strukturellen Entscheidungen,
              ┌──→ │     der      │    Intuition
              │    │ Alternativen │
              │    └──────┬───────┘
              │           ↓
              │    ┌──────────────┐    Detaillierte Optimierungsmodelle
              │    │ Bewertung der│    für die operativen Entscheidungen,
              │    │ Alternativen │    Simulation
              │    └──────┬───────┘
              │           ↓
              │    ┌──────────────┐
              │    │ Benchmarking │    Vergleich mit Best-Practice Standards
              │    │   der KPIs   │
              │    └──────┬───────┘
              │           ↓
              │    ┌──────────────┐    Diskussion mit betroffenen Managern,
              │    │  Auswahl der │    Präsentation für den Vorstand
Alle Zielsetzungen ⟹│ Alternativen│
                   └──────┬───────┘
                          ↓
                    Entscheidungen
```

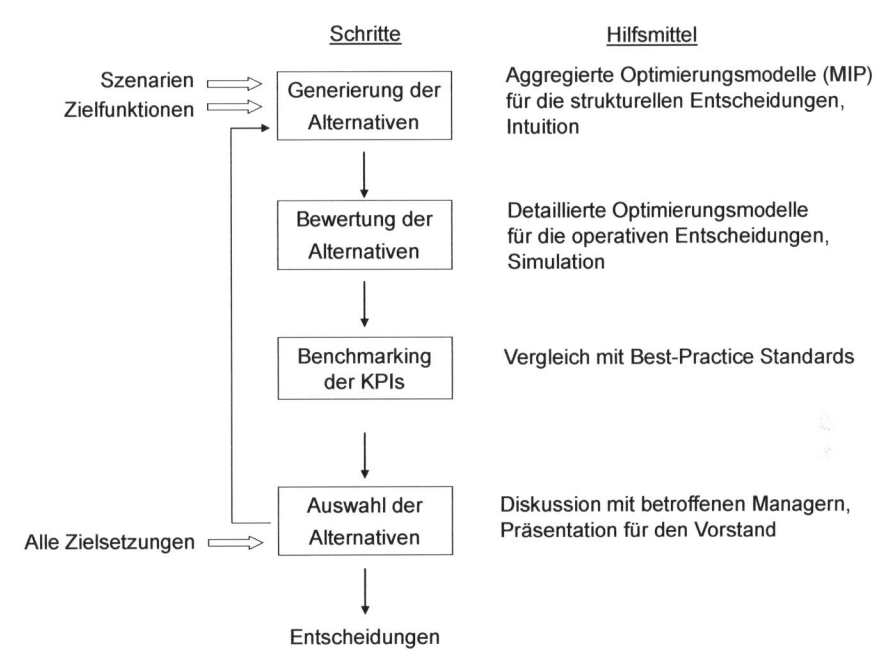

Abb. 7.2. Schritte zur Erstellung eines strategischen Netzwerk Designs

Viele Autoren berichten, dass in einem einzigen Netzwerk-Design-Projekt eine große Anzahl von Alternativen untersucht werden muss. Arntzen et al. (1995) berichten von hunderten von Alternativen, und das Modell von Ulstein et al. (2006) wurde sogar mehrfach in Sitzungen des strategischen Managements gelöst.

7.4 Literaturüberblick

Einen umfassenden Überblick über alle verfügbaren und eingesetzten Modelle zum Design von Supply Chains zu geben ist innerhalb eines einzelnen Kapitels nicht möglich. Aufgrund der weitverbreiteten Anwendung und der erheblichen finanziellen Auswirkungen wurde dem strategischen Supply Chain Design sehr viel Beachtung in der Forschungsliteratur geschenkt. Geoffrion und Powers (1995) stellen einen umfassenden Überblick sowie eine Evaluation der Forschung bereit. Im Wesentlichen weisen Modelle mit internationalem Bezug die selben Charakteristiken, Variablen und Nebenbedingungen wie Modelle für ein einzelnes Land auf, berücksichtigen jedoch zusätzlich noch Wechselkurse, Steuersätze, Zölle, sonstige Abgaben und Gesetze zum

Local Content. Vidal und Goetschalckx (1997) stellen Tabellen vor, die die Besonderheiten strategischer Modelle zum Design von lokalen und globalen Supply Chain Systemen zusammenfassen. Einen Überblick über die Modellierung und die Algorithmen zum Design von Supply Chain Systemen geben Schmidt und Wilhelm (2000). In den Büchern von Simchi-Levi et al. (2004) und Shapiro (2007) behandeln einzelne Kapitel das strategische Design von Supply Chains.

Beispiele für detaillierte Modelle zum strategischen Supply Chain Design finden sich unter anderem in Dogan und Goetschalckx (1999), wo zusätzlich saisonale Bedarfe berücksichtigt werden, in Vidal und Goetschalckx (2001) für globale Supply Chains mit Blick auf Transferpreise, in Papageorgiou et al. (2001) im Rahmen der Auswahl des Produktportfolios und in Fleischmann et al. (2006) für die Konfiguration globaler Produktionsnetze in der Automobilindustrie. Laval et al. (2005) empfehlen den kombinierten Einsatz von Optimierung, speziellem Expertenwissen und Intuition um ein europäisches Netzwerk von Postponement-Standorten für die Distribution von Druckern zu finden. Ulstein et al. (2006) entwickeln ein Modell zur Bestimmung der Größe eines Werkes sowie der Kapazitäten für ein global agierendes Unternehmen, das hochspezialisierte Materialien für die Stahl- und Halbleiterindustrie produziert.

7.5 Module zum Strategic Network Design in APS

Ein Modul zum Strategischen Netzwerk-Design (SND) im Rahmen eines APS muss, wie in Abbildung 7.1 aufgezeigt, die Master-Planning-Ebene einbeziehen. Das SND-Modul kann daher auch für das Master Planning genutzt werden (vgl. Kapitel 8) und ist in manchen APS sogar identisch mit dem Master Planning Modul. Es stellt in jedem Fall die Möglichkeit zur Modellierung von Mehrprodukt-Mehrperioden-Netzwerkflussmodellen bereit, wie sie in Abschnitt 7.2 beschrieben sind. Zusätzlich ermöglicht das SND-Modul, strategische Entscheidungen über Standorte, Kapazitäten und Investitionen durch den Einsatz von binären Variablen zu modellieren.

SND-Module beinhalten einen LP-Solver, der die optimalen Flüsse in einer gegebenen Supply Chain entsprechend einer vorgegeben Zielfunktion berechnen kann. Dies ist sogar für große Netzwerke und eine hohe Anzahl an Produkten und Materialien möglich. Die strategischen Entscheidungen erfordern jedoch einen MIP-Solver, der im SND-Module ebenfalls verfügbar ist, jedoch möglicherweise unzumutbar hohe Rechenzeiten für die Optimierung dieser Entscheidungen erfordert. Deswegen stellen die SND-Module zusätzlich zahlreiche Heuristiken zur Verfügung, die jedoch üblicherweise urheberrechtlich geschützt und nicht veröffentlicht sind.

Im Gegensatz zu anderen Modulen ist das SND-Modul durch einen relativ niedrigen Grad der Daten-Integration mit dem APS und dem ERP-System gekennzeichnet. Es wird daher oftmals als eigenständiges System eingesetzt.

Aktuelle Bestandsdaten und die Maschinenverfügbarkeit werden für das SND nicht benötigt. Vergangene Bedarfe aus dem Datenmodell des ERP können zwar hilfreich sein, müssen jedoch verändert werden, um Bedarfsszenarien für einen lanfgristigen Planungshorizont generieren zu können. Die technischen Daten der Maschinen, wie Bearbeitungszeiten und Flusszeiten, können ebenfalls aus dem ERP gezogen werden. Ein Großteil der Daten, die für das SND benötigt werden, sind aber nicht im ERP-System verfügbar. Hierzu zählen Informationen über neue Produkte, neue Märkte und neue Maschinen. Dasselbe gilt für Informationen über Investitionen, beispielsweise Investitionsausgaben, Abschreibungen und Budget-Beschränkungen.

Die Hilfsmittel zur Modellierung in den SND-Modulen unterscheiden sich in den verschiedenen APS. Einige APS beinhalten eine Modellierungssprache für allgemeine LP- und MIP-Modelle, die die Formulierung vieler Modelltypen (vgl. Abschnitt 7.2) erlaubt. Andere APS stellen vorgefertigte Komponenten eines SND-Modells bereit, die typische Produktions-, Lager- und Transportprozesse beschreiben. Dadurch ist ein schnelles Zusammensetzen eines komplexen Supply-Chain-Modells möglich, wobei mittels Drag & Drop sogar grafische Repräsentationen auf dem Bildschirm erstellt werden können, ohne dass spezielles Wissen über LP bzw. MIP erforderlich ist. Selbstverständlich geht dadurch Flexibilität hinsichtlich der formulierbaren Modelle verloren. Die entstehenden Modelle sind jedoch einfach zu verstehen und können den Entscheidungsträgern schnell erklärt werden.

Ein SND-Modul stellt folgende Hauptfunktionalitäten im Rahmen des strategischen Planungsprozesses zur Verfügung, wie sie auch in Abschnitt 7.3 und Abbildung 7.2 aufgezeigt wurden:

- Erstellung von Alternativen,
- Bewertung der Alternativen,
- Verwaltung der Alternativen und Szenarien,
- Auswertung, Visualisierung und Vergleich der Ergebnisse.

Die beiden zuletzt genannten Funktionen sind besonders wichtig im iterativen strategischen Planungsprozess, da dort eine Vielzahl von Design-Alternativen und Szenarien betrachtet werden. Diese Funktionalitäten, die Modellierungshilfen und die speziellen Algorithmen zum Netzwerk-Design stellen den wesentlichen Vorteil gegenüber allgemeinen LP/MIP Software-Systemen dar.

Kapitel 17.1 gibt einen Überblick über APS, die SND-Module enthalten, und stellt zusätzlich einige Anbieter spezieller Stand-Alone-Lösungen vor.

7.6 Zusammenfassung

Es wird immer notwendig sein, zwischen der Lösbarkeit eines Modells und der Nähe zur Realität abzuwägen. Je realitätsnäher ein Modell ist, desto mehr Ressourcen müssen für die Entwicklung und Validierung des Modells, die

Sammlung und Überprüfung der Daten, die Modellpflege und die Lösung des Modells eingesetzt werden. Da alle Modelle ein gewisses Maß an Abstraktion, Approximation und Annahmen enthalten, sollten die Ergebnisse des Modells stets sorgfältig interpretiert werden. In verschiedenen Entwicklungsstadien des Designs sind unterschiedliche Modelle mit unterschiedlichen Detaillierungsgraden und unterschiedlicher Realitätsnähe angebracht und hilfreich. Die systematische Erhöhung der Modellkomplexität für das gleiche Ausgangsproblem und die Bewertung der Lösungen sowie ihrer Konsistenz stellen eine Möglichkeit dar, das Modell zumindest teilweise zu validieren. Allen erfolgreichen Anwendungen des modellbasierten strategischen Supply Chain Designs sind die ausdauernden Anstrengungen einer Gruppe von hoch spezialisierten Designern gemein, die die Struktur des Problems analysiert haben, um ein Modell von akzeptabler Größe und Realitätsnähe aufzustellen sowie einen Lösungsalgorithmus mit vertretbarer Laufzeit zu entwickeln. Dieses Modell kann für das Unternehmen zu einem strategischen Gut werden, das die Leistungsfähigkeit der entwickelten Supply Chain stark verbessert und die Entwicklungszeit massiv verkürzt.

Um konkurrenzfähig zu bleiben, benötigen global agierende Unternehmen eine Vorgehensweise, um in kurzer Zeit robuste globale logistische Systeme effizient zu konfigurieren und zu bewerten. Die Module zum Netzwerk-Design in aktuellen APS stellen nur bedingt Möglichkeiten zur Modellierung zur Verfügung. In der Forschung werden zunehmend die Integration und Kombination von Eigenschaften lokaler und globaler Modelle sowie die Entwicklung von Supply Chains auf Basis von Investitionsentscheidungen verfolgt. Ein anderer Trend geht in Richtung des Designs von flexiblen und robusten Supply Chains auf Basis möglicher Szenarien. Durch Fallstudien wurde ausgiebig gezeigt, dass der Einsatz derartiger Modelle und Lösungsmethoden zu erheblichen Einsparungen für ein Unternehmen führen kann, das auf dem globalen Markt tätig werden möchte.

Ein Nachteil neuerer Modelle und Lösungsalgorithmen ist die Tatsache, dass ein erhebliches Maß an technischem Wissen erforderlich ist, um schnelle Laufzeiten zu erhalten. Ein sehr wichtiger Forschungszweig wird in Zukunft darin bestehen, die Lösungsmethoden und ihre Umsetzung zu standardisieren, so dass sie in größerem Maße verbreitet und genutzt werden können. Global agierende Unternehmen entwickeln ERP-Systeme und Business Data Warehouses in immer stärkerem Ausmaß und stellen damit den APS sowie den Entscheidungsträgern die grundlegenden Daten und Informationen zur Erstellung des Strategischen Netzwerk Designs bereit. Man kann davon ausgehen, dass die derzeit in den APS verfügbaren Modelle und Methoden in naher Zukunft noch vielseitiger werden und einige Aspekte einbeziehen werden, über die in der wissenschaftlichen Literatur derzeit noch diskutiert wird. Dies wird den global ausgerichteten Unternehmen erlauben, diese Informationen zeitgemäß zu verwenden, um ihre Gewinne signifikant zu erhöhen und dadurch wettbewerbsfähig zu bleiben.

Literatur

Arntzen, B. C.; Brown, G. G.; Harrison, T. P.; Trafton, L. L. (1995) *Global Supply Chain Management at Digital Equipment Corporation.*, Interfaces, Bd. 25, Nr. 1, 69–93

Choi, F. (1997) *International Accounting and Finance Handbook*, John Wiley, Somerset, New Jersey, 2. Aufl.

Dogan, K.; Goetschalckx, M. (1999) *A Primal Decomposition Method for the Integrated Design of Multi-Period Production-Distribution Systems*, IIE Transactions, Bd. 31, Nr. 11, 1027–1036

Fleischmann, B.; Ferber, S.; Henrich, P. (2006) *Strategic planning of BMW's global production network*, Interfaces, Bd. 36, Nr. 3, 194–208

Geoffrion, A.; Powers, R. (1995) *20 Years of Strategic Distribution System Design: an Evolutionary Perspective*, Interfaces, Bd. 25, Nr. 5, 105–127

Laval, C.; Feyhl, M.; Kakouros, S. (2005) *Hewlett-Packard Combined OR and Expert Knowledge to Design Its Supply Chains.*, Interfaces, Bd. 35, Nr. 3, 238–247

Papageorgiou, L.; Rotstein, G.; Shah, N. (2001) *Strategic supply chain optimization for the pharmaceutical industries*, Industrial & Engineering Chemistry Research, Bd. 40, Nr. 1, 275–286

Popp, W. (1983) *Strategische Planung für eine multinationale Unternehmung mit gemischt-ganzzahliger Programmierung*, OR Spektrum, Bd. 5, Nr. 1, 45–57

Ratliff, H.; Nulty, W. (1997) *Logistics composite modeling*, in: A. Artiba; S. Elmaghraby (Hrsg.) *The Planning and Scheduling of Production Systems*, Kap. 2, Chapman & Hall, London

Santoso, T.; Ahmed, S.; Goetschalckx, M.; Shapiro, A. (2005) *A stochastic programming approach for supply chain network design under uncertainty*, European Journal of Operational Research, Bd. 167, Nr. 1, 96–115

Schmidt, G.; Wilhelm, W. (2000) *Strategic, tactical and operational decisions in multi-national logistics networks: a review and discussion of modeling issues*, International Journal of Production Research, Bd. 38, Nr. 7, 1501–1523

Shapiro, J. (2007) *Modeling the Supply Chain*, Duxbury Thomson Learning, 2. Aufl.

Simchi-Levi, E.; Kaminsky, P.; Simchi-Levi, E. (2004) *Managing the Supply Chain: The Definitive Guide for the Business Professional*, McGraw-Hill, New York

Ulstein, N. L.; Christiansen, M.; Grønhaug, R.; Magnussen, N.; Solomon, M. M. (2006) *Elkem Uses Optimization in Redesigning Its Supply Chain.*, Interfaces, Bd. 36, Nr. 4, 314–325

Vidal, C.; Goetschalckx, M. (1997) *Strategic production-distribution models: A critical review with emphasis on global supply chain models*, European Journal of Operational Research, Bd. 98, 1–18

Vidal, C.; Goetschalckx, M. (2001) *A Global supply chain model with transfer pricing and transportation cost allocation*, European Journal of Operational Research, Bd. 129, Nr. 1, 134–158

8 Demand Planning

Christoph Kilger[1] und Michael Wagner[2]

[1] J & M Management Consulting AG, Willy-Brandt-Platz 5, 68161 Mannheim, Deutschland
[2] Paul Hartmann AG, Paul-Hartmann-Str. 12, 89522 Heidenheim, Deutschland

Die Erfüllung des (End-)Kundenbedarfs ist das vorrangige Ziel des Supply Chain Managements (vgl. Kap. 2). Der Kundenbedarf ist entweder explizit gegeben in Form von konkreten Kundenaufträgen, die erfüllt werden müssen, oder er existiert implizit als anonymes Kaufinteresse (und -entscheidung) der Kunden.

Viele Entscheidungen müssen in einer Supply Chain gefällt werden, bevor der Kundenbedarf bekannt ist. So werden beispielsweise Nachschub-Entscheidungen im Einzelhandelsgeschäft getroffen, lange bevor der Kunde den Laden betritt. Auch im Falle einer Make-to-Stock Produktion trifft man Entscheidungen über Produktionsmengen, ehe eine Kundenbestellung vorliegt. Selbst bei Auftragsproduktion (Make-to-Order) müssen manchmal Rohmaterial bzw. Komponenten, die sehr lange Lieferzeiten aufweisen, bestellt werden, obwohl noch nicht alle Kundenaufträge eingetroffen sind. Da zum Zeitpunkt der Entscheidung jeweils noch keine vollständige Information über den letztlichen Kundenwunsch vorliegt, müssen solche Entscheidungen auf einem *prognostizierten Kundenbedarf*, häufig auch als *Absatzprognose* bezeichnet, basieren. Der Prozess der Prognose eines zukünftigen Kundenbedarfs heißt *Absatzplanung* oder auch *Demand Planning*.

Der nächste Abschnitt stellt ein Rahmenwerk für das Demand Planning vor, das bei der nachfolgenden, tiefer gehenden Erläuterung der zugehörigen Strukturen und Prozesse hilfreich sein wird.

8.1 Ein Demand Planning Rahmenwerk

Die Prognose von zukünftigem Kundenbedarf ist relativ einfach für den Fall, dass nur ein Kunde mit einem Produkt versorgt werden muss. In der Praxis umfasst diese Aufgabe jedoch häufig mehrere hundert oder tausend individuelle Produkte und Kunden. In manchen Fällen ist es sogar unmöglich, alle Produkte aufzulisten (z. B. bei konfigurierbaren Produkten), oder es ist nicht möglich, alle Kunden zu kennen (z. B. in der Konsumgüterindustrie). Zudem umfasst Demand Planning häufig mehrere zukünftige Perioden, typischerweise 12-24 Monate.

Daher ist die Definition von passenden Planungsstrukturen für die Dimensionen „Produkt", „Kunde" und „Zeit" eine wesentliche Voraussetzung für das Demand Planning. Diese Strukturen werden genutzt, um die Eingabedaten, historischen Absatzverläufe oder auch berechnete Daten, wie statistische Prognosen oder die Prognosegenauigkeit, darzustellen. Zudem findet die Aggregation (Zusammenfassung) und Disaggregation (Zerlegung) der Daten auf Basis der vordefinierten Planungsstrukturen statt. Abschnitt 8.2 stellt diese Planungsstrukturen vor.

In Abschnitt 8.3 wird der Demand Planning Prozess beschrieben, der aus den folgenden Schritten besteht:

1. Sammlung von Daten wie beispielsweise Prognosen aus vorhergehenden Planungsläufen, Kundenauftragsdaten, Lieferungen etc. und die Korrektur der historischen Daten;
2. Berechnung weiterer Daten wie beispielsweise der statistischen Prognose;
3. wertende Prognose der Planer, die die berechneten Werte überprüfen und ihr Urteil abgeben (dies kann auch die Planung von Verkaufsaktionen – sog. Promotionen – umfassen);
4. Konsensprognose, Zusammenfassung der unterschiedlichen Sichten der Planer und Berücksichtigung der Ausnahmen;
5. Planung von abhängigem Bedarf, z. B. dem Bedarf an Komponenten für Fertigprodukte (im Falle von Produktbündelung, konfigurierbaren Produkten, etc.);
6. Freigabe der Prognose für weitere Planungs- und Steuerungsprozesse, z. B. Master Planning, Beschaffung, Allokation, Collaborative Planning (siehe Kap. 15).

In vielen Fällen kann bereits auf Basis der historischen Kundenauftragsdaten eine gute Prognose automatisch errechnet werden. Dies wird als *statistische Prognose* bezeichnet und findet normalerweise in Schritt 2 des Demand Planning Prozesses statt (siehe oben). Statistische Prognosen nutzen ausgeklügelte Techniken, um für eine Vielzahl an Produkten automatisch Prognosen zu errechnen. Da es viele unterschiedliche statistische Prognoseverfahren gibt, die wiederum durch mehrere Parameter konfigurierbar sind, ist es schwierig, die richtigen Verfahren und Parameter zu bestimmen. Um diese Auswahl zu erleichtern und um sinnvolle Parameter zu ermitteln, bieten viele APS sogenannte *Pick-Best-Funktionen*. Die statistische Prognose wird im Detail in Abschnitt 8.4 vorgestellt.

Wie bereits zu Beginn des Kapitels erläutert, ist es Aufgabe des Demand Planning, Prozesse, die bereits *vor* dem Zeitpunkt des Bekanntwerdens des tatsächlichen Kundenbedarfs durchgeführt werden müssen, aber eigentlich Nachfrageinformation benötigen, zu unterstützen. Prognosen sollen diese bereitstellen. Aber man sollte sich dessen bewusst sein, dass – wie Nahmias (2008) in seinem Lehrbuch schreibt – eine Haupteigenschaft von Prognosen ist, dass sie in der Regel falsch sind! Daher enthält jeder Planungsschritt, der auf Prognosen basiert, eine gewisse Unsicherheit. In der Konsequenz beeinflusst somit die Prognosegenauigkeit die Qualität der nachfolgenden Prozessschritte. Um eine nachhaltig hohe Prognosegenauigkeit zu erreichen, sind passende Controlling-Mechanismen notwendig (Eickmann 2004). Abschnitt 8.5 beschreibt Controlling-Ansätze für das Demand Planning. Das übergreifende Demand Planning Rahmenwerk ist in Abb. 8.1 zusammengefasst.

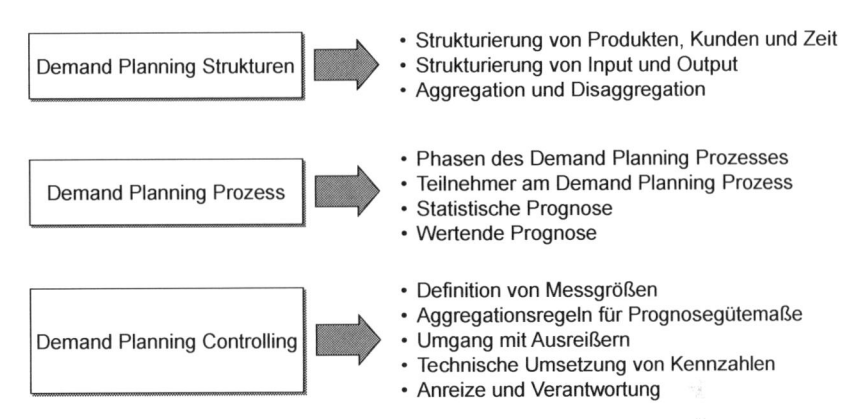

Demand Planning Strukturen	• Strukturierung von Produkten, Kunden und Zeit • Strukturierung von Input und Output • Aggregation und Disaggregation
Demand Planning Prozess	• Phasen des Demand Planning Prozesses • Teilnehmer am Demand Planning Prozess • Statistische Prognose • Wertende Prognose
Demand Planning Controlling	• Definition von Messgrößen • Aggregationsregeln für Prognosegütemaße • Umgang mit Ausreißern • Technische Umsetzung von Kennzahlen • Anreize und Verantwortung

Abb. 8.1. Demand Planning Rahmenwerk

Prognose, so wie sie oben beschrieben wird, ist nicht ein Planungs- oder Entscheidungsprozess, da sie „nur" versucht, die Zukunft so exakt wie möglich vorherzusagen. Sie *beeinflusst* nicht aktiv den Bedarf und betrachtet daher beispielsweise Entscheidungen über Promotionen als gegeben. Daher erfordert die Beeinflussung von Bedarfen ein zusätzliches Modul: die Simulation bzw. What-if-Analyse. Dieses Werkzeug ermöglicht es dem Anwender, die Auswirkungen von unterschiedlichen Szenarien zu bewerten. Es ermöglicht die Planung von Promotionen (wann und wo?), der Lebenszyklus-Kurve oder des richtigen Zeitpunkts für die Einführung von neuen Produkten.

Die Differenz zwischen geplanten und tatsächlichen Absätzen beeinflusst den Servicegrad der ganzen Supply Chain. Da dieser Servicegrad per se meist nicht zu 100% erreicht werden kann, sind Sicherheitsbestände notwendig. Die Planung der Höhe des notwendigen Sicherheitsbestandes ist eng mit der Prognosegenauigkeit verknüpft. Diese zusätzlichen Eigenschaften und Aufgaben des Demand Planning werden in Abschnitt 8.6 beschrieben.

8.2 Demand Planning Strukturen

Demand Planning soll den zukünftigen Kundenbedarf für eine begrenzte Anzahl an Produkten vorhersagen. Der Absatzverlauf für ein bestimmtes Produkt kann als Zeitreihe von einzelnen Werten verstanden werden (Silver et al. 1998). Für jedes Produkt kann es mehrere Zeitreihen geben, die beispielsweise den Absatzverlauf, Prognosewerte oder berechnete Kennzahlen wie die Prognosegenauigkeit umfassen. Die Wahl der richtigen Zeitreihen hängt von der Antwort auf die Frage „*Was soll prognostiziert werden?*" ab. Ein Master

Planning Prozess mit mittelfristigem Planungshorizont könnte beispielsweise Prognosen für Kundenaufträge (zum Wunschlieferdatum) für jede Produktgruppe, Vertriebsregion und Woche benötigen. Ein kurzfristiger Nachschub-Prozess für Fertigwaren könnte im Gegensatz dazu prognostizierte Lieferungen (zum Lieferdatum) für jedes Produkt auf täglicher Basis und je Distributionslager erfordern. Das Beispiel zeigt gut, dass es zwingend notwendig ist, die Anforderungen der unterschiedlichen Prozesse zu klären, bevor die Demand Planning Strukturen definiert werden.

Generell besteht jede Prognose aus drei Komponenten:

1. der *Zeitperiode*, für die der Absatz geplant wird,
2. dem *Produkt*, das vom Kunden nachgefragt wird, und
3. der *geographischen Region*, aus der der Bedarf stammt.

Somit gibt es (mindestens) drei Dimensionen, anhand derer eine Prognose strukturiert werden kann: Zeit, Produkt und Nachfrageort. Im Folgenden diskutieren wir die Strukturierung von Prognosen anhand dieser Dimensionen und schließen mit einer Untersuchung der Konsistenz von Prognosedaten in komplexen Demand Planning Strukturen.

8.2.1 Zeit-Dimension

Für Demand Planning wird die Zeit in diskrete *Zeitintervalle* (engl. „timebuckets") eingeteilt, z. B. Jahre, Quartale, Monate, Wochen oder Tage. Alle Demand Planning Daten (Absätze, Prognosen und berechnete Werte) werden als Zeitreihen abgebildet. Jede Zeitreihe besteht aus einer Folge von Zeitintervallen. Die von den Zeitintervallen abgedeckte Zeitspanne bezeichnet man als *Demand Planning Horizont*.

Die Länge eines einzelnen Zeitintervalls hängt von den Anforderungen des jeweiligen Demand Planning Szenarios ab. So wird man beispielsweise für eine „Fast Food"-Supply Chain, für die der Absatzverlauf der nächsten Wochen prognostiziert werden soll, Zeitintervalle mit Tageslänge nutzen. In der Konsumgüterindustrie (und auch in vielen anderen Branchen) wird der Bedarf in Monatsintervallen strukturiert – da Monatsintervalle die Saisonalität dieser Branche abbilden und angrenzende Prozesse wie Beschaffung, Produktion und Distribution ebenso mit diesen Intervallen arbeiten können. Die Beispiele zeigen sehr gut, dass die Länge der Zeitintervalle durch die von den Folgeprozessen benötigte Detaillierung vorgegeben wird: Die Zeitintervalle sollten nicht zu lang sein, so dass die Supply Chain in der Lage ist, mit diesen Prognosen den Bedarf bestmöglich zu erfüllen. Auf der anderen Seite sollte berücksichtigt werden, dass man mit einer zu feinen Unterteilung schnell an Komplexitätsgrenzen gelangt.

Die meisten APS sind hierarchisch aufgebaut. So lassen sich beispielsweise Prognosen, die auf Monatsbasis erstellt werden, auf Quartale und Jahre aggregieren, aber auch auf Wochen oder Tage disaggregieren. Aggregations- und Disaggregationsregeln werden im folgenden Abschnitt beschrieben.

Hierbei ist zu beachten, dass die Umrechnung von Wochen- in Monatsprognosen und umgekehrt nicht trivial ist. Abbildung 8.2 veranschaulicht die Umwandlung zwischen Wochen und Monaten. Für die Umrechnung zwischen Wochen und Monaten disaggregieren die meisten APS die Daten bis auf die niedrigste Ebene (Tage) und aggregieren anschließend wieder auf die geforderte Stufe. Eine weitere Umrechnungsmöglichkeit ist die Definition von sog. *Splittwochen* an den Monatsgrenzen. In Abb. 8.2 würden die Wochen 5 und 9 des zweiten Monats in jeweils zwei Zeitintervalle aufgeteilt werden.

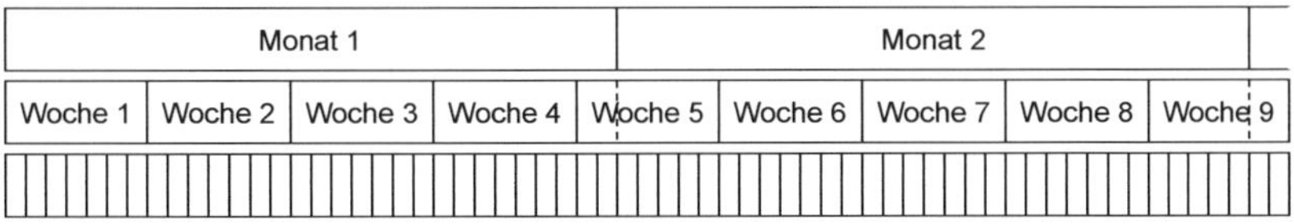

Monat 1				Monat 2				
Woche 1	Woche 2	Woche 3	Woche 4	Woche 5	Woche 6	Woche 7	Woche 8	Woche 9

Abb. 8.2. Umrechnung von Wochen und Monaten

8.2.2 Produkt-Dimension

Die Prognose kann auf Ebene der SKUs (stock keeping units, d. h. einzelne Einheiten, die in der Logistik bewegt werden) oder auf Ebene von Produktgruppen erstellt werden. Prognosen auf Ebene der SKUs repräsentieren den individuellen Nachfrageverlauf der Einzelartikel. Prognosen auf Produktgruppenebene ignorieren dagegen die individuellen Eigenheiten einzelner Artikel und gehen von einem ähnlichen Nachfrageverlauf aller Artikel in derselben Gruppe aus. In vielen Branchen ist die Anzahl der SKUs so groß, dass eine Berechnung und Überwachung der einzelnen SKUs nicht möglich ist. Hierbei ist zu beachten, dass es schwieriger ist, auf Ebene der SKUs eine hohe Prognosequalität zu erreichen als auf Ebene der Produktgruppen – daher ist die Prognosequalität auf Gruppenebene meist besser als auf Ebene der SKUs.

Eine Aggregation der SKUs ist auf mehreren Wegen möglich. Nehmen wir beispielsweise die Getränkeindustrie. Abbildung 8.3 zeigt mehrere Wege, wie Produktgruppen aus einzelnen Fertigprodukten zusammengestellt werden können. Der linke Zweig gruppiert anhand der Eigenschaften Größe und Verpackung. Der mittlere Zweig zeigt die Gruppierung anhand der Geschmacksrichtung (Cola, Ginger Ale, Limo etc. ; Softdrinks, Eistee, Säfte etc.). Der rechte Zweig gruppiert anhand der Art der Getränke, d. h. ob sie Zucker enthalten (normal) oder Süßstoff (Diät). Diese Gruppierung kann genutzt werden, um grundsätzliche Nachfragetrends zu antizipieren.

Die Prognose kann auf jeder dieser Aggregationsebenen und -zweige erfasst werden. So würden beispielsweise die Absatzplaner einer Vertriebsorganisation ihre Prognose auf Ebene der Untergruppe, d. h. Cola, Ginger Ale, Limo etc. vornehmen. Planer aus dem Produktmanagement würde die Aufteilung zwischen zuckerhaltigen Getränken und Diät-Getränken interessieren.

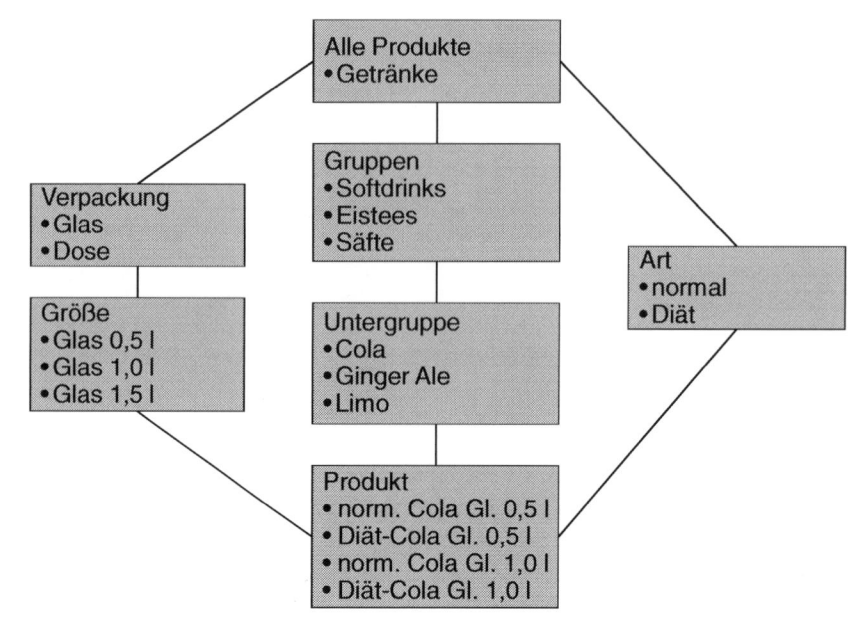

```
                    ┌─────────────────┐
                    │ Alle Produkte   │
                    │ • Getränke      │
                    └─────────────────┘
                            │
                    ┌─────────────────┐
                    │ Gruppen         │
                    │ • Softdrinks    │
┌──────────────┐    │ • Eistees       │
│ Verpackung   │    │ • Säfte         │         ┌──────────┐
│ • Glas       │    └─────────────────┘         │ Art      │
│ • Dose       │                                │ • normal │
└──────────────┘    ┌─────────────────┐         │ • Diät   │
┌──────────────┐    │ Untergruppe     │         └──────────┘
│ Größe        │    │ • Cola          │
│ • Glas 0,5 l │    │ • Ginger Ale    │
│ • Glas 1,0 l │    │ • Limo          │
│ • Glas 1,5 l │    └─────────────────┘
└──────────────┘
                    ┌──────────────────────┐
                    │ Produkt              │
                    │ • norm. Cola Gl. 0,5 l│
                    │ • Diät-Cola Gl. 0,5 l │
                    │ • norm. Cola Gl. 1,0 l│
                    │ • Diät-Cola Gl. 1,0 l │
                    └──────────────────────┘
```

Abb. 8.3. Produkt-Dimension (Beispiel)

Auf jeder Ebene kann es eine oder mehrere Zeitreihen geben, die die Prognosewerte repräsentieren.

Prognosen können oft auf einfache Art und Weise zu höheren Ebenen *aggregiert* werden. So kann beispielsweise die Prognose des Vertriebsplaners auf Basis der Produktgruppe (Soft drinks, Eistee, Säfte usw.) zur Gesamtgruppe „Getränke" aggregiert werden, indem man die Prognosemengen der Produktgruppen lediglich aufaddiert. Prognosen können auch auf niedrigere Ebenen *disaggregiert* werden. Die Disaggregation auf niedrigere Ebenen muss über *Disaggregationsregeln* beschrieben werden:

- *Gleichverteilung:* Die Prognosemenge wird gleichmäßig auf die Elemente der unteren Ebene verteilt.
- *auf Basis von vorhandenen Werten der unteren Ebene:* Falls auf der unteren Ebene bereits Prognosewerte vorhanden sind, kann das prozentuale Verhältnis dieser Werte genutzt werden, um die aggregierte Prognose aufzuteilen.
- *auf Basis einer anderen Zeitreihe:* Hierbei wird die Verteilung der Werte einer anderen Zeitreihe genutzt, um die Mengen auf die niedrigere Ebene zu disaggregieren. In unserem Beispiel könnte die Prognose auf der Ebene „Getränke" auf die Ebene „Verpackungseinheiten" anhand der historischen Verteilung der Absätze der Verpackungseinheiten disaggregiert werden. Abbildung 8.4 veranschaulicht eine solche Disaggregation auf Basis einer anderen Zeitreihe.

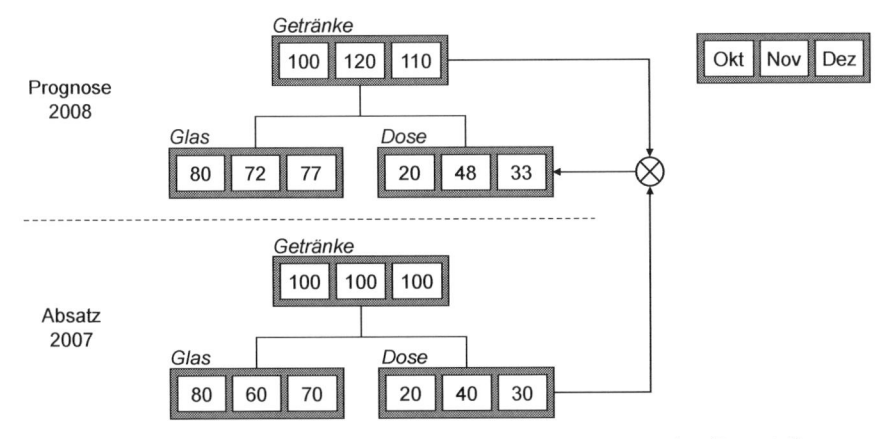

Abb. 8.4. Disaggregation anhand einer anderen Zeitreihe (Beispiel)

In vielen Fällen werden die Werte für die Disaggregation aus einer anderen Periode übernommen, z. B. aus derselben Periode des Vorjahres (wie in unserem Beispiel in Abb. 8.4 dargestellt). In den anderen Fällen kommen Daten aus der betrachteten Periode zum Einsatz. So kann beispielsweise die Prognose auf der Ebene „Untergruppe" auf die Ebene „Produkt" anhand der prognostizierten Mengen für die Verpackungseinheiten / Größen oder anhand der prognostizierten Mengen aus Kundentrends (normal vs. Diät-Getränke) derselben Periode disaggregiert werden. Dies würde allerdings komplexere Berechnungsschemata als die oben vorgestellten simplen Disaggregationsregeln erfordern. Viele APS bieten hierfür einfache Makro-Programmiersprachen an.

8.2.3 Geographische Dimension

Die dritte Dimension der Prognosen ist die auf den Nachfrageort bezogene geographische Dimension. Da der gesamte Bedarf bei den Kunden entsteht, müssen die einzelnen Kunden die unterste Ebene in dieser Dimension darstellen. Ähnlich wie bei den Produkten bieten sich auch hier mehrere Möglichkeiten, die Kunden zu Gruppen zu aggregieren:

- Eine Gruppierung anhand von Regionen oder Gebieten erleichtert die Planung von regionalen Besonderheiten.
- Die Gruppierung anhand der versorgenden Quelle (Distributionszentren, Produktionswerke etc.) kann genutzt werden, um grob eine Machbarkeit gegen potenzielle Kapazitätsgrenzen zu prüfen.
- Eine Gruppierung nach Schlüsselkunden (sog. „Key Accounts") erleichtert die Konsolidierung von Prognosen für internationale Kundenorganisationen, die aus mehreren nationalen Niederlassungen bestehen.

Abbildung 8.5 zeigt im Überblick die verschiedenen Möglichkeiten, den Bedarf nach der geographischen Dimension zu strukturieren. Hierbei können ähnliche Aggregations- und Disaggregationsregeln genutzt werden wie bei der Produkt-Dimension im vorhergehenden Abschnitt.

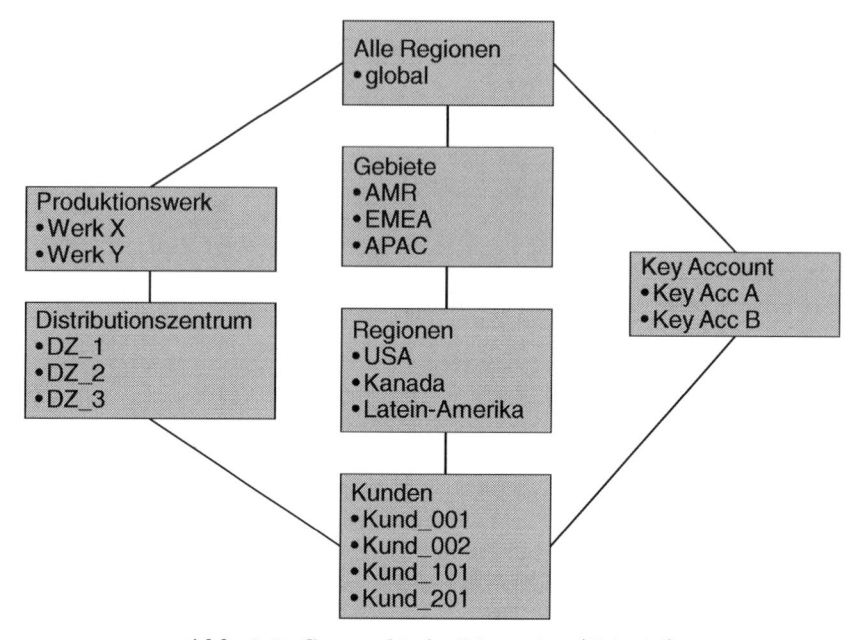

Abb. 8.5. Geographische Dimension (Beispiel)

In vielen modernen APS gibt es keine Differenzierung zwischen Produkt-Dimension und geographischer Dimension. Stattdessen werden die Planungsstrukturen auf Basis von sog. *Planungsattributen* (manchmal werden diese auch als *Charakteristika* bezeichnet) aufgebaut. Planungsattribute sind Eigenschaften von Produkten, die genutzt werden, um die Prognose zu strukturieren und den Aggregations- und Disaggregationsprozess zu unterstützen.

8.2.4 Konsistenz von Prognosedaten

In Abschnitt 8.3 wird noch näher beschrieben, wie Absatzplaner typischerweise die Aggregationsstufe wählen, die am besten geeignet ist, um „ihre" Prognose zu erfassen. Daher müssen Prognosedaten auf jeder Ebene der Planungsstruktur gebildet werden können. Daraus können sich jedoch auch Inkonsistenzen in den Daten ergeben. Nehmen wir beispielsweise die in Abb. 8.6 dargestellten Absatzmengen. Die Prognose auf „Produkt"-Ebene ist konsistent zur Aggregation auf der Ebene der „Untergruppe", aber es gibt eine Inkonsistenz zwischen der Ebene „Produkt" und der Ebene „Verpackungseinheiten und Größe". Diese Situationen treten auf, wenn (1) Prognosen auf der Ebene „Untergruppe" von einem Planer erfasst werden, (2) die Prognosedaten anschließend anhand der Vorjahresabsatzzahlen automatisch auf die

Produktebene disaggregiert werden und (3) danach die Prognose auf der Ebene „Verpackungseinheiten und Größe" geändert wird. Es gibt grundsätzlich zwei Möglichkeiten, die Prognosen auf allen Ebenen konsistent zu halten:

1. *Sofortige Weitergabe der Änderungen:* Alle Änderungen werden zunächst hochaggregiert und dann anhand von Disaggregationsregeln auf alle niedrigeren Ebenen disaggregiert. Da hierbei sehr viele Daten aktualisiert werden müssen, kann die Weitergabe der Änderung bei Prognoseanpassungen sehr langsam sein. Die meisten APS erzwingen eine sofortige Weitergabe der Änderungen, da Daten nur auf der untersten Ebene abgespeichert werden.
2. *Konsistenzchecks:* Änderungen werden im APS ohne Weitergabe der Änderungen durchgeführt. Aggregations- und Disaggregationsregeln werden manuell angewandt. Das APS führt eine Neuordnung (sog. „Realignment") der Daten durch und markiert die Inkonsistenzen, die aufgrund widersprüchlicher Regeln nicht aufgelöst werden konnten. Diese müssen dann manuell korrigiert werden.

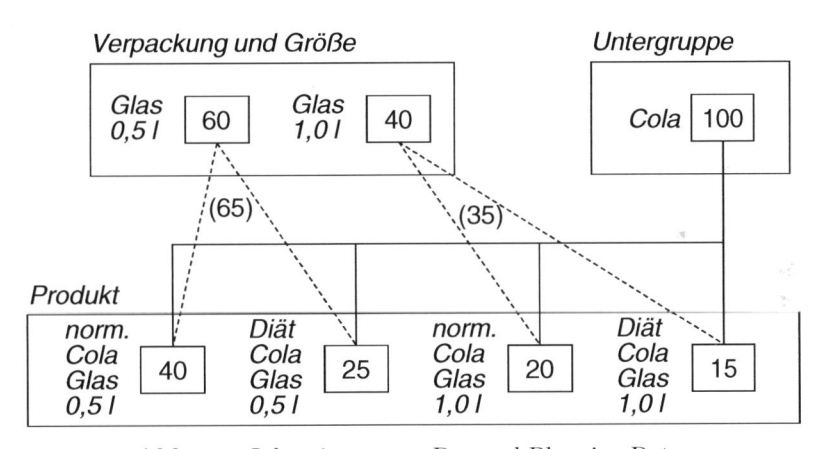

Abb. 8.6. Inkonsistenz von Demand Planning Daten

8.3 Der Demand Planning Prozess

Der Demand Planning Prozess besteht aus mehreren Phasen. Abbildung 8.7 zeigt einen typischen Demand Planning Prozess, wie er in vielen Branchen im Einsatz ist. Der Zeitstrahl illustriert die Anzahl Tage, die benötigt werden, um die Prognose in einem monatlichen Planungszyklus zu aktualisieren. Der Prozess startet in einer zentralen Planungsabteilung mit der *Vorbereitungsphase*. In dieser Phase werden die Demand Planning Strukturen angepasst.

Hierzu gehören neue Produkte, geänderte Produktgruppen und die Deaktivierung von Produkten, die nicht mehr verkauft (und damit nicht mehr prognostiziert) werden. Die historischen Daten – wie z. B. Lieferungen und Kundenaufträge – werden aufbereitet und in das Demand Planning Modul des APS geladen.

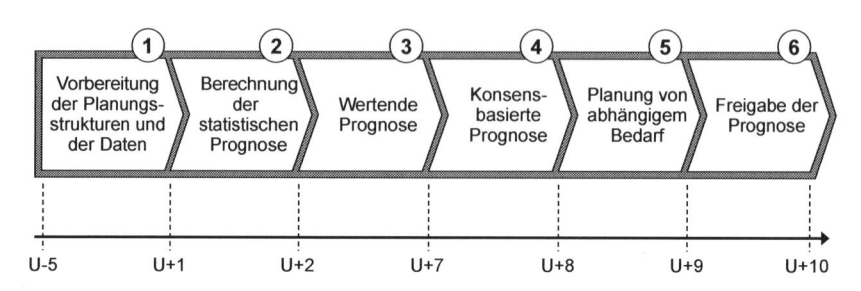

```
①                  ②              ③           ④            ⑤            ⑥
Vorbereitung    Berechnung     Wertende    Konsens-     Planung von   Freigabe der
der Planungs-      der         Prognose    basierte     abhängigem     Prognose
strukturen und statistischen               Prognose       Bedarf
  der Daten      Prognose

U-5            U+1           U+2          U+7          U+8          U+9         U+10
```

U = ultimo (letzter Arbeitstag des Monats)

Abb. 8.7. Phasen des Demand Planning Prozesses

Darüber hinaus wird die Güte der vorangegangenen Prognosen berechnet (siehe Abschnitt 8.5 für weitere Details zur Berechnung der Prognosegüte). In manchen Fällen ist es nötig, die historischen Daten zu korrigieren, bevor sie als Basis für das Demand Planning genutzt werden können. So müssen beispielsweise Lieferdaten bereinigt werden, falls Lieferengpässe in der Vergangenheit aufgetreten sind. Diese Engpässe würden ansonsten die statistischen Prognoseverfahren negativ beeinflussen.

In der zweiten Phase wird die *statistische Prognose* auf Basis der aktualisierten Vergangenheitswerte berechnet. In Abschnitt 8.4 werden die statistischen Prognoseverfahren vorgestellt. Beim Einsatz von statistischen Prognoseverfahren stellt sich häufig die folgende Frage: Wie kann eine Software eine bessere Prognose erstellen als ein Absatzplaner mit mehreren Jahren Erfahrung auf diesem Gebiet? Die einfache Antwort lautet: Die statistischen Verfahren sind unvoreingenommen. Empirische Studien (siehe z. B. Makridakis et al. 1998) beweisen, dass Befangenheit (engl. „bias") der Hauptgrund dafür ist, dass einfache statistische Methoden häufig bessere Prognoseergebnisse liefern.

Aber das ist nur eine Hälfte der Wahrheit, denn bestimmte Informationen wie z. B. das Wissen um zukünftige Promotionen, Kundenfeedback zu neuen Produkten etc. sind in einer vergangenheitsbezogenen Zeitreihe nicht enthalten. Sie sollten aber in den Prognoseprozess einbezogen werden können, da die zugrunde liegenden Sonderereignisse (wie z. B. temporäre Preisdiscounts und Werbemaßnahmen im Falle der Promotionen) zu einer merklichen Veränderung des Nachfragemusters führen können. Daher ist es sinnvoll, die Vorteile beider Welten in einem integrierten Demand Planning Prozess zu kombinieren. Betrachten wir als Beispiel den Absatzplanungsprozess einer Firma, die

Getränke verkauft. In dieser Branche kann der Absatz sehr gut über ein saisonales Modell vorhergesagt werden (siehe Abschnitt 8.4). Dennoch kann in einzelnen Verkaufsniederlassungen der Absatzverlauf durch sporadisch höheren Bedarf aufgrund von Promotionen abweichen. Dieser Sondereffekt lässt sich durch den für die Promotionen zuständigen Verkaufsmitarbeiter abschätzen, während der Grundbedarf über ein saisonales Modell prognostiziert wird.

In der dritten Phase des Demand Planning Prozesses werden *wertende Prognosen* von einzelnen Abteilungen abgegeben. Typischerweise sind hierbei die Abteilungen Vertrieb, Produktmanagement und Marketing beteiligt. Die Integration von statistischen und wertenden Prognosen ist nur dann sinnvoll, wenn die Information, die in einer statistischen Prognose Berücksichtigung findet, nicht nochmals in die wertende Prognose Eingang findet. In diesem Falle würde der Effekt doppelt berücksichtigt und somit überschätzt (oder unterschätzt, falls die wertende Prognose die statistische Prognose reduziert). Im Folgenden beschreiben wir einige Methoden zur Integration von statistischen Prognosen und *strukturierten* Wertungen. Unstrukturierte Wertung liegt häufig vor, falls Absatzplaner die von einem APS errechneten Prognosen überprüfen und diese Werte auf Basis ihres „Bauchgefühls" anpassen. Für eine gute Integration ist es jedoch notwendig, dass die Wertung strukturiert wird. Ausführliche Prozessdefinitionen und Regelwerke bilden einen geeigneten Rahmen für die wertende Prognose. Armstrong und Collopy beschreiben in Wright und Goodwin (1998) die folgenden fünf Schritte zur Integration:

- *Revidierte wertende Prognose:* Bei diesem Verfahren werden im ersten Schritt von den Absatzplanern wertende Prognosen auf Basis von relevanten Informationen (z. B. Vergangenheitswerte, kausale Faktoren etc.) abgegeben. Danach werden die Planer mit den berechneten statistischen Prognosen konfrontiert. Schließlich bekommen sie die Möglichkeit, ihre erste Schätzung auf Basis der neuen Informationen zu überarbeiten. Es gibt hierbei keine Vorgabe, zu welchem Anteil welche Information in die finale Prognose einfließen soll. Dieses Vorgehen führt häufig zu besseren Prognosen als eine einfache Wertung ohne Unterstützung der statistischen Prognoseverfahren. Zudem hat es den Vorteil, dass es die Hoheit über den Demand Planning Prozess beim Planer lässt.
- *Kombinierte Prognose:* Da die obige Methode eine willkürliche Gewichtung der beiden Prognosen zulässt, liegt es auf der Hand, dass diese Werte nicht selten durch (Unternehmens-)politische Faktoren beeinflusst sind. Formaler ist hier die Kombination der Werte über ein vorgegebenes Gewichtungsschema. Sogar dann, wenn beide Prognosen pauschal mit dem gleichen Gewicht eingehen, ist eine Verbesserung der Prognose möglich.
- *Revidierte Fortschreibung der Prognosen:* Eine manuelle Anpassung von statistischen Prognosen ist gängige Praxis in vielen Unternehmen, damit spezifisches Fachwissen berücksichtigt werden kann. Dazu muss der Überarbeitungsprozess aber entsprechend strukturiert sein. Dies bedeu-

tet, dass die wertende Veränderung auf konkreten Ereignissen (z. B. Promotionen, Wetter etc.) basieren sollte.
- *Regelbasierte Prognosen:* Regelbasierten Prognosen liegen ebenfalls statistische Prognosen zugrunde. Allerdings wird die Auswahl oder Kombination von unterschiedlichen Prognosemethoden durch Bewertungen von Experten unterstützt. Die Auswahlregeln sollten aus dem spezifischen Know-how der Experten abgeleitet werden oder sich auf entsprechenden Untersuchungen abstützen. Sie basieren auf den Eigenschaften von Zeitreihen oder kausalen Faktoren. Regelbasierte Prognose verbessert die einfache Fortschreibung immer dann, wenn die Zeitreihen eine geringe Variabilität aufweisen.
- *Ökonometrische Modelle:* Regressionsmodelle werden auch als ökonometrische Modelle bezeichnet, falls der Modellauswahlprozess und die Definition von kausalen Variablen durch strukturierte Wertung erfolgt. Von Verbesserungen wird insbesondere bei langfristigen Prognosen berichtet. Da Befangenheit bei ökonometrischen Modellen große Auswirkungen haben kann, sollte bei wertenden Prognosen eine sehr strukturierte Herangehensweise gewählt werden.

In der Praxis werden die Prognosen aus einem wertenden Prozess häufig in einem *Konsensmeeting* diskutiert. Das Ziel ist das Erreichen eines Konsens bei offenen Fragen wie z. B. unterschiedlichen Meinungen über den Einfluss einer Promotion auf die Absätze in einer bestimmten Region. Der Umfang, in welchem die wertende Prognose der einzelnen Abteilungen zum Konsens beiträgt, kann aus der durchschnittlichen Prognosegüte der Abteilungen in der Vergangenheit abgeleitet werden. Konsensbasierte Prognose und wertende Prognosen müssen durch ein detailliertes Feedback unterstützt werden, das den Planern die Qualität des eigenen Inputs transparent macht. Daher müssen Berichte über die Prognosegüte die Qualität der (automatischen) statistischen Prognose und der wertenden Prognose differenziert darstellen.

Auf Basis der konsensbasierten Prognose kann der *abhängige Bedarf* geplant werden. Die konsensbasierte Prognose stellt den Bedarf für die Endprodukte (oder Produktgruppen, die Fertigprodukte repräsentieren) dar. In vielen Branchen muss ausgehend von der konsensbasierten Prognose auch der Bedarf auf Komponentenebene errechnet werden. Es gibt drei Anwendungsfälle für abhängigen Bedarf:

- *Begrenzte Verfügbarkeit einer Schlüsselkomponente:* Falls es eine Schlüsselkomponente gibt, die die Versorgung mit Produkten limitiert, kann es notwendig sein, die Machbarkeit der Prognosen auf Basis des Bedarfs dieser Komponente zu überprüfen (Dickersbach 2005). Die Pharma-Industrie ist ein typisches Beispiel hierfür, da die Versorgung mit Wirkstoffen typischerweise begrenzt und über einen längeren Zeitraum fixiert ist.
- *Nachfragegrenzen, die über eine Schlüsselkomponente beschrieben werden können:* In anderen Branchen wie der Computerbranche oder der Automobilbranche ist die Nachfrage am Gesamtmarkt begrenzt und jedes

Fertigprodukt enthält eine bestimmte Schlüsselkomponente: In der Computerbranche ist dies der Prozessor, in der Automobilbranche enthält jedes Diesel-Fahrzeug eine Einspritzpumpe. Die Übereinstimmung der Prognose mit der allgemeinen Marktentwicklung kann einfach anhand des gesamten Bedarfs dieser Schlüsselkomponenten abgeschätzt werden.
- *Produktbündelung:* Speziell in der Konsumgüterindustrie werden Produkte häufig im Rahmen einer Promotion gebündelt. Diese Bündel haben eine eigene Produktnummer und werden auf dieselbe Art und Weise prognostiziert wie „normale" Produkte. Es ist aber wichtig, sich vor Augen zu führen, dass diese Produkte aus anderen Produkten bestehen und daher den Bedarf dieser anderen Produkte beeinflussen. Dieser sog. „Kannibalisierungseffekt" muss analysiert werden und die Prognose muss entsprechend angepasst werden (Dickersbach 2005).

Natürlich wird der abhängige Bedarf an Komponenten auch im Master Planning oder im Material Requirements Planning (MRP) berechnet. Es ist jedoch deutlich schneller, den abhängigen Bedarf bereits als Teil des Demand Planning abzuschätzen und zu prüfen, um die Endproduktprognose auf dieser Basis sofort aktualisieren zu können.

Der letzte Schritt des Demand Planning Prozesses ist die formale Freigabe und die technische Veröffentlichung der Prognosen. Dieser Schritt macht die Prognose für andere Prozesse verfügbar.

8.4 Statistische Prognoseverfahren

Prognoseverfahren wurden bereits in den 1950ern für Unternehmen und zum gleichen Zeitpunkt für ökonometrische Zwecke (z. B. Arbeitslosenzahlen etc.) entwickelt. Der Einsatz in Softwaremodulen ermöglicht die Berechnung von Prognosen für eine Vielzahl an Elementen innerhalb weniger Sekunden. Diese Verfahren nutzen Vergangenheitsdaten eines Produkts/ Elements zur Vorhersage zukünftiger Bedarfe. Es gibt zwei grundsätzliche Verfahren – Zeitreihenmodelle und kausale Modelle. Die sogenannte *Zeitreihenanalyse* geht davon aus, dass der Bedarf einem bestimmten Muster folgt. Daher ist es Aufgabe des Prognoseverfahrens, das Muster aus den Vergangenheitsdaten abzuschätzen. Zukünftige Werte können dann durch Verwendung dieses Musters errechnet werden. Der Vorteil dieser Verfahren ist, dass sie nur die Vergangenheitswerte als Eingangsdaten benötigen. Die folgenden Bedarfsmuster sind am geläufigsten in der Zeitreihenanalyse (siehe Silver et al. 1998 und auch Abb. 8.8):

1. Konstantmodell: Der Absatz x_t in einer bestimmten Periode t besteht aus dem konstanten Faktor a und einem zufälligen Rauschen u_t, das nicht durch ein Prognoseverfahren errechnet werden kann.

$$x_t = a + u_t \qquad (8.1)$$

2. Trendmodell: Der lineare Trend b wird zum Konstantmodell addiert.

$$x_t = a + b \cdot t + u_t \qquad (8.2)$$

3. Saisonales Modell: Es wird angenommen, dass sich ein festes Muster alle T Perioden (Zyklus) wiederholt. Abhängig von der Ausprägung der zyklischen Bewegung kann es sich um ein additives oder ein multiplikatives Verhältnis zum zugrunde liegenden Trend handeln.

$$x_t = (a + b \cdot t) + c_t + u_t \quad \text{additives Modell,} \qquad (8.3\text{a})$$
$$x_t = (a + b \cdot t) \cdot c_t + u_t \quad \text{multiplikatives Modell,} \qquad (8.3\text{b})$$

wobei $c_t = c_{t-T} = c_{t-2T} = \ldots$ die saisonalen Indizes (Koeffizienten) sind.

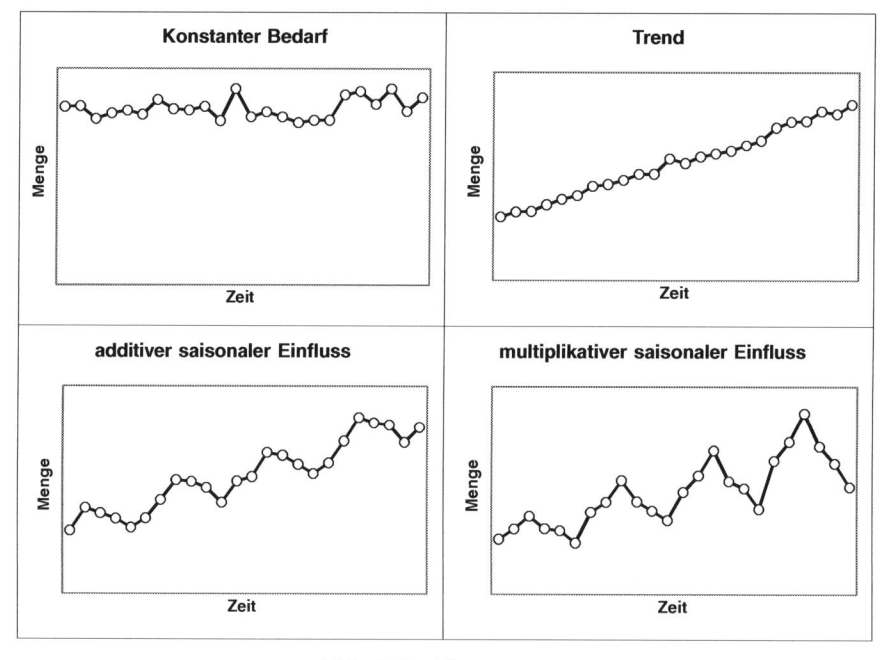

Abb. 8.8. Absatzmuster

Der zweite Ansatz für statistische Prognosen sind *kausale Modelle*. Sie gehen davon aus, dass der Absatzverlauf durch einige bekannte Faktoren bestimmt werden kann. So könnte beispielsweise der Absatz an Speiseeis vom Wetter oder der Temperatur an einem bestimmten Tag abhängen. Daher wird die Temperatur hier als sog. „unabhängige Variable" bezeichnet. Wenn genügend Vergangenheitsdaten über den Absatz und die Temperatur vorliegen, kann das zugrunde liegende Modell geschätzt werden. Für dieses konkrete

Beispiel könnte sich der Bedarf aus einem Anteil (Temperatur-)unabhängiger Nachfrage z^0 und einem temperaturabhängigen Anteil $z^1(t) \cdot w_t$ zusammensetzen gemäß

$$x_t = z^0 + z^1(t) \cdot w_t + u_t, \qquad (8.4)$$

wobei der Faktor w_t für die Temperatur an Tag t steht.

Da für die Schätzung der Parameter kausaler Modelle (außer der Absatzhistorie) noch eine oder mehrere (weitere) Zeitreihen mit Indikatoren benötigt werden, sind die Anforderungen an die Datenmenge deutlich größer als für die Zeitreihenanalyse. Zudem zeigen empirische Studien, dass einfache Zeitreihenmodelle häufig bessere Prognosen liefern als komplexe kausale Modelle (siehe z. B. Silver et al. 1998, S. 130). Diese tendieren dazu, die zufälligen Schwankungen (sog. „Rauschen") als „Struktur" zu interpretieren und damit einen systematischen Fehler in das Modell einzubauen. In den folgenden zwei Abschnitten werden die Eigenschaften und das Grundprinzip der am häufigsten genutzten Modelle beschrieben.

8.4.1 Gleitender Durchschnitt und Glättungsverfahren

Da jede Absatzhistorie durch ein zufälliges Rauschen u_t verzerrt wird, ist die Schätzung des Modells ein äußerst wichtiger Schritt. Zudem bleiben die jeweiligen Modellparameter nicht fix, sondern können sich im Laufe der Zeit verändern. Daher ist es wichtig, für die Schätzung konkrete Beobachtungswerte *und* ausreichend viele Vergangenheitswerte zu berücksichtigen, um die zufälligen Schwankungen auszugleichen.

Gleitender Durchschnitt Der gleitende Durchschnitt (engl. „Moving Average", MA) wird zur Vorhersage von Produkten mit konstantem Bedarf genutzt (siehe Gleichung (8.1) und Abb. 8.8). Die Schätzung $\hat{a}$ des Parameters a basiert auf dem Durchschnitt der letzten n Bedarfswerte. Dieser Parameter dient auch als Prognose für alle zukünftigen Perioden, da die Prognose $\hat{x}_{t+1}$ unabhängig von der Zeit ist. Wegen des „Gesetzes der Großen Zahlen" muss eigentlich die Prognosegüte mit der Länge n der zu berücksichtigenden Vergangenheitsperioden zunehmen (da die zufälligen Abweichungen immer weniger Gewicht bekommen). Allerdings trifft dies nicht mehr zu, wenn sich das Niveau der Zeitreihe im Zeitablauf verändern sollte. Da auch bei weitgehend konstanter Nachfrage solche Veränderungen in der Praxis vorkommen können, bilden Werte von n zwischen drei und zehn meist einen brauchbaren Kompromiss. Informationen über frühere Beobachtungen gehen mit dieser Definition allerdings verloren.

Exponentielle Glättung Der Zwang, die Zeitreihe abzuschneiden, wird durch die sog. „exponentielle Glättung" vermieden, da sie allen (!) Beobachtungswerten unterschiedliche Gewichte zuweist und diese damit in die Prognoseberechnung einfließen lässt. Das Gewicht der Beobachtungswerte nimmt exponentiell ab, wobei der aktuellste Beobachtungswert das höchste Gewicht erhält. So trägt man Änderungen im Absatzverlauf Rechnung, erhält aber trotzdem dauerhaft die Information älterer Beobachtungen. Für den Fall eines konstanten Bedarfs wird die Prognose für Periode $t + 1$ nach folgender Gleichung errechnet:

$$\hat{x}_{t+1} = \hat{a}_t = \alpha \cdot x_t + \alpha(1-\alpha) \cdot x_{t-1} + \alpha(1-\alpha)^2 \cdot x_{t-2} + \ldots \quad (8.5)$$

Der Parameter α wird als „Glättungsfaktor" bezeichnet, der Werte zwischen 0 und 1 annehmen kann. Für $\alpha = 0,2$ ergeben sich die in Tabelle 8.1 angegebenen Gewichte einer Prognose in Periode 1.

Tab. 8.1. Gewichte der Vergangenheitswerte bei exponentieller Glättung für $\alpha = 0,2$

Periode	0	-1	-2	-3	-4	...
Gewicht	0,2	0,16	0,13	0,10	0,08	...

Zudem ist es hier nicht notwendig, die gesamte Vergangenheit eines Produkts zu speichern, da Gleichung (8.5) vereinfacht werden kann. Die einzigen Werte, die in einer Datenbank vorgehalten werden müssen, sind der letzte Prognosewert und der letzte Absatzwert. Exponentielle Glättung ist für einen konstanten Bedarf einfach anzuwenden und benötigt nur wenig Speicherkapazität. Daher ist das Verfahren gut für solche Nachfragemuster geeignet. Es berechnet auch für Produkte mit stark zufälligen Schwankungen noch brauchbare Prognosewerte (Silver et al. 1998).

Das oben vorgestellte exponentielle Glättungsverfahren kann auch auf Trendmodelle und multiplikative saisonale Modelle (siehe (8.2) und (8.3b)) angewendet werden. Das zum Trendmodell gehörige Verfahren wird auch als „Holt-Verfahren" bezeichnet (siehe z. B. Nahmias 2008). Es glättet beide Faktoren des Modells, den konstanten Teil a und die Steigung bzw. den Trend b, mit unterschiedlichen Glättungsfaktoren α und β.

Winters stellte erstmalig das saisonale Modell mit exponentieller Glättung vor. Viele Branchen sind von saisonaler Nachfrage betroffen, berücksichtigen dies aber nicht in den Prognoseverfahren. Nehmen wir beispielsweise einen Manager eines Schuhgeschäfts, der den Absatz der nächsten zwei Wochen auf Tagesebene vorhersagen möchte. Da die Absätze an Samstagen üblicherweise höher sind als an Montagen, muss eine Prognosemethode diese wöchentliche „Saison" berücksichtigen können. Das Winters-Verfahren ist eine robuste Methode bei saisonalem Absatzverlauf, da es die Schätzwerte für die drei Parameter a, b und c unabhängig voneinander glättet. Im Vergleich zu den vorhergehenden zwei Verfahren benötigt das Modell allerdings deutlich mehr Vergangenheitsdaten, um die Parameter zu initialisieren. Um zuverlässige Schätzwerte für die saisonalen Koeffizienten errechnen zu können, benötigt man mindestens zwei Zyklen der Nachfragehistorie (z. B. zwei Jahre). Für weitere Informationen zum Verfahren von Winters siehe Kap. 20.

8.4.2 Regressionsanalyse

Falls ein signifikanter Einfluss weniger, bekannter Faktoren vorliegt, ist es naheliegend, kausale Modelle im Prognoseprozess zu nutzen. Die Regressionsanalyse ist das Standardverfahren, um Parameterwerte in kausalen Modellen abzuschätzen. Typischerweise geht man von linearen Abhängigkeiten zwischen einer „abhängigen Variablen" x_t (z. B. der Nachfrage) und den „führenden Faktoren" („unabhängige Variablen"; z. B. Temperatur, Ausgaben für Promotionen etc.) aus. Daher kann ein multiples Regressionsmodell folgendermaßen formuliert werden (siehe z. B. Hanke und Wichern 2005):

$$x_t = z_0 + z_1 \cdot w_{1t} + z_2 \cdot w_{2t} + \ldots \tag{8.6}$$

Das Speiseeis-Beispiel in Gleichung (8.4) wird als einfaches Regressionsmodell bezeichnet, da es nur einen führenden Faktor enthält. Multiple lineare Regression nutzt die Methode der kleinsten Quadrate, um die Modellparameter ($z_0, z_1, z_2, \ldots$) abzuschätzen. Dieses Verfahren minimiert die Summe der quadrierten Differenzen zwischen dem tatsächlichen Bedarf und dem Prognosewert, den das Modell berechnen würde. Während die exponentielle Glättung alle Vergangenheitswerte berücksichtigen kann, beschränkt sich das Regressionsverfahren auf einen begrenzten Ausschnitt der Vergangenheit. Die Nachteile dieser Vorgehensweise entsprechen denen des gleitenden Durchschnitts. Zudem sind die Gewichte aller Vergangenheitswerte gleich eins. Somit kann das Verfahren nicht flexibel auf Veränderungen im Nachfrageverlauf reagieren.

Da die Datenanforderungen der linearen Regression deutlich größer sind als die einfacher Zeitreihenmodelle, ist es naheliegend, dass sich ein solcher Aufwand nur lohnt, wenn man derartige Modelle für aggregierte Mittel- oder Langfrist-Prognosen oder für einige wenige, wichtige Endprodukte einsetzt.

Das folgende Beispiel zeigt die Anwendung der linearen Regression für das oben genannte Speiseeis-Beispiel: Unter der Annahme, dass der Speiseeis-Verkäufer die in Tab. 8.2 aufgeführte Nachfrage und Temperaturen (°C) in den letzten 10 Tagen beobachtet hat, würde die lineare Regression zu dem in

Tab. 8.2. Nachfrage- und Temperaturdaten für das Speiseeisbeispiel

Periode	1	2	3	4	5	6	7	8	9	10
Nachfrage	43	45	54	52	54	55	43	33	52	51
Temperatur (°C)	15	17	19	16	21	22	18	15	19	18

Gleichung (8.7)
$$\text{Nachfrage } x_t = 8{,}24 + 2{,}22 \cdot w_{1t} \tag{8.7}$$

dargestellten Zusammenhang zwischen der Temperatur w_{1t} am Tag t und der Nachfrage kommen. Tabelle 8.3 zeigt die Modellwerte, die sich ergeben würden, wenn man Gleichung (8.7) auf den in Abb. 8.9 gezeigten Temperaturverlauf anwenden würde. In der Realität ist der zukünftige Temperaturverlauf aber natürlich nicht a priori bekannt, sondern muss geschätzt werden, so dass x_t und w_{1t} in Gleichung (8.7) durch entsprechende Prognosen $\hat{x}_{t+1}$ und $\hat{w}_{1,t+1}$ zu ersetzen sind.

Tab. 8.3. Beispielhafte Anwendung des linearen Regressionsmodells

Periode	1	2	3	4	5	6	7	8	9	10
Modellwerte	42	46	50	44	55	57	48	42	50	48

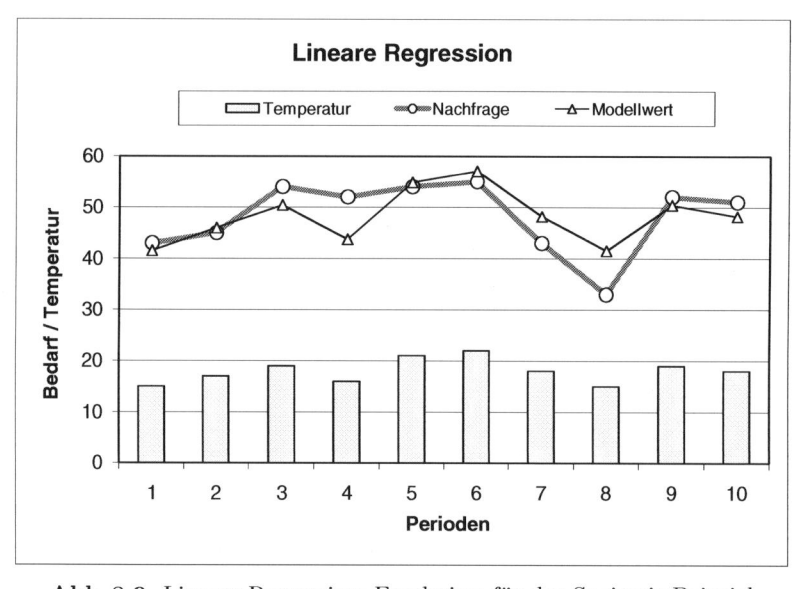

Abb. 8.9. Lineare Regression: Ergebnisse für das Speiseeis-Beispiel

8.5 Demand Planning Controlling

Demand Planning Controlling hat die Aufgabe, die Qualität der Prognose und die Qualität des gesamten Prognoseprozesses zu überwachen und zu steuern. Die Prozesse, die die Prognose als Basis für ihre Entscheidungen nutzen (Produktion, Einkauf, Kapazitätserweiterungsplanung etc.) benötigen ein Qualitätsmaß, um die Güte der Prognose und den Umfang möglicher Abweichungen der tatsächlichen Nachfrage von der Prognose einschätzen zu können. Ein Master Planner würde keinen Absatzplan akzeptieren, ohne eine Aussage über die Prognosegenauigkeit zu haben. Zudem wird die Qualität der Prognose genutzt, um den Beteiligten am Prognoseprozess Feedback über die Qualität ihrer Beiträge zu geben.

8.5.1 Grundlegende Prognosegütemaße

Der erste Schritt beim Aufsetzen eines Demand Planning Controllings ist die Definition eines grundlegenden Gütemaßes für die Qualität der Prognose auf einer bestimmten Ebene der Demand Planning Struktur. Basierend auf diesem Maß können aggregierte Maße errechnet werden. Hierbei ist zu berücksichtigen, dass aggregierte Maße nicht auf der aggregierten Ebene errechnet werden können, da sich in diesem Fall zu geringe und zu hohe Planwerte ausgleichen würden. Ein grundlegendes Gütemaß für die Messung der Prognosegenauigkeit muss folgende Eigenschaften erfüllen (Eickmann 2004):

- Es muss addierbar sein. Der Wertebereich muss positiv sein (ansonsten würden sich positive und negative Werte bei der Aggregation ausgleichen). Das Maß muss normiert sein (Werte zwischen 0 und 100 %).
- Alle Kennzahlen (Zeitreihen), die für die Berechnung benötigt werden, müssen auf allen Ebenen der Planungsstruktur (alle Produkte, Kunden, Zeitintervalle etc.) verfügbar sein. Leider sind in der Praxis häufig die Zeitreihen für einen kapazitätsgeprüften Absatzplan oder Lieferdaten nicht für alle Ebenen der Demand Planning Struktur verfügbar.
- Man sollte in der Lage sein, die Unterstützung aller involvierten Unternehmensabteilungen für die Definition des Gütemaßes zu bekommen. Falls beispielsweise die „ex-works gelieferte Menge" als Vergleichsmaß genutzt werden soll, wäre es wenig verwunderlich, wenn der Vertrieb diesem Maß nicht zustimmen würde, da er auf die aus dem Werk gelieferte Menge kaum Einfluss nehmen kann.

Zudem muss die jeweilige Ebene der Demand Planning Struktur definiert werden, auf der das grundlegende Prognosegütemaß berechnet werden soll. Hier ist zu beachten, dass dies nicht notwendigerweise die unterste Ebene der Demand Planning Struktur sein muss (die ja häufig nur genutzt wird, um einfach Daten erfassen zu können und die Prognosedaten strukturieren zu können). Nehmen wir beispielsweise an, dass die Gesamtabsatzmengen je Vertriebsregion wichtig für Entscheidungen in der Supply Chain sind, weil alle Kunden einer Region ähnliche Anforderungen an die Logistik stellen. Die Vertriebsplaner würden Prognosen allerdings lieber pro Kunde erfassen. In einer solchen Situation sollte trotzdem das grundlegende Prognosegütemaß auf Basis der Absatzmenge je Vertriebsregion und Artikel definiert werden, da sich auf der Ebene „Vertriebsregion" eine zu hohe Schätzung für den einen Kunden mit einer zu niedrigen Schätzung für einen anderen Kunden ausgleichen kann.

Alle Gütemaße basieren auf dem Prognosefehler $e_{t,r}$. Er ist als die Differenz zwischen Prognosemenge $\hat{x}_{t,r}$ und der tatsächlichen Absatzmenge x_t definiert: $e_{t,r} = \hat{x}_{t,r} - x_t$. Die tatsächliche Menge x_t ist der beobachtete Wert der Zeitreihe für das Zeitintervall t, zum Beispiel tatsächliche Liefermengen am vom Kunden gewünschten Liefertermin. Die prognostizierte Menge $\hat{x}_{t,r}$ ist die Prognose für t, die in Periode r berechnet wurde. Hierbei ist zu berücksichtigen, dass bei einem rollierenden Planungshorizont mehrere Prognosen für dieselbe Periode existieren, die jeweils in einem eigenen Prognoselauf erstellt wurden. Der Prognosefehler wird durch die folgenden Parameter beeinflusst:

- *den Zeitunterschied zwischen Prognose und tatsächlichem Bedarf*: Prognose versucht Informationen über zukünftige Lieferungen, Absätze etc. vorherzusagen. Normalerweise ist es einfacher, die nahe als die ferne Zukunft zu prognostizieren. Daher hängt die Prognosequalität stark von der Zeitspanne zwischen der Prognoseerstellung und der Periode, die vorhergesagt wird, ab. Nehmen wir beispielsweise die Prognose für die Absätze im Juni dieses Jahres. Eine Absatzprognose, die im März erstellt wird, hat in der Regel eine geringere Prognosequalität als eine Prognose, die im Mai erstellt wird: $|e_{\text{Juni, März}}| > |e_{\text{Juni, Mai}}|$.
- *die Prognosegranularität*: Die Ebene der Aggregation hat ebenfalls einen starken Einfluss auf die Prognosequalität. Nehmen wir wieder die Absatzprognose als Beispiel: Es ist einfacher, den Gesamtabsatz aller Produkte in allen Regionen für das komplette Jahr vorherzusagen, als eine Prognose auf Wochenebene für jede Produktgruppe und für jede Vertriebsregion einzeln zu erstellen. Daher nimmt normalerweise die Prognosegüte ab, wenn die Granularität zunimmt.

$e_{t,r}$ erfüllt noch nicht die oben definierten Eigenschaften eines grundlegenden Gütemaßes: Der Wertebereich ist nicht positiv und nicht normalisiert. Daher müssen wir die Definition des Prognosefehlers präzisieren. Geläufige Definitionen – der quadratische Fehler („Squared Error", SE), die absolute Abweichung („Absolute Deviation", AD) und die absolute prozentuale Abweichung („Absolute Percentage Error", APE) – sind im Folgenden dargestellt:

$$\text{Squared Error SE}_{t,r} = e_{t,r}^2 \qquad (8.8)$$

$$\text{Absolute Deviation AD}_{t,r} = |e_{t,r}| \qquad (8.9)$$

$$\text{Absolute Percentage Error APE}_{t,r} = \frac{|e_{t,r}|}{x_t} \cdot 100\% \qquad (8.10)$$

Hierbei ist zu berücksichtigen, dass APE$_{t,r}$ nicht berechnet werden kann, wenn die Absatzmenge gleich Null ist (z. B. für ein Produkt ohne Kundenbedarf in Periode t). In der Praxis wird häufig statt solcher Prognose*fehler*maße ein Prognose*güte*maß wie die „absolute prozentuale Güte" („Absolute Percentage Accuracy", APA) genutzt:

$$\text{Absolute Percentage Accuracy APA}_{t,r} = \max\{100\% - \text{APE}_{t,r}; 0\%\} \quad (8.11)$$

In dem in (8.11) noch nicht definierten Spezialfall $x_t = 0$ wird APA$_{t,r}$ üblicherweise auf 0% gesetzt.

Die grundlegenden Prognosegütemaße müssen aggregiert werden, um sie für das Controlling des Demand Planning Prozesses nutzen zu können. Wir unterscheiden die Aggregation anhand der Zeit-Dimension und die Aggregation anhand der Produkt-Dimension bzw. der geographischen Dimension.

8.5.2 Aggregation der Prognosegüte anhand der Zeit

Es gibt viele Methoden zur Aggregation der Prognosegüte oder des Prognosefehlers anhand der Zeit. Jedes Maß wird für einen durch den Planer zu definierenden fixen Zeitraum n (in der Vergangenheit) berechnet. Besonders bei einem kurzen Horizont reagiert es stark auf zufällige Schwankungen des Bedarfs bzw. allgemein auf Abweichungen vom Mittelwert. Die folgenden Maße – mittlere quadratische Abweichung („Mean Squared Error", MSE), mittlere absolute Abweichung („Mean Absolute Deviation", MAD), mittlere absolute prozentuale Abweichung („Mean Absolute Percentage Error", MAPE) und mittlere absolute prozentuale Güte („Mean Abs. Perc. Accuracy", MAPA) – sind gängig in der Praxis (siehe z. B. Silver et al. 1998 für die ersten drei):

$$\text{Mean Squared Error MSE}_r = \frac{1}{n} \sum_{t=1}^{n} e_{t,r}^2 \quad (8.12)$$

$$\text{Mean Absolute Deviation MAD}_r = \frac{1}{n} \sum_{t=1}^{n} |e_{t,r}| \quad (8.13)$$

$$\text{Mean Abs. Perc. Error MAPE}_r = \left[\frac{1}{n} \sum_{t=1}^{n} \frac{|e_{t,r}|}{x_t}\right] \cdot 100\% \quad (8.14)$$

$$\text{Mean Abs. Perc. Accuracy MAPA}_r = \left[\frac{1}{n} \sum_{t=1}^{n} \text{APA}_{t,r}\right] \cdot 100\% \quad (8.15)$$

Der MSE stellt die Varianz des Prognosefehlers im berücksichtigten Zeitraum dar. In der linearen Regression wird der MSE als Zielfunktion genutzt und minimiert. Da der Fehler in der Formel quadriert wird, gehen größere Abweichungen deutlich stärker in die Berechnung ein als kleinere. Der MAD hingegen nutzt lineare Gewichte der Abweichungen in seiner Berechnung. Zudem ist eine Interpretation des MAD leichter möglich, da er direkt den beobachteten Werten gegenüber gestellt werden kann. Der Hauptnachteil beider Maße ist, dass unterschiedliche Produkte damit kaum vergleichbar sind. Die Werte des MSE und des MAD sind absolute Werte. Sie sind für einen Vergleich von Produkten, die ein unterschiedliches Bedarfsniveau aufweisen, nicht aussagekräftig. Die Maße MAPE und MAPA hingegen normieren ihr Resultat auf Basis der Beobachtungswerte x_t. Das Ergebnis ist ein Prozentwert für den Prognosefehler oder die -güte. Der Nachteil dieser Berechnung ist, dass ein positiver Beobachtungswert vorausgesetzt wird. Daher muss, wie oben angesprochen, für den Fall einer Beobachtung x_t der Höhe 0 eine Ausnahmeregel definiert werden.

Die oben beschriebenen Maße erlauben eine detaillierte Analyse der Vergangenheit, sie müssen aber bei jeder Aktualisierung neu interpretiert werden. In Demand Planning Tools mit mehreren Hundert oder Tausend Produkten möchte man eine automatische „Interpretation" des Prognosefehlers und somit eine Alert- (engl. für Alarm) oder Trigger- (engl. für Auslöser) -Funktion. Das Planungssystem sollte einen Alert erzeugen, falls das statistische Prognoseverfahren die Zeitreihe nicht mehr adäquat abbildet oder falls ein Vertriebsbüro Informationen über eine Promotion nicht erfasst hat. Alerts können beispielsweise ausgelöst werden, wenn bestimmte Schwellwerte für eines der Prognosegütemaße erreicht sind. Diese Schwellwerte müssen dann durch den Absatzplaner definiert worden sein und unter seiner Verantwortung aktualisiert werden. Neben solchen Schwellwert-Techniken wurden weitere Methoden entwickelt, die ebenfalls auf dem durch den MSE oder den MAD gemessenen Prognosefehler basieren.

8.5.3 Aggregation der Prognosegüte anhand der Produkte und der geographischen Dimension

In vielen Branchen unterscheiden sich die Mengeneinheiten, die Verkaufseinheiten, der Deckungsbeitrag und die logistischen Einheiten der einzelnen Produkte im Demand Planning Prozess erheblich voneinander. Daher müssen Gewichtungsschemata angewandt werden, die eine Aggregation der grundlegenden Gütemaße je Produkt und geographischer Dimension erlauben.

Die einfache Berechnung der Durchschnitte der grundlegenden Prognosegüte oder des Prognosefehlers für jede Einheit einer bestimmten Aggregationsebene ist nicht ausreichend. Nehmen wir beispielsweise eine Produktgruppe mit zwei Produkten A und B. Nehmen wir ferner an, dass A im Juni Absätze in Höhe von 1000 hatte und eine Prognosegüte im Mai von $APA_{A, Juni, Mai} = 100\%$. Des Weiteren hatte B Absätze in Höhe von 10 Stück und eine Prognosegüte von $APA_{B, Juni, Mai} = 0\%$. Nimmt man den Durchschnitt von beiden Maßen, erhält man eine Prognosegüte für die Produktgruppe von 50% – dies reflektiert nicht die aktuelle Situation der Supply Chain.

Ein häufig genutzter Gewichtungsfaktor für ein Produkt p ist die Summe aus der Prognosemenge $\hat{x}_p$ und der tatsächlichen Absatzmenge x_p des Produkts, die zur Summe aus Prognosemenge und tatsächlicher Absatzmenge aller Produkte ins Verhältnis gesetzt wird:[1]

$$\text{Gewicht}_p = \frac{\hat{x}_p + x_p}{\sum_q (\hat{x}_q + x_q)} \qquad (8.16)$$

Die Prognosegüte einer Produktgruppe G kann dann auf Basis des Gewichts je Produkt folgendermaßen definiert werden:

$$\text{Prognosegüte}_G = \sum_{p \in G} (\text{APA}_p \cdot \text{Gewicht}_p) \qquad (8.17)$$

Diese Definition ist robust gegenüber Situationen, in denen entweder die Prognosemenge oder die tatsächliche Menge gleich Null sind. Falls für ein Produkt keine Absätze vorhanden sind ($x_t = 0$, z. B. für ein Produkt, das im betrachteten Horizont keine Kundenaufträge aufweist), ist $Gewicht_p > 0$, solange $\hat{x}_t > 0$. Die gleiche Aussage ($Gewicht_p > 0$) trifft zu, falls keine Prognose vorhanden ist oder die Prognose Null ($\hat{x}_t = 0$) und $x_t > 0$ sind. Falls beide – tatsächlicher Bedarf und Prognose – gleich Null sind, ist das Gewicht gleich Null zu definieren und das Produkt wird in der Aggregation nicht berücksichtigt.

Hierbei ist zu erwähnen, dass alle Aggregationstypen – anhand der Zeit, des Produkts und der Geographie – miteinander kombiniert werden können; die entsprechenden Formeln können einfach vom Leser hergeleitet werden. In vielen APS werden Makrosprachen genutzt, um die Aggregationsmechanismen für die Prognosegüte zu konfigurieren.

8.5.4 Der Prognosemehrwert

Falls mehrere Abteilungen zur Prognose beitragen, kann der Prognosemehrwert (engl. „Forecast Value Added", FVA) einer einzelnen Abteilung gemessen werden (Gilliand 2002). Dieser zeigt, ob sich der Aufwand eines bestimmten Schritts im gesamten Prognoseprozess auszahlt. Normalerweise wird die erste Prognose (in den meisten Fällen ist das die automatische statistische Prognose) mit einer naiven Prognose verglichen. Die naive Prognose wird einfach dadurch bestimmt, dass der letzte Absatzwert als Prognosewert für die nächste Periode genutzt wird. Jeder darauf folgende Schritt muss die Prognose verbessern (Mehrwert erzeugen). Als Gütemaß für die Qualität der Prognose kann jedes passende normierte Prognosegütemaß, wie beispielsweise die MAPA, genutzt werden. Der FVA der ersten Prognose kann dann dadurch bestimmt werden, dass die MAPA der naiven Prognose von der MAPA der

---

[1] Wir lassen die Indizes t und r bei x und $\hat{x}$ außen vor, um die Lesbarkeit zu erhöhen; genau genommen müssten wir $\hat{x}_{p,t,r}$ statt $\hat{x}_p$ und $x_{p,t}$ statt x_p schreiben.

ersten Prognose subtrahiert wird. Falls dieser Wert positiv ist, ergibt sich durch die Nutzung der ersten Prognose ein Mehrwert. Das Vorgehen kann weitergeführt werden, indem die MAPA der überarbeiteten Prognose der Marketing-Abteilung mit der MAPA der statistischen Prognose verglichen wird usw.

Auf dieser Basis kann das Management Ziele setzen und Anreize für die verschiedenen im Prognoseprozess Beteiligten geben. Der FVA ist somit eine transparente und nachvollziehbare Kennzahl, die zur Messung der Supply Chain Effizienz beiträgt.

8.5.5 Verzerrte Prognosen

In der Praxis tendieren Vertrieb (und auch andere logistische Funktionen) dazu, die zukünftigen Absätze aufgrund von Risikoaversion zu überschätzen. Eine höhere Prognose könnte zu Mehrproduktion und höheren Einkaufsmengen führen – und somit zu einer besseren Versorgungssituation. Dieses Verhalten zieht eine verzerrte (engl. „biased") Prognose nach sich, die systematisch gemessen und darauf aufbauend kontrolliert und korrigiert werden kann. Die Verzerrung lässt sich über die mittlere Abweichung (engl. „Mean Deviation", MD) messen:

$$\text{Mean Deviation MD}_r = \frac{1}{n} \sum_{t=1}^{n} e_{t,r} \qquad (8.18)$$

Falls $\text{MD}_r > 0$, wird der Bedarf systematisch überschätzt. In diesem Fall kann die Prognose um die Verzerrung MD_r korrigiert werden, um die Prognosen „realistischer" zu machen.

8.6 Zusätzliche Funktionen

In diesem Abschnitt werden zusätzliche Funktionen des APS-basierten Demand Planning beschrieben, die berücksichtigt werden müssen, um die spezifischen Anforderungen unterschiedlicher Supply Chain Typen zu erfüllen.

8.6.1 Life-Cycle-Management und Phase-in/Phase-out

In einigen innovativen Branchen – wie der Computer-Industrie – wurden die Lebenszyklen von bestimmten Komponenten oder Produkten auf weniger als ein Jahr reduziert. So bieten beispielsweise High-Tech-Firmen jedes Jahr drei Generationen von Festplatten an. Da Standardverfahren der statistischen Prognose eine ausreichend lange Absatzhistorie benötigen, würde es in diesem Fall einen gesamten Lebenszyklus dauern, bis brauchbare Ergebnisse erzeugt würden. Allerdings weisen neu auf den Markt gebrachte Produkte häufig nahezu dieselbe Funktionalität auf wie ihre auslaufenden Vorgängerprodukte. Deshalb ist es naheliegend, dass man Information über den Absatzverlauf des Vorgängerprodukts für die nächste Generation wiederverwenden kann.

Hierfür gibt es in der Praxis zwei wesentliche Ansätze: Der erste Ansatz indiziert die komplette Zeitreihe und bestimmt für jede Periode einen Lebenszyklus-Faktor, der mit dem durchschnittlichen Bedarf multipliziert werden muss, um den Bedarf für diese Periode des Lebenszyklus zu errechnen (*Life-Cycle-Management*). Diese Methode ist in der Lage, unterschiedlichste Arten von Lebenszyklen abzubilden. Die einzigen Informationen, die zur Anwendung bei einem neuen Produkt benötigt werden, sind die Länge des Zyklus und sein durchschnittlicher Bedarf. Diese Werte werden während der Lebensphase des Produkts kontinuierlich auf Basis der Beobachtungswerte angepasst.

Der zweite Ansatz (*Phasen-Methode*) unterteilt den Lebenszyklus in drei Phasen. Die Phase „Phase-in" beschreibt den Start eines neuen Produkts und ist dadurch charakterisiert, dass der Bedarf mit einem bestimmten Prozentwert (linear) ansteigt. Danach folgt der Bedarf einem konstanten Bedarfsmuster, wie es im Rahmen der statistischen Prognosemodelle bereits vorgestellt wurde. In der „Phase-out"-Phase nimmt der Bedarf wiederum mit einem bestimmten Prozentsatz bis zum Lebenszyklusende (linear) ab. Die einzigen Daten, die für die Phasen-Methode benötigt werden, sind die Längen der Phasen und die Prozentsätze für die Zu- und Abnahme des Bedarfs.

Für eine einfache Anwendung der obigen Modelle ist es notwendig, dass das APS Funktionen zur Erstellung einer sogenannten „Modell-Bibliothek" bereitstellt. In dieser Datenbank werden die Lebenszyklen oder die Phasen-Modelle für jede Produktgruppe gespeichert. Häufig gibt es nur ein Modell für eine komplette Produktgruppe. Dieses Modell wird immer dann aktualisiert, wenn der Lebenszyklus eines Produkts endet.

8.6.2 Planung auf Basis von Preisen

In manchen Branchen – zum Beispiel in der Mineralölindustrie – korrelieren die Nachfrage- und Absatzmengen sehr stark mit den Marktpreisen. Die Qualität der Produkte (z. B. unterschiedliche Benzinqualitäten, Diesel etc.) ist vollständig spezifiziert. Deswegen können die Produkte unterschiedlicher Anbieter einfach ausgetauscht werden. Darüber hinaus existieren Spotmarkt-ähnliche Strukturen, die die Nachfrage und das Angebot transparent machen und so zu einer freien Preisbildung führen. Drittens sind die Produkte lagerfähig, so dass in gewissen Grenzen die Nachfrage unabhängig vom tatsächlichen Verbrauch ist.

In der Konsequenz können Anbieter „nahezu beliebige" Mengen ihrer Produkte verkaufen – solange sie zum Marktpreis oder darunter anbieten. In einem solchen Umfeld muss das Demand Planning auch die Planung der Preise umfassen, da diese Preise ein Haupteinflussfaktor auf die Nachfrage sind.

Zur Integration der Preisplanung in eine Demand Planning Umgebung sind weitere Zeitreihen notwendig:

- *Preise*: Es gibt mehrere Preis-Zeitreihen, die für das Demand Planning von Interesse sein könnten, z. B. der Marktpreis, der Verkaufspreis, die Preisdifferenz zwischen Markt- und Verkaufspreis (kann negativ sein!), der durchschnittliche Preis der Wettbewerber oder Vertragspreise.
- *Umsätze*: Die Umsätze können entweder manuell erfasst werden oder über die Multiplikation von Preis und Menge errechnet werden.
- *Wechselkurse*: Auf internationalen Märkten sind immer mehrere Währungen (US Dollar, Euro etc.) im Spiel. Normalerweise wird eine Währung als Basis genutzt und alle anderen Währungen in diese Standardwährung umgerechnet. Hierfür müssen die Wechselkurse im Zeitablauf bekannt sein.

Die Integration dieser Zeitreihen in ein Demand Planning Rahmenwerk mit unterschiedlichen Hierarchie-Ebenen erfordert weitere Überlegungen. Umsätze und Mengen können einfach durch Summation aggregiert werden – für Preise gilt dies nicht: Was ist dann der Preis einer Produktgruppe G, die aus zwei Produkten A und B besteht, wobei A einen Preis von 100€ hat und B einen Preis von 10€. Es ist offensichtlich, dass der Preis der Produktgruppe nur mengengewichtet, z. B. auf Basis des Gesamtumsatzes und der Gesamtmenge der Produktgruppe, errechnet werden kann:

$$\text{Preis}_G = \left(\sum_{p \in G} \text{Umsatz}_p\right) / \left(\sum_{p \in G} \text{Menge}_p\right) \qquad (8.19)$$

Nachdem die Preise so für höhere Ebenen der Demand Planning Struktur aggregiert wurden, könnte die Notwendigkeit entstehen, Preise auf einer aggregierten Ebene manuell anpassen zu müssen. In Abschnitt 8.2 wurde bereits beschrieben, wie Zeitreihen im Anschluss mit Hilfe einfacher Regeln wieder auf niedrigere Stufen disaggregiert werden können. Die folgende Vorgehensweise kann angewandt werden, um die Demand Planning Struktur nach einer solchen Preisanpassung erneut in einen konsistenten Zustand zu versetzen:

1. Disaggregiere die Preis-Zeitreihe auf die unterste Ebene mit Hilfe der Disaggregationsregeln aus Abschnitt 8.2 (z. B. auf Basis existierender Preisinformation auf den unteren Ebenen).
2. Passe die Umsatzdaten auf allen Ebenen durch Multiplikation der jeweiligen Menge und des aktualisierten Preises an und speichere diese Information in der Umsatz-Zeitreihe.

8.6.3 Sporadischer Bedarf

Wir bezeichnen eine Zeitreihe als „sporadisch", falls in vielen Perioden überhaupt kein Bedarf aufgetreten ist. Solche Nachfragemuster kommen vor allem bei Ersatzteilen vor oder in Anwendungsfällen, bei denen nur ein sehr spezieller Ausschnitt der Nachfrage vorhergesagt werden soll; so könnte beispielsweise der Bedarf für ein Jeansmodell in einer bestimmten Größe auf Tagesebene und in einem einzelnen Laden sporadisch sein. Der Einsatz von Standardverfahren der statistischen Prognose würde für diese Teile große Fehler erzeugen. Zudem würde der Einsatz von wertenden Verfahren die Prognosequalität nicht erhöhen, da der Zeitpunkt des Auftretens von Perioden ohne Bedarf rein zufällig und damit nicht vorhersehbar ist. Ferner ist häufig der Absatzverlauf einer großen Anzahl an C-Produkten sporadisch. Für diese wäre es aber auch wünschenswert, Prognosen mit geringem manuellen Aufwand erzeugen zu können.

Zur automatischen Berechnung von Prognosen für Produkte mit sporadischem Bedarf wurden durchaus effiziente Verfahren entwickelt. Diese Verfahren versuchen, die beiden Komponenten „Auftreten einer Periode mit positivem Bedarf" und „Höhe des Bedarfs" getrennt voneinander zu prognostizieren. So berechnet beispielsweise die Methode von Croston (siehe z. B. Tempelmeier 2008) die Zeit zwischen zwei Transaktionen (Bedarfsperioden) und die Höhe der Transaktionen getrennt voneinander. Die Aktualisierung der Komponenten kann mit Hilfe der exponentiellen Glättung erfolgen. Eine signifikante Reduktion des Prognosefehlers ist möglich, falls die beiden Komponenten weitgehend unabhängig voneinander sind. Dies ist in der Praxis beispielsweise der Fall, wenn ein sporadisches Absatzmuster eines Einzelhandelsgeschäfts durch mangelnde Nachschubversorgung und deswegen häufig auftretende Fehlbestände hervorgerufen wird.

8.6.4 Entgangene Absätze vs. Nachlieferungen

Prognosen liegen in der Regel die Absatzhistorien mehrerer Produkte zugrunde. Diese können auf der Nachfrage von Industriekunden basieren, die oft Nachlieferungen akzeptieren, oder auf der Nachfrage von Endverbrauchern (B2C), die Nachlieferungen evtl. nicht wünschen. Daher deckt sich im Nachlieferungsfall die insgesamt beobachtete Absatzmenge zwar mit der Gesamtnachfrage, die Absatzzeitpunkte entsprechen aber nicht den originären Kundenwunschterminen. Im zweiten Fall sog. „entgangener Absätze" (engl. „lost-sales") unterschätzt der beobachtete Absatz sogar in seiner Gesamtmenge die reale Nachfrage. Dieses Problem tritt beispielsweise dann regelmäßig auf, wenn Prognosen für einen Point-of-sales (Einzelhandelsgeschäfte etc.) erstellt werden sollen.

Es gibt zwei grundlegend unterschiedliche Ansätze für die Prognose im Fall entgangener Absätze. Die erste versucht eine fiktive Absatzhistorie zu erzeugen, die auf den realen Absätzen und der Information über „Stock-outs" – d. h. Perioden, in denen ein Lager keinen Bestand mehr aufweist – aufbaut. Die Prognosen können dann auf Basis dieser fiktiven Absatzhistorie errechnet werden. Ein solcher Ansatz liefert gute Ergebnisse, falls die Anzahl der Perioden ohne Bestand gering ist. Eine Alternative hierzu ist die Nutzung von ausgefeilten statistischen Methoden, die den beobachteten Absatz als zensierte Stichprobe (engl. „censored sample") der Nachfragebeobachtungen betrachten (siehe z. B. Nahmias 2008). Für diese Methoden ist allerdings die Kenntnis des zugrunde liegenden Dispositionsverfahrens wichtig.

8.6.5 Modellauswahl und Parameterschätzung

Die Auswahl des Prognosemodells und die Schätzung der notwendigen Parameter sollten mehr oder weniger regelmäßig (z. B. jedes Jahr) – aber nicht zu häufig, da dies Nervosität erzeugt – erfolgen. APS bieten häufig eine automatische Modellauswahl und Parameterberechnung an. Diese Funktion wird als *Pick-the-best Funktion* bezeichnet. Der Benutzer muss nur den Horizont angeben, auf dessen Basis der Vergleich stattfinden soll. Das System durchsucht dann alle verfügbaren statistischen Modelle und Parameterkombinationen und wählt das Verfahren und die Parameterwerte aus, die den geringsten Prognosefehler in der untersuchten Periode erzeugen. Als Ergebnis erhält der Benutzer für jedes Produkt eine Liste mit den Prognoseverfahren, die er nutzen sollte, sowie deren Parametrisierungen. Daher muss er nicht mehr prüfen, ob das Modell zum Nachfragemuster passt. Er könnte die statistischen Verfahren als „Black Box" benutzen.

Allerdings zeigen praktische Untersuchungen, dass die langfristige Performance besser und robuster ist, wenn nur 1-3 Prognoseverfahren mit gleicher Parametrisierung für eine Produktgruppe genutzt werden. Dies ergibt sich aus den folgenden Nachteilen der oben beschriebenen automatischen Auswahl:

- Der Zeithorizont sollte ausreichend viele Perioden abdecken, um statistisch signifikante Ergebnisse zu erhalten. Häufig ist jedoch bei der Einführung solcher Verfahren die bereits erfasste Nachfragehistorie zu kurz, als dass diese Voraussetzung erfüllt wäre.
- Als Kriterium für die Evaluation werden häufig die oben beschriebenen Prognosegütemaße herangezogen. Diese sagen aber nichts über die Robustheit der Ergebnisse aus.
- Für den Auswahlprozess sind drei unabhängige Zeitintervalle notwendig: Im ersten Segment werden die Modelle (bzw. Prognoseverfahren) initialisiert. So sind beispielsweise beim Verfahren von Winters 2-3 komplette Saisonzyklen (z. B. Jahre) notwendig, um Startwerte für die Saisonkoeffizienten zu errechnen. Das zweite Intervall dient dazu, die Parameterwerte des jeweiligen Modells zu optimieren. Hierzu werden die Parameter schrittweise im jeweiligen Wertebereich angepasst (sog. „grid-search"), um Aussagen über ihre Prognosegüte zu erhalten und die Modell-spezifisch beste Paramterkonfiguration bestimmen zu können. Die so optimierten Parameter werden schließlich herangezogen, um im (zur Vermeidung eines Bias nötigen) dritten Intervall die verschiedenen Modelle anhand neu berechneter Prognosen zu vergleichen und das Verfahren mit der besten Prognosegüte zur weiteren Nutzung auszuwählen.

Die Wahl der Länge der einzelnen Intervalle hat signifikanten Einfluss auf die Ergebnisse der Modellauswahl. Meist besitzt der Benutzer keine Möglichkeit, diese in der Software anzupassen oder überhaupt zu sehen.

Daher kann die automatische Modellauswahl den erfahrenen Absatzplaner bei seiner Suche nach dem passenden Modell zwar leiten. Es ist aber nicht zu empfehlen, diese Funktionalität als Black Box anzusehen.

8.6.6 Sicherheitsbestände

Die meisten APS-Anbieter ergänzen ihre Demand Planning Module um eine Funktion zur Berechnung von Sicherheitsbeständen. Dies ist naheliegend, da Sicherheitsbestände u. a. dazu dienen, potenzielle Prognosefehler zu kompensieren und der Prognosefehler somit einer der wesentlichen Einflussfaktoren für die Erreichung eines bestimmten Servicegrads ist. Die Berechnung von Sicherheitsbeständen ist relativ komplex, da es viele unterschiedliche Formeln für unterschiedliche Anwendungsbereiche gibt. Die Aufgabe des Absatzplaners ist hierbei darauf zu achten, dass die Voraussetzungen zur Nutzung einer Formel in seinem konkreten Anwendungsfall zutreffen. Nachdem dieser Abschnitt keinen vollständigen Überblick über Methoden zur Berechnung von Sicherheitsbeständen geben kann, werden wir uns auf Funktionalitäten konzentrieren, die in den meisten APS umgesetzt sind. Für weitere Informationen verweisen wir auf eines der Standard-Lehrbücher zum Thema „Materialwirtschaft und Bestandsmanagement", z. B. von Tempelmeier (2008) oder Nahmias (2008).

Die meisten Software-Pakete bieten Funktionen zur Sicherheitsbestandsberechnung für „einstufige Lagersysteme". Dies bedeutet, dass angenommen wird, dass der Bedarf lediglich von einem einzelnen Lagerpunkt bedient wird. Mehrstufige Systeme, sog. „multi-echelon Systeme" (z. B. Distributionsnetze mit Zentral- und Auslieferlagern), haben hingegen die Möglichkeit, Bestände über mehrere Stufen einer Supply Chain und über alternative Lager je Stufe zu verteilen.

Für einstufige Systeme wird die Höhe des notwendigen Sicherheitsbestands sb generell aus dem Produkt der Standardabweichung des Prognosefehlers im Risikointervall σ_R und des Sicherheitsfaktors k berechnet:

$$\text{Sicherheitsbestand} \quad sb = k \cdot \sigma_R \quad (8.20)$$

Unter der Annahme, dass die Varianz des Prognosefehlers in der Zukunft die gleiche wie in der Vergangenheit ist, kann σ_R durch Multiplikation der Standardabweichung des Prognosefehlers σ_e (berechnet aus den Vergangenheitszeitreihen) mit der Wurzel $\sqrt{R}$ des Risikointervalls errechnet werden. Die Länge des Risikointervalls hängt wiederum vom jeweiligen Dispositionsverfahren ab. Die folgenden beiden Verfahren müssen hierbei unterschieden werden:

- *Bestellrhythmusverfahren*:
  Hier wird die Bestandshöhe nur alle t Zeiteinheiten (Bestellrhythmus) kontrolliert. Jedes Mal, wenn der Bestand überprüft wird, wird eine Bestellung zur Wiederauffüllung des Bestandes auf ein vorgegebenes Level ausgelöst und an die versorgende Einheit geschickt (z. B. die Produktion oder den Lieferanten). Die Lieferung erfolgt nach Ablauf einer Lieferfrist L. Daher entspricht in diesem Fall das Risikointervall R der Summe aus Bestellrhythmus und Lieferfrist, d. h. $R = L + t$.
- *Bestellpunktverfahren*:
  Beim Bestellpunktverfahren ist der Zeitpunkt einer Bestellung abhängig vom Erreichen einer vordefinierten Bestandsgrenze (dem sog. „Bestellpunkt"). Wenn der Bestand unter den Bestellpunkt fällt, wird eine Bestellung in Höhe q ausgelöst. Das Risikointervall ist beim Bestellpunktverfahren gleich der Lieferfrist, d. h. $R = L$.

Wir kommen nun zum anderen Bestandteil der Sicherheitsbestandsformel: der Sicherheitsfaktor k repräsentiert alle anderen Einflussfaktoren des Sicherheitsbestands. Im folgenden sind diese Faktoren und einige ihrer potenziellen Ausprägungen erläutert:

- *Servicegrad*: Für den Servicegrad existieren mehrere unterschiedliche Definitionen. Die gängigsten sind die folgenden:
  - α-Servicegrad (sog. „Cycle Service Level"): α ist als Anteil der Perioden im Lieferzyklus definiert, in denen keine Fehlmengen auftreten dürfen. Daher muss der Sicherheitsbestand sicherstellen, dass eine (in der Geschäftsstrategie vorgegebene) Wahrscheinlichkeit für das Auftreten von Fehlmengen innerhalb des Lieferzyklus nicht überschritten wird.
  - β-Servicegrad (auch „Erfüllungsgrad" bzw. „Fill Rate" genannt): Die Fill Rate bzw. der zugehörige Parameter β beschreiben den (mengenmäßigen) Anteil der Nachfrage, der direkt vom Lagerbestand bedient werden kann bzw. soll.
  - Auftragserfüllungsgrad („Order Fill Rate"): Während die Fill Rate auf die Bedarfsmenge fokussiert, misst der Auftragserfüllungsgrad nur *komplette* Aufträge, die vollständig aus dem vorhandenen Bestand bedient werden können.
- *Bestellrhythmus oder Bestellmenge*: Beim Bestellrhythmusverfahren ist das Überwachungsintervall t konstant und die Bestellmenge variiert in Abhängigkeit des Bedarfs in einem Bestellzyklus. Für Bestellpunktverfahren gilt genau das Gegenteil, da die Bestellmenge q konstant ist und die Länge des Bestellzyklus abhängig von der Höhe des Bedarfs variiert. Wenn der Bedarf als weitgehend gleichmäßig angenommen werden kann, lassen sich die beiden Parameter aber durch die folgende Gleichung in Beziehung setzen:
  $$\text{Bestellmenge } q = \text{Bedarf } d \cdot \text{Zykluslänge } t.$$

Der entsprechende, den Losgrößenbestand bestimmende Parameter q oder t kann durch eine Minimierung der Bestellkosten und der Lagerkosten ermittelt werden, beispielsweise in Anwendung der wohlbekannten Formel zur Bestimmung der „Wirtschaftlichen Losgröße" (engl. „Economic Order Quantity", EOQ, z. B. Tempelmeier 2008).

- *Nachfrageverteilung*: Die Häufigkeitsverteilung der beobachteten Nachfrage wird normalerweise durch eine aus der Statistik bekannte Standardverteilung angenähert. Die hierbei meist genutzte Funktion ist die Normalverteilung. Deren Verteilungsparameter (Mittelwert und Varianz) können auf einfache Art und Weise aus einer Stichprobe der Vergangenheitsbedarfe ermittelt werden.

Formeln (wie die oben beispielhaft gezeigten), die diese Parameter verwenden, setzen jeweils mehr oder minder restriktive Grundannahmen voraus. Diese Formeln sollten nur genutzt werden, wenn die betrachtete Praxisanwendung diese Annahmen weitgehend erfüllt. Diese Aussage gilt natürlich auch für eine durch ein APS zur Verfügung gestellte „automatische" – und damit ebenfalls formelbasierte – Parameter- und Sicherheitsbestandsberechnung. Hier muss der Anwender selbst die Erfüllung der zugrunde liegenden Annahmen prüfen. In der Regel bieten APS aber auch die Möglichkeit, einige Standardparameter gängiger Dispositionsverfahren manuell zu setzen. Bei geschickter Vorgehensweise können so im Unternehmen bereits genutzte Dispositionsregeln nachgebildet werden. Dann bleibt aber nicht nur die Bestimmung sinnvoller Parameter dieser Regeln weiterhin eine große Herausforderung für den Absatzplaner, sondern auch deren korrekte Modellierung mit den durch das APS gebotenen Standards.

Dieser Abschnitt zur Sicherheitsbestandsberechnung gibt nur einen rudimentären Einblick in die Komplexität des Bestandsmanagements. Für weiterführende Information sei der interessierte Leser auf die unten aufgeführten Bücher zum Bestandsmanagement verwiesen.

Literatur

Dickersbach, J. (2005) *Supply Chain Management with APO*, Springer, Berlin, New York, 2. Aufl.

Eickmann, L. (2004) *Bewertung und Steuerung von Prozessleistungen des Demand Plannings*, Supply Chain Management, Bd. 4, Nr. 3, 37–43

Gilliand, M. (2002) *Is forecasting a waste of time?*, Supply Chain Management Review, Bd. 6, 16–24

Hanke, J.; Wichern, D. (2005) *Business forecasting*, Pearson/Prentice Hall, New Jersey, 8. Aufl.

Makridakis, S. G.; Wheelwright, S.; Hyndman, R. (1998) *Forecasting: Methods and applications*, Wiley, New York, 3. Aufl.

Nahmias, S. (2008) *Production and Operations Analysis*, McGraw-Hill/Irwin, Boston, 6. Aufl.

Silver, E.; Pyke, D.; Peterson, R. (1998) *Inventory management and production planning and scheduling*, Wiley, New York, 3. Aufl.

Tempelmeier, H. (2008) *Material-Logistik – Modelle und Algorithmen für die Produktionsplanung und -steuerung in Advanded Planning Systemen*, Springer, Berlin, Heidelberg, New York, 7. Aufl.

Wright, G.; Goodwin, P. (1998) *Forecasting with judgment*, Wiley, New York, 1. Aufl.

9 Master Planning

Jens Rohde[1] und Michael Wagner[2]

[1] SAP AG, Dietmar-Hopp-Allee 16, 69190 Walldorf, Deutschland
[2] Paul Hartmann AG, Paul-Hartmann-Str. 12, 89522 Heidenheim, Deutschland

Der Hauptzweck des *Master Planning* ist die Synchronisation der Materialflüsse entlang der Supply Chain. Das Master Planning unterstützt bei mittelfristigen Planungsentscheidungen hinsichtlich der effizienten Nutzung von Produktions-, Transport- und Versorgungskapazitäten, bei der Planung von saisonalen Beständen und auch beim Ausgleich von Angebot und Nachfrage. Als Folge dieser Synchronisation lassen sich die Bestandsniveaus in Produktion und Distribution reduzieren. Ohne zentrales Master Planning wären höhere Bestandspuffer notwendig, um einen gleichmäßigen Materialfluss zu gewährleisten. Durch abgestimmte Master Pläne, die die Varianz der Produktions- und Distributionsmengen reduzieren, lassen sich diese Sicherheitspuffer reduzieren.

Für eine effektive Synchronisation ist es wichtig, dass man die Nutzung der verfügbaren Kapazitäten jeder Supply Chain Einheit steuert. Da das Master Planning mittelfristige Entscheidungen umfasst (siehe Kap. 5), ist es notwendig, dass die Planung mindestens einen saisonalen Zyklus abdeckt, um alle Bedarfsspitzen ausgleichen zu können. Die Entscheidungen über Produktions- und Transportmengen müssen simultan getroffen werden und hierbei die Gesamtkosten für Bestand, Überstunden, Produktion und Transport minimiert werden.

Die Ergebnisse des Master Planning sind Ziele/Vorgaben für die Produktionsplanung und -steuerung (Production Planning & Scheduling), die Distributions- und Transportplanung, die Beschaffung und die Materialbedarfsrechnung. So muss beispielsweise das Produktionsplanungs- und -steuerungsmodul die Höhe des geplanten Bestands am Ende jeder Master Planning Periode und die reservierte Kapazität bis zum Ende des Planungshorizonts berücksichtigen. Die Nutzung von spezifischen Transportverbindungen und -kapazitäten sind Beispiele für Vorgaben für die Distributions- und Transportplanung. Abschnitt 9.1 beschreibt die Master Planning Entscheidungen und deren Ergebnisse im Detail.

Allerdings ist eine Planung auf detaillierten Daten im Master Planning weder möglich noch empfehlenswert. Das Master Planning erfordert die Aggregation von Produkten und Materialien zu Produktgruppen und Materialgruppen und die Konzentration auf Engpassressourcen. Dadurch kann nicht nur eine Reduktion der Datenmenge erreicht werden, sondern auch die Unsicherheit der mittelfristigen Daten und die Modellkomplexität werden reduziert. Die Erstellung von Modellen inklusive der Aggregations- und Disaggregationsprozesse wird in Abschnitt 9.2 diskutiert.

Ein Master Plan sollte zentral erstellt und periodisch aktualisiert werden. Die Aufgaben können, wie in Abschnitt 9.3 beschrieben, in mehrere Schritte zerlegt werden.

9.1 Die Entscheidungssituation

Das Master Planning soll auf Basis der Bedarfsdaten aus dem Demand Planning Modul einen aggregierten Produktions- und Distributionsplan für alle Supply Chain Einheiten erstellen. Hierbei müssen die verfügbare Kapazität und die Abhängigkeiten zwischen den einzelnen Produktions- und Distributionsstufen beachtet werden. Ein solcher kapazitierter Plan für die gesamte Supply Chain führt zu einem abgestimmten Fluss der Materialien, ohne dass große Puffer zwischen dem einzelnen Stufen aufgebaut werden müssen.

Für die Nutzung des Master Planning Moduls ist es notwendig, dass Produktions- und Transportmengen in unterschiedliche Perioden aufgeteilt werden können. Zudem sollten Zwischen- und Endprodukte lagerfähig sein (wenigstens für einige wenige Perioden), um die Kapazitätsnutzung durch Bestandsauf- und -abbau ausgleichen zu können. Da das Master Planning ein deterministisches Planungsmodul ist, kann man nur dann verlässliche Ergebnisse erwarten, wenn die Produktionsprozesse geringe Outputvarianzen aufweisen.

Die folgenden Optionen müssen bewertet werden, wenn Engpässe (engl. bottlenecks) auf Produktionsanlagen auftreten:

- Produktion in früheren Perioden und Aufbau von saisonalem Bestand,
- Produktion an alternativen Standorten mit höheren Produktions- und/ oder Transportkosten,
- Produktion in alternativen Modi mit höheren Produktionskosten,
- Zukauf von Produkten bei einem Lieferanten zu höheren Kosten als den eigenen Herstellkosten und
- Verlängerung der Arbeitszeiten mit Überstunden, um den gegebenen Bedarf unter Inkaufnahme höherer Produktionskosten und eventuell zusätzlicher Fixkosten zu erfüllen.

Es kann ebenfalls vorkommen, dass Engpässe auf Transportverbindungen auftreten. In diesem Fall kommen folgende Alternativen in Frage:

- Produktion und Versand in früheren Perioden unter Aufbau von saisonalen Beständen in einem Distributionszentrum,
- Verteilung der Produkte unter Nutzung von alternativen Transportmodi mit unterschiedlichen Kapazitäten und Kosten und
- Belieferung aus einem anderen Distributionszentrum.

Möchte man diese Probleme optimal lösen, dann muss man die Supply Chain als Ganzes betrachten und eine Lösung unter Berücksichtigung aller relevanten Kosten und Restriktionen ermitteln. Ansonsten führen dezentrale Ansätze zu Engpässen an anderen Lokationen und somit zu suboptimalen Lösungen.

Für die Erzeugung von zulässigen Zielsetzungen ist ein Antizipationskonzept notwendig. Dieses Konzept hat die Aufgabe, die (aggregierten) Ergebnisse der nachgelagerten Entscheidungsprozesse für das Master Planning so gut wie möglich vorherzusagen. Diese Vorhersage sollte weitaus einfacher sein als ein kompletter Planungsablauf auf den nachgelagerten Ebenen. Ein einfaches Beispiel hierfür ist die pauschale Reduktion der Produktionskapazitäten um eine fixe Menge, um Rüstzeiten zu berücksichtigen, die im Master Planning nicht explizit geplant werden. Dieses Vorgehen könnte allerdings in Umgebungen mit reihenfolgeabhängigen Rüstzeiten nicht genau genug sein. Daher müssen hier passendere Ansätze für die Antizipation von Rüstvorgängen gefunden werden (für weitere Informationen siehe Schneeweiss 2003; hinsichtlich Ansätzen für eine präzisere Antizipation von Losgrößen- und Reihenfolgeentscheidungen siehe z. B. Rohde 2005 und Stadtler 1988).

Der folgende Abschnitt zeigt ein kleines Beispiel zur Illustration dieser Entscheidungssituation. Es wird im Folgenden genutzt, um die Entscheidungen im Master Planning und die Effekte, Ergebnisse und genutzten Daten zu erklären.

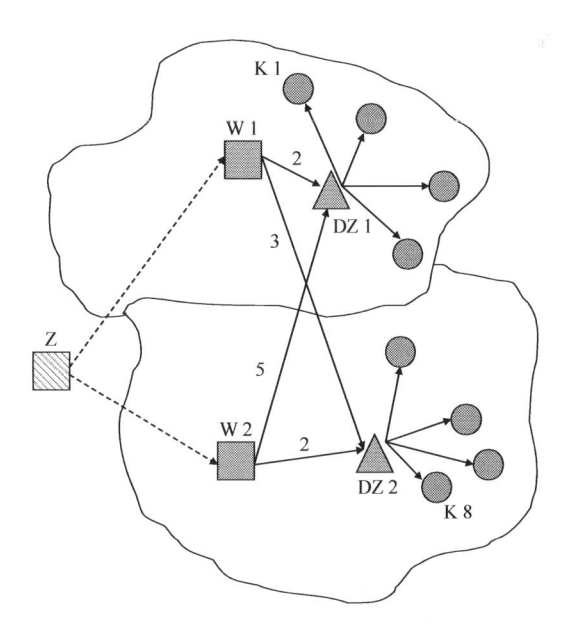

Abb. 9.1. Beispiel einer Supply Chain

Die Beispiel-Supply-Chain in Abb. 9.1 besteht aus zwei Produktionswerken (W 1 und W 2) und zwei Distributionszentren (DZ 1 und DZ 2). Zwei unterschiedliche Produkte werden in jedem Werk einstufig hergestellt. Die Kunden werden jeweils aus ihrem lokalen Auslieferlager/DZ beliefert, das typischerweise die Produkte aus dem nächstgelegenen Produktionsstandort bezieht. Allerdings ist es auch möglich Produkte über den Produktionsstandort in der anderen Region zu beziehen. Ein derartiger Transport führt zu höheren Transportkosten pro Stück. Bestände für Fertigware werden nur an den beiden DZ-Standorten vorgehalten. Die reguläre Produktionskapazität der beiden Produktionsstandorte beträgt jeweils 80 Stunden pro Woche (zwei Schichten, fünf Tage). Durch Überstunden kann diese Kapazität ausgeweitet werden.

Durch die Einführung einer dritten Produktionseinheit (Lieferant S) entsteht ein mehrstufiges Produktionssystem und – in diesem Beispiel – eine gemeinsame Kapazitätsrestriktion für die Produktion von Komponenten. Im weiteren Verlauf dieses Kapitels bleibt die dritte Produktionseinheit ohne Berücksichtigung.

9.1.1 Planungshorizont und Perioden

Der Planungshorizont umfasst das Zeitintervall, für das die Pläne erzeugt werden. Er sollte mindestens einen saisonalen Zyklus abdecken. Ansonsten wäre es nicht möglich, die Kapazitätsbedarfe über die Saison hinweg auszugleichen. Auch Bedarfsspitzen könnten nicht gedeckt werden. Nehmen wir zum Beispiel an, dass Bedarfsspitzen jeweils im letzten Quartal eines Jahres auftreten und es würde immer nur ein halbes Jahr berücksichtigt, dann wäre es nicht möglich, diese Spitze während der Planung der zweiten Hälfte auszugleichen (siehe auch das folgende einfache Beispiel hierzu, Tabellen 9.1–9.3). Meist deckt der Planungshorizont des Master Plannings 12 Monate ab.

Tab. 9.1. Saisonale Bedarfsspitze

Quartal	1	2	3	4
Nachfrage	12	13	10	**45**
verfügbare Kapazität	20	20	20	20

Tabelle 9.1 zeigt den Bedarf je Quartal und die verfügbare Kapazität. Die Produktion eines Teils benötigt eine Kapazitätseinheit. Falls eine Kapazitätserweiterung nicht möglich ist, würde ein Planungshorizont von zwei Quartalen zu einem unzulässigen Plan führen – siehe Tabelle 9.2. Berücksichtigt man einen kompletten saisonalen Zyklus (in diesem Fall: vier Quartale), so kann ein zulässiger Plan erzeugt werden (siehe Tabelle 9.3).

Der Planungshorizont ist – wie im vorigen Beispiel bereits ersichtlich – in mehrere Perioden, so genannte Zeitscheiben (engl. time buckets), aufgeteilt.

Tab. 9.2. Unzulässige Lösung

Quartal	1	2	3	4
Nachfrage	12	13	10	45
verfügbare Kapazität	20	20	20	20
genutzte Kapazität	12	13	20	**35**

Tab. 9.3. Zulässige Lösung

Quartal	1	2	3	4
Nachfrage	12	13	10	45
verfügbare Kapazität	20	20	20	20
genutzte Kapazität	20	20	20	20

Die Länge dieser Perioden (meist eine Woche oder ein Monat) muss unter Berücksichtigung der Lieferzeiten / Durchlaufzeiten auf den einzelnen Stufen der Supply Chain gewählt werden. Im Master Planning ist die Dauer jedes Prozesses[1], der eine potenzielle Engpassressource nutzt, als eine Zeitscheibe / time-bucket oder ein ganzzahliges Vielfaches davon definiert. Eine potenzielle Engpassressource kann durch eine hohe Auslastung Verzögerungen (Wartezeiten) verursachen. Man kann die Durchlaufzeiten auf Nicht-Engpassmaschinen auch vernachlässigen und damit annehmen, dass Vorgänger und Nachfolger in derselben Periode produziert werden. Diese Ungenauigkeit kann zu Ergebnissen führen, die auf den nachgelagerten Ebenen nicht in zulässige Pläne umgesetzt werden können. Allerdings sind dann kürzere (geplante) Durchlaufzeiten möglich. Auf der anderen Seite führt die Nutzung einer Zeitscheibe oder eines Vielfachen davon zu passenderen Plänen aber auch zu künstlich verlängerten Durchlaufzeiten.

Kürzere Zeitscheiben führen zu einer genaueren Abbildung der Entscheidungssituation und der Durchlaufzeiten, aber sie erzeugen auch eine höhere Planungskomplexität. Höhere Komplexität, Ungenauigkeit der Daten in zukünftigen Perioden und die steigenden Kosten für die Sammlung von Daten unterstreichen, wie wichtig der Ausgleichs zwischen Genauigkeit und Komplexität ist. Durch die Nutzung von time buckets können Mengen, aber keine einzelnen Aufträge geplant werden.

Eine weitere Möglichkeit ist die Nutzung von variablen Längen für unterschiedliche Perioden; hierbei werden die ersten Perioden über kürzere Zeitscheiben abgebildet, um hier eine genauere Planung zu ermöglichen. Gegen Ende des Planungshorizonts werden die Zeitscheiben dann länger. Allerdings führt diese Vorgehensweise zu Problemen bei der Abbildung von Lieferzeiten zwischen Produktions- und Distributionsstufen (siehe auch Kap. 5).

---

[1] Hier ist ein Prozess die Aggregation von mehreren Produktions- oder Transportaktivitäten (siehe auch Abschnitt 9.2.3).

Um jeweils mit aktuellen Daten arbeiten zu können, muss der Master Plan in regelmäßigen Zeitabständen aktualisiert werden. Hierbei werden neuere und zuverlässigere Absatzprognosen und Kundenaufträge in einem neuen Planungslauf berücksichtigt. Während der *gefrorenen Zone* (siehe auch Kap. 5) wird der Master Plan umgesetzt. Der Blick über diesen Horizont hinaus ist notwendig, um rechtzeitig Nachfrage und Kapazitäten in Einklang bringen zu können.

9.1.2 Entscheidungen

Das Master Planning hat die Aufgabe, den Ausgleich zwischen den Kosten für Bestände, Produktion, Transporte und Kapazitätserweiterungen zu finden. Die dazugehörigen Mengen, die produziert, transportiert oder gelagert werden, müssen daher im Master Planning Prozess bestimmt werden.

Produktionsmengen (für jede Periode und Produktgruppe) werden im wesentlichen durch die Produktionskosten und die verfügbare Kapazität bestimmt. Kapazitätserweiterungen müssen als Entscheidungsvariablen abgebildet werden, falls die Produktionsmengen von diesen Erweiterungsmöglichkeiten abhängen. Aber nicht nur die Produktionskapazität, sondern auch die Transportkapazitäten zwischen den Werken, Lagern und Kunden müssen im Master Planning Berücksichtigung finden. Entscheidungen über (Um-)Rüstvorgänge werden im Master Planning nur dann berücksichtigt, wenn die Losgrößen mehr als den Bedarf einer Periode abdecken. Ansonsten wird diese Entscheidung im Schritt Produktionsplanung und -steuerung getroffen und die Rüstzeiten werden im Master Planning nur antizipiert.

Da die Transportkapazitäten nur einen Rahmen für die Mengen, die von A nach B transportiert werden können, setzen, muss darüber hinaus noch die konkrete Transportmenge je Produktgruppe und Periode bestimmt werden. Im Allgemeinen werden in der mittelfristigen Planung nur lineare Transportkosten berücksichtigt. Daher ist es nur möglich, die Mengen zu ermitteln und nicht die Beladung einzelner Transportmittel. Dies muss im Rahmen der Distributions- und Transportplanung erfolgen (siehe Kap. 13).

Wenn Produktions- und Transportmengen bestimmt werden, sind daraus abgeleitet auch die Bestandshöhen bekannt. Bestandsvariablen werden genutzt, um die Lagerkosten zu ermitteln.

Die Entscheidungsvariablen im *Beispiel* sind:

- Produktionsmengen für jedes Produkt, jede Periode und jedes Werk,
- Transportmengen auf jeder Transportrelation von Werk zu DZ, für jedes Produkt und jede Periode,
- Periodenendbestände für jedes Produkt, jede Periode und jedes DZ und
- Überstunden für jedes Werk in jeder Periode.

9.1.3 Ziele

Wie bereits im vorhergehenden Abschnitt beschrieben, muss ein Master Planning Modell bei der *Minimierung der Kosten* einige Randbedingungen erfüllen. Die relevanten Kosten für die Zielfunktion hängen von der jeweiligen Entscheidungssituation ab. Im Master Planning müssen diese nicht so exakt wie beispielsweise in der Buchhaltung sein; sie werden nur genutzt, um damit die wirtschaftlichste Entscheidung ermitteln zu können. Ein einfaches Beispiel soll dies erläutern. Falls zwei Produkte eine gemeinsame Engpassressource nutzen, ist es hinreichend zu wissen, welches der beiden die geringsten Lagerkosten je Kapazitätseinheit hat. Das wäre das Produkt, das als erstes auf Lager gelegt wird, unabhängig von den „realen" Kosten, solange das Verhältnis zwischen diesen beiden Kostenfaktoren bestehen bleibt.

In den meisten Master Planning Umgebungen können die Produkte an jedem Produktionsstandort und DZ gelagert werden. Daher müssen die Lagerkosten (z. B. für Working Capital, Versicherungen usw.) Teil der Zielfunktion sein. Zudem muss die Erweiterungsmöglichkeit für die Kapazitäten berücksichtigt werden. Die entsprechenden Kosten müssen in die Zielfunktion aufgenommen werden. Zudem könnten die variablen Produktionskosten zwischen den Standorten variieren und müssen daher in Betracht gezogen werden. Falls die Losgrößenplanung im Master Planning durchgeführt wird, müssen die Kosten für das Umrüsten ebenso aufgenommen werden.

Unterschiedliche Preise der einzelnen Lieferanten müssen in der Zielfunktion berücksichtigt werden, falls Master Planning Modelle auf den Beschaffungsprozess ausgeweitet werden.

Jede Stufe des Produktions- und Distributionsnetzwerks ist mit anderen Einheiten in der Supply Chain über Transportrelationen verbunden, die Kosten verursachen. Normalerweise werden nur variable lineare Kostensätze und passende Lieferzeiten für jede Transportverbindung im Master Planning angesetzt.

Die Zielfunktion im *Beispiel* minimiert die Summe aus

- Produktionskosten,
- Lagerhaltungskosten,
- zusätzliche Kosten für Überstunden und
- Transportkosten.

9.1.4 Daten

Das Master Planning nutzt Daten aus unterschiedlichen Systemen und Modulen. Die Prognosedaten, die den Bedarf je Produktgruppe in jeder Periode des Planungshorizonts beschreiben, sind das Ergebnis des Demand Planning.

Kapazitäten müssen für jede potenzielle Engpassressource (z. B. Maschinen, Lager, Transporte) eingebunden werden. Transportkapazitäten müssen nicht berücksichtigt werden, solange das Unternehmen mit einem Logistikdienstleister einen Vertrag über 100% Verfügbarkeit abgeschlossen hat. Aber falls bei einer Kapazitätserweiterung zusätzliche Kosten anfallen, dann müssen diese und die zusätzliche Kapazität Berücksichtigung finden. Für die Berechnung der notwendigen Kapazität und der Produktionseffizienz müssen die Produktionskoeffizienten Teil des Modells sein.

Die Stücklisten aller Produkte (oder -gruppen) bilden die Basis für die Materialflüsse im Modell und liefern die Input-Output Koeffizienten. Für jeden Lagerknoten (z. B. Lagerbestand, Work-in-Process Bestand) müssen Mindest- (z. B. Sicherheitsbestände und geschätzte Losgrößenbestände) und Maximalbestände (z. B. aufgrund begrenzter Haltbarkeit) für jede Produktgruppe definiert werden.

Zudem sind alle oben erwähnten Kostenelemente Teil des Modells.
Die Daten im *Beispiel* sind

- Prognosen pro Vertriebsregion und Produkt für jede Periode,
- die verfügbare reguläre Kapazität für jedes Werk (Maschine) und jede Periode,
- die maximalen Überstunden je Werk und Periode,
- die Produktionseffizienz für jedes Produkt in jedem Werk (z. B. die Tonnen je Fertigprodukt je Stunde),
- die aktuellen Bestandshöhen an jedem DZ für jedes Produkt und
- der Mindestbestand je DZ für jedes Produkt.

9.1.5 Ergebnisse

Die Ergebnisse des Master Planning sind die optimierten Werte der Entscheidungsvariablen, die wiederum Vorgaben für andere Planungsmodule sind. Einige Entscheidungsvariablen haben nur Planungscharakter und werden nie (direkt) umgesetzt, da sie in anderen Planungsmodulen genauer bestimmt werden (z. B. werden Produktionsmengen im Modul Produktionsplanung und -steuerung ermittelt).

Daher sind die wesentlichen Ergebnisse die geplante Kapazitätsnutzung (in jeder Periode für jede Ressource oder Ressourcengruppe und Transportrelation) und die Höhe des saisonalen Bestands am Ende jeder Periode. Beides kann nicht in kurzfristigen Planungsmodulen ermittelt werden, da die Werte unter Berücksichtigung eines kompletten Saisonzyklus berechnet werden müssen. Die Produktionskapazitäten sind Vorgaben für die Produktionsplanung und -steuerung und der saisonale Bestand (ggfs. ergänzt um weitere Bestandskomponenten) am Ende jeder Master Planning Periode bestimmt Mindestbestände für die kurzfristige Reihenfolgeplanung.

Kapazitätserweiterungen müssen häufig auch während der gefrorenen Periode geplant werden, da sie kurzfristig nicht mehr vorbereitet werden können. Das gleiche gilt für Beschaffungsentscheidungen für spezielle Materialien mit langen Lieferzeiten oder solchen, die auf Basis eines Rahmenvertrags beschafft werden.

Die Ergebnisse im *Beispiel* sind

- der saisonale Bestand für jedes Produkt, jede Periode und jedes DZ, der aus der Differenz zwischen Mindestbestand und geplantem Bestand errechnet werden kann, und
- die Höhe der Überstunden für jedes Werk und jede Periode.

9.2 Modellbildung

Das Master Planning der meisten APS wird über Modelle der *linearen Programmierung* (LP) mit kontinuierlichen Variablen abgebildet. Einige Nebenbedingungen (die binäre bzw. ganzzahlige Variablen enthalten) jedoch verlangen die Umwandlung eines LP Modells in ein komplexeres Modell der *gemischt-ganzzahligen Programmierung* (Mixed Integer Programming; MIP). Lösungsansätze für LP und MIP Modelle werden in Kapitel 21 beschrieben. Dieser Abschnitt wird die Schritte der Modellbildung eines Master Planning Modells veranschaulichen. Darüber hinaus wird dargestellt wie die Komplexität des Modells von den modellierten Entscheidungen abhängt. Die Reduktion dieser Komplexität über Aggregation und der Einsatz von Strafkosten zur Ermittlung einer (zulässigen) Lösung wird ebenso erklärt.

Auch wenn es nicht möglich ist, eine umfassende Übersicht über alle möglichen Entscheidungen zu geben, soll dieses Kapitel dennoch den Zusammenhang zwischen der Komplexität und den gebräuchlichsten Entscheidungen verdeutlichen. Entgegen einer perfekten Abbildung der Realität benötigt ein Master Planning Modell einen gewissen Grad an Standardisierung (d. h. die zu modellierenden Nebenbedingungen, die Zielsetzungen usw.), zumindest für verschiedene Branchen. Auf diese Weise wird es möglich, ein Master Planning Modell lediglich durch Änderung von Parametern (z. B. Kosten, Stücklisten, Standardkapazitäten usw.) und somit nicht über die Bildung neuer mathematischer Modelle oder die Implementierung neuer Optimierer anzupassen.

9.2.1 Modellierungsvorgehen

Abbildung 9.2 zeigt ein generelles Vorgehen bei der Erstellung eines Supply Chain Modells, welches bei den meisten APS angewendet werden kann.

Schritt 1: Modellierung der Makro-Ebene

Die wichtigsten Kunden und Zulieferer sowie Produktions- und Distributionsstandorte der Supply Chain werden im ersten Schritt modelliert. Diese Entitäten sind über gerichtete Transportbeziehungen miteinander verbunden. In einigen APS werden die Transportbeziehungen selbst als Entitäten und nicht als Verbindungen zwischen Entitäten modelliert.[2]

Die beiden Werke (W 1 und W 2) und die Distributionszentren (DZ 1 und DZ 2) sind in unserem Beispiel (Abb. 9.1) modelliert; d. h. ihre Standorte

---

[2] Zum Beispiel der Supply Chain Planner von i2 Technologies.

```
┌─────────────────────────────────────────────────┐
│  Schritt 1: Modellierung der Makro-Ebene        │
└─────────────────────────────────────────────────┘
                        ↓
┌─────────────────────────────────────────────────┐
│ Modellierung von Zulieferern, Produktions- und  │
│ Distributionsstandorten und Kunden              │
└─────────────────────────────────────────────────┘
                        ↓
┌─────────────────────────────────────────────────┐
│ Verbindung modellierter Entitäten mittels       │
│ gerichteter (Transport-)Beziehungen             │
└─────────────────────────────────────────────────┘
                        ↓
┌─────────────────────────────────────────────────┐
│  Schritt 2: Modellierung der Mikro-Ebene        │
└─────────────────────────────────────────────────┘
                        ↓
┌─────────────────────────────────────────────────┐
│ Modellierung der wichtigsten internen           │
│ Materialflüsse und Engpassressourcen für jeden  │
│ Standort und jede Produkt-/Teilegruppe          │
└─────────────────────────────────────────────────┘
                        ↓
┌─────────────────────────────────────────────────┐
│  Schritt 3: Modellierung des Planungsprofils    │
└─────────────────────────────────────────────────┘
                        ↓
┌─────────────────────────────────────────────────┐
│ Definition (verschiedener) Planungsstrategien   │
│ und Optimiererprofile                           │
└─────────────────────────────────────────────────┘
```

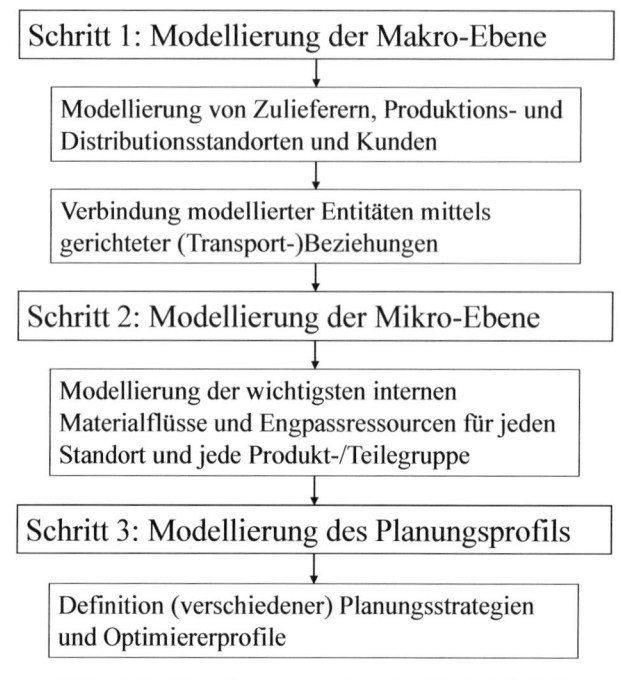

Abb. 9.2. Erstellung eines Supply Chain Modells

und eventuell auch ihre Typen (z. B. Produktionsentität und Distributionsentität) sind festgelegt. Danach folgt die Definition des wichtigsten Zulieferers (Z) und der wichtigsten Kunden (K 1, ..., K 8). Da der Zulieferer (Z) keinen potenziellen Engpass darstellt, sollte er in diesem Schritt auch nicht explizit modelliert werden. Die Kunden repräsentieren den Bedarf an Produkten der Supply Chain. Schließlich werden die Transportbeziehungen modelliert. Werden keine gesonderten Nebenbedingungen für die Transportbeziehungen aufgestellt, so repräsentieren diese einen einfachen Offset in der Durchlaufzeit.

Schritt 2: Modellierung der Mikro-Ebene

Falls notwendig, kann jedes Mitglied der Supply Chain im zweiten Schritt noch weiter detailliert werden. Alle Ressourcengruppen, die potenziell zu einem Engpass werden können, sollten für jede Entität und Transportbeziehung modelliert werden. Die internen Materialflüsse und Kapazitäten der potenziellen Engpässe werden für jede Produktgruppe und jedes Vorprodukt (bzw. jede Vorproduktgruppe) bestimmt. Die Zusammenhänge zwischen Produkt- und Vorproduktgruppen werden über Ein- und Ausgangsmaterialien jedes Prozesses definiert. Tabelle 9.4 zeigt ausgewählte Eigenschaften, die im APS modelliert werden können.

Tab. 9.4. Ausgewählte Modellierungseigenschaften des Master Planning im APS

Prozess	Parameter	Charakteristika
Beschaffung	Beschaffungskosten	linear
		stückweise linear
Produktion	Produktionskosten	linear
		stückweise linear
	Produktionsmengen	kontinuierlich
		semikontinuierlich
	Kapazitäten	normale Kapazität
		erweiterte Kapazität mit linearen Kosten pro erweiterter Kapazitätseinheit
	Kapazitätsbedarfe	fix oder linear
Lagerhaltung	Lagerhaltungskosten	linear
	Kapazitäten	normale Kapazität
		erweiterte Kapazität mit linearen Kosten pro erweiterter Kapazitätseinheit
Distribution	Transportkosten	linear
		stückweise linear
	Transportmengen	kontinuierlich
		ganzzahlig
		teilweise ganzzahlig
	Kapazitäten	normale Kapazität
		erweiterte Kapazität mit linearen Kosten pro erweiterter Kapazitätseinheit
Absatz	Verspätungen	maximale Verspätung
		lineare Strafkosten
	Nichtlieferungen	lineare Strafkosten

In unserem Beispiel sind Kapazitäten und Kosten für jede Entität sowie Transportbeziehung modelliert. W1 hat eine Normalkapazität von 80 Einheiten pro Periode. Jede Überstunde kostet 5 Geldeinheiten (GE) ohne weitere fixe Kosten. Die Produktion einer Mengeneinheit von Produkt 1 und Produkt 2 kostet je 4 GE. W2 hat die gleiche Struktur wie W1 mit der Ausnahme, dass die Produktionskosten 5 GE für jede zu produzierende Mengeneinheit betragen. Nun wird die interne Struktur der Distributionszentren modelliert. Beide Distributionszentren haben eine begrenzte Lagerkapazität. Die linearen Lagerhaltungskosten für Produkt 1 betragen in DZ 1 3 GE pro Mengeneinheit und Periode und 2 GE pro Mengeneinheit und Periode für Produkt 2. DZ 2 hat lineare Lagerhaltungskosten von 4 bzw. 3 GE pro Mengeneinheit und Periode von Produkt 1 bzw. Produkt 2. Schließlich werden noch die Transportbeziehungen auf der Mikro-Ebene modelliert. Die Transportbeziehungen haben keine Kapazitätsbeschränkungen. Die Transportkosten von W1 zu DZ1 sind linear und betragen 2 GE pro Mengeneinheit von

Produkt 1 oder 2. Für den Transport zu DZ 2 werden 3 GE pro Mengeneinheit berechnet. Der Transport einer Mengeneinheit von Produkt 1 oder 2 von W 2 nach DZ 1 kostet 5 GE und nach DZ 2 2 GE. Transporte von den Distributionszentren zu den Kunden sind nicht relevant.

Schritt 3: Modellierung des Planungsprofils

Der letzte Schritt besteht in der Definition eines Planungsprofils. Diese Definition beinhaltet die Festlegung der Kalender für die Ressourcen, der Planungsstrategien für heuristische Vorgehensweisen und der Profile für Optimierer. Planungsstrategien legen z. B. fest, wie eine erste zulässige Lösung ermittelt wird und wie Verbesserungen dieser Lösung erzielt werden. Optimiererprofile enthalten u. a. die Gewichtungen der Bestandteile der Zielfunktion (Lagerhaltungskosten, Transportkosten usw.). So könnte z. B. ein Optimiererprofil, das einen hohen Output in der Produktion begünstigt, in einem wachsenden Markt gewählt werden. Eine Möglichkeit einen solchen hohen Output zu forcieren besteht in der niedrigeren Gewichtung der Strafkosten für Kapazitätserweiterungen und der höheren Gewichtung der Strafkosten für nicht erfüllte Bedarfe.

Das Beispielmodell dieses Kapitels soll mittels Linearer Programmierung gelöst werden. Die einzige Zielfunktion ist die Minimierung der Gesamtkosten aus Lagerhaltung, Produktion, Überstunden und Transporten. Ein Planungsprofil würde dem Master Planning Modul mitteilen, einen LP-Solver ohne Gewichtungen (oder mit gleichen Gewichtungen) für die einzelnen Teile der Zielfunktion einzusetzen.

9.2.2 Komplexität eines Modells

Die Modellkomplexität und die Laufzeit eines Optimierungslaufs stehen in einer (starken) Abhängigkeit zueinander. Aus diesem Grund ist es wichtig zu wissen, welche Entscheidungen zu welcher Komplexität des Modells führen. Hierdurch wird es möglich, über den Zielkonflikt zwischen Genauigkeit und Laufzeit zu entscheiden. Je genauer ein Modell sein soll, desto mehr Entscheidungen müssen abgebildet werden. Dies aber bringt eine erhöhte Laufzeit sowie einen erhöhten Aufwand für die Datensammlung mit sich. Die folgenden Absätze stellen den Zusammenhang zwischen den in diesem Kapitel beschriebenen Entscheidungen und der Komplexität des Modells dar.

Die wichtigsten *mengenbezogenen Entscheidungen*, die im Master Planning Modell zu berücksichtigen sind, sind Produktions- und Transportmengen. Auf diesem Aggregationsniveau sind ganzzahlige Entscheidungen i. d. R. vernachlässigbar. Im Wesentlichen werden sie dazu genutzt, um Kapazitätsreservierungen auf potenziellen Engpassressourcen vorzunehmen. Da dies ungefähre Kapazitätsreservierungen sind, ist es vertretbar, von ganzzahligen Werten zu abstrahieren. Falls unterschiedliche Produktions- und Transportmodi auch zu einem Teil nutzbar sind, kommen zusätzliche, mengenbezogene

Entscheidungen pro Modus, Produkt und Periode hinzu. Weitere wichtige mengenbezogene Entscheidungen sind die Bestandshöhen. Sie ergeben sich aus den entsprechenden Produktions- und Transportmengen sowie den Bestandshöhen der vorangegangenen Periode.

Kapazitätsbezogene Entscheidungen ergeben sich nur, wenn es möglich ist, die vorhandene Normalkapazität nicht voll zu nutzen oder die Kapazität einzelner Einheiten der Supply Chain zu erweitern. Eine Möglichkeit der Erweiterung der Normalkapazität ist die Einführung von Überstunden. Dies erfordert neue Entscheidungen über die Höhe der Überstunden pro Periode und Ressource. Dadurch müssen zusätzliche Kosten ermittelt werden. Binäre Entscheidungen sind dann zu treffen, wenn komplette Zusatzschichten in bestimmten Perioden (und auf bestimmten Ressourcen) einzuführen sind, um die fixen Kosten einer solchen Zusatzschicht zu berücksichtigen (z. B. Personalkosten für eine komplette Schicht). Hierdurch wird das Problem wesentlich schwieriger zu lösen. Die Anpassung der Leistung von Maschinen führt i. d. R. auch zu nicht-linearen Optimierungsmodellen. Die Lösbarkeit eines solchen Modells nimmt dadurch stark ab und die benötigte Rechenleistung steigt entsprechend an.

Entscheidungen über Produktions- und Transportprozesse sind z. B. Entscheidungen über die Nutzung alternativer Arbeitspläne. Solche zusätzlichen Entscheidungen und die zusätzlich notwendigen Daten steigern die Komplexität des Modells. Wenn es jedoch nicht möglich ist, Produktions- und Transportmengen auf unterschiedliche Ressourcen (kontinuierlich) zu verteilen – z. B. die Versorgung von Kunden aus einem Distributionszentrum – müssen Prozessmodi berücksichtigt werden. Im Gegensatz zu den mengenbezogenen Entscheidungen unter Berücksichtigung verschiedener Modi, wie oben beschrieben, müssen hier zusätzliche binäre Entscheidungen über den Prozessmodus eingeführt werden.

9.2.3 Aggregation und Disaggregation

Ein weiterer Weg zur Reduktion der Komplexität eines Modells ist die *Aggregation*. Unter Aggregation wird die sinnvolle Zusammenfassung und Verdichtung von Zeit, Entscheidungsvariablen und Daten verstanden, mit dem Ziel die Modellkomplexität und die Menge an benötigten Daten zu verringern (Stadtler 1988, S. 80). Die Genauigkeit der Daten kann durch eine geringere Varianz innerhalb der aggregierten Gruppe erhöht werden. Höhere Entscheidungsebenen werden von detaillierten Informationen entlastet.

Des Weiteren erhöht sich die Ungenauigkeit je weiter die Perioden in der Zukunft liegen. Diese Ungenauigkeit, z. B. im Fall von Bedarfen für Produktgruppen, kann über eine sinnvolle Aggregation ausgeglichen werden, wenn die Prognosefehler innerhalb einer Gruppe nicht miteinander korrelieren. Auf diese Weise werden die Kapazitätsreservierungen einer aggregierten Produktgruppe (ein Ergebnis des Master Planning) sogar für weiter in der Zukunft liegende Perioden genauer.

Die Aggregation von Zeit, Entscheidungsvariablen und Daten wird im Folgenden beschrieben. Üblicherweise wird von diesen Alternativen gleichzeitig Gebrauch gemacht.

Zeitliche Aggregation

Unter zeitlicher Aggregation wird die Zusammenfassung mehrerer kleiner Perioden zu einer größeren verstanden. Für das Master Planning macht es z. B. wenig Sinn, die Planung in Tagesperioden durchzuführen. Es ist kaum möglich, Daten, die für solch kleine Perioden/Zeitscheiben angemessen sind, für einen für die mittelfristige Planung üblichen Planungshorizont, also für ein gesamtes Jahr im Voraus bereitzustellen. Aus diesem Grund wird das Master Planning i. d. R. in Wochen- oder Monatsperioden durchgeführt. Werden auf den verschiedenen Planungsebenen unterschiedliche Zeitintervalle für die Perioden genutzt, ergibt sich im Prozess der Disaggregation das Problem, Zielvorgaben für die Planungsperioden der abhängigen Planungsebenen zu geben, die nicht mit dem Ende einer Periode der übergeordneten Ebene übereinstimmen. Um dieses Problem zu vermeiden, können variierende Planungshorizonte auf den unteren Planungsebenen gewählt werden (siehe Abb. 9.3).

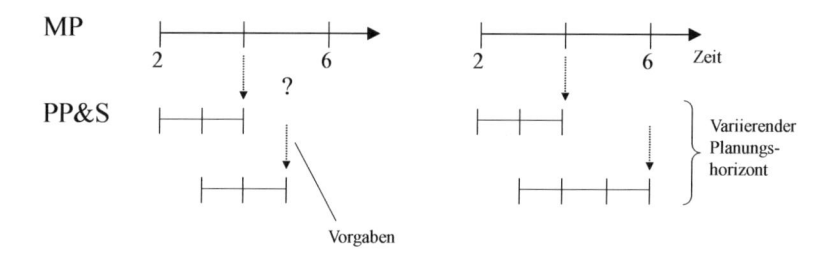

Abb. 9.3. Zeitliche Aggregation

Aggregation von Entscheidungsvariablen

Üblicherweise bezieht sich die Aggregation von Entscheidungsvariablen auf die Zusammenfassung von Produktionsmengen. Im Master Planning müssen aber auch die Transportmengen aggregiert werden. Bitran et al. (1982) schlagen die Aggregation von Produkten mit ähnlichen Produktions- und Lagerhaltungskosten sowie ähnlichem saisonalen Bedarfsverlauf zu Produkttypen vor. Produkte mit ähnlichen Rüstkosten und *identischen* Stücklisten werden zu Produktfamilien zusammengefasst. Ein wesentliches Problem im Master Planning, das von den Autoren nicht berücksichtigt wird, ist die Aggregation von Produkten in einem mehrstufigen Produktionsprozess mit voneinander *abweichenden* Stücklisten. Die Ähnlichkeit von Stücklisten *und* Transportwegen ist sehr wichtig. Die Frage danach, was Ähnlichkeit aber bedeutet, bleibt unbeantwortet. Abbildung 9.4 veranschaulicht das Problem der Aggregation von Stücklisten. Die Produkte P 1 und P 2 bilden den Produkttyp P 1/2 mit der mittleren Bedarfsrate von P 1/2 von $\frac{1}{4}$ für P 1 und $\frac{3}{4}$ für P 2. Die Teile A und B werden zum Typ AB aggregiert. Der aggregierten Stückliste von P 1/2 ist zu entnehmen, dass die Produktion eines Teils von P 1/2 ein Teil des Typs AB und $\frac{1}{4}$ Teil von C benötigt (aufgrund der gegebenen mittleren Quotierung des Bedarfs). Die Produktion eines Teils des Typs AB bedeutet dabei die Produktion eines Teils von A und zwei Teilen von B. Das Problem besteht nun in der Bestimmung des Bedarfskoeffizienten für den Typ AB bei Produkt P 3 (ein Aggregationsvorgehen für eine Folge von Operationen wird in Stadtler 1996 und Stadtler 1998 diskutiert). Shapiro (1999)

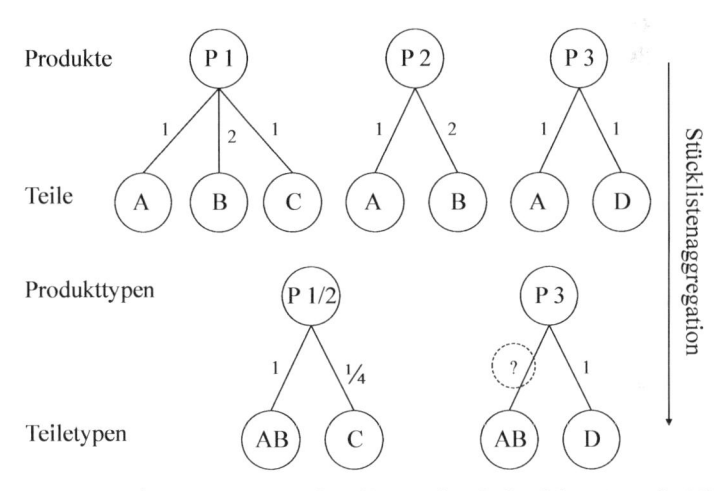

Abb. 9.4. Aggregation von Stücklisten (nach Stadtler 1988, S. 90)

merkt mit seiner 80/20-Regel an, dass in den meisten praktischen Fällen 20% der Produkte mit den geringsten Erlösen i. d. R. den größten Teil der Variantenvielfalt ausmachen. Die Produkte können zu wenigen Produktgruppen aggregiert werden, während die Produkte mit höheren Erlösen sehr sorgsam und ausgewählt aggregiert werden sollten.

Es ist wichtig die Aggregation unter Berücksichtigung der zu treffenden Entscheidungen vorzunehmen. Wenn z. B. Rüstkosten in einer Supply Chain eine vernachlässigbare Rolle spielen, macht es keinen Sinn, Produktgruppen nach der Ähnlichkeit von Rüstkosten zu bilden. Keine Charakteristik eines Produkts, die für die Entscheidungen im Master Planning wichtig ist, sollte im Aggregationsprozess verloren gehen.

Aggregation der Daten

Bei der Aggregation von Daten werden z. B. Produktionskapazitäten, Transportkapazitäten, Lagerkapazitäten, Beschaffungsgrenzen und Bedarfsdaten zusammengefasst. Die vom Demand Planning Modul empfangenen Bedarfsdaten müssen unter Berücksichtigung der Aggregation der Produkte aggregiert werden. Besonders die Aggregation von Ressourcen zu Ressourcengruppen kann nicht ohne Rücksicht auf die Produktaggregation vorgenommen werden. Zwischen Produkten und Ressourcen unterschiedlicher Gruppen sollten so wenige Beziehungen wie möglich bestehen. Gerade im Master Planning müssen neben den Produktions- und Lagerkapazitäten auch die Transportkapazitäten einbezogen werden. Aufgrund der vielen Abhängigkeiten zwischen Entscheidungsvariablen und Daten, sollte die Aggregation beider simultan erfolgen.

9.2.4 Beziehungen zu den kurzfristigen Planungsmodulen

Das Master Planning kommuniziert mit allen kurzfristigen Planungsmodulen über das Senden von Instruktionen und das Empfangen von Reaktionen (siehe Abb. 9.5). Darüber hinaus bietet der Master Plan wertvolle Eingangsgrößen, wie mittelfristige Beschaffungspläne oder mittlere Auslastungen in verschiedenen Szenarien, für Collaboration Module und strategische Planungsaufgaben (siehe auch Kapitel 14 und 15).

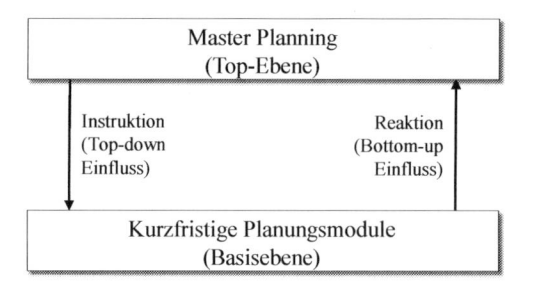

Abb. 9.5. Instruktionen und Reaktionen im Master Planning (nach Schneeweiss 2003, S. 17)

Bei Vorgaben wird zwischen primalen und dualen Vorgaben unterschieden (Stadtler 1988, S. 129). Primale Vorgaben beeinflussen direkt den Entscheidungsraum der Basisebene (hier: der kurzfristigen Planungsmodule) über die Vorgabe von Nebenbedingungen wie verfügbare Kapazität und Zielbestände am Ende einer Periode. Duale Vorgaben beeinflussen die Zielfunktion des untergeordneten Modells über das Setzen der Kostenparameter.

Nach den Planungsläufen der kurzfristigen Module erhält das Master Planning die Rückkopplung/Reaktion von der Basisebene. Instruktionen, die zu Unzulässigkeiten führen, müssen beseitigt oder abgeschwächt werden. Über die Änderung ausgewählter Parameter des Master Plannings, z. B. die maximal verfügbare Kapazität, können einzelne Unzulässigkeiten entfernt werden.

Um eine hohe Anzahl von Instruktions-/Reaktionszyklen zu vermeiden, sollte ein antizipiertes Basismodell die Resultate eines Planungslaufs auf dieser Ebene in Abhängigkeit der gegebenen Instruktion vorhersagen (siehe auch Abschnitt 9.1).

Eine Ex-Post-Rückkopplung schließlich, die nach der Umsetzung der kurzfristigen Pläne gesammelt wird, gibt dem Master Planning Modul Informationen über z. B. aktuelle Lagerbestände oder dauerhaft anzuwendende Änderungen in der Kapazitätsverfügbarkeit.

Die Kopplungsparameter, d. h. Instruktionen, Reaktionen und Ex-Post-Rückkopplungen, müssen während der Modellbildung definiert werden (siehe auch Kapitel 5). Weiterhin sind die Typen der Kopplungsbedingungen (z. B. Maximum, Minimum, Gleichheit) und die Zeitpunkte für die Übergabe der Kopplungsparameter zu bestimmen (Stadtler 1988, S. 129–138). Um das antizipierte Modell der Basisebene aufzustellen, müssen die wesentlichen Einflüsse kurzfristiger Entscheidungen auf das Master Planning identifiziert werden. So könnten z. B. Losgrößen und Rüstzeiten als Ergebnis des Production Planning und Scheduling antizipiert werden.

9.2.5 Einsatz von Strafkosten

Die Lösung eines Modells wird über die gewählten Kostensätze der Zielfunktion beeinflusst. Über die Einführung bestimmter Kosten, die die eigentlichen relevanten Kosten einer Entscheidung übersteigen (siehe Abschnitt 9.1.3), können diese Entscheidungen bestraft werden. Die relevanten Kosten für Planungsentscheidungen weichen i. d. R. von den Kosten der Buchhaltung ab, so kommen z. B. nur variable Produktionskosten ohne Abschreibungen auf Ressourcen und ohne Umlage der Gemeinkosten zum Einsatz. *Strafkosten* stehen für Entscheidungen, die nicht explizit modelliert sind. Das Master Planning hat die gesamte Nachfrage rechtzeitig zu erfüllen. Um unzulässige Pläne zu vermeiden kann es nötig sein, nicht erfüllte Bedarfe zu bestrafen. Für nicht explizit modellierte Rüstzeiten gilt ähnliches. Der durch sie entstehende Zeitverlust auf einer Engpassressource kann über Kosten, die dem Zeitverlust entsprechen, bestraft werden.

Um die Kosten einer Zielfunktion richtig interpretieren zu können, ist es wichtig Strafkosten von Kosten, die der Buchhaltung entsprechen, zu trennen. Üblicherweise übersteigen Strafkosten die weiteren Kostenparameter erheblich. Die Trennung der Kosten ist somit extrem wichtig, um die „tatsächlichen" Kosten eines Master Plans und nicht nur die Bestrafungen zu sehen. Unter anderem werden folgende Strafkosten in die Zielfunktion aufgenommen:

- Rüstkosten zur Bestrafung des Zeitverlusts auf Engpassressourcen (wenn diese nicht explizit modelliert sind),

- Kosten für nicht erfüllte Bedarfe und verspätete Lieferung von End- und Zwischenprodukten,
- Kosten für Kapazitätserweiterungen (insbesondere Überstunden), um deren Nutzung explizit zu bestrafen,
- zusätzliche Produktionskosten für bestimmte Standorte, um z. B. mindere Qualität zu bestrafen, und
- Strafkosten für hohe Lagerbestände an kundenspezifischen Produkten.

9.3 Ermittlung eines Plans

Dieser Abschnitt stellt die notwendigen Schritte zur Ermittlung eines Master Plans dar (siehe Abb. 9.6) und zeigt, wie das Master Planning effektiv genutzt werden kann.

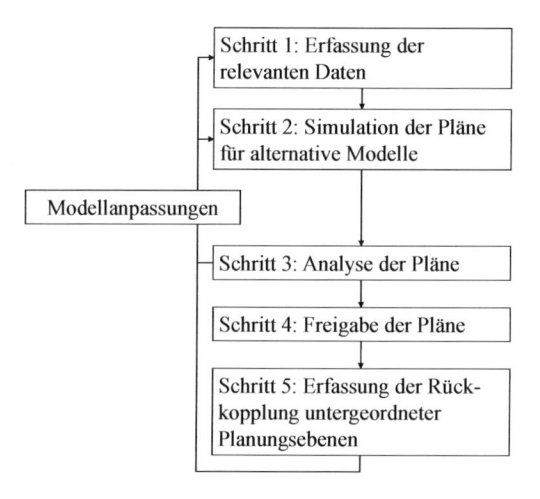

```
                    ┌─────────────────────────────┐
               ┌───▶│ Schritt 1: Erfassung der    │
               │    │ relevanten Daten            │
               │    └──────────────┬──────────────┘
               │                   ▼
               │    ┌─────────────────────────────┐
               │    │ Schritt 2: Simulation der Pläne │
               │    │ für alternative Modelle     │
               │    └─────────────────────────────┘
  ┌──────────────────┐         │
  │ Modellanpassungen│─────────┤
  └──────────────────┘         │
               │    ┌─────────────────────────────┐
               └────│ Schritt 3: Analyse der Pläne│
                    └─────────────────────────────┘
                    ┌─────────────────────────────┐
                    │ Schritt 4: Freigabe der Pläne│
                    └─────────────────────────────┘
                    ┌─────────────────────────────┐
                    │ Schritt 5: Erfassung der Rück-│
                    │ kopplung untergeordneter    │
                    │ Planungsebenen              │
                    └─────────────────────────────┘
```

Abb. 9.6. Schritte des Master Planning

Wie bereits erwähnt wird der Master Plan sukzessiv, z. B. wöchentlich oder monatlich, angepasst. Auf diese Weise fließen neue und genauere Informationen, wie derzeitige Lagerbestände und neue Bedarfsdaten, in die Planung ein. Vor der Ausführung eines neuen Planungslaufs ist es notwendig, alle relevanten Daten zu sammeln (siehe Abschnitt 9.1). Da diese Daten häufig in verschiedenen Systemen der gesamten Supply Chain gehalten werden, kann sich diese Aufgabe als äußerst schwierig erweisen. Um aber genaue Pläne zu erhalten, muss die Datensammlung sehr ernst genommen werden. Über einen hohen Automatisierungsgrad bei der Ausführung dieses Prozesses können die Ausgaben zur Sammlung der Daten minimiert werden. Für das zuvor beschriebene Beispiel wurden die Parameter, wie in Abschnitt 9.2.1 beschrieben, und die Bedarfsdaten in Tabelle 9.5 zusammengefasst.

Tab. 9.5. Bedarfsdaten

Periode		1	2	3	4	5
Produkt 1	Verkaufsregion 1	20	30	30	50	40
Produkt 2	Verkaufsregion 1	50	40	60	40	50
Produkt 1	Verkaufsregion 2	40	30	30	40	40
Produkt 2	Verkaufsregion 2	50	40	50	60	50

Die meisten APS bieten die Möglichkeit, Alternativen zu simulieren. So können verschiedene Modelle aufgebaut werden, um z. B. unterschiedliche Konfigurationen der Supply Chain oder verschiedene Schichtmuster zu prüfen. Des Weiteren können die Simulationsergebnisse zur Reduktion der Entscheidungsvariablen im Modell genutzt werden. Über die *dualen Werte* der Entscheidungsvariablen (siehe Kapitel 21) können z. B. nach der Analyse eines Plans Aktionen zur Erweiterung der Normalkapazität abgeleitet werden.

Ein Master Plan muss nicht zwingenderweise mittels LP oder MIP gelöst werden. Die Ergebnisse sind für menschliche Planer oftmals kaum nachvollziehbar, woraus sich eine unzureichende Akzeptanz der automatisch generierten Pläne ergibt. Nach der OPT Philosophie (Goldratt 1988) besteht ein alternativer Ansatz aus den folgenden vier Schritten:

1. Stelle ein unlimitiertes Modell der Supply Chain auf, bei dem alle Liefer-, Produktions- und Distributionskapazitäten vernachlässigt werden.
2. Ermittle die optimale Lösung dieses Modells.
3. Analysiere die Lösung in Bezug auf Kapazitätsüberlastungen und stoppe, falls keine Kapazitätsnutzung die oberen (oder unteren) Schranken übersteigt (bzw. unterschreitet).
4. Wähle die wichtigsten Ressourcen der Supply Chain unter denen, die Kapazitätsrestriktionen verletzten, aus. Ergreife Maßnahmen zur Anpassung der verletzten Kapazitätsrestriktionen und fixiere diese neuen Kapazitäten im Supply Chain Modell. Fahre mit Schritt 2 fort.

Wenn alle Kapazitätsverletzungen beseitigt sind, entspricht diese iterative Lösung der Lösung des kapazitierten Optimierungsmodells. Durch die sukzessive Vorgehensweise bei der Bestimmung der optimalen Lösung ist aber die Akzeptanz der Entscheidungsträger durch ein besseres Verständnis des Systems und des Modells gestiegen. Im Gegensatz zu einer Optimierung in einem Schritt können alternative Kapazitätsanpassungen diskutiert und einbezogen werden. Allerdings muss erwähnt sein, dass ein solcher iterativer Ansatz mehr Zeit und Personal beansprucht als eine Optimierung unter simultaner Berücksichtigung aller Restriktionen, insbesondere bei steigender Nutzung der verfügbaren Kapazitäten. Es ist ratsam einige Maßnahmen zur Beseitigung üblicher Kapazitätsverletzungen bereits in das Supply Chain Modell zu integrieren.

Im nächsten Schritt ist die Entscheidung zu treffen, welche der simulierten Alternativen freigegeben werden soll. Erfolgt diese Entscheidung manuell, so wird sie durch subjektive Bewertungen beeinflusst. Auf der anderen Seite kann eine automatische Entscheidung über die zu wählende Alternative kein nicht modelliertes Wissen (z. B. über wichtige Kunden) einfließen lassen.

Tab. 9.6. Produktionsmengen

Periode		1	2	3	4	5
Produkt 1	Werk 1	30	30	30	50	40
Produkt 2	Werk 1	50	50	50	40	50
Produkt 1	Werk 2	30	30	30	40	40
Produkt 2	Werk 2	50	40	50	60	50

Tabelle 9.6 sind die geplanten Produktionsmengen unseres Beispiels zu entnehmen. Die Transportmengen entsprechen diesen Produktionsmengen, mit Ausnahme des Transports von Produkt 1 von W 1 zu den Distributionszentren in der ersten Periode. Zwanzig Einheiten von Produkt 1 werden von W 1 zu DZ 1 geliefert, während 10 Einheiten trotz höherer Transportkosten zu DZ 2 geliefert werden, um den Bedarf der Verkaufsregion 2 erfüllen zu können. Ein saisonaler Bestand von 10 Mengeneinheiten wird nur in der zweiten Periode für Produkt 2 in DZ 1 aufgebaut. Beide Werke müssen in den Perioden 4 und 5 Überstunden einführen. In W 1 sind das jeweils 10 Zeiteinheiten, in W 2 werden 20 bzw. 10 Zeiteinheiten fällig. Die Kosten der fünf Perioden des Planungshorizonts sind in Tabelle 9.7 aufgeführt.

Tab. 9.7. Kosten der fünf Perioden

Produktion	3.780,00
Überstunden	250,00
Transport	1.690,00
Lagerhaltung	20,00

Nachdem die Vorgaben des Master Plans an die dezentralen Einheiten weitergereicht wurden, können die detaillierten Pläne aufgestellt werden. Die Ergebnisse dieser Pläne müssen erfasst werden, um wichtige Hinweise für Modellanpassungen zu erhalten. Werden z. B. Rüstvorgänge über einen festen Zeitabschlag pro Periode im Master Planning berücksichtigt, müssen diese angepasst werden, falls es regelmäßig zu unzulässigen dezentralen Plänen aufgrund falscher Rüstabschläge kommt.

Die mittelfristigen Beschaffungsmengen an Rohmaterial vom Zulieferer Z unseres Beispiels (siehe Abb. 9.1) können aus den mittelfristigen Produktionsplänen für die Werke W 1 und W 2 abgeleitet werden. Diese Beschaffungsmengen finden Eingang in den Prozess des Collaborative Procurement Planning (siehe Kapitel 15). Der gemeinsame Plan des Zulieferers S und der

Werke W1 und W2 fließt dann als angepasste Materialrestriktion in das Modell ein. Sobald ein geeigneter Master Plan aufgestellt wurde, werden die Entscheidungen der ersten Perioden fixiert und der Prozess der rollierenden Planung wieder aufgenommen.

Literatur

Bitran, G.; Haas, E.; Hax, A. (1982) *Hierarchical production planning: A two-stage system*, Operation Research, Bd. 30, 232–251

Goldratt, E. (1988) *Computerized shop floor scheduling*, International Journal of Production Research, Bd. 26, 433–455

Rohde, J. (2005) *Hierarchische Produktionsplanung bei losweiser Fertigung unter Einsatz künstlicher neuronaler Netze*, Logos Verlag Berlin, Berlin

Schneeweiss, C. (2003) *Distributed Decision Making*, Springer, Berlin, 2. Aufl.

Shapiro, J. (1999) *Bottom-up vs. top-down approaches to supply chain modeling*, in: S. Tayur; R. Ganeshan; M. Magazine (Hrsg.) *Quantitative models for supply chain management*, Kluwer Academic, Dordrecht, The Netherlands, 737–760

Stadtler, H. (1988) *Hierarchische Produktionsplanung bei losweiser Fertigung*, Physica, Heidelberg

Stadtler, H. (1996) *Mixed integer programming model formulations for dynamic multi-item multi-level capacitated lotsizing*, European Journal of Operational Research, Bd. 94, 561–581

Stadtler, H. (1998) *Hauptproduktionsprogrammplanung in einem kapazitätsorientierten PPS-System*, in: H. Wildemann (Hrsg.) *Innovationen in der Produktionswirtschaft – Produkte, Prozesse, Planung und Steuerung*, TCW, Transfer-Centrum-Verlag, München, 163–192

10 Demand Fulfillment & ATP

Christoph Kilger[1] und Herbert Meyr[2]

[1] J & M Management Consulting AG, Willy-Brandt-Platz 5, 68161 Mannheim, Deutschland
[2] Technische Universität Darmstadt, Fachgebiet Produktion & Supply Chain Management, Hochschulstraße 1, 64289 Darmstadt, Deutschland

Der Planungsprozess, der festlegt, wie eingehende Kundenaufträge bedient werden sollen, wird als *Demand Fulfillment* bezeichnet. Der Demand Fulfillment Prozess bestimmt bei Kundenanfragen einen voraussichtlichen Liefertermin, das sog. „First Promised Date" („erster bestätigter Termin"), und beeinflusst deswegen maßgeblich die Auftragsdurchlaufzeit und die Liefertreue. Zur Erhaltung der Wettbewerbsfähigkeit ist es heutzutage sehr wichtig, Liefertermine sowohl schnell als auch verlässlich vergeben zu können. Dies gilt insbesondere in einer E-Business Umgebung: Aufträge werden online über eine Internet-Schnittstelle erteilt, weswegen der Kunde erwartet, im Gegenzug auch innerhalb sehr kurzer Zeit eine zuverlässige Lieferbestätigung und Lieferterminzusage zu erhalten.

Eine zügige Generierung verlässlicher Lieferterminzusagen ist umso schwieriger je

- höher die Anzahl Produkte ist,
- mehr Konfigurationsbedarf im Bestellprozess besteht,
- kürzer die durchschnittlichen Produktlebenszyklen sind,
- größer die Kundenbasis ist,
- flexiblere Preispolitiken eingesetzt werden sollen und
- höher die Nachfragevarianz ist, d. h. je schlechter die Nachfrage prognostizierbar ist.

Traditionell wird im Order Promising (engl. für „Auftragsbestätigung") nach freiem Bestand gesucht und dieser eingehenden Kundenaufträgen zugewiesen, was den voraussichtlichen Liefertermin bestimmt; wenn kein freier Bestand mehr verfügbar ist, behilft man sich, indem dem Kunden die Standarddurchlaufzeit, die sich in der Vergangenheit durchschnittlich für die Kundenauftragserfüllung (Auslieferung und ggf. auch Produktion und Beschaffung von Komponenten) ergeben hat, als voraussichtliche Lieferzeit genannt wird. Allerdings kann dies zu später nicht erfüllbaren Lieferzusagen führen, da die Standarddurchlaufzeit als Erfahrungswert aus der Vergangenheit evtl. bereits bekannte zukünftige Engpässe, sei es z. B. in der verfügbaren Produktionskapazität oder in der Materialbeschaffung, nicht einbezieht.

Moderne Demand Fulfillment Lösungen in Advanced Planning Systemen nutzen jedoch deutlich intelligentere Order Promising Konzepte, um so

1. die Liefertreue zu erhöhen, indem verlässliche Liefertermine zugesagt werden,
2. den entgangenen Umsatz zu reduzieren, indem effektiver nach einer machbaren Auftragsbestätigung gesucht wird, und
3. die Erlöse und damit die Profitabilität zu erhöhen, indem der durchschnittliche Verkaufspreis gesteigert wird.

Im nachfolgenden Abschnitt werden die Grundprinzipien APS-basierter Demand Fulfillment Lösungen beschrieben, und es wird der Begriff „ATP" (Available-to-Promise) vorgestellt, der hierbei eine zentrale Rolle spielt. Die Abschnitte 10.2 und 10.3 zeigen, wie ATP gemäß den Dimensionen „Produkt" und „Zeit" strukturiert werden kann. Abschnitt 10.4 führt zusätzlich noch die Dimension „Nachfrageort" ein und beschreibt darüber hinaus das Konzept der Allokationsplanung („Allocation Planning"), aus dem sich das sog. „Allocated ATP" (AATP) ableitet. Zuletzt illustriert Abschnitt 10.5 einen AATP-basierten Order Promising Prozess durch anschauliche Beispiele.

Eine frühe Beschreibung des ATP-Konzeptes erfolgte durch Schwendinger (1979), der auch auf Verbesserungsmöglichkeiten des Kundenservice durch ATP, das auf Basis einer Produktionsprogrammplanung (Master Production Scheduling) gewonnen wird, hinweist. Ball et al. (2004) und Pibernik (2005) geben ausführliche Überblicke über ATP-bezogene wissenschaftliche Arbeiten. Fleischmann und Meyr (2003) beschäftigen sich mit theoretischen Grundlagen des Demand Fulfillment & ATP, klassifizieren Planungsaufgaben mit ATP-Bezug, zeigen Berechnungsmöglichkeiten für ATP auf und stellen lineare und gemischt-ganzzahlige Optimierungsmodelle zum ATP-basierten Order Promising vor. Die praktische Anwendung von ATP-Konzepten in APS wird z. B. bei Dickersbach (2004) im Hinblick auf den „Advanced Planner and Optimizer" (APO) der SAP AG und in i2 Technologies Inc. (2000) für die entsprechende Lösung von i2 Technologies behandelt.

10.1 Available-to-Promise (ATP)

Die Hauptaufgabe des Demand Fulfillment Prozesses ist es, den Kunden schnell *und* verlässlich Liefertermine mitteilen zu können und gleichzeitig Produktion und Einkauf vor unrealistischen Vorgaben zu schützen. Die Qualität von Lieferterminzusagen wird durch die bereits in Kap. 3 eingeführte Kennzahl *Liefertreue* gemessen. Der traditionelle Ansatz, Kundenaufträge bei unzureichenden Beständen auf Basis der Standarddurchlaufzeit zu terminieren, resultiert häufig in unerfüllbaren Lieferterminzusagen, die eine schlechte Liefertreue mit sich bringen.

Abbildung 10.1 illustriert dies an einem einfachen Beispiel. Man stelle sich eine materialbeschränkte Industrie, wie beispielsweise die High-Tech Industrie (vgl. hierzu auch Abschnitt 5.3 und Abb. 5.2), vor und nehme an, dass eine spezifische Komponente eine Standarddurchlaufzeit von zwei Wochen

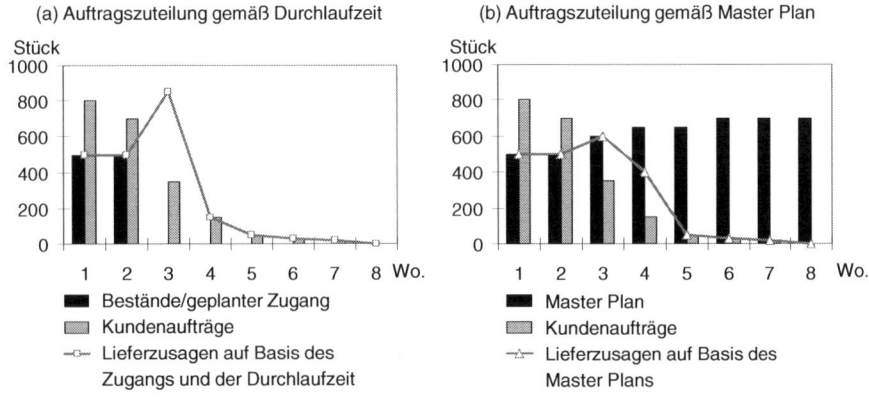

Abb. 10.1. Nachfragewelle nach der Standarddurchlaufzeit

aufweist. Innerhalb der nächsten zwei Wochen sind zwei Lieferungen der Lieferanten geplant. Da wir von einer materialbeschränkten Industrie ausgehen, sind aber keine zusätzlichen Bestellungen mehr möglich, die noch innerhalb dieser zwei Wochen ankommen könnten (bei rollierender Planung würden diese zwei Beschaffungswochen als „gefroren" bezeichnet; vgl. Abschnitt 5.1). Das Volumen an Kundenaufträgen, für das in Woche 1 und Woche 2 Liefertermine vergeben werden müssen, übersteigt in Summe allerdings die geplanten Anlieferungen. Abbildung 10.1 (a) veranschaulicht diese Situation.

Standard-MRP-Logik wäre es, eingehende Kundenanfragen zunächst den geplanten Lieferungen gegenüber zu stellen, bis diese aufgebraucht sind. Der Überhang an Anfragen, der so nicht mehr bedient werden kann, bekommt die Standardlieferzeit (in unserem Fall 2 Wochen) zugesprochen, d. h. ein solcher Kundenauftrag erhält dann als voraussichtlichen Liefertermin den Anfragezeitpunkt zuzüglich der Standarddurchlaufzeit. Anders ausgedrückt: MRP geht davon aus, dass jenseits der Standarddurchlaufzeit keinerlei (Material-)Beschränkungen vorliegen und mit dieser Vorlaufzeit beliebige Mengen bezogen werden können. Deswegen können aufgrund des Auftragsüberhangs direkt Liefervorschläge erzeugt werden. Die graue Linie in Abb. 10.1 (a) zeigt Lieferzusagen, die gemäß dieser MRP-Logik gegeben wurden. Alle Anfragen, die nicht mehr durch geplante Zugänge gedeckt werden können, finden sich in Woche 3 (d. h. nach der Standardlieferzeit) wieder. Betrachtet man das sonst übliche Zugangsniveau in den Wochen 1 und 2, erscheint es wenig wahrscheinlich, dass Lieferanten in der Lage sein sollten, eine solche „Nachfragewelle" zu verkraften, die von einer Woche auf die andere annähernd eine Verdoppelung des Bestellniveaus bedeuten würde.

Aufgabe des Master Planning (vgl. Kap. 9) ist es, auf einem mittelfristigen Planungshorizont einen abgestimmten Plan für die ganze Supply Chain zu finden, der neben den Beschaffungsprozessen auch die Produktions- und Absatzprozesse mit einbeziehnt und potenzielle Kapazitäts- oder Materialengpässe berücksichtigt. Deswegen generiert das Master Planning eine Vorausschau zukünftiger Belieferungen aus internen und externen Quellen (Produktionswerke, Zulieferer), die deutlich über den in der MRP-Logik verwandten Kurzfristhorizont (in unserem Beispiel die beiden gefrorenen Beschaffungswochen) hinausgeht. Die Idee des APS-basierten Demand Fulfillment ist es, diese weitsichtigere und gleichzeitig kapazitätsorientierte Information des Master Plans zu nutzen, um zuverlässige Liefertermine ermitteln zu können. Abbildung 10.1 (b) zeigt einen solchen Master Plan und Lieferzusagen, die durch Abgleich mit dem Master Plan entstanden sind. In Woche 3 reflektiert der Master Plan die limitierten Lieferkapazitäten der Zulieferer. Es wird davon ausgegangen, dass ein leichter Anstieg des Liefervolumens von Lieferantenseite aus machbar ist. Da Kundenanfragen jetzt gegen diesen realitätsnäheren Master Plan geprüft werden können und nicht mehr von utopisch hoher (faktisch „unendlicher") Lieferkapazität ausgegangen wird, ergeben sich deutlich verlässlichere Lieferzusagen.

In den meisten APS – aber auch in ERP-Systemen – werden der aktuell vorhandene, noch unreservierte Bestand und die im Master Plan ermittelten zukünftigen Zugänge, die als Basis des Order Promising dienen können, als *Available-to-Promise (ATP)* bezeichnet. ATP[1] repräsentiert damit als eine Art „disponibler Bestand" das gegenwärtige und in der Zukunft voraussichtlich noch für neue Kundenanfragen zur Verfügung stehende Material.

Abbildung 10.2 fasst die Bedeutung des Master Planning für das Demand Fulfillment & ATP kurz zusammen. Der Master Planning Prozess basiert auf einer Prognose, die das Nachfragepotenzial des Marktes widerspiegelt. Während des Master Planning Prozesses wird diese Prognose im Hinblick auf alle relevanten Material-, Kapazitäts- und Zeitbeschränkungen überprüft und ggf. überarbeitet, um zu einem *zulässigen* Master Plan zu kommen. Dieser Plan bildet eine gemeinsame Basis für Beschaffungsprozesse (Beschaffungsempfehlungen für den Einkauf, die Produktion, die Distribution etc.) und für den Order Promising Prozess (auf Basis der ATP-Mengen). Auf diesem Wege werden Beschaffungsprozesse mit dem Order Promising abgeglichen, was zu verlässlichen Lieferzusagen führt. Als Konsequenz verbessert sich dadurch auch die Liefertreue.

Man beachte, dass die Kennzahl „Liefertreue" primär davon abhängt, ob das Master Planning Modell die Realität ausreichend genau repräsentiert. ATP, das auf einem akkuraten Master Plan basiert, garantiert fast hundertprozentige Liefertreue, die beschaffungsseitig höchstens durch unerwartete Lieferterminabweichungen und kapazitätsseitig nur durch kurzfristige Kapazitätsprobleme, z. B. in der Produktion, gemindert werden kann. Neben der Kennzahl „Liefertreue" spielt aber auch die Kennzahl „Lieferfähigkeit" eine wesentliche Rolle im Demand Fulfillment. Sie beschreibt, wie schnell, d. h. wie genau im Hinblick auf den Kundenwunschtermin, die Supply Chain einen Kundenauftrag erfüllen kann. Die Lieferfähigkeit hängt im Gegensatz

---

[1] Nachfolgend werden ATP-Mengen abkürzend auch als (das) „ATP" bezeichnet.

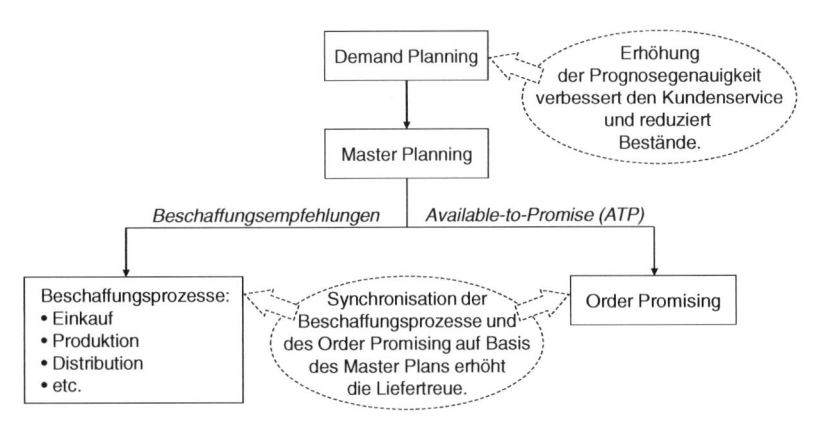

Abb. 10.2. Master Planning als gemeinsame Basis für Beschaffungsprozesse und Order Promising

zur Liefertreue hauptsächlich von der Prognosegenauigkeit und der Fähigkeit der Supply Chain ab, die Prognosen auch erfüllen zu können. Der Master Planning Prozess ist dafür verantwortlich, einen zulässigen Beschaffungsplan auf Basis der Prognose hervorzubringen. Falls der Master Plan wegen knapper Kapazität die Nachfrage nicht voll erfüllen kann, erhält der Kunde einen zwar späten, aber dennoch verlässlichen Liefertermin, wodurch die Lieferfähigkeit negativ beeinflusst wird, worunter die Liefertreue aber nicht leidet. Falls Aufträge wie in der Prognose erwartet eingehen und der Master Plan in der Lage war, einen dazu passenden Beschaffungsplan aufzustellen, treffen die beschafften Mengen die Nachfrage sehr gut. Es erhöht sich die Lagerumschlagshäufigkeit, und die Aufträge erhalten einen verlässlichen Liefertermin nahe am Kundenwunschtermin, d. h. sowohl Lieferfähigkeit als auch Liefertreue entwickeln sich positiv.

Da ATP aus der Beschaffungsinformation des Master Plans abgeleitet wird, liegt es auch im selben Detaillierungsgrad wie der Master Plan vor. Üblicherweise wird ATP nach den Merkmalen (man spricht hier auch von *Dimensionen*) „Produkt", „Zeit" und „Nachfrageort" strukturiert, die wiederum auf unterschiedlichem Aggregationsniveau vorliegen können (z. B. Kunde, Markt oder Verkaufsregion für die Dimension „Nachfrageort"). Ein typischer Master Plan würde beispielsweise nach Produktgruppe, Monat und Verkaufsregion eingeteilt sein, so dass ATP entsprechend dieselbe Detaillierung hätte. Allerdings wird für das Order Promising oft eine genauere ATP-Information benötigt. Demgemäß muss ATP auf eine feinere Granularität disaggregiert werden. In den nachfolgenden Abschnitten 10.2 – 10.4 zeigen wir, wie eine solche Detaillierung vorgenommen werden kann bzw. worauf im ATP-Strukturierungsprozess bei den drei wichtigsten Dimensionen „Produkt", „Zeit" und „Nachfrageort" geachtet werden muss.

10.2 Die Dimension „Produkt"

Prinzipiell kann ATP auf jeder Stufe einer Supply Chain vorliegen, z. B. als Endprodukt-, Komponenten- oder Rohmaterialmengen. Die Entscheidung, auf welcher Stufe ATP in einer bestimmten Industrie am besten vorliegen sollte, hängt eng mit der Entscheidung über die Lage des Entkopplungspunktes für diesen speziellen Supply Chain Typ zusammen (vgl. Kap. 4). Der Entkopplungspunkt trennt prognosegetriebene Teile der Supply Chain von auftragsgetriebenen (Fleischmann und Meyr 2003). In der Regel wird am Entkopplungspunkt ein Sicherheitsbestand vorgehalten, um Prognosefehler kompensieren zu können. Abbildung 10.3 zeigt die Lage des Entkopplungspunktes jeweils in einem Make-to-Stock (MTS), Assemble/Configure-to-Order (ATO/CTO) und Make-to-Order (MTO) Geschäftsumfeld. Man sollte sich vor Augen führen, dass über die Lage von Entkopplungspunkten gewöhnlich im Rahmen der langfristigen, strategischen Planung (vgl. Kap. 2 und 5) befunden wird, weil kürzere Servicezeiten den Kunden gegenüber, die durch downstream gelegene Entkopplungspunkte erreicht werden, mit höherwertigen und damit hinsichtlich der Lagerkosten teureren Beständen „erkauft" werden müssen.

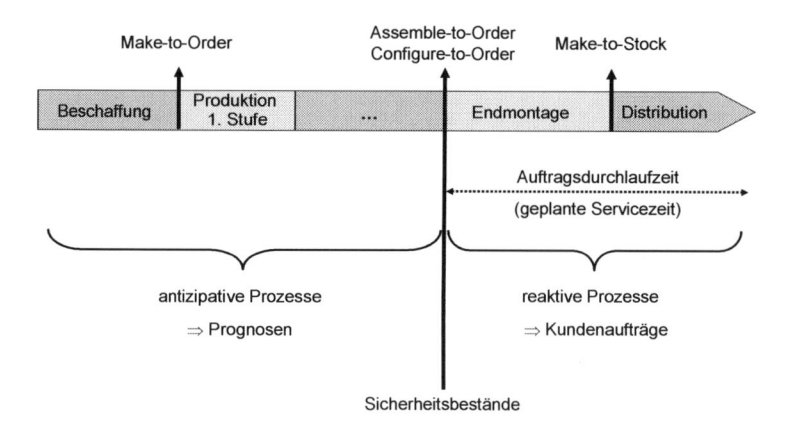

Abb. 10.3. Entkopplungspunkte in einem Make-to-Stock, Assemble/Configure-to-Order und Make-to-Order Geschäftsumfeld (angepasst nach Fleischmann und Meyr 2003)

10.2.1 Make-to-Stock

In einem MTS-Umfeld (vgl. Kap. 4) wird ATP standardmäßig auf Ebene der Endprodukte vorgehalten (z. B. aggregiert für Produktgruppen oder tatsächlich für Einzelartikel, die an Konsumenten verkauft werden). Alle

Beschaffungs- und Produktionsprozesse werden bei MTS durch Nachfrageprognosen – und nicht durch Kundenaufträge – angestoßen. Darüber hinaus kann es sogar vorkommen, dass manche Distributionsprozesse ebenfalls prognosegetrieben durchgeführt werden – beispielsweise der Transport zu Auslieferlagern (vgl. Kap. 13). Von dort können Kundenaufträge nämlich mit einer kürzeren Lieferzeit bedient werden, als es bei einem Zentrallager möglich wäre. Die Lieferterminzusage erfolgt nach einer Überprüfung der Endproduktverfügbarkeit und unter Einbezug der noch verbleibenden Transportzeiten. Die Lebensmittel- und Getränkeindustrie bzw. die Konsumgüterherstellung allgemein, aber auch der Handel, sind Beispiele für MTS-basierte Branchen. In manchen MTS-Industrien wird ein Entkopplungspunkt im Distributionsnetz sogar saisonabhängig verschoben.[2]

10.2.2 Assemble/Configure-to-Order

In einem ATO-Umfeld werden alle Komponenten prognosebasiert produziert und/oder beschafft. Die Endmontage erfolgt jedoch auftragsorientiert (vgl. Abb. 10.3). Gewöhnlich können einige (oder viele) Konfigurationsoptionen durch den Kunden gewählt werden (z. B. die Farbe, technische Features, Länderspezifika wie der Stromanschluss), womit die tatsächliche Auftragskonfiguration erst bei der Auftragsankunft bekannt wird. Diese Situation wird auch als *Configure-to-Order* bezeichnet. In einer ATO-/CTO-Umgebung werden Prognosen meist auf Endprodukt- oder Produktgruppenebene erstellt und dann durch das Master Planning zu einem Beschaffungsplan für Komponenten weiterentwickelt. Dazu sollten die Stücklisten der Endprodukte unter Beachtung der Vorlaufzeiten und der Kapazitätssituation entsprechend aufgelöst werden. Falls der Master Plan nur aggregiert auf Produktgruppenebene benötigt wird, kann man für jede Produktgruppe eine nur der Planung dienende „*virtuelle Stückliste*" anlegen, die den Erzeugniszusammenhang eines *typischen* Produkts dieser Gruppe repräsentiert.

Nach Eingang einer Kundenanfrage wird die (tatsächliche) Stückliste des (jetzt konfigurierten) Produkts aufgelöst, aus dem Kundenwunschtermin der Zeitpunkt abgeleitet, zu dem eine jeweils benötigte Komponente verbaut werden müsste, und für alle ATP-relevanten Komponenten die Verfügbarkeit geprüft. Der späteste Verfügbarkeitszeitpunkt aller ATP-relevanten Komponenten bestimmt den voraussichtlichen Anliefertermin des gesamten Kundenauftrags, der sich aus spätestem Verfügbarkeitszeitpunkt zuzüglich der Solldurchlaufzeiten für Endmontage und Transport errechnet; dabei müssen alle ATP-Verbräuche entsprechend diesem spätesten Verfügbarkeitszeitpunkt

---

[2] Beispielsweise liegt bei der Reifenherstellung der Entkopplungspunkt gewöhnlich im Zentrallager. Zum Start der Wintersaison (in Westeuropa in der Regel im Oktober) ist die Nachfrage nach Winterreifen auf ihrem höchsten Niveau und überschreitet die Bearbeitungskapazitäten des Zentrallagers. Deswegen wird für diesen Zeitraum der Entkopplungspunkt temporär in die Auslieferlager verlegt.

synchron reserviert werden. Da ATP auf mehreren Stufen der Stückliste vorgehalten werden kann, wird diese Vorgehensweise auch als „mehrstufiges ATP" (Dickersbach 2004) bezeichnet.

Bei konfigurierbaren Produkten ist wegen der vielen Kombinationsmöglichkeiten von Optionen und der daraus resultierenden sehr geringen Nachfrage je Einzelartikel die obige Auswahl eines (oder mehrerer) Repräsentanten je Produktgruppe nicht zielführend. Man behilft sich, indem stattdessen direkt die Nachfrageverteilung einzelner Optionen geschätzt wird. Wenn beispielsweise für eine Farboption mit den Auswahlmöglichkeiten „rot", „blau" oder „grün" in der Vergangenheit Nachfrageanteile von 60 %, 15 % und 25 % innerhalb einer Produktgruppe gemessen wurden, können diese auch als Indikator für die zukünftige Farbverteilung innerhalb der Gruppe interpretiert werden. Diese Anteilsschätzungen und die Prognose für die Gesamtnachfrage der Produktgruppe dienen im Master Plan dazu, unter Berücksichtigung potenzieller Restriktionen Beschaffungsmengen für (rote, blaue und grüne) Komponenten zu errechnen und als ATP dem Demand Fulfillment zur Verfügung zu stellen. Wenn man als Beispiel die Computerindustrie nimmt, kann dort aus einer begrenzten Anzahl an Komponenten – z. B. Festplatten, CPUs, Controller, Hauptspeicher – durch Wahl unterschiedlicher Ausstattungsoptionen (hinsichtlich Größe, Geschwindigkeit etc.) eine riesige Anzahl an Konfigurationen entstehen. Ein Kundenauftrag konsumiert dann ATP aus der unveränderlichen Basiskonfiguration des Computers (Hauptplatine, Gehäuse, Stromversorgung, Tastatur usw.), aber auch von allen durch die Kunden konfigurierbaren Komponenten, wie Festplatten und Hauptspeicher einer bestimmten Größe oder CPUs einer bestimmten Geschwindigkeit.

10.2.3 Make-to-Order

MTO-Umgebungen sind ATO-Umgebungen sehr ähnlich, allerdings ist der Entkopplungspunkt weiter vom Kunden entfernt angesiedelt. In einer MTO-Umgebung ist die Beschaffung häufig noch prognosegetrieben; Produktion, Endmontage und Distribution werden aber durch Kundenaufträge angestoßen (vgl. Abb. 10.3). Endprodukte und Komponenten sind entweder ohnehin kundenspezifisch, oder es existieren so viele Varianten, dass ihre Nachfrage nicht ausreichend genau vorhergesagt werden kann. Neben der Materialverfügbarkeit stellt hier typischerweise die Produktionskapazität eine ernste Restriktion bei der Erfüllung von Kundenaufträgen dar. Deswegen muss ATP in einer MTO-Umgebung sowohl (a) die Verfügbarkeit des Rohmaterials (siehe oben zum mehrstufigen ATP) als auch (b) die Kapazitätsverfügbarkeit repräsentieren. Je nach Planungszweck und Softwaremodul wird ATP in unterschiedlicher Form benötigt, um diese Kapazitätsverfügbarkeit abbilden zu können. In einem Demand Fulfillment Modul eines APS reicht eine aggregierte Betrachtung für Ressourcengruppen in der Regel aus, weswegen eine Ressource(ngruppe) wie eine zusätzliche Komponente behandelt werden kann und die Verfügbarkeit dieser „Kapazitätskomponente" wie oben für ATO-

und CTO-Umgebungen geprüft werden kann. Falls eine genauere Überprüfung der Kapazitätsverfügbarkeit notwendig ist, z. B. weil die Reihenfolge der Einlastung auf Maschinen eine Rolle spielt, müssen Kundenaufträge an das Production Planning & Scheduling Modul des APS übergeben werden, das sie (simulativ) in den aktuellen Produktionsplan einfügt und auf dieser Basis den voraussichtlichen Liefertermin bestimmt. Dieses Konzept wird auch als *Capable-to-Promise (CTP)* bezeichnet (vgl. z. B. Dickersbach 2004).[3]

Mit CTP wird also der Produktionsprozess für den neuen Kundenauftrag simuliert. Diese Simulation kann evtl. auch alle untergeordneten Produktionsstufen umfassen (mehrstufige Produktion). Da sowohl Material- als auch Kapazitätsverfügbarkeit geprüft werden, resultiert eine sehr zuverlässige Lieferterminzusage. Ein weiterer Vorteil des CTP-Prinzips ist es, dass unmittelbar nach dem Kundenauftragseingang geplante Produktionsaufträge erzeugt werden, die später nur noch verändert werden müssen, wenn eine Umplanung wegen unvorhergesehener Ereignisse (z. B. durch nicht vorhergesehene Materialknappheit, Störungen im Produktionsbetrieb oder unerwartete, höher priorisierte Nachfrage) nötig wird. In komplexen mehrstufigen Produktionsumgebungen mit knappen Kapazitäten und Rüstrestriktionen führt CTP natürlich nicht zu optimalen Produktionsplänen. Dazu bietet die sukzessive Einlastung nacheinander eingehender Aufträge viel zu wenig Gestaltungsfreiheit.

Man beachte, dass „ATP-Konsumption" normalerweise nicht bedeutet, dass ein bestimmter Zugang, der durch ATP repräsentiert wird, wirklich *dauerhaft* für einen bestimmten Kundenauftrag reserviert ist. ATP ist ein Konzept, das es einem Kundenauftrag erlaubt, in die Planungssphäre einer Supply Chain einzutreten und einen Planliefertermin zu erhalten, der voraussichtlich auch eingehalten werden kann. Die konkrete Zuweisung von Material und Produktionskapazität erfolgt aber erst später in der kurzfristigen Produktionssteuerung (bei MTO und ATO), um genügend Spielraum für eine Optimierung offen zu lassen.

10.3 Die Dimension „Zeit"

ATP wird für diskrete, nicht-überlappende Zeitperioden (auch als „Zeitscheiben" bezeichnet) geplant. Da ATP aus dem Master Plan abgeleitet wird, folgt es der Periodeneinteilung des Master Plans. Man beachte, dass sich die Periodeneinteilung des Master Plans von der Periodeneinteilung des Demand Planning unterscheiden kann. Manchmal sind die Perioden des Master Planning und des ATP kürzer als die Perioden des Demand Planning. Beispielsweise könnte die Prognose in Wochen- oder Monatsperioden unterteilt

---

[3] Man beachte, dass Kapazitätsprüfungen gemäß der Capable-to-Promise Logik auch in ATO-Umgebungen möglich sind, falls dort Produktionsressourcen limitierende Faktoren darstellen.

sein, während Master Plan und ATP in Tages- oder Wochenperioden eingeteilt sind (so dass die Prognosen *bis* zum letzten Tag einer Woche oder zur letzten Woche eines Monats zu erfüllen wären). Kundenaufträge konsumieren dann ATP aus der jeweiligen Zeitscheibe.

Die Granularität des Master Plans ist gewöhnlich ein Kompromiss zwischen der benötigten Abbildungsgenauigkeit und Laufzeit- bzw. Lösungsqualitätsanforderungen an das APS. Je detaillierter geplant werden soll, desto genauer muss der Master Plan berechnet werden und desto feinere und desto mehr Perioden müssen nach ATP abgesucht werden, um einen Liefertermin zu vergeben. Als Kompromiss zwischen Planungsgenauigkeit und -geschwindigkeit kann der Planungshorizont unterteilt werden: Im ersten, nahe in der Zukunft liegenden Teil wird ATP sehr detailliert über kurze Perioden (z. B. Tage oder Wochen) repräsentiert; im zweiten werden eher gröbere Perioden verwendet. Die Länge des erstgenannten, kürzerfristigen Teils wird manchmal auch als *Allokationshorizont* oder Horizont der Allokationsplanung (des sog. „Allocation Planning") bezeichnet. Die Grundprinzipien dieses Allocation Planning werden im nächsten Abschnitt beschrieben.

10.4 Die Dimension „Nachfrageort"

Eine Supply Chain (oder ein Teil einer Supply Chain) befindet sich entweder in einer Situation, die durch ein Überangebot an Material bzw. Kapazität oder durch ein Unterangebot geprägt ist. In letzterem Fall sind Material und/oder Kapazität Engpässe und es besteht ein Überhang an Nachfrage, die „offen" bleibt und nicht erfüllt werden kann. Da die Supply Chain nicht in der Lage ist, ausreichend Endprodukte zu liefern, um alle Kundenanfragen zu decken, wird nachfolgend auch alternativ von einer *Nachfrageunterdeckung* gesprochen. Bei einem *Überangebot* an Material und Kapazität kann die gesamte Kundennachfrage problemlos gedeckt werden. Es bestehen evtl. sogar Reserven, die reduziert werden könnten, ohne die Leistungsfähigkeit der Supply Chain zu beeinträchtigen. Das Master Planning muss mit beiden Situationen, „Überangebot" und „Nachfrageunterdeckung", umgehen können und geeignete mittelfristige oder ggf. sogar auch strategische Gegenmaßnahmen einleiten. Nachfolgend beschreiben wir die beiden Situationen etwas ausführlicher und erklären ihren Einfluss auf das Demand Fulfillment vor allem im Hinblick auf die ATP-Dimension „Nachfrageort".

10.4.1 Überangebot

Bei einem Überangebot an Material und Kapazität existieren überflüssige Ressourcen (Material und/oder Kapazität von Betriebsmitteln oder Personal), die – voraussichtlich – nicht benötigt werden. Der Master Plan hilft, diese ungenutzten Ressourcen zu identifizieren. Falls das Überangebot nur temporärer, mittelfristiger Natur ist, sollten die überflüssigen Ressourcen soweit möglich reduziert werden (betrifft v. a. Material), um Kosten zu sparen, oder es sollte zusätzliche Nachfrage generiert werden, beispielsweise durch Preisaktionen oder andere Vertriebs- oder Marketingmaßnahmen.

Falls ein Überangebot sehr oft und dauerhaft auftritt, ist dies ein Indikator dafür, dass Ineffizienzen in der Supply Chain bestehen (vgl. Kap. 16), die im Rahmen der strategischen Planung beseitigt werden sollten. Auf lange Sicht sollte eine Supply Chain an der Grenzlinie zwischen Überangebot und Nachfrageunterdeckung agieren (Sharma 1997), wozu im Überangebotsfall entsprechende Überkapazitäten dauerhaft abgebaut werden müssen oder über strategische Maßnahmen zur Steigerung des Absatzes – wie beispielsweise die Erschließung neuer Absatzkanäle oder Vertriebsregionen – nachgedacht werden muss (vgl. Kap. 7).

Das kurzfristige Demand Fulfillment ist im Falle eines solchen Überangebots allerdings unproblematisch, da die gesamte Kundennachfrage ohnehin erfüllt werden kann.

10.4.2 Nachfrageunterdeckung

Demand Fulfillment und eine ATP-Überprüfung sind also nur im Falle einer Nachfrageunterdeckung relevant, wenn Teile der Kundennachfrage nicht wunschgemäß bedient werden können. Wie wir oben gesehen haben, kann das Master Planning durch geeignete mittelfristige Maßnahmen versuchen, Angebot und Nachfrage anzugleichen. Wenn trotzdem eine Nachfrageunterdeckung verbleibt (z. B. weil Restriktionen zu hart waren oder weitere Maßnahmen nicht rentabel wären), muss entschieden werden, welchem Teil der Nachfrage das knappe Angebot zugewiesen wird. Würden Kundenaufträge nach dem *First-Come-First-Served (FCFS) Prinzip*[4] aus dem Angebot bedient, würden zwar alle Kunden gleich und in gewissem Sinne auch „gerecht" behandelt. Allerdings würde man ökonomische Aspekte, wie die Gewinnmarge eines Auftrages und die strategische Wichtigkeit eines Kunden, oder schlicht die Frage, ob der Auftrag mittelfristig prognostiziert worden ist oder nicht, außer Acht lassen. Als Konsequenz wären die Profitabilität des gesamten Geschäfts, die Kundenbeziehungen und die grundsätzliche Leistungsfähigkeit der Supply Chain gefährdet.

Die Revenue Management Aktivitäten internationaler Premium-Fluggesellschaften liefern ein schönes Beispiel, wie man durch Einsatz von intelligenteren Order Promising Strategien als FCFS seine Erlöse steigern kann (Smith et al. 1992; Klein und Steinhardt 2008). Premium-Airlines halten einen bestimmten Anteil ihrer noch nicht gebuchten Flugzeugkapazität in Form von Business- oder First-Class-Sitzen zurück, auch wenn mehr Economy-Kunden Sitze nachfragen (und gemäß FCFS auch bekommen würden) als ursprünglich für diese Flugklasse eingeplant wurden. Es wird also für jeden Flug auf Basis der prognostizierten Fluggastzahlen eine bestimmte Anzahl von Sitzen (ein

---

[4] „Wer zuerst kommt, mahlt zuerst."

sog. „Kontingent") den Buchungsklassen „Business", „First-Class" und „Economy" zugewiesen und somit für die jeweilige Klasse reserviert. Da Kunden der verschiedenen Klassen auch eine unterschiedliche Zahlungsbereitschaft aufweisen, haben die Klassen aus Sicht der Fluggesellschaft unterschiedliche Priorität. Kunden einer höher priorisierten Klasse dürften immer auch auf freie Sitzplätze einer niedrigeren Klasse zugreifen. Umgekehrt ist ein „Upgrade" von niedrig-priorisierten Kunden in die nächsthöhere Klasse aber erst kurz vor dem Abflug möglich, wenn nicht mehr zu erwarten ist, dass noch weitere Nachfragen nach höherklassigen und damit rentableren Sitzen eingehen werden. Durch diese (und weitere flankierende) Maßnahmen haben die Fluggesellschaften es geschafft, einen höheren durchschnittlichen Verkaufspreis für ihre verfügbaren Sitze zu erreichen und die Beziehungen zu ihren wichtigsten Kunden, den Business- und First-Class-Kunden, zu stärken.

Talluri und van Ryzin (2004) unterscheiden im Revenue Management den preisbasierten und den mengenbasierten Ansatz. Preisbasierte Ansätze versuchen höhere Verkaufserlöse zu erzielen, indem der Verkaufspreis über die Zeit hinweg variiert (i. d. R. erhöht) wird. Damit nehmen sie aktiv Einfluss auf die Nachfrage. Diese Strategie wird üblicherweise von „Billig-Fluglinien" und dem Handel verfolgt (vgl. auch Elmaghraby und Keskinocak 2003), ist allerdings auch interessant für die Planung von Preisaktionen in Demand Planning Modulen von APS (vgl. Abschnitt 8). Mengenbasierte Ansätze segmentieren dagegen die Kunden in mehrere Gruppen, die unterschiedliches Einkaufsverhalten, verschiedene strategische Wichtigkeit und/oder durchschnittliche Erlöse bzw. Deckungsbeiträge aufweisen. Dadurch versuchen sie, die unterschiedlich ausgeprägte Zahlungsbereitschaft ihrer Kunden oder die ungleichen Margen konkurrierender Kundenaufträge möglichst gut auszuschöpfen, wie wir es am Beispiel der Premium-Fluglinien oben bereits gesehen haben.[5]

APS wenden diese mengenbasierten Ideen ebenfalls an, indem sie ATP-Mengen unterschiedlichen Kundengruppen oder Absatzkanälen zuweisen, um die Gewinne der betroffenen Supply Chain zu erhöhen und ihre Logistikkennzahlen zu verbessern. Man spricht bei dieser Kontingent-Bildung von einer „ATP-Allokation". Die den Kundengruppen zugewiesenen ATP-Mengen werden als „Allocated ATP" (AATP) bezeichnet. Zuallererst muss ein Klassifikationsschema definiert werden, nach dem die Kunden und ihre Aufträge in verschiedene Klassen unterschiedlicher Wichtigkeit gruppiert werden. Kunden innerhalb einer Klasse sollten möglichst homogen, die Klassen untereinander aber gut differenzierbar sein. Oft bilden die Klassen eine Hierarchie. Die ATP-Mengen werden dann den Klassen nach vordefinierten Geschäftsregeln (auch als *Allokationsregeln* bezeichnet, vgl. S. 221) zugeordnet.

---

[5] Für nähere Ausführungen zur Verwandtschaft zwischen Revenue Management, Demand Fulfillment & ATP, dem Bestandsmanagement mit seinen Rationierungspolitiken und der Theorie zur Preisfindung sei auf Quante et al. (2009) verwiesen.

Die Nutzung des AATP, also des in klassenspezifische Kontingente unterteilten ursprünglichen ATP, ist weitgehend intuitiv: Wenn eine Kundenanfrage eingeht, überprüft der Order Promising Prozess, ob in der dem Kundenauftrag zugeordneten Klasse und nachgefragten Periode ein ausreichend großes Kontingent an AATP vorhanden ist. Falls ja, kann es konsumiert und der Auftrag entsprechend dem Kunden zugesagt werden. Falls es nicht ausreicht, sucht der Order Promising Prozess nach anderen Optionen der Auftragserfüllung, z. B. indem geprüft wird, ob in früheren Zeitperioden ausreichend AATP vorhanden wäre, ob von anderen Klassen AATP „gestohlen" werden könnte (soweit das die Allokationsregeln zulassen, was meist für niedriger priorisierte Klassen der Fall ist) oder ob es möglicherweise AATP bei nicht baugleichen, aber vom Kunden auch akzeptierten Substitutionsprodukten gäbe.

Die Periodenlängen für die AATP-Kontingente und für die ursprünglichen ATP-Mengen können durchaus unterschiedlich lang sein. Die Kontingente müssen sorgfältig kontrolliert und regelmäßig durch menschliche Planer angepasst werden (wie für das Fluglinien-Beispiel oben beschrieben). Ansonsten würde sich der Service für einige Kundenklassen deutlich verschlechtern, obwohl für andere noch zu viel AATP zur Verfügung steht, weil die Nachfrage sich dort ungünstiger entwickelt hat als erwartet. Um einen zeitlichen Ausgleich zuzulassen, macht es Sinn, AATP-Kontingente in einer gröberen Granularität, z. B. auf Wochen- oder Monatsbasis, vorzuhalten als die ursprünglichen ATP-Mengen. Darüber hinaus eröffnen diese unterschiedlichen Periodenraster auch noch die Möglichkeit, einen zweistufigen Order Promising Prozess zu installieren: Im ersten Schritt erhalten die Kunden unmittelbar bei der Anfrage ein vorläufiges Lieferdatum genannt, das auf der gröberen AATP-Allokation basiert, z. B. die voraussichtliche Lieferwoche. Die eigentliche AATP-Konsumption kann dann zu einem späteren Zeitpunkt durchgeführt werden, wenn aktuellere Nachfrageinformationen (auch über andere Aufträge aus evtl. höher priorisierten Klassen) vorliegen. Erst bei dieser Konsumption wird in einem zweiten Schritt der Liefertermin konkretisiert und der geplante Liefertag festgelegt. Da bis zur Bestimmung der Liefertage weitere Kundenaufträge bekannt sind und hinsichtlich ihrer Tagesterminierung noch nicht festgelegt wurden, bietet eine solche „hybride", zweistufige Vorgehensweise natürlich eine größere Flexibilität und eröffnet zusätzlichen Optimierungsspielraum.

Die Allokation von ATP zu Kundenklassen ermöglicht eine Steigerung der Verkaufserlöse bzw. der Gewinne. Beispielsweise kann der durchschnittliche Verkaufspreis angehoben werden, indem Kunden, die bereit sind, Premium-Preise zu zahlen, „sichere" Kontingente zugewiesen werden, deren ATP bei einer FCFS-Lieferterminierung schon anderweitig vergeben worden wäre. Falls traditionelle ATP-Mechanismen, die ohne Allokationsregeln auskommen, ähnliche Verkaufserlöse realisieren wollen, müssen sie in Engpass-Situationen unrentableren bzw. unwichtigeren Kunden bereits gegebene Zusagen brechen. Offensichtlich haben solche traditionellen Vergabemechanismen dann negative Auswirkungen auf die Liefertreue und die Beziehungen zu den weniger wichtigen Kunden.

10.4.3 Die Kundenhierarchie und Allokationsregeln

Um Kontingente für die Kundenklassen bilden zu können, werden zunächst ein *Modell der Kundenstruktur* und eine *Prognose für die zukünftige Kundennachfrage* benötigt. Der besseren Verständlichkeit wegen stimmt im nachfolgenden Beispiel aus Abb. 10.4 das Modell der Kundenstruktur in der Dimension „Nachfrageort" mit der geographischen Dimension des Demand Planning (vgl. Kap. 8), in dem Nachfrageprognosen ebenfalls nach räumlichen Kriterien aggregiert werden, überein. Deswegen bildet die Kundenstruktur eine ähnliche Hierarchie, wie sie von der geographischen Dimension des Demand Planning bereits bekannt ist. Man beachte aber, dass im Modell der Kundenstruktur die eben erwähnte Klassifikation von Kunden zu Gruppen mit unterschiedlicher Wichtigkeit im Vordergrund steht, während im Demand Planning meist auf regionale Zugänglichkeit zu Nachfrageinformation (lokale Information dezentraler Vertriebseinheiten, länderspezifische TV-Werbung etc.) fokussiert wird, so dass zwischen beiden Sichten gegebenenfalls ein Abgleich vorgenommen werden muss.

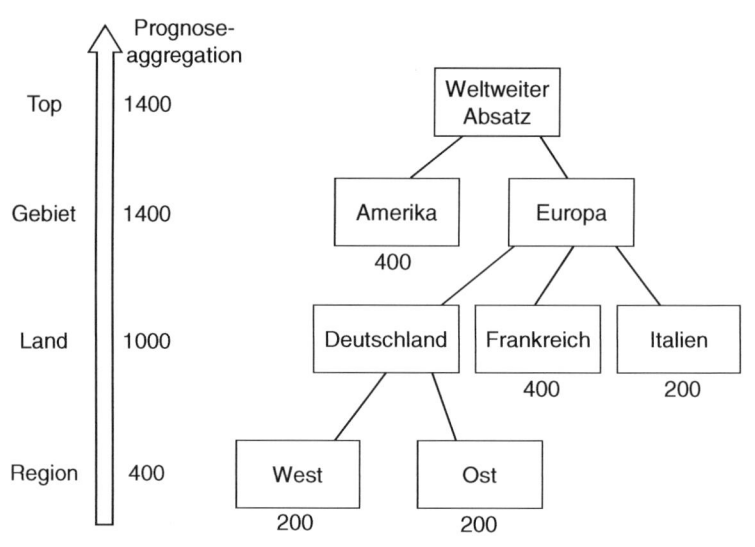

Abb. 10.4. Entlang der Kundenhierarchie aggregierte Nachfrageprognose

In einem ersten Schritt werden die Nachfrageprognosen für jeden Kunden (bzw. jede Kundengruppe) bis zur Wurzel der Hierarchie hinauf aggregiert. Die daraus resultierende Zahl spiegelt die prognostizierte Gesamtnachfrage des betrachteten Produkts (oder der Produktgruppe) wider. Diese Gesamtprognose wird an das Master Planning übergeben, das eine gewinnmaximierende Optimierung der beschränkten Ressourcen, um die in der Regel mehrere Produkte oder Produktgruppen konkurrieren, vornimmt und Aussagen liefert, ob die nachgefragten Mengen tatsächlich vollständig erfüllt werden können. In unserem Beispiel ist dies nicht der Fall, d.h. von der insgesamt nachgefragten Menge in Höhe von 1400 Stück können durch den Master Plan lediglich 1200 als machbar bestätigt werden.

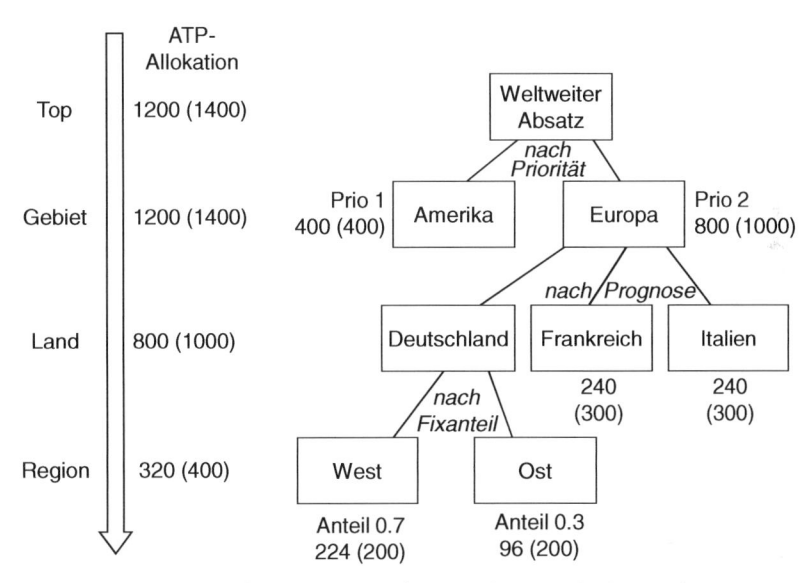

	ATP-Allokation		
Top	1200 (1400)	Weltweiter Absatz	
		nach Priorität	
Gebiet	1200 (1400)	Prio 1 400 (400) Amerika — Europa	Prio 2 800 (1000)
		nach Prognose	
Land	800 (1000)	Deutschland — Frankreich — Italien 240 (300) 240 (300)	
		nach Fixanteil	
Region	320 (400)	West — Ost	
		Anteil 0.7 Anteil 0.3 224 (200) 96 (200)	

Abb. 10.5. Allokation von ATP in der Kundenhierarchie

Die durch den Master Plan zugeteilte Menge (also das ATP) wird dann den oben erwähnten Allokationsregeln folgend von der Wurzel zu den Blättern der Hierarchie hin disaggregiert (und damit AATP-Kontingenten zugewiesen). Für unser Beispiel ist dieser Allokationsprozess in Abb. 10.5 visualisiert (die Mengen in Klammern geben die ursprüngliche aggregierte Prognose der jeweiligen Kundengruppe wieder), wobei die folgenden drei Allokationsregeln Anwendung finden:

- *Nach Priorität*: Amerikanische Kunden erhalten eine höhere Priorität (Prio 1) als Kunden in Europa (Prio 2). Deswegen wird die für amerikanische und europäische Kunden verfügbare Menge zunächst Amerika zugeteilt. Dies erfolgt ggf. so lange, bis die ursprüngliche Prognose des höher priorisierten Gebietes erreicht ist. Eine prioritätsbasierte Allokation kann gezielt Vertriebsaktivitäten in einem spezifischen Markt unterstützen, z. B. wenn sich der Markt in einer frühen Entwicklungsphase befindet.

- *Nach Prognose*: Die verfügbare Menge wird den Knoten der Kundenhierarchie proportional zu den ursprünglichen Nachfrageprognosen, zu denen sich die jeweiligen Kundengruppen bekannt haben, zugeteilt. In unserem Beispiel hatten Deutschland und Frankreich jeweils 400 Stück prognostiziert, Italien lediglich 200. Insgesamt wurden von dem Gebiet Europa also 1000 Stück nachgefragt. Allerdings wurden für Europa durch das Master Planning nur 800 Stück vorgesehen. Diese 800 werden nun proportional zum Anteil der Länderprognosen an der Gesamtprognose Europas verteilt, d. h. Deutschland und Frankreich erhalten jeweils 40% (320 Stück) und Italien erhält 20% (160 Stück). Diese prognosebasierte Allokation eignet sich, wenn jede Kundengruppe im Hinblick auf ihre ursprüngliche Prognose „fair" behandelt werden soll.[6]
- *Nach Fixanteil*: Diese Allokationsregel verwendet vordefinierte Aufteilungsfaktoren, um ATP auf die Kundengruppen zu verteilen. In unserem Beispiel erhalten Kunden aus dem westlichen Teil Deutschlands immer 70% und Kunden aus dem östlichen Teil immer 30% der Deutschland zugesprochenen Menge. Man beachte, dass die resultierenden Kontingente unabhängig von den individuellen Prognosen der beiden Kundengruppen sind (aber natürlich sehr wohl von der Gesamtprognose für Deutschland abhängen).

Neben der bisher vorgestellten Allokationslogik kann ein Teil der für eine Kundengruppe verfügbaren Menge auch zurückgehalten und noch nicht als Kontingent den zu dieser Gruppe gehörenden (darunter liegenden) Kundenklassen zugewiesen werden. Diese zurückgehaltenen Mengen können dann nach dem FCFS-Prinzip von den zugehörigen Klassen konsumiert werden. Sie dienen als eine Art „*virtueller*, aggregierter Sicherheitsbestand" der Kundengruppe, um Prognosefehler innerhalb der Gruppe auszugleichen. Wenn beispielsweise 25% der Gesamtmenge für europäische Kunden für die Kundengruppe „Europa" zurückgehalten werden, dürfen nur 600 Stück nach den obigen Allokationsregeln für die zugehörigen Kundenklassen „Deutschland", „Frankreich" und „Italien" als AATP-Kontingent reserviert werden. Die restlichen 200 Stück könnten im Rahmen des Auftragseingangs nach dem FCFS-Prinzip sukzessiv von allen europäischen Kunden konsumiert werden.

Diese Kontingente sind die Basis für die Liefertermivergabe und bilden deswegen eine wichtige Information für die Vertriebseinheiten. Darüber hin-

---

[6] Man beachte, dass in Engpass-Situationen, wenn Nachfrageunterdeckung droht, diese prognosebasierte Allokation zum sog. *Shortage Gaming* führen kann, einem Verhalten, bei dem Planer motiviert sind, eine höhere Prognose abzugeben, als sie tatsächlich erwarten. Sie rechnen dann damit, dass sie nach einer prognoseproportionalen Kürzung ihrer überhöhten Prognose die eigentlich erwartete Menge zugeteilt bekommen. Um einen Bullwhip Effekt zu vermeiden, sollte auf andere Anreizsysteme ausgewichen werden, für die Shortage Gaming unattraktiv ist. Shortage Gaming und der Bullwhip Effekt sind ausführlicher in Kap. 2 beschrieben.

aus gibt ein APS Auskunft über den aktuellen Stand der AATP-Konsumption und damit einen Überblick über schon erteilte Zusagen. Ein Vergleich der insgesamt zugeteilten Menge mit bisher konsumierten Mengen lässt jederzeit eine Abschätzung zu, ob das Auftragsvolumen die Prognose treffen wird oder nicht. Falls beides nicht zusammen passt, ist ersichtlich, welche Kontingente schneller und welche langsamer als erwartet konsumiert wurden. Diese Information kann als frühe Warnung, dass Störungen des Plans auftreten, an die Supply Chain gesendet werden, so dass ggf. Gegenmaßnahmen eingeleitet werden können, wie beispielsweise Verkaufsoffensiven des Vertriebs. Diese sollen zusätzliche Nachfrage generieren, die das eingeplante AATP doch noch konsumiert.

10.4.4 Allocation Planning

Der oben beschriebene Prozess, der aggregierte ATP-Mengen vom Master Planning erhält und als AATP-Kontingente auf die Knoten der Kundenhierarchie verteilt, wird als *Allocation Planning* bezeichnet. Das Allocation Planning muss auf jeden Fall nach jedem Update des Master Plans, das häufig wöchentlich stattfindet, erfolgen. Es wird dann also (rollierend) einmal pro Woche eine aktualisierte Nachfrageprognose vom Master Planning in ATP übersetzt und als AATP-Kontingente auf die Kundenhierarchie disaggregiert.

Zusätzlich sollten die Kontingente aber auch täglich aktualisiert werden, um Änderungen im Umfeld der Supply Chain sofort erfassen zu können. Wenn beispielsweise der Lieferant einer Schlüsselkomponente eine Lieferverspätung bekannt gibt, kann sich diese Verzögerung im Zugang (gerade bei schlanken Supply Chains mit geringen Sicherheitsbeständen) bis in den Auftragserfüllungsprozess auswirken und wiederum zu Verspätungen in der Auslieferung eigener Kundenaufträge führen. Diese Information über Probleme in der Zulieferung sollte sich, sobald sie verfügbar ist (ggf. auch ohne Umweg über das Master Planning), im ATP bzw. in den Kontingenten wiederfinden. Ähnlich könnte bereits das Master Planning von zu knappen Kapazitätsprognosen ausgegangen sein, was zu einer unnötig geringen ATP-Verfügbarkeit geführt hat. Auch hier sollte eine aktualisierte Kapazitätsinformation (diesmal nach vorangegangenem, ggf. auch außerplanmäßigem Master Planning) schnell in das Allocation Planning eingehen, damit auch tatsächlich mehr Kundenaufträge akzeptiert werden können.

Da das Master Planning die Ausgangsinformation für die Kontingentierung liefert, kann der Allokationshorizont nicht länger als der Planungshorizont des Master Planning sein. Letzterer bewegt sich üblicherweise zwischen sechs und zwölf Monaten. Meist ist es auch gar nicht nötig, Kontingente für sechs Monate oder gar länger zu kennen. Zum Beispiel liegen in der Computerindustrie bereits 90% der Aufträge schon drei Wochen vor dem Kundenwunschtermin vor. Deswegen kann in Abhängigkeit der Wunschlieferzeit der Kunden im Allocation Planning auch ein kürzerer Planungshorizont als im

Master Planning verwendet werden. Um beim Beispiel der Computerindustrie zu bleiben: Dort sind in der Regel drei Monate als Allokationshorizont durchaus ausreichend.

10.5 Order Promising

Das Order Promising bildet das Herzstück des Demand Fulfillment Prozesses. Sein Ziel ist es, bei Kundenanfragen zuverlässige Liefertermine für Kundenaufträge zu versprechen, die nahe am Kundenwunschtermin liegen. Die Qualität des Order Promising Prozesses wird über die Kennzahlen Liefertreue und Lieferfähigkeit beurteilt.

Die Kennzahl *Liefertreue* ist näher in Kap. 3 beschrieben; sie misst den Prozentanteil an Kundenaufträgen, die wie im Order Promising zugesagt geliefert werden konnten (basierend auf der ersten gegebenen Zusage). Um eine hohe Liefertreue zu erreichen, müssen also verlässliche Lieferterminzusagen ermittelt werden. Dabei gilt – etwas konkreter beschrieben als oben – eine Zusage als *verlässlich*, wenn die Supply Chain in der Lage ist, dem Kunden das versprochene Produkt in der versprochenen Menge und zum versprochenen Termin zu liefern. Eine Supply Chain, die in der Lage ist, über einen langen Zeitraum hinweg konsequent zuverlässige Liefertermine zu versprechen, weist einen Wettbewerbsvorteil gegenüber Supply Chains mit geringerer Verlässlichkeit auf.

Es existieren mehrere Arten der Terminzusage (Ball et al. 2004; Pibernik 2005):

- *Online ("real-time") Order Promising:* Eine Kundenanfrage wird unmittelbar beim Auftragseingang mit einer Lieferterminzusage versehen, d. h. sofort nach Buchung der Anfrage werden ein voraussichtlicher Liefertermin und eine voraussichtliche Liefermenge als Bestätigung an den Kunden zurückgemeldet.
- *Batch Order Promising:* Kundenaufträge werden im Transaktionssystem des Vertriebs entgegengenommen, ohne dass direkt ein Liefertermin rückgemeldet wird. Es werden dann in festen Zeitabständen (z. B. einmal am Tag) alle bis dahin eingegangenen Aufträge gleichzeitig (im „Batch") betrachtet, damit ihnen mit Wissen um die Gesamtnachfrage geeignete Liefertermine zugeordnet werden können. Beispielsweise könnten solche Liefertermine durch ein Production Planning Modul generiert werden, das zur Kapazitätsprüfung eine (vorläufige) Reihenfolgeplanung für die Aufträge vornimmt.
- *Hybrides Order Promising:* Ein Kundenauftrag erhält beim Auftragseingang nur einen vorläufigen Liefertermin zugeordnet, der dann später im Rahmen eines Batch Order Promising weiter konkretisiert (vgl. Ball et al. 2004, Abschnitt 2.3, für ein Beispiel der Dell Computer Corporation und den zweistufigen Ansatz aus Abschnitt 10.4.2) oder im Rahmen

einer gemeinsamen Überprüfung aller bisher vergebenen Termine (sog. „Re-Promising") evtl. nochmals verbessert wird.

Online Order Promising lässt nicht zu, dass das Auftragsmanagement Lieferterminzusagen vor ihrer Meldung an den Kunden überprüfen und ggf. ändern kann. Andererseits bietet es aber sehr vorteilhafte Antwortzeiten dem Kunden gegenüber, die wettbewerbsentscheidend sein können. Deswegen werden wir uns für den Rest dieses Kapitels auf Online Order Promising beschränken.

10.5.1 ATP-Konsumption

Der Prozess des ATP-basierten Order Promising läuft nach folgenden Grundprinzipien ab: Zunächst sucht der Order Promising Prozess nach ATP[7] gemäß den nachfolgend beschriebenen Suchregeln. Falls ausreichend ATP gefunden wurde, wird es entsprechend reduziert (man spricht auch von ATP-Konsumption) und eine Lieferzusage für den Auftrag generiert. Falls nur für einen Teil der angefragten Menge ATP gefunden werden konnte und der Kunde nicht nur Komplettlieferungen zulässt, wird der entsprechende Anteil konsumiert und bestätigt. Andernfalls muss der Auftrag abgelehnt oder manuell für das Ende des Allokationshorizonts bestätigt werden. Man beachte, dass der Allokationshorizont typischerweise deutlich länger sein wird als die in Abb. 10.1 angesprochene Standarddurchlaufzeit, so dass hier keine Gefahr einer Nachfragewelle besteht. Allerdings ist es sehr wahrscheinlich, dass der Kunde einen so späten Liefertermin nicht akzeptieren wird, also seine Anfrage nicht in einen Auftrag umwandelt bzw. einen eventuell schon a priori erteilten Auftrag wieder storniert.

Prinzipiell kann ATP bzgl. aller Dimensionen gesucht werden, nach denen das ATP im Master oder Allocation Planning bereits strukturiert wurde (vgl. Abschnitt 10.1). Nachfolgend beschreiben wir die ATP-Suche am Beispiel der Dimensionen „Zeit", „Produkt" und „Nachfrageort".

Abbildung 10.6 illustriert die ATP-Suche entlang diesen Dimensionen. Dabei wird folgende (mehr oder minder willkürlich gewählte) *regelbasierte Suchlogik* angewandt (der besseren Verständlichkeit willen nehmen wir an, dass ATP auf Endproduktebene vorliegt; die Suchregeln können auch analog für ATP auf Produktgruppen- oder Komponenten-Ebene verwendet werden):

1. Der Blattknoten der Kundenhierarchie, zu dem der anfragende Kunde gehört, das durch den Auftrag angefragte Produkt und die Zeitperiode des Kundenwunschtermins werden bestimmt. ATP wird – soweit verfügbar – für diese Knoten konsumiert.

---

[7] Oben wurde von ATP als Ergebnis des Master Planning und zur leichteren Unterscheidung von AATP als Ergebnis des Allocation Planning gesprochen. Die meisten Veröffentlichungen nehmen diese Differenzierung nicht vor. Um der Konsistenz mit der übrigen Literatur und einfacheren Lesbarkeit willen wird in diesem Abschnitt auch die Bezeichnung ATP verwendet, selbst wenn AATP eigentlich wieder treffender wäre.

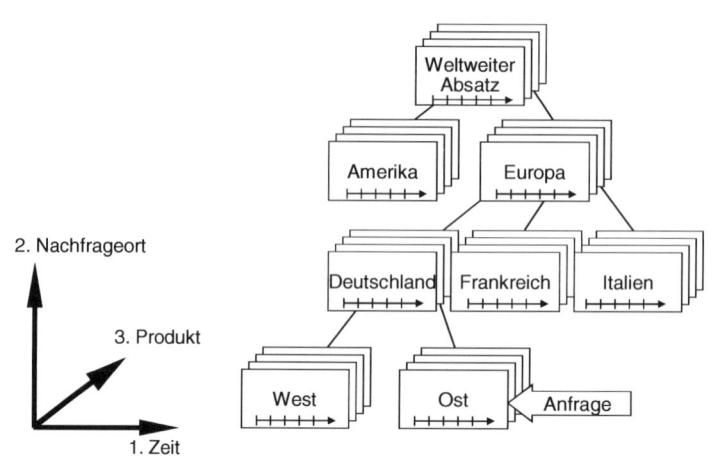

Abb. 10.6. Drei ATP-Suchrichtungen

2. Falls nicht ausreichend ATP verfügbar war, wird die Zeitdimension in die Vergangenheit nach zusätzlichem ATP überprüft (für denselben Blattknoten in der Kundenhierarchie und für dasselbe Produkt); dabei kann ATP bis zu einer Maximalzahl an Vergangenheitsperioden einbezogen werden. Man beachte, dass Konsumption von ATP aus früheren Perioden als vom Kunden gewünscht eine Lagerung mit sich bringt.
3. Falls das ATP dann immer noch nicht ausreicht, werden die Schritte 1 und 2 rekursiv für nächsthöhere Knoten (Elternknoten) in der Kundenhierarchie durchgeführt, bei denen evtl. auf zurückgehaltenes ATP zugegriffen werden kann.
4. Falls nötig, können die Schritte 1 bis 3 für alternative Produkte durchgeführt werden, die der Kunde als Substitute akzeptieren würde.
5. Wenn dann das ATP immer noch nicht ausreichen sollte, werden die Schritte 1 bis 4 wiederholt, wobei diesmal bis zu einer vordefinierten Maximalzahl an Perioden in die Zukunft anstatt in die Vergangenheit gesucht wird. Man sollte sich vor Augen führen, dass durch diese „Vorwärtssuche" eine Verspätung des Kundenauftrags in Kauf genommen wird.

Obige Abfolge von Suchregeln ist nur *ein* Beispiel einer ATP-Such- und Konsumptionslogik. Tatsächlich kann eine ATP-Suchstrategie aus beliebigen Kombinationen bzw. Sequenzen von nachfolgenden Suchoptionen bestehen:

- *Search for Product Availability:* Das ist die Standardsuche nach ATP entlang der Zeitdimension, die auch zukünftige Verfügbarkeit einschließt.
- *Search for Allocated ATP:* ATP wird in der Kundenhierarchie entlang der Dimension „Nachfrageort" gesucht.
- *Search for Forecasted Quantities:* Hier wird ein Liefertermin lediglich auf Basis der (nicht durch das Master Planning bearbeiteten) Nachfrageprognosen erzeugt, die dann grundsätzlich nur aggregiert und nicht kundenspezifisch vorliegen.

- *Search for Component Availability:* Bei mehrstufigen Produktionsprozessen und Erzeugnisstrukturen ist eine mehrstufige ATP-Suche nötig, die auch die Komponentenverfügbarkeit abprüft.
- *Capable-to-Promise:* ATP wird dynamisch durch Aufruf des Production Planning & Scheduling Moduls erzeugt.
- *Perform Substitution:* Falls für das ursprünglich nachgefragte Produkt am bevorzugten Standort kein ATP gefunden werden kann, lässt sich über eine derartige Suchregel (a) das gleiche Produkt an einem anderen Standort, (b) ein Substitut am selben Standort oder (c) ein Substitut an einem anderen Standort ermitteln. Für diese auch als „regelbasierte ATP-Suche" bezeichnete Suchlogik müssen Listen von potenziellen Substituten und/oder alternativen Standorten gepflegt werden und Regeln zur Suchreihenfolge definiert werden.

Nachfolgend illustrieren wir die ATP-Suche an einem einfach gehaltenen Beispiel.

10.5.2 Ein Beispiel zur ATP-Konsumption

Wir gehen davon aus, dass eine Kundenanfrage aus dem Osten Deutschlands nach 300 Stück eines bestimmten Produktes, die in Woche 4 verfügbar sein sollen, eingeht. Die ATP-Verfügbarkeit für den Osten Deutschlands ist in Abb. 10.7 dargestellt. Zunächst wird nach ATP für den Nachfrageort Deutschland-Ost in Woche 4, dann in Woche 3 und schließlich in Woche 2 gesucht (unter der Annahme, dass sich die ATP-Suche höchstens 2 Wochen in die Vergangenheit erstrecken darf). Entlang dieses Suchpfades werden also 10 Stück in Woche 4, 60 in Woche 3 und 50 in Woche 2 gefunden, was eine Gesamtmenge von 120 Stück ergibt (vgl. Abb. 10.7).

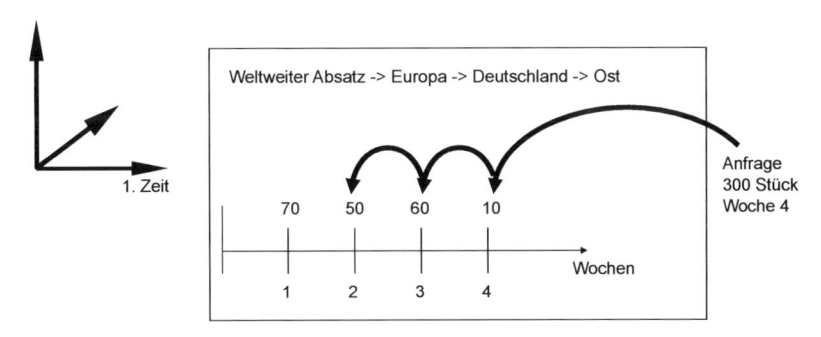

Abb. 10.7. ATP-Konsumption entlang der Dimension „Zeit"

Da die ATP-Suche Woche 1 nicht mehr einbeziehen darf, bleiben 180 Stück der nachgefragten Menge nach dem ersten Schritt weiter offen. In einem zweiten Schritt wird entlang der Dimension „Nachfrageort" in der Kundenhierarchie gesucht. In unserem Beispiel gehen wir in Abb. 10.8 davon

228 Christoph Kilger und Herbert Meyr

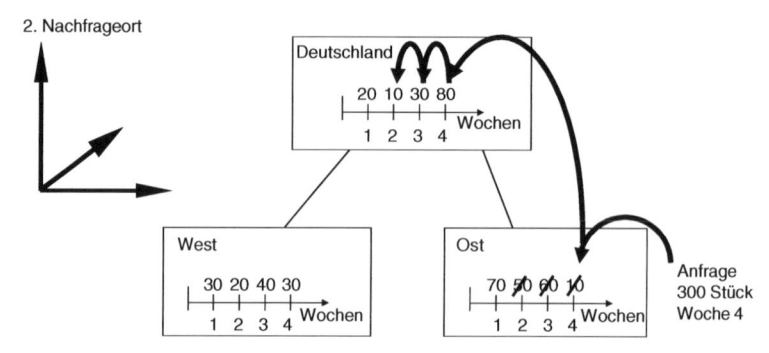

Abb. 10.8. ATP-Konsumption entlang der Dimension „Nachfrageort"

aus, dass zurückgehaltenes ATP zwar auf der nächsthöheren Hierarchieebene im Elternknoten „Deutschland" verfügbar ist, relevante Knoten noch höherer Ebenen, d. h. „Europa" und „Weltweiter Absatz", aber kein zurückgehaltenes ATP mehr aufweisen. Aus dem im Knoten Deutschland zurückgehaltenen ATP können weitere 120 Stück in den Wochen 4, 3 und 2 konsumiert werden, so dass von den ursprünglich geforderten 300 Stück 240 abgedeckt sind, weitere 60 Stück aber noch immer fehlen.

In einem letzten Schritt sucht der ATP-Konsumptionsalgorithmus, wie es in Abb. 10.9 gezeigt ist, nach alternativen Produkten, die für eine Substitution in Frage kommen. Die potenziellen Substitute sind dabei in einer bevorzugten Prioritätsreihenfolge vorsortiert. Zunächst wird das Substitut mit der höchsten Priorität in Betracht gezogen, wobei für die weiteren Dimensionen die Suchreihenfolge des Originalprodukts beibehalten wird, d. h. zunächst zurück in die Vergangenheit und dann entlang der Kundenhierarchie gesucht wird. Dieses Vorgehen wird ggf. in Reihenfolge absteigender Substitutionsprioritäten wiederholt.

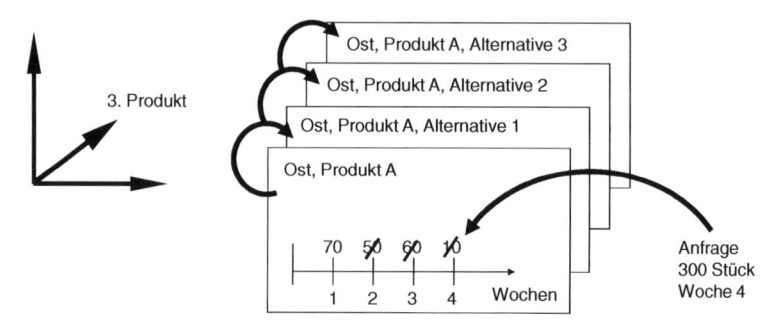

Abb. 10.9. ATP-Konsumption entlang der Dimension „Produkt"

Literatur

Ball, M. O.; Chen, C.-Y.; Zhao, Z.-Y. (2004) *Available-To-Promise*, in: D. Simchi-Levi; S. D. Wu; Z.-J. Shen (Hrsg.) *Handbook of Quantitative Supply Chain Analysis – Modeling in the E-Business Era*, Kap. 11, Kluwer Academic, 447–483

Dickersbach, J. (2004) *Supply Chain Management with APO*, Springer, Berlin, New York, 1. Aufl.

Elmaghraby, W.; Keskinocak, P. (2003) *Dynamic Pricing in the Presence of Inventory Considerations: Research Overview, Current Practices, and Future Directions*, Management Science, Bd. 49, Nr. 10, 1287–1309

Fleischmann, B.; Meyr, H. (2003) *Customer Orientation in Advanced Planning Systems*, in: H. Dyckhoff; R. Lackes; J. Reese (Hrsg.) *Supply Chain Management and Reverse Logistics*, Springer, Berlin, 297–321

i2 Technologies Inc. (2000) *RHYTHM Demand Fulfillment Concept Manual,Part No. 4.2.1-DOC-ITM-DFCM-ALL*, i2 Technologies Inc., Irving, Texas

Klein, R.; Steinhardt, C. (2008) *Revenue Management – Grundlagen und mathematische Methoden*, Springer, Berlin et al.

Pibernik, R. (2005) *Advanced available-to-promise: Classification, selected methods and requirements for operations and inventory management*, International Journal of Production Economics, Bd. 93–93, 239–252

Quante, R.; Meyr, H.; Fleischmann, M. (2009) *Revenue management and demand fulfillment: matching applications, models, and software*, OR Spectrum, Bd. 31, Nr. 1, 31–62, doi:10.1007/s00291-008-0125-8, http://dx.doi.org/10.1007/s00291-008-0125-8

Schwendinger, J. (1979) *Master Production Scheduling's Available-to-Promise*, in: *APICS Conference Proceedings*, 316–330

Sharma, K. (1997) *Operating on the Edge*, private conversation

Smith, B.; Leimkuhler, J.; Darrow, R.; Samuels, J. (1992) *Yield Management at American Airlines*, Interfaces, Bd. 22, 8–31

Talluri, K. T.; van Ryzin, G. J. (2004) *The Theory and Practice of Revenue Management*, International series in operations research & management science, Kluwer Academic, London

11 Production Planning & Scheduling

Hartmut Stadtler

Universität Hamburg, Institut für Logistik und Transport, Von-Melle-Park 5, 20146 Hamburg, Deutschland

Aufbauend auf den Ergebnissen des Master Planning (Hauptproduktionsprogrammplanung) werden als nächstes die Feinplanungen für die einzelnen Werke und Fertigungsbereiche durchgeführt. Im Weiteren wird die zugrunde liegende Entscheidungssituation vorgestellt (Abschnitt 11.1) sowie das Vorgehen beschrieben, um von der Modellbildung zu einem Maschinenbelegungsplan zu gelangen (Abschnitt 11.4). Ob die Losgrößenplanung und die Maschinenbelegungsplanung in einem oder in zwei Planungsschritten erfolgen sollte, hängt von dem vorliegenden Produktionstyp ab. Neben diesen Fragen werden die Grenzen der in der Software zum Einsatz kommenden Lösungsverfahren diskutiert (Abschnitt 11.5).

11.1 Beschreibung der Entscheidungssituation

Die Losgrößen- und Maschinenbelegungsplanung (engl. *Production Planning and Scheduling*, PP&S) hat die Aufgabe, für jede zu beplanende Ressource (dies können Mitarbeiter, Maschinen oder Werkzeuge sein) eine Reihenfolge der zu bearbeitenden Aufträge innerhalb eines relativ kurzen Planungszeitraums zu entwickeln (als Synonyme sind Ablauf-, Maschinen- und Ressourcenbelegungsplanung oder kurz Belegungsplan gebräuchlich). Ein *Belegungsplan* gibt für jeden (Fertigungs-)Auftrag an, wann dieser innerhalb des Planungszeitraums auf welcher Ressource beginnt und endet. Entsprechend enthält ein Belegungsplan auch die Reihenfolge der Aufträge für jede zu beplanende Ressource. Der Belegungsplan kann als Gantt-Diagramm (siehe Abb. 11.4) visualisiert werden.

Der *Planungszeitraum* der PP&S kann je nach Branche zwischen einem Tag und einigen Wochen variieren. Die „richtige" Länge hängt von verschiedenen Faktoren ab: Zum einen sollte der Planungszeitraum mindestens so groß sein wie die längste erwartete Durchlaufzeit eines Auftrags in dem betrachteten Werk oder Fertigungsbereich. Zum anderen wird der Planungszeitraum durch das Vorliegen von Kundenaufträgen oder verlässlichen Bedarfsprognosen begrenzt. Ein Belegungsplan macht nur dann Sinn, wenn er „einigermaßen" stabil ist, d. h. , wenn er nicht ständig durch unvorhergesehene Ereignisse, wie durch Änderungen der Auftragsmengen oder Störungen, hinfällig wird.

Für einige Produktionstypen (wie die Werkstattfertigung) ist ein PP&S für alle potenziellen Engpassressourcen gemeinsam erforderlich. Für andere hingegen (wie die Gruppenfertigung) genügt oft eine EDV-Unterstützung für einen groben, periodenbezogenen Kapazitätsabgleich von einer Gruppe zu bearbeitender Aufträge. Die Bearbeitungsreihenfolge wird dann manuell durch die Gruppe selbst festgelegt.

Die Belegungsplanung kann und sollte dezentral unter Einbeziehung der Expertise der dortigen Mitarbeiter erfolgen, da diese am besten über den aktuellen Zustand der Fertigung Bescheid wissen (z. B. die Verfügbarkeit des Personals). Informationen zum Tagesgeschäft von Disponenten und den sich daraus ergebenden Anforderungen an eine effektive Entscheidungsunterstützung können dem Lehrbuch McKay und Wiers (2004) entnommen werden.

Das Master Planning bildet den Rahmen, innerhalb dessen die Disponenten in den Werken die Belegungsplanung dezentral durchführen. Als zu beachtende Vorgaben kommen in Betracht:

- der Umfang der einzusetzenden Überstunden und Zusatzschichten,
- Zeitpunkte und geplante Mengen der Inputmaterialien (Rohstoffe, Teile und Baugruppen) aus den eigenen vorgelagerten Produktionsstufen,
- mit externen Zulieferern vereinbarte Liefermengen.

Darüber hinaus werden aus der Hauptproduktionsprogrammplanung weitere Vorgaben abgeleitet, die aufgrund der Sicht auf die gesamte SC und den längeren Planungszeitraum entstehen. Zu diesen Vorgaben zählen:

- der anzustrebende saisonale Lagerbestand am Ende des Planungszeitraums (soweit es sich um eine Produktion auf Lager handelt) und
- Liefertermine für die an die nachfolgende(n) Produktionseinheit(en) zu liefernden Mengen. Nachfolgende Produktionseinheiten können Produktionsstufen, Transportdienstleister oder Endkunden sein.

11.2 Vom Modell zum Belegungsplan

Im Weiteren wird eine Vorgehensweise beschrieben, wie man in sechs Schritten von der Modellformulierung des Produktionsprozesses zu einem umsetzbaren Belegungsplan gelangt (siehe Abb. 11.1).

Schritt 1: Modellbildung

Um einen zulässigen, umsetzbaren Belegungsplan mit möglichst geringen Kosten erzeugen zu können, muss das Modell eines Werkes oder eines Fertigungsbereichs einen hohen Detaillierungsgrad aufweisen und die Eigenschaften des Produktionsprozesses und der zugehörigen Materialflüsse – soweit erforderlich – abbilden.

Allerdings müssen nicht alle Ressourcen explizit modelliert werden. Eine Beschränkung auf die potenziellen Engpassressourcen genügt meist, da die Produktionsleistung eines Systems ausschließlich durch die Engpassressourcen bestimmt wird. Details zur Modellbildung werden in Abschnitt 11.3 beschrieben.

Schritt 2: Bereitstellung der benötigten Daten

Das PP&S verwendet Daten aus:

- dem PPS-System,
- dem Master Planning (Hauptproduktionsprogrammplanung) und
- dem Demand Planning (Bedarfsprognose).

Lediglich eine Teilmenge der Daten, die in diesen Systemen und Modulen verfügbar sind, werden für das PP&S benutzt. Daher muss genau angegeben werden, welche Daten in das Modell eines Fertigungsbereichs eingehen (siehe Schritt 2 in Abb. 11.1).

Schritt 3: Entwurf eines konsistenten Annahmebündels (Umweltlage, Szenario)

Zusätzlich zu den Daten, die aus Quellen wie dem Master Planning und dem Demand Planning übernommen wurden, stellen die detaillierten Kenntnisse und Erfahrungen der Entscheidungsträger in den Fertigungsbereichen eine weitere wertvolle Quelle dar. Diese betreffen die tatsächlich vorhandenen Produktionsbedingungen und die Fähigkeiten der verfügbaren Mitarbeiter, die oft nicht in zentralen EDV-Systemen gespeichert werden (dürfen). Daher sollten die Entscheidungsträger in den Fertigungsbereichen die Berechtigung erhalten, Input-Daten zu modifizieren, um damit entsprechende Szenarien zu generieren (Schritt 3, Abb. 11.1: Ein gepunkteter Rahmen zeigt an, dass der entsprechende Schritt optional von einen Entscheidungsträger ausgeführt werden kann).

Schritt 4: Erzeugung eines (ersten) Belegungsplans

Als nächstes wird ein (erster) Belegungsplan für ein gegebenes Szenario mit Hilfe des APS erzeugt (Schritt 4, Abb. 11.1). Dies kann entweder in zwei aufeinander folgenden Planungsschritten oder in einem Planungsschritt vorgenommen werden (zu weiteren Einzelheiten siehe Abschnitt 11.4).

Schritt 5: Analyse des Belegungsplans und interaktive Modifikationen

Wurde der Belegungsplan in zwei Planungsschritten erzeugt, sollte zunächst der übergeordnete periodenbezogene Losgrößenplan analysiert werden und anschließend der daraus entwickelte (Maschinen-)Belegungsplan (Schritt 5, Fig. 11.1). Bei einem unzulässigen Belegungsplan obliegt es dem Entscheidungsträger, die Input-Daten so zu modifizieren, dass die Erzeugung eines zulässigen Plans in einem neuen Planungslauf wahrscheinlich ist (z. B. durch Einführung von Überstunden oder die Angabe alternativer Arbeitspläne, so

```
         ┌─────┐
         │  I  │
         └──┬──┘
            ▼
┌──────────────────────────┐
│    1. Modellbildung      │
└──────────────────────────┘
┌────┐
│ II │──────────────────────┐
└────┘                      ▼
┌──────────────────────────────────────────┐
│ 2. Übernahme der benötigten Input-Daten  │
│            aus einem ERP-System,         │
│       Hauptproduktionsprogramm, ...      │
└──────────────────────────────────────────┘
```

3. Erzeugung eines konsistenten Annahmebündels (Szenario)

4. Erzeugung eines (ersten) Belegungsplans

5. Analyse des Belegungsplans und interaktive Modifikation

6. Entscheidung für ein Szenario — nein / ja

7. Ausführung und Aktualisierung eines Belegungsplans über das ERP-System bis ein „Ereignis" eine Reoptimierung erfordert.

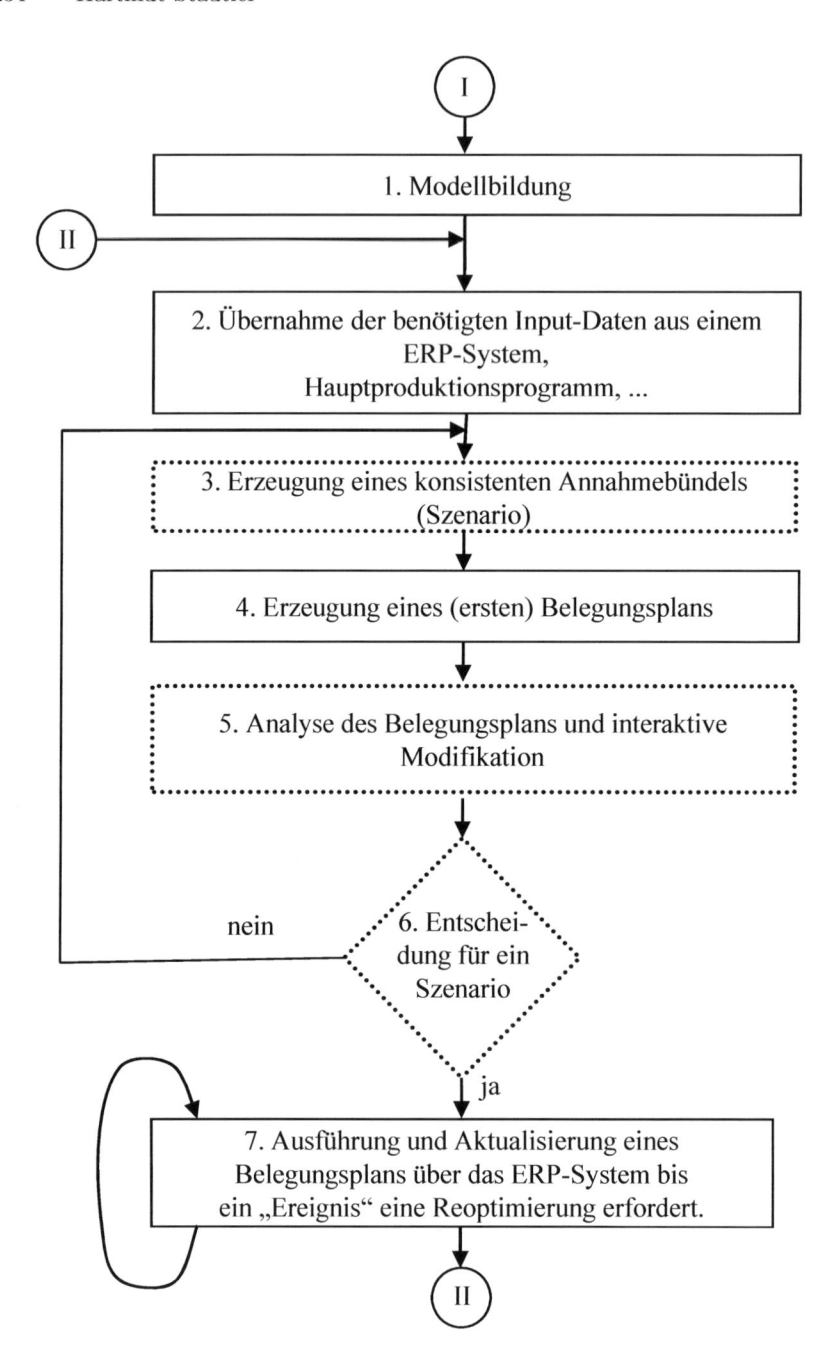

II

Abb. 11.1. Ein allgemeines Vorgehensschema zur Erzeugung von Belegungsplänen

dass Engpassressourcen umgangen werden können). Dieses Vorgehen ist oftmals einfacher als ein direkter interaktiver Eingriff eines Disponenten in die Bearbeitungsreihenfolge der Aufträge. Unzulässigkeiten, wie das Überschreiten von Lieferterminen oder die Überschreitung einer Maschinenkapazität, werden als *Alerts* angezeigt (siehe Abschnitt 14.1).

Ferner lässt sich oft die für ein Szenario automatisch erzeugte Lösung durch die Einbeziehung der Erfahrungen und des Wissens der Entscheidungsträger verbessern. Dies erfolgt häufig interaktiv aufbauend auf einer automatisch erzeugten Ausgangslösung. Allerdings sollten sich diese „Eingriffe" auf ein Minimum beschränken, andernfalls stellt die Ausgangslösung keine wirkliche Entscheidungsunterstützung dar.

Schritt 6: Entscheidung für ein Szenario

Nachdem der Entscheidungsträger alle relevanten Planalternativen überprüft hat, ist das vorteilhafteste Szenario und der dazu gehörige Belegungsplan ausgewählt.

Schritt 7: Ausführung und Aktualisierung eines Belegungsplans

Der ausgewählte Belegungsplan wird sodann weitergeleitet an:

- das MRP-Modul, um die Stücklistenauflösung durchzuführen (Kap. 12),
- das PPS-System, um die anstehenden Entscheidungen des Plans ausführen zu lassen und
- das Modul zur Transportplanung, um die Auslieferungstouren und die LKW-Beladungen zu planen.

Das MRP nimmt die Stücklistenauflösung für alle auf potenziellen Engpassressourcen zu bearbeitenden Aufträgen vor, so dass im Ergebnis auch die dazu benötigten Aufträge auf den Nicht-Engpassressourcen und von den externen Zulieferern bekannt sind. Außerdem werden die notwendigen Reservierungen von Materialien vorgenommen.

Der Belegungsplan wird so lange umgesetzt, bis ein „Ereignis" eine Planrevision erforderlich macht (siehe Schleife II; Abb. 11.1). Als Ereignis kommen in Betracht: ein neuer Kundenauftrag, der Ausfall einer Maschine oder der Ablauf eines vorgegebenen Zeitintervalls (weitere Einzelheiten zur Aktualisierung von Belegungsplänen enthält Abschnitt 11.4).

Änderungen des Modells eines Fertigungsprozesses kommen relativ selten vor (Schleife I; Abb. 11.1), da diesen oft mittelfristige Investitionsentscheidungen vorausgehen. Falls die Struktur des Fertigungsprozesses unverändert beibehalten wird und lediglich die Anzahl der Ressourcen verändert wird (wie die Maschinenanzahl in einer Maschinengruppe oder Produktvarianten ergänzt oder gestrichen werden), kann das Modell des Fertigungsprozesses automatisch mit Hilfe der aus dem ERP- bzw. PPS-System übernommenen

Daten aktualisiert werden. Handelt es sich hingegen um gravierende Änderungen des Fertigungsprozesses, wie der Einführung einer weiteren Produktionsstufe mit neuen Eigenschaften, ist i. d. R. ein Berater zur Durchführung der Modelländerung hinzuzuziehen.

Im Weiteren werden wir die Aufgaben der Modellierung von Fertigungsprozessen im Detail beschreiben.

11.3 Modellbildung

Das *Modell* eines Fertigungsbereichs muss alle Eigenschaften des Produktionsprozesses abbilden, die für die Einhaltung der Liefertermine der Aufträge wesentlich sind. Hierzu gehören die potenziellen Engpässe an Maschinen, Personal und benötigten Einsatzstoffen. Das Zeitraster der Belegungsplanung ist entweder sehr eng (z. B. Stunden) oder sogar kontinuierlich.

11.3.1 Genauigkeitsgrad

Ein Modell kann sich auf Tätigkeiten beschränken, die auf potenziellen Engpassressourcen auszuführen sind, da nur diese den Output des Fertigungsbereichs beschränken.

Da das PP&S-Modul (nach heutigem Stand) nicht für die Ausführung des Plans, d. h. die tatsächliche Freigabe des Auftrages und die Überwachung der Ausführung, zuständig ist (dies ist weiterhin Aufgabe eines ERP-Systems), können einige Details des Fertigungsbereichs vernachlässigt werden (z. B. die Zählpunkte, die den aktuellen Stand der Auftragsbearbeitung erfassen).

Tätigkeiten, die an einem Auftrag auszuführen sind und gemäß Arbeitsplan zwischen zwei aufeinander folgenden Engpässen liegen, werden durch eine *feste Vorlaufzeit* berücksichtigt. Diese Empfehlung steht nicht im Widerspruch zu der bekannten Aussage, dass Vorlaufzeiten in einem APS nicht Vorgabe sondern Ergebnis der Planung sind. Vielmehr werden hier in der Vorlaufzeit nur die Transport- und Bearbeitungszeiten auf Nicht-Engpässen addiert, also keine Wartezeiten, da diese auf Nicht-Engpässen nicht entstehen (sollten).

Das Modell wird anhand der eingehenden Daten definiert. Hierbei ist zwischen Stamm- und Bewegungsdaten zu unterscheiden.

Zu den **Stammdaten** zählen:

- Standorte,
- Rohstoffe, Teile und Baugruppen,
- Stücklisten,
- Arbeitspläne,
- Produktionsmittel,
- Angaben zu den Zulieferern,
- Rüstmatrizen sowie

- Schichtpläne und Fabrikkalender.

In einer SC mit vielen Werken an verschiedenen Standorten kann es vorteilhaft sein, die Daten standortabhängig zu definieren. Folglich kann ein Teil bzw. Produkt je nach Standort des Produktionswerkes unterschieden werden, auch wenn es sich aus der Sicht des Kunden um das gleiche Teil handelt.

Stücklisten werden i. d. R. als Baukastenstücklisten (d. h. einstufig) angelegt und gespeichert. Diese sind dadurch gekennzeichnet, dass zu jeder Teilenummer (auch Sachnummer genannt) nur die jeweiligen direkten Vorgängerteile angegeben werden. Eine Erzeugnisstrukturstückliste kann dann rechnergestützt relativ einfach aus den Baukastenstücklisten erzeugt werden.

Der Ressourcenverbrauch je Teil (auch Produktionskoeffizient genannt) ergibt sich aus den Arbeitsplänen. Sowohl der Teilebedarf pro Auftrag als auch die Produktionskoeffizienten werden für die Einplanung von Aufträgen im Rahmen der PP&S benötigt. Baukastenstücklisten und Arbeitspläne zusammen bilden ein *Produktionsprozessmodell* (abgekürzt PPM).

Beispielhaft gibt Abb. 11.2 die PPMs für einen zweistufigen Fertigungsprozess von Ketchup in verschiedenen Flaschengrößen und Geschmacksrichtungen wieder. Das erste PPM zeigt die Herstellung der Ketchup-Sauce. Diese beinhaltet die Reinigung der Kessel, das Verrühren der Sauce und die Wartezeit bis zur Abfüllung in Flaschen. Sobald die Sauce fertig verrührt ist, muss sie innerhalb von 24 Stunden in Flaschen abgefüllt werden. Es stehen unterschiedliche Flaschengrößen zur Verfügung, für die jeweils ein eigenes PPM anzulegen ist. Zu beachten ist ferner, dass das flüssige Ketchup aus einem Kessel gleichzeitig in verschiedene Flaschengrößen abgefüllt werden kann. Hierzu stehen i. d. R. mehrere Abfülllinien zur Verfügung.

Ein PPM besteht aus mindestens einem *Arbeitsgang* und dieser wiederum aus einer oder mehreren *Aktivitäten*. Ein Arbeitsgang bezieht sich immer auf eine Primärressource (z. B. ein Kessel). Zusätzlich lassen sich zu einer Aktivität auch noch Sekundärressourcen (z. B. das Personal) zuordnen.

Aktivitäten können Material als Input benötigen sowie als Output ergeben. Dazu muss dann auch der Zeitpunkt angegeben werden, zu dem das Inputmaterial erforderlich ist bzw. zu dem das Outputmaterial zur Verfügung steht. Die technisch notwendige Reihenfolge, mit der die Aktivitäten eines Arbeitsganges zu bearbeiten sind (auch Vorrangbeziehungen genannt), wird durch Pfeile dargestellt. Wie auch in der Netzplantechnik sind folgende Verknüpfungen von Aktivitäten möglich:

- Ende-Start, Ende-Ende, Start-Ende und Start-Start Beziehungen sowie
- zeitliche Mindest- und Höchstabstände.

Damit ist eine sehr genaue Abbildung der zeitlichen Beziehungen zwischen Aktivitäten einschließlich der Betrachtung paralleler Ressourcen mit überlappender Bearbeitung möglich.

Mit sog. *Pegging Pfeilen* (fett und gepunktet gedruckte Pfeile in Abb. 11.3) werden die einzelnen PPMs in eine zeitliche Ordnung gebracht sowie

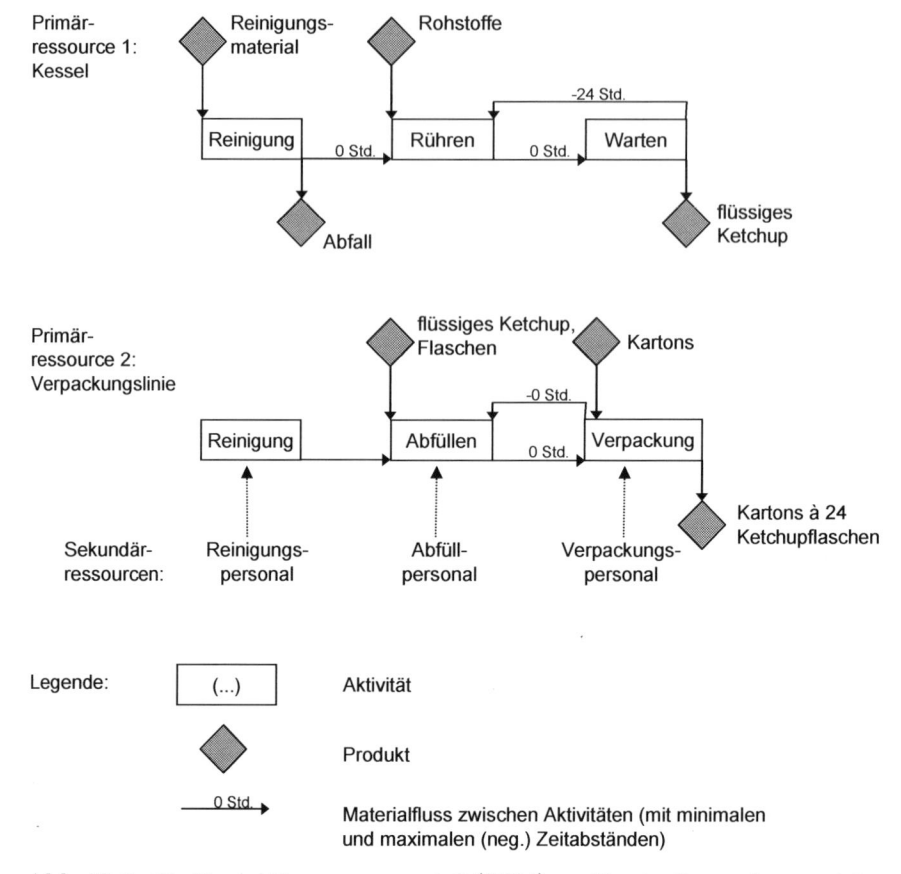

Abb. 11.2. Ein Produktionsprozessmodell (PPM) zur Beschreibung einer zweistufigen Ketchup-Fertigung

die Materialbedarfe und Produktionsmengen, die zur Erfüllung eines Auftrags benötigt werden, festgelegt. Hierzu werden die zu den Outputmaterialien gehörenden Knoten eines PPMs mit denen der Intputmaterialien des nachfolgenden (downstream) PPMs durch Pegging Pfeile verbunden. Mit der Auflösung der (Kunden-)Aufträge anhand der zugehörigen PPMs – beginnend mit der letzten Bearbeitungsstufe – werden dann die Materialbedarfe innerhalb bestimmter Zeitfenster berechnet. Diese Informationen lassen sich unmittelbar für die Erzeugung zulässiger Belegungspläne nutzen (siehe hierzu auch Vollman et al. 1997, S. 804 ff.).

PPMs werden (bisher) ausschließlich in APS gespeichert und aktualisiert. Mit PPMs lassen sich die zeitlichen Beziehungen zwischen Aktivitäten oft sehr viel detaillierter beschreiben, als dies mit den in ERP- oder PPS-Systemen gespeicherten Stücklisten und Arbeitsplänen möglich ist. Dies birgt allerdings die Gefahr von Inkonsistenzen zwischen ERP-System und APS.

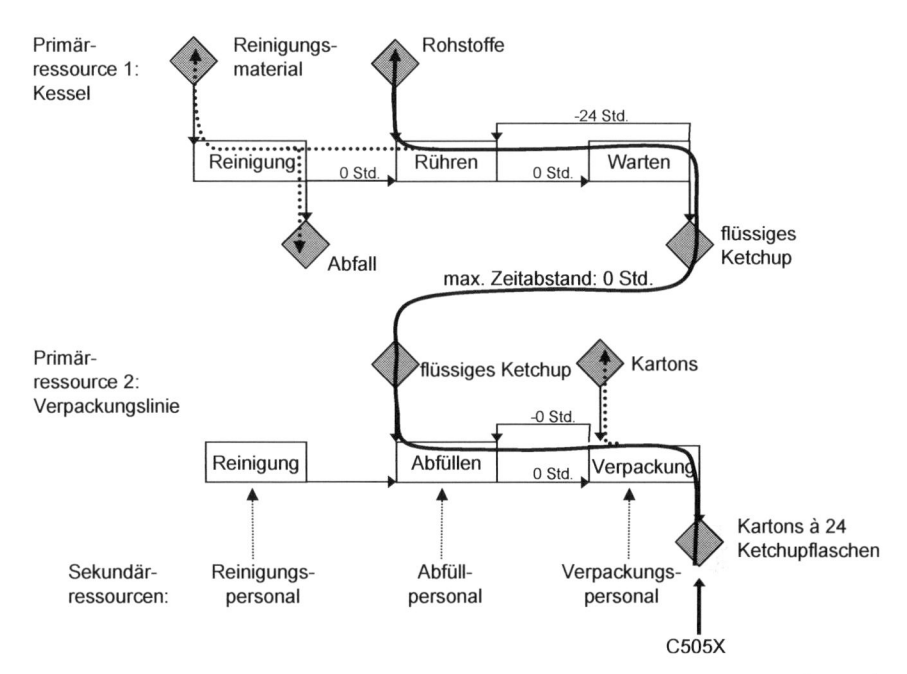

Abb. 11.3. Pegging: Verknüpfung von zwei Produktionsprozessmodellen (PPMs)

Entsprechend sehen einige APS-Anbieter lediglich die Verwendung von Daten aus dem ERP-System zur Planung in einem APS vor. Das bedeutet, dass vor jedem Planungslauf im APS die benötigten Stücklisten und Arbeitspläne vom ERP-System heruntergeladen werden müssen. Aus diesen sog. *Runtime Objekten* werden dann die PPMs erstellt. An Stelle von Runtime Objekten nutzen einige APS auch sog. Flat (ASCII) Dateien. Eine weitere Alternative zu PPMs stellen die sog. Produktdatenstrukturen (engl. Product Data Structure (PDS)) dar, die direkt die in ERP-Systemen vorhandenen Informationen zu Arbeitsplänen und Stücklisten verwenden und bei Bedarf vom APS heruntergeladen werden können, wobei die Erstellung von PPMs dann entfallen kann.

Ein (Fabrik-)Kalender enthält die Pausenzeiten und andere Unterbrechungen der Arbeitszeiten von Ressourcen. Ferner enthält der Kalender Informationen zu dem Schichtmodell (ein-, zwei- oder dreischichtig). Oft stehen in einem APS mehrere Standard-Kalender zur Auswahl.

Bewegungsdaten sind u. a. abhängig von dem Zustand des Fertigungsprozesses. Bewegungsdaten können sein:

- Lageranfangsbestände, einschließlich Work-in-Process,
- Rüstzustände der Ressourcen und
- der Auftragsbestand, der in einem vorgegebenen Zeitintervall zu bearbeiten ist.

Des Weiteren hat der Anwender die Möglichkeit, aus einer Menge an (Entscheidungs-)Regeln auszuwählen:

- Losgrößenregeln,
- Prioritätsregeln und
- alternative Maschinenfolgen.

Eigentlich sollen die Losgrößen an die aktuellen Gegebenheiten eines Fertigungsbereichs angepasst werden – wie die Auslastung der Ressourcen und die Kostensituation – und nicht umgekehrt. Allerdings erwarten einige APS, die Vorgabe bestimmter (Entscheidungs-)Regeln als Input für die nachfolgende Planung. So können z. B. minimale Losgrößen oder eine Eindeckzeit eines Loses vorgegeben werden. Auch sehen einige Softwarepakete vor, dass der Anwender eine Entscheidungsregel aus einer vorhandenen Menge an Entscheidungsregeln auswählt oder eine Entscheidungsregel in einer höheren Programmiersprache selbst implementiert. Anzumerken ist, dass die *Fixierung* von Losgrößen entsprechend der „Wirtschaftlichen Losgröße" (engl. Economic Order Quantity (EOQ)) oft nicht zielführend ist, da man zeigen kann, dass Abweichungen von der EOQ zumeist nur äußerst geringe Erhöhungen der Rüst- und Lagerkosten nach sich ziehen. Stattdessen sollte die Flexibilisierung der Losgrößen als ein kostengünstiges Mittel angesehen werden, um die Produktion zu glätten und um Überstunden zu vermeiden (zu weiteren Ausführungen siehe Stadtler 2007). Regeln zur Bestimmung von Auftragsreihenfolgen auf Ressourcen werden in analoger Weise gehandhabt (weitere Details zu Prioritätsregeln findet man in Silver et al. 1998, S. 676 ff.).

Sofern alternative Maschinenfolgen zur Ausführung eines Auftrags existieren, sollte man annehmen, dass das Planungssystem selbst im Zuge der Planerstellung die vorteilhafteste Maschinenfolge auswählt. Allerdings mussten wir feststellen, dass die von uns betrachteten APS von den Benutzern fordern, eine „präferierte" Maschinenfolge a priori anzugeben oder eine Rangfolge der anzuwendenden Maschinenfolgen aufzulisten: Das Lösungsverfahren wird dann mit der Anwendung der erstgenannten Maschinenfolge beginnen. Sollte diese zu einem unzulässigen Belegungsplan führen, wird die nächst genannte Maschinenfolge „ausprobiert" etc.

11.3.2 Ziele

Schließlich müssen die Ziele angegeben werden, die bei der Suche nach einer guten – möglichst nahezu optimalen – Lösung verfolgt werden. Als Ziele, die im Rahmen des PP&S auswählbar sind, kommen hauptsächlich Zeitziele in Betracht, wie die Minimierung der

- Zykluszeit,
- Summe der Terminüberschreitungen,
- maximalen Terminüberschreitung,

- Summe der Durchlaufzeiten der Aufträge und
- Summe der Rüstzeiten.

Drei kostenorientierte Zielsetzungen seien hier ebenfalls angeführt, nämlich die Minimierung der Summe der

- variablen Produktionskosten,
- Rüstkosten und
- Strafkosten.

Obwohl der Freiheitsgrad zur Beeinflussung der Kosten auf dieser Planungsebene eher eingeschränkt ist, sind Fälle vorstellbar, in denen die Wahl alternativer Maschinenfolgen, die sich z. B. entweder auf eine Standard- oder eine Eilbearbeitung beziehen, durchaus zu signifikanten Kostenunterschieden führen.

Strafkosten können in die Zielfunktion aufgenommen werden, um die Verletzung von sog. *Soft Constraints* zu bestrafen (z. B. die Einhaltung von Fertigstellungsterminen für Planaufträge von Lagerprodukten).

Falls mehrere Ziele gleichzeitig verfolgt werden, sollte man sich bewusst sein, dass eine „ideale" Lösung, bei der jedes Ziel sein Optimum erreicht, oft nicht existiert. In diesem Fall ist eine Kompromisslösung anzustreben. Ein Ansatz besteht darin, als Ersatzzielfunktion die gewichtete Summe der einzelnen Ziele zu verwenden. Mit dieser kann dann die Optimierung wie für eine einkriterielle Zielsetzung mit den üblichen Lösungsverfahren durchgeführt werden (zu weiteren Einzelheiten der mehrkriteriellen Optimierung siehe Tamiz 1996).

11.3.3 Darstellung der Lösung

Es gibt mehrere Möglichkeiten, die Lösung eines Modells, hier den Belegungsplan, darzustellen. Die einfachste ist eine Liste der Aktivitäten mit ihren Start- und Endterminen sowie der Nennung der Ressourcen, auf denen sie ausgeführt werden. Diese Darstellung eignet sich insbesondere, um den Belegungsplan an andere Softwaremodule weiterzugeben.

Ein Disponent – allgemein ein Entscheidungsträger – wird die Darstellung eines Belegungsplans in Form eines *Gantt-Diagramms* vorziehen (siehe Abb. 11.4). Dies kann z. B. in Form eines Ressourcen-Gantt-Diagramms erfolgen, das die Belegung der einzelnen Ressourcen mit Aufträgen in einem vorgegebenen Zeitintervall wiedergibt. Alternativ dazu bietet das Auftrags-Gantt-Diagramm eine Sicht auf die einzelnen Aufträge und die im Zeitablauf stattfindenden Bearbeitungen auf den jeweiligen Ressourcen. Eine Auswahl der Sicht auf nur eine Ressource oder einen Auftrag ist selbstverständlich auch möglich.

Sollte der Entscheidungsträger die Berechtigung haben, interaktiv in den Belegungsplan eingreifen zu können – z. B. durch Verschieben eines Arbeitsgangs auf eine andere (alternative) Ressource – scheint die Darstellung als Ressourcen-Gantt-Diagramm am geeignetsten.

Als Nächstes wollen wir uns der Frage zuwenden, wie ein bestehender Belegungsplan aktualisiert werden kann.

11.4 Aktualisierung eines Belegungsplans

PP&S unterstellt, dass alle Daten mit Sicherheit bekannt sind, d. h. es liegt eine deterministische Entscheidungssituation vor. Obwohl dies eine optimistische Annahme ist, lässt sie sich oft für einen kurzfristigen Zeitraum rechtfertigen. Um der Unsicherheit zu begegnen – wie ungeplanten Schwankungen der Produktionsrate oder unerwarteten Maschinenstillständen – bieten APS die Möglichkeit, Abweichungen zwischen dem Plan und dem Ist-Produktionsprozess unmittelbar anzuzeigen. Abweichungen führen gleichzeitig zu einer Aktualisierung der erwarteten Fertigstellungszeitpunkte der Aufträge. Ob diese Änderungen so gravierend sind, dass eine Reoptimierung des Belegungsplans erforderlich wird, entscheidet der Disponent bzw. Planer. Heutige APS erleichtern derartige Entscheidungen aufgrund der umfangreichen Möglichkeiten zur Erzeugung von Szenarien und dem „durchspielen" von Lösungsvorschlägen (auch *Simulation* genannt), bevor diese zur Umsetzung in der Produktion „freigegeben" werden. Vergleiche hierzu auch die Schritte drei bis fünf in Abb. 11.1.

Neben der automatischen Erstellung eines vollständigen Belegungsplans gibt es noch das zweistufige Planungsverfahren – auch *inkrementelle Planung* genannt – die im Weiteren vorgestellt werden soll. Angenommen ein neuer Kundenauftrag werde erteilt und falle in den Planungszeitraum der PP&S. Dann müssen die zugehörigen Arbeitsgänge in die bestehenden Auftragsfolgen auf den Ressourcen eingefügt werden. Bleibt der Belegungsplan weiterhin zulässig, kann für den neuen Kundenauftrag ein Liefertermin spezifiziert und dem Kunden mitgeteilt werden.

Da oft die Möglichkeit besteht, dass dieser (vorläufige) Belegungsplan durch Änderungen der Auftragsfolgen verbessert werden kann, wird der Belegungsplan in gewissen Zeitabständen mit dem Ziel reoptimiert, die Kosten weiter zu senken.

Als Beispiel diene der folgende Fall: Angenommen es sollen vier Aufträge auf einer Maschine bearbeitet und die Fertigstellungstermine eingehalten werden (siehe Tab. 11.1). Das Ziel lautet: Minimierung der Summe der reihenfolgeabhängigen Rüstzeiten. Die optimale Reihenfolge lautet dann A-B-C-D (siehe Abb. 11.4). Der Planungszeitraum beginnt bei 100 [ZE]. Die Bearbeitungsdauern sind für alle Aufträge gleich (1 [ZE]). Die reihenfolgeabhängigen Rüstzeiten betragen entweder 0, 1/3, 2/3 oder 1 [ZE] (siehe Tab. 11.2).

Nachdem die Bearbeitung von Auftrag A begonnen wurde, erreicht den Disponenten die Anfrage, ob ein weiterer Kundenauftrag E mit Fertigstellungstermin 107 [ZE] angenommen werden kann. Es sei unterstellt, dass eine einmal begonnene Bearbeitung eines Auftrags nicht unterbrochen werden darf, um einen Eilauftrag einzuplanen (engl. *Preemption*). Es ist nun mög-

Tab. 11.1. Daten: vereinbarte Fertigstellungstermine

Auftrag	A	B	C	D
Fertigstellungstermin	102	104	107	108

Tab. 11.2. Daten: Rüstmatrix

$_{von}\backslash{}^{nach}$	A	B	C	D	E
A	0	0	1	1	1
B	1	0	0	0	$\frac{2}{3}$
C	1	1	0	0	$\frac{1}{3}$
D	1	1	$\frac{1}{3}$	0	1
E	1	1	$\frac{2}{3}$	1	0

lich, den Auftrag E fakultativ in die bestehende Auftragsfolge einzufügen, d. h. nach Beendigung von Auftrag A, B, C oder D (siehe Abb. 11.5). Da zwischen Auftrag A und E eine positive Rüstzeit anfallen würde, ist die Einfügung von E an dieser Position nicht zulässig, da damit der Liefertermin von Auftrag B überschritten würde. Es existieren drei zulässige Belegungspläne, wobei Alternative c) die geringste Summe der Rüstzeiten aufweist. Entsprechend kann für den Auftrag E der Fertigstellungstermin 107 [ZE] zugesagt werden, sofern der Auftrag E eine zusätzliche Rüstzeiteinheit „wert" ist.

Nach erfolgter Reoptimierung des Belegungsplans, wird eine neue Reihenfolge einschließlich Auftrag E erzeugt, die die zusätzliche Rüstzeit um 1/3 ZE reduziert (siehe Abb. 11.6).

Die Erzeugung eines neuen Belegungsplans ist sehr zeitaufwendig und führt zudem häufig zur *Nervosität* der Pläne. Bei einem Vergleich zwischen dem aktuellen und einem zuvor erzeugten Plan unterscheidet man zwei Arten der Nervosität: eine Modifikation der Startzeitpunkte der Arbeitsgänge sowie Änderungen der Produktionsmengen. Nervosität führt oft zu zusätzlichem Aufwand in der Produktion – z. B. wird Inputmaterial früher benötigt und erfordert die Rücksprache mit dem Lieferanten. Um die Nervosität einzuschränken, wird eine gegebene Anzahl an unmittelbar zur Bearbeitung anstehenden Aufträgen *fixiert*, auch *einfrieren* genannt. Die eingefrorenen Aufträge sind dann nicht mehr Gegenstand der Reoptimierung. Gängige Praxis ist es, ein Zeitintervall vorzugeben, den sog. *Frozen Horizon (dt. gefrorene Zone)*. Liegt der Startzeitpunkt eines Fertigungsauftrags innerhalb des Frozen Horizon wird dieser automatisch fixiert.

Legende:
▨ Rüstzeit
☐ Produktion

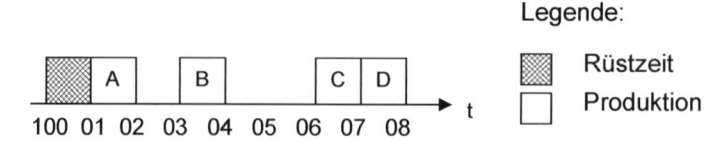

Abb. 11.4. Gantt-Diagramm für vier Fertigungsaufträge auf einer Maschine mit Fertigstellungsterminen und reihenfolgeabhängigen Rüstzeiten

Alternative a)

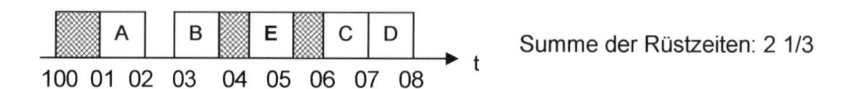

Summe der Rüstzeiten: 2 1/3

Alternative b)

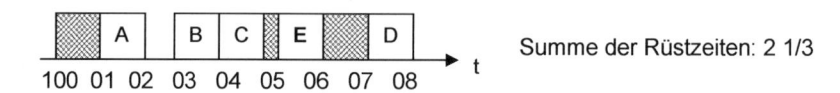

Summe der Rüstzeiten: 2 1/3

Alternative c)

Summe der Rüstzeiten: 2

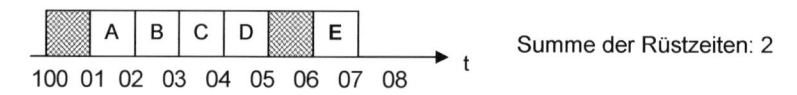

Abb. 11.5. Erzeugung eines Fertigstellungstermins für den neuen Kundenauftrag E

Summe der Rüstzeiten: 1 2/3

Abb. 11.6. Reoptimierte Maschinenbelegung

11.5 Zur Wahl der Anzahl der Planungsebenen

11.5.1 Planungsebenen zur Losgrößen- und Maschinenbelegungsplanung (PP&S)

Wie bereits zuvor erwähnt, kann ein Modul zum PP&S einen Belegungsplan entweder in einem Schritt oder aber in zwei aufeinander folgenden Schritten erzeugen, d. h. in einer sog. zweistufigen Planungshierarchie. Im Weiteren sollen die Vor- und Nachteile dieser beiden Vorgehensweisen diskutiert werden.

Drexl et al. (1994) argumentieren, dass die Vorteilhaftigkeit einer Dekomposition der PP&S von dem vorliegenden Produktionstyp abhängt (z. B.

unterscheidet der Anordnungstyp zwischen Werkstatt- und Fließfertigung; Definitionen hierzu enthält Kap. 4). Innerhalb eines Werkes können sehr wohl Fertigungsbereiche mit verschiedenen Produktionstypen vorhanden sein, die dann auf die spezifischen Anforderungen der Kunden ausgerichtet sind.

Eine *Werkstattfertigung* ist dadurch charakterisiert, dass dort mehrere funktionsgleiche Maschinen zur Verfügung stehen und dass zur Bearbeitung eines Auftrags i. d. R. eine Vielzahl alternativer Produktionswege (Maschinenfolgen) existieren. Die Herstellung eines Produkts erfordert einen mehrstufigen Fertigungsprozess. Hierzu durchläuft das Produkt mehrere Werkstätten. Bei einer Losbildung werden mehrere zeitlich aufeinander folgende Bedarfe für ein bestimmtes Teil (oder Arbeitsgang) zu einem (Produktions-)Los (Fertigungsauftrag) zusammengefasst, um so Rüstaufwand einzusparen. Üblicherweise sind bei einer Werkstattfertigung Hunderte von Fertigungsaufträgen innerhalb des Planungszeitraums einer PP&S einzuplanen.

Zur Verringerung des Rechenaufwands, aber auch um eine wirkungsvolle Entscheidungsunterstützung zu ermöglichen, wird die PP&S (bei Werkstattfertigung) in zwei (hierarchische) Planungsebenen aufgeteilt. In der übergeordneten Planungsebene wird die Zeit in Perioden der Länge „Tag" oder „Woche" eingeteilt und funktionsgleiche Ressourcen zu Ressourcengruppen zusammengefasst. Sofern die Bearbeitungsdauern der Fertigungsaufträge sehr viel kürzer sind als eine Periode, kann auf eine Planung der Reihenfolgen von Fertigungsaufträgen auf den Ressourcen (innerhalb einer Periode) verzichtet werden. Auf diese Weise wird die Losgrößenplanung und der Kapazitätsabgleich erheblich vereinfacht.

Auf der Grundlage der in der übergeordneten Planungsebene angelegten Fertigungsaufträge kann nun die untergeordnete Planungsebene die Zuordnung zu den einzelnen Ressourcen (z. B. Maschinen) einer Ressourcengruppe und die Reihenfolgeplanung vornehmen. Die Zerlegung in zwei Planungsebenen erfordert allerdings zum Ausgleich der Fehler bei der Aggregation Disaggregation einen gewissen Schlupf in den Kapazitäten oder eine gewisse Flexibilität bei der Auswahl von Arbeitsplanvarianten, um zu zulässigen Belegungsplänen zu gelangen.

Für (automatisierte) *Fließlinien* mit reihenfolgeabhängigen Rüstzeiten ist eine Unterteilung in zwei Planungsebenen unangemessen. Einerseits ist eine Einteilung der Zeitachse in relativ lange (sog. Big Bucket) Perioden (in Bezug auf die Bearbeitungsdauern der Fertigungsaufträge) wenig geeignet, um reihenfolgeabhängige Rüstkosten und -zeiten zu erfassen. Andererseits lassen sich auf Fließlinien Losgrößen- und Reihenfolgeentscheidungen kaum voneinander trennen, da die Auslastung der (oft mit hohen Investitionen verbundenen) Fließlinien sehr hoch ist und daher mehrere Produkte (Fertigungslose) um Belegung der knappen Ressource konkurrieren. Erleichtert wird die PP&S auf Fließlinien häufig dadurch, dass nur ein bis drei Bearbeitungsschritte an einem Produkt vorzunehmen sind und nur wenige Produkte (oder Produktfamilien) darauf hergestellt werden.

Im Weiteren werden einige Definitionen und Beispiele angegeben, die die Vor- und Nachteile der beiden Planungsansätze deutlich machen.

Eine *Periode* wird als *lang* bezeichnet, wenn ein (beliebiger) Fertigungsauftrag in derselben Periode starten und enden kann. Modelle mit dieser Periodeneinteilung werden auch Big Bucket Modelle genannt. Üblicherweise finden innerhalb einer Periode auf einer Ressource mehrere Rüstvorgänge statt (siehe Abb. 11.7). Für diese Modelle ist es dann auch nicht erforderlich, dass der Rüstzustand einer Ressource über Periodengrenzen hinweg beibehalten wird.

Bei einem Small Bucket Modell werden die Rüstzustände von einer Periode zur nächsten übertragen. Das führt tendenziell zu geringeren Rüstzeiten und -kosten als bei einem Big Bucket Modell (siehe den Arbeitsgang B in Abb. 11.8). Die Periodenlängen eines Small Bucket Modells werden gemeinhin so gewählt, dass auf einer Ressource höchstens ein Rüstvorgang in einer Periode endet (als Beispiel sei das Modell in Haase 1994, S. 20 angeführt). Die größere Abbildungsgenauigkeit von Small Bucket Modellen geht mit einem steigenden Rechenaufwand aufgrund der hohen Anzahl an Perioden einher.

Die Aggregation von Ressourcen zu Ressourcengruppen führt zwangsläufig zu Big Bucket Modellen, da die Rüstzustände der einzelnen Ressourcen sowie die Zuordnung von Arbeitsgängen zu einzelnen Ressourcen innerhalb einer Ressourcengruppe nicht mehr verfolgt werden können.

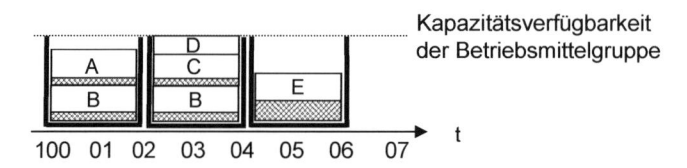

Abb. 11.7. Ein Big Bucket Modell

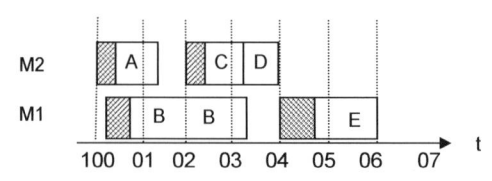

Abb. 11.8. Gantt-Diagramm: Ein Small Bucket Modell (Perioden der Länge 1 [ZE] für zwei Ressourcen M1 und M2)

Das Dilemma der Big Bucket Modelle besteht darin, dass eine zulässige Lösung für ein derartiges Modell nicht notwendig auch in einen zulässigen Belegungsplan für jede einzelne Ressource disaggregiert werden kann. Unzulässigkeiten können entstehen, wenn

- reihenfolgeabhängige Rüstzeiten vorliegen,
- bei der Kapazitätsglättung Ressourcengruppen betrachtet wurden oder
- keine Vorlaufzeit zwischen zwei aufeinander folgenden Arbeitsgängen eingeplant wurde.

Reihenfolgeabhängige Rüstzeiten können in Big Bucket Modellen nicht korrekt abgebildet werden, da die Einlastung von Arbeitsgängen auf Ressourcen nur die Periodenkapazität, aber nicht die Reihenfolgen beachtet. Hilfsweise kann man einen gewissen Anteil der Periodenkapazität für Rüstzeiten reservieren. Allerdings wird dieser Anteil i. d. R. entweder zu groß oder zu gering bemessen sein. Der erste Fall führt zu unnötig langen *geplanten* Durchlaufzeiten, der zweite zu unzulässigen Belegungsplänen. Allerdings steht erst nach der Disaggregation der Vorgaben in einen Belegungsplan fest, ob der Abschlag für Rüstzeitverluste richtig gewählt wurde.

Eine andere Ursache dafür, dass die Disaggregation der Vorgaben eines Big Bucket Modells keinen zulässigen Belegungsplan ermöglicht, können *Ressourcengruppen* sein. Als Beispiel sei angenommen, dass zwei Maschinen zu einer Maschinengruppe zusammengefasst worden sind (siehe Abb. 11.9) und eine Periodenlänge von 3 [ZE] verwendet wird. Daraus ergibt sich eine Periodenkapazität der Maschinengruppe von 6 [ZE]. Jeder Arbeitsgang erfordert eine (reihenfolgeunabhängige) Rüstzeit von 1 [ZE] und eine Bearbeitungszeit in derselben Höhe. Damit ist es möglich, alle drei Arbeitsgänge innerhalb einer Periode auf der Maschinengruppe herzustellen. Allerdings gibt es hierzu keine zulässige Disaggregation in einen Belegungsplan für die beiden Maschinen, da hierzu ein Arbeitsgang „gesplittet" werden müsste. Dies erfordert jedoch einen zusätzlichen Rüstvorgang von 1 [ZE], so dass die Periodenkapazität einer Maschinen überschritten wird. Zur Lösung des Dilemmas könnte man die Periodenkapazität der Maschinengruppe auf 5 [ZE] reduzieren, so dass für die Reihenfolgeplanung der untergeordneten Planungsebene ein Schlupf von (mindestens) 1 [ZE] verbleibt. Dies hätte zur Folge, dass lediglich zwei der drei Arbeitsgänge innerhalb einer Periode auf einer Maschinengruppe eingeplant würden und damit die tatsächliche Auslastung der Maschinen sinkt. Dabei wird unterstellt, dass die minimale Losgröße eines Arbeitsgangs eine Bearbeitungszeit von 1 [ZE] erfordere.

Eine dritte Ursache dafür, dass kein zulässiger Belegungsplan aus der Lösung eines Big Bucket Modells ableitbar ist, kann in mehrstufigen Produktionssystemen vorkommen, sofern auf die Modellierung einer (Mindest-)Vorlaufzeit zwischen aufeinander folgenden Arbeitsgängen verzichtet wird (siehe das Beispiel in Abb. 11.10). Betrachtet sei eine zweistufige Fertigung mit zwei Maschinen (M1 und M2). Eine Aggregation zu einer Maschinengruppe wurde nicht vorgenommen. Auf Arbeitsgang A folgt der Arbeitsgang B, wobei jeder Arbeitsgang eine Bearbeitungszeit von 9 [Std] benötigt. Für die erste Produktionsstufe ist Maschine M1 und für die zweite Maschine M2 vorgesehen. Die Produktionskapazität je Maschine betrage 16 [Std] (ein Arbeitstag). Obwohl die Periodenkapazität ausreicht, um jeden einzelnen Arbeitsgang auszu-

248 Hartmut Stadtler

Produktionsplan: **Zugehöriger Belegungsplan (je Maschine):**

[Diagramm: Produktionsplan mit Arbeitsgängen A, B, C über Perioden 100, 01, 02, 03, 04]

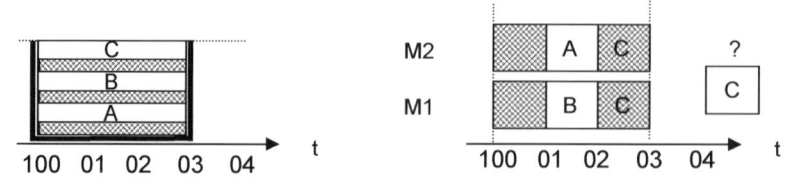

[Diagramm: Belegungsplan mit M1 (B, C) und M2 (A, C) über Perioden 100, 01, 02, 03, 04, mit "?" bei M2 und C separat]

Abb. 11.9. Ein Beispiel für eine Einlastung auf einer Ressourcengruppe ohne zulässige Disaggregation

führen, existiert kein zulässiger Belegungsplan, da die Periodengrenze überschritten wird, wenn Arbeitsgang B erst nach Beendigung von Arbeitsgang A beginnen darf (unter der Annahme, dass eine überlappende Produktion unzulässig ist).

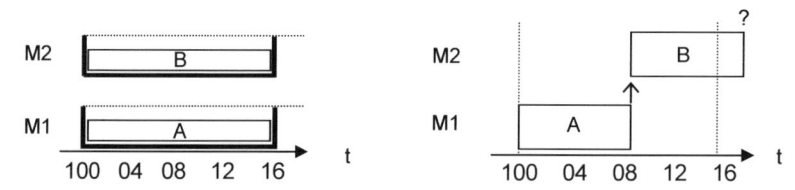

[Diagramm: M1 mit A, M2 mit B über Perioden 100, 04, 08, 12, 16]

[Diagramm: M1 mit A, M2 mit B (mit "?") über Perioden 100, 04, 08, 12, 16]

Abb. 11.10. Ein Beispiel für eine unzulässige Lösung bei mehrstufiger Produktion und einer (Mindest-)Vorlaufzeit von 0 [Perioden]

Eine zulässige Disaggregation ist immer möglich, wenn im Big Bucket Modell zwischen zwei aufeinander folgenden Arbeitsgängen eine *(Mindest-)Vorlaufzeit* von mindestens einer Periode modelliert wird. Als Nachteil ist zu sehen, dass sich die Plandurchlaufzeiten der Aufträge durch eine positive Vorlaufzeit mehr als nötig verlängern (auf 32 [Std] an Stelle von 18 [Std] in dem genannten Beispiel).

Die Beispiele zeigen, dass man sich sehr genau überlegen muss, welche der obigen Aggregationen in welchen Planungssituationen angemessen sind. Häufig wird die Antwort von dem vorliegenden Produktionstyp abhängen. Einerseits führt eine Losgrößenplanung und Kapazitätsglättung mit einem Big Bucket Modell zu einer Reduktion des Detaillierungsgrades und der zu verarbeitenden Daten, andererseits wird aber auch ein gewisser Schlupf benötigt, um eine zulässige Disaggregation der Lösung in einen detaillierten Belegungsplan zu ermöglichen. Letzteres führt tendenziell zu übermäßig langen Plandurchlaufzeiten.

Um die Vorteile von Big Bucket und Small Bucket Modellen zu kombinieren, wurde ein weiterer Modelltyp – ein Big Bucket Modell mit periodenübergreifenden Losgrößen – entwickelt (siehe Sürie und Stadtler 2003). Auch hier ist es möglich, mehrere Produkte innerhalb einer Periode ohne Beachtung der Reihenfolgen einzuplanen. Allerdings wird das „letzte" Los innerhalb einer Periode bestimmt und mit dem „ersten" Los der Folgeperiode verknüpft. Wenn beide Lose dasselbe Produkt betreffen, lässt sich ein Rüstvorgang einsparen. Auch wenn die Wirkung auf den ersten Blick marginal erscheinen mag, so ist es mit diesem Modelltyp auch möglich, Lose zu modellieren, die zwei und mehr Perioden belegen und nur einen Rüstvorgang zu Losbeginn benötigen – wie bei einem Small Bucket Modell.

Schließlich sei noch ein vierter Modelltyp angeführt, der ganz auf eine Periodeneinteilung verzichtet. Stattdessen wird eine kontinuierliche Zeitachse betrachtet (Maravelias und Grossmann 2003). Zwar erlaubt dieser Modelltyp die genaueste Abbildung des Produktionsprozesses, erfordert aber auch den größten Rechenaufwand zur Erzeugung eines Belegungsplans. Einen Vergleich verschiedener Small Bucket Modelle enthält Sürie (2005).

11.5.2 Beschränkungen aufgrund des Rechenaufwands

Bei der Bestimmung des besten Belegungsplans ist zu beachten, dass es oft sehr viele alternative Belegungspläne für eine Ressource gibt (von denen nur wenige zulässig sein mögen). Theoretisch existieren $n!$ verschiedene Reihenfolgen bei Einplanung von n Arbeitsgängen auf einer Ressource. Während eine vollständige Enumeration bei fünf Arbeitsgängen ($5! = 120$) problemlos möglich ist und bei 10 Arbeitsgängen ($10! > 3,6 \cdot 10^6$) noch machbar erscheint, stellen bereits 20 Arbeitsgänge ($20! > 2,4 \cdot 10^{18}$) eine kaum zu lösende Aufgabe dar. Hat man darüber hinaus noch die Option alternativer, paralleler Ressourcen, steigt die Anzahl möglicher Reihenfolgen nochmals stark an. Obwohl leistungsfähige Algorithmen entwickelt wurden, die die Anzahl der zu erzeugenden und zu bewertenden Lösungen gering halten, um die beste Lösung ausfindig zu machen (siehe Kapitel 22 und 23), bleibt es schwierig, gute Lösungen bei einer hohen Anzahl an Arbeitsgängen zu erzeugen.

Zum Glück ist es oft gar nicht erforderlich, einen Belegungsplan von Grund auf neu zu erzeugen, da ein Teil der Arbeitsgänge oft bereits aufgrund eines zuvor erstellten Belegungsplans in den Frozen Horizon gefallen ist und in ihrer Reihenfolge fixiert wurde. Auch führt die Zerlegung der PP&S in zwei Planungsebenen zu einer geringeren Anzahl zulässiger Reihenfolgen auf der untergeordneten Planungsebene, da die Fertigungsaufträge bereits bestimmten Zeitintervallen, den Big Buckets, zugeordnet wurden.

Eine weitere Möglichkeit den Rechenaufwand zu begrenzen, bietet die inkrementale Planung und die Begrenzung der Reoptimierung auf bestimmte Teilsequenzen der Fertigungsaufträge entsprechend den Vorgaben des Entscheidungsträgers.

Weitere Einzelheiten zum Einsatz der PP&S werden in Kolisch et al. (2000) dargestellt.

Literatur

Drexl, A.; Fleischmann, B.; Günther, H.-O.; Stadtler, H.; Tempelmeier, H. (1994) *Konzeptionelle Grundlagen kapazitätsorientierter PPS-Systeme*, Zeitschrift für betriebswirtschaftliche Forschung, Bd. 46, 1022–1045

Haase, K. (1994) *Lotsizing and scheduling for production planning*, Lecture Notes in Economics and Mathematical Systems, Bd. 408, Springer, Berlin

Kolisch, R.; Brandenburg, M.; Krüger, C. (2000) *Numetrix/3 Production Scheduling*, OR Spektrum, Bd. 22, Nr. 3, 307–312

Maravelias, C.; Grossmann, I. (2003) *New general continuous-time state-task network formulation for short-term scheduling of multipurpose batch plants*, Ind. Eng. Chem. Res., Bd. 42, 3056–3074

McKay, K. N.; Wiers, V. C. S. (2004) *Practical Production Control: A Survival Guide for Planners and Schedulers*, J. Ross Pub., Boca Raton, Florida, USA

Silver, E.; Pyke, D.; Peterson, R. (1998) *Inventory management and production planning and scheduling*, Wiley, New York, 3. Aufl.

Stadtler, H. (2007) *How important is it to get the lot size right?*, Zeitschrift für Betriebswirtschaft, Bd. 77, 407–416

Sürie, C. (2005) *Planning and Scheduling with Multiple Intermediate Due Dates - An Effective Discrete Time Model Formulation*, Industrial & Engineering Chemistry Research, Bd. 44, Nr. 22, 8314–8322

Sürie, C.; Stadtler, H. (2003) *The capacitated lot-sizing problem with linked lot sizes*, Management Science, Bd. 49, 1039–1054

Tamiz, M. (1996) *Multi-objective programming and goal programming, theories and applications*, Lecture Notes in Economics and Mathematical Systems, Bd. 432, Springer, Berlin

Vollman, T.; Berry, W.; Whybark, D. (1997) *Manufacturing planning and control systems*, Irwin/McGraw-Hill, New York, 4. Aufl.

12 Purchasing & Material Requirements Planning

Hartmut Stadtler

Universität Hamburg, Institut für Logistik und Transport, Von-Melle-Park 5, 20146 Hamburg, Deutschland

Ein unverzichtbarer Bestandteil eines ERP Systems, die Materialbedarfsplanung (engl. Material Requirements Planning, MRP), spielt auch eine wichtige Rolle in APS, da damit

- Beschaffungsaufträge (Fertigungsaufträge) für die „unkritischen" Komponenten, Teile und Arbeitsgänge eines mehrstufigen Produktionsprozesses generiert werden (Abschnitt 12.1 und 12.2) und
- Zugang zu einem Transaktionssystem – wie einem ERP-System – hergestellt werden kann und das Anlegen sowie das Ausführen von Aufträgen ermöglicht wird.

Komponenten, Teile und Arbeitsgänge werden als „kritisch" („unkritisch") bezeichnet, wenn sie (*nicht*) auf potenziellen Engpassanlagen hergestellt werden.

Typische Aufgaben des Einkaufs (engl. Purchasing) sind die Analyse der Beschaffungsmärkte, Verhandlungen mit potenziellen Lieferanten über Lieferkonditionen und schließlich die Auswahl der Zulieferer sowie die Erteilung von Beschaffungsaufträgen (vgl. Large 2006). Von Interesse ist hier die Art und Weise, wie APS den Auswahlprozess der Lieferanten und die Bestimmung der Beschaffungsmengen unterstützen können angesichts der spezifischen Kostenfunktionen der Zulieferer für (Mengen-)Rabatte (Abschnitt 12.3). Diese Softwarefunktionen lassen sich zur Beschaffung von direkten Produktionsinputs (Rohstoffe, Teile, Komponenten), Hilfs- und Betriebsstoffen sowie Handelswaren nutzen.

12.1 Grundlagen der Materialbedarfsplanung (MRP)

Die Materialbedarfsplanung wird als Kern eines ERP-Systems angesehen. Es berechnet ausgehend von der Zeitreihe der Primärbedarfe (i. d. R. von Endprodukten) die zeitversetzten Sekundärbedarfe der Komponenten, Teile und Rohstoffe. Periodengenau bestimmte Sekundärbedarfe sind eine Voraussetzung für die Erzeugung von Fertigungs- und Beschaffungsaufträgen und die fristgerechte Befriedigung der Nachfrage nach Endprodukten bei möglichst geringen Beständen.

Obwohl das MRP sehr eingängig und gut nachvollziehbar ist, hat das Vorgehen den gravierenden Nachteil der Nicht-Beachtung von Kapazitäten.

Dies kann im Ergebnis dazu führen, dass Kapazitäten überlastet werden und unzulässige Pläne entstehen. Die Erfahrung zeigt, dass das in ERP-Systemen übliche zweistufige Vorgehen, d. h. zuerst die Sekundärbedarfe zu berechnen und dann den Kapazitätsabgleich mit Hilfe des Capacity Requirements Planning (CRP) Moduls durchzuführen, keine befriedigenden Lösungen erzeugt (weitere Nachteile von ERP-Systemen diskutieren Drexl et al. (1994) sowie Tempelmeier und Derstroff (1996)).

Diese Nachteile waren der Anlass, APS zu entwickeln, die die Erzeugung von Sekundärbedarfen und den Kapazitätsabgleich nicht mehr getrennt betrachten. Um die Komplexität zu reduzieren, konzentrieren sich die APS allerdings auf Arbeitsgänge, die auf potenziellen Engpassressourcen auszuführen sind – es handelt sich dabei meist um eine kleine Teilmenge der Arbeitsgänge. Die Zeitspanne, die benötigt wird, um die zwischen zwei aufeinander folgenden *kritischen* Arbeitsgängen liegenden *unkritischen* Arbeitsgänge auszuführen, wird durch eine feste Vorlaufzeit(-verschiebung) berücksichtigt. Sobald Pläne für die kritischen Arbeitsgänge mit einem APS erzeugt worden sind, lassen sich daraus leicht die Startzeitpunkte und Produktionsmengen der unkritischen Arbeitsgänge mit Hilfe der MRP Logik berechnen. Diese ist Gegenstand der weiteren Ausführungen.

Es gibt viele Lehrbücher, die das MRP erklären (z. B. Silver et al. 1998, Tempelmeier 2008 und Vollman et al. 1997). Daher werden hier nur die wesentlichen Begriffe und die grundlegenden Ideen vorgestellt. Wichtiger erscheint eine Diskussion der „Probleme", die bei Verwendung eines MRP-Moduls in Verbindung mit einem APS auftreten können.

Als erstes muss entschieden werden, welche Zeitreihen als Primärbedarfe zu verwenden sind. Hierzu kommen in Betracht (siehe Abb. 12.1):

- Produktionsmengen pro Periode für (kritische) Produktgruppen wie sie im Master Planning berechnet wurden (siehe Kap. 9),
- Produktionsmengen pro Periode für (kritische) Arbeitsgänge aufbauend auf den Ergebnissen des Produktionsplans (siehe PP&S-Modul) oder
- kritische Fertigungsaufträge entnommen aus dem Belegungsplan (siehe PP&S-Modul, Kap. 11).

Falls Beschaffungsaufträge für externe Zulieferer zu bestimmen sind, benötigt man meist einen längeren Planungszeitraum als den des PP&S (z. B. um Verträge mit den Zulieferern auszuhandeln oder um den Zulieferern eine mittelfristige Vorausschau des Bedarfs zu bieten). Entsprechend ist der Master Plan der geeignete Ausgangspunkt. Dabei ist dann allerdings zu beachten, dass die Produktionsmengen der Produktgruppen des Master Plans zuvor in Produktionsmengen der entsprechenden Produkte disaggregiert werden müssen, bevor die MRP Logik angewandt werden kann.

Um (interne) Beschaffungsaufträge oder die zeitliche Lage der unkritischen Arbeitsgänge (Fertigungsaufträge) zu ermitteln, eignet sich sowohl der Produktionsplan als auch die Belegungsplanung. Falls der Produktionsplan

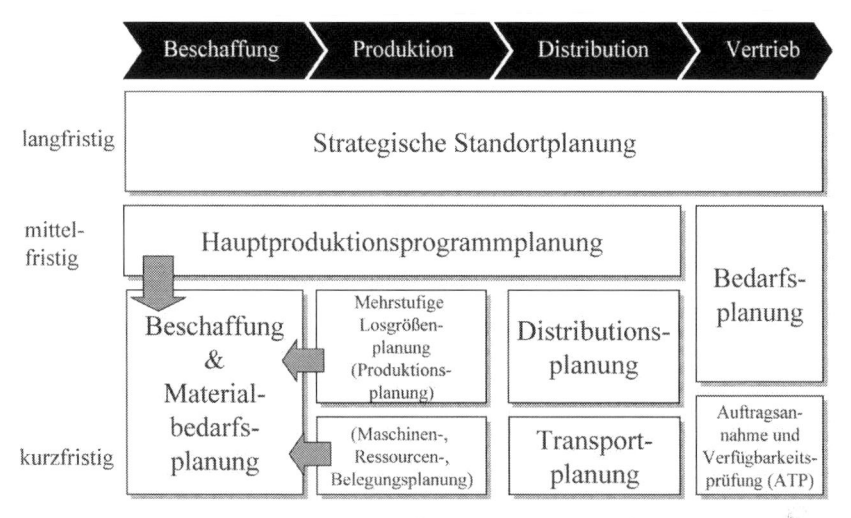

Abb. 12.1. Module, die die Inputdaten (Produktionsmengen) für Einkauf und Materialbedarfsplanung liefern

verwendet wird, erhält man periodengenaue Bedarfe, während bei Verwendung eines Belegungsplans die genauen Start- und Endzeitpunkte der Fertigungsaufträge bekannt sind. Daher eignet sich die Belegungsplanung gut in Kombination mit einem ereignisorientierten MRP (ohne Periodeneinteilung), während die beiden in der Aufzählung erstgenannten zu einem periodenbezogenen MRP passen. Beide Zeiteinteilungen sind heute möglich (Vollman et al. 1997, S. 30 ff.). Im Weiteren unterstellen wir, dass der Produktionsplan den Ausgangspunkt bildet.

Als weitere Daten werden benötigt:

- Baukastenstücklisten, die für jedes Teil (Sachnummer) angeben, welche direkt untergeordneten Teile in welchen Mengen eingehen (Direktbedarfskoeffizienten),
- Vorlaufzeiten, die für jedes Teil (Sachnummer) die Zeitspanne zwischen Auftragserteilung und Eingang (Verfügbarkeit) angeben,
- disponible Bestände, die für jedes Teil (Sachnummer) den physischen Anfangsbestand zuzüglich der ausstehenden Bestellungen und des Work-in-Process abzüglich der Reservierungen und der Fehlmengen und des Sicherheitsbestands wiedergeben sowie
- Dispositionsstufen.

Die *Dispositionsstufe* eines Teiles bezieht sich auf die Erzeugnisbäume, in denen das betrachtete Teil vorkommt. Gemessen wird der längste Weg in diesen Erzeugnisbäumen, d. h. die maximale Anzahl an Kanten (Pfeilen) gemessen von einem Endprodukt zu dem betrachteten Teil. Endprodukte werden in die Dispositionsstufe „0" eingeordnet (ein Beispiel zeigt Abb. 12.2).

Die Einordnung eines Teiles in eine Dispositionsstufe erfolgt vor jeder Stücklistenauflösung (engl. Bill of Materials (BOM) explosion) neu, um möglichen konstruktiven Änderungen der Stücklisten Rechnung zu tragen. Mit Hilfe der Dispositionsstufen ist es möglich, die Stücklistenauflösung rein sequenziell abzuarbeiten (d. h. es ist sichergestellt, dass die (Perioden-)Bedarfe eines Teiles vollständig bekannt sind, sobald alle Teile der übergeordneten Dispostionsstufen „abgearbeitet" sind).

Während die gängigen Lehrbücher als Detaillierungsgrad der Stücklistenauflösung die Einheiten Produkt, Komponente oder Teil empfehlen, erfordern APS die Detaillierung *Arbeitsgang*. Oft werden mehrere Arbeitsgänge benötigt, um aus den Eingangsstoffen ein spezifisches Teil (mit einer eindeutigen Sachnummer) herzustellen. Einige dieser Arbeitsgänge mögen unkritisch andere kritisch sein. Folglich müssen die Informationen der Stücklisten und der Arbeitspläne zusammengeführt werden – hierfür findet man mitunter den englischen Begriff Bill of Capacities (BOC) (Vollman et al. 1997, S. 128).

Um das Verständnis der folgenden Beispiele zu erleichtern, sei vereinfachend angenommen, dass zu jedem Produkt, jeder Komponente und jedem Teil genau ein Arbeitsgang gehört.

12.2 Erzeugung der unkritischen Aufträge

In diesem Abschnitt wird die Berechnung der unkritischen Aufträge, ausgehend von den Fertigungsaufträgen auf den potenziellen Engpassressourcen, an einem Beispiel erläutert. In einem ersten Schritt werden die benötigten Daten, wie die Stücklisten, vorgestellt (siehe Abb. 12.2). Im zweiten Schritt gehen wir auf die Erzeugung eines Produktionsplans ein und drittens wird gezeigt, wie man die Aufträge der unkritischen Arbeitsgänge bestimmt. Im vierten Schritt zeigen wir Vereinfachungen, wie sie die APS-Anbieter heutzutage empfehlen.

E1 und E2 werden auf einer stark ausgelasteten Montagelinie zusammengebaut. Die Komponente C1 wird in einer Fertigungszelle produziert. Da die Fertigungszelle durch C1 allein nicht ausgelastet wird, wurde die freie Kapazität an ein Partnerunternehmen verkauft. Die Vertragsbedingungen sehen vor, dass C1 Priorität bei der Belegung der Fertigungszelle hat; daher stellt die Fertigungszelle keinen Engpass für die eigene Fertigung dar. P1 wird von einem externen Zulieferer bezogen. P2 und P3 werden auf einer Druckgießmaschine hergestellt, die häufig zum Engpass wird.

Folglich sind E1, E2, P2 und P3 als kritische Arbeitsgänge anzusehen. Daher wird für diese ein Produktionsplan im APS-Modul PP&S erzeugt.

Zusätzlich zu den Daten, die in Abb. 12.2 angegeben sind, werden noch die Vorlaufzeiten für die einzelnen Arbeitsgänge benötigt. In dem vorliegenden Beispiel nehmen wir eine Vorlaufzeit von einer Periode an – mit Ausnahme von Arbeitsgang C1, der eine Vorlaufzeit von zwei Perioden benötigt.

Dispositions-
stufe

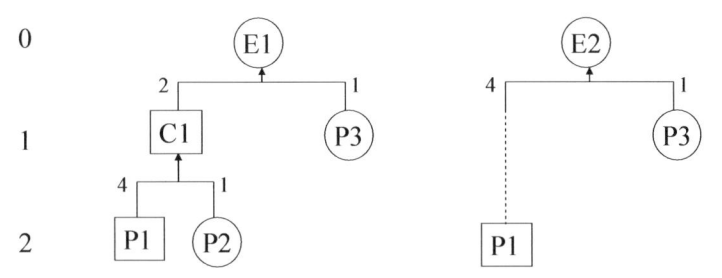

```
0                    E1                        E2
              2           1              4            1
1            C1           P3                          P3
          4       1
2        P1      P2                       P1
```

Abb. 12.2. Erzeugnisbäume für die Endprodukte E1 und E2 und Dispositionsstufen; C1 stellt eine Komponente dar und P1, P2, P3 (Einzel-)Teile; Ziffern geben die Produktionskoeffizienten an; mit einem Kreis dargestelltes Material wird als *kritisch* angesehen, Material in Rechtecken als *unkritisch*

Die Losgrößenplanung spielt aufgrund der Rüstzeitverluste auf den potenziellen Engpassanlagen (und ggf. der Rüstkosten) eine wesentliche Rolle für die kritischen Arbeitsgänge. Die Losgrößenplanung von unkritischen Arbeitsgängen ist hingegen eher vernachlässigbar, da die Produktionszeit auf Nicht-Engpassanlagen (per Definition) nicht knapp ist. Daher stellen Einsparungen von Rüstzeiten keinen „Gewinn" dar, so dass eine Lot-for-Lot Produktion (d. h. keine Losbildung) am geeignetsten erscheint. Ausnahmen sind lediglich dann sinnvoll, wenn es technische Gründe gibt, die Mindestmengen oder ganzzahlige Vielfache einer Standardmenge für die Produktions- oder Transportaktivitäten erfordern, um ordnungsgemäß abzulaufen (z. B. bei Einsatz von Kesseln).

Im Gegensatz zu den Vorlaufzeiten, die in ERP-Systemen verwendet werden und die üblicherweise einen großen Wartezeitanteil haben, sollten die Vorlaufzeiten für die unkritischen Arbeitsgänge in APS lediglich Zeiten für Produktions- und Transportaktivitäten beinhalten. Der Grund ist die, laut Definition, geringe Auslastung der Nicht-Engpassanlagen. Somit sollte ein einzuplanender Fertigungsauftrag die Ressource in der gewünschten Belegungszeit zumeist leer vorfinden und Wartezeiten gar nicht erst entstehen. Allerdings erscheint es für unkritische Arbeitsgänge, die *direkte* Vorgänger von kritischen Arbeitsgängen sind, sinnvoll, eine „gewisse" Sicherheitszeit in die Vorlaufzeit mit aufzunehmen. Damit lassen sich Unsicherheiten in den Bearbeitungszeiten in gewissem Umfang abfedern, um so Leerzeiten auf Engpassanlagen zu vermeiden – schließlich bestimmen die Engpassanlagen die Outputrate der gesamten Supply Chain (SC).

Eine weitere Ursache dafür, dass Vorlaufzeiten in APS geringer sein können als in ERP-Systemen (und damit tendenziell kürzere Plan-Durchlaufzeiten entstehen), liegt in dem Unvermögen der ERP-Systeme, eine Kapazitätsprüfung bereits während der Stücklistenauflösung vorzunehmen. Vorlaufzeiten in ERP-Systemen enthalten daher weitere Pufferzeiten, die eine „gewisse" Verschiebung der Fertigungsaufträge für die spätere Kapazitätsglättung erlauben. Aber auch in einem APS können Fehler bei der Disaggregation eines Produktionsplans in einen Belegungsplan auftreten: Sollen laut Produktionsplan beispielsweise zwei aufeinander folgende Operationen innerhalb einer Periode ausgeführt werden, so ist eine Überlappung nicht auszuschließen. Eine Überlappung lässt sich verhindern, wenn im Rahmen der Produktionsplanung für jeden Arbeitsgang eine Mindestvorlaufzeit von einer Periode vorgesehen wird. Dann sollte eine Disaggregation in einen zulässigen Belegungsplan ohne Weiteres gelingen.

Zu der Vorlaufzeit eines kritischen Arbeitsgangs müssen noch die Vorlaufzeiten derjenigen unkritischen Arbeitsgänge addiert werden, die auf dem Pfad zum nächsten übergeordneten kritischen Arbeitsgang liegen. Man spricht dann von *kumulierten* Vorlaufzeiten. Auf diese Weise lässt sich der Startzeitpunkt (bzw. -periode) eines kritischen Arbeitsgangs mit dem Startzeitpunkt eines übergeordneten kritischen Arbeitsgangs verknüpfen. Folglich beinhalten die kumulierten Vorlaufzeiten alle Produktions- und Transportdauern zwischen zwei kritischen Arbeitsgängen einschließlich der Vorlaufzeit des (betrachteten) untergeordneten Arbeitsgangs (z. B. betragen die kumulierten Vorlaufzeiten für E1-P2 drei Perioden und für E1-P3 als auch E1-P3 eine Periode). Die kumulierten Vorlaufzeiten, (kumulierten) Produktionskoeffizienten, Primärbedarfe und Lageranfangsbestände der Produkte, Teile und Komponenten werden als Input für die Produktionsplanung benötigt.

Abbildung 12.3 enthält die Primärbedarfe der Endprodukte E1 und E2 (kritischen Arbeitsgänge) und die dazu gehörigen Fertigungsaufträge, um die Bedarfe der nächsten fünf Perioden unter Beachtung der Vorlaufzeiten von einer Periode zu decken (siehe die durchgezogenen Pfeile). Dieser Produktionsplan wurde unter der Annahme erstellt, dass beide Arbeitsgänge (E1 und E2) auf derselben Maschine gefertigt werden, die Maschine eine Kapazität von 40 [KE] pro Periode hat und die Produktionskoeffizienten 1 [KE/ME] betragen. Zu beachten ist, dass Bedarfe auch bereits durch den Lageranfangsbestand gedeckt werden können (gestrichelte Pfeile).

Material	Periode	1	2	3	4	5
E1	Bedarf	30	20	30	20	30
	Anfangsbestand	40	10	-	-	-
	Auftrag	10	30	20	30	-
E2	Bedarf	20	-	20	-	30
	Anfangsbestand	20	-	-	-	-
	Auftrag	10	10	20	10	-

Abb. 12.3. Primärbedarfe und (Fertigungs-)Aufträge für E1 und E2 (in Mengen pro Periode)

Positive Vorlaufzeiten sind die Ursache dafür, dass in Periode fünf keine (Fertigungs-)Aufträge für E1 und E2 vorhanden sind, obwohl der Planungszeitraum fünf Perioden umfasst. Dies führt dazu, dass auch Aufträge für Teile und Baugruppen der nachfolgenden Dispositionsstufen (>0) einen kürzeren Zeitraum (ein-)decken. Daher sollten Aufträge und Kapazitätsauslastungen am Ende des Planungszeitraums mit Vorsicht interpretiert werden, da im Rahmen der rollierenden Planung noch Erhöhungen zu erwarten sind. Zudem zeigt das Beispiel, dass der Planungszeitraum für eine Stücklistenauflösung mindestens so lang sein sollte, wie die längste Durchlaufzeit – ausgehend von dem letzten Arbeitsgang (an einem Endprodukt) bis zu einem Inputmaterial (ohne weitere Vorgänger). In dem obigen Beispiel gibt es zwei längste Pfade (Durchlaufzeiten), nämlich E1-C1-P1 und E1-C1-P2 mit einer Durchlaufzeit von vier Perioden. Bei der Festlegung des Planungszeitraums ist über die längste Durchlaufzeit hinaus auch noch eine Zeitspanne für den „frozen horizon" und einige Perioden für die Entscheidungsfindung (z. B. die Losbildung) vorzusehen.

Um das Beispiel nicht zu groß werden zu lassen, werden die Arbeitsgänge P2 und P3 hier nicht betrachtet, auch weil sie keine Sekundärbedarfe verursachen. Mit diesen Vorbemerkungen sind wir nun in der Lage, die Höhe und zeitliche Lage der Aufträge der unkritischen Arbeitsgänge C1 und P1 zu berechnen.

Dispo.	Arbeitsgang		Bedarf/Auftrag pro Periode				
			1	2	3	4	5
0	E1	Auftrag	10	30	20	30	-
0	E2	Auftrag	10	10	20	10	-
1	C1	Anfangsbestand	80	60	-	-	-
		Bruttobestand	20 (E1)	60 (E1)	40 (E1)	60 (E1)	-
		Nettobestand	-	-	40	60	-
		Auftrag	40	60	-	-	-
2	P1	Anfangsbestand	200	-	-	-	-
		Bruttobestand	40 (E2)	40 (E2)	80 (E2)	40 (E2)	-
			160 (C1)	240 (C1)	- (C1)	- (C1)	-
		Nettobestand	-	280	80	40	-
		Auftrag	280	80	40	-	-

Abb. 12.4. Stücklistenauflösung nach dem Dispositionsstufenverfahren (engl. BOM explosion) mit Verknüpfungen (engl. pegging); Dispo. = Dispositionsstufe

Im Rahmen der APS muss das übliche Vorgehen der Stücklistenauflösung (Orlicky 1975; Tempelmeier 2006) geringfügig angepasst werden. Zunächst werden alle Endprodukte (bzw. der jeweils letzte Arbeitsgang) als „kritisch" definiert. Sodann bilden alle kritischen Arbeitsgänge, die mindestens einen unkritischen Arbeitsgang in ihrer Baukastenstückliste aufweisen, die Dispositionsstufe „0". Nun kann ein beliebiger kritischer Arbeitsgang der Dispositionsstufe „0" ausgewählt und die zugehörigen (Fertigungs-)Aufträge (gemäß Produktionsplan) in die (Sekundär-)Bedarfe der direkt untergeordneten Arbeitsgänge aufgelöst werden. Hierzu werden die (Fertigungs-)Aufträge mit den Direktbedarfskoeffizienten multipliziert und die daraus entstehenden

(Sekundär-)Bedarfe in dieselbe Periode eingeordnet (z. B. muss der Auftrag für Arbeitsgang C1 in Höhe von 20 [ME] zu Beginn der Periode 1 fertig gestellt sein, um für die Montage von Endprodukt (Arbeitsgang) E1 in Periode 1 verwendet werden zu können (siehe Abb. 12.4).

Um später nachvollziehen zu können, welcher Arbeitsgang welchen Sekundärbedarf verursacht hat, wird der Name des Bedarfsverursachers gespeichert – siehe die in Klammern gesetzten Namen in Abb. 12.4. Für derartige Verknüpfungen wird der englische Begriff *pegging* verwendet. Die Information des Bedarfsverursachers lässt sich beispielsweise nutzen, um zu erkennen, welche Kundenaufträge von einer verspäteten Fertigstellung eines Teiles betroffen sind und welche Maßnahmen geeignet sind, die Verspätung aufzufangen.

Sobald alle Sekundärbedarfe der Arbeitsgänge der Dispositionsstufe „0" abgearbeitet sind, sind auch die Sekundärbedarfe der Arbeitsgänge der Dispositionsstufe „1" vollständig bekannt. Als nächstes kann nun für einen beliebigen Sekundärbedarf der Dispositionsstufe „1" die Stücklistenauflösung periodenweise erfolgen. Dies ist nur für die unkritischen direkten Vorgänger erforderlich, da die Bedarfe (Aufträge) der kritischen direkten Vorgänger bereits im Produktionsplan enthalten sind. (Allerdings kann auch die Berechnung der Bedarfe der kritischen direkten Vorgänger sinnvoll sein, um die Zulässigkeit des Produktionsplans zu überprüfen. Abweichungen zwischen dem Produktionsplan und der Stücklistenauflösung sollten einen „Alert" auslösen.)

Vor Beginn der Stücklistenauflösung sind die Nettobedarfe durch Verrechnung der Bruttobedarfe mit dem Anfangsbestand zu berechnen. Die im Beispiel gezeigte Berechnung ist in der Praxis etwas umfangreicher, da Sicherheitsbestände, ausstehende Aufträge und Reservierungen bei der Nettobedarfsrechnung zu berücksichtigen sind. Stehen die Nettobedarfe der Arbeitsgänge fest, sind diese zeitversetzt, um die Vorlaufzeit den Auftragsperioden zuzuordnen (siehe die Pfeile in Abb. 12.4). Diese Schritte werden wiederholt, bis alle Arbeitsgänge „abgearbeitet" sind.

Zwei Gründe für das Erzeugen eines Alerts im Laufe der Stücklistenauflösung seien im Weiteren diskutiert. Da ist zunächst der Fall eines unzulässigen Produktionsplans aufgrund von Fehlmengen zu nennen. Hier wird auch die Stücklistenauflösung einen Alert generieren, der anzeigt, dass Material nicht rechtzeitig zur Verfügung steht. Eine häufig eingesetzte Gegenmaßnahme stellt die *Eilbearbeitung* dar, die zu einer verkürzten Vorlaufzeit führt. Ein weiterer Fall kann daher rühren, dass die im Produktionsplan verwendeten Vorlaufzeiten nicht von der Losgröße abhängig sind, während sie in der Stücklistenauflösung mengenabhängig berechnet werden können. Ob hier eine Gegenmaßnahme erforderlich ist, entscheidet der Planer. In jedem Fall ist er über einen Alert von der Abweichung in Kenntnis zu setzen.

Ist die Stücklistenauflösung noch relativ einfach umzusetzen, erweist sich die Gestaltung der Schnittstelle zwischen dem PP&S-Modul und dem MRP-Modul als eher schwierig. So ist es z. B. keineswegs trivial, den Austausch von Alerts zwischen den beiden Modulen konsistent aufeinander abzustimmen.

Um die Schwierigkeiten zu vermeiden, die mit einem beliebigen Wechsel zwischen unkritischen und kritischen Arbeitsgängen einhergehen, schlagen einige APS Hersteller eine klare Trennung vor: Der letzte Arbeitsgang an einem Produkt wird immer als kritisch angesehen. Des Weiteren kann jeder direkt untergeordneter Arbeitsgang als kritisch definiert werden. Allerdings darf es keinen unkritischen Arbeitsgang geben, der direkter Nachfolger eines kritischen Arbeitsgangs ist. Dieser Sachverhalt lässt sich am besten an dem vorgenannten Beispiel (Abb. 12.2) erläutern, hier dargestellt anhand eines Gozinto-Graphen (Abb. 12.5). Darin separiert eine Trennlinie die kritischen von den unkritischen Arbeitsgängen.

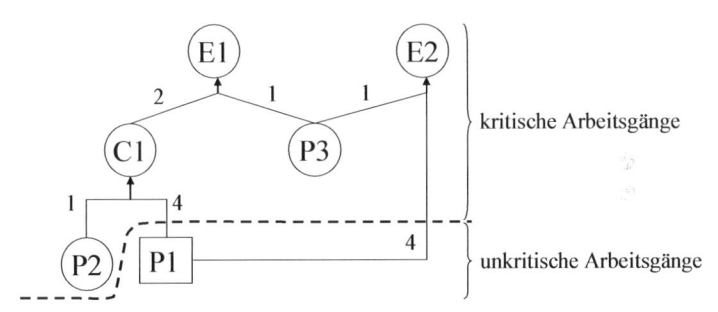

Abb. 12.5. Gozinto-Graph mit einer Trennlinie zwischen den kritischen und den unkritischen Arbeitsgängen; E1, E2 bezeichnen Endprodukte, C1 eine Komponente und P1, P2, P3 Einzelteile; Ziffern geben die Produktionskoeffizienten an; Materialien in Kreisen werden als *kritisch* eingestuft, in Vierecken als *unkritisch*; eine gestrichelte Linie trennt die kritischen von den unkritischen Arbeitsgängen

Der Vorteil dieser Trennung besteht darin, dass die Produktionsplanung als erstes und anschließend die Stücklistenauflösung für die unkritischen Arbeitsgänge erfolgen kann, ohne dass Inkonsistenzen zwischen den beiden Plänen entstehen. Folglich ist der Austausch von Alerts zwischen den Modulen nicht notwendig. Ferner ist es nicht mehr erforderlich, kumulierte Vorlaufzeiten und Produktionskoeffizienten zu berechnen und zu pflegen. Nachteilig ist, dass einige Arbeitsgänge, die eigentlich unkritisch sind, nunmehr als kritisch definiert werden (z. B. C1), was den Umfang und den Aufwand der Produktionsplanung erhöht. Dies trifft insbesondere dann zu, wenn die Arbeitsgänge am Anfang des Produktionsprozesses auf potenziellen Engpassressourcen ausgeführt werden, da dann alle nachfolgenden Arbeitsgänge ebenfalls als kritisch eingestuft werden müssen.

Bezogen auf unser Beispiel heißt das, dass die Erzeugung von Beschaffungsaufträgen für P1 sowohl von den Aufträgen für E2 als auch für C1 (siehe Abb. 12.6) ausgeht. Vereinfachend sei hier angenommen, dass die Fertigungsaufträge für C1 aus der Produktionsplanung denen der Stücklistenauflösung entsprechen (Abb. 12.4). Wenn jetzt die Stücklistenauflösung für P1 durchgeführt wird, ergibt sich das gleiche Ergebnis wie zuvor. Der einzige

Unterschied ist, dass der Rechenaufwand für die Stücklistenauflösung nunmehr kleiner und für die Produktionsplanung größer geworden ist (auf deren Berechnung wir hier verzichten).

Dispo.	Arbeitsgang		Bedarf/Auftrag pro Periode				
			1	2	3	4	5
0	E1	Auftrag	10	10	20	10	-
0	C1	Auftrag	40	60	-	-	-
1	P1	Anfangsbestand	200	-	-	-	-
		Bruttobestand	40 (E2)	40 (E2)	80 (E2)	40 (E2)	-
			160 (C1)	240 (C1)	- (C1)	- (C1)	-
		Nettobestand	-	280	80	40	-
		Auftrag	280	80	40	-	-

Abb. 12.6. Stücklistenauflösung mit Verknüpfungen (pegging); Dispo. = Dispositionsstufe

12.3 Mengenrabatt und Auswahl von Zulieferern

Verträge mit Zulieferern über einen Produktlebenszyklus sind heute in vielen Industrien für die wesentlichen Produktionsinputs üblich. Für die Beschaffung von Material, das strategisch bedeutend für ein Unternehmen ist, wird häufig ein Supply Chain Partner vorgesehen – sofern es nicht selbst hergestellt wird. Darüber hinaus gibt es i. d. R. noch eine große Anzahl weiterer Materialien, die von externen Zulieferern bezogen werden – und bei denen die Auswahl der Zulieferer, Entscheidungen über die Liefermengen und mögliche Mengenrabatte unter wirtschaftlichen Gesichtspunkten zu treffen sind. Bei diesen Gütern handelt es sich entweder um einfache Standardteile (engl. Commodities), die als Produktionsinput dienen und oft als C-Teile eingestuft werden oder um indirekte Güter zur Wartung, Reparatur oder für Dienstleistungen (engl. Maintenance, Repair and Operations (MRO)). Im Falle eines Standardteils ist die Qualität gemeinhin über Industriestandards festgelegt und es existiert eine Vielzahl an potenziellen Anbietern. Auch ist davon auszugehen, dass das Beschaffungsvolumen eines Unternehmens für derartige Teile im Vergleich zum Marktvolumen relativ klein ist, so dass die Verfügbarkeit kein Problem darstellen sollte. Als Beispiele seien standardisierte elektronische Bauteile (wie ein Kondensator) oder Büromaterial genannt, das mit Hilfe eines elektronischen Katalogs beschafft wird.

Die Beschaffungsentscheidungen lassen sich formal wie folgt beschreiben (Tempelmeier 2002): Für jedes zu beschaffende Teil liegen die Bedarfe als Zeitreihe mit beschränktem Planungszeitraum vor (z. B. siehe Zeile „Auftrag" für Teil P1, Abb. 12.4). Es stehen ein oder mehrere Zulieferer mit unterschiedlichen Kosten(-funktionen) zur Auswahl. Die Kosten beinhalten:

- fixe Beschaffungskosten pro Auftrag (einschließlich der Transportkosten einer Lieferung) und

12 Purchasing & Material Requirements Planning 261

- je nach Zulieferer unterschiedliche Mengenrabatte (z. B. Stufen- oder Blockrabatte).

Abbildung 12.7 zeigt beispielhaft die zwei gebräuchlichsten Arten von Mengenrabatten.

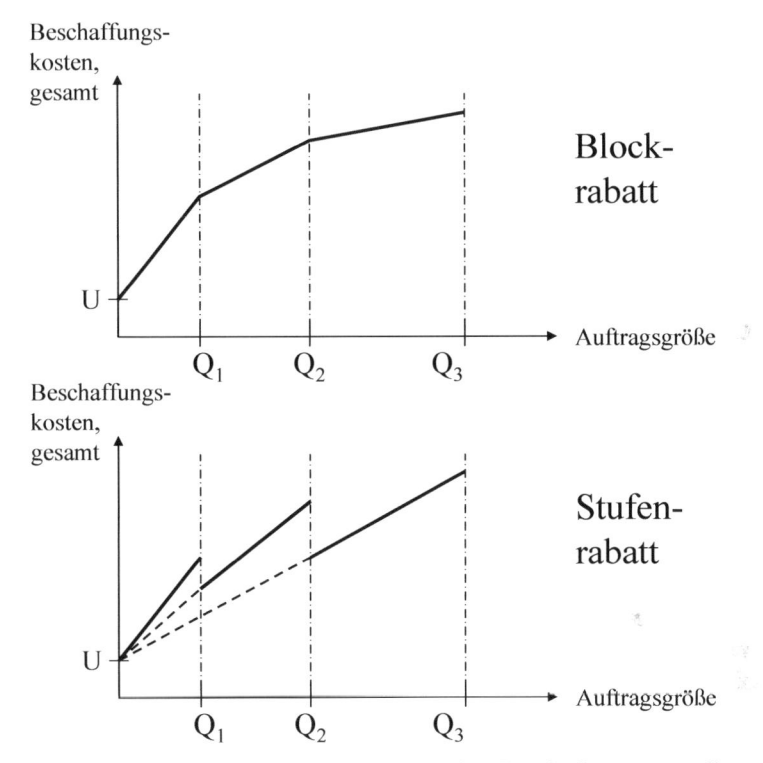

Abb. 12.7. Block- und Stufenrabatte mit drei Beschaffungsintervallen

Mit „U" werden die fixen Beschaffungskosten pro Lieferung bezeichnet und auf der Ordinate abgetragen. Die Abszisse gibt die Liefermenge wieder. Es gibt drei Beschaffungsintervalle, jedes mit einem eigenen Beschaffungspreis pro Stück. Im Fall von Stufenrabatten (engl. *all-units discount (Stufenrabatt)*) wird der Preis, der für die letzte zu beschaffende Mengeneinheit angesetzt wird, für die gesamte Beschaffungsmenge zugrunde gelegt. Im Fall eines Blockrabatts (engl. *incremental discount (Blockrabatt)*) gilt der Beschaffungspreis lediglich für die Mengen, die in das zugehörige Beschaffungsintervall fallen (vgl. die unteren Grenzen Q_1 und Q_2 der Beschaffungsintervalle 2 und 3 in Abb. 12.7). In beiden Fällen ist es vorteilhaft, sich auf einen Zulieferer pro Teil und Bestellperiode zu beschränken, da eine Teilung eines Beschaffungsauftrags zu höheren Kosten führen würde. Nur für den Fall, dass die gewünschte Liefermenge die Lieferkapazität eines Zulieferers (Q_3) übersteigt, muss der Bezug von einem weiteren Zulieferer in Erwägung gezogen werden.

Üblicherweise wird der Bedarf mehrerer aufeinander folgender Perioden zu einer Bestellmenge zusammengefasst, um so attraktive Mengenrabatte zu erhalten. Allerdings führen Bestellmengen mit einer großen (Lager-)Reichweite zu Lagerkosten, die mit den Einsparungen bei den fixen Beschaffungskosten zu verrechnen sind. Diejenigen Bestellmengen herauszufinden, die zu den insgesamt geringsten Kosten im Planungszeitraum führen, ist Aufgabe des APS-Moduls „MRP and Purchasing".

Anzumerken ist, dass es oft sehr schwierig ist, die „richtigen" Lagerkostensätze zu spezifizieren, da ein großer Kostenanteil aus den Kapitalbindungskosten besteht. Schwanken die Preise für ein Einkaufsteil im Zeitablauf – insbesondere wenn Zulieferer verschiedene, zeitlich begrenzte Rabatte gewähren – dann ist es kaum möglich, im vorhinein anzugeben, welche Mengeneinheiten eines Produkts mit welchen Beschaffungspreisen sich zu einem beliebigen Zeitpunkt im Lager befinden. Eine Möglichkeit, dieses „Problem" zu meistern, besteht in der genauen Nachverfolgung der Lagerbewegungen der zu bestimmten Preisen eingekauften Produkte.

In der Realität müssen oft spezifische Wiederbeschaffungszeiten, Lieferpläne oder minimale Beschaffungsmengen der Zulieferer beachtet werden. Auch lassen sich häufig fixe Beschaffungskosten sparen, wenn die Bestellmengen mehrerer Produkte zu einer Sendung zusammengefasst werden. Außerdem kann es sein, dass der Rabatt eines Zulieferers nicht für jedes Produkt einzeln, sondern über alle Produkte und Liefermengen einer Sendung, berechnet wird (siehe Degraeve et al. 2005).

Ein einfaches Beispiel soll diese Entscheidungssituation verdeutlichen: Angenommen das Teil P1 kann von zwei Zulieferern bezogen werden ($s = 1, 2$), wobei der eine einen Stufenrabatt und der andere einen Blockrabatt anbietet (Tabelle 12.1). Jeder Zulieferer bietet drei Beschaffungsintervalle ($v = 1, 2, 3$) an mit den Preisen $p_{v,s}$.

Tab. 12.1. Beschaffungskonditionen zweier Zulieferer für den Einkauf von Teil P1

Zulieferer s	Rabatt	fixe Kosten U_s	$p_{1,s}$	$Q_{1,s}$	$p_{2,s}$	$Q_{2,s}$	$p_{3,s}$	$Q_{3,s}$
1	Stufen-	100	8.00	200	7.80	400	7.60	$+\infty$
2	Block-	50	7.90	300	7.50	500	7.20	1000

Zur Erzeugung der Bedarfsreihen mittels der Stücklistenauflösung sei angemerkt, dass zur Ausnutzung von Mengenrabatten ein entsprechend langer Planungszeitraum erforderlich ist. Zudem sollte die erste Beschaffungsentscheidung (zu Planbeginn) nicht von dem Ziellagerbestand am Ende des Planungszeitraums beeinflusst werden (auch wenn als Ziellagerbestand häufig nur der Sicherheitsbestand gefordert ist). Eine Daumenregel besagt, dass der Planungszeitraum und damit auch die Bedarfsreihe etwa dem fünffachen eines Bestellzyklus (engl. time between orders (TBO)) entsprechen sollte.

Um das Beispiel klein zu halten, beschränken wir uns auf fünf Perioden. Das führt natürlich dazu, dass aufgrund der Vorlaufzeitverschiebung nur wenige Sekundärbedarfe berechnet werden können (für Periode fünf gibt es überhaupt keine Sekundärbedarfe und für die Perioden drei und vier „fehlen" Teile des Sekundärbedarfs, die aus zukünftigen Produktionsmengen von Baugruppe C1 resultieren können). Daher wird empfohlen, für Perioden mit unvollständigem Sekundärbedarf auf Bedarfsprognosen (siehe Kapitel 8) auszuweichen (in unserem Beispiel trifft das auf die Perioden zwei bis fünf zu). Dennoch sollte immer geprüft werden, ob die Bedarfsprognosen mit den bereits berechneten Sekundärbedarfen in Einklang stehen. Die resultierenden Bedarfe gibt Tabelle 12.2 wieder.

Tab. 12.2. Erwartete Bedarfe für Teil P1 ausgehend von der Stücklistenauflösung in Verbindung mit einer verbrauchsorientierten Bedarfsprognose

Bedarfsberechnung	Bedarf/Periode				
	1	2	3	4	5
Stücklistenauflösung	280	~~80~~	~~40~~	—	—
Bedarfsprognose	—	280	240	240	280
Erwartete Bedarfe	280	280	240	240	280

Das einzige noch fehlende Datum ist der für die Supply Chain maßgebliche (Kalkulations-)Zinssatz für das im Lager gebundene Kapital; dieser betrage 2.5 % pro Periode.

Der optimale Beschaffungsplan (Stadtler 2007) sieht vor, dass der erste Auftrag in Periode 1 über 800 [ME] an den zweiten Zulieferer erteilt werden sollte, während der zweite Auftrag in Periode 4 über 520 [ME] an den ersten Zulieferer geht (Tabelle 12.3). Der Beschaffungsplan verursacht Kosten von 10333,25 [GE]. Diese setzen sich zusammen aus den Lagerkosten in Höhe von 201,25 [GE] (einschließlich Zinsen), den fixen Bestellkosten mit 150 [GE] und den variablen Beschaffungskosten mit 9982 [GE].

Tab. 12.3. Beschaffungsplan bei zwei Zulieferern

Zulieferer	Beschaffungsmengen je Periode von Zulieferer				
	1	2	3	4	5
1	—	—	—	520	—
2	800	—	—	—	—

Einige APS-Anbieter haben ein eigenständiges Beschaffungsmodul zur Ausnutzung von Mengenrabatten im Produktportfolio. Dies erscheint insbesondere für Handelsunternehmen und die Beschaffung von MRO-Gütern attraktiv. Für produzierende Unternehmen mit der Möglichkeit bedeutende Mengenrabatte für fremdbezogene Teile und Rohstoffe zu erhalten, sollten Mengenrabatte bereits im Modul Produktionsplanung durch Definition dieser Teile als „kritisch" und durch Modellierung der Beschaffungskosten(-funktionen) berücksichtigt werden (dabei sei unterstellt, dass die betreffenden Kostenfunktionen auch in diesem Modul modelliert und die Modelle gelöst werden können). Falls die Beschaffungsentscheidungen einen längeren Planungszeitraum erfordern (mit Lagerreichweiten von mehreren Monaten) kann es sogar sinnvoll sein, Beschaffungsentscheidungen in das Master Planning zu übernehmen.

Zusammenfassend lässt sich feststellen, dass eine Automatisierung des Beschaffungsprozesses, unterstützt durch ein APS, die arbeitsintensiven Aufgaben im Einkauf erheblich reduzieren kann; dies gilt insbesondere in einer B2B Beziehung. Eine Optimierung der Beschaffungsmengen führt darüber hinaus zu verringerten Gesamtkosten der Beschaffung, indem Rabatte ausgenutzt und die geeignetsten Zulieferer ausgewählt werden. Allerdings muss darauf geachtet werden, dass das APS das zugrunde liegende Entscheidungsproblem mit den spezifischen Beschaffungskosten(-funktionen) und Lieferbedingungen der Zulieferer adäquat abbildet.

Literatur

Degraeve, Z.; Roodhooft, F.; van Doveren, B. (2005) *The use of total cost of ownership for strategic procurement: a company-wide management information system*, Journal of the Operational Research Society, Bd. 56, 51–59

Drexl, A.; Fleischmann, B.; Günther, H.-O.; Stadtler, H.; Tempelmeier, H. (1994) *Konzeptionelle Grundlagen kapazitätsorientierter PPS-Systeme*, Zeitschrift für betriebswirtschaftliche Forschung, Bd. 46, 1022–1045

Large, R. (2006) *Strategisches Beschaffungsmanagement: Eine praxisorientierte Einführung. Mit Fallstudien*, Gabler Verlag, 3. Aufl.

Orlicky, J. (1975) *Material requirements planning*, McGraw-Hill, New York

Silver, E.; Pyke, D.; Peterson, R. (1998) *Inventory management and production planning and scheduling*, Wiley, New York, 3. Aufl.

Stadtler, H. (2007) *A general quantity discount and supplier selection mixed integer programming model*, OR Spectrum, Bd. 29, Nr. 4, 723–745, doi: 10.1007/s00291-006-0066-z

Tempelmeier, H. (2002) *A simple heuristic for dynamic order sizing and supplier selection with time-varying demand*, Production and Operations Management, Bd. 11, Nr. 4, 499–515

Tempelmeier, H. (2006) *Material-Logistik – Modelle und Algorithmen für die Produktionsplanung und -steuerung und das Supply Chain Management*, Springer, Berlin, Heidelberg, New York, 6. Aufl.

Tempelmeier, H. (2008) *Material-Logistik – Modelle und Algorithmen für die Produktionsplanung und -steuerung in Advanded Planning Systemen*, Springer, Berlin, Heidelberg, New York, 7. Aufl.

Tempelmeier, H.; Derstroff, M. (1996) *A lagrangean heuristic for multi-item multi-level constrained lotsizing with setup times*, Management Science, Bd. 42, 738–757

Vollman, T.; Berry, W.; Whybark, D. (1997) *Manufacturing planning and control systems*, Irwin/McGraw-Hill, New York, 4. Aufl.

13 Distribution & Transport Planning

Bernhard Fleischmann

Universität Augsburg, Fachgebiet Produktion und Logistik, Universitätsstraße 16, 86159 Augsburg, Deutschland

Dieses Kapitel und die APS-Softwaremodule „Distribution & Transport Planning" beschäftigen sich mit der Planung von mittel- bis kurzfristigen Distributions- bzw. Transportprozessen.

13.1 Planungssituationen

13.1.1 Transportsysteme

Transportprozesse sind wesentliche Bestandteile einer Supply Chain. Sie dienen dem Materialfluss, der ein Unternehmen mit seinen Lieferanten und seinen Kunden verbindet. Die integrierte Betrachtung von Transportprozessen, Produktionsprozessen und Bestandsmanagement ist charakteristisch für ein modernes SCM-Konzept.

Die richtige Struktur eines Transportsystems hängt hauptsächlich von der Größe der einzelnen Sendungen ab: Große Sendungen können in kompletten Transporteinheiten, zum Beispiel LKW oder Container, direkt vom Versand- zum Empfangsort transportiert werden. Für kleinere Sendungen muss eine Konsolidierung innerhalb eines Transportnetzwerks stattfinden, wodurch einzelne Sendungen ein- oder mehrmals umgeschlagen werden und diese Transporte in *Umschlagspunkten (UP)* gebrochen werden. Eine besonders effiziente Bündelung von kleinen Sendungen wird durch *Logistikdienstleister (LDL)* erreicht, die Sendungen vieler Verlader kombinieren können.

Die Bündelung von Transportflüssen führt zu niedrigeren Transportkosten. Da die Kosten einer einzelnen Fahrt eines bestimmten Fahrzeugs auf einer bestimmten Route nahezu unabhängig von der Ladungsgröße ist, bringt eine hohe Auslastung der Ladekapazität erhebliche Vorteile. Zusätzlich sinken die relativen Kosten für Ladekapazität mit steigender Größe der Fahrzeuge. Aber selbst bei einer starken Bündelung der Sendungen zu vollen Ladungen, wie sie ein LDL bewerkstelligen kann, verursachen kleine Sendungen höhere relative Kosten, da durch die Bündelung Umwege zu verschiedenen Ladeplätzen, zusätzliche Stopps sowie Umschlagsvorgänge nötig sind (vgl. Fleischmann 1998, S. 65 ff).

Folgende Transportprozesse kommen innerhalb einer Supply Chain vor:

- Die *Versorgung eines Werks mit Material* von externen Zulieferern oder durch ein eigenes, geographisch entferntes Werk. Aus Sicht der Logistik sind beide Fälle identisch.

- Die *Distribution von Produkten* von einem Werk zu den Kunden. Die Struktur des Distributionssystems hängt von der Art der Produkte ab:
  - *Investitionsgüter*, zum Beispiel Maschinen oder Ausstattung von Industriekunden, werden nur einmalig oder selten auf einer bestimmten Transportverbindung verschickt.
  - *Produktionsmaterialien* werden ebenso an Industriekunden verschickt, allerdings regelmäßig und häufig auf denselben Transportwegen.
  - *Konsumgüter*, die zu Großhändlern oder Einzelhändlern häufig in sehr kleinen Bestellmengen (in manchen Handelsbereichen mit einer durchschnittlichen Transportmenge von unter 100 kg) verschickt werden, verlangen eine Bündelung von Transporten.

Man beachte, dass der Materialtransport zwischen Werken sowohl ein Teilbereich der Distributionsfunktion des Lieferanten, als auch ein Teilbereich der Beschaffungsfunktion des Empfängers ist. Üblicherweise ist der Lieferant für die Transportplanung verantwortlich. Jedoch gibt es dabei wichtige Ausnahmen, wie beispielsweise in der Automobilindustrie, wo der Hersteller die Transporte seiner Zulieferer koordiniert. Hier muss auch auf der Beschaffungsseite eine Transportplanung durchgeführt werden.

Ein LDL kann die Transportflüsse mehrerer *Verlader* in unterschiedlichen Supply Chains innerhalb seines eigenen Netzwerks bündeln. Somit ist er für die Planung verantwortlich, wie die Transporte durchgeführt werden, d. h. mit welchem Fahrzeug und auf welcher Route. Jedoch bleiben die Entscheidungen über die Transportaufträge, also die Transportmengen, Quell- und Zielorte einzelner Sendungen, weiterhin Aufgabe des APS des Verladers. Im Allgemeinen ist es nicht möglich, die Flüsse aller Verlader, die ein LDL übernimmt, in einem APS zu berücksichtigen. Dennoch haben die zusätzlichen Flüsse natürlich Auswirkungen auf die Transportkosten und sollten deswegen implizit durch entsprechende Transportkostenfunktionen berücksichtigt werden.

Distributionssysteme

Ein typisches *Distributionssystem* eines Konsumgüterherstellers umfasst die Flüsse mehrerer Produkte von mehreren Werken zu einer Vielzahl von Kunden. Auf Lager gefertigte Produkte werden häufig auf Basis von Prognosen zu zentralen Distributionszentren (DZ) transportiert. Die Auslieferung der Kundenaufträge könnte dann folgende Distributionswege benutzen:

Die Lieferung eines einzelnen Auftrags kann *direkt* von einem Werk oder einem DZ zu dem Kunden erfolgen. Diese einfachste Form der Distribution ist allerdings nur für große Bestellmengen mit hoher Fahrzeugauslastung effizient. Kleinere Bestellmengen können gemeinsam *in Touren* verschickt werden. Diese starten bei einem Werk oder DZ und bedienen mehrere Kunden. Eine stärkere Bündelung von kleineren Sendungen wird durch den gemeinsamen Transport von einem DZ zu einem Umschlagspunkt und anschließende

Nahverkehrstouren von dort erreicht. Abbildung 13.1 zeigt die verschiedenen Transportwege.

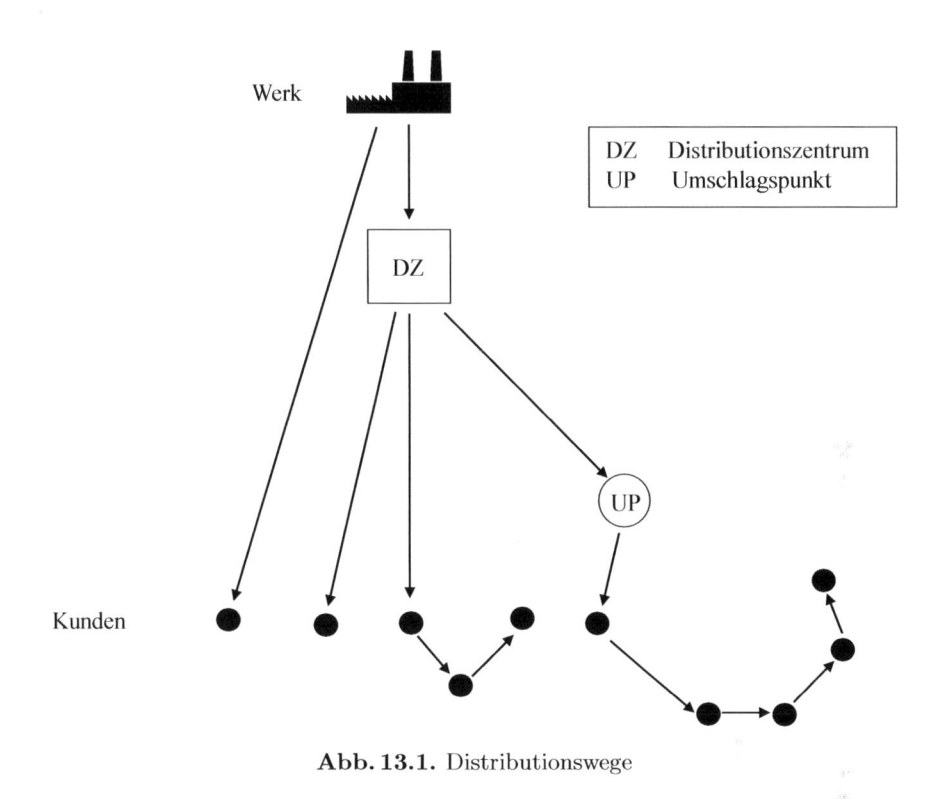

Abb. 13.1. Distributionswege

Der Transport von Material für die Produktion erfolgt, soweit er durch den Lieferanten koordiniert wird, meist als Direktlieferung. Ein neueres Konzept für die Versorgung der Produktion mit Standard-Materialien ist das *Vendor Managed Inventory (VMI)*. Dabei entscheidet der Zulieferer über Zeitpunkte und Größe von Sendungen zum Kunden, wobei sich der Materialbestand im Lager des Kunden innerhalb vertraglich festgelegter Ober- und Untergrenzen bewegen muss. In diesem Fall hat das Lager des Kunden dieselbe Funktion wie ein DZ, weshalb die Planung einer VMI-Materialversorgung der Nachschubplanung für DZs sehr ähnlich ist.

Logistiksysteme für die Beschaffung

Steuert ein Produzent die Materialtransporte seiner Lieferanten, so kann er unterschiedliche Logistikkonzepte dafür nutzen, die sich in der Struktur des Transportnetzwerks und in der Lieferfrequenz unterscheiden. Dabei können für dasselbe Empfängerwerk verschiedene Logistikkonzepte für verschiedene Materialarten Anwendung finden. Eine *zyklische Beschaffung* in Intervallen von einigen Tagen bis zu mehreren Wochen erlaubt die Bündelung von Transportflüssen zu größeren Sendungen. Allerdings wird dadurch Losgrößenbestand im Empfangswerk erzeugt. Eine *JIT-Beschaffung* mit mindestens einer Lieferung pro Tag vermeidet, dass eingehendes Material ein Eingangslager durchlaufen muss. Stattdessen kann es kurzzeitig in einem Pufferbereich abgestellt werden. Wird die Ankunft der Sendungen sogar noch *mit der Produktion synchronisiert*, kann das Material direkt zum Verbauort an die Produktionslinien geliefert werden. Diese Art der Beschaffung wird im Folgenden *synchrone Beschaffung* genannt.

Für die Beschaffung existieren folgende Transportkonzepte

- *Direkttransporte* von den Lieferanten sind für zyklische Belieferung und bei ausreichend großem Bedarf auch für die tägliche Belieferung geeignet. Für den Einsatz bei synchroner Beschaffung sind Direkttransporte nur sinnvoll, wenn die Entfernungen sehr gering sind.

- Ein *Gebietsspediteur* sammelt innerhalb eines festgelegten Gebiets bei allen Zulieferern Material in Nahverkehrstouren ein, bündelt es in einem Umschlagspunkt und schickt diese in vollen Fahrzeugladungen an das Empfängerwerk. Dieses Konzept erlaubt eine häufige Versorgung, bis hin zu täglicher Lieferung, auch von räumlich entfernten Lieferanten mit geringen Mengen. Die Fernverkehre können auch auf der Schiene erfolgen, soweit entsprechende Verbindungen existieren.

- Ein *Lager eines LDL* in der Nähe des Empfängerwerks eignet sich gut für eine synchrone Beschaffung: Der LDL ist verantwortlich für die kurzfristige Erfüllung der Abrufe des Empfängers durch synchrone Lieferungen. Die Lieferanten müssen durch entsprechende Lieferungen für ausreichenden Bestand im Lager innerhalb festgelegter Unter- und Obergrenzen sorgen, ähnlich dem VMI-Konzept.

13.1.2 Schnittstellen zu anderen APS-Modulen

Der gängige Ausdruck „Distributions- und Transportplanung" bezeichnet ein Bündel von Funktionen, die sich mit anderen APS-Modulen überschneiden. Genaugenommen ist „Transportplanung" der Oberbegriff. Er taucht sowohl auf der Beschaffungsseite als auch auf der Distributionsseite auf, wie im vorigen Abschnitt beschrieben. Ferner erstreckt sich die Transportplanung von der mittelfristigen aggregierten Planung von Transportprozessen, die ein Teil des Master Planning ist, bis hin zu einer sehr kurzfristigen Planungsebene: Die Planung der Auslieferung von bekannten Kundenaufträgen ist der letzte Schritt des Demand Fulfillment und die Freigabe von Lieferaufträgen aus Endproduktbeständen ist eine Aufgabe der ATP-Funktion (vgl. Kap. 10). Das Distribution & Transport Planning ist durch die folgenden Informationsflüsse mit anderen Modulen verknüpft:

Das *Strategic Network Design* (vgl. Kap. 7) entscheidet über die Struktur des Transportnetzwerks. Diese besteht aus:

13 Distribution & Transport Planning

- den Standorten der Werke, Zulieferer, Distributionszentren und Umschlagspunkte,
- den Transportmodi und möglichen Transportwegen,
- der Zuordnung von Zulieferern und Kunden zu Gebieten und der Zuordnung der Gebiete zu Werken, Distributionszentren und Umschlagspunkten sowie
- dem Einsatz von LDL.

Das *Master Planning* (vgl. Kap. 9) bestimmt

- aggregierte Transportmengen für jede Transportverbindung und
- die Höhe von Saisonbeständen in den Werkslägern und den Distributionszentren.

Dabei kann der erste Punkt ebenfalls als Teil der mittelfristigen Transportplanung angesehen werden. Die aggregierten Transportmengen sollten allerdings nicht als strikte Vorgaben für die kurzfristige Transportplanung gesehen werden, um diese flexibel ausführen zu können. Der Hauptgrund für diese aggregierte Mengenkalkulation ist vielmehr, dass ausreichend Ressourcen und Kapazitäten bereitgestellt werden und die Dauer verschiedener Transportwege berücksichtigt werden können. Im Falle mehrerer Quellen – d. h. wenn ein Material von mehreren Zulieferern beschafft, ein Produkt in mehreren Werken produziert oder ein Kunde durch mehrere Distributionszentren bedient werden kann, – spiegeln die aggregierten Mengen die globale Sicht des Master Planning wider. Diese stellen somit wichtige Vorgaben bezüglich der kurzfristigen Transporte dar und können beispielsweise für die Bestimmung der Anteile genutzt werden, die von unterschiedlichen Quellorten beschafft werden.

Auch das *Demand Planning* (vgl. Kap. 8) stellt wichtige Daten für die Transportplanung zur Verfügung:

- zu bedienende Kundenaufträge,
- Bedarfsprognosen in den Distributionszentren und
- Sicherheitsbestände in den Distributionszentren.

Zwischen Distribution & Transport Planning und dem *Production Scheduling* besteht sogar ein bilateraler Zusammenhang. Einerseits bestimmt die Transportplanung:

- die Nettobedarfe, die sich aus den geplanten Abfahrtszeiten der Sendungen (ab Werk) ergeben, als Vorgabe für das Production Scheduling,

und andererseits bestimmt das Production Scheduling

- geplante und freigegebene Produktionsaufträge, die als Vorgaben für die Freigabe von Transportaufträgen dienen.

13.1.3 Planungsaufgaben

Wie bereits erwähnt, umfasst die Distributions- und Transportplanung mittel- und kurzfristige Entscheidungen, die im Folgenden näher erläutert werden.

Mittelfristige Planungsaufgaben

Bei regelmäßigen Transporten auf derselben Relation ist die *Frequenz* der Schlüsselfaktor für die Kosten. Es handelt sich dabei um eine mittelfristige Entscheidungsvariable für die Versorgung jedes DZs auf der Distributionsseite und für die Materialversorgung auf der Beschaffungsseite. Grundsätzlich besteht ein Zielkonflikt zwischen Transport- und Bestandskosten (vgl. Abschnitt 13.2.1). Zielsetzung ist die Optimierung dieser Kosten. Die resultierenden Transporthäufigkeiten bilden dann Zielvorgaben für die kurzfristigen Entscheidungen über die Transportmengen. Zudem bestimmen sie die notwendigen Transportlosgrößenbestände (vgl. Abschnitt 3.4), die eine Komponente der minimalen Bestandshöhe im Master Planning und im Production Planning & Scheduling sein sollten.

Die Auswahl von *Distributionswegen* für die Belieferung von Kundenaufträgen folgt gewöhnlich den generellen *Vorgaben* der mittelfristigen Entscheidungen. Sie basieren meist auf Grenzwerten für die Auftragsgröße: So werden zum Beispiel Aufträge bis 30 kg durch Paketdienste, Aufträge bis zu 1000 kg durch ein DZ über einen Umschlagspunkt, Aufträge bis zu 3000 kg direkt von einem DZ und größere Aufträge direkt ab Werk verschickt.

Auf der Beschaffungsseite wird die *Zuordnung von Materialien zu Beschaffungskonzepten* – direkt, über einen regionalen Umschlagspunkt oder über ein Lager eines LDL – ebenfalls auf mittelfristiger Ebene festgelegt. Wie im vorigen Abschnitt erläutert, hängen diese Entscheidungen stark mit der Beschaffungshäufigkeit zusammen.

Die Bestimmung der *aggregierten Transportmengen* für jede Transportverbindung einer Supply Chain ist eine wesentliche mittelfristige Planungsaufgabe. Ist dabei die Distribution betroffen, so handelt es sich um den Teil der „Distributionsplanung" in der „Distributions- und Transportplanung". Jedoch sollte diese Aufgabe in das Master Planning integriert sein, um eine enge Koordination der Produktions- und Transportflüsse einer Supply Chain zu gewährleisten.

Kurzfristige Planungsaufgaben

Die kurzfristige Transportplanung wird üblicherweise täglich mit einem Planungshorizont von einem bis zu wenigen Tagen durchgeführt. Diese Aufgabe, das sogenannte *Deployment*, besteht aus den folgenden Entscheidungen:

Die *Transportmengen* des aktuellen Tages müssen bestimmt werden. In einem Distributionssystem betrifft dies den *Nachschub* jedes DZs und jedes

VMI-Kunden mit jedem Produkt, in einem Beschaffungssystem die Versorgung mit jedem Material. Die Sendungsgrößen können durch mittelfristige Entscheidungen über die Sendungsfrequenz und die aggregierten Mengen beeinflusst werden.

Die Aufgabe der *Fahrzeugbeladung* ist es, die Lademengen verschiedener Produkte auf derselben Transportverbindung zu einer vollen Fahrzeugladung oder einem Vielfachen davon zusammenzufassen. Dies ist für die Versorgung des DZs und die Versorgung mit Material relevant, wenn das Fahrzeug ausschließlich für die betroffene Supply Chain eingesetzt wird, was üblicherweise der Fall ist.

Bei der *Belieferung von Kunden* ist die Menge durch den Kundenauftrag gegeben, aber es muss über die liefernde *Quelle* und die *Distributionswege* entschieden werden. Dabei gelten im Allgemeinen die Mengenvorgaben des Master Planning und die generellen Richtlinien für die Distributionswege, wie sie vorher beschrieben wurden.

Die Funktion des Deployments von Make-to-Stock-Produkten ist eng verknüpft mit der *ATP-Funktion* (vgl. Kap. 10): Kunden erwarten, dass die Aufträge aus dem Bestand innerhalb einer kurzen Durchlaufzeit geliefert werden. Diese liegt meist zwischen 24 und 72 Stunden, in denen die Kommissionierung, Beladung und der Transport stattfinden. Reicht der verfügbare Bestand eines Produkts an einem Tag nicht für die eingehenden Aufträge aus, können diese nicht entsprechend der Standardvorgaben abgewickelt werden. Stattdessen muss über folgende Alternativen entschieden werden:

- Versand von Aufträgen von alternativen Quellen,
- Substitution gewünschter Produkte durch andere verfügbare Produkte, sofern der Kunde dies akzeptiert,
- Reduktion des Nachschubs an die DZ, so dass Kundenaufträge direkt ab Werk bedient werden können und
- Verringerung der Liefermenge von Kundenaufträgen, verspätete Lieferung oder deren Stornierung.
  Obwohl diese Entscheidung äußerst unerwünscht ist, lässt sie sich im Allgemeinen nicht immer vermeiden. Auch wenn dies nur für einen sehr geringen Prozentsatz aller Aufträge notwendig ist, müssen die betroffenen Kundenaufträge sorgfältig ausgewählt werden.

Die *Fahrzeugeinsatzplanung* umfasst zwei verschiedene Aufgaben:
- die Einsatzplanung von Lieferfahrzeugen für Nahverkehrstouren zur Auslieferung kleiner Aufträge ab einem Umschlagspunkt und
- die Einsatzplanung von Fernverkehrstouren von einem Werk zu den DZ, von den DZ zu den Umschlagspunkten sowie Direktlieferungen von einem Werk oder DZ zu den Kunden.

Diese Entscheidungen können ebenfalls durch eine längerfristige Planung strukturiert werden: festgelegte Gebiete für die Nahverkehrstouren und regelmäßige Linienverkehre für Fahrzeugumläufe zwischen Werken, DZ und Umschlagspunkten. Außer im Fall eines exklusiven Einsatzes der Fahrzeuge für die betrachtete Supply Chain bleibt die Fahrzeugeinsatzplanung eine typische Aufgabe des verantwortlichen LDL. Nutzt ein LDL die Fahrzeuge auch für Kunden außerhalb der betrachteten Supply Chain – was eine Grundlage für die Effizienz der Transportprozesse darstellt –, kann die Fahrzeugeinsatzplanung nicht sinnvoll in ein Advanced Planning integriert werden.

13.2 Modelle

13.2.1 Transport und Bestände

Die Transportplanung hat große Auswirkungen auf die Bestände in der Supply Chain. Sie generiert unmittelbar Transportlosgrößenbestände sowie Bestände im Transport (vgl. Abschnitt 3.4) und beeinflusst die notwendigen Sicherheitsbestände. Die Transportlosgrößenbestände resultieren aus der Entscheidung über die Häufigkeit der Transporte. Leider unterstützen aktuelle APS die Optimierung der mittelfristigen Transportplanung unter Einbeziehung von Beständen (noch) nicht. Trotzdem werden in diesem Abschnitt einige generische Planungsmodelle vorgestellt, da die resultierenden Transporthäufigkeiten und Bestände auch für andere APS-Module wichtige Daten darstellen. Bei der Bestimmung dieser Daten sollten nachfolgende Beziehungen berücksichtigt werden. Eine Übersicht über kombinierte Transport- und Bestandsplanung geben Bertazzi und Speranza (2000).

Eine Transportverbindung, ein Produkt

Den einfachsten Fall stellt ein Transportprozess dar, der einen Produktionsprozess für ein spezielles Produkt an Ort A mit einem Verbrauchsprozess an Ort B verbindet. Beide, Produktion und Nachfrage, sind kontinuierliche Prozesse mit einer konstanten Produktions- bzw. Nachfragerate. In diesem speziellen Fall besteht der optimale Transportplan aus regelmäßigen Lieferungen derselben Menge. Abb. 13.2 stellt den kumulierten Verlauf der Produktion, des Versands bei A, der Ankünfte bei B sowie den Verbrauch dar. Die vertikalen Abstände zwischen den Verläufen repräsentieren die Entwicklung des Bestandes in A, auf dem Transportweg und in B. Mit der Notation

p	Produktionsrate (Einheiten pro Tag)
$d = p$	Nachfragerate
Q	Maximale Sendungsgröße
L	Transportdauer
t	Zykluszeit
$q = d \cdot t$	Größe einer Sendung
h	Lagerkostensatz (pro Einheit und Tag)
$T(q)$	Kosten einer Sendung der Größe $q \leq Q$

werden nachfolgende Zusammenhänge offensichtlich: Der durchschnittliche Bestand im Transport ist $L \cdot d$. Da dieser nicht vom Transportplan abhängt, kann er bei der Transportplanung vernachlässigt werden, so lange die Transportdauer fest ist. Deshalb kann bei der weiteren Betrachtung $L = 0$ angenommen werden. Die täglichen auf Transporte zurückführbaren Gesamtkosten berechnen sich dann wie folgt:

$$hq + T(q)d/q. \tag{13.1}$$

Da die Transportkosten normalerweise Economies of Scale aufweisen – d.h. der Term $T(q)/q$ verringert sich bei ansteigendem q – gibt es einen Tradeoff zwischen Bestands- und Transportkosten. Durch die Wahl von q können somit die Gesamtkosten optimiert werden. Wenn $T(q) = F$ für $0 < q \leq Q$ konstant ist – zum Beispiel wenn ein Fahrzeug der Kapazität Q ausschließlich für eine Sendung der Größe q eingesetzt wird – dann erhält man das optimale q durch die Anwendung der allgemeinen EOQ-Formel (vgl. Silver et al. 1998, Kap. 5.2) mit lediglich zwei Änderungen: Der Faktor $\frac{1}{2}$ für die Lagerkosten h entfällt und q darf Q nicht überschreiten, d.h.

$$q^* = min(Q, \sqrt{Fd/h}). \tag{13.2}$$

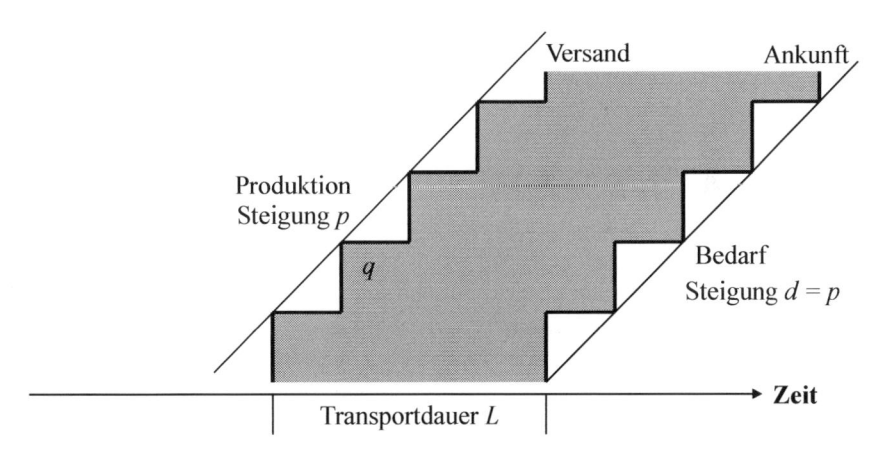

Abb. 13.2. Kumulativer Verlauf von Produktion, Versand, Ankünften und Bedarf

Allerdings sind in den meisten Fällen die Transportkosten dominant, so dass der Transport in vollen Ladungen $q^* = Q$ optimal ist.

Aus Abb. 13.2 folgt, dass die Produktionsplanung die Nachfrage in B, verschoben um die Zeit $L + q^*/d$, berücksichtigen muss, was einen minimalen Bestand von $Ld + q^*$ garantiert.

Eine Transportverbindung, mehrere Produkte

Nun werden mehrere Produkte i in A hergestellt und in B verbraucht, jedes mit einer gleichbleibenden Bedarfsrate d_i und Lagerkosten h_i. Wenn die Transportkosten F pro Sendung wieder als konstant angenommen werden, ist es optimal, immer alle Produkte zusammen zu versenden, d. h. mit einer gemeinsamen Zykluszeit t und den Transportmengen $q_i = d_i t$ (vgl. Fleischmann 1999). Die optimale Zykluszeit bestimmt sich zu

$$t^* = min(Q/\sum_i d_i, \sqrt{F/\sum_i h_i d_i}). \tag{13.3}$$

Sogar bei schwankender Nachfrage ist es optimal alle Produkte mit positivem Nettobedarf im folgenden Zyklus zusammen zu versenden. Regeln zur Bestimmung der Sendungsgrößen für diesen Fall werden in Abschnitt 13.2.2 diskutiert.

Allgemeiner Fall

Die oben verwendete Annahme kontinuierlicher Nachfrage mag im Fall von Konsumgütern realistisch sein, allerdings erfolgt der Verbrauch von Materialien in der Produktion und der Output einer Produktion meist in Losen. Blumenfeld et al. (1991) und Hall (1996) untersuchen den Einfluss der Produktions- und Transportplanung auf Bestände in diversen Beschaffungsnetzwerken und betonen den Unterschied zwischen *unabhängigen* und *synchronisierten Plänen*. Die Synchronisierung von Transport und Verbrauch von Materialien ist die grundlegende Idee der JIT-Beschaffung und stellt den Normalfall in einer Make-to-Order oder Assemble-to-Order Umgebung dar. Die Produktion auf Lager ist von Natur aus nicht mit dem Versand von Kundenaufträgen synchronisiert.

Der Versand von einem Werk zu entfernten DZs oder zu VMI-Kunden kann jedoch auch mit der Produktion auf Lager synchronisiert werden. Allerdings kann sich die Synchronisierung als sehr schwierig oder unpraktisch erweisen, falls mehrerer Produkte vorhanden sind, die zyklisch auf gemeinsamen Linien hergestellt und die zu verschiedenen Empfängern verschickt werden. Abbildung 13.3 stellt die kumulierte Produktion, den Transport und die Nachfrageverläufe für ein einzelnes Produkt und einen einzelnen Zielort dar, für die Fälle unabhängiger sowie synchronisierter Planung. Im zweiten Fall ist die Produktionslosgröße q^p ein ganzzahliges Vielfaches der Sendungsgröße q. Es ist zu beachten, dass die Produktionsrate p nun größer als die Nachfragerate d ist, da die Produktionslinie in den Intervallen zwischen den dargestellten Losen andere Produkte herstellen muss. Offensichtlich wird das durchschnittliche Bestandsniveau durch die Synchronisierung gesenkt und ist in Summe (im Werk und im DZ)

$$I = \frac{1}{2}q^p(1 - d/p) + q \quad \text{für unabhängige Planung} \tag{13.4}$$

$$I^S = \frac{1}{2}q^p(1 - d/p) + qd/p \quad \text{für synchronisierte Planung} \tag{13.5}$$

(siehe Blumenfeld et al. 1991). Allerdings ist die Differenz kleiner als die Transportlosgröße q, welche im Vergleich zur Produktionslosgröße q^p oft recht klein ausfällt. Im Fall unabhängiger Planung kann man die Produktions- und die Transportplanung durch eine Nachfragelinie trennen, welche von der tatsächlichen Nachfrage ausgehend um die Transportzykluszeit nach links verschoben ist (zuzüglich der Transportdauer, die nicht in Abb. 13.3 eingezeichnet ist). Die Produktion hat diese Linie als Nachfrage einzuhalten, wohingegen die Transportplanung die Linie als kontinuierliche Belieferung betrachtet, so wie in den zuvor dargestellten Fällen mit nur einer Transportverbindung.

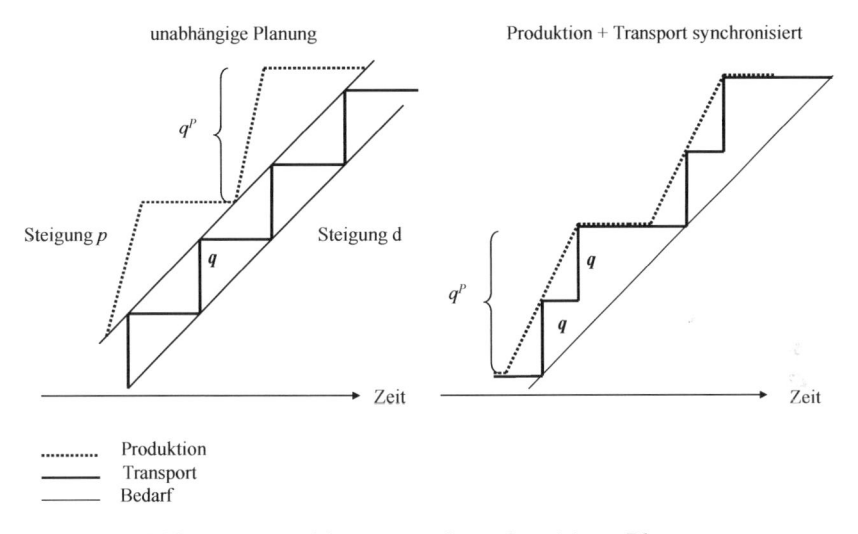

Abb. 13.3. Unabhängige und synchronisierte Planung

Transport und Sicherheitsbestände

In einem Distributionssystem für Make-to-Stock-Produkte hängen die Sicherheitsbestände, die notwendig sind, um einen gewissen Servicegrad aufrecht zu erhalten, von der Transportstrategie zwischen Werk und DZs ab (vgl. Silver et al. 1998, Kap. 12.4): In einem reinen *Push-System* wird jedes Produktionslos unmittelbar an die DZs weitergeleitet. Eine Modifikation besteht darin, einen Teil davon als zentralen Sicherheitsbestand im Werkslager zurückzuhalten, welcher bei drohenden Fehlmengen an die betroffenen DZs ausgeliefert wird.

In einem *Pull-System* hingegen werden die Transporte von den jeweils zu beliefernden DZs ausgelöst, wenn dort das Bestandsniveau einen vordefinierten Bestellpunkt erreicht oder unterschreitet. In einem Push-System werden globale Informationen über die Nachfrage und Bestandssituation an jedem DZ benötigt, um eine zentrale Steuerung durchführen zu können. Aber auch in einem Pull-System können globale Informationen dazu beitragen, Bestände im Fall eines Engpasses richtig zuzuweisen. Globale Information sollte in einem APS für die gesamte Supply Chain verfügbar sein.

Ein Push-System entspricht dem Fall synchronisierter Produktion und Distribution und benötigt deshalb weniger Losgrößenbestand, allerdings werden höherere Sicherheitsbestände und mehr Querlieferungen zwischen den DZs benötigt. Der lokale Sicherheitsbestand am DZ muss die lokale Nachfrageunsicherheit während der Transportdauer abdecken, der gesamte im System befindliche Sicherheitsbestand die gesamte Nachfrageunsicherheit während der Produktionsdurchlaufzeit und -zykluszeit. In einem Distributionssystem für Konsumgüter ist die Transport-Zykluszeit gewöhnlich sehr kurz, da ein DZ i. A. täglich aufgefüllt wird, allerdings kann die Produktionszykluszeit Wochen oder sogar Monate betragen, wenn viele Produkte eine gemeinsame Produktionslinie teilen. Deshalb sollte die Berechnung des systemweiten Sicherheitsbestandes auf einem Modell mit periodischer Kontrolle basieren, wobei die Kontrollperiode gleich dem Produktionszyklus ist.

13.2.2 Deployment

Die allgemeine Aufgabe des Deployment besteht darin, die kurzfristige Nachfrage mit dem verfügbaren und erwarteten Bestand des nächsten Tages (oder weniger Folgetage) abzugleichen. Da sich die *Quellorte* (Werke, Zulieferer), an denen Bestand verfügbar ist, normalerweise von den Nachfrageorten (DZs, Kunden) unterscheiden, muss eine Entscheidung darüber getroffen werden, wie viel von welchem Quellort an welchen Nachfrageort gesendet wird.

Ein Netzwerkfluss-Modell

Die beschriebene Aufgabe kann als Netzwerkfluss-Modell formuliert werden unter Verwendung der Daten

Quellorte S_i mit verfügbarem Bestand a_i ($i = 1, .., m$),

Nachfrageorte D_j mit den Nachfragemengen d_j ($j = 1, .., n$),

Transportkosten c_{ij}, für den Transport einer Einheit von S_i nach D_j,

und den Entscheidungsvariablen

Transportmengen x_{ij} von S_i nach D_j.

Zielfunktion und Nebenbedingungen lauten dann wie folgt:

Minimiere $\sum_{i,j} c_{ij} \cdot x_{ij}$, u.d.N.

$\sum_j x_{ij} \leq a_i$ \qquad für alle Quellorte S_i

$\sum_i x_{ij} = d_j$ \qquad für alle Nachfrageorte D_j

$x_{ij} \geq 0$ \qquad für alle i, j.

Es handelt sich hierbei um ein spezielles LP, das auf den Fall mehrerer Produkte und auf eingeschränkte Transportkapazitäten erweitert werden kann. Im Vergleich zum Master Planning LP (Kap. 9) kann das hier vorliegende LP als Teilproblem betrachtet werden, das nur die Transportprozesse und einen insgesamt kürzeren Horizont berücksichtigt. Daher könnte das Deployment LP bei den meisten APS-Anbietern relativ einfach in ein bestehendes APS integriert werden. Nachfolgend betrachten wir genauer die Freigabe einzelner Sendungen, die in bestimmten Fällen durch das obige Modell unterstützt werden kann.

Auslieferung bekannter Kundenaufträge

In einer Make-to-Order-Umgebung liegt die Verantwortung für die rechtzeitige Fertigstellung der Aufträge bei der Produktionsplanung. Das Deployment-Modul kann Aufträge nur dann weiterbearbeiten, wenn deren Produktion abgeschlossen ist und die Aufträge für die Auslieferung bereitgestellt wurden. Zudem ist die Sendungsgröße durch die Spezifikation des Kundenauftrages fest vorgegeben.

In einer Make-to-Stock-Umgebung konkurrieren ggf. mehrere Kundenaufträge um denselben Lagerbestand. Wenn der Bestand an jeder Quelle ausreichend für die normale Zuteilung der Aufträge ist, können wie im ersten Fall alle Auftragsmengen für die Auslieferung freigegeben werden.

Anderenfalls muss das ATP über Maßnahmen gegen Engpässe entscheiden, wie in Kap. 13.1.3 erläutert. Wenn es mehrere Quellen mit insgesamt ausreichendem Bestand gibt, können Umverteilungen vorgenommen werden, entweder durch Quertransporte zwischen den Quellen oder durch die direkte Reallokation einiger Kundenaufträge zu anderen Quellen. Die zweite Maßnahme ist schneller und günstiger, insbesondere wenn Kunden in der Nähe der Grenze zwischen den Ausliefergebieten der betroffenen Quellen ausgewählt werden. Während eine Reallokation in konventionellen Distributionssystemen mit lokaler Steuerung innerhalb der Gebiete schwierig ist, stellt dieser Vorgang in einem APS mit globalen Informationen und zentraler Steuerung des Deployment keine Schwierigkeit dar.

Eine optimale Kombination von Engpassmaßnahmen für alle Kunden, die um denselben Bestand eines bestimmten Produktes konkurrieren, kann mit dem zuvor dargestellten Netzwerkflussmodell ermittelt werden, mit der folgenden Interpretation (vgl. Fleischmann und Meyr 2003):

- Jeder Kunde j wird als Nachfrageort modelliert.
- Neben realen Orten mit verfügbarem Bestand, enthalten die „Quellorte" i weitere potenzielle Maßnahmen, insbesondere eine „Quelle" mit unbeschränkter Verfügbarkeit, die für reduzierte oder zurückgewiesene Aufträge steht.
- Der Kostensatz c_{ij} beinhaltet Strafen für Verspätung, Reduktion oder Zurückweisung eines Kundenauftrages in Abhängigkeit von der Priorität des Kunden.

Wiederauffüllung von DZs und Beschaffung

Sendungsgrößen für die Wiederauffüllung und Beschaffung werden nicht in Abhängigkeit von Kundenaufträgen bestimmt, sondern müssen aus dem Demand Planning abgeleitet werden. Darüber hinaus erfordert die Berechnung, wie in Abschnitt 13.2.1 erläutert, die vorausgehende Spezifikation einer zuverlässigen *Transport-Zykluszeit* (oder der Transportfrequenz) für jede Transportrelation. Die *Netto-Nachfrage* für eine Sendung ergibt sich dann zu

d^N = Nachfrageprognose für den Zielort während des folgenden Transportzyklus und der Transportdauer
  + Sicherheitsbestand für den Zielort
  ./. verfügbarer Bestand am Zielort.

In einem *Pull-System* wird die Sendungsgröße auf d^N gesetzt, wenn der Bestand an der Quelle *für alle Zielorte* ausreicht. Die Mengen können ggf. durch ein Verfahren der Fahrzeugbeladung (siehe unten) angepasst werden. Wenn der Bestand an der Quelle nicht ausreicht, wird er durch Anwendung einer *„Fair Share"-Regel* auf die Zielorte verteilt. Die Regel berücksichtigt die Nachfrage und Bestandssituation an jedem Zielort und benötigt hierfür globale Information und eine zentrale Steuerung (vgl. Silver et al. 1998, Kap. 12.4.3). „Fair Share" beruht auf der Grundidee den Bestand an allen Nachfrageorten so auszubalancieren, dass der erwartete Servicegrad im Zeitraum bis zur Ankunft einer neuen Lieferung an der Quelle (z B. durch die Fertigstellung eines Produktionsloses) an all diesen Orten gleich ist. Wenn die lokalen Bestände in die Zuteilung mit einbezogen werden, kann es zu der Situation kommen, dass die Zuteilung für einen Zielort geringer ausfällt als der dort verfügbare Bestand. Ein solches Ergebnis zeigt an, dass Bestand zwischen den Zielorten umgeschichtet werden muss.

Distribution Requirements Planning (DRP) (vgl. Silver et al. 1998, Kap. 15.6) wird dazu eingesetzt, in einem Netzwerk, in dem jeder Knoten von nur einer bestimmten Quelle versorgt wird, Information über die Nettonachfrage stromaufwärts weiterzureichen. Es handelt sich hierbei um eine Erweiterung der MRP-Nachfrageberechnung für ein Distributionsnetzwerk, welche wie MRP terminierte dynamische Nachfragen und Durchlaufzeiten zwischen den Knoten beachtet.

Bei einer *Push Distribution* wird jede an der Quelle eintreffende Lieferung unmittelbar per „Fair Share"-Regel an die Zielorte weitergeleitet. Für den Fall kurzer Transportdurchlaufzeiten von der Quelle zu den Zielorten, bei gleichzeitig langen Wiederbeschaffungszeiten für die Quelle selbst, empfiehlt es sich einen Teil des Bestandes als zentralen Sicherheitsbestand an der Quelle zu belassen und diesen erst später auf Basis aktualisierter Fair Shares an die Zielorte zu verteilen.

Im Engpassfall kann die Bestimmung der Wiederauffüllmengen für die einzelnen DZs auch in das Netzwerkflussmodell integriert werden: Das DZ tritt hierbei, neben den dem DZ zugeordneten Kundenaufträgen, als Nachfrageort mit der oben genannten Nettonachfrage auf.

Fahrzeugbeladung

Die vorangegangenen Berechnungen von Sendungsgrößen erfolgten separat für jedes einzelne Produkt. Eine Sendungskonsolidierung für mehrere Produkte auf Basis geeigneter Transporteinheiten (z B. ganze Paletten) wurde nicht vorgenommen. Diese Aufgabe wird nun von der Fahrzeugbeladung übernommen, welche die zuvor berechneten Sendungsgrößen der einzelnen Produkte übernimmt und sie an die vorgegebenen Fahrzeugkapazitäten anpasst. Soweit sich hinter einer Transportmenge ein Nettobedarf verbirgt, ist nur eine Erhöhung zulässig, ansonsten kann die Nachfrageberechnung aber auch Untergrenzen für die Transportmengen festlegen, die unterhalb der vorgeschlagenen Mengen liegen. Die zur Versendung verfügbare Bestandsmenge stellt eine obere Schranke dar. Die Fahrzeugbeladung beinhaltet die folgenden Schritte:

- Auf- oder Abrunden der Sendungsgröße jedes Produktes auf volle Transporteinheiten (z. B. Paletten),
- Anpassung der Größe der konsolidierten Sendung, d. h. der Summe der einzelnen Sendungsgrößen auf eine volle Fahrzeugkapazität, für welche ggf. ein Fahrzeug aus einer gegebenen Flotte ausgewählt wird.

Bei beiden Schritten müssen die Minimalmengen und der verfügbare Bestand berücksichtigt werden, im zweiten Schritt sollte (innerhalb dieser Grenzen) versucht werden, einen Ausgleich zwischen prozentualer Zu- und Abnahme über die Produkte herzustellen.

Fahrzeugeinsatzplanung

Wie im vorangegangenen Abschnitt erläutert, hat die Fahrzeugeinsatzplanung nur eine beschränkte Bedeutung für das Advanced Planning. Deshalb und mit Blick auf die große Menge an verfügbarer Literatur zu Modellen und Algorithmen für die Tourenplanung wird dieses Thema hier nicht weiter ausgeführt. Stattdessen wird der Leser auf die nachfolgenden Übersichtsaufsätze verwiesen.

Die meiste Literatur befasst sich mit der Planung von Fahrzeugtouren, die an einem festgelegten Depot starten und dort auch wieder enden. Dieser Fall ist relevant für die Auslieferung kleiner Aufträge von einem UP zu den Kunden, sowie für das Einsammeln von Material von Zulieferern durch einen LDL. Einen aktuellen Überblick geben Cordeau et al. (2006).

Die Fahrzeugeinsatzplanung für den Fernverkehr (auf den Relationen Werk – DZ, DZ – UP), für direkte Kundentransporte und für Beschaffungstransporte wurde von Stumpf (1998) untersucht.

13.2.3 APS-Module

Für die Distributions- und Transportplanung gibt es keine Standardstruktur der APS-Module. In jedem APS werden die Aufgaben durch mehrere Module oder multi-funktionale Module übernommen, die aber an unterschiedlichen Stellen innerhalb der SCP-Matrix zu finden sind. Nachfolgend werden wesentliche Funktionen dieser Module vorgestellt, mit Bezug auf die Planungsaufgaben in Abschnitt 13.1.3. Die Informationen beruhen auf Veröffentlichungen von i2 Technologies Inc. (2007), Oracle (2007) und SAP (2007).

Mittelfristige Planung

Die Optimierung von *Transporthäufigkeiten* (vgl. Abschnitt 13.2.1) bezüglich Transport- und Bestandskosten wird nicht unterstützt. Dasselbe gilt für die Aufstellung von *Regeln für die Nutzung von Distributionswegen* und für die *Zuordnung von Material zu Belieferungskonzepten*. Allerdings kann die Auswirkung solcher mittelfristigen Entscheidungen durch den Einsatz analytischer Module wie des i2 Transportation Modeler untersucht werden.

Die Integration der *Distributionsplanung* in die Master-Planning-Funktion erfolgt in allen oben erwähnten APS standardmäßig. Deshalb können im Master Planning, durch den Einsatz des LP Solvers oder durch heuristische Algorithmen, aggregierte Transportmengen für jede Transportverbindung des Liefernetzwerkes ermittelt werden.

Kurzfristige Planung

Für das kurzfristige *Deployment* stellen die Advanced Planning Systeme dieselben Module wie für die Distributionsplanung zu Verfügung, angepasst an einen kürzeren Horizont und unter Verwendung detaillierterer Nachfrageinformation. Als Alternative gibt es spezielle Heuristiken für die Berechnung der Deploymentmengen, welche einer Push- oder Pullstrategie folgen und auf den Fall beschränkt sind, dass für jeden Auftrag eine einzige Quelle spezifiziert ist. Sie arbeiten in zwei Schritten: Als erstes wird eine DRP-Berechnung stromaufwärts durchgeführt, beginnend bei der Nettonachfrage an den Nachfrageorten. Wenn der verfügbare Bestand an manchen Orten nicht ausreicht, dann werden in einem zweiten Schritt stromabwärts „Fair Share"-Regeln angewendet. Die „Fair Share"-Regeln sind relativ einfach, d. h. der Bestand wird proportional auf die Nachfrage verteilt, so dass derselbe Anteil des gewünschten Zielbestandes an jedem Nachfrageort erreicht wird (SAP APO). Servicegrade werden nicht berücksichtigt. Bei der DRP Berechnung werden ggf. verschiedene Nachfragearten unterschieden: Kundenaufträge, Prognosen, Auffüllung des Sicherheitsbestandes und vorproduzierter Bestand. Die Zuordnung knapper Bestände erfolgt in dieser Reihenfolge, wobei „fair share" nur innerhalb einer Nachfrageart angewandt wird.

Das Production & Distribution Planning Modul von Oracles's JD Edwards EnterpriseOne SCM APS beinhaltet ein spezielles Submodul für die Zuweisung knapper Bestände, das als Connect Algorithm bezeichnet wird. Es läuft im Anschluss an den regulären Deployment Algorithmus (LP oder Heuristiken) und verteilt die resultierenden Bestände auf Kundenaufträge und Prognosen. Hierbei werden verschiedene Lieferorte berücksichtigt und die Auswirkungen von Reallokationen im Beschaffungsnetzwerk untersucht.

Die *Fahrzeugbeladung* wird in allen oben genannten APS durch spezielle Module oder Submodule unterstützt, die nach dem Deployment ausgeführt werden. Für jede Sendung führen sie die folgenden Schritte durch:

- Rundung auf Vielfache der verwendeten Transporteinheiten (für einzelne Aufträge), und
- Zusammenstellung von Fahrzeugladungen (für mehrere Aufträge).

Zumindest der erste Schritt berücksichtigt den Einfluss von Mengenänderungen auf die geplanten Bestände. In Oracle's JD Edwards EnterpriseOne SCM sind die beiden Funktionen aufgeteilt: Der erste Schritt wird als „Rounding Engine" nach dem Deployment und vor der Reallokation durchgeführt, der zweite Schritt erfolgt durch ein separates Fahrzeugbeladungsmodul.

Die Module Transportation Planning & Vehicle Scheduling von SAP APO sowie Transportation Planning & Management des i2 APS führen eine detaillierte Planung für einzelne Sendungen durch, mit dem Ziel einer effizienten Ladungsbündelung und einer optimaler Nutzung der Fahrzeuge. Hierfür nehmen sie im Wesentlichen die Sicht eines LDL ein:

- Als Inputdaten stehen Sendungen (Kundenaufträge) mit vorgegebener Größe, sowie deren Ursprungs- und Zielorte zur Verfügung.
- Die Wege der Sendungen über Konsolidierungspunkte (UPs und Hubs) und die Routen der Fahrzeuge werden geplant.
- Der Einsatz verschiedener Frachtführer wird gesteuert.
- Unterschiedliche Transporttarife der Frachtführer-Abrechnungssysteme können ebenfalls berücksichtigt werden.

Im Gegensatz hierzu hat es ein Produzent mit Kundenaufträgen zu tun, für die nur Menge und Zielort spezifiziert sind, aber der Quellort, von dem der Auftrag bedient werden soll offen gelassen ist. Für Wiederauffüllungen eines DZ ist sogar die Größe der Lieferung offen. Wenn die Transporte an ein oder mehrere Frachtunternehmen vergeben sind, dann ist normalerweise ein LDL für die oben genannten Planungsaufgaben zuständig. Allerdings sind diese Module im Hinblick auf die Zusammenarbeit zwischen einem LDL, der in mehreren Supply Chains tätig ist, und den Produzenten in diesen Supply Chains sicherlich nützlich.

Literatur

Bertazzi, L.; Speranza, M. (2000) *Models and algorithms for the minimization of inventory and transportation costs: A survey*, in: M. Speranza; P. Stähly (Hrsg.) *New trends in distribution logistics*, Nr. 480 in Lecture Notes in Economics and Mathematical Systems, Springer, Berlin, Heidelberg, New York, 137–157

Blumenfeld, D.; Burns, L.; Daganzo, C. (1991) *Synchronizing production and transportation schedules*, Transportation Research B, Bd. 25B, Nr. 1, 23–37

Cordeau, J.; Laporte, G.; Savelsbergh, M.; Vigo, D. (2006) *Vehicle Routing*, in: C. Barnhart; G. Laporte (Hrsg.) *Transportation, Handbooks in Operations Research and Management Science*, Bd. 14, North–Holland, Amsterdam, London, 367–428

Fleischmann, B. (1998) *Design of freight traffic networks*, in: B. Fleischmann; J. v. Nunen; M. Speranza; P. Stähly (Hrsg.) *Advances in Distribution Logistics, Lecture Notes in Economics and Mathematical Systems*, Bd. 460, Springer, Berlin, 55–81

Fleischmann, B. (1999) *Transport and inventory planning with discrete shipment times*, in: M. Speranza; P. Stähly (Hrsg.) *New trends in distribution logistics*, Springer, Berlin, 159–178

Fleischmann, B.; Meyr, H. (2003) *Customer Orientation in Advanced Planning Systems*, in: H. Dyckhoff; R. Lackes; J. Reese (Hrsg.) *Supply Chain Management and Reverse Logistics*, Springer, Berlin, 297–321

Hall, R. (1996) *On the integration of production and distribution: economic order and production quantity implications*, Transportation Research B, Bd. 30, Nr. 5, 87–403

i2 Technologies Inc. (2007) *Homepage*, http://www.i2.com, letzter Abruf am 19.07.2007

Oracle (2007) *JD Edwards EnterpriseOne Production and Distribution Planning*, Oracle Data Sheet

SAP (2007) *Transportation Management with SAP Supply Chain Management*, White Paper

Silver, E.; Pyke, D.; Peterson, R. (1998) *Inventory management and production planning and scheduling*, Wiley, New York, 3. Aufl.

Stumpf, P. (1998) *Vehicle routing and scheduling for trunk haulage*, in: B. Fleischmann; J. v. Nunen; M. Speranza; P. Stähly (Hrsg.) *Advances in distribution logistics*, Springer, Berlin, 341–371

14 Koordination und Integration

Boris Reuter[1] und Jens Rohde[2]

[1] J & M Management Consulting AG, Willy-Brandt-Platz 5, 68161 Mannheim, Deutschland
[2] SAP AG, Dietmar-Hopp-Allee 16, 69190 Walldorf, Deutschland

Eine starke *Koordination* (d. h. die Konfiguration der Datenflüsse und die Aufteilung der Planungsaufgaben) von APS-Modulen ist eine wesentliche Voraussetzung, um konsistente Pläne für unterschiedliche Planungsebenen und für jedes Mitglied der Supply Chain zu erhalten. Für alle dezentralen Planungsaufgaben und Entscheidungen sollten dieselben Daten zugrunde liegen. APS können als eine Art „Zusatz" für bestehende ERP-Systeme gesehen werden. Ihr Fokus liegt jedoch auf Planungsaufgaben und nicht auf transaktionalen Aufgaben. Üblicherweise sind ERP-Systeme die „führenden Systeme", in denen die meisten transaktionalen Daten gehalten und gepflegt werden. Die Datenbasis der APS wird inkrementell aktualisiert; wesentliche Änderungen an Stammdaten erfolgen im ERP-System. Diese Aufgabe wird als *Integration* von APS mit ERP-Systemen bezeichnet.

Die Koordination zwischen den einzelnen, in Teil II dieses Buchs beschriebenen, Planungsmodulen ist äußerst wichtig, um ineinandergreifende Detailpläne für jedes Mitglied der Supply Chain aufzustellen. Abschnitt 14.1 wird aufzeigen, welche Vorgaben gegeben werden, welche Daten geteilt werden und wie die Rückkopplung organisiert wird. Weiterhin wird dargestellt, welche Module üblicherweise zentral und welche dezentral eingesetzt werden.

Wie schon in Kap. 6 erläutert, werden einige Entscheidungen und Aufgaben den ERP-Systemen überlassen. Abschnitt 14.2 beschreibt diese Aufgaben und zeigt Daten, die vom APS genutzt, jedoch im ERP-System gehalten werden. Die Schnittstelle zwischen ERP und APS definiert, welche ERP Daten im APS genutzt werden und welche Daten vom APS zurückfließen. Weitere Schnittstellen zum APS bilden *Data Warehouses*. Sie halten wichtige historische Daten, die im Wesentlichen vom Demand Planning Modul (siehe Kap. 8) und in *Business Planning* Szenarien genutzt werden. Im Gegensatz zu den meisten APS bewertet das Business Planning den Output der Planungsergebnisse und setzt Zielgrößen für APS und ERP-Systeme.

Eine detaillierte Kenntnis über den Status der Supply Chain Vorgänge und das Auftreten verschiedenster Ereignisse in der Supply Chain gewinnt eine immer größere Bedeutung. Aus diesem Grund diskutiert Abschnitt 14.3 das Konzept des Supply Chain Event Managements, mit dessen Hilfe unterschiedliche Kategorien von Ereignissen erfolgreich behandelt werden können.

APS-Module, deren Aufgabe in der Unterstützung der (einfachen) Zusammenarbeit von Supply Chain Mitgliedern sowie externen Kunden und

Lieferanten besteht, werden in Kap. 15 aufgegriffen und in diesem Kapitel nicht weiter behandelt.

14.1 Koordination von APS-Modulen

Es ist nicht möglich, eine allgemeingültige Struktur für die Koordination der einzelnen Module vorzugeben. APS weisen verschiedene Architekturen auf, die sich zwischen individuellen Planungsmodulen, die auch für sich allein genutzt werden können, und voll integrierten Planungssystemen bewegen. Für voll integrierte Systeme sprechen ein einheitliches Look-and-Feel und der Zugriff auf alle Planungsmodule über ein User-Inteface. Weiterhin werden durch die Bereitstellung der Daten für die APS-Module aus einer gemeinsamen Datenbasis Redundanzen und Inkonsistenzen der planungsrelevanten Daten vermieden. Verschiedene Module können über Mitteilungen oder direkten Datenaustausch interagieren. Im Gegensatz hierzu bieten individuelle Planungsmodule üblicherweise kein einheitliches Look-and-Feel und auch keine gemeinsame Datenbasis. Der Vorteil dieser Architektur liegt in der einfachen Kombinierbarkeit und Auswahl (falls nicht alle Module benötigt werden) für spezifische Branchen. Die meisten APS-Anbieter mit dieser Art von Architekturen bieten spezielle Integrationsmodule an, die einen kontrollierten Daten- und Informationsaustausch innerhalb des Systems ermöglichen. Des Weiteren dient ein Alert Monitor häufig als zentrales Modul für die Behandlung von Warnungen und Fehlersituationen in den unterschiedlichen APS-Modulen.

Die folgenden Absätze beschreiben, welche Vorgaben gegeben werden und wie die Rückkopplung gesammelt und verarbeitet wird, um die verschiedenen Pläne der Supply Chain als Ganzes zu erzeugen. Abbildung 14.1 gibt einen generellen Überblick über die wesentlichen Interaktionen. Die Datenflüsse sind exemplarisch dargestellt, da sich diese von einer Supply Chain zur anderen unterscheiden können (siehe Kap. 4 und 5). Der Hauptteil der Rückkopplung fließt durch periodische, auf aktuellen Daten basierende Aktualisierungen der Pläne ein. In den Kap. 7–13 werden die Interaktionen zwischen den jeweiligen APS-Modulen genauer aufgeführt.

Strategic Network Design Aufbau und Konfiguration der Supply Chain werden vom Strategic Network Planning bestimmt. Dies betrifft üblicherweise die Standorte der Supply Chain Einheiten sowie mögliche Distributionskanäle. Zukünftige Bedarfstrends aus dem langfristigen Demand Planning finden Eingang in die Planung. Simulierte Master Pläne bieten nützliche Hinweise für notwendige Kapazitätserweiterungen. Die strategischen Ziele der Supply Chain (d. h. Marktposition, Expansionen in neue Märkte und Regionen usw.) stecken den Rahmen dieses Moduls ab.

Demand Planning Das Demand Planning stellt Daten für das mittelfristige Master Planning sowie die kurzfristigen Planungsaufgaben des Production

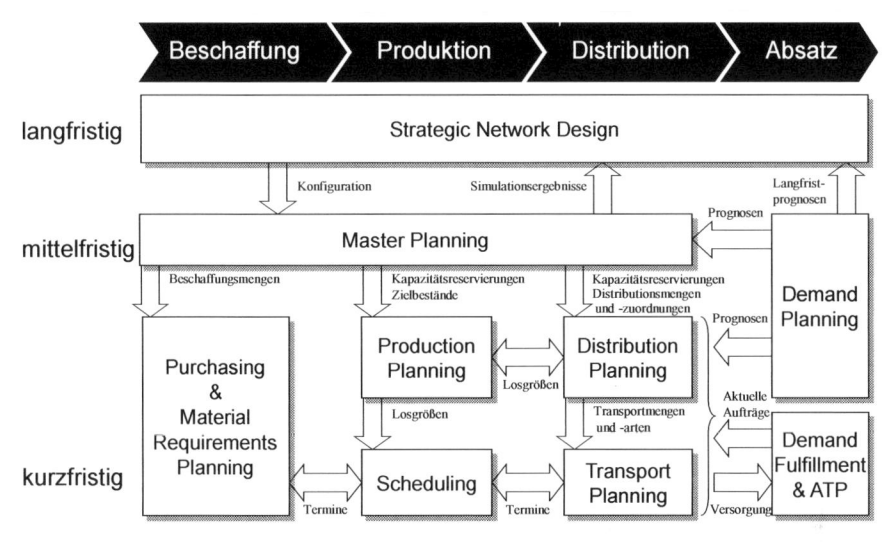

Abb. 14.1. Koordination und Datenflüsse zwischen APS-Modulen

und Distribution Planning bereit. Prognosen für den Absatz von Endprodukten einer Supply Chain gehen in das Master Planning ein. Die kurzfristigen Planungsmodule nutzen aktuelle und genauere Kurzfristprognosen des Demand Planning. Zusätzlich sorgen dezentrale Demand Planning Module für die Bestimmung der Bedarfsdaten solcher Produkte, die nicht innerhalb des Master Planning geplant werden (z. B. nicht kritische Komponenten).

Master Planning Basierend auf aggregierten Bedarfen aus dem Demand Planning bestimmt das Master Planning den Produktions-, Distributions- und Beschaffungsplan für die gesamte Supply Chain. Diese Aufgabe sollte somit zentral durchgeführt werden. Die Ergebnisse dienen als Beschaffungsvorgaben für das dezentrale Purchasing und Material Requirements Planning (z. B. Beschaffungsmengen von externen Zulieferern), als Produktionsvorgaben für das Production Planning und Scheduling (z. B. Kapazitätsreservierungen auf potenziellen Engpässen und Zielbestände am Ende jeder Periode) und als Distributionsvorgaben (z. B. Auswahl der Distributionskanäle und Distributionsmengen für das dezentrale Distribution und Transport Planning). Die Rückkopplung von den kurzfristigen Planungsmodulen erfolgt über die aktuellen Bestände, über aktualisierte Prognosen und die aktuelle Kapazitätsauslastung. Die mittlere Realisierbarkeit der Vorgaben in den kurzfristigen Planungsmodulen sollte zur Anpassung des Master Planning Modells herangezogen werden.

Demand Fulfillment und ATP Das Demand Fulfillment und ATP nutzt Bedarfsdaten des Demand Planning, Produktionsmengen disaggregierter End-

und Zwischenprodukte, Produktionstermine des Production Planning und Scheduling, Distributionspläne und detaillierte Transportrouten aus dem Distribution und Transport Planning sowie Beschaffungstermine und ausgewählte Lieferanten des Purchasing und Material Requirements Planning. Weiterhin werden aktuelle Bestände jeder Produktions- und Distributionsstufe benötigt. Um Einfluss auf Produktions- und Distributionspläne nehmen zu können, müssen auch freie Kapazitäten bekannt sein.

Production Planning und Scheduling Die wesentlichen Vorgaben des Master Planning sind Kapazitätsreservierungen und Bestandshöhen pro Periode und dezentraler Einheit. Das Production Planning und Scheduling benötigt detaillierte, disaggregierte Informationen. Aktuelle (kurzfristige) Bedarfsprognosen und die Verfügbarkeit von Produktionsressourcen ergänzen die Vorgaben des Master Planning. Die Produktionslosgrößen und -termine werden mit dem Distribution und Transport Planning zur Koordination der Produktions- und Transportlosgrößen ausgetauscht sowie mit dem Purchasing und Material Requirements Planning zur Koordination der Beschaffungslose und -termine. Diese Koordination erfolgt auf einem detaillierteren Niveau als dies im Master Planning der Fall ist.

Purchasing und Material Requirements Planning Die Beschaffungsmengen aus dem Master Planning bilden einen wertvollen Beitrag für mittelfristige Lieferantenverträge und die Auswahl von Lieferanten. Basierend auf diesen Mengen können Rabatte ausgehandelt werden. Unter Berücksichtigung der kurzfristigen Produktionstermine und -losgrößen sowie der mittelfristigen Verträge für kritische Komponenten werden durchführbare Beschaffunspläne ermittelt. Diese Beschaffungspläne wiederum müssen mit den Ablaufplänen der Produktion abgestimmt werden, um eine ausreichende und zeitgerechte Materialversorgung sicherzustellen.

Distribution und Transport Planning Die Koordination des Distribution und Transport Planning ist ähnlich der des Production Planning und Scheduling. Die kurzfristige Koordination mittels Losgrößen und Terminen ermöglicht genaue Produktions- und Distributionspläne. Die tatsächlichen Produktionsmengen sind die Haupteingangsgröße für die Transportpläne. Des Weiteren sind Zeitfenster von Kundenaufträgen zusätzliche Bedingungen für die Zusammenstellung und Tourenplanung von Fahrzeugladungen.

Alert Monitor Der Alert Monitor bedient sich des Konzepts des *Management-by-Exception*. Management-by-Exception ist eine Technik, zur Überwachung von Vorgaben. Man unterscheidet hierbei zwischen sogenannten *normalen Situationen* und *Ausnahmefällen*. Die Entscheidung, ob es sich bei gegebener Situation um einen Ausnahmefall handelt oder nicht, wird dem

APS überlassen. Die Voraussetzung hierfür ist eine detaillierte Information über die Toleranzen der normalen Situationen, die exakte Definition eines Berichtswesens und die Delegation von Entscheidungen (in Anlehnung an z. B. Silver et al. 1998 und Ulrich und Fluri 1995).

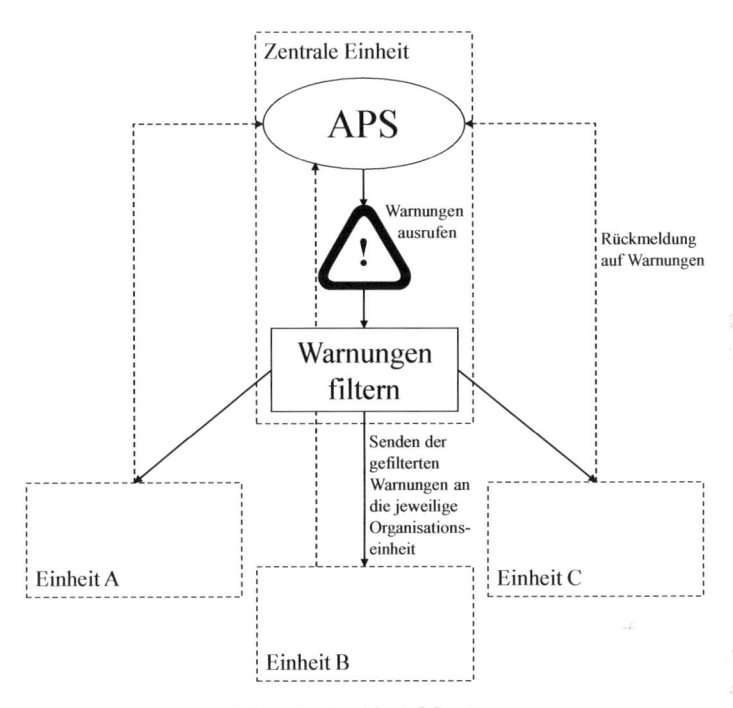

Abb. 14.2. Alert Monitor

Bei Problemen oder nicht ausführbaren Plänen alarmiert das APS (siehe Abb. 14.2). Um hierbei die richtigen Organisationseinheiten in der Supply Chain zu erreichen, müssen die Warnungen zunächst gefiltert werden. Danach werden die gefilterten Warnungen an die verantwortliche Organisationseinheit einer Supply Chain gesendet. Die Festlegung dieser Verantwortlichkeiten ist Teil des Implementierungsprojekts (siehe Kap. 18). Schließlich müssen die Warnungen auch noch physisch versendet werden, z. B. per E-Mail oder mittels internetbasierter Anwendungen.

Die verantwortlichen Einheiten reagieren auf die Warnungen, indem sie neue Pläne generieren, Aufträge verschieben, Zusatzteams einsetzen usw. Die neuen oder angepassten Pläne werden zurück an das APS gesendet. Dieses ist wiederum dafür verantwortlich, die Änderungen zu verarbeiten und jeder betroffenen Einheit in der Supply Chain bekannt zu geben.

14.2 Integration von APS

Um ein APS effizient einzusetzen, muss es in die bestehende IT Infrastruktur integriert werden (siehe Abb. 14.3). Die wesentlichen Interaktionen bestehen zwischen dem APS und den *Online Transaction Processing* (OLTP) Systemen, z. B. ERP und weiteren Altsystemen. Ein weiteres wichtiges System in diesem Umfeld – insbesondere für die Aufgaben der Bedarfsplanung – ist das *Data Warehouse* (DW). Dieses „Lagerhaus" speichert die wichtigsten Vergangenheitsdaten eines Unternehmens bzw. einer Supply Chain. Die folgenden Abschnitte veranschaulichen die Integration zwischen APS und OLTP-Systemen. Anschließend wird die Integration mit Data Warehouses und der Unternehmensplanung zur Bewertung der Planungsergebnisse beschrieben. Die Integration von OLTP-Systemen und Data Warehouses ist nicht Bestandteil dieses Buches.

Neue Middleware Technologien, die als *Enterprise Application Integration* Systeme bezeichnet werden, bieten eine Plattform zur Integration verschiedenster IT Werkzeuge und Datenbanken. Abschnitt 14.2.4 gibt hierzu einen Überblick.

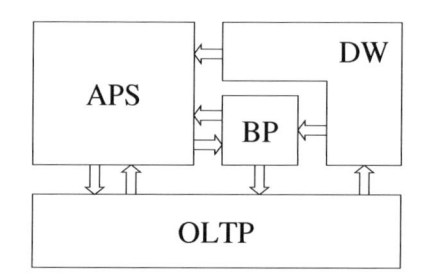

Abb. 14.3. APS Integration

14.2.1 Integration mit OLTP

Ein APS ersetzt nicht die existierenden ERP-Systeme oder Altsysteme. Vielmehr ergänzt das APS diese durch zusätzliche Planungsfunktionalität. Die transaktionalen Daten werden im OLTP-System gehalten und gepflegt. Ein APS ist nur für seine spezifischen Daten verantwortlich, d. h. für alle Daten, die das APS benötigt, die aber nicht Teil der Datenbasis des OLTP-Systems sind.

Wie Abb. 14.4 zeigt, kommuniziert ein APS üblicherweise mit mehreren OLTP-Systemen von verschiedenen Mitgliedern der Supply Chain. Planungsaufgaben, wie die Stücklistenauflösung unkritischer Materialien und die Bestellung von Materialien, werden meist den ERP-Systemen überlassen (siehe Kap. 5 und 6). Das *Integrationsmodell* definiert, welche Objekte ausgetauscht werden, wo diese herkommen und welche Planungsaufgaben in welchem System durchgeführt werden. Das *Datenaustauschmodell* legt fest, wie die Datenflüsse zwischen den Systemen organisiert sind.

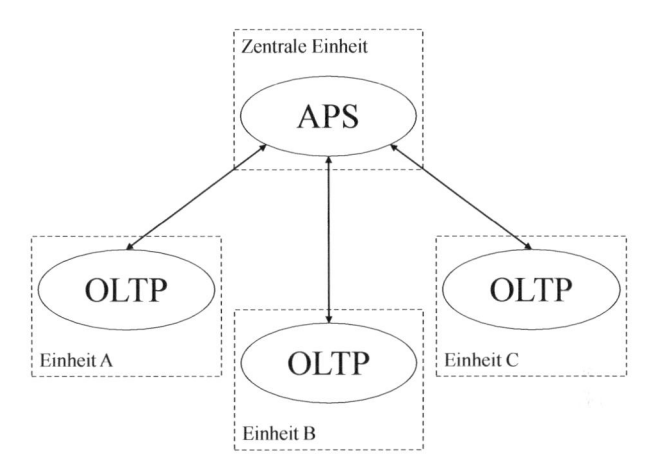

Abb. 14.4. Integration mit mehreren OLTP-Systemen

Die meisten APS bieten ein Art *Makro-Sprache*, um diese Modelle zu definieren und einen automatischen Austausch der Daten zu erlauben. Da es sich üblicherweise bei den OLTP-Systemen um ältere Systeme handelt, müssen die Anpassungen am APS vorgenommen werden. Das heißt, dass ein APS die Fähigkeit besitzen muss, die Datenobjekte des OLTP-Systems auf seine internen Strukturen zu übertragen und verschiedene Import- und Exportformate beherrschen muss, da es oft nicht möglich ist, die notwendigen Anpassungen am OLTP-System vorzunehmen. Darüber hinaus muss im APS selbst die Möglichkeit bestehen, spezifische Daten, wie z. B. Strafkosten und Aggregationsregeln (siehe Abschnitt 14.2.3 und Kap. 9), zu pflegen.

Integrationsmodell

Das Integrationsmodell definiert die Objekte, die zwischen OLTP-Systemen und dem APS ausgetauscht werden. Falls nicht alle Produkte im APS geplant werden, legt das Integrationsmodell auch die kritischen Materialien fest. Darüber hinaus müssen die potenziellen Engpassressourcen bestimmt werden. Die auszutauschenden Objekte sind z. B.:

- Stücklisten,
- Arbeitspläne,
- Lagerbestände und
- Kundenaufträge.

Weiterhin muss im Integrationsmodell festgelegt werden, welche Objekte mit welchen OLTP-Systemen auszutauschen sind. Da eine Supply Chain aus mehreren Mitgliedern mit lokalen Systemen besteht, müssen die richtigen Daten mit den richtigen Systemen ausgetauscht werden. Über die Modellierung verschiedener Standorte und deren Materialflüsse im Master Planning Modul kann eine solche Zuweisung erfolgen (siehe Kap. 9).

Neben dem Austausch der Eingangsgrößen des APS definiert das Integrationsmodell auch, welche Ergebnisse an die OLTP-Systeme zurückfließen und welche Planungsaufgaben im APS oder ERP-System vorgenommen werden (z. B. die Durchführung der Stücklistenauflösung nicht kritischer Komponenten in den lokalen ERP-Systemen). Durch die Erstellung mehrerer Integrationsmodelle können alternative Arbeitsteilungen zwischen dem APS und ERP-System simuliert werden.

Datenaustauschmodell

Das Integrationsmodell beschäftigt sich im Wesentlichen mit der Frage, *welche* Daten zwischen den OLTP-Systemen und dem APS ausgetauscht werden. Das Datenaustauschmodell hingegen legt fest, *wie* diese Daten ausgetauscht werden. Die Übertragung der Daten zwischen OLTP-System und APS erfolgt in zwei Schritten (siehe Abb. 14.5).

Der erste Schritt besteht in der *initialen Datenübertragung*. In diesem Schritt werden die Daten, die zum Aufbau der Modelle für das Master Planning, das Production Planning und Scheduling sowie das Distribution und Transport Planning benötigt werden, vom OLTP-System und an das APS übermittelt (z. B. Stücklisten und Arbeitspläne kritischer Produkte, Eigenschaften potenzieller Engpassressourcen, normale Kapazitätsverfügbarkeiten usw.).

Nachdem die Modelle „automatisch" erzeugt sind, müssen noch die APS spezifischen Daten, wie Optimiererprofile, Strafkosten und Aggregationsregeln, gepflegt werden.

Im zweiten Schritt werden die Daten zwischen den Systemen *inkrementell* übertragen. Das OLTP-System sollte hierbei lediglich Änderungen von Daten an des APS übermitteln und umgekehrt (das sogenannte *Net-Change*). Die zu übertragenden Daten werden in *Stammdaten* und *transaktionale Daten* unterteilt. Änderungen an den Stammdaten erfordern eine Anpassung der Modelle im APS, z. B. die Anschaffung einer neuen Produktionsressource oder eine langfristig angelegte Einführung einer zweiten oder dritten Schicht. Transaktionale Daten werden an das APS übertragen und fließen in Form von Planungsergebnissen aus dem APS zurück. Folgende transaktionale Daten werden beispielsweise inkrementell gesendet:

- aktuelle Bestände,
- aktuelle Aufträge,
- Verfügbarkeiten der Ressourcen und

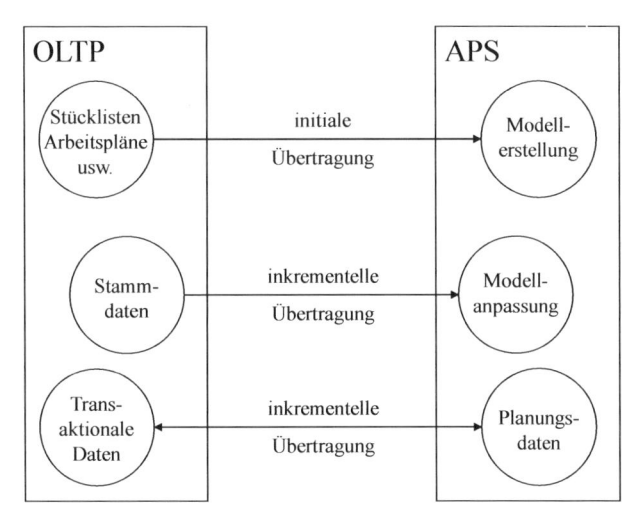

Abb. 14.5. Datenübertragung zwischen OLTP-System und APS

- geplante Produktionsmengen bzw. Bestände.

Die aktuellen Bestände werden in jedem APS-Modul benötigt. Im Master Planning können sie als Rückmeldung in einem rollierenden Planungsprozess gesehen werden; das ATP-Modul nutzt diese Daten für die Zusage von Lieferterminen und -mengen, das Distribution Planning berechnet auf dieser Basis die tatsächlich zu verteilenden Mengen usw. Aktuelle Aufträge werden gegen geplante Aufträge verrechnet. Solche geplanten Aufträge sind das Ergebnis des Produktion Planning und Scheduling Moduls, sofern die Planung auf Prognosen beruht. Alle kurzfristigen Planungsmodule müssen die aktuelle Verfügbarkeit von Ressourcen, wie z. B. Maschinen, Fahrzeugen usw., in Betracht ziehen, um durchführbare Pläne zu erstellen. Die geplanten Produktionsmengen und Bestände werden z. B. zur Durchführung der Stücklistenauflösung nicht kritischer Komponenten in den lokalen ERP-Systemen benötigt.

Die getrennte Datenbasis der APS-Module wirft aber auch Probleme durch Redundanzen und Inkonsistenzen auf. Diese Probleme müssen auch in dem Datenaustauschmodell angegangen werden. Auch wenn die redundante Haltung von Daten dem APS die Möglichkeit eröffnet, Pläne unter verschiedenen Rahmenbedingungen zu simulieren, ohne die OLTP-Systeme zu beeinträchtigen, ist es dennoch eine schwierige Aufgabe, sicherzustellen dass alle Systeme mit korrekten Daten arbeiten. Änderungen in jedem einzelnen System müssen propagiert werden, um eine inkonsistente Datenbasis zu vermeiden. Das heißt, dass jede Änderung protokolliert und den relevanten Systemen mitgeteilt werden muss. Werden zu viele Änderungen durchgeführt, so kann es durch das hohe Aufkommen zu übertragender Daten zu einem Stillstand des APS kommen. Der Zielkonflikt zwischen einer zu 100% konsistenten

Datenbasis und einer Überlastung des APS nur durch Datenaustausch muss im Implementierungsprozess berücksichtigt werden (siehe Kap. 18). So ist es auch möglich, Aktualisierungen der Datenbasis in vordefinierten Zeitabständen durchzuführen, ohne dabei die Systeme durch reinen Datenaustausch zu überlasten, allerdings zu Lasten der Konsistenz der Daten.

14.2.2 Integration mit Data Warehouses

Während die OLTP-Systeme den aktuellen Zustand der Supply Chain widerspiegeln ist das *Data Warehouse* ihr „Gedächtnis". Fast alle Daten sind verfügbar – nicht aber Informationen. Das Ziel eines Data Warehouse ist die Bereitstellung *der richtigen Informationen zum richtigen Zeitpunkt.* Ein Data Warehouse muss verschiedenste Daten aus der gesamten Organisation oder Supply Chain zum Zweck der Entscheidungsunterstützung zusammenbringen (Berry und Linoff 1997, S. 360).

Die Begriffe *Knowledge Discovery in Databases* (KDD) und *Data Mining* werden oft im Zusammenhang mit Data Warehouses aufgeführt. Unter KDD wird dabei der gesamte Prozess der Extraktion von Wissen aus Datenbeständen verstanden. Data Mining beschreibt nur die Stufe der Auffindung von z. B. bestimmten Mustern in diesem Prozess (Adriaans und Zantinge 1996, S. 5). Alle diese Werkzeuge inklusive der Datenspeicherung im Data Warehouse werden auch unter dem Begriff *Business Intelligence* zusammengefasst (Loshin 2003).

Ein APS interagiert mit einem Data Warehouse nur lesend – das Data Warehouse erhält seine Daten inkrementell aus den OLTP-Systemen. Hauptnutzer des Data Warehouse ist das Demand Planning, welches regelmäßig Vergangenheitsdaten nutzt, um Muster in Bedarfs- und Verkaufsdaten zu finden und um Zeitreihen mit Hilfe statistischer Methoden zu analysieren (siehe Kap. 8 und 20). Business Intelligence, insbesondere das Data Mining, kann wertvolle Informationen für jeden Schritt in der Modellbildung aller APS-Module bereitstellen. Während Data Mining Werkzeuge als Hauptaufgabe das *Auffinden von Mustern* in Daten haben, dienen *Online Analytical Processing* (OLAP) Werkzeuge der schnellen und leistungsfähigen Aufbereitung der Daten in Form von *Berichten.* OLAP Werkzeuge geben dem APS somit einen schnellen Zugang zu den Daten eines Data Warehouses. Weiterhin kann auf die Daten aber auch auf konventionellem Weg über Abfragen (insbesondere SQL) zugegriffen werden (siehe Abb. 14.6).

SCM ist eine neue Herausforderung an das Design von Data Warehouses. Es müssen nicht mehr nur die Daten eines einzigen Unternehmens gesammelt werden. Transaktionale Daten müssen über die gesamte Supply Chain hinweg konsistent zusammengebracht werden, um eine Entscheidungsunterstützung der Supply Chain als Gesamtheit zu ermöglichen.

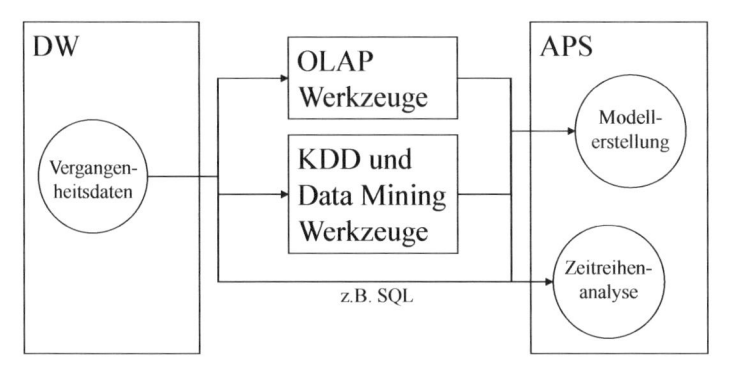

Abb. 14.6. Integration eines Data Warehouse

14.2.3 Integration mit der Unternehmensplanung

Als Unternehmensplanung wird oft ein wertbasierter Planungsprozess bezeichnet, der die wesentlichen Kennzahlen eines Unternehmens planerisch umfasst. Aus organisatorischer Sicht wird die Unternehmensplanung häufig aus den Bereichen Finanzen und Controlling gesteuert. Man unterscheidet zwischen Langfristplanung bzw. strategischer Planung, Ein- bis Drei-Jahres-Planung (Budgeting) und Monats- oder Quartals-Prognosen. Im Gegensatz zu einem OLTP, dessen Schwerpunkt auf detaillierten transaktionalen Daten liegt, werden hier vorwiegend aggregierte Größen geplant. Unternehmensplanungssysteme verwenden oft die Strukturen eines Data Warehouse, da die Reportingstrukturen (gesellschaftsrechtliche Einheiten, Segmente, Regionen) zu Controllingzwecken bestmöglich mit den Planungsstrukturen übereinstimmen.

Die Unternehmensplanung besteht üblicherweise aus den folgenden Elementen:

- Planung der Prämissen und Annahmen
- Umsatzplanung: basierend auf dem Produkt- und Service-Angebot (Mix, Menge und Qualität) und Preispolitik
- Kostenplanung: basierend auf Kostenarten, die direkt zu Services zugeordnet werden können und indirekten Kosten auf Kostenstellen; durch ein Umlageverfahren werden die indirekten Kosten Services zugeordnet
- Investitionsplanung: Planung von Zahlungsströmen, die aus längerfristigen Anlageentscheidungen entstehen
- Ergebnisplanung
- Gewinn & Verlust-Rechnung und Bilanzplanung
- Cash Flow Rechnung

Die Methoden der Umsatzplanung sind vergleichbar mit denen der Absatzplanung. Im Rahmen der Kostenplanung werden insbesondere Verteilungsschlüssel oder einfache Umlageverfahren eingesetzt. Komplexere Umlageverfahren und Verrechnungspreismodelle werden üblicherweise im OLTP auf den aus dem Planungswerkzeug importierten geplanten Kostenstellenwerten berechnet. Im Bereich der Investitionsplanung werden in der Regel Amortisationsrechnungen und Kostenvergleichsrechnungen verwendet. Abzinsungen, wie sie bei der Kapitalwertmethode eingesetzt werden, sind nicht sehr verbreitet.

Die stärkste Integration findet man zwischen der Umsatz- und der Absatzplanung. Umsatzziele können in Mengenziele heruntergebrochen werden, indem auf Zielpreise referenziert wird oder eine zusätzliche Preisplanung stattfindet. Umsatzziele werden auf niedrigere Hierarchiestufen sowie auf zeitliche Perioden über Verteilungsschlüssel heruntergebrochen. Die Umsatzzahlen werden dann überarbeitet, bottom-up aggregiert und bewertet. Die meisten Schwierigkeiten liefert der Abstimmungsprozess über mehrere Hierarchiestufen bis ein verbindlicher Plan gefunden wird, was daran liegt, dass dieser Plan üblicherweise zum Bestandteil des Vergütungssystems der Manager wird.

Abgesehen davon stellen Preisplanungen und Verteilungsschlüssel im Bereich der Top-Down Planung große Herausforderungen dar (aufgrund der (fehlenden) Stabilität und Vollständigkeit historischer Daten, Preiselastizität auf bestimmten Märkten usw.). Die Zustimmung zu einem Umsatzplan setzt seine Plausibilität voraus. Im Fall von knappen Ressourcen wird daher eine Produktionsprogrammplanung notwendig. Aus dem Material- und Ressourceneinsatz lassen sich die direkten Kosten ableiten. Die Umlagen der indirekten Kosten lassen sich aus der Kostenstellenplanung ermitteln. Beide Kostenpläne liefern damit eine vollständige Bottom-Up Kostenplanung.

Eines der Integrationsprobleme von Kostenplanung und APS besteht darin, dass die meisten Kostenarten nicht dazu geeignet sind, sie direkt als Strafkosten in einer Zielfunktion zu verwenden (z. B. in einer Produktionsprogrammplanung), da sie in der Regel einen Anteil indirekter Kosten oder aber nicht relevanter Kosten umfassen. Die Investitionsplanung wird in der Regel separat durchgeführt, entweder im Rahmen des Strategic Network Design oder aber in einem eigenständigen Investitionsplanungswerkzeug. Daher muss die Integration steigender Kapazitäten durch eine Investition sowohl in der Investitionsplanung als auch in der Supply Chain Planung berücksichtigt werden.

Ausgehend von den vorgestellten Plänen kann die Berechnung der Profitabilität abgeleitet werden. Unter Berücksichtigung sonstiger betrieblicher Aufwendungen und Erträge sowie der Finanz- und Investitionsplanung lassen sich schließlich auch eine Plan-Gewinn-und-Verlustrechnung, eine Plan-Bilanz und eine Plan-Kapitalflussrechnung erstellen.

Eine vollständig ausgeprägte Unternehmensplanung bildet somit einen geschlossenen Planungszyklus – „Closed-Loop".

14.2.4 Enterprise Application Integration

Die steigende Anzahl unterschiedlicher Systeme in einer Organisation machen eine Punkt-zu-Punkt Integration nicht länger möglich. Die Integration der verschiedenen Systeme in einer Organisation oder gar einer gesamten Supply Chain wird als *Enterprise Application Integration* (EAI) bezeichnet. Diese herausfordernde Aufgabe kann nicht ohne leistungsfähige Middleware Systeme gelöst werden. Bezugnehmend auf die auszuführende Aufgabe werden diese Systeme folglich EAI-Systeme genannt. Das Ziel dieser Systeme ist die Entkopplung von Applikationen. Abbildung 14.7 veranschaulicht den Unterschied zwischen einer Punkt-zu-Punkt Integration und entkoppelten Applikationen.

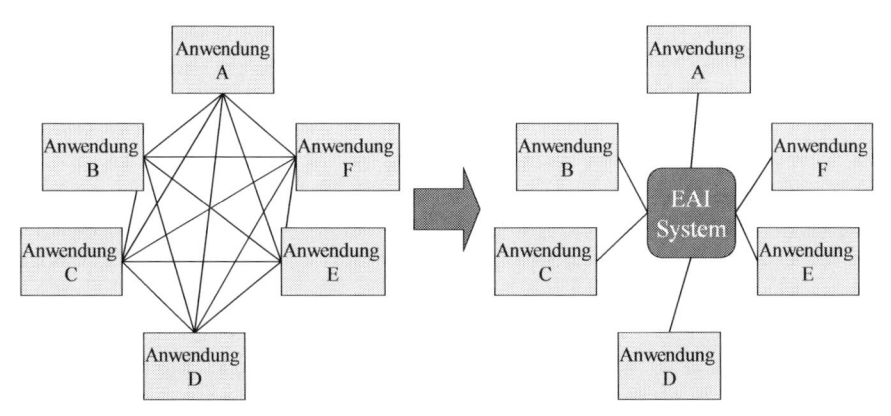

Abb. 14.7. Punkt-zu-Punkt Integration vs. Entkoppelte Systeme

Unabhängig von der Architektur der zugrunde liegenden Softwarekomponenten, wie *Enterprise Java Beans* (EJB), *CORBA* oder *Microsoft DCOM*, muss eine Architektur für das EAI identifiziert werden. Diese Identifikation der EAI Architektur ist essentiell für die Auswahl und Implementierung der Software. Lutz (2000) unterscheidet folgende fünf EAI Architektur Muster:

Integration Adapter Mittels dieser Architektur wird eine bereits bestehende (Server) Schnittstelle in die Schnittstelle eines oder mehrerer Clients konvertiert. Die Client Applikation greift dann nur noch über diesen Integration Adapter auf Dienste der Serverapplikation zu. Eine solche Schnittstelle wird für genau eine Serverapplikation implementiert, kann aber von mehreren Clients genutzt werden, um auf die Serverapplikation über einen gemeinsamen Integration Adapter zuzugreifen. Änderungen der Serverapplikation schlagen nicht länger auf jeden (zugreifenden) Client durch, lediglich der Adapter muss angepasst werden. Der Integration Adapter verfügt über keine eigene Logik. Er führt nur das Mapping der Server API (Application Programming Interface) auf die durch den Integration Adapter zur Verfügung gestellten API aus. Normalerweise hat der Integration Adapter keine Kenntnis über die Existenz von Clients. Ebenso hat die Serverapplikation keine Kenntnis über die Existenz eines Integration Adapters, es sei denn, die Serverapplikation muss angepasst werden, um notwendige Dienste bereitzustellen.

Integration Messenger Abhängigkeiten in der Kommunikation zwischen Applikationen werden über diesen Ansatz minimiert. In diesem Fall ist die Interaktionslogik der Applikationen nicht entkoppelt. Der Integration Messenger übermittelt Nachrichten zwischen den Applikationen und bietet „Location Transparency Services", d. h. verteilte Applikationen müssen ihre jeweiligen Ausführungsorte nicht kennen, um miteinander kommunizieren zu können. Die Ausgestaltung der Integrationslogik verbleibt jedoch bei den Applikationen. Ein Beispiel dieser Integrationslogik ist *Remote Method Invocation*, bei der eine Applikation die Möglichkeit hat, „direkte" Methodenaufrufe auf einer anderen durchzuführen. Hier müssen beide Applikationen entsprechende Dienste und öffentliche Schnittstellen für die Remote Method Invocation bereitstellen. Eine Änderung in der Integrationslogik in einer Applikation betrifft nach wie vor auch die anderen Applikationen, wohingegen Änderungen des Ausführungsorts einer Applikation nur den Integration Messenger betreffen.

Integration Facade Die Schnittstelle zu mehreren Serverapplikationen wird über die Bereitstellung einer Integration Facade vereinfacht. Die Serverfunktionalität wird abstrahiert, um die Nutzung von Back-end Applikationen zu vereinfachen. Die Integration Facade muss das Mapping seiner Schnittstelle zu den Schnittstellen der Serverapplikation übernehmen. Zusätzlich muss interne Logik vorhanden sein, die die Abstraktion ermöglicht. Beispielsweise muss eine ATP Anfrage (siehe Kap. 10) Dienste auf verschiedenen Systemen ausführen, um Informationen über die Produktverfügbarkeit zu erlangen. Diese verschiedenen Systeme sind z. B. Lagerhaltungssysteme einzelner Distributionszentren. Ohne eine Integration Facade müsste der Client selbst die Dienste auf jeder Serverapplikation aufrufen. Dahingegen kennt die Integration Facade die unterschiedlichen Systeme. Sie bietet dem Client bzw. den Clients eine schmale Schnittstelle und übernimmt die Ausführung von Diensten auf verschiedenen Systemen sowie eine Verarbeitung der Informationen. Serverapplikationen haben keine Kenntnis über die Existenz einer Integration Facade und die Integration Facade selbst kennt die Clients nicht.

Integration Mediator Dieses Architekturmuster kapselt die Interaktionslogik von Applikationen und entkoppelt diese von den beteiligten Applikationen. Im Gegensatz zu der Integration Facade kennen die beteiligten Applikationen den Integration Mediator. Zwischen den Applikationen ist keine direkte Kommunikation erlaubt. Jede Interaktion hat über den Integration Mediator zu erfolgen. Über dieses Integrationsmuster werden Abhängigkeiten unter den Applikationen minimiert und die Wartung aufgrund der zentralen

Interaktionslogik vereinfacht. Die im Integration Mediator gekapselte Interaktionslogik beinhaltet die Übersetzung des Inhalts von Nachrichten (z. B. das Mapping verschiedener Produkt IDs) und die Steuerung über die Ziele der Nachrichten. In zustandslosen Szenarien ist diese Logik allein von der aktuellen Nachricht abhängig. Dagegen sind zustandsbehaftete Szenarien auch von vorhergehenden Applikationsinteraktionen abhängig (z. B. die Kumulation von Ereignissen). Zustandsbehaftete Integration Mediators sind wesentlich komplexer zu handhaben und benötigen üblicherweise ein Zustandsmanagement und eine Persistenz des Zustands, um z. B. eine Abschaltung des Systems überbrücken zu können.

Process Automator Ziel dieser Architektur ist es, die Abhängigkeiten zwischen der Logik der Prozessautomatisierung und den Applikationen zu minimieren. Die Ablaufsteuerung von Aktivitäten eines Prozesses wird automatisiert. Das Process Automator Muster besteht aus der Prozesssteuerung, den Aktivitätsdiensten und den Applikationen, die die benötigten Dienste bereitstellen. Die Ablaufsteuerung der Aktivitäten eines Prozesses wird in der Prozesssteuerung implementiert. Die Aktivitätsdienste abstrahieren von den Applikationen und stellen der Prozesssteuerung anfragebasierte Dienste zur Verfügung, d. h. alle Systeminteraktionen sind verdeckt. Der Aktivitätsdienst ist eine Spezialisierung der Integration Facade, der Interaktionen auf die Ebene von Aktivitäten abstrahiert. Durch die Bereitstellung dieser vereinfachten und vereinheitlichten Schnittstellen zu den Applikationen, die die Dienste anbieten, wird die Prozesssteuerung von speziellen APIs der Dienste entkoppelt und die Integrationslogik der Applikationen gekapselt.

Die einzelnen Architekturmuster können auch miteinander kombiniert werden. Integration Adapter und Integration Messenger z. B. können derart kombiniert werden, dass der Integration Adapter die Schnittstellen bereitstellt, die der Integration Messenger erwartet. Eine solche Architektur entkoppelt Server APIs und die Applikationen selbst von der API des Integration Messenger.

14.3 Supply Chain Event Management

Die Aufgabe des *Supply Chain Event Management* ist das *Management* geplanter und ungeplanter Ereignisse in einer Supply Chain. Die Effektivität der Supply Chain ist zu verbessern während die Kosten für die Bearbeitung von Ereignissen reduziert werden. Das Management von Ereignissen bedeutet dabei nicht lediglich die Reaktion auf Ereignisse, sondern auch, Ereignisse in ihrem Aufkommen zu beeinflussen oder sogar zu vermeiden. Nach Otto (2004) kennzeichnet sich SCEM als ein Managementkonzept, eine Softwarelösung und eine Softwarekomponente. An dieser Stelle soll ausschließlich auf SCEM als Managementkonzept eingegangen werden.

Tab. 14.1. SCEM Definitionen (Alvarenga und Schoenthaler 2003)

Supply Chain Ereignis	Jedes einzelne Ergebnis (oder die Abwesenheit eines Ergebnisses) eines Supply Chain Zyklus, (Teil-)Prozesses, Aktivität oder Aufgabe.
Supply Chain Event Management	Die Anwendung statistischer, prozessbezogener und technologieorientierter Lösungen zur Identifikation und Steuerung von Standard- und Ausnahmeereignissen in einer Supply Chain.
Ereigniskategorie	Eine logische Gruppierung von Supply Chain Ereignissen.
Ereigniswahrscheinlichkeitsindex (Event probability index; EPI)	Die statistische Kenngröße zwischen 0 und 1 der Tendenz eines Ereignisses, in der Supply Chain in einem gegebenen Zeitintervall aufzutreten.
Standardereignis	Ein Ereignis, das die Tendenz hat, in der Supply Chain aufzutreten; d. h. einen EPI von 0,50x oder höher hat.
Ausnahmeereignis	Ein Ereignis, das die Tendenz hat, in der Supply Chain nicht aufzutreten; d. h. einen EPI von 0,49x oder geringer hat.
Event management Plan (EMP)	Ein dokumentierter Prozess, der beschreibt, welche Maßnahmen zu ergreifen sind, um ein Ereignis zu kontrollieren oder darauf zu reagieren.
Geplantes Ereignis	Ein Ereignis, für welches ein dokumentierter EMP vorhanden ist.
Ungeplantes Ereignis	Ein Ereignis, für welches kein dokumentierter EMP vorhanden ist.

Zum besseren Verständnis von SCEM definieren Alvarenga und Schoenthaler (2003) die in Tabelle 14.1 gegebene Terminologie. Ein Supply Chain Ereignis kann auf jeder Detaillierungsebene einer Supply Chain auftreten (von ausgedehnten Abläufen bis hin zu detaillierten Aufgaben). Um diese Ereignisse wirksam bearbeiten und steuern zu können, ist eine sinnvolle Gruppierung in Ereigniskategorien unumgänglich. Durch die Vergabe einer Wahrscheinlichkeit des Auftretens eines Ereignisses, ist es möglich, Ereignisse in Standard- und Ausnahmeereignisse einzuteilen – unter der Annahme, dass Ausnahmeereignisse in der Regel teurer in der Bearbeitung sind. Dokumentierte Reaktionen auf Ereignisse in einer Supply Chain verhindern Ad-hoc-Entscheidungen unter Zeitdruck. Die Bearbeitung geplanter Ereignisse ist in der Regel weniger kostspielig.

Durch SCEM können die Kosten über zwei Wege reduziert werden. Erstens kann die Reaktion auf ein Ereignis effizienter bewältigt werden. Zweitens können durch die Definition von EMPs teure Ereignisse in weniger teure Ereignisse umgewandelt werden bzw. der Idee des „Continuous Improvement" folgend eliminiert werden.

Beim Wechsel der Ereigniskategorie von ungeplant zu geplant sollte der Zielkonflikt zwischen Kosten für die Definition eines EMPs und der Wahrscheinlichkeit des Auftretens eines Ereignisses und der daraus resultierenden Ad-hoc-Entscheidung berücksichtigt werden. Weiterhin sollte geprüft werden, ob externe Einflüsse, wie Materialengpässe, beeinflusst werden können, z. B. mittels Vendor Managed Inventory. Folglich kann es möglich sein, dass die Überführung eines Ereignisses von einem geplanten in ein ungeplantes die Kosten des einzelnen Auftretens zwar erhöht, in der Summe jedoch durch das geringere Aufkommen des Ereignisses verringert.

Eine Softwarelösung zum SCEM muss in der Lage sein, Onlinezugriff auf vordefinierte Ereignisse in einer Supply Chain zu bieten. Weiterhin muss es möglich sein, Ereignisse zu kategorisieren und das Management der Umwandlung von Ereignissen in andere Kategorien zu unterstützen. Durch die Zugänglichkeit von kategorisierten Ereignissen und entsprechenden Aktionen in der gesamten Supply Chain wird eine äußerst nützliche *Transparenz in der Supply Chain* geschaffen. Ein Alert Monitor bietet hier eine wichtige Plattform für die Identifikation von Ereignissen und die Benachrichtigung der entsprechenden Eigner.

Literatur

Adriaans, P.; Zantinge, D. (1996) *Data mining*, Addison-Wesley, Harlow

Alvarenga, C.; Schoenthaler, R. (2003) *A new take on Supply Chain Event Management*, Supply Chain Management Review, Bd. 7, Nr. 2, 28–35

Berry, M.; Linoff, G. (1997) *Data mining techniques: For marketing, sales, and customer support*, Wiley, New York

Loshin, D. (2003) *Business Intelligence: The Savvy Manager's Guide*, Morgan Kaufman, Amsterdam, Boston

Lutz, J. (2000) *EAI architecture patterns*, EAI Journal, 64–73

Otto, A. (2004) *Supply Chain Event Management: Three perspectives*, International Journal of Logistics Management, Bd. 14, Nr. 2, 1–13

Silver, E.; Pyke, D.; Peterson, R. (1998) *Inventory management and production planning and scheduling*, Wiley, New York, 3. Aufl.

Ulrich, P.; Fluri, E. (1995) *Management: eine konzentrierte Einführung*, Haupt, Bern, 7. Aufl.

15 Collaborative Planning

Christoph Kilger[1], Boris Reuter[1] und Hartmut Stadtler[2]

[1] J & M Management Consulting AG, Willy-Brandt-Platz 5, 68161 Mannheim, Deutschland
[2] Universität Hamburg, Institut für Logistik und Transport, Von-Melle-Park 5, 20146 Hamburg, Deutschland

Die vorangehenden Kapitel behandeln Planungsprozesse innerhalb einer *Planungsdomäne*, z B. einem Unternehmen (Absatzplanung, Master Planning) oder einer Fabrik (Produktionsplanung). Der Begriff *Planungsdomäne* bezeichnet einen Teil einer Supply Chain sowie der entsprechenden Planungsprozesse, die unter der Kontrolle und der Verantwortung einer Planungsorganisation stehen. Die Qualität eines Plans sowie die Qualität der auf dem Plan aufbauenden Entscheidungen kann in vielen Fällen gesteigert werden, indem zusätzliche Informationen einbezogen werden, die über die einzelnen Planungsdomänen hinausgehen.

In diesem Kapitel beschreiben wir Prozesse der unternehmensübergreifenden Zusammenarbeit, die mehrere Planungsdomänen umfassen, mit speziellem Fokus auf die unternehmensübergreifende Planung (*Collaborative Planning*). Die Idee besteht darin, die lokalen Planungsprozesse mehrerer Planungsdomänen miteinander zu verbinden, um relevante Daten auszutauschen und so die Planungsergebnisse zu verbessern. Die Planungsdomänen arbeiten zusammen mit dem Ziel, einen gemeinsamen und gegenseitig abgestimmten Plan zu erzeugen. Hierdurch können unter anderem Ausgangsdaten für die Planung schneller aktualisiert und die Planungsergebnisse zuverlässiger werden. Abbildung 15.1 zeigt die Supply Chain Planungsmatrizen zweier Planungsdomänen, die durch gemeinsame Planungsprozesse miteinander verbunden sind.

Das Collaborative Planning kann sowohl downstream als auch upstream vorgenommen werden, d. h. es können Planungsprozesse mit Kunden (z. B. die Absatzplanung) oder mit Lieferanten (z. B. die Materialbedarfsplanung) verbunden werden. Entsprechend des Planungshorizontes können langfristige, mittelfristige und kurzfristige Formen der Zusammenarbeit unterschieden werden. Weitere Unterscheidungen betreffen die Objekte, die ausgetauscht und gemeinschaftlich geplant werden, wie z. B. Bestellmengen oder Absatzmengen.

Ein bekannter Ansatz für Supply Chain Collaboration ist das *Collaborative Planning, Forecasting and Replenishment* (CPFR). Es besteht aus einer Folge von Schritten und dazugehörigen Management-Richtlinien (siehe VICS 2004). Dabei spielt die Software zur unternehmensübergreifenden Zusammenarbeit keine entscheidende Rolle. Ein weiterer Ansatz ist das *Collaborative*

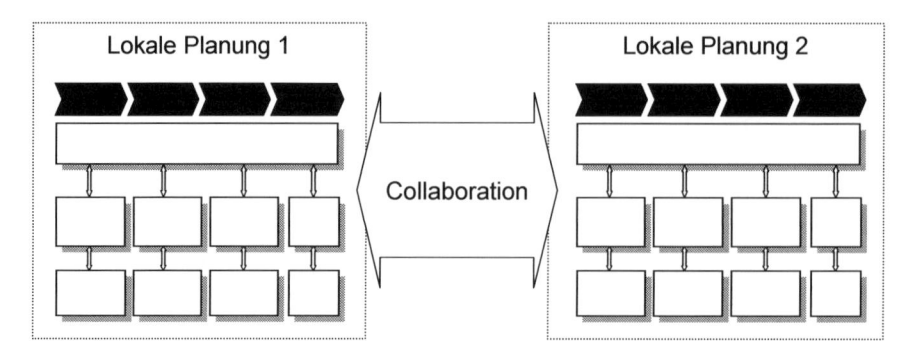

Abb. 15.1. Eine *Collaboration* verbindet die lokalen Planungsprozesse mehrerer Planungsdomänen

Development Chain Management (CDCM), das den Ideen des Simultaneous Engineering folgt, die gemeinsame Produktentwicklung durch mehrere Partner zum Gegenstand hat und webbasierte Softwaresysteme nutzt (siehe Becker 2001).

In Abschnitt 15.1 führen wir die unternehmensübergreifende Zusammenarbeit und deren Objekte anhand eines Beispiels ein und definieren die damit in Bezug stehenden Begriffe. Abschnitt 15.2 beschreibt verschiedene Typen der Zusammenarbeit. Abschnitt 15.3 erläutert die verschiedenen Phasen eines generischen Collaborative Planning Prozesses. Abschnitt 15.4 gibt einen Überblick über Advanced Planning Systeme, die das Collaborative Planning unterstützen.

15.1 Einführung

Das folgende Beispiel illustriert einen Prozess der unternehmensübergreifenden Zusammenarbeit. Wir betrachten einen Hersteller von Autoscheinwerfern. Der Hersteller liefert Scheinwerfermodule an zwei Automobilhersteller. Ein Unterauftragnehmer wird eingesetzt, um Spitzenauslastungen mittels zusätzlicher Montagekapazitäten abzudecken. Scheinwerfermodule bestehen aus einem Gehäuse und der Glasabdeckung. Das Gehäuse wird von dem Hersteller selbst produziert. Die Glasabdeckung wird von einem externen Lieferanten in einem Make-to-Order Prozess geliefert. Die Glühbirnen werden von einem zweiten Lieferanten ab Lager geliefert.

Abbildung 15.2 illustriert die Supply Chain und zeigt Beispiele für eine unternehmensübergreifende Zusammenarbeit (Collaboration):

- Die Automobilhersteller sind daran interessiert, zuverlässig mit Scheinwerfern versorgt zu werden. Daher stellen sie ihre Bedarfsprognosen für Scheinwerfermodule dem Hersteller der Scheinwerfer zur Verfügung. Im Gegenzug erwarten sie eine Bestätigung, ob die Bedarfsprognosen erfüllt werden können sowie Informationen zur Obergrenze seiner Liefermöglichkeit. Diese Informationen werden für den Fall benötigt, dass der tatsächliche Bedarf die Prognose übersteigt und um mögliche Lieferschwierigkeiten (z. B. aufgrund eines Werkzeugbruchs) wieder ausgleichen zu können. Der Scheinwerferhersteller seinerseits ist daran interessiert, von den Automobilherstellern eine Garantie über eine Mindestabnahmemenge zu erhalten, um sein Geschäft zu planen und, um die entsprechende Kapazität bereitzustellen.

- Eine Collaboration zwischen dem Scheinwerferhersteller und dem Lieferanten der Glasabdeckung ermöglicht die gemeinsame Planung des künftigen Bedarfs sowie der erforderlichen Liefermöglichkeiten.
- Die Glühbirnen werden, im Gegensatz zu der Make-to-Order Fertigung der Scheinwerfer, als Make-to-Stock Produkte hergestellt. Sowohl der Lieferant der Glühbirnen als auch der Hersteller der Scheinwerfer halten einen bestimmten Sicherheitsbestand, um sich gegen Bedarfs- und Lieferschwankungen abzusichern. Eine Zusammenarbeit bezüglich der Bestandshöhe sowie der Bedarfsprognosen hilft, die Verfügbarkeit der Glühbirnen zu verbessern.
- Der Unterauftragnehmer stimmt die vorausgeplante Produktionsmenge mit seiner tatsächlichen Produktionskapazität ab. Die unternehmensübergreifende Zusammenarbeit zwischen Hersteller und Unterauftragnehmer bezieht sich somit auf die Nutzung der Kapazität des Unterauftragnehmers.

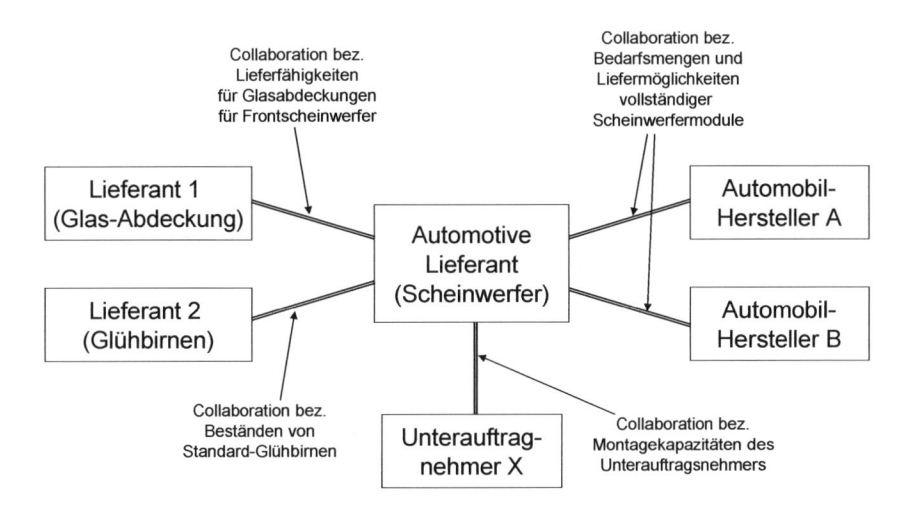

Abb. 15.2. Collaboration in einer Supply Chain

Eine Collaboration bezieht sich auf ein spezifisches Teil, das – wie durch das folgende Beispiel illustriert – aus weiteren Komponenten bestehen kann, die zusammen eine Hierarchie bilden. Zum Beispiel kann das Lichtsystem eines spezifischen Automodells aus einem Teil auf oberster Ebene bestehen, und die Front- und Rückscheinwerfer sind Komponenten auf der zweiten Ebene. Bedarfs- und Liefermengen können auf jeder Ebene der Hierarchie angegeben werden. In dem Beispiel könnte der Bedarf auf der obersten Hierarchieebene spezifiziert werden und würde somit den Bedarf an Lichtsystemen repräsentieren. Dieser wird dann auf die Ebene der Front- und Rückscheinwerfermodule herunter gebrochen. Diese Module könnten z. B. von unterschiedlichen Lieferanten geliefert werden. Die Liefermöglichkeiten der Lieferanten der Frontbzw. Rückscheinwerfer würden somit auf der zweiten Ebene der Hierarchie eingefügt.

Das Beispiel illustriert einige wichtige Aspekte von *Collaborations*: Eine Voraussetzung für eine Collaboration zwischen (mindestens) zwei Geschäftspartnern ist eine Vereinbarung über den Austausch einer spezifizierten Menge von Daten (z. B. den erwarteten künftigen Bedarf), die benötigt werden, um die Entscheidungsprozesse der beiden Partner zu verbessern. *Collaborative Planning* stellt dann den nächsten Schritt in einer unternehmensübergreifenden Zusammenarbeit dar: Collaborative Planning ist ein gemeinsamer Entscheidungsprozess, um die Pläne der individuellen Supply Chain Mitglieder aufeinander abzustimmen mit dem Ziel, Koordination selbst bei vorliegender Informationsasymmetrie zu erreichen (Stadtler 2007). Informationsasymmetrie bedeutet, dass Supply Chain Mitglieder nicht die gleichen Informationen besitzen (z. B. über bestimmte Charakteristika des Planungsproblems, mögliche Aktionen oder Präferenzen), die aber relevant sind, um ihre Aktivitäten zu koordinieren. Infolgedessen könnte ein zentraler Planungsansatz als nicht akzeptabel oder sogar als nicht durchführbar von den betroffenen Supply Chain Mitgliedern angesehen werden. *Koordination* bezieht sich auf Aktionen oder Ansätze, die Supply Chain Partner dazu bringen, sich so zu verhalten, dass die besten Ergebnisse für die Supply Chain als Ganzes entstehen (vgl. Kouvelis et al. 2006, S. 455). Diese Ansätze nutzen z. B. Preismechanismen (wie attraktive Rücknahmepreise für Güter mit Haltbarkeitsgrenzen (Cachon und Lariviere 2005)), Ausgleichszahlungen oder Kompensationen. Während in der Theorie „beste" Ergebnisse i. allg. häufig „optimal" bedeutet, genügt es in Praxis meist, durch eine Collaboration eine „Verbesserung" zu erzielen im Vergleich zu „keiner Koordination".

Als ein Beispiel für einen ersten Schritt einer unternehmensübergreifenden Zusammenarbeit betrachten wir einen Automobilhersteller (siehe Abb. 15.3), der seinen Teilebedarf berechnet und an die Lieferanten weiterleitet, während die Lieferanten umgekehrt ihre Liefermöglichkeiten bestimmen und dem Automobilhersteller (ihrem Kunden) zur Verfügung stellen. Der nächste Schritt – Collaborative Planning – besteht darin, dass ein Lieferant des Automobilherstellers seinen Lieferanten mittelfristige Beschaffungspläne für Glasabdeckungen und Glühbirnen zur Verfügung stellt. Im Anschluss werden die Lieferanten der Glasabdeckungen und der Glühbirnen den jeweiligen Beschaffungsplan gegen ihre Produktionskapazitäten prüfen. Beschaffungs- und Lieferpläne können dann so lange abgeändert und zwischen den Supply Chain Mitgliedern ausgetauscht werden, bis ein (gegen die verfügbare Kapazität geprüfter) durchführbarer oder optimaler Plan erreicht wird.

Entsprechend einer Umfrage in der Automobilindustrie, die von Landeros und Monczka (1989) durchgeführt wurde, benötigt eine Partnerschaft in einer Supply Chain

- die Konzentration auf bevorzugte Lieferanten,
- eine vertrauenswürdige Verpflichtung des zukünftigen Verhaltens,
- die Bereitschaft zur gegenseitige Problemlösung,
- einen Austausch von Informationen und
- die gegenseitige Anpassung an Änderungen am Markt.

Während eine Supply Chain Partnerschaft gemeinsame Planungsprozesse sehr gut unterstützt, sind diese keine Vorbedingung für eine Zusammenarbeit: Cachon und Lariviere (2001) beschreiben den Fall eines Videoverleihs, bei dem der Lieferant (auch Produzent) der Videokassetten die Bedingungen für die Geschäftsbeziehungen mit den Verleihfirmen festlegen kann, so dass ein maximaler Gewinn für die gesamte Supply Chain entsteht. Zu beachten ist, dass der Videoverleiher dezentral entscheidet, wie viele Videos er kauft, um seinen Gewinn als auch den Gewinn der gesamten Supply Chain zu maximieren. Koordination wird hier dadurch erreicht, dass der *Lieferant* einen „optimalen" Verkaufspreis *plus* den Anteil festlegt, den er von der Verleihgebühr erhält. Ist der Verkaufspreis und der Anteil an der Verleihgebühr „richtig" festgelegt, können beide Partner einen Gewinn erzielen, der höher ist als in traditionellen Geschäftsbeziehungen, die nur auf einem Verkaufspreis beruhen (ohne dass der Lieferant einen Anteil am Umsatz seiner Kunden erhält). Ein solches Revenue Sharing kann somit zu einer Win-Win-Situation für beide Parteien führen (für weitere Informationen zur Koordination über Verträge siehe Cachon und Lariviere 2001 und Cachon und Lariviere 2005).

Abb. 15.3. Collaboration als eine Beziehung zum Austausch von Bedarfs- und Lieferinformationen

15.2 Arten der unternehmensübergreifenden Zusammenarbeit – Collaborations

Die Situationen, in denen eine unternehmensübergreifende Zusammenarbeit stattfindet, lassen sich entlang mehrerer Dimensionen klassifizieren. Drei dieser Dimensionen werden wir in diesem Kapitel beschreiben: Führung, Topographie einer Supply Chain und die Objekte, auf die sich die Zusammenarbeit bezieht (für eine vollständige Liste der Kriterien siehe Stadtler 2007).

Normalerweise übernimmt einer der Supply Chain Partner eine *führende Rolle*, während die anderen die Rolle der abhängigen Unternehmen (Follower) übernehmen. Hierzu ein Beispiel aus der Computerindustrie: Computerhersteller wie Dell und Fujitsu Siemens Computers sind in einer führenden Rolle in der Beziehung zu Lieferanten von Festplatten, Speichermodulen, Controller-Karten, etc., aber sie sind Follower gegenüber Intel. Der führende Partner initiiert und treibt den gemeinsamen Planungsprozess, während die Follower den Prozess unterstützen. Formen der Zusammenarbeit lassen sich entsprechend der Führungsstruktur in *lieferantengetriebene* (der Lieferant hat die Führungsrolle) und in *kundengetriebene* Zusammenarbeit (der Kunde hat die Führungsrolle) klassifizieren. Diese Klassifizierung entspricht dem Führungskonzept in Supply Chains, das in Kap. 2 beschrieben ist.

Die Topographie einer Supply Chain kann über die Anzahl der Stufen der Supply Chain beschrieben werden: Die Knoten des Netzwerks repräsentieren die Lieferanten und Kunden, die gerichteten Kanten repräsentieren die Lieferbeziehungen (Teile), die die Lieferanten mit den Kunden verbinden.

Falls die maximale Länge jedes Pfades im Netzwerk 1 ist (entsprechend der Beziehung entlang des Materialflusses), müssen nur zweistufige Collaborations berücksichtigt werden. In zweistufigen Collaborations hat die Supply Chain keine inneren Knoten, d. h. jeder Knoten ist entweder ein Lieferant oder ein Kunde. Wenn es einen Pfad im Netzwerk gibt, der aus mehr als zwei Kanten besteht, ergeben sich mehrstufige Collaborations. Zu beachten ist, dass in mehrstufigen Collaborations die inneren Knoten sowohl die Rolle eines Kunden als auch die eines Lieferanten einnehmen. Wenn die Supply Chain sich über mehrere Stufen erstreckt, wie z. B. in der Automobilindustrie, dann kann dies als eine Sequenz mehrerer individueller zweistufiger Collaborations aufgefasst werden (siehe Abb. 15.4). Jede Collaboration verbindet ein Lieferanten-Kunden-Paar. Informationen über Änderungen der Bedarfs- und Versorgungssituation müssen über alle diese Collaborations hinweg weitergeleitet („propagiert") werden, um die gesamte Supply Chain auf die neue Situation einzustellen. Nehmen wir z. B. an, der Kunde und die drei Lieferanten hätten einen wöchentlichen Planungszyklus. In diesem Fall würde es drei Wochen dauern, bis ein neues Bedarfssignal den Tier 3 Lieferanten erreicht.

Um die Geschwindigkeit des Informationsaustausches in der Supply Chain zu steigern, können mehrstufige Collaborations eingerichtet werden, die den Kunden direkt mit den Tier 1, Tier 2 und Tier 3 Lieferanten verbinden. Abbildung 15.5 zeigt eine solche mehrstufige Collaboration. Alle Mitglieder der

```
┌─────────┐   ┌─────────────┐   ┌─────────┐   ┌─────────────┐   ┌─────────┐   ┌─────────────┐   ┌─────────┐
│ Tier 3  │──(Collaboration)──│ Tier 2  │──(Collaboration)──│ Tier 1  │──(Collaboration)──│  Kunde  │
│Lieferant│   │             │   │Lieferant│   │             │   │Lieferant│   │             │   │         │
└─────────┘   └─────────────┘   └─────────┘   └─────────────┘   └─────────┘   └─────────────┘   └─────────┘
```

Abb. 15.4. Sequenz von zweistufigen Collaborations

Supply Chain arbeiten im gleichen Rhythmus; Informationen über Bedarfe und Verfügbarkeiten werden in einem Planungszyklus an alle Mitglieder der Supply Chain weitergegeben (Kilger und Stahuber 2002).

Ein Beispiel einer mehrstufigen Collaboration wurde von DaimlerChrysler implementiert, bei dem Bedarfs- und Bestandsinformationen zu Türmodulen zwischen DaimlerChrysler und Tier 1 bis Tier 7 Lieferanten ausgetauscht wurden (siehe Graf und Putzlocher 2002).

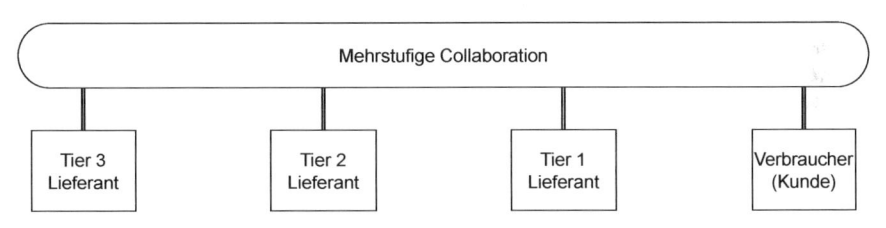

```
            ┌─────────────────────── Mehrstufige Collaboration ───────────────────────┐
            │                                                                         │
            └──┬──────────────────┬──────────────────┬──────────────────┬─────────────┘
               │                  │                  │                  │
          ┌─────────┐        ┌─────────┐        ┌─────────┐        ┌───────────┐
          │ Tier 3  │        │ Tier 2  │        │ Tier 1  │        │Verbraucher│
          │Lieferant│        │Lieferant│        │Lieferant│        │  (Kunde)  │
          └─────────┘        └─────────┘        └─────────┘        └───────────┘
```

Abb. 15.5. Mehrstufige Collaboration

Eine erfolgreiche mehrstufige Collaboration erfordert die Bestimmung eines Mitglieds der Supply Chain, das den gemeinsamen Planungsprozess vorantreibt. Dieser definiert die Regeln und Standards der Zusammenarbeit. In der Automobilindustrie übernimmt i. allg. der OEM (Automobilhersteller) diese Rolle, da er das Lieferantennetzwerk kontrolliert.

Häufige Probleme einer mehrstufigen Collaboration sind unterschiedliche Losbildungsregeln und Bestandspolitiken der Lieferanten. Nehmen wir z. B. an, die Losbildung des Tier 2 Lieferanten aus Abbildung 15.5 sieht vor, dass ein Teil immer in ganzzahligen Vielfachen von 100 Stück bestellt wird. Die mehrstufige Collaboration muss diese Regeln berücksichtigen, da ansonsten das Bedarfssignal, das den Tier 3 Lieferanten erreicht, nicht dem tatsächlichen Bedarf des Tier 2 Lieferanten entspricht.[1]

Wie bereits im vorigen Abschnitt erwähnt, ist eine Collaboration immer auf ein bestimmtes Teil (Material) bezogen, das von einem Lieferanten an einen Kunden (Verbraucher) zu liefern ist. Lieferant und Kunde tauschen Informationen über den Bedarf und die Verfügbarkeit dieses Teils aus. Diese Informationen können sich auf das Teil selbst beziehen (*materialbezogene*

---

[1] Aus diesem Grund hat sich auch herausgestellt, dass die Informationen von DaimlerChrysler über den Bedarf an Türmodulen für die Tier 2 bis Tier 7 Lieferanten nur von begrenztem Nutzen waren. In diesem Beispiel wurde keine „richtige" Planungsfunktionalität angeboten.

Collaboration) oder auf die Kapazität oder die Dienstleistungen, die erforderlich sind, um das Teil herzustellen, es zu installieren, es zu transportieren, etc. (sogenannte *dienstleistungsbezogene Collaborations*). Sowohl Material als auch Dienstleistungen können das Objekt einer Collaboration darstellen. Die unterschiedlichen Formen von Collaborations werden im Folgenden detailliert beschrieben.

15.2.1 Materialbezogene Collaborations

Bedarfs-Collaboration Die Schnittstelle zwischen auftragsbezogenen und prognosebezogenen Prozessen in einer Supply Chain wird als *Entkopplungspunkt* bezeichnet (siehe Kap. 10, S. 212). In einer typischen Supply Chain werden die Lieferprozesse oberhalb des Entkopplungspunktes durch die Bedarfsprognose getrieben. Mehrere Abteilungen eines Lieferanten sind involviert in die Erzeugung der Bedarfsprognose, z. B. Vertrieb, Marketing, Produktmanagement und Planungsabteilung. Der Vertrieb gibt die Bedarfsprognosen für spezifische Kunden oder Regionen ein und bewertet die Einflüsse von Markttrends. Das Marketing fügt die Auswirkungen von Marketingaktivitäten und Kampagnen auf die Bedarfsprognose hinzu. Das Produktmanagement stellt Informationen über das Ein- und Ausphasen von Produkten bereit. Die Planungsabteilung konsolidiert den Plan aus einer übergeordneten Perspektive. Die Konsolidierung der von den Abteilungen bereitgestellten Informationen wird als *konsensbasierte Prognose* bezeichnet. Die statistische Prognose dient als Referenz und Ausgangspunkt für die menschlichen Planer (z. B. im Marketing). Vorgehensweisen zur Integration der statistischen Prognose und den Prognosen der menschlichen Planer sind in Kap. 8 beschrieben.

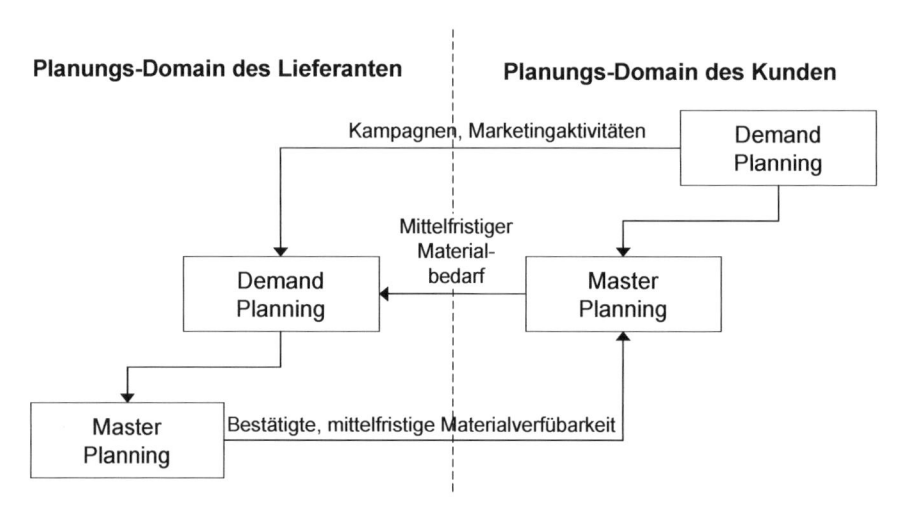

Abb. 15.6. Beziehungen der Planungsdomänen in einer Bedarfs-Collaboration

Kunden, deren Bedarfe geplant werden sollen, können einen wertvollen Beitrag zur Bedarfsprognose leisten. Zum Beispiel können Kunden – ausgehend von ihrem Master Plan – Informationen über ihre mittelfristigen Materialanforderungen für die Absatzplanung ihrer Lieferanten zur Verfügung stellen. Die Lieferanten nutzen diese Informationen als Input für ihre Konsens-basierten Prognose-Prozesse wie oben beschrieben. Weiterhin kann der konsolidierte und freigegebene Absatzplan eines Lieferanten den Kunden als bestätigter, mittelfristiger Lieferplan zur Verfügung gestellt werden. In diesem Fall liegt eine *Bedarfs-Collaboration* zwischen dem Lieferanten und seinen Kunden vor, die die Planungsprozesse der lokalen Planungsdomänen miteinander verbindet. Eine Bedarfs-Collaboration wird normalerweise von dem Lieferanten betrieben, da er daran interessiert ist, genaue Informationen über den künftigen Bedarf seiner Kunden zu erhalten. Abbildung 15.6 zeigt die Verbindung der lokalen Planungsdomänen in einer Bedarfs-Collaboration. Diese beginnt damit, dass der Kunde den Lieferanten über seine erwarteten, künftigen Absatzmengen sowie über seine geplanten Marketingaktivitäten informiert. Zusätzlich können mittelfristige Materialanforderungen (z. B. ein Beschaffungsplan), die aus dem Master Plan des Kunden abgeleitet werden, an den Lieferanten übergeben werden. Der Lieferant kann nun seinerseits seinen besten Master Plan bestimmen, aufbauend auf den mittelfristigen Materialanforderungen seines bzw. seiner Kunden. Normalerweise bittet der Kunde um eine Bestätigung seines Beschaffungsplans durch den Lieferanten. Diese einfache Vorgehensweise zur Abstimmung der lokalen Pläne – bekannt als *UpstreamPlanning* – kann sogar in komplexen mehrstufigen Supply Chains mit mehreren Partnern auf jeder Stufe angewendet werden. In einem reinen Upstream Planning ist es dem Lieferanten nicht erlaubt, von dem Beschaffungsplan des Kunden (bzw. der Kunden) abzuweichen. Aus diesem Grund kann ein reines Upstream Planning hohe Kosten für den Lieferanten bedeuten (z. B. aufgrund von Zusatzschichten am Wochenende), um den Beschaffungsplan zu erfüllen.

Abbildung 15.2 (S. 305) zeigt ein Beispiel für eine Bedarfs-Collaboration: Der Hersteller der Frontscheinwerfer könnte eine Bedarfs-Collaboration mit beiden Automobilherstellern bilden, um eine gemeinsame Bedarfsprognose für Scheinwerfer für die gesamte Supply Chain zu erzeugen. Ein anderes Beispiel einer Bedarfs-Collaboration ist eine gemeinsame Kampagnenplanung: Der Kunde stellt detaillierte Informationen über geplante Kampagnen oder andere Marketingaktivitäten bereit, der Lieferant berücksichtigt diese Informationen innerhalb seines Bedarfsplanungsprozesses (weitere Beispiele finden sich bei Smaros 2003).

Die Vorbedingungen, um eine Bedarfs-Collaboration aufzustellen, sind harmonisierte Stamm- und Bewegungsdaten. Jede lokale Planungsdomäne betrachtet den Planungsprozess aus ihrer Sicht. Abweichungen werden durch sog. Alerts angezeigt und sollten in regelmäßigen Planungssitzungen gemeinsam diskutiert und behandelt werden. Das Ergebnis der Planungssitzungen ist ein abgestimmter Bedarfsplan. Die Qualität früherer Entscheidungen sowie des Bedarfsplans müssen nachträglich aufgrund der tatsächlichen Verkaufs- bzw. Verbrauchszahlen analysiert werden.

Der Bedarf eines Kunden, der an einer Bedarfs-Collaboration teilnimmt, muss anders bewertet werden als der Bedarf von Kunden, die nicht an der Bedarfs-Collaboration beteiligt sind: Partner in einer Collaboration sind offener und stellen bessere und zuverlässigere Informationen zur Verfügung als andere Kunden. Um ein sogenanntes „Shortage-Gaming" (siehe Kap. 2) zu vermeiden, muss der Bedarf von Partnern, die an einer Collaboration teilnehmen, mit einer höheren Priorität erfüllt werden als der Bedarf anderer Kunden.

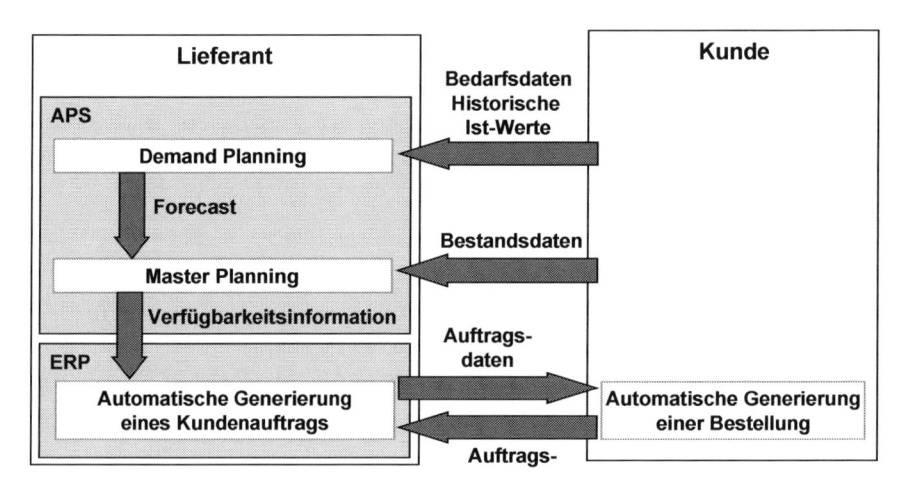

Abb. 15.7. Beziehungen zwischen Lieferant und Kunde in einer Bestands-Collaboration

Bestands-Collaboration Die Bestands-Collaboration ist ein spezieller Anwendungsfall einer Bedarfs-Collaboration. Der Kunde stellt dem Lieferanten Informationen über den zukünftigen Bedarf *und* über den aktuellen Bestand zur Verfügung. Der Lieferant nutzt diese Informationen, um den Materialbedarf in den Kundenlokationen (z. B. Lager und Fabriken des Kunden) zu bestimmen. Der Kunde braucht keine expliziten Bestellungen mehr an den Lieferanten zu senden. Die Auffüllung des Bestands wird eigenständig durch den Lieferanten geplant; Zeitverzögerungen aufgrund der Materialbedarfsplanung und der Bestellprozesse des Kunden treten nicht mehr auf. Die Versorgungsentscheidungen werden durch einen vereinbarten Servicegrad (Service Level Agreements) zwischen Lieferant und Kunde gesteuert (z. B. beschrieben durch eine Mindestreichweite). Bestands-Collaboration ist eine Dienstleistung, die üblicherweise vom Kunden angefordert wird (oder zumindest vom Kunden gewünscht und akzeptiert wird). Der Prozess selbst wird durch den Lieferanten gesteuert. Anstelle des Begriffs Bestands-Collaboration wird auch *Vendor Managed Inventory (VMI)* verwendet (verschiedene Arten der Collaboration inkl. VMI sind in Holweg et al. 2005 beschrieben).

Um seinen eigenen Bestand und den seines Kunden gleichzeitig kontrollieren und steuern zu können, muss der Lieferant in der Lage sein, auf die Bestandsdaten und die Bedarfsprognosen seines Kunden zuzugreifen und auf Basis des Gesamtbestands in der Supply Chain zu planen. Dies kann durch eine sogenannte Base-Stock-Politik (Tempelmeier 2005) unterstützt werden. Moderne Electronic Data Interchange (EDI)-Techniken unterstützen den elektronischen Austausch der benötigten Informationen (z. B. Bestandsdaten, Bedarfsdaten, geplante Lieferungen). Normalerweise generiert der Lieferant automatisch Kundenaufträge in seinem ERP-System basierend auf den geplanten Lieferungen zur Auffüllung des Bestands bei seinem Kunden. Die Daten dieser Kundenaufträge werden an das ERP-System des Kunden gesendet; dort wird dann eine passende Bestellung automatisch erzeugt. Abbildung 15.7 fasst die Beziehungen zwischen Lieferant und Kunde in einer Bestands-Collaboration zusammen.

Einkaufs-Collaboration Eine Einkaufs-Collaboration – auch als Supply-Side-Collaboration bezeichnet (Fu und Piplani 2002) – ist vergleichbar mit einer Bedarfs-Collaboration. Der Kunde und der Lieferant tauschen Bedarfs- und Lieferinformationen aus, wie in Abbildung 15.6 gezeigt. Der Hauptunterschied besteht darin, dass die Einkaufs-Collaboration vom Kunden gesteuert wird, wohingegen die Bedarfs-Collaboration durch den Lieferanten gesteuert wird.

Eine mittelfristige Einkaufs-Collaboration stellt Informationen über mögliche Engpässe in der Materialversorgung seitens der Lieferanten für das Master Planning bereit (Kap. 9). Eine kurzfristige Einkaufs-Collaboration erzeugt kurzfristige Verfügbarkeitsinformationen, die für die Aktualisierung kurzfristiger Pläne genutzt werden können, z. B. Produktionsfeinplanungen. Sie hat Schnittstellen mit der Beschaffungs- und Materialbedarfsplanung (Kap. 12).

Die Intel Corporation ist ein interessantes Beispiel für eine mittelfristige Einkaufs-Collaboration (Shirodkar und Kempf 2006). Die Lieferanten von Intel für Substrate – Spezialmaterialien, die Hunderte von exakt spezifizierten elektrischen Verbindungen für die Chip-Produktion enthalten – stellen Intel im Rahmen einer Collaborations nicht nur Daten über ihre Kapazitätsverfügbarkeit zur Verfügung. Jeder Lieferant erstellt und pflegt auch ein mathematisches Modell (genauer: ein MIP Modell, siehe Kap. 21), das seine Produktionsprozesse und -kapazitäten detailliert beschreibt. Durch Zusammenschaltung dieser Modelle hat Intel ein mittelfristiges Planungswerkzeug für die Produktion der Substrate geschaffen, das einen Planungszeitraum von neun Monaten abdeckt und mögliche Engpässe bei der Planung der gesamten Supply Chain frühzeitig erkennt. Dieses (zentrale) Modell ermöglicht es Intel, einen machbaren Beschaffungsplan zu finden und die Einkaufs- und Transportkosten zu minimieren. Ein solcher Ansatz ist allerdings nur anwendbar bei einem dominanten Mitglied in der Supply Chain.

15.2.2 Dienstleistungsbezogene Collaborations

Kapazitäts-Collaboration Die bisher diskutierten Formen einer Collaboration – Bedarfs-, Bestands- und Einkaufs-Collaboration – beziehen sich auf den Austausch von Bedarfs- und Verfügbarkeitsinformationen von Material. Eine Kapazitäts-Collaboration ist ein Beispiel für eine dienstleistungsbezogene Collaboration: Lieferant und Kunde tauschen Informationen über den Bedarf und die Verfügbarkeit von Produktionskapazität aus. Betrachten wir z. B. einen Hersteller (d. h. Kunden), der mit einem Unterauftragnehmer (d. h. Lieferant) eine Collaboration aufgebaut hat über die Nutzung der Produktionsstätte des Unterauftragnehmers basierend auf dem Master Plan des Herstellers. Der Hersteller möchte sicherstellen, dass ein bestimmter Anteil der Kapazität des Unterauftragnehmers für ihn reserviert wird, ohne bereits im Vorfeld genau zu wissen, für welche Produktionsaufträge die Kapazität tatsächlich später genutzt werden wird. Ähnlich wie bei der Einkaufs-Collaboration wird eine Kapazitäts-Collaboration in der Regel durch den Kunden gesteuert.

Neben der Vorplanung der Kapazität wird häufig eine Mindest- und eine Höchstgrenze für die Kapazitätsnutzung zwischen den beiden Parteien vereinbart:

- Der Unterauftragnehmer (Lieferant) möchte eine Zusicherung über die Mindestkapazitätsnutzung erhalten, um seine Produktionsanlage auszulasten.
- Der Hersteller (Kunde) ist an der Obergrenze der Kapazität interessiert, über die der Unterauftragnehmer verfügt.

Der Unterschied zwischen der geplanten Kapazitätsnutzung und der Obergrenze für die Kapazität wird auch als *Upside-Flexibilität* des Unterauftragnehmers bezeichnet. Sollte der Unterauftragnehmer jedoch mehrere Kunden haben, die die gleiche Kapazität bei ihm nutzen wollen, kann es passieren, dass die Upside-Flexibilität mehr als einem Kunden als Obergrenze angezeigt wird. In diesem Fall konkurrieren mehrere Hersteller (Kunden) um die gleiche Zusatzkapazität bei dem Unterauftragnehmer.

Das typische Ziel einer Kapazitäts-Collaboration ist es, zusätzliche Upside-Flexibilität für den Hersteller (Kunden) bereit zustellen für den Fall, dass seine eigene Kapazität voll ausgelastet ist. In der Praxis kommt es häufig vor, dass der Hersteller zuerst die Kapazität seines Unterauftragnehmers belegen muss, um die zugesagte Mindestkapazitätsnutzung zu erreichen, bevor er seine eigene Kapazität auslastet, um Strafzahlungen zu vermeiden.

Eine Alternative zur Vereinbarung einer Kapazitäts-Collaboration ist die Investition in zusätzliche eigene Fertigungskapazität. Diese Entscheidung trifft ein Hersteller auf Basis eines Langfristplans (siehe Kap. 7 zum Strategic Network Design). Potenzielle Probleme, die bei einer Kapazitäts-Collaboration auftreten könnten, wie eine unzureichende Expertise des Unterauftragnehmers über die technischen Fertigungsverfahren und die Verfügbarkeit der richtigen Fertigungsanlagen beim Unterauftragnehmer müssen bei einer solchen Entscheidung mit berücksichtigt werden.

Transport-Collaboration Transportplanung und Feinplanung der Transportfahrzeuge ist eine operative Aufgabe in den Bereichen Einkauf und Distribution (Kap. 13). Oft sind mehrere Logistikdienstleister in die Einkaufs- und Distributionsprozesse eines Unternehmens oder eines Abschnitts einer Supply Chain involviert. Die Transportdienstleistungen (für inbound- und outbound Transporte) werden heutzutage i. allg. von externen Transport- und Logistikdienstleistern bereitgestellt.

Eine Transport-Collaboration ist vergleichbar mit einer Kapazitäts-Collaboration: Beide beziehen sich auf Dienstleistungen, die durch den Kunden gesteuert werden. Während die Kapazitäts-Collaboration auf Produktionsdienstleistungen ausgelegt ist, bezieht sich die Transport-Collaboration auf Transportdienstleistungen. In einer Transport-Collaboration ist der Kunde typischerweise ein Hersteller oder ein Handelsunternehmen und der Lieferant ein Transport- oder Logistikdienstleister.

Betrachten wir z. B. einen Transportplaner eines Herstellers (d. h. Kunden), der Transportanfragen manuell oder mittels eines Optimierungslaufs einem Transportdienstleister zuweist. Die Anfragen werden an den ausgewählten Dienstleister z. B. per E-Mail gesendet und enthalten einen Link zu einer Webseite oder einem XML-Dokument. Der Dienstleister prüft die Anfrage und akzeptiert oder modifiziert die Bedingungen, z. B. Route, Pick-up-Punkte, Lieferdaten, oder lehnt sie innerhalb eines vordefinierten Zeitfensters ab. Warnmeldungen werden generiert, wenn z. B. die angefragte Transportkapazität die vereinbarten Grenzen überschreitet, eine Antwort überfällig ist oder die Anfrage geändert oder zurückgezogen wurde. Im letzten Fall kann der Transportplaner die Änderung akzeptieren oder einen anderen Anbieter auswählen. Durch die Annahme und Bestätigung einer Anfrage kann beispielsweise ein vordefinierter Abwicklungs-Workflow starten.

15.2.3 Material- und Dienstleistungsbezogene Collaboration

Bedarfs-, Bestands- und Einkaufs-Collaborations sind materialbezogen, Kapazitäts- und Transport-Collaborations sind dienstleistungsbezogen. Neben diesen „reinen" Material- oder Dienstleistungs-Collaborations gibt es auch Kombinationen aus material- und dienstleistungsbezogener Collaboration. Diese Collaborations werden hauptsächlich in Industrien genutzt, in denen Material und Dienstleistungen synchronisiert werden müssen, um effizient und zuverlässig den Kundenbedarf erfüllen zu können.

Als Beispiel für eine material- und dienstleistungsbezogene Collaboration betrachten wir den Einkauf von Computersystemen. Große Organisationen wie Banken, Versicherungen, öffentliche Verwaltung, etc. kaufen große Mengen an Computersystemen, die Personal Computer, Server, Drucker, Netzwerk-Komponenten, etc. umfassen. Der Beschaffungsprozess wird oft als Rollout-Projekt organisiert, das von speziellen Dienstleistern übernommen und durchgeführt wird (siehe Abb. 15.8). Hardware-Lieferanten stellen dabei Produkte (Material) bereit, Dienstleister stellen Transport-, Customizing- und Installationsservices bereit. Beispielsweise wird das Computer-Equipment, das in einem Stockwerk eines Bürogebäudes gemeinsam installiert werden soll, in einem sogenannten „Customizing-Center" gesammelt und zusammengestellt. Sobald es vollständig ist, werden die Server, Personal Computer, Drucker und weitere Anlagen auf die Bedürfnisse des Kunden angepasst, Software wird installiert, Netzwerkadressen eingestellt, etc. Wenn dieser Customizing-Schritt vollständig ist, bringt der Transportdienstleister die Anlagen zum Installationsort. Gleichzeitig mit dem Material kommen die Techniker vor Ort an, installieren das neue Computer-Equipment und ersetzen das alte.

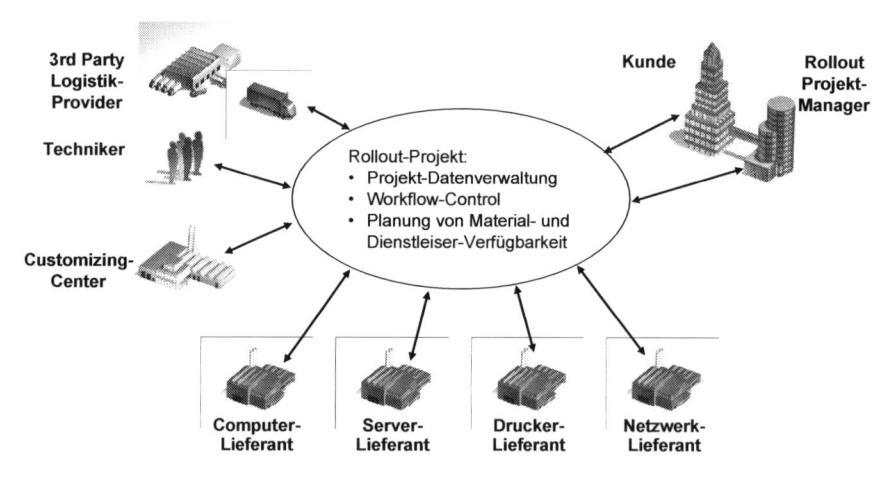

Abb. 15.8. Struktur eines Rollout-Projektes

Üblicherweise wird die Verfügbarkeit von Material und Dienstleistungskapazität in solchen Projekten manuell bearbeitet. Dies führt im Falle von Änderungen zu einem unzureichenden Informationsfluss und einer langsamen Reaktion des Gesamtsystems. Als Konsequenz ergibt sich eine niedrige Lieferleistung der Supply Chain bei hohen Beständen, um Engpässe abpuffern zu können. Um alle an dem Projekt beteiligten Parteien durch einen schnelleren Informationsfluss besser koordinieren zu können, kann eine material- und dienstleistungsbezogene Collaboration aufgesetzt werden. Diese Collaboration wird typischerweise durch den Dienstleister gesteuert, der das gesamte

Projekt koordiniert und leitet. Die Firma, bei der das Computer-Equipment installiert wird, hat die Rolle des Kunden. Die Hardware-Lieferanten und die Dienstleister agieren als Lieferanten.

Material- und dienstleistungsbezogene Collaborations können durch Collaboration-Module eines APS unterstützt werden, typischerweise in Verbindung mit einem Internet-Portal, das alle Informationsflüsse konsolidiert und rollenspezifische Sichten für alle beteiligten Parteien bereit stellt. Als Beispiel betrachten wir einen Materialengpass bei dem Server-Lieferanten. Mit Hilfe eines APS-basierten Collaboration-Prozesses aktualisiert der Server-Lieferant die Verfügbarkeitsinformation für seine Server, die von dem Rollout-Projekt benötigt werden. Die übrigen Hardware-Lieferanten nutzen diese Information, um ihre Produktions- und Lieferpläne entsprechend anzupassen. Die Dienstleister aktualisieren ihre Einsatzpläne entsprechend, und könnten z. B. frei werdende Kapazität anderen Kunden zuordnen oder könnten ihre zur Verfügung stehende Kapazität reduzieren, falls sie wiederum Unterauftragnehmer beschäftigen.

Die Synchronisation von Dienstleistungen und Material durch APS-basierte Collaboration-Prozesse werden umso wichtiger, je stärker der Anteil von Dienstleistungen im Industrieumfeld wächst. Andere Beispiele für Industrien mit einem hohen Dienstleistungsanteil, die mit der Materialverfügbarkeit synchronisiert werden müssen, sind die Telekommunikation, Gebäude- und Bau-Industrie, Medizintechnik und der Anlagenbau. Weitere Details zu dienstleistungs- und materialbezogenen Collaborations finden sich in Kilger und Holtkamp (2001) sowie Keinert und Ötschmann (2001).

15.3 Ein generischer Prozess zur unternehmensübergreifenden Zusammenarbeit und zum Collaborative Planning

Ein typischer Prozess der unternehmensübergreifenden Zusammenarbeit besteht aus den folgenden sechs Phasen (vgl. Abb. 15.9):

1. Vereinbarung
2. Lokale Planung
3. Planaustausch
4. Verhandlung und Umgang mit Ausnahmesituationen
5. Plandurchführung
6. Leistungsmessung

Vergleicht man die oben genannten Phasen mit den acht Aufgaben des CPFR Modells (VICS 2004), so zeigen sich eine Reihe von Übereinstimmungen und Unterschieden. Während CPFR auf die Zusammenarbeit zwischen Herstellern und dem Handel ausgerichtet ist, können an einer unternehmensübergreifenden Planung – dem *Collaborative Planning* – unterschiedlichste Geschäftspartner teilnehmen.

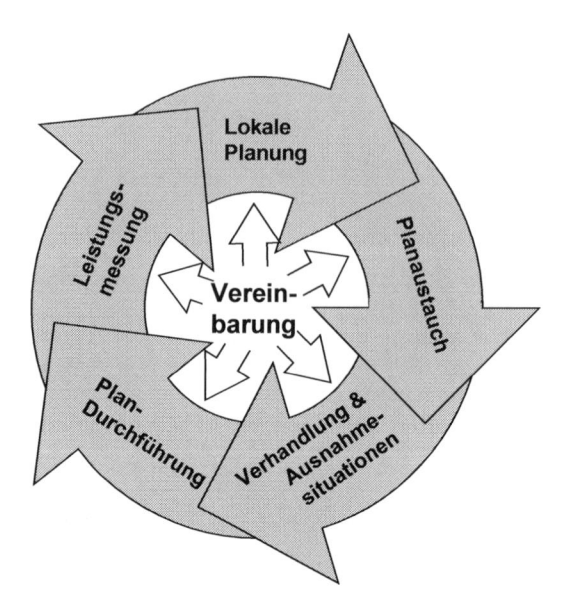

Abb. 15.9. Phasen eines generischen Collaborative Planning Prozesses

Vereinbarung Die Zusammenarbeit von Geschäftspartnern im Collaborative Planning, setzt eine formale Vereinbarung über die Art und Weise der gemeinsamen Arbeit voraus. Dazu gehören die folgenden vier Hauptthemen: Engagement & Ergebnis, die Bezugsobjekte der Zusammenarbeit (einschließlich Planungshorizont), Laufzeit der Zusammenarbeit und ein abgestimmtes Konfliktlösungsverfahren im Falle von Uneinigkeiten (nach Anderson und Narus 2004, S. 25):

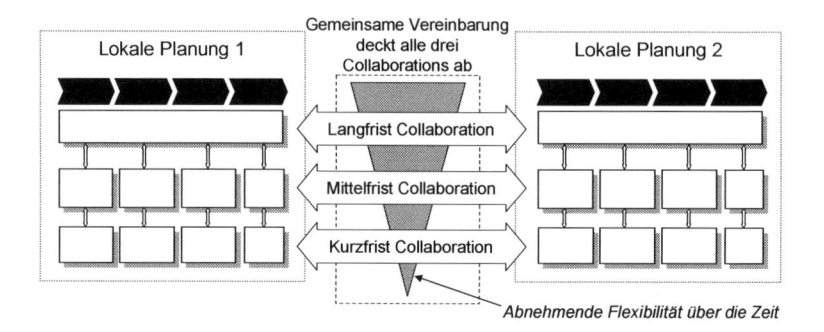

Abb. 15.10. Langfristige, mittelfristige und kurzfristige Zusammenarbeit

- Das „Engagement" bezieht sich auf den jeweiligen Beitrag eines Partners zur Zusammenarbeit, z. B. durch Personaleinsatz, Anlagen, finanzielle Mittel, Wissen, gemeinsam genutzte Software, wohingegen das „Ergebnis" die spezifischen Vorteile jedes Partners aus der Zusammenarbeit beschreibt, z. B. größere Expertise, breiterer Marktzugang und zusätzliche Erträge. Konflikte entstehen häufig dann, wenn in der Wahrnehmung eines Partners die Relation zwischen Engagement und Ergebnis unausgewogen ist. Daher hilft das Erfassen von Engagement & Ergebnis durch geeignete Kennzahlen Diskrepanzen zu vermeiden, Kompensationsmöglichkeiten zu ermitteln und einen kontinuierlichen Verbesserungsprozess zu unterstützen.
- Bezugsobjekte einer Zusammenarbeit sind die Materialien und / oder Dienstleistungen, auf die sich die formal geschlossene Zusammenarbeit bezieht. Wenn man den Schwerpunkt auf die wesentlichen Materialflüsse einer Supply Chain legt, so handelt es sich bei den möglichen Bezugsobjekten einer Zusammenarbeit in der Regel um Engpassrohstoffe oder Endprodukte mit langen Durchlaufzeiten oder hohem Wert. Den Bezugsobjekten werden spezifische Parameter zugeordnet, wie beispielsweise vereinbarte (Abnahme-)Mengen oder Mindestabsatzmengen, Ausnahmeregelungen sowie die Einstufung der Wichtigkeit für den jeweiligen Partner.
- Der Zeithorizont bestimmt die Laufzeit der Zusammenarbeit. Er umfasst allerdings auch Meilensteine für gemeinsame Zielsetzungen und Reviews, um die Beziehung zu analysieren. Am Ende der Laufzeit müssen die Partner entscheiden, die Zusammenarbeit fortzusetzen, zu vertiefen oder abzubrechen.
- Enge Beziehungen bergen grundsätzlich auch das Potenzial zu Uneinigkeiten und Konflikten. Daher sollte im Vorfeld bereits ein Prozess zur Konfliktlösung verabredet werden. Abhängig von der Schwere des Konflikts können verschiedene Verfahren in Betracht gezogen werden, z. B. ein Verhandlungsprozess zur Überarbeitung der ursprünglichen Vereinbarungen, eine Mediation mit dem Schwerpunkt auf die objektiven Streitpunkte durch einen externen Moderator oder ein Schiedsgericht, dessen Entscheidung für alle Parteien als endgültig und bindend anzunehmen ist.

Eine Zusammenarbeit bezieht sich auf einen spezifischen Zeithorizont, der wiederum einer bestimmten Planungsebene in der Supply Chain Planning Matrix (vgl. Kap. 5) zugeordnet werden kann. Damit können ein Zulieferer und ein Kunde ihre lokalen Planungen so miteinander verknüpfen, dass sich daraus ein „nahtloser" lang-, mittel- oder kurzfristiger Collaborative Planning Prozess ergibt. Die erzeugten Pläne müssen dann lokal disaggregiert werden (vgl. Abb. 15.10).

Der Zeithorizont auf einer bestimmten Planungsebene ist üblicherweise in verschiedene Phasen gegliedert, die jeweils einen unterschiedlichen Grad an Entscheidungsflexibilität erlauben (vgl. auch Abb. 15.11). Die *Vergan-*

genheitsphase stellt die Ist-Werte der Zusammenarbeit zur Verfügung, z. B. bestellte und gelieferte Mengen, Ist-Bestände etc. Die Ist-Werte werden als Grundlage für die geplante weitere Entwicklung der Zusammenarbeit herangezogen. Die *eingefrorene Phase* umfasst die unmittelbar anstehenden Perioden, z. B. die nächsten vier Wochen. In diesem Zeitfenster ist der Plan für die Ausführung fixiert. Während der *Festlegungsphase* wird der Plan im Detail überprüft und die Freigabe zur Umsetzung erteilt. Die Länge der Festlegungsphase weist auf die (maximale) Dauer des Festlegungsprozesses hin. Die *Vorschauphase* umfasst die verbleibenden Perioden bis zum Vorschauhorizont.

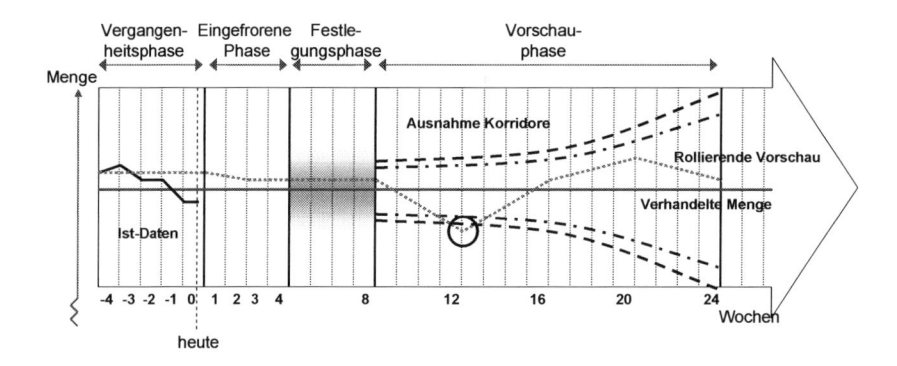

Abb. 15.11. Zeitphasen einer Zusammenarbeit (Beispiel)

Lokale Planung Ein Planer organisiert seine zukünftigen Aktivitäten in Form eines lokalen Plans unter Berücksichtigung der vorliegenden lokalen Planungssituation: seiner individuellen Zielfunktion, den aktuellen detaillierten und internen Informationen, dem Wissen über Prozessrestriktionen und den Annahmen über die Entwicklungen in seiner Umgebung. Insbesondere die Annahmen über die geplanten Aktivitäten von Zulieferern und Kunden unterliegen ohne Zusammenarbeit einer größeren Unsicherheit. In einem Entscheidungsprozess werden mehrere Pläne erstellt, bewertet und gemäß der Zielerreichung sortiert, um den besten Plan zu identifizieren. Pläne mit ähnlicher Zielerreichung können allerdings sehr unterschiedliche Strukturen aufweisen. Daher sollten alternative Pläne nicht sofort eliminiert, sondern als separate Version gespeichert werden. Dies ermöglicht es dem Planer, auf Veränderungen des Umfeldes, wie neu zu beachtende Restriktionen, zu reagieren. Im Collaborative Planning dienen die lokal erzeugten Pläne als Grundlage für die Planabstimmungen mit den Partnern.

Planaustausch Der Planaustausch ist der Startpunkt für die Verhandlungen. Dabei handelt es sich um einen sehr sensiblen Prozess. Das Ziel der Verhandlungspartner ist die Verbesserung ihrer Informationslage durch Informationsaustausch. In der Vereinbarungsphase wurden die Objekte der Zusammenarbeit, wie z. B. Produkte, festgelegt bezüglich derer Daten ausgetauscht werden könnten. Abhängig von dem Informationsgehalt, z. B. Bestände des zu liefernden Produkts oder Bestände vergleichbarer Produkte sowie der Genauigkeit der Daten, bilden diese eine mehr oder weniger nutzbare Informationsbasis. Die Daten können dabei aus einem Transaktionssystem des Zulieferers oder Kunden kommen, aus lokalen Planungen (wie einem Absatzplan) oder aus einem APS (z. B. Nachschubaufträge oder geplante Beschaffungsmengen).

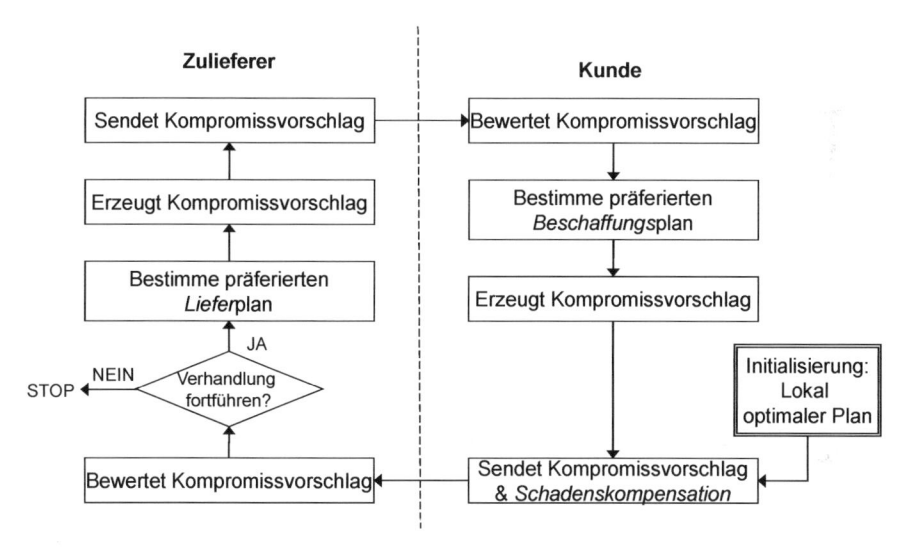

Abb. 15.12. Verhandlungsbasierter Zusammenarbeitsprozess (in Anlehnung an Dudek 2004)

Verhandlung und Umgang mit Ausnahmesituationen Im Collaborative Planning tauschen die Partner die benötigten Informationen gemäß den Vereinbarungen der Zusammenarbeit aus. Dies ermöglicht es den Partnern, einen Überblick über den Planungsstand und über die aktuelle Zielerreichung zu erlangen.

Dudek (2004) beschreibt einen verhandlungsbasierten Collaborative Planning Prozess, der auf einem iterativen Verbesserungsprozess zwischen Kunde und Zulieferer basiert. Der Prozess ist in Abbildung 15.12 dargestellt. Die Idee besteht darin, ausschließlich nicht sensible Daten auszutauschen, wie die Beschaffungs- und Liefermengen sowie eine an den Kunden zu zahlende Kompensation, sofern der Lieferplan des Zulieferers seine lokalen Kosten erhöht. Angemerkt sei, dass üblicherweise Kapazitätsauslastungen und absolute Kosten als sensible Daten angesehen und damit der anderen Partei nicht offen gelegt werden.

Ausgangspunkt des Verhandlungsprozesses ist ein Upstream Plan. Als nächstes prüft der Zulieferer, ob geringfügige Modifikationen des übermittelten Beschaffungsplans Kosteneinsparungen auf Seiten des Zulieferers ermöglichen. Ist dies der Fall, wird das Verfahren iterativ fortgeführt: Hierzu erzeugt der Zulieferer einen neuen Produktions- und zugehörigen Lieferplan mit kleineren Anpassungen bezogen auf den Beschaffungsplan des Kunden, aber möglichst hohen Kosteneinsparungen des Zulieferers. Dudek beschreibt MIP Modelle (Kap. 21), die diese lokalen Planungsaufgaben unterstützen.

Sobald die lokalen Planungsschritte des Zulieferers abgeschlossen sind, wird der neue Kompromissvorschlag (d. h. der Lieferplan) dem Kunden zur Überprüfung geschickt. Sofern die Einschränkungen seitens des Zulieferers dazu führen, dass die lokalen Kosten des Kunden steigen, wird dieser vom Zulieferer eine Kompensation der Kostensteigerung einfordern, die sich aus der Differenz der Kosten des neuen Lieferplans und dem urspünglichen, kostenminimalen Plan ergeben. Daraufhin wird der Kunde einen weiteren Kompromissvorschlag erarbeiten, der nur kleinere Abweichungen zu dem Liefervorschlag aber relativ große Kostenreduktionen auf der Kundenseite umfasst. Jetzt ist der Kunde in der Lage

- zum einen eine Kompensationsforderung bezogen auf den erhaltenen Lieferplan und
- zum anderen einen neuen Beschaffungsplan als Kompromissvorschlag zuzüglich der zugehörigen Kompensationsforderung

an den Zulieferer zu übertragen.

An dieser Stelle kann der Zulieferer den Verhandlungsprozess beenden. Dies ist dann der Fall, wenn die lokalen Kosten des Zulieferers zuzüglich der Kompensationsforderung das Kostenminimum – also das Gesamtminimum der Supply Chain – bilden! (Um genau zu sein: Der Zulieferer weiß nicht, wann das Minimum erreicht ist. Daher schlägt Dudek (2004) ein Abbruchkriterium wie bei einem Simulated-Annealing-Verfahren vor, um den Prozess zu steuern.) Zu beachten ist, dass der Kunde, ausgehend von seinem lokalen Optimum, durch die Verhandlungen nichts verlieren kann, sofern die Kompensationen richtig berechnet werden. Allerdings kann und wird der Zulieferer von den Verhandlungen profitieren.

Dudek verallgemeinert das Verfahren zum Collaboration Planning auf ein Zwei-Ebenen Modell, in dem es mehrere Zulieferer und mehrere Abnehmer geben kann (Dudek und Stadtler 2007). Einen umfassenden Überblick über computergestützte Verhandlungsprozesse findet man bei Rebstock (2001) und Stadtler (2007).

Plandurchführung Der angepasste Plan führt zu Nachschub-, Produktions- und Beschaffungsaufträgen, die dazu dienen, gemeinsame Ziele zu erfüllen. Diese werden umgesetzt und ausgeführt.

Leistungsmessung Die gemeinsamen Ziele und Rahmenbedingungen werden anhand von Kennzahlen gemessen. Dazu werden die Planungsergebnisse, sowohl der lokalen Planung als auch der verhandelten Pläne mit den tatsächlichen Ergebnissen der Planausführung verglichen. Die Analyse von Planabweichungen hilft, Wege zu finden, zukünftig bessere Pläne zu erstellen. Üblicherweise werden die Analysen durch verschiedene Sichten auf die Daten sowie unterschiedliche Verdichtungsstufen unterstützt. Die Reaktionen auf Planabweichungen sind häufig auch mit Planreviews verbunden.

Wenn die Partner bezüglich einer Kennzahl einen Grenzwert festgelegt haben, so sollte beim Über- oder Unterschreiten des Grenzwertes eine Aktion ausgelöst werden, die entweder die Kennzahl zurück in den Normalbereich bringt oder aber eine Ausnahmesituation erzeugt. Der erste Fall diszipliniert unzulässige Aktivitäten der Partner und initiiert einen Verhandlungsprozesss, um die Pläne gegenseitig zwischen den Partnern abzustimmen oder das gewünschte Verhalten in der Supply Chain zu erreichen (wie beispielsweise geringere Plannervosität bei rollierender Planung). Der zweite Fall kommt zum Tragen, wenn strukturelle Änderungen oder Ausnahmesituationen vorliegen. Gründe für interne Ausnahmesituationen sind z. B. Planungsfehler oder Maschinenausfälle. Für externe Ausnahmesituationen können es veränderte Wirtschafts- oder Wettbewerbsbedingungen sein. Die Behandlung von Ausnahmesituationen wird durch Warnmeldungen („Alerts") ausgelöst, die auf spezifische Planungsprobleme hinweisen, wie beispielsweise:

- Abweichungen zwischen Absatz- und Lieferplan,
- Verletzung der Absatzmengenuntergrenze,
- fehlende Reaktion des Zulieferers auf die geplante Beschaffungsmenge des Kunden,
- geplante Mengen, die von Kundenseite noch nicht an den Partner weitergeleitet wurden.

Im Rahmen eines rollierenden Planungsprozesses werden Plan-Ist-Vergleiche zu fest definierten Zeitpunkten durchgeführt, um die Effekte der Zusammenarbeit zu messen. Planungsergebnisse finden bei allen Partnern eine höhere Akzeptanz, wenn sich über die gesamte Supply Chain eine Win-Win-Situation ergibt. Schwieriger ist es, wenn einige Partner Nachteile erfahren. Dazu müssen Kompensationsmechanismen ausgearbeitet werden, die zu Entschädigungen derjenigen Partner führen, die einen „Verlust" aus der Zusammenarbeit akzeptieren, um den Gewinn der gesamten Supply Chain sicherzustellen. Dazu können die Abweichungen von den lokalen Plänen als Messgröße herangezogen werden.

15.4 Software Unterstützung

Bereits die Planung und Koordination innerhalb eines Unternehmens stellt heute immer noch eine Herausforderung für eine Softwarelösung dar, eine unternehmensübergreifende Zusammenarbeit erhöht diese Komplexität zusätzlich. Zu den Herausforderungen von Softwarelösungen aus diesem Bereich gehören die Stammdatenintegration, die Sicherheitsfragestellungen und der gemeinsame Entscheidungsprozess. Systeme zum Collaborative Planning müssen die beteiligten Partner in jedem der folgenden Schritte unterstützen.

Vereinbarung Die Vereinbarungsphase etabliert die Zusammenarbeit und besteht aus einer Vereinbarung zur vertrauensvollen Zusammenarbeit auf Managementebene, der Festlegung gemeinsamer Ziele, des Objekts der Zusammenarbeit, der Erfolgskennzahlen sowie der Anreize und der Strafzahlungen. Die Auswahl geeigneter Objekte der Zusammenarbeit kann durch das Berichtswesen auf Basis von Data Warehouses unterstützt werden. Falls die Auswahl der Objekte nicht mit Hilfe eines APS vorgenommen worden ist, muss das Ergebnis der Vereinbarung anschließend in das APS eingepflegt werden. Beispielsweise erlaubt SAP APO spezifische Zugriffsberechtigungen für unterschiedliche Anwender, die Spezifikation des Collaboration-Typs sowie die Definition der auszutauschenden Daten wie Stammdaten und – im Fall von Absatzzahlen – den Austausch von Zeitreihen bestimmter Kennzahlen. Dieser Aspekt hat besondere Bedeutung, da eine fehlerhafte Zuordnung von Stammdaten oder von Zeitreihen bestimmter Granularität zu schwerwiegenden Planungsfehlern führen kann.

Lokale Planung Die Phase der lokalen Planung, um individuelle Pläne für jeden Partner zu erzeugen, ist das Kernstück eines APS. Da die Planung im Hinblick auf die Berücksichtigung der Pläne von Partnern immer komplexer wird, sollten verschiedene „gute" Pläne mit unterschiedlichen Strukturen oder Datenszenarien in sogenannten Versionen gespeichert werden. Damit können Veränderungen von Rahmenbedingungen der Planung antizipiert und die Reaktionsfähigkeit gesteigert werden.

Planaustausch Der Austausch von Plänen steht in enger Beziehung zu den Systemeinstellungen, die für das Collaboration Planning vereinbart wurden. Des weiteren ist der Ablauf des Planaustausches durch Workflows definiert. Dies beinhaltet die Eingabe der Daten über ein Web-Interface, oder den Austausch von Daten wie beispielsweise Aufträge oder Zeitreihen in einem bestimmten Format wie XML-Dokumente, RosettaNet, EDI, Excel-Tabellen oder als „Flat File".

SAP ICH (Inventory Collaboration Hub) ist ein typisches Beispiel für eine webbasierte Plattform zum Austausch von Beschaffungs- und Lieferplänen. SAP ICH unterstützt zwei wesentliche Modelle der Zusammenarbeit auf der Beschaffungsseite. Das erste – *Supplier Managed Inventory (SMI)* – unterstützt einen Zulieferer in einem traditionellen Nachschub- und Bestandsmonitoring-Prozess mit vorgegebenen Bestandsunter- und -obergrenzen. Die zweite Methode bezeichnet man als *Abrufabwicklung*. Sie unterstützt auf der Einkäuferseite die Nachschubversorgung über SAP R/3 Lieferabrufe, die typischerweise aus dem MRP-Lauf des beschaffenden Unternehmens generiert werden. Zusätzlich unterstützt der SAP ICH das „Alert Monitoring", die Stammdatenpflege und die Verarbeitung von Lieferavis.

Ein Problem heutiger Softwarelösungen besteht in der fehlenden Berücksichtigung von Abhängigkeiten zwischen den verschiedenen ausgetauschten Materialien, resultierend aus der Stücklistenbeziehung oder beschränkten Fertigungskapazitäten (z. B. kann die Verschiebung des Fertigstellungsdatums eines Artikels zu einer Verzögerung bei einem anderen Artikel führen).

Verhandlung und Umgang mit Ausnahmesituationen Um die Phase der Verhandlung und des Umgangs mit Ausnahmesituationen zu unterstützen, müssen Regeln zur Steuerung des Informationsflusses bei spezifischen Planungsproblemen eingerichtet werden. Diese Regeln beziehen sich auf die Objekte der Zusammenarbeit wie beispielsweise Ressourcen, die zu einem Engpass werden, knappe Materialien oder verspätete Aufträge. Die meisten APS verfügen über vordefinierte Regeln (z. B. SAP APO Alert Monitor Profile) oder bieten eine Programmschnittstelle, um Alerts auszulösen, wenn bestimmte Kennzahlen außerhalb des Akzeptanzkorridors liegen (siehe Abb. 15.11) (z. B. i2 – Verletzung der Korridorvereinbarung; SAP APO – MacroBuilder zur Ermittlung kundenspezifischer Alerts). Abhängig von der Höhe der Abweichung vom vereinbarten Grenzwert und den Möglichkeiten zur Einflussnahme auf den Plan, wird entweder ein Workflow zur Verhandlung gestartet, um den Plan anzupassen (z. B. durch eine Auftragsteilung) oder ein Ausnahmeprozess wird angestoßen (z. B. die Beschaffung bei einem Wettbewerber des Partners).

Plandurchführung Die Plandurchführung umfasst die Erfüllung des abgestimmten Plans zwischen den Partnern. Sie führt zu Aktivitäten in Transaktionssystemen (z. B. SAP R/3) wie beispielsweise die Anlage von Produktionsaufträgen oder Lieferabrufen. Fertigungsleitstände unterstützen das „Track-and-trace" von Aufträgen und Materialflüssen, Kapazitätsauslastungen und Personaleinsätzen.

Leistungsmessung Um die Ergebnisse der Zusammenarbeit zu messen, werden mit Berichtswerkzeugen Plan-Ist-Vergleiche durchgeführt und analysiert. So werden Absatz- und Umsatzzahlen aus dem Transaktionssystem mit Absatz- und Umsatzplänen verglichen, um Abweichungen zu erkennen und Möglichkeiten zur Verbesserung zu finden. Innerhalb eines einzelnen APS können kundenspezifische Kennzahlen und Kennzahlensysteme angelegt werden, um die Leistung einer Supply Chain zu messen. Spezielle Werkzeuge (z. B. SAP APO Plan Monitor oder SAP BW für Berichtswesen) werden verwendet, um die Werte einzelner Kennzahlen nachzuverfolgen. Kennzahlensysteme zur Bewertung der Zusammenarbeit müssen in den APS der jeweiligen Partner eingerichtet werden. Um die Leistungsfähigkeit der Zusammenarbeit messen zu können, müssen daher die Kennzahlen von allen Partnern akzeptiert werden.

Literatur

Anderson, J.; Narus, J. (2004) *Business market management: Understanding, creating, and delivering value*, Prentice Hall, Upper Saddle River, New Jersey, 2. Aufl.

Becker, T. (2001) *Collaborative Development Chain Management*, Supply Chain Management, Bd. 1, Nr. 1, 27–36

Cachon, G.; Lariviere, M. (2001) *Turning the supply chain into a revenue chain*, Harvard Business Review, Bd. 79, Nr. 3, 20–21

Cachon, G.; Lariviere, M. (2005) *Supply Chain Coordination with Revenue-Sharing Contracts: Strengths and Limitations*, Management Science, Bd. 51, Nr. 1, 30–44

Dudek, G. (2004) *Collaborative planning in supply chains – a negotiation-based approach*, Lecture notes in economics and mathematical systems, Bd. 533, Springer, Berlin

Dudek, G.; Stadtler, H. (2007) *Negotiation-based collaborative planning in divergent two-tier supply chains*, International Journal of Production Research, Bd. 45, Nr. 2, 465–484

Fu, Y.; Piplani, R. (2002) *Supply-side collaboration and its value in supply chains*, European Journal of Logistics, Bd. 152, 281–288

Graf, H.; Putzlocher, S. (2002) *DaimlerChrysler: Integrierte Beschaffungsnetzwerke*, in: D. Corsten; C. Gabriel (Hrsg.) *SupplyChain Management erfolgreich umsetzen*, Springer, Heidelberg, 47–61

Holweg, M.; Disney, S.; Holmström, J.; Småros, J. (2005) *Supply Chain Collaboration:: Making Sense of the Strategy Continuum*, European Management Journal, Bd. 23, Nr. 2, 170–181

Keinert, W.; Ötschmann, K. (2001) *Vom SCM zum e-Service-Chain Management*, Computer@Production, Nr. 3, 68–69

Kilger, C.; Holtkamp, R. (2001) *Koordinierung von Dienstleistungen und Material mit eBusiness- und Supply-Chain-Management-Technologien*, in: W. Dangelmaier; U. Pape; M. Rüther (Hrsg.) *Die Supply Chain im Zeitalter von E-Business und Global Sourcing*, Fraunhofer-Anwendungszentrum für Logistikorientierte Betriebswirtschaft and Heinz-Nixdorf-Institut, Paderborn, 373–388

Kilger, C.; Stahuber, A. (2002) *Integrierte Logistiknetzwerke in der High Tech-Industrie*, in: H. Baumgarten; H. Stabenau; J. Weber (Hrsg.) *Management integrierter logistischer Netzwerke*, Haupt, Bern, 477–506

Kouvelis, P.; C., C.; Wang, H. (2006) *Supply chain management research and production and operations management: Review, trends, and opportunities*, Production and Operations Management, Bd. 15, 449–469

Landeros, R.; Monczka, R. (1989) *Cooperative buyer/seller relationships and a firms competitive posture*, Journal of Purchasing and Materials Management, Bd. 25, Nr. 3, 9–18

Rebstock, M. (2001) *Elektronische Unterstützung und Automatisierung von Verhandlungen*, Wirtschaftsinformatik, Bd. 43, Nr. 6, 609–617

Shirodkar, S.; Kempf, K. (2006) *Supply chain collaboration through shared capacity models*, Interfaces, Bd. 36, Nr. 5, 420–432

Smaros, J. (2003) *Collaborative forecasting: A selection of practical approaches*, International Journal of Logistics, Bd. 6, Nr. 4, 245–258

Stadtler, H. (2007) *A framework for collaborative planning and state-of-the-art*, working paper, University Hamburg

Tempelmeier, H. (2005) *Bestandsmanagement in Supply Chains*, Books on Demand, Norderstedt, 1. Aufl.

VICS (2004) *Collaborative Planning, Forecasting and Replenishment - an Overview*, http://www.vics.org/committees/cpfr/CPFR_Overview_US-A4.pdf

Teil III

Einführung von Advanced Planning Systemen

16 Das Aufsetzen eines Supply Chain Projektes

Christoph Kilger

J & M Management Consulting AG, Willy-Brandt-Platz 5, 68161 Mannheim, Deutschland

Das Ziel von Supply Chain Management besteht in der Verbesserung der Wettbewerbsfähigkeit der als Ganzes betrachteten Supply Chain durch eine bessere Integration der Organisationseinheiten entlang der Kette und durch eine bessere Koordination der Material-, Informations- und Werteflüsse mit dem Ziel, den Bedarf des (End-)Kunden besser erfüllen zu können (Abschnitt 2.1). Projekte im Bereich Supply Chain Management reichen von kleineren Verbesserungen auf der IT-Ebene bis hin zu großen, unternehmensweiten Change Programmen (Veränderungsprogrammen). Funktionale Verbesserungen können bspw. die Einführung einer neuen Prognosemethode oder die Anpassung des Optimierungsprofils für das Master Planning darstellen. Beispiele für größere SCM-Projekte sind die Optimierung eines Supply Chain Netzwerks, das Redesign der Planungsprozesse oder die Anpassung der Geschäftsstrategie basierend auf SCM-Konzepten. In jedem dieser Fälle ist das Ziel der SCM-Projekte, die Wettbewerbsfähigkeit der Supply Chain zu verbessern.

In den letzten Jahren, seit dem Gipfel des E-Business-Hypes, wurden Supply Chain Management und insbesondere auch Advanced Planning Systeme von Industrieunternehmen zunehmend kritisch bewertet, da viele SCM-Projekte gescheitert sind oder nicht den versprochenen Geschäftswert gebracht haben. Hierfür gibt es drei Gründe.

Der erste Grund für das Scheitern vieler SCM-Projekte ist die verbreitete Meinung: „Je mehr für IT ausgegeben wird (z. B. für APS), umso mehr Wert erhält man durch die IT zurück" (Willcocks et al. 2002). Diese Haltung führt zu technischen Möglichkeiten, die ihrerseits auf der Suche nach zu lösenden Geschäftsproblemen sind. Die Rolle der IT (und von APS), als einzige Quelle von Geschäftswert, wurde in der Vergangenheit klar überschätzt. Um „Mehrwert" aus einer APS-Implementierung zu erhalten, müssen die zugrunde liegenden SCM-Konzepte vor der APS-Implementierung formuliert werden. Die SCM-Konzeption definiert die Anforderungen und die Prioritäten für die Implementierung eines APS; das APS stellt Planungsfunktionen bereit, die durch die SCM-Konzeption genutzt werden können. Zum Beispiel kann ein SCM-Konzept die Netzwerk-Organisation, die Planungsprozesse und die Leistungsziele und -kennzahlen der Supply Chain beschreiben.

Ein zweiter Grund für das Scheitern von SCM-Projekten in der Vergangenheit ist eine unzureichende Abstimmung der SCM-Konzepte mit der Sup-

```
┌──────────────┐      ┌─────────────────────────────────┐
│ GESCHÄFTS-   │◄────►│ SUPPLY CHAIN STRATEGIE          │
│ STRATEGIE    │      │  • Integration mit SC Partnern  │
└──────┬───────┘      │  • Koordination in der SC       │
       │              │  • Strategisches Netzwerk-Design│
       │              └─────────────────────────────────┘
       │           Zielsetzung &      Unterstützt
       │           Ausrichtung ↓      ↑ die Strategie
       │              ┌─────────────────────────────────┐      ┌──────────────┐
       └─────────────►│ SCM-KONZEPTION                  │◄────►│ ZIELSYSTEME DER│
                      │  • Netzwerk-Organisation        │      │ ORGANISATION │
                      │  • Planungsprozesse             │      └──────────────┘
                      │  • Leistung der Supply Chain    │
                      └─────────────────────────────────┘
                   Anforderungen         APS-
                   und Prioritäten ↓    ↑ Funktionalität
                      ┌─────────────────────────────────┐      ┌──────────────┐
                      │ APS-IMPLEMENTIERUNG             │◄────►│ IT-STRATEGIE │
                      │  • APS-Auswahl                  │      └──────────────┘
                      │  • Supply Chain Modellierung    │
                      │  • Datenintegration             │
                      └─────────────────────────────────┘
```

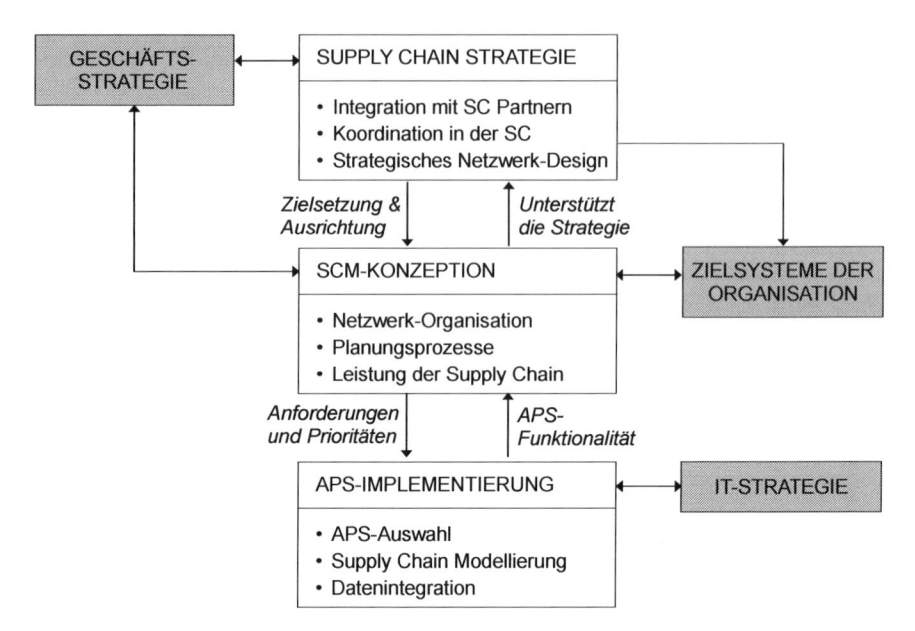

Abb. 16.1. Strategisches SCM Rahmenkonzept (adaptiert aus Ward und Peppard 2002)

ply Chain Strategie. Viele Entscheidungen, die als Teil eines SCM-Projektes getroffen werden, haben einen direkten Einfluss auf die Supply Chain Strategie (d. h. sie unterstützen die Strategie oder unterstützen sie nicht) und müssen daher mit der Supply Chain Strategie abgestimmt werden. Beispiele hierfür sind die Integration mit Partnern in der Supply Chain, die Koordination und die Führungsstrukturen in der Supply Chain sowie die Ergebnisse des strategischen Netzwerk-Designs. Die Supply Chain Strategie gibt die Zielsetzung und Ausrichtung der SCM-Konzeption vor; die SCM-Konzeption muss ihrerseits die Supply Chain Strategie unterstützen. Die Supply Chain Strategie selbst muss aus der übergreifenden Geschäftsstrategie abgeleitet werden und kann umgekehrt die Ausgestaltung der Geschäftsstrategie beeinflussen. Insbesondere Entscheidungen über die Zielsysteme der an der Supply Chain beteiligten Organisationseinheiten (bspw. Zuordnung von EBIT-Anteilen, Management-Boni) müssen mit der Supply Chain Strategie und Konzeption abgestimmt sein. Es gilt zu beachten, dass auch eine APS-Implementierung in die IT-Strategie eingebettet sein muss. Die Auswahl eines APS wird stark durch die IT-Strategie bestimmt (siehe auch Kap. 17). Die Beziehungen zwischen Geschäfts- und Supply Chain Strategie, SCM-Konzeption, Zielsystemen der Organisationseinheiten, APS-Implementierung und IT-Strategie sind in Abb. 16.1 dargestellt.

Ein dritter Grund für den Erfolg oder das Scheitern von SCM-Projekten liegt in der Organisationskultur und Managementkultur von Industriefirmen. Basierend auf unserer Erfahrung aus vielen SCM-Projekten sind sechs Management-Praktiken wichtige Vorbedingungen für den Erfolg von SCM-Projekten. Diese Praktiken wurden auch in einer Studie von Collins (2001) über 11 große Firmen beschrieben, die über eine Dekade oder sogar länger wiederholt deutlich bessere Ergebnisse als ihre Wettbewerber erzielt haben:

- eine erfahrene und starke Führung,
- einen Fokus auf Menschen, ihre Stärken und ihre Fähigkeiten,
- die Bereitschaft, sich den nackten Tatsachen zu stellen, ohne den Glauben an das angestrebte Ziel zu verlieren,
- eine klare und wohl-formulierte Geschäftsstrategie, unterstützt durch ein funktionierendes Finanzkonzept, Leidenschaftlichkeit und die Fähigkeit, Weltklasse bei der Umsetzung von Ideen zu sein,
- eine durch Disziplin geprägte Kultur und
- die Eigenschaft, Technologie mehr als Beschleuniger für Geschäftsergebnisse zu sehen und weniger als einzige Ursache für Veränderung und Verbesserung.

Die initiale Phase eines SCM-Projekts muss ein sorgfältiges Verständnis der derzeitigen Geschäftssituation, potenzieller Verbesserungsbereiche sowie damit verbundener Risiken liefern. Abschnitt 16.1 beschreibt die Phasen eines Supply Chain Evaluierungsprozesses. Weiter beschreibt der Abschnitt die Funktionsbereiche einer Supply Chain, die untersucht werden müssen, um eine initiale Bewertung der aktuellen Struktur und Leistungsfähigkeit der Supply Chain zu erhalten. Eine Supply Chain Evaluierung beantwortet die Frage: *Wo stehen wir heute?*

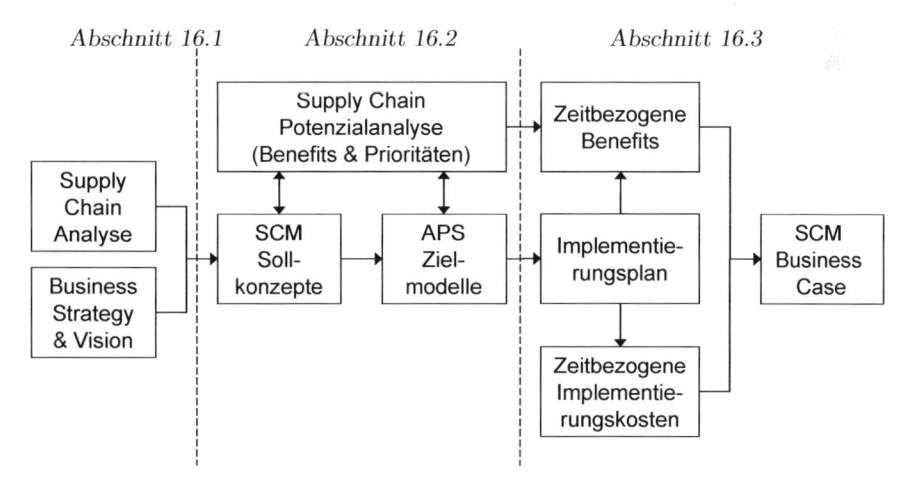

Abb. 16.2. Strukturierung der Phasen beim Aufsetzen eines SCM-Projektes

Basierend auf der Geschäftsstrategie und den Ergebnissen der Supply Chain Evaluierung werden die Verbesserungsbereiche der Supply Chain identifiziert. Diesen Bereichen werden SCM-Konzepte zugeordnet, mit deren Hilfe die Leistung der Supply Chain entsprechend verbessert werden kann. Ziel-APS-Modelle werden entworfen, welche die Soll-Konzepte umsetzen. Der antizipierte Nutzen wird dabei mit Hilfe logistischer und finanzieller Kennzahlen (*key performance indicators, KPIs*) beschrieben und quantifiziert. Insbesondere kann die Auswirkung *externer Faktoren* auf die Leistung der Supply Chain durch SCM-Konzepte reduziert werden, da eine engere Integration und Koordination eine schnellere und optimierte Reaktion der Supply Chain auf externe Ereignisse ermöglicht. Diese Phase – die Supply Chain Potential Analyse – ist in Abschnitt 16.2 beschrieben und beantwortet die Frage: *Wohin wollen wir gehen?*

Im letzten Schritt beim Aufsetzen eines SCM-Projektes wird der gesamte Scope (Betrachtungsumfang) des Projektes in eine Reihe kleinerer Teilprojekte gegliedert, von denen jedes eine spezifische Zielsetzung mit Bezug zu den Geschäftsprozessen besitzt. Die Teilprojekte werden basierend auf einem übergreifenden Implementierungsplan zeitlich angeordnet. Nutzen und Implementierungskosten werden ebenfalls basierend auf dem Implementierungsplan zeitlich angeordnet und führen so zum Business Case und dem Return-on-Investment Kalkulation für das SCM-Projekt. Abschnitt 16.3 beschreibt die Prozedur zur Erstellung einer Projekt-Roadmap und beantwortet die Frage: *Wie gelangen wir zum Ziel?* Alle diese Phasen zusammen – Supply Chain Evaluierung, Potenzialanalyse und Roadmap – stellen einen umfassenden Ansatz dar, um ein Supply Chain Projekt aufzusetzen und zu strukturieren (siehe Abb. 16.2).

16.1 Supply Chain Evaluierung

Die Evaluierung einer Supply Chain wird entsprechend der Funktionsbereiche einer Supply Chain Organisation strukturiert. Hierzu zählen die Unternehmensleitung, die IT, Lieferanten, Kunden und Mitbewerber. Die folgenden Abschnitte diskutieren Themen, die mit den verschiedenen funktionalen Einheiten einer Organisation vor einer APS-Implementierung geklärt werden müssen. Abb. 16.3 zeigt die Strukturierung einer Supply Chain Evaluierung.

Um einen ersten Überblick über eine Supply Chain zu erlangen, kann die SCOR-Methode als Teil einer Supply Chain Evaluierung eingesetzt werden. Mit SCOR können die logistischen Strukturen einer Supply Chain unter Verwendung von sogenannten Supply Chain Threads visualisiert und die Prozesse der Supply Chain mit Hilfe der SCOR-Prozesskategorien auf Ebene 2 dokumentiert werden. Details der SCOR-Methode und weitere Techniken zur Analyse von Supply Chains befinden sich in Kap. 3.

Ein weiteres Werkzeug, das sich in frühen Phasen von SCM-Projekten als hilfreich erwiesen hat, ist die Analyse der Vorlaufzeiten, die für Entscheidungen in einer Supply Chain benötigt werden (siehe Abb. 16.4). Auf der

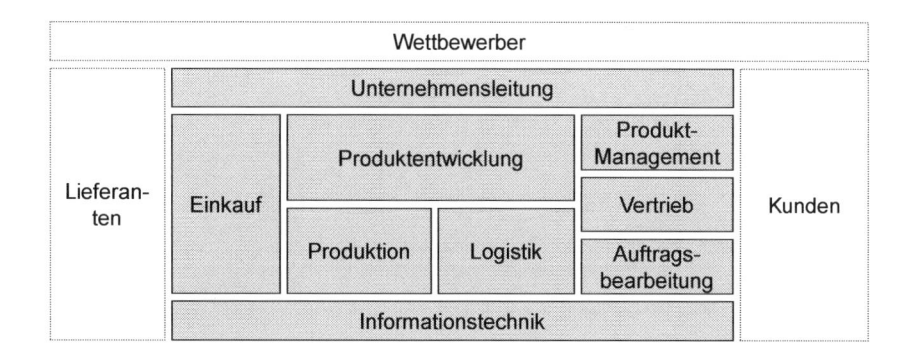

Abb. 16.3. Teilnehmer an einer Supply Chain Evaluierung

rechten Seite der Abbildung sieht man eine typische Verteilung eines Kundenauftragsbestands – basierend auf den bestätigten Lieferterminen der Aufträge. Auf der linken Seite sind die Vorlaufzeiten für Entscheidungen in der Supply Chain dargestellt, die vor der Erfüllung der Kundenaufträge getroffen werden müssen. Falls zum Beispiel die Vorlaufzeit für die Beschaffung eines bestimmten Materials vier Wochen beträgt, die Montagezeit eine Woche und die Zeit für Distribution und Transport ebenfalls eine Woche, dann muss die Beschaffungsentscheidung sechs Wochen früher getroffen werden, bevor Kundenaufträge, die dieses Material benötigen, beliefert werden können. Diese Analyse hilft dabei zu verstehen, an welcher Stelle einer Supply Chain der logistische Entkopplungspunkt liegt; dies ist ein wichtiger Indikator für viele Entscheidungen mit Bezug zum Supply Chain Management, insbesondere für planerische Entscheidungen. Die Vorlaufzeitanalyse wird mit Hilfe von Interviews durchgeführt, die mit dem Auftragsmanagement, der Logistik, der Produktion und der Beschaffung geführt werden. Der Zweck der Interviews ist es, einen groben Überblick über die Bedarfsvorlauf- und Lieferzeiten in der vorliegenden Supply Chain zu erhalten.

Abb. 16.4 zeigt ein Beispiel für eine Vorlaufzeitanalyse. In diesem Beispiel können die Beschaffung von kurzfristig lieferbaren Materialien und die Montage auftragsgetrieben durchgeführt werden, wohingegen die übrigen Entscheidungen längere Vorlaufzeiten erfordern und somit basierend auf der Prognose getroffen werden müssen.

16.1.1 Unternehmensleitung

Die Unternehmensleitung ist eine wichtige Informationsquelle zu strategischen Fragen, funktionsübergreifenden Veränderungsprogrammen und den gesetzten Zielwerten für die Supply Chain.

Ein Beispiel für eine strategische Entscheidung mit Bezug zum Supply Chain Management ist das Einrichten eines neuen E-Business Vertriebska-

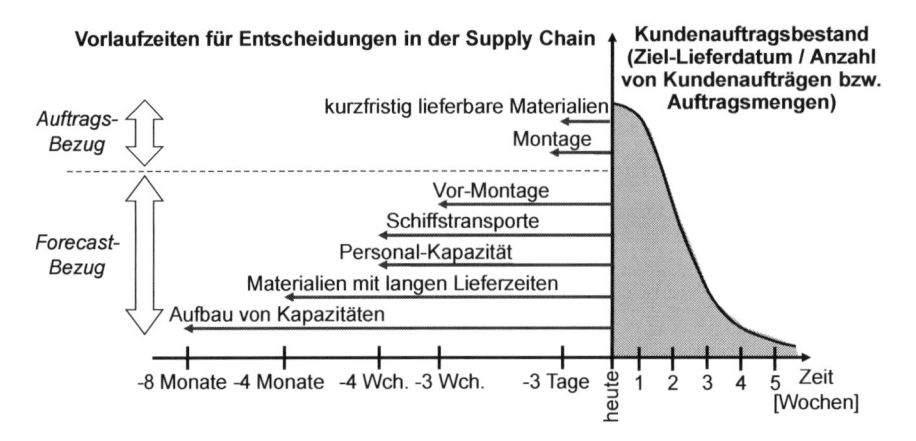

Abb. 16.4. Vorlaufzeitanalyse von Supply Chain Entscheidungen

nals parallel zu den bereits existierenden Vertriebskanälen (Kilger 2000). Diese Entscheidung wird selbstverständlich die bestehenden Vertriebskanäle beeinflussen – den Direktverkauf über Vertriebsmitarbeiter ebenso wie den indirekten Verkauf über Vertriebspartner – und muss daher von der Unternehmensspitze koordiniert werden. Ein weiteres Beispiel ist die Frage, ob das Unternehmen an einem elektronischen Marktplatz auf einer der beiden Seiten der Supply Chain – Lieferanten- oder Kundenseite – teilnehmen soll. Insbesondere wenn der Marktplatz für andere Unternehmen offen ist, ist es möglich, dass Wettbewerber sich ebenfalls an dem Marktplatz beteiligen. Somit muss die Entscheidung mit der strategischen Differenzierung vom Wettbewerb und mit der angestrebten Zusammenarbeit mit Lieferanten bzw. Kunden abgestimmt werden.

Strategische Entscheidungen sind langfristige Entscheidungen und haben einen großen Einfluss auf alle Bereiche eines Unternehmens. Sie sollten getroffen werden, bevor man in ein Veränderungsprogramm eintritt, da sie die allgemeine Ausrichtung und den initialen Scope eines SCM-Projektes beeinflussen. Weiterhin sollten strategische Entscheidungen die gemeinsame Vision der an einer Supply Chain beteiligten Firmen berücksichtigen (siehe Kap. 2 und Poirier 1999).

Die zweite Rolle der Unternehmensleitung ist es, die Änderung von Abläufen über Funktionsbereiche und Abteilungen hinweg zu ermöglichen. Die meisten Planungsprozesse erstrecken sich über mehrere Funktionsbereiche. Es muss untersucht werden, wie diese Planungsprozesse derzeit ausgeprägt sind und wie das Management die Zusammenarbeit zwischen den Abteilungen einfordert. Beispiele für funktionsbereichsübergreifende Planungsprozesse sind die Absatzplanung und das Master Planning. Die Unternehmensleitung muss die Barrieren zwischen den Abteilungen überwinden, Prozessbrüche überbrücken und die Zusammenarbeit zwischen den Funktionsbereichen durchsetzen.

Die dritte Rolle der Unternehmensleitung ist das Festlegen von Zielwerten und Belohnungssystemen für Funktionsbereiche und Abteilungen. In vielen Fällen sind die Zielvereinbarungen der Abteilungen nicht konsistent oder widersprechen sogar einander. Zum Beispiel ist der Einkauf verantwortlich für niedrige Bestandsniveaus, das Auftragsmanagement muss eine hohe Liefertreue garantieren und die Produktion muss eine hohe Produktivität der Produktionsanlagen sicherstellen. Alle drei müssen im Master Planning Prozess zusammenarbeiten und müssen sich somit für den Master Planning Prozess auf einheitliche Ziele einigen. Die Unternehmensleitung muss die gemeinsamen Master Planning Ziele genehmigen und sicherstellen, dass sich alle drei Bereiche an diese Ziele halten. Das Auftreten zueinander in Konflikt stehender Ziele ist sogar noch wahrscheinlicher, wenn am APS-Projekt mehrere Unternehmen beteiligt sind, bspw. Lieferanten und Kunden.

16.1.2 Vertrieb

Die Vertriebsmannschaft ist am nächsten an den Kunden und kann daher Informationen über das Verhalten von Kunden, Marktsegmenten, Bedarfsmustern pro Segment, etc. bereitstellen. Der Vertrieb sollte der Verantwortliche für den Absatzplanungsprozess sein, dessen Ergebnis ein Absatzplan ist, der ohne Berücksichtigung von Einschränkungen den zukünftigen Marktbedarf widerspiegelt. Wichtige Aspekte, die dabei untersucht werden sollen, sind die Planungshäufigkeit, die Planungsdauer, die Planungsgenauigkeit, die Strukturierung der Prognose (entlang der drei Dimensionen Produkt, Geographie und Zeit) und Fragen nach saisonalen Bedarfsmustern, Produktkannibalisierung, etc. (Details zum Absatzplanungsprozess finden sich in Kap. 8). Ebenso müssen grundlegende Fragen wie *Was wird geplant?* und *Wer trägt was zur Prognose bei?* geklärt werden. Oftmals gibt es kein gemeinsames Verständnis über die Definition der Prognose – dies ist eine Vorbedingung, um die Genauigkeit der Prognose in Bezug auf die Istwerte überhaupt messen zu können und um einen gemeinsamen Prognoseprozess aufzusetzen, an dem Vertrieb, Produktmanagement, Produktion, Einkauf, Unternehmensleitung und Kunden beteiligt sind. Es ist außerdem zu klären, wer die freigegebene Prognose nutzt – und wer nicht.

Bei Gesprächen mit dem Vertrieb muss eine wichtige Frage beachtet werden. In vielen Unternehmen gibt es eine zentrale Vertriebsorganisation in der Verwaltung und weitere dezentrale Vertriebsorganisationen, bspw. regionale Vertriebsbüros. Die Vertriebsmitarbeiter erzeugen den Bedarfsplan für ihre Vertriebsregion. Die regionalen Pläne werden durch die zentrale Vertriebsorganisation zu einem gemeinsamen Plan zusammengeführt. Bei Gesprächen mit dem Vertrieb ist es wichtig, zwischen beiden Vertriebsrollen zu unterscheiden. Da SCM-Projekte i. Allg. durch die Zentrale gestartet werden, konzentrieren sich Projektaktivitäten häufig auf die zentrale Vertriebsfunktion.

Dabei ist es besonders wichtig, die Vertriebsregionen von Beginn an in das Projekt zu integrieren, da diese näher am Kunden sind und dadurch ein besseres Verständnis des Kundenverhaltens und der Kundenerwartungen haben. Änderungen an den Prognoseprozessen beeinflussen sowohl die zentrale Vertriebsorganisation als auch die Vertriebsregionen.

16.1.3 Produktmanagement und -entwicklung

Das Produktmanagement ist verantwortlich für die Definition und die Positionierung von Produktlinien auf den Märkten. Die Produktentwicklung verantwortet das Design neuer Produkte, die durch das Produktmanagement vorgedacht wurden. Ein wichtiger Aspekt von Produktmanagement und -entwicklung ist das Management des Produktlebenszyklus. Insbesondere in Industrien, in denen die Produktlebenszyklen sehr kurz sind, wie bspw. in der High Tech Industrie, hat das *Product Life Cycle Management* einen direkten Einfluss auf die Leistung der Supply Chain. Zu Beginn und am Ende eines Produktlebenszyklus ist es besonders schwierig, den Bedarf und die Produktions- bzw. Beschaffungsmengen richtig vorherzusagen. Dies führt häufig zu hohen Beständen oder zu verspäteten Lieferungen. Ein Beispiel hierfür ist die Montage von Computern. Festplatten sind eine wichtige Komponente eines Computers und besitzen einen durchschnittlichen Lebenszyklus von vier Monaten – somit gibt es ca. drei Produktgenerationen pro Jahr. Produktmanagement und -entwicklung müssen die Produktlebenszyklen ihrer eigenen Produkte (der Computer) mit denen der Festplatten eng abstimmen und sicherstellen, dass alle Planungsprozesse, die von der Versorgung mit Festplatten abhängig sind, bspw. Absatzplanung, Master Planning, Auftragsbestätigung und Produktionsfeinplanung, die Produktlebenszyklen berücksichtigen.

Zweitens geben Produktmanagement und -entwicklung Input zu Postponement-Strategien (Verzögerungsstrategien) (siehe auch Kap. 2). Postponement hilft, Marktrisiken zu reduzieren. Jede Differenzierung eines Produktes, die das Produkt besser an ein spezifisches Marktsegment anpasst, birgt die Gefahr, dass das Produkt weniger auf andere Marktsegmente passt (Alderson 1957). Somit sollte eine Produktdifferenzierung so spät wie möglich vorgenommen werden, um auf den Bedarf einer möglichst breiten Struktur von Marktsegmenten reagieren zu können.

Einen dritten Aspekt von Produktmanagement bilden Marketingaktivitäten, bspw. Aktionen, Aktionsware oder spezielle Produktangebote, etc. Marketingaktivitäten können den Absatzplan stark beeinflussen, indem zusätzlicher Bedarf generiert wird. Alle Planungsprozesse mit Bezug zu Beschaffung, Produktion und Auftragserfüllung müssen mit den Marketingaktivitäten abgestimmt werden.

16.1.4 Einkauf

Der Einkauf verantwortet die Beschaffung von Material. In vielen Industrien ist die Vorlaufzeit für Beschaffungsentscheidungen (von der Auslösung der Beschaffung bis zur Lieferung) größer als die Lieferzeit für Kundenaufträge. Als Konsequenz müssen beschaffte Materialien basierend auf der Prognose bestellt werden. Um den Lieferanten eine Vorausschau über künftige Bestellmengen zu geben, erstellt der Einkauf einen Beschaffungsplan als Teil des Master Planning Prozesses. In der Praxis treten die folgenden Probleme häufig mit Bezug zu einer Lieferanten-Prognose auf:

- *Lücke zwischen Vertriebs-Prognose und Lieferanten-Prognose*: Theoretisch ist die Vertriebs-Prognose direkter Input für die Erstellung der Lieferanten-Prognose. In manchen Firmen gibt es jedoch Brüche zwischen dem Absatzplanungsprozess und dem Master Planning Prozess, der die Lieferanten-Prognose erstellt. Diese Brüche können aufgrund unterschiedlicher, nicht miteinander verbundener Informationssysteme oder aufgrund von Kommunikationsbarrieren zwischen den Bereichen Vertrieb und Einkauf des Unternehmens entstehen.
- *Keine Rückmeldung an den Vertrieb über die Machbarkeit der Prognose*: In materialbeschränkten Industrien ist es sehr wichtig, frühzeitig eine Rückmeldung von den Lieferanten zu erhalten, ob sie die vorausgeplanten Mengen liefern können. Speziell in Allokationssituationen, in denen Material am Markt knapp ist, wird der Master Plan durch die zur Verfügung stehenden Mengen beschränkt. In diesem Fall sollte der Vertrieb die Information erhalten, welche Liefermengen er erwarten kann (siehe auch Kap. 15 über Collaborative Planning).
- *Keine klare Repräsentation der Lieferantenflexibilität*: Um die Lieferfähigkeiten eines Lieferanten zu repräsentieren, kann ein sogenannter „Flexibilitätstrichter" definiert werden, der pro Zeiteinheit die untere und die obere Grenze der Liefermengen angibt. Die untere Grenze gibt die Mengen an, die abgenommen werden müssen und die obere Grenze die Mengen, zu deren Bereitstellung der Lieferant sich in dem Kontrakt verpflichtet.
- *Die Genauigkeit der Lieferanten-Prognose wird nicht gemessen*: Die Genauigkeit der Lieferanten-Prognose misst das Verhältnis zwischen den vorausgeplanten Mengen und den tatsächlich bestellten Mengen. Die Genauigkeit der Lieferanten-Prognose ist eine Kennzahl für die Qualität der Beschaffungsprozesse; diese wiederum beeinflussen die Produktion der beschafften Materialien beim Lieferanten.

Neben der Lieferanten-Prognose sind die folgenden Kennzahlen wichtige Leistungsmaße für die Beschaffungsprozesse: die Lagerumschlagshäufigkeit (oder Reichweite des Bestands), die Verteilung des Alters der beschafften Materialbestände und die Liefertreue der Lieferanten.

16.1.5 Auftragsbearbeitung

Das Management von Kundenaufträgen (Auftragsbearbeitung) wird umso wichtiger, je mehr die Wettbewerbsintensität der Märkte zunimmt. Die Auftragsbearbeitung hat die Aufgabe, Kundenaufträge während ihres gesamten Lebenszyklus, d. h. von der ersten Kundenanfrage bis zur Lieferung eines Auftrags, zu koordinieren und zu kontrollieren. Weiterhin ist die Auftragsbearbeitung verantwortlich für die Erstellung der ersten Auftragsbestätigung. Zusammen mit dem Vertrieb legt die Auftragsbearbeitung spezifische Allokationsregeln fest, um verfügbare Produktionsmengen Kundensegmenten zuzuordnen (Allokation von ATP – siehe Kap. 10).

Wenn die Versorgungssituation, die Kapazitätssituation oder die Bedarfssituation sich ändern, müssen Kundenaufträge neu geplant werden, um einen neuen, machbaren Termin zu erhalten. In vielen Organisationen werden Kundenaufträge nicht neu terminiert, selbst wenn die Situation sich geändert hat; dies führt dann zu unrealistischen Auftragsterminen.

So wie Produkte auf globalen Märkten mehr und mehr aufgrund vergleichbarer Qualitätseigenschaften austauschbar werden, so wird die Zuverlässigkeit als Lieferant – gemessen am Kundenservicegrad – für viele Unternehmen immer wichtiger. Der Kundenservicegrad wird über drei Kennzahlen, die Liefertreue, den Grad der Auftragserfüllung und die Auftragsdurchlaufzeit gemessen (siehe Kap. 3). Neben dem Kundenservicegrad sind das Auftragsvolumen, die durchschnittliche und die maximale Anzahl an Kundenaufträgen pro Tag wichtige Leistungsmaße für die Auftragsbearbeitungsprozesse.

16.1.6 Produktion

In Industrien mit komplexen Produktionsprozessen und langen Produktions-Durchlaufzeiten ist eine der wichtigsten Leistungskriterien die Höhe der Arbeitsbestände (Work-in-Process, WIP). Niedrige WIP-Bestände haben eine positive Auswirkung auf viele andere Prozesse und Leistungsindikatoren (Goldratt und Fox 1986):

- *Niedrige WIP-Bestände führen zu niedrigeren Durchlaufzeiten und einer besseren Liefertreue:* Die Produktionsdurchlaufzeit ist direkt abhängig vom WIP-Bestand. Je mehr Material in den Warteschlangen vor den Maschinen sitzt, desto länger ist die durchschnittliche Wartezeit. Damit verlängert sich auch die Produktions-Durchlaufzeit. Die Variabilität der Produktions-Durchlaufzeit erhöht sich ebenfalls, wenn die Warteschlangen vor den Maschinen anwachsen. Dies führt direkt zu einer geringeren Liefertreue, da es schwieriger wird, die Produktionszeit exakt vorauszusagen und Kundenaufträge zuverlässig zu terminieren.
- *Niedrigere WIP-Bestände verbessern die Qualität:* In den meisten Industrien entstehen in den frühen Produktionsschritten Qualitätsprobleme,

die aber erst in späteren Produktionsschritten (häufig in Test-Arbeitsschritten) entdeckt werden. Um die Qualität von Produkten zu verbessern, muss die Qualität des gesamten Prozesses gesteigert werden. Wenn der WIP-Bestand hoch ist, ist ebenso die durchschnittliche Durchlaufzeit lang (siehe vorheriger Punkt). Eine lange Durchlaufzeit (induziert durch den hohen WIP-Bestand) kann dazu führen, dass das Testen erst lange Zeit nach dem tatsächlichen Produktionsschritt durchgeführt wird. Zu diesem Zeitpunkt ist der zugehörige Produktionsprozess häufig schon lange beendet. Möglicherweise hat sich der Zustand der Produktion seitdem so stark geändert, dass die Ursache für die Qualitätsprobleme nicht mehr ermittelt werden kann. Hierdurch wird eine Verbesserung des entsprechenden Produktionsprozesses verhindert. Zusammenfassend lässt sich feststellen: Je niedriger der WIP-Bestand, desto einfacher ist die Entdeckung von Qualitätsproblemen in komplexen Produktionsumgebungen.

- *Niedrige WIP-Bestände reduzieren die Markteinführungszeit für neue Produkte:* Mit immer kürzer werdenden Produktlebenszyklen steigt die Bedeutung schneller Produktneueinführungen am Markt. Wenn der WIP-Bestand in der Produktion hoch ist, ist die Durchlaufzeit entsprechend lang – und dadurch verlängert sich auch die Markteinführung neuer Produkte. In solchen Situationen kann häufig für die sich noch in der Produktion befindlichen „alten" Produkte nur ein niedriger Preis erzielt werden, da sie nur noch mit Preisabschlägen zu verkaufen sind. Somit ermöglichen niedrige WIP-Bestände die schnelle Einführung neuer Produkte und die Erzielung höherer Margen.

- *Niedrige WIP-Bestände verbessern die Prognosegenauigkeit:* Die Genauigkeit der Vertriebs-Prognose (des Absatzplans) hängt sehr stark von den Informationen ab, die der Vertrieb von den Kunden über das künftige Kaufverhalten erhält. In vielen Industrien existiert ein spezifisches Zeitfenster, innerhalb dessen die Kunden ihren Lieferanten relativ genaue Bedarfsinformationen bereitstellen. Dieses „Sichtbarkeitsfenster" entsteht häufig aus den durchschnittlichen Lieferzeiten für diese Industrie – und ist damit abhängig vom WIP-Bestand. Falls die tatsächlichen Produktions-Durchlaufzeiten unter dem Durchschnitt liegen und somit Produktionsentscheidungen innerhalb des Sichtbarkeitsfensters für die Prognose getroffen werden können, steigt die Prognosegenauigkeit. Falls die Produktions-Durchlaufzeiten über dem Durchschnitt und damit außerhalb des Sichtbarkeitsfensters liegen, erhält der Vertrieb keine genauen Bedarfsinformationen von den Kunden, und die Prognosegenauigkeit sinkt. Dies erhöht das Risiko, dass der Einkauf die falschen Materialien ordert, die Produktion die falschen Produktionsaufträge startet, und die WIP-Bestände dadurch weiter steigen.

Neben den WIP-Beständen sind auch die Produktions-Durchlaufzeiten, Zusatzkapazitäten, Engpässe in der Produktion und Entscheidungen über die

Zuordnung von Produktionsmengen zu Werken weitere potenzielle Verbesserungsbereiche.

16.1.7 Logistik

Die Logistik kann Informationen über die Distributions- und Logistikstrategie sowie über die Transportplanungsprozesse, die physischen Materialflüsse und die Bestandssituation in den Distributionszentren bereitstellen (siehe auch Kap. 13). Es ist wichtig, dass diese Prozesse mit dem Bedarf (d. h. den Kundenaufträgen) und den Produktionsmengen synchronisiert sind. Eines der Hauptprobleme im Logistikumfeld ist die Synchronisation der Materialströme, die zu den Positionen eines Kundenauftrags gehören, da diese Materialien gemeinsam geliefert werden müssen. Wenn die für die einzelnen Positionen produzierten oder beschafften Mengen nicht zeitlich aufeinander abgestimmt sind, werden Bestände aufgebaut und die zeitgerechte Lieferung des gesamten Auftrags wird gefährdet.

16.1.8 Koordinations- und Integrationstechnologie

Eine Hauptursache für nicht integrierte Planungsprozesse ist die intensive Nutzung von Spreadsheet-Programmen zur Unterstützung von Planungsprozessen:

- Spreadsheets verwalten Daten lokal; sie erzwingen keine Datenkonsistenz und Datenintegrität. Somit ist es bei der Verwendung von Spreadsheets sehr wahrscheinlich, dass Planer verschiedene Datensätze verwenden und damit inkonsistente Planungsergebnisse erzeugen.
- Spreadsheets sind hoch flexibel; sie können sehr leicht an die individuellen Bedürfnisse von Planern angepasst werden. Diese Flexibilität führt jedoch zu ständigen Änderungen an den Spreadsheets, so dass es für andere schwierig ist, den dazugehörigen Planungsprozess und die Planungsergebnisse nachzuvollziehen.
- Spreadsheets werden als einzelne Dateien gespeichert; die Integration mit Transaktionssystemen ist nur bedingt möglich (bspw. um historische Verkaufszahlen, den Auftragsbestand, etc. zu laden) und begrenzt dadurch die Möglichkeiten, historische Daten als Input für die Planung zu nutzen.
- Nicht zusammenhängende, Spreadsheet-basierte Planungsprozesse berücksichtigen im Allgemeinen keine Material- und Kapazitätsbeschränkungen und erzeugen dadurch Planungsergebnisse, die nicht auf Machbarkeit geprüft sind.

Aufgrund der sequenziellen Ausführung von Spreadsheet-basierten Planungsprozessen und der unzureichenden Entscheidungsunterstützung durch Spreadsheets dauern die Planungszyklen tendenziell eher länger als bei APS-basierter Planung; dies reduziert die Qualität der Planungsergebnisse weiter.

Der zweite wichtige Aspekt der Integrationstechnologie ist die Verfügbarkeit von Daten (Kilger und Müller 2002). APS erfordern hochgradig akkurate Daten, inkl. solcher Datenelemente, die normalerweise nicht in Spreadsheets verwaltet werden. Sogar ERP-Systeme wie SAP R/3 und Oracle verwalten Daten nicht in einem Detailgrad, der für APS benötigt wird. Zum Beispiel stehen die detaillierte Produktstruktur und die geographische Struktur, die von APS für die Unterstützung des Absatzplanungsprozesses benötigt werden, normalerweise weder in Spreadsheets noch in ERP-Systemen zur Verfügung. Aber auch „Standard-Daten" wie Arbeitspläne und Stücklisten werden häufig nicht in der Qualität gespeichert, wie sie für APS benötigt werden – insbesondere wenn bislang keine Planungsfunktionalität eingesetzt wurde, die diese Daten nutzt. Die präzise Analyse der verfügbaren Daten und der zugehörigen Datenpflegeprozesse sind wichtige Aspekte bei der Supply Chain Evaluierung.

16.1.9 Graphische Visualisierung einer Supply Chain

Um die Kommunikation mit Supply Chain Experten in einer Organisation effektiver zu gestalten, sollten grafische Visualisierungstechniken eingesetzt werden. Speziell die Visualisierung der Material- und Informationsflüsse in einer Supply Chain unterstützt die Diskussionen mit verschiedenen Abteilungen und ist ein guter Ausgangspunkt für die Identifikation von Einschränkungen bzw. Verbesserungsbereichen in der Supply Chain. Zusätzliche Informationen zu den operativen Prozessen und den Bestandspunkten in der Supply Chain können ergänzt werden, bspw. Vendor Managed Inventory, Produktion des gleichen Materials in mehreren Werken, die Höhe von Sicherheitsbeständen, Losgrößen, Durchlaufzeiten, etc. Falls es zu diesem Zeitpunkt bereits möglich ist, sollten bereits alle Einschränkungen, ebenso wie die Bestandsorte, in der Supply Chain identifiziert und in einem Modell repräsentiert werden.

Der nächste Schritt in einer Supply Chain Evaluierung ist es, einen Überblick über die Planungsprozesse zu erhalten, insbesondere über *Absatzplanung*, *Master Planning*, *Produktionsplanung*, *Distributionsplanung* und *Detailed Scheduling*. Eine einfache Prozessfluss-Notation kann eingesetzt werden, um die zeitliche Reihenfolge und die Beziehungen zwischen den einzelnen Planungsprozessen, den zur Unterstützung der Planung eingesetzten IT-Systemen (Entscheidungsunterstützungssysteme, Transaktionssysteme, ERP-Systeme) und den Datenflüssen zwischen den IT-Systemen zu visualisieren. Kapitel 5 gibt einen Überblick über die verschiedenen Planungsprozesse. Der wichtigste Aspekt, der überprüft werden sollte, ist die Integration der Planungsprozesse untereinander. In vielen Organisationen werden Planungsprozesse sequenziell und nicht miteinander verbunden durchgeführt. Die Planungsergebnisse eines Prozess-Schrittes gehen dabei nicht oder nur zum Teil als Input in die folgenden Schritte ein. Dies führt zu nicht-synchronisierten Prozessketten und nicht-optimalen Planungsentscheidungen.

16.2 Supply Chain Potenzial Analyse

Basierend auf den Ergebnissen der Supply Chain Evaluierung und der Analyse der Geschäftsstrategie werden potenzielle Verbesserungsbereiche identifiziert und der initiale Scope des Projektes definiert. Um die Verbesserungen und weiteren Nutzen zu erreichen, müssen spezifische SCM-Konzepte angewendet und die Zielmodelle für die APS-Implementierung entworfen werden. Eingesetzte SCM-Konzepte können z. B. umfassen:

- *Prozesse:* Planung, Ausführung, Leistungsmessung,
- *Organisationsmodelle:* intra-organisatorische und inter-organisatorische Modelle (z. B. Zusammenarbeitsmodelle mit Supply Chain Partnern),
- *Supply Chain Strukturen:* physische Strukturen des Produktions- und Distributionsnetzwerks und
- *IT-Unterstützung:* Unterstützung durch APS und andere IT-Systeme, um die angestrebten SCM-Konzepte zu unterstützen.

Der Entwurf der Ziel-SCM-Konzepte und die dafür zur Unterstützung erforderliche APS-Funktionalität muss – bereits in dieser frühen Phase – mit den Fähigkeiten der an der Supply Chain und dem Projekt teilnehmenden Organisationen verglichen werden. Wie Willcocks et al. (2002) im Kontext von E-Business Initiativen beobachten, „sind Menschen das Herz von strategischen Transformationen. [...] Ein wesentlicher Teil des Planungsprozesses ist die detaillierte Analyse der derzeitigen Fähigkeiten der verfügbaren Ressourcen, eine Bewertung der Fähigkeiten und Kompetenzen, die zur Umsetzung und Implementierung notwendig sind – in einer Welt, in der der Wandel allgegenwärtig ist und in der die Beiträge der IT-Abteilung an ihrem intellektuellen Tiefgang sowie an der Zuverlässigkeit der Systeme gemessen werden." Die Fähigkeiten der beteiligten Menschen müssen auf zwei Ebenen betrachtet werden: Auf der Projektebene und auf der operativen Ebene. Auf der Projektebene ist die Frage zu beantworten: *Haben wir die richtigen Menschen und Fähigkeiten, um die Prozesse durch die Anwendung von SCM-Konzepten zu verbessern?* Auf der operativen Ebene stellt sich die Frage: *Sind unsere Mitarbeiter in der Lage, das neue System zu bedienen und entsprechend der neuen Prozesse zu arbeiten – täglich?* Beide Fragen müssen positiv beantwortet werden, damit das Projekt weiter vorangetrieben wird.

Die SCM-Konzepte, die eingesetzt werden können, um die Leistung einer Supply Chain zu steigern, sind im Detail in Teil I des Buchs beschrieben; die APS-Module, die zur Unterstützung dieser Konzepte eingesetzt werden können, sind in Teil II beschrieben. In diesem Kapitel fokussieren wir auf den *Nutzen*, der mittels SCM in Industrieorganisationen erreicht werden kann.

16.2.1 Finanzielle Leistungsindikatoren

Gemäß Goldratt und Fox (1986) ist es das Ziel einer industriellen Organisation (oder Supply Chain), profitabel zu sein und den operativen Gewinn zu steigern (definiert als Umsatz minus operative Kosten[1] und Steuern). Finanzieller Nutzen lässt sich auf drei Arten messen. Der *Netto-Profit* ist ein absolutes Maß; wenn wir jedoch wissen, dass eine Firma einen Netto-Profit von 20 Mill. € pro Jahr hat, kann man nicht sagen, ob dies eine gute oder schlechte Leistung darstellt – da die Leistung der Firma u. a. auch davon abhängt, wie viel Geld in das Geschäft investiert wurde.

Viele Manager und Gesellschafter sind eher an Kennzahlen interessiert, die den operativen Gewinn eines Geschäftes im Verhältnis zum eingesetzten Kapital ausweisen (Shareholder Value). Die Kennzahl *Return on Capital Employed (ROCE)* ist ein Maß für den Gewinn, den eine Firma aus ihrem Kapital generiert. ROCE wird als operativer Nettogewinn nach Steuern dividiert durch die gesamten Vermögenswerte abzüglich kurzfristigem Fremdkapital und liquiden Mitteln berechnet. Das sich ergebene Verhältnis repräsentiert die Effektivität, mit der das Kapital genutzt wird, um Gewinne zu erwirtschaften. Das investierte Kapital besteht aus mehreren Komponenten, bspw. offenen Forderungen, Beständen, Grundbesitz, Gebäuden und Maschinen. Da SCM-Konzepte hauptsächlich auf die physischen Komponenten (Assets) des investierten Kapitals wirken, wird im SCM-Kontext häufig die Kennzahl *Return on Assets (ROA)* herangezogen, um die Leistung einer Supply Chain zu messen.

Das dritte Maß für die finanzielle Leistung ist der *Cash Flow*. Der Cash Flow entspricht den Zuflüssen abzüglich Zahlungen über eine bestimmte Zeitperiode; oder äquivalent, dem Nettogewinn plus Abschreibungen. Der Cash Flow ist eher ein Maß für die kurzfristige finanzielle Gesundheit einer Firma als ein langfristiger Leistungsindikator.

16.2.2 Return on Assets

Im Folgenden fokussieren wir auf die Kennzahl Return on Assets als „Bottom Line" Leistungsmaß. Eine gängige Definition des ROA ist:

$$\text{ROA} = \frac{\text{Gewinn}}{\text{gebundenes Kapital}} \quad (16.1)$$

$$= \frac{\text{Umsatz} - \text{Umsatzkosten} - \text{Betriebskosten} - \text{Steuern}}{\text{gebundenes Kapital}}$$

Umsatz ist das Geld, das die Kunden für die angebotenen Produkte und Dienstleistungen zahlen. Umsatzkosten (Cost of Sales, auch als Cost of Goods

---

[1] Im Englischen werden hier die Begriffe *cost of sales* und *operating expenses* verwendet.

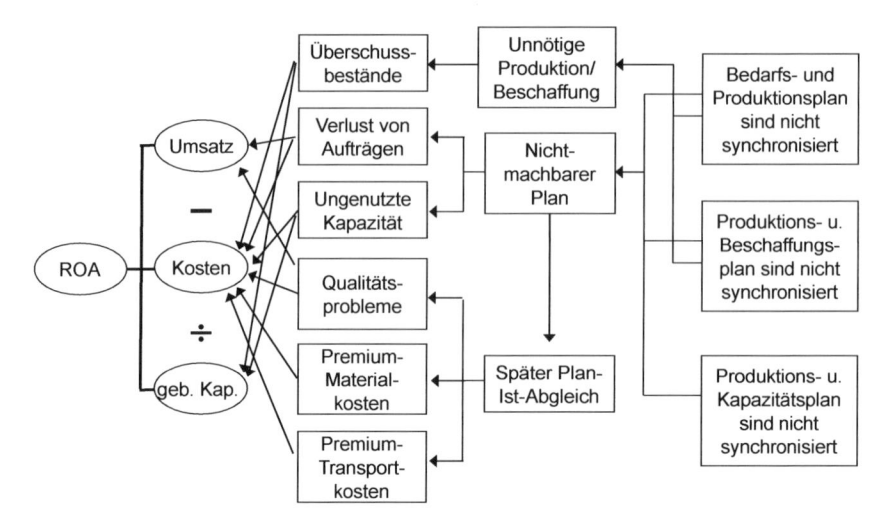

Abb. 16.5. Der Einfluss von SCM-Planung auf den ROA

Sold (COGS) bezeichnet) entsprechen den Kosten für das gekaufte Material plus den Produktionskosten. Betriebskosten (Operating Expenses) sind alle Kosten, die durch den „normalen" Betrieb des Geschäftes entstehen. Das gebundene Kapital umfasst die gesamte Ausstattung (Maschinen, Anlagen, etc.) und die Bestände, die benötigt werden, um aus Rohmaterial verkaufte Produkte zu machen. In der Bilanz entspricht dem gebundenen Kapital die Summe aller Verbindlichkeiten, Stammaktien, Vorzugsaktien und Rückstellungen.

Um den Nutzen von SCM-Projekten zu bewerten, müssen wir analysieren, wie Umsatz, Kosten und gebundenes Kapital durch SCM-Konzepte beeinflusst werden. Abb. 16.5 zeigt ein Beispiel für den Einfluss, den SCM-Planungsfähigkeiten auf den ROA haben können.

16.2.3 Externe Variabilität

In diesem Abschnitt illustrieren wir den Einfluss unzureichender Planung auf den ROA anhand eines Beispiels (adaptiert von Kilger 1998). Abb. 16.6 zeigt eine Supply Chain mit Lieferanten, Fabriken, nationalen und regionalen Verteilzentren, sowie Kunden. Nehmen wir zum Beispiel an, dass in einer der Fabriken eine Maschine ausfällt und aufgrund der erforderlichen Wartungsarbeiten die Maschine erst wieder nach einer Woche zur Verfügung steht. Ein ERP-System würde den Produktionsplan für diese Maschine entsprechend anpassen und alle geplanten Fertigungsaufträge, die von dem Ausfall der Maschine betroffen sind, entsprechend verschieben. Was aber ist die Auswirkung des Maschinenausfalls auf den ROA der gesamten Supply Chain? Um diese Frage zu beantworten, muss die neue Situation (nach dem Ausfall der Maschine) upstream (in Richtung des Lieferanten) und downstream (in Richtung des Kunden) propagiert werden.

- *Upstream:* Aufgrund des Maschinenausfalls von einer Woche müssen Fertigungsaufträge weiter in die Zukunft verschoben werden und die benötigten Materialien werden zu einem späteren Zeitpunkt benötigt. Der entsprechende Lieferant kann diese Materialien somit anderen Kunden (Fabriken) zuordnen und damit an einer anderen Stelle der Supply Chain Umsätze machen – vorausgesetzt, der Bedarf existiert.
- *Downstream:* Das nationale Verteilzentrum erhält die Fertigprodukte jetzt eine Woche später; aufgrund dieser Situation kann es passieren, dass die Bestände an diesen Produkten ausgehen (Stockout-Situation), wenn die verspäteten Lieferungen zur Deckung des Bedarfs notwendig sind. Diese Situation würde zu niedrigerem Umsatz, erhöhten Beständen (Teil des gebundenen Kapitals) und höheren Kosten führen.
- *Planungs-Szenario:* Um zu bewerten, ob der Plan für das nationale Verteilzentrum aufgrund der Situation angepasst werden muss, kann ein Planungs-Szenario erzeugt werden, in dem überprüft wird, ob das Verteilzentrum Fertigprodukte aus einer anderen Fabrik beziehen kann, um den Engpass zu vermeiden. Diese Umplanung könnte helfen, Kundenaufträge rechtzeitig zu erfüllen und damit Umsatz zu sichern.

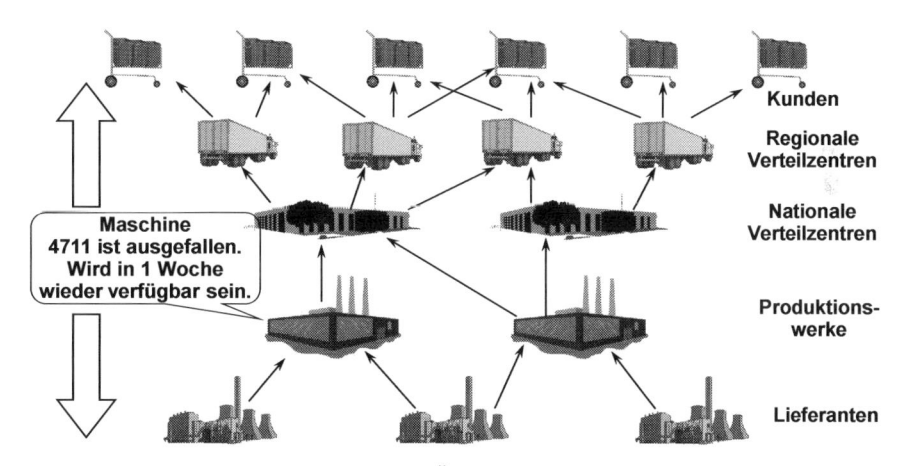

Abb. 16.6. Propagierung von Änderungen in einer Supply Chain

Dieses Beispiel zeigt, dass die Leistung einer Supply Chain zu einem großen Maß von externen Störungen und externer Variabilität beeinflusst wird. Um den potenziellen Nutzen von SCM-Konzepten und einer APS-Implementierung zu analysieren, sollte der Fokus somit auf den Einfluss externer Faktoren auf die ROA-Komponenten – Umsatz, Kosten, gebundenes Kapital – gelegt werden. Interessanterweise fokussieren ERP-Systeme wie bspw.

348 Christoph Kilger

SAP R/3 und Oracle eher auf die internen Prozesse als auf externe Faktoren, die den ROA beeinflussen. Die MRP- und Produktionsplanungs-Module eines ERP-Systems bspw. helfen dabei, einen initialen Produktionsplan zu erstellen (der in vielen Fällen allerdings nicht machbar ist) und unterstützen das Nachvollziehen der Materialflüsse auf dem Shop Floor – aber sie stellen keine Simulationsmöglichkeiten oder Problemlösungsfunktionalitäten bereit, um schnell auf externe Änderungen reagieren zu können.

```
┌─────────────────────────────┐          ┌─────────────────────────────────┐
│ Bedarfsschwankungen         │          │ Nicht notwendige Kosten         │
│ • Aktionen                  │          │ • Kosten für Express-Transport  │
│ • Wettbewerber              │          │ • Zusätzliche Lohnkosten        │
│ • Neuprodukteinführung      │          │   (bspw. Wochenendschichten)    │
│ • Ausphasung von Produkten  │          │ • Zusätzl. Rüsten v. Maschinen  │
└─────────────────────────────┘          └─────────────────────────────────┘
                       ↘                    ↙
                              Umsatz – Kosten
                      ROA  =  ───────────────
                              gebundenes Kapital
                                     ↑
              ┌──────────────────────────────────────────┐
              │ Nicht notwendiges, gebundenes Kapital    │
              │ • Überschüssige Bestände                 │
              │ • Überschüssiges Kapazitätsangebot       │
              └──────────────────────────────────────────┘
```

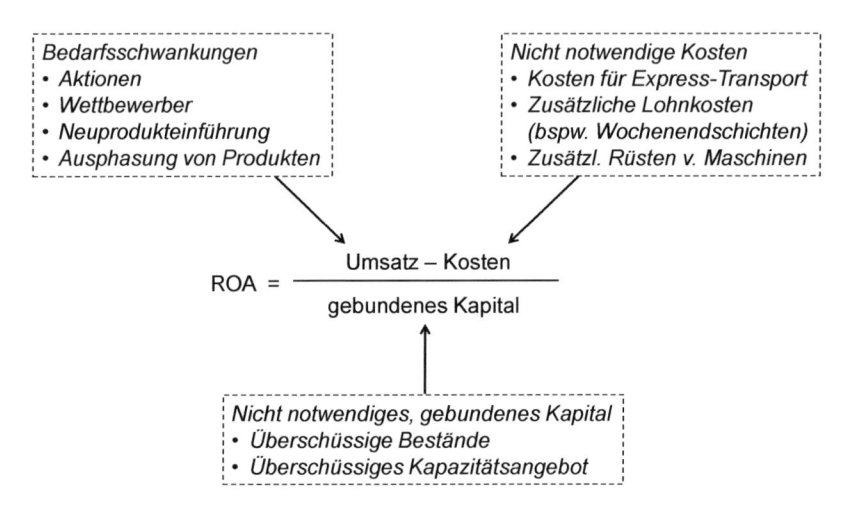

Abb. 16.7. Einfluss externer Variabilität auf den ROA

Im Folgenden diskutieren wir Beispiele, die den Einfluss externer Faktoren auf den Bedarf (Umsatz), Kosten und das gebundene Kapital illustrieren (siehe hierzu auch Abb. 16.7).[2]

16.2.4 Bedarfsschwankungen

Der Einfluss externer Faktoren auf den Umsatz ist offensichtlich, da Verkäufe durch Externe (die Kunden) generiert werden. Es gibt jedoch einige spezifische Situationen, in denen es besonders schwierig ist, das Verhalten der Kunden und damit die Absatzmengen vorherzusagen:

- Vertriebsaktionen (Preisabschläge, Spezialangebote, etc.) können einen höheren Bedarf generieren als geplant;
- Wettbewerber können in bestimmten Märkten oder Produktsegmenten angreifen und dadurch einen unvorhergesehenen Bedarfseinbruch erzeugen;

---

[2] Die Beispiele basieren teilweise auf Diskussionen mit Sidhu (1999).

- die Einführung neuer Produkte kann erfolgreicher sein als erwartet bzw. kann zu Kannibalisierung des Bedarfs anderer Produkte führen;
- die Ausphasung bestehender Produkte kann zu einem Absatzrückgang bei anderen Produkten führen, da Kunden gewohnt waren, das ausgephaste Produkt und die anderen Produkte gemeinsam zu kaufen.

Schwankungen des Bedarfs betreffen direkt den Umsatz. Zusätzlich können sie Nebeneffekte auf Kosten und das gebundene Kapital haben. Zum Beispiel kann die Einführung eines Produktes in einem neuen Markt aufgrund von Marketingaktivitäten Kosten erzeugen. Falls der sich daraus ergebende Bedarf in der neuen Region nicht sauber vorausgeplant wurde oder nicht vollständig durch Lieferungen gedeckt werden kann (z. B. weil andere Produkt-/Markt-Kombinationen profitabler sind oder aus anderen Gründen bevorzugt werden), dann kann der zusätzliche Bedarf nicht in zusätzlichen Umsatz transformiert werden – die zusätzlichen Kosten für die Marketingaktivitäten wurden jedoch bereits ausgegeben.

16.2.5 Mehrkosten

Kosten werden teilweise intern und teilweise extern beeinflusst. In jeder Industrie gibt es einen Kostenanteil, der inhärent durch die Art der Produktion bestimmt wird. Zum Beispiel werden Computer überall auf der Welt auf eine ähnliche Art produziert: nimm alle Komponenten zusammen, die du brauchst, montiere sie in das Gehäuse, teste das Gerät, verpacke es und liefere es. Die Kosten, die durch diesen Prozess entstehen, sind vergleichbar über alle Hersteller hinweg und – was für unsere Betrachtungen wichtiger ist – es gibt nur einen geringen Einfluss von SCM-Konzepten auf die internen Produktionskosten. Supply Chain Management hat jedoch einen großen Einfluss auf die Kosten, die durch externe Faktoren bestimmt werden, bspw.:

- Kosten für Express-Luftfracht, um Material rechtzeitig zu erhalten, das über eine Standardlieferung verspätet geliefert werden würde;
- höhere Lohnkosten in der Produktion, um Spitzenbelastungen in der Produktion, die bspw. durch höheren Bedarf oder verspätete Materiallieferungen entstanden sind, über Zusatzschichten (bspw. am Wochenende) abzufangen;
- höhere Materialkosten wegen Kauf von kritischen Komponenten (bspw. Prozessoren oder Speicherbausteine) am Spot-Markt (zu höheren Preisen), um Materialengpässe auszugleichen.

16.2.6 Überschüssige Kapitalwerte

Der gesamte Wert des gebundenen Kapitals in einer Supply Chain kann eingeteilt werden in „Basis-Kapitalwerte", die für die normale Produktion benötigt werden, und „überschüssige Kapitalwerte", die benötigt werden, um die Supply Chain gegen äußere Schwankungen abzuschirmen. Überschüssige Bestände können bspw. in Form von Rohmaterial, WIP-Beständen und Endproduktbeständen vorkommen. Überschuss-Bestände werden genutzt, um die Produktion vor den Bedarfsschwankungen der Märkte zu schützen und können zu erhöhten Materialkosten führen aufgrund von

- Preisverfall am Markt (bspw. reduzierte sich der Preis für Computerfestplatten in den vergangen Jahren durchschnittlich um 2% pro Woche),
- Veralten von Komponenten (Komponenten, die nicht länger verkäuflich sind, da bessere Nachfolger auf den Markt gekommen sind),
- Bestandsführungskosten,
- interne Kapitalbindungskosten und
- Handhabungskosten für das Material.

Durch eine bessere Kontrolle der Volatilität in einer Supply Chain lassen sich Überschuss-Bestände reduzieren und die Leistung der Supply Chain steigt. Es muss jedoch beachtet werden, dass ein gewisser Sicherheitsbestand vorgehalten werden muss, um Unsicherheiten abzufangen, die „inhärent" in der Supply Chain enthalten sind und nicht reduziert werden können (Kap. 8 enthält einen Überblick über Sicherheitsbestands-Politiken). Die Reduktion von Überschuss-Beständen kann zu einem erhöhten Risiko von Kapazitätsengpässen führen und damit, wie im vorigen Abschnitt beschrieben, zu zusätzlichen Kosten.

Überschuss-Kapazitäten werden aufgebaut, um genügend Kapazität verfügbar zu haben, um Überlastsituationen puffern zu können. Infolge der Abhängigkeiten in einem Produktionssystem – ein Arbeitsschritt kann auf einer Ressource erst dann starten, wenn alle vorangehenden Arbeitsschritte abgeschlossen sind, die benötigten Rohmaterialien bereit stehen und die Ressource freie Kapazität hat – schwankt die Belastung der Ressource umso stärker, je mehr Arbeitsschritte vorangehen. D. h., die Variabilität in der Belastung einer Ressource ist umso größer, je weiter downstream sie liegt. Aus diesem Grund werden Überschuss-Kapazitäten vorwiegend am Ende – downstream – einer Supply Chain aufgebaut, bspw. im Testbereich oder in der Logistik.[3]

16.3 Projekt-Roadmap

Im vorigen Abschnitt haben wir gezeigt, wie externe Faktoren und externe Variabilität die finanzielle Leistung einer Supply Chain beeinflussen. Insbe-

---

[3] Diese Aussage gilt nur für abgeschlossene Dispositionsbereiche, d. h. Bereiche, die zu einer Planungs-Domäne gehören (das Konzept der Planungs-Domäne wird in Kap. 15 beschrieben). In Supply Chains mit mehreren Dispositionsbereichen wirkt der Bullwhip-Effekt gegenläufig (siehe Kap. 2): Die Schwankung des Bedarfs und damit der Belastung der Supply Chain Komponenten nimmt upstream zu, da Sicherheitsbestände mehrfach in der Kette aufgebaut und vorgehalten werden.

sondere Bedarfs-Schwankungen, Mehrkosten und überschüssige Kapitalwerte haben eine negative Wirkung auf den ROA. SCM-Konzepte, unterstützt durch APS-Funktionalität, ermöglichen einer Supply Chain, schnell auf externe Änderungen zu reagieren und dadurch den ROA zu verbessern.

Die Identifikation der Verbesserungspotenziale, bezogen auf Umsatz, Kosten oder gebundenes Kapital, sagt noch nichts darüber aus, wie diese Potenziale erreicht werden können. Welche Hebel gibt es, um zusätzlichen Bedarf zu generieren und diesen in zusätzlichen Umsatz zu transformieren? Was sind die Ursachen für Mehrkosten und Überschuss-Kapitalwerte? Welche SCM-Konzepte können helfen? Welche Module eines APS benötige ich? Im Falle, dass mehrere Hebel eingesetzt werden können, um den ROA zu verbessern, wie soll ich priorisieren?

16.3.1 Enabler-KPI-Value Netzwerk

Um diese Fragen zu beantworten und eine Projekt-Roadmap aufzustellen, müssen die angestrebten finanziellen Verbesserungen in Bezug zu den konkreten Projektaktivitäten gesetzt werden. Die Brücke zwischen den finanziellen Kriterien und den Projektaktivitäten bilden logistische Kennzahlen (KPIs, Key Performance Indicators). Die folgenden Schritte beschreiben den Weg, um eine SCM-Projekt-Roadmap basierend auf einem wertgetriebenen Ansatz zu definieren:

1. Identifiziere Verbesserungspotenziale basierend auf finanziellen Leistungsindikatoren (d. h. führe eine Supply Chain Potenzialanalyse entsprechend der Beschreibung in Abschnitt 16.2 durch),
2. transformiere die angestrebten Verbesserungen der finanziellen Indikatoren in angestrebte Verbesserungen von logistischen Kennzahlen und
3. ordne den Verbesserungen der Kennzahlen SCM-Konzepte bzw. APS-Module zu, die diese Verbesserungen ermöglichen.

Da es mehrere SCM-Konzepte und ein breites Angebot an APS-Funktionalitäten gibt, wie im Detail in den Teilen I und II dieses Buchs beschrieben, ist es von hoher Bedeutung, ein APS-Implementierungsprojekt aus der Wertperspektive zu strukturieren, wie in den Schritten 1–3 oben aufgelistet. Beginnt man die Definition eines SCM-Projektes von einer funktionalen Perspektive, besteht die Gefahr, dass die Prozesse und das System „overengineered" werden, d. h. sie enthalten viele Funktionen, die nicht unbedingt helfen, die Leistung der Supply Chain zu verbessern.

Zum Beispiel sind in der Computer Industrie die Auftragsbestätigung und die Produktionsplanung normalerweise durch die Materialverfügbarkeit bestimmt, und nicht durch die Kapazitätsverfügbarkeit. Insofern würde die Implementierung eines finiten Kapazitätsmodells in einem APS zur Verbesserung der Produktionsplanung keinen großen Mehrwert bringen. Folgt man den drei obigen Schritten, könnte der Betrachtungsumfang des Projekts bspw. wie folgt beschrieben werden:

1. Das Hauptziel des Projektes ist die Generierung zusätzlichen Absatzvolumens und damit die Generierung von höheren Umsätzen.
2. Zusätzliches Absatzvolumen kann durch eine Verbesserung der Liefertreue erreicht werden. (Dieser Zusammenhang kann durch Industrie-Benchmarks sowie durch Interviews belegt werden.)
3. Die Liefertreue kann durch ein APS folgendermaßen verbessert werden:
   - Synchronisation der Einkaufsentscheidungen und der Auftragsbestätigung basierend auf einer konsistenten Prognose und daraus abgeleiteten ATP-Mengen,
   - Erzeugung eines machbaren Master Plans, der alle Einschränkungen berücksichtigt und
   - Simulation von Materiallieferungen entsprechend bestimmter Szenarien; darauf aufbauende Re-Terminierung der Kundenaufträge mit dem Ziel, den kurzfristigen Lieferplan zu verbessern.

Der Fokus des Projektes sollte somit auf die Prozesse Absatzplanung (zur Erstellung der Prognosen), Master Planning und Auftragsbestätigung gelegt werden, anstelle bspw. auf die Produktionsfeinplanung.

Im Allgemeinen ergibt sich aus den Beziehungen zwischen finanziellen Leistungsindikatoren, logistischen Key Performance Indikatoren und den SCM-Konzepten und APS-Funktionalitäten ein komplexes Netzwerk, das als *Enabler-KPI-Value Netzwerk* bezeichnet wird. Die Struktur des Netzwerks hängt stark von der spezifischen Situation der Supply Chain, den vorhandenen Verbesserungspotenzialen und dem initialen Scope des SCM-Projektes ab. Abb. 16.8 zeigt ein Enabler-KPI-Value Netzwerk, das auf dem obigen Beispiel basiert und die entsprechenden SCM-Konzepte und APS-Funktionalitäten (engl. als „Enabler" bezeichnet) mit logistischen KPIs verbindet und deren Beziehung zu den finanziellen Leistungskennzahlen zeigt. Die Pfeile in den Boxen zeigen an, ob sich der Wert der Kennzahl oder des finanziellen Leistungsindikators erhöht (Pfeil nach oben) oder reduziert (Pfeil nach unten). Eine detaillierte Beschreibung der logistischen Kennzahlen findet sich in Kap. 3. Durch das Erstellen eines oder – in komplexen Situationen – mehrerer Enabler-KPI-Value Netzwerke wird der Rahmen für Verbesserungen abgesteckt, indem die Enabler (SCM-Konzepte und APS-Funktionalitäten) in Zusammenhang mit logistischen KPIs und finanziellen Leistungsindikatoren gebracht werden. Jeder Pfad durch das Netzwerk repräsentiert eine logische Beziehung eines Enablers, einer Kennzahl und eines Leistungsindikators. Normalerweise hat ein Enabler eine *positive* Auswirkung auf eine logistische Kennzahl (bspw. eine Reduktion der Auftrags-Durchlaufzeit oder eine Erhöhung der Lagerumschlagshäufigkeit). In einigen Fällen kann ein Enabler aber auch eine *negative* Wirkung auf eine Kennzahl haben. Z. B. kann die Erzeugung eines optimierten Master Plans in höheren Beständen resultieren (und dadurch die Lagerumschlagshäufigkeit absenken), falls zusätzliche Bestände benötigt werden, um die Supply Chain gegen Bedarfsspitzen zu puffern und einen hohen Servicegrad zu erzielen. Negative Auswirkungen eines Enablers

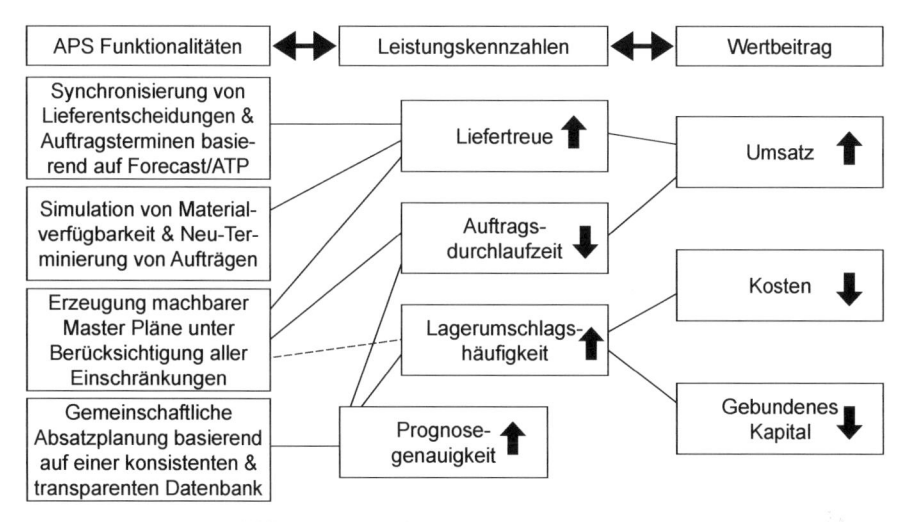

Abb. 16.8. Enabler–KPI–Value Netzwerk

auf eine Kennzahl werden im Netzwerk durch eine gestrichelte Linie angezeigt (siehe Abb. 16.8). Beachten Sie, dass eine negative Auswirkung eines Enablers durch eine größere positive Auswirkung über andere Pfade im Netzwerk kompensiert werden sollte – ansonsten scheint der Enabler nicht vorteilhaft zu sein.

16.3.2 KPI-basierte Verbesserungsprozesse

Hat man eine Sammlung logistischer Kennzahlen (KPIs) identifiziert, die verbessert werden sollen, ist der nächste Schritt, die Verbesserung dieser Kennzahlen weiter zu detaillieren. Diese Detaillierung kann mittels Erstellung eines *KPI-Profils* für jede der Kennzahlen erfolgen. Ein KPI-Profil wird in den folgenden Schritten aufgebaut (Kilger und Brockmann 2002):

1. Der erste Schritt ist, den aktuellen Wert der Kennzahl zu ermitteln. Hierdurch wird der Ausgangspunkt für die angestrebten Verbesserungsaktivitäten dokumentiert und eine Basis für die Messung des Projekterfolgs gelegt.
2. Danach muss der zu erreichende Zielwert der Kennzahl festgesetzt werden. Dies gibt uns ein Ziel, das wir durch das Projekt erreichen wollen.
3. Im nächsten Schritt schätzen wir den Zeitraum ab, innerhalb dessen wir den Zielwert der Kennzahl erreicht haben wollen. Dies kann nur eine sehr grobe Schätzung sein, da der detaillierte Projektplan zu diesem Zeitpunkt noch nicht erstellt wurde.
4. Ausgehend von den angestrebten Verbesserungen werden die Enabler (SCM-Konzepte, APS-Funktionalitäten) bestimmt, die helfen können, die Ziele zu erreichen sowie weitere unterstützende Aktivitäten wie Prozess-Restrukturierung, Anpassung organisatorischer Strukturen, Analyse von

Datenanforderungen, etc. durchzuführen. Insbesondere Prozess-Änderungen werden in den meisten Fällen notwendig sein, um die Verbesserungen entsprechend der Zielwerte der KPIs zu erreichen.

5. Basierend auf dem Ist-Wert, dem Zielwert, dem geschätzten Zeitraum und der betrachteten Enabler werden konkrete Projektaktivitäten geplant und umgesetzt. Es ist wichtig festzuhalten, dass alle diese Teilprojekte jeweils einen Geschäftswert (business value) in einem vorgegebenen Zeitraum unter Anwendung von SCM- und APS-Enablern generieren müssen.
6. Um in einen kontinuierlichen Verbesserungsprozess einzutreten, kann man zu Schritt 1 zurück gehen und den Zyklus erneut starten, jetzt von einem höheren Leistungsniveau aus.

Beachten Sie, dass wir uns zu diesem Zeitpunkt immer noch in der Startphase des Projektes befinden. Die KPI-Profile helfen uns dabei, den Projekt-Scope in eine Reihe kleinerer Teilprojekte zu strukturieren, von denen jedes ein klares Ziel und einen wohl-definierten, eigenen Scope besitzt. Hierdurch stellen wir sicher, dass jedes dieser Teilprojekte wertbezogen aufgesetzt wird und nicht einfach auf Basis „netter funktionaler Features" eines APS. Somit trägt man dazu bei, ein „Over-Engineering" des Systems zu vermeiden. Das Endergebnis der Projekt-Roadmap-Phase ist ein grober Projektplan, der aus einer Reihe identifizierter Teilprojekte besteht, inklusive vorläufiger Meilensteine und einer ersten Abschätzung des Projektzeitplans, der Ressourcen und der Implementierungskosten. Der angestrebte finanzielle Nutzen und die Implementierungskosten können basierend auf der Meilensteinplanung zeitlich angeordnet werden und ergeben so eine Reihe von Cash Flow Ereignissen; auf dieser Basis kann ein initialer ROI (return-on-investment) Kalkulation und ein erster Business Case für das Projekt erstellt werden.

Ausgehend von den SCM- und APS-Enablern, die in den KPI-Profilen eingesetzt sind, kann eine Anforderungsliste für die Auswahl eines APS abgeleitet werden. Im nächsten Kapitel fokussieren wir den Auswahlprozess für ein APS – wobei die Anforderungsliste ein wichtiger Input für die Auswahl eines APS darstellt. Insgesamt ist jedoch zu beachten, dass neben den „advance planning capabilities" eines APS weitere Maßnahmen notwendig sein werden, um die Leistung der Supply Chain zu verbessern und die vollen Ziele, die in den KPI-Profilen dokumentiert sind, erreichen zu können. Speziell Prozessänderungen und die Bereitstellung zusätzlicher Daten für das APS sind in den meisten Fällen wichtige Anforderungen und sollten bereits grob in dieser Phase geplant werden.

Literatur

Alderson, W. (1957) *Marketing behavior and executive action*, R. D. Irwin, Homewood, Illinois

Collins, J. (2001) *Good to Great*, HarperBusiness, New York

Goldratt, E.; Fox, R. (1986) *The Race*, North River Press, Croton-on-Hudson

Kilger, C. (1998) *Optimierung der Supply Chain durch Advanced Planning Systems*, Information Management & Consulting, Bd. 13, Nr. 3, 49–55

Kilger, C. (2000) *Supply-based eBusiness: Integration von eBusiness und Supply Chain Management*, in: W. Dangelmaier; W. Felser (Hrsg.) *Das reagible Unternehmen*, Heinz-Nixdorf-Institut, Paderborn, 74–86

Kilger, C.; Brockmann, K. (2002) *Supply Chain Detectives in der High Tech Industrie*, in: W. Dangelmaier; A. Emmrich; D. Kaschula (Hrsg.) *Modelle im E-Business*, Fraunhofer-Anwendungszentrum für Logistikorientierte Betriebswirtschaft und Heinz-Nixdorf-Institut, Paderborn, 139–154

Kilger, C.; Müller, A. (2002) *Integration von Advanced Planning Systemen in die innerbetriebliche DV-Landschaft*, in: A. Busch; W. Dangelmaier (Hrsg.) *Integriertes Supply Chain Management*, Gabler, Wiesbaden, 213–234

Poirier, C. (1999) *Advanced supply chain management: How to build a sustained competitive advantage*, Berrett-Koehler Publishers, San Francisco

Sidhu, S. (1999) private conversation

Ward, J.; Peppard, J. (2002) *Strategic Planning for Information Systems*, John Wiley, Chichester, 3. Aufl.

Willcocks, L.; Petherbridge, P.; Olson, N. (2002) *Marketing IT Count: Strategy, Delivery, Infrastructure*, Butterworth-Heinemann, Oxford

17 Der Auswahlprozess

Christoph Kilger und Ulrich Wetterauer

J & M Management Consulting AG, Willy-Brandt-Platz 5, 68161 Mannheim, Deutschland

Advanced Planning Systeme (APS) sind eine relativ neue Technologie. Eines der ersten Advanced Planning Systeme war OPT, das Ende der 80er Jahre entwickelt wurde (Schragenheim und Ronen 1990; Silver et al. 1998). OPT basiert auf der *Theory of Constraints* (Goldratt 1990). Diese besagt, dass die Leistung eines Produktionssystems durch dessen Engpässe (Constraints) bestimmt wird und somit diese detailliert in einem Planungssystem erfasst werden müssen, um die Leistung überwachen und steuern zu können.

Seit diesen frühen Tagen ist der SCM-Markt enorm gewachsen und viele neue APS-Anbieter kamen hinzu bzw. existierende wurden teilweise von größeren Softwarefirmen übernommen. Einen guten Überblick über den APS-Softwaremarkt geben drei Studien, die zwischen den Jahren 2003 und 2006 erschienen sind (Laakmann et al. 2003, Busch et al. 2003 und Albert et al. 2006). Analysten wie Gartner und AMR veröffentlichen regelmäßig Berichte über SCM und APS. Kortmann und Lessing (2000) geben einen detaillierten Überblick über den APS-Markt zur Mitte des Jahres 1999, inklusive eines Klassifikationsschemas für APS und Hinweisen zur Auswahl von APS.

In den letzten Jahren erscheint der APS-Markt zwar reif und etabliert, er befindet sich aber immer noch in einer Konsolidierungsphase. Die größten Softwareanbieter wie SAP und Oracle haben ihr Produktangebot stark ausgeweitet – sowohl durch Investitionen in die Entwicklung zusätzlicher Funktionalitäten als auch durch die Akquise kleinerer Softwarefirmen. Zum Beispiel kaufte SAP im September 2006 das Unternehmen FactoryLogic und fügte dadurch Lean Planungs- und Scheduling-Funktionalität seiner SCM-Suite hinzu. Ein weiteres Beispiel ist LogicTools, ein Anbieter von Anwendungen für die strategische Netzwerkplanung, der von ILOG im April 2007 gekauft wurde. ILOG wiederum ist mittlerweile von IBM übernommen worden. Neben den großen Softwareanbietern gibt es weiterhin eine Reihe kleinerer bzw. mittelgroßer Softwareanbieter, die sich jedoch hauptsächlich in bestimmten Marktnischen positionieren. Potenzielle Anwender können somit aus einer großen Anzahl von Systemen wählen und in vielen Fällen fehlt eine klare Indikation, welches System gekauft und implementiert werden soll. Daher ist ein systematisches Vorgehen bei der Auswahl des APS dringend notwendig. Die folgenden vier Schritte stellen eine Richtlinie und eine erprobte Methodik für die Auswahl von APS dar:

1. Erzeuge eine *Shortlist von APS* auf Basis von Parametern wie die zu unterstützenden Planungsprozesse, Industriespezifika, Informationen zu den

APS-Softwarefirmen, Lizenzkosten und typische Implementierungszeiten und -kosten (Abschnitt 17.1).
2. Bewerte die APS der Shortlist mit Hilfe der *Anforderungen*, die in der Definitionsphase für ein APS-Projekt gesammelt wurden (siehe Kap. 16). Entferne solche APS von der Shortlist, die die wichtigsten Anforderungen nicht erfüllen (Abschnitt 17.2).
3. Erstelle einen detaillierten Implementierungsplan inklusive einer verfeinerten Aufwandsschätzung und Zeitplanung für die *Implementierung und Integration* der APS (Abschnitt 17.3).
4. Vergleiche die *Wartungskosten und Support Modelle* (Verfügbarkeit und Kosten für den User Support, Servicekosten, Releasewechsel etc.; Abschnitt 17.4) der einzelnen APS-Anbieter.

Die Ergebnisse der Anforderungsanalyse, Implementierungs- und Integrationsplanung und des Support-Modell-Vergleichs werden konsolidiert; daraus ergibt sich eine Rangfolge der APS-Anbieter. In den folgenden Abschnitten werden die vier genannten Schritte zur Auswahl eines APS näher erläutert.

17.1 Erzeugung einer Shortlist

In der frühen Phase des Auswahlprozesses spielt nicht nur die Funktionalität des APS eine entscheidende Rolle. Ebenso wichtig sind der „strategische Fit" des APS mit den betrachteten Planungsprozessen, die Anforderungen der Industrie, zu der die Supply Chain gehört (soweit spezielle Industrielösungen von Bedeutung sind), die Budgetgrenzen für das APS-Implementierungsprojekt und die geplante Implementierungszeit. Die Bewertung von APS nach diesen Kriterien reduziert die Anzahl der APS deutlich, die in der nachfolgenden Analyse betrachtet werden müssen. Hierdurch können die Zeit und der Aufwand für den Auswahlprozess reduziert werden.

17.1.1 Planungsprozesse

In Tab. 17.1 sind die APS-Anbieter aufgelistet, die im Folgenden näher betrachtet werden. Die APS-Anbieter in Tab. 17.1 (und in den weiteren Tabellen in diesem Kapitel) wurden auf Basis des Grads der Überdeckung mit den APS-Funktionalitäten der Supply Chain Planungsmatrix ausgewählt (siehe Abb. 5.3 auf Seite 97). Die Informationen über die ausgewählten APS stammen hauptsächlich aus drei APS-Marktstudien:

1. Die erste Studie ist ein Marktüberblick zu Supply Chain Management Software, der im Jahr 2003 durch das Supply Chain Management Competence & Transfer Center durchgeführt wurde (Laakmann et al. 2003). Laakmann et al. vergleichen 23 APS-Anbieter und stellen detaillierte Informationen zu den einzelnen Modulen der 23 APS (gruppiert nach Anbieter) zur Verfügung.

Tab. 17.1. Die Abdeckung von Planungsprozessen durch APS-Module

	Strategic Network Design	Demand Planning	Master Planning	Demand Fulfillment / ATP	Production Planning & Scheduling	Distribution & Transp. Planning	Collaborative Planning	Alert Management
4Flow[a]	•				∘			
Adexa[c]		•	•	•	•		•	•
Aspen Tech[a]	∘	•	•	•	•	•	∘	∘
Atos Origin[c]	∘	•	•	•	•	•	•	•
Axxom[a]	∘	•	•	•	•	•	•	∘
Broner Metals Sol.[a]		•		•	•			
Dynasys[c]		•	•	∘	•	∘		
JDA[a]		•	•	•	•	•	•	
i2 Technologies[c]	•	•	•	•	•	•	•	•
ICON[a]		•	•	•		•	•	•
IFS Applications[b]	∘	∘	•	∘	•	∘	∘	
ILog[a]	•		∘		∘	∘		•
IML Frauenhofer[a]	•	•	•	∘	∘	•	∘	∘
Infor Global Sol.[a]	∘	•	•	•	•	•	•	•
Lawson[a]		•	•	•	•			
Logsolut[a]	•				•			
Oracle[c]	∘	•	•	•	•		•	•
OR-Soft[a]	∘	∘	•	•	•			•
Pro Alpha Softw.[b]		∘	•	•	•		∘	
Prologos[a]	•				•	∘		
Quintiq[a]	∘		•	•	•	•	•	•
Remira & SDZ[b]		•		∘	•			
SAP[b]	∘	•	•	•	•	•	•	
SmartOps[a]		•		•	•			
TXT e-solutions[b]		•	•	•	•		∘	•
Viewlocity[c]			∘	•	•	•	•	•
Wassermann[a]	∘	∘	∘	•	•		∘	•

- • Kernfunktionalität des Softwareanbieters
- ∘ Zusätzliche Funktionalität des Softwareanbieters

[a] J & M Recherche
[b] Albert et al. (2006)
[c] Laakmann et al. (2003)

2. Die zweite Studie ist eine Marktübersicht zu SCM-Lösungen für mittelgroße Unternehmen, die von dem Business Application Research Center (BARC), einem Spin-off des Lehrstuhls für Informationswissenschaften

an der Universität Würzburg (Albert et al. 2006), erstellt wurde. Albert et al. vergleichen 14 APS-Anbieter hinsichtlich ihrer Planungsphilosophie und ihres Konzeptes sowie hinsichtlich der Funktionalität und der Benutzerfreundlichkeit.
3. Da in diesen beiden Studien nicht alle APS aufgeführt sind, die Module aus der Supply Chain Planungsmatrix beinhalten, hat im Jahr 2007 J & M Management Consulting eine zusätzliche Marktstudie durchgeführt. Diese Studie erfolgte auf Basis eines Fragebogens, der von den APS-Anbietern direkt ausgefüllt wurde, sowie den Ergebnissen einer eigenen Internet-Recherche.

Einige der APS-Anbieter, die in den ersten beiden Studien aufgeführt sind, haben wir bewusst in diesem Kapitel nicht berücksichtigt, da entweder die Schnittmenge ihrer Funktionalitäten mit den Prozessen der Supply Chain Planning Matrix zu gering ist, oder die zur Verfügung stehenden Informationen nicht aussagekräftig genug waren.[1]

Die Planungsaufgaben, die durch APS unterstützt werden, sind in der SCP-Matrix zusammengefasst. Die Spalten in Tab. 17.1 repräsentieren APS Software-Module entsprechend der SCP-Matrix bzw. entsprechend der herstellerunabhängigen Darstellung aus Abb. 6.1 auf Seite 126. Zusätzlich zu den Modulen, die in Abb. 6.1 dargestellt sind, haben wir zwei weitere Prozesse in unsere Betrachtung mit einbezogen: Alert Management (Kap. 14) und Collaborative Planning (Kap. 15). Für jeden Softwareanbieter sind Informationen angegeben, wie die Funktionalitäten der APS Software-Module in dem Produktangebot des Anbieters repräsentiert sind, bspw. ob es sich um eine Kernfunktionalität oder zusätzliche Funktionalität der jeweiligen Softwaresuite handelt. Ein leeres Feld bedeutet entweder, dass keine Informationen von dem Anbieter zur Verfügung gestellt wurden, oder dass diese Funktionalität durch das APS nicht abgedeckt wird.

17.1.2 Industriesektoren und Referenzen

Die unterstützten Industriesektoren sind wichtige Auswahlkriterien für ein APS, da die meisten Anbieter vorwiegend Referenzen aus spezifischen Industrien vorweisen können und auch die Planungsprozesse in diesen Industrien besser als in anderen Industrien unterstützen können (Enslow 1998). Die Fertigungsprozesse, die verwendete Terminologie, die Geschäftsregeln, die Planungsprozesse, die Optimierungsansätze und die Reporting-Anforderungen unterscheiden sich stark zwischen diesen Industrien (Felser et al. 1999). Es gibt eine Reihe von Gründen, warum sich APS-Anbieter häufig auf einen oder zwei spezifische Industriesektoren konzentrieren, bspw.:

---

[1] Neben den APS, die in diesem Kapitel beschrieben werden, enthält die Studie Laakmann et al. (2003) die APS von Ablay & Fodi, Logistik World, Retek und T-Systems; die Studie Albert et al. (2006) enthält zusätzlich die APS von PSI-PENTA Software Systems und SCM Solutions.

- Die Entwickler, die für den Entwurf und die Implementierung des Systems verantwortlich sind, bringen Erfahrungen aus diesen Industriesektoren mit.
- Die ersten erfolgreichen Projekte wurden in diesen Industrien durchgeführt.
- Aus strategischen Gründen ist der APS-Anbieter auf diese Industriesektoren fokussiert.
- In manchen Industriesektoren werden spezifische Planungsfunktionalitäten benötigt, die in anderen Industriesektoren keine Bedeutung haben. Ohne eine potenzielle Kundenbasis wird kein APS-Anbieter Aufwand in die Entwicklung dieser Funktionalitäten stecken.

Einige APS-Anbieter starten Projekt-Initiativen für bestimmte Industriesektoren mit dem Ziel, ihren Erfahrungshintergrund gezielt in diese neuen Bereiche auszuweiten.

Die wesentlichen Verbesserungsbereiche einer APS-Implementierung hängen entsprechend der Supply Chain Typologie stark von der Art des Industriesektors bzw. der Art der Supply Chain ab (siehe Kap. 4). Kapitel 5 enthält eine Beschreibung der Abhängigkeiten zwischen industriespezifischen Planungsaufgaben und den unterstützenden Planungskonzepten und -methoden. In Distributions-intensiven Industrien liegen die größten Potenziale in der Optimierung der Distributions- und Transportprozesse, der Verteilung der produzierten Mengen sowie der Reduktion der Bestände. In Kapitalintensiven Industrien sind die größten Verbesserungen durch die Optimierung des Durchsatzes, der Feinplanung der Engpässe in der Produktion und der Reduktion von Rüstzeiten möglich. In Material-intensiven Industrien sind Absatzplanung und Beschaffungsentscheidungen wichtiger für die Leistung der Supply Chain und sollten durch das APS optimiert werden. Tabelle 17.2 gibt einen Überblick über die Industrien, die von den einzelnen APS-Anbietern unterstützt werden.

Eine Bemerkung möchten wir zu einer Metrik machen, die oft von Softwareanbietern herangezogen wird, um ihre Erfahrung in bestimmten Industrien nachzuweisen: Die Anzahl von Installationen in dieser Industrie. Die Prozedur, um die Anzahl von Installationen zu messen, ist sehr stark abhängig vom APS-Anbieter. Einige Anbieter zählen nur die Anzahl von Werken, die von ihren APS unterstützt werden, andere zählen alle Installationen einzelner APS-Module separat und erreichen dadurch wesentlich höhere Zahlen. Weiterhin berücksichtigen manche Anbieter auch Installationen, die noch nicht produktiv gesetzt wurden, wohingegen andere nur produktive Installationen mitzählen, die der Kunde auch als produktiv bezeichnet hat. Es sollte somit durch den Anbieter präzise definiert werden, wie er die Anzahl von Installationen misst.

Tab. 17.2. Industriesektoren und Referenzen von APS-Anbietern

	Luftfahrt & Verteidigung	Automobil	Bekleidung	Konsumgüter	Elektronik / High Tech	Nahrungsmittel & Getränke	Logistik-Dienstleister	Pharma / Chemie	Halbleiter	Maschinenbau	Handel	Metall
4Flow[a]		•		o	o	•	•			•	o	
Adexa[c]	o	o	•	•	•	o			•	•		
Aspen Tech[a]				•	•			•	o			
Atos Origin[c]		o	o	o	o	•		•	o			
Axxom[a]		•	•	•		•	•	•		•	•	
Broner Metals Sol.[a]												•
DynaSys[c]		o	o	•	o	•		•		•		
JDA[a]	•			•						•		
i2 Technologies[c]	•	•	•	•	•	•	•	•	•	•	•	•
ICON[a]		•		•	•				•			
IFS Applications[b]	•	•		•						•		•
Ilog[a]	•	•		•	•	•	•	•		•		•
IML Frauenhofer[a]		•				•						
Infor Global Sol.[a]	o	•	o	•	•	•	•	•	o	•	•	
Lawson[a]												
Logsolut[a]						•						
Oracle[c]	o	•	•	•	•	o	o	•	•	•	•	
OR-Soft[b]	•	•	•		•		•					
ProAlpha Softw.[b]												
Prologos[a]		•	•	•	•	•	•	•		•		
Quintiq[a]	o				o	•						•
Remira & SDZ[b]			•		•					o	o	
SAP[c]	•	•	•	•	•	•	•	•	•	•	•	•
Smartops[a]		•	•	•		•		•				
TXT e-solutions[b]		•	•	•	•					•		
Viewlocity[c]	o	•	•	•	•	o	•		•		•	
Wassermann[a]	•	•	•	•	•			•		•		•

- • Zahlreiche Referenzen verfügbar für diesen Industriesektor
- o Eingeschränkte Anzahl von Referenzen verfügbar für diesen Industriesektor

[a] J & M-Studie
[b] Albert et al. (2006)
[c] Laakmann et al. (2003)

17.1.3 Informationen über die APS-Anbieter

Neben den unterstützten Planungsprozessen und dem Industriefokus sind die Informationen über den APS-Anbieter für den Auswahlprozess wichtig, um einen verlässlichen Geschäftspartner zu finden. Tabelle 17.3 zeigt hierzu folgende Informationen:

- das Jahr des Eintritts in den APS-Markt,
- die Anzahl der Mitarbeiter im SCM-Umfeld (falls diese Information nicht verfügbar ist, wird die Gesamtanzahl der Mitarbeiter als Hinweis auf die Größe der Firma in Klammern angegeben) und
- den Umsatz des Jahres 2005.

Man beachte, dass viele APS-Anbieter durch eine Reihe von Zukäufen und Firmenzusammenschlüssen vom Markt verschwunden sind. Die historischen Angaben sind dadurch schwierig zu interpretieren und zu vergleichen. Weitere Informationen zu den APS-Anbietern können auf den jeweiligen Web-Seiten der Anbieterfirmen gefunden werden; diese sind jeweils in der letzten Spalte von Tab. 17.3 angegeben.

17.1.4 Lizenzkosten

Die Lizenzkosten für ein APS hängen typischerweise stark von der Größe des Kunden ab. Dementsprechend sind APS-Anbieter, die große Unternehmen als Kunden bedienen, meist im höheren Preissegment zu finden. Im Gegensatz dazu sind APS-Anbieter mit kleineren Kunden eher im niedrigeren Preissegment angesiedelt. Häufig sind die Lizenzkosten direkt abhängig von der Anzahl User und dem zu erwartenden Benefit durch die APS-Einführung (gemessen mit Hilfe der Verbesserung von KPIs – siehe Kap. 16). Es sollten also die Lizenzkosten den Erwartungen an das APS-Implementierungsprojekt und dessen Budget entsprechen. Allerdings ist es meist jedoch sehr schwierig, Informationen über das Preismodell des APS-Anbieters zu bekommen, ohne direkt in Vertragsverhandlungen einzusteigen.

17.1.5 Implementierungszeit und -kosten

Neben den unterstützten Planungsprozessen, dem Industriefokus, den allgemeinen Angaben zum Softwarehersteller und den Lizenzkosten sind die typischen Implementierungszeiten und -kosten zu berücksichtigen. Hiervon lässt sich der geschätzte erforderliche Einsatz interner Ressourcen sowie externer Berater und Experten des APS-Anbieters ableiten. Die beste Informationsquelle, um Zeit und Aufwand abzuschätzen, sind Referenzprojekte in der gleichen Industrie – oder in vergleichbaren Industrien, da direkte Wettbewerber im Allgemeinen nicht über ihre Erfahrungswerte sprechen werden. Die APS-Anbieter stellen normalerweise Listen mit Referenzen bereit, bei denen Projekte mit ähnlicher Ausrichtung und ähnlichem Umfang (sog. „Scope")

Tab. 17.3. Informationen zu den APS-Anbietern

	Jahr des Markteintritts	Anzahl Mitarbeiter im SCM-Umfeld	Umsatz 2005	Web-Site
4Flow[a]	2000	45	–	www.4flow.de
Adexa[c]	1994	150	274 M €	www.adexa.com
Aspen Tech[a]	1984	1300	228 M €	www.aspentech.com
Atos Origin[c]	1984	(50000)	4.7 B €	www.atosorigin.com
Axxom[a]	1996	75	6 M €[d]	www.axxom.com
Broner Metals Solution[a]	1992	–	–	www.bronermetals.com
DynaSys[c]	1986	38	4.8 M €[d]	www.dys.com
i2 Technologies[c]	1988	2452	286 M €	www.i2.com
ICON[a]	1992	50		www.icon-scm.com
IFS Applications[b]	1998	2680	231 M €	www.ifsde.com
Ilog[d]	1987	733	113 M €	www.ilog.com
IML Frauenhofer[a]	1999	16	–	www.otd-sim.de
Infor Global Solutions[a]	1985	8100	900 M €	www.infor.com
JDA[a]	–	1100	183 M €	www.jda.com
Lawson[a]	1975	1350	284 M €	www.lawson.com
LogSolut[a]	2001	8	–	www.logsolut.de
Oracle[c]	1990	–	3.4 B €	www.oracle.com
OR-Soft[a]	1990	–	–	www.orsoft.de
ProAlpha Software[b]	1994	327	3.5 M €	www.proalpha.de
ProLogos[a]	1984	3	–	www.prologos.de
Quintiq[a]	2000	120	10 M €	www.quintiq.com
Remira & SDZ[b]	1994	–	5 M €	www.remira.de
SAP[b]	1998	(38400)	9.35 B €	www.sap.com
Smartops[a]	–	–	–	www.smartops.com
TXT e-solutions[b]	1994	456	–	www.txtgroup.de
Viewlocity[c]	1995	–	–	www.viewlocity.com
Wassermann[a]	1983	60	358 M €	www.wassermann.de

(n) Gesamtanzahl Mitarbeiter
– keine Informationen
[a] J & M-Studie
[b] Albert et al. (2006)
[c] Laakmann et al. (2003)
[d] in 2004

abgeschlossen und produktiv gesetzt wurden. Ein Besuch bei einem oder mehreren Referenz-Projekten wird auf jeden Fall empfohlen, am besten bereits in einer frühen Phase des Auswahlprozesses, um von den Erfahrungen zu lernen, die mit dem APS-Anbieter und seinen Systemen gemacht wurden.

17.2 Anforderungen an das APS

Das wesentliche Ergebnis der Definitionsphase eines APS-Projekts ist eine detaillierte Anforderungsliste (siehe Kap. 16). Die Anforderungsliste kann mehr als 100 einzelne Anforderungen enthalten und sollte, um eine solche Komplexität beherrschbar zu halten, nach den unterschiedlichen, im Projektumfang enthaltenen Planungsprozessen organisiert sein. Die SCP-Matrix, die in Abb. 5.3 (Seite 97) dargestellt ist, kann dazu verwendet werden, die Planungsprozesse, die durch das APS unterstützt werden sollen, wie z. B. Demand Planning, Master Planning, Demand Fulfillment und Production Planning & Scheduling, zu identifizieren. Alle Anforderungen sollten einem oder mehreren der gewählten Planungsprozesse zugeordnet werden.

Da es sich bei APS um eine relativ neue Software-Technologie handelt, decken die meisten Systeme in der Realität nur einen mehr oder weniger großen Teil des von den Anbietern versprochenen Funktionalitätsumfangs ab. In einigen Bereichen der Softwareprodukte sind daher noch Weiterentwicklungen, wie die Implementierung zusätzlicher Funktionalität, die Behebung von Problemen innerhalb der existierenden Funktionalität oder auch eine verbesserte Integration der funktionalen Module, notwendig.

Der letztgenannte Punkt – die fehlende Integration verschiedener Module – ist vor allem ein Problem bei Anbietern, die durch die Akquisition anderer Anbieter und deren Planungssysteme ihre eigene Suite erweitert haben. Um den Abdeckungsgrad der Anforderungen sowohl durch existierende als auch durch geplante Funktionalität wiederzugeben, wurde das folgende 5-stufige Beurteilungssystem entwickelt:

- *Stufe 1:* Die Funktionalität ist nicht verfügbar; es ist nicht geplant, die Funktionalität zu entwickeln.
- *Stufe 2:* Die Funktionalität ist nicht verfügbar; es ist geplant, die Funktionalität zu entwickeln.
- *Stufe 3:* Die Funktionalität ist teilweise verfügbar; es ist nicht geplant, die Funktionalität weiter zu entwickeln.
- *Stufe 4:* Die Funktionalität ist teilweise verfügbar; es ist geplant, die Funktionalität weiter zu entwickeln.
- *Stufe 5:* Die Funktionalität steht in vollem Umfang zur Verfügung.

Es gibt im Wesentlichen drei Möglichkeiten, die funktionalen Anforderungen entsprechend diesen fünf Stufen zu bewerten. Der einfachste und schnellste Weg ist die Übermittlung der nach den Planungsprozessen geordneten Anforderungsliste an die APS-Anbieter mit der Bitte, auf dieser Basis eine Eigenbeurteilung zu erstellen. Für die Anforderungen, die in die Stufen 2 oder 4 eingeordnet wurden, muss vom Anbieter ein Termin für die Verfügbarkeit der zukünftigen Funktionalität zugesichert werden; für die Anforderungen in den Stufen 3 oder 4 müssen Details über den heute verfügbaren Abdeckungsgrad bereitgestellt werden.

Zusätzlich zu den bereitgestellten Informationen besteht zudem die Möglichkeit, die geforderte Funktionalität mittels einer Vorführung der Software zu überprüfen. Da dieser Ansatz deutlich mehr Zeit und Aufwand verlangt als die erste Möglichkeit – sowohl vom Anbieter als auch vom potenziellen Kunden – sollte sich die Software-Demonstration auf wenige Kernfunktionalitäten beschränken. Typischerweise werden dazu kritische Anforderungen ausgewählt und vom Anbieter nach folgendem Schema bewertet:

Stufe A Die Funktionalität kann mit Hilfe eines existierenden Demo-Systems mit geringer Vorlaufzeit (z. B. weniger als 24 Stunden) gezeigt werden.

Stufe B Die Funktionalität kann demonstriert werden, allerdings sind dazu Anpassungen eines existierenden Demo-Systems notwendig (keine Anpassungen der Software selbst).

Stufe C Die Funktionalität kann im Rahmen eines Referenzbesuchs demonstriert werden.

Stufe D Die Funktionalität kann nicht ohne beträchtlichen Aufwand demonstriert werden.

Die dritte Möglichkeit – die Implementierung eines Prototyps – erlaubt es, den Abdeckungsgrad eines APS für spezifische funktionale Anforderungen im Detail zu beurteilen. Dieser Ansatz erzeugt natürlich weiteren Aufwand und muss daher sorgfältig geplant werden. Die folgenden Punkte sollten daher vor dem Start einer Prototyp-Realisierung geklärt werden:

- Der Umfang und das Ziel des Prototyps müssen klar definiert werden. Nur kritische, funktionale Anforderungen und Schnittstellenthemen sollten abgebildet werden. Beispielsweise könnte die Integration eines APS in ein existierendes Auftragsmanagementsystem durch die Implementierung eines Prototyps evaluiert werden.
- Ein Datensatz als Basis für den Prototyp kann in der Regel aus Kundendaten generiert oder aus den operativen Systemen (z. B. ERP-Systemen) extrahiert werden.
- Für die Prototyp-Implementierung müssen ein detaillierter Projekt- und Budgetplan (Zeit und Kosten) erarbeitet werden. Dies schließt die Entscheidung, welchen Anteil des Aufwandes der APS-Anbieter übernimmt, ein.
- In diesem Zusammenhang muss entschieden werden, mit welchen APS die Prototyp-Phase durchlaufen werden soll. Üblicherweise wird die Anzahl der durch einen Prototyp zu prüfenden Systeme auf eines oder zwei beschränkt, da sonst zu viel Aufwand für Entwicklungen verwendet werden würde, die in dem nachfolgenden Implementierungsprojekt nicht wieder verwendet werden können.

Durch die realisierten Prototypen muss es möglich sein, alle wesentlichen Fragen zu den vorher festgelegten funktionalen Anforderungen zu beantworten.

Die Ergebnisse der Eigenbeurteilungen der APS-Anbieter, der Systemdemonstrationen und der Prototyp-Implementierungen werden in einem Bericht zusammengefasst, der die Grundlage für die Auswahlentscheidung bilden soll.

17.3 Implementierung und Integration

Sowohl der geschätzte Aufwand für die Implementierung des Systems als auch der Aufwand für die Integration des APS in die existierende IT-Landschaft müssen bei der Auswahl des APS berücksichtigt werden, um den existierenden Budget-Beschränkungen gerecht zu werden.

17.3.1 Implementierung der APS Funktionalität

Die Implementierungsaufgaben können in die folgenden Gruppen eingeteilt werden:

- die Modellierung der Supply Chain, einschließlich der Definition von Lokationen, Werken, Materialfluss, Arbeitsplänen, Lagerorten, Kapazitäten etc.,
- die Einstellung der Planungsregeln und Optimierungsalgorithmen (z. B. der Parameter für eine Feinplanungsheuristik),
- der Aufbau der Datenstrukturen und Datenbanken,
- die Realisierung der organisatorischen Änderungen und
- die Trainings- und Projektmanagement-Aktivitäten.

In der Regel verwenden APS spezielle Modellierungstechniken bzw. Repräsentationen der Supply Chain Struktur und verfügen über spezielle Planungs- und Optimierungstechniken. Daher ist der Implementierungsansatz und der entsprechende Aufwand stark abhängig vom gewählten APS.

Auf Basis der initialen Abschätzung des Einführungsaufwandes für jedes der sich im Projektumfang befindlichen APS-Module wird ein grober Projektplan erstellt. Dies wird allerdings, um den Aufwand auf ein sinnvolles Maß zu beschränken, nur für die zwei bis drei vielversprechendsten APS durchgeführt. Die Projektpläne müssen die Verfügbarkeit der geforderten Funktionalität in Betracht ziehen. Für den Fall, dass ein Anbieter die Verfügbarkeit einer speziellen Funktionalität erst für einen Zeitpunkt in der Zukunft angekündigt hat, müssen die davon abhängigen Einführungsaufgaben entsprechend verschoben werden. Im nächsten Schritt wird der (bis zu diesem Zeitpunkt erst funktional orientierte) Implementierungsplan um die notwendigen Integrationsaufgaben erweitert.

17.3.2 Integrationstechnologie

Die Integrationsansätze für APS reichen von Anbieter-spezifischen Technologien zu Standard-Middleware-Systemen (siehe Abb. 17.1 für einen Überblick) Eine detaillierte Beschreibung verschiedener Ansätze für die Integration und Kommunikation im Bereich der Supply Chain Planung findet man in Kap. 14.

Beispielsweise bietet SAP mit dem Core Interface (CIF) eine nahtlose Integration ihres Advanced Planning Systems SAP SCM (APO) in ihr Ausführungssystem SAP ERP (R/3). i2 Technologies andererseits stellt ein eigenes

368 Christoph Kilger und Ulrich Wetterauer

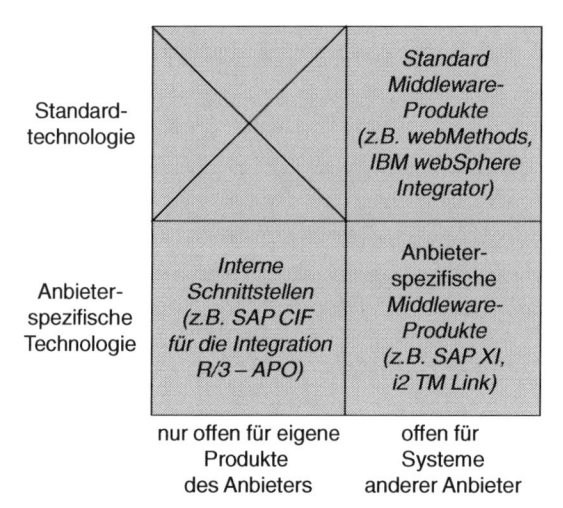

	nur offen für eigene Produkte des Anbieters	offen für Systeme anderer Anbieter
Standardtechnologie		Standard Middleware-Produkte (z.B. webMethods, IBM webSphere Integrator)
Anbieterspezifische Technologie	Interne Schnittstellen (z.B. SAP CIF für die Integration R/3 – APO)	Anbieterspezifische Middleware-Produkte (z.B. SAP XI, i2 TM Link)

Abb. 17.1. Klassifizierung von APS-Integrationstechnologien

Middleware-Produkt namens TradeMatrixLink zur Verfügung, das offen für eine Vielzahl anderer Systeme einschließlich SAP ERP und relationaler Datenbanken ist. SAP bietet ebenfalls ein offenes Integrationstool an, die SAP eXchange Infrastructure (XI), das für die Einbindung anderer Systeme gedacht ist. Eine weitere Möglichkeit ist die Verwendung eines unabhängigen Enterprise Application Integration (EAI) Systems wie webMethods oder den IBM webSphere Integrator (ehemals CrossWorlds).

Es gibt Vor- und Nachteile für jeden der drei Integrationsansätze. Interne Schnittstellen, wie die zwischen SAP R/3 und SAP APO, sind am leichtesten zu implementieren. Stamm- und Bewegungsdaten werden zwischen R/3 und APO mittels des Core Interface ausgetauscht, ohne dass weitere Schnittstellen implementiert werden müssen. Dies trifft allerdings nur für die Daten zu, *die durch das ERP-System bereitgestellt werden.* Daten, die aus anderen Quellen, wie beispielsweise aus Betriebsdatenerfassungssystemen (BDE) kommen, erfordern zusätzliche Schnittstellenprogrammierung. Weiterhin wird die Aggregation von Daten, die zum Abgleich der Bewegungsdaten aus dem ERP-System mit dem Master Planning Modell des APS notwendig sein kann, in der Regel nur teilweise unterstützt (siehe auch Kap. 9).

Middleware-Produkte von APS-Anbietern sind offen für externe Systeme. Die Schnittstellen zwischen dem APS und den externen Systemen werden parametrisiert; in der Regel sind keine Programmiertätigkeiten notwendig, um den Datenaustausch aufzusetzen. Im Fall der TradeMatrxLink-Software von i2 Technologies werden sogenannte *copy-maps* generiert, mit deren Hilfe die Felder der Datenquelle auf die Felder des Datenziels abgebildet werden. Beispielsweise könnte als Quelle der Master-Plan aus dem APS dienen, als Ziel eine Tabelle im ERP-System. Wie oben erwähnt, bietet SAP ein vollständiges EAI-System mit Namen XI an, das sowohl für SAP- als auch für nicht-SAP-

Systeme offen ist. Standard-Middleware-Produkte und EAI-Systeme offerieren eine ähnliche Funktionalität wie die jeweiligen Middleware-Produkte der APS-Anbieter, werden allerdings dadurch, dass sie keine proprietäre Technologie der APS-Anbieter sind, durch eine größere Bandbreite an Applikationen unterstützt.

Sowohl APS-Anbieter-spezifische Produkte als auch Standard-Middleware unterstützen die Bildung von *Datenschnittstellen* zwischen einem Quell- und einem Zielsystem sehr gut. Zusätzliche Aggregations- und Filterregeln können relativ leicht entwickelt werden. Es ist allerdings wichtig, sich bewusst zu machen, dass die Datenintegration nur der erste Schritt ist. Um ein APS vollständig mit anderen Systemen zu integrieren, muss das Zusammenspiel auch auf die *funktionale Ebene* ausgeweitet werden. Betrachten wir beispielsweise den Transfer des Master-Plans vom APS in ein ERP-System. Der Übertragung des Plans in die Tabellen des ERP-Systems muss der Aufruf von Transaktionen im ERP-System folgen, mit denen die weitere Verarbeitung der Daten durchgeführt wird. Zum Beispiel könnten aus den Beschaffungsanforderungen des Master-Plans durch das MRP-Modul konkrete Bestellungen bei Lieferanten generiert werden (siehe auch Kap. 12).

17.3.3 Integrationsmodus, Performance und Verfügbarkeit

Neben der Integrationstechnologie ist der Integrationsmodus ein wichtiges Differenzierungsmerkmal. Im Wesentlichen kann zwischen einem *vollständigen Datenupload* und einem sogenannten *Netchange der Daten* unterschieden werden, bei dem nur geänderte Daten übertragen werden (siehe auch Kap. 14). Die Entscheidung, ob ein vollständiger Datentransfer akzeptabel ist oder ob eine Netchange-Schnittstelle benötigt wird, hängt von den zu unterstützenden Planungsprozessen, vom für den Datenupload zur Verfügung stehenden Zeitfenster und von der Performance der Schnittstelle ab (siehe Abb. 17.2).

Ein vollständiger Datenupload ist geeignet, falls ein initialer Plan generiert und die Performance der Datenintegration nicht kritisch ist. Falls die Performance allerdings kritisch ist oder der Planungsprozess eine inkrementelle Pflege des Plans erfordert, sollten nur die Änderungen der Daten an das APS übertragen werden. Einige APS wie SAP APO bieten sogar eine Online-Schnittstelle zwischen dem APS und dem ERP-System. Beispielsweise werden neue Planaufträge oder Änderungen an bestehenden Planaufträgen kontinuierlich zwischen dem Produktions- und Feinplanungsmodul von APO und SAP R/3 übertragen. Dies erlaubt eine ständige Anpassung des Produktionsplans und eine schnelle Reaktion im APS (beispielsweise auf Störungen in der Produktion).

Für einige Planungsprozesse, wie z. B. die Auftragsbestätigung, muss nicht nur die Performance, sondern auch die Verfügbarkeit der Schnittstelle und des integrierten Systems berücksichtigt werden. Es kann für die Wettbewerbsfähigkeit eines Unternehmens wichtig sein, *jeden Auftrag* in Echtzeit, also inner-

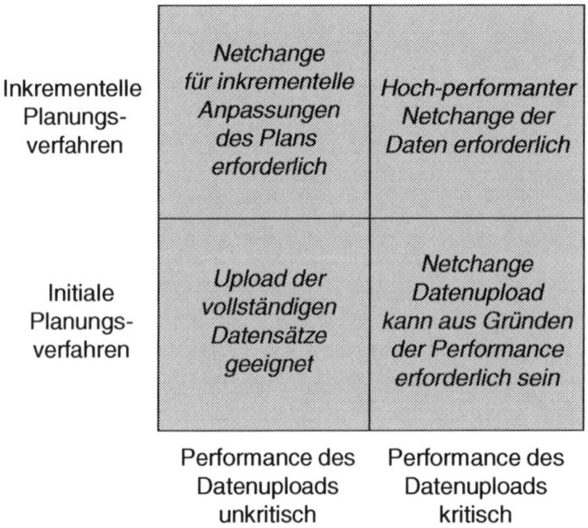

	Performance des Datenuploads unkritisch	Performance des Datenuploads kritisch
Inkrementelle Planungsverfahren	Netchange für inkrementelle Anpassungen des Plans erforderlich	Hoch-performanter Netchange der Daten erforderlich
Initiale Planungsverfahren	Upload der vollständigen Datensätze geeignet	Netchange Datenupload kann aus Gründen der Performance erforderlich sein

Abb. 17.2. Integrationsmodi in Abhängigkeit der Performance- und Planungsprozessanforderungen

halb von Millisekunden, bestätigen zu können. Um neben der Performance auch die dafür notwendige hohe Verfügbarkeit sicher zu stellen, setzen einige APS-Anbieter Hochverfügbarkeits-Transaktionssysteme wie den TIBCO Datenbus ein, der speziell für die Nutzung in Echtzeit-Umgebungen wie beispielsweise im Finanzsektor entwickelt wurde (Tibco 2007). Als Kennzahl für die Verfügbarkeit des integrierten Systems kann die durchschnittliche Dauer zwischen zwei Ausfällen verwendet werden.

17.4 Aufwand für Nachbetreuung und Support-Modell

Der vierte Schritt im Auswahlprozess ist die Beurteilung des für die Nachbetreuung notwendigen Aufwands und das Support- und Wartungsmodell des APS-Anbieters. Die Aufwände und Kosten, die nach dem Abschluss der Implementierung anfallen, können wie folgt klassifiziert werden:

- jährliche Wartungs- und Supportkosten des Anbieters,
- Kosten für ein Realease-Update und typische Frequenz notwendiger Release-Updates,
- Kosten für die Systemadministration und
- Kosten für den Anwendersupport.

Die Mehrzahl der APS-Anbieter verlangt einen bestimmten Prozentsatz der Lizenzkosten als jährliche Wartungsgebühren für den kontinuierlichen Support, den sie ihren Kunden bietet. Typischerweise bewegen sich die Supportgebühren im Bereich von 15–20% der Lizenzkosten pro Jahr. Allerdings unterscheiden sich die Anbieter teilweise sehr stark in der Verfügbarkeit, der

Sprache, in denen eine Unterstützung geleistet werden kann, und im Umfang des Supports. Einige APS-Hersteller bieten den vollständigen Umfang ihrer Support-Dienste online über das Internet an, während andere vor allem auf telefonische Unterstützung setzen. Besonders hilfreich ist es, wenn der Hersteller in der Lage ist, über Fernzugriff auf das APS Einfluss zu nehmen, um auf diese Weise Probleme zu entdecken und zu lösen.

Da sich APS nach wie vor mit großer Dynamik weiter entwickeln, bieten APS-Hersteller in der Regel mehrmals jährlich Aktualisierungen oder Erweiterungen ihrer Software an. Nach dem Leitsatz „*Never change a running system*" sollten Kunden allerdings nicht jedem Releasewechsel sofort folgen. Allerdings offerieren einige APS-Anbieter ihre Support-Dienstleistung nur für das letzte Release. Daher sollten die APS dieser Hersteller regelmäßig auf den aktuellen Stand gebracht werden (z. B. jedes zweite Release). Um den Aufwand für einen Releasewechsel abschätzen zu können, sollten Kunden des APS-Herstellers nach ihren diesbezüglichen Erfahrungen befragt werden, zum Beispiel im Rahmen von Referenzbesuchen. Vor allem die Notwendigkeit für externe Unterstützung bei einem Releasewechsel (zusätzlich zur Unterstützung des Anbieters) sollte hinterfragt werden, da in diesem Fall ein höheres Budget zu veranschlagen wäre.

Neben den Releasewechseln sollte der grundsätzliche Umfang administrativer Aufgaben beurteilt werden. Beispiele für diese Aufgaben sind

- die Administration der vom APS verwendeten Datenbanken,
- die Übergabe eines rollierenden monatlichen oder wöchentlichen Plans an den folgenden Planungszyklus,
- die Administration des APS-Servers auf Betriebssystemebene (in den meisten Fällen werden Unix- oder Windows-Server verwendet) und
- die Erweiterung oder Anpassung des APS, z. B. für die Generierung neuer Berichte, Installation weiterer Clients, Modellmodifikationen, Benutzeradministration etc.

Für jede dieser administrativen Aufgaben muss die Entscheidung getroffen werden, ob die Aufgabe intern ausgeführt oder ob sie extern vergeben wird. In beiden Fällen müssen die dazu benötigten Qualifikationen bzw. Fähigkeiten und der notwendige Aufwand je APS ermittelt und bewertet werden.

Die vierte Nachbetreuungsaufgabe, die im Rahmen eines APS-Vergleichs evaluiert werden muss, ist die Anwenderunterstützung. In der Praxis existiert häufig eine dreistufige Support-Struktur: *First-Level-Support* wird den sogenannten *Super-Usern* geboten. Ein Super-User ist ein besonders befähigter und geschulter Anwender, der in der Lage ist, Beschreibungen von Problemen anderer Anwender aufzunehmen, einfache Lösungen selbstständig zu erarbeiten / erklären und komplexe Sachverhalte einschließlich einer vollständigen Beschreibung des Problems an den *Second-Level-Support* zu übergeben. Typischerweise war ein Super-User ein Mitglied des Implementierungsteams, der das Einführungsprojekt in einer verantwortlichen Rolle begleitet hat. Second-Level-Support ist in der Regel in die normale IT-Organisation eingebettet.

Eine Reihe von Problemen, vor allem wenn sie mit der Systemadministration zusammenhängen, können dort gelöst werden. Sachverhalte, die die innere Struktur des APS betreffen, werden an den *Third-Level-Support* (in der Regel die Support-Organisation des APS-Anbieters) weitergeleitet. APS unterscheiden sich deutlich in den Werkzeugen, die sie für die Analyse und Lösung von Problemen zur Verfügung stellen. In der Regel ist es wiederum sehr hilfreich, bestehende Kunden der Anbieter nach ihren Erfahrungen bezüglich Aufwand und Kosten für die Betreuung ihrer APS-Anwender zu befragen.

Literatur

Albert, C.; Klüpfel, S.; Fuchs, C.; Kaiser, C. (2006) *Software im Vergleich: ERP mit fortschrittlicher Produktionsplanung im Mittelstand - 14 Lösungen für das Supply Chain Management*, Tech. rep., Business Application Research Center, Würzburg

Busch, A.; Dangelmaier, W.; Pape, U.; Rüther, M. (2003) *Marktspiegel Supply Chain Management Systeme*, Gabler, Wiesbaden

Enslow, B. (1998) *Evaluating a vendor's SCP market strategy*, Tech. rep., Gartner Group, 24. November 1998, Doc. # DF-06-6980

Felser, W.; Kilger, C.; Ould-Hamady, M.; Kortmann, J. (1999) *Strategische Auswahl von SCM-Systemen*, PPS Management, Bd. 4, Nr. 4, 10–16

Goldratt, E. (1990) *What is this thing called Theory of Constraints and how should it be implemented?*, North River Press, Croton-on-Hudson

Kortmann, J.; Lessing, H. (2000) *Marktstudie: Standardsoftware für Supply Chain Management*, Fraunhofer-Anwendungszentrum für Logistikorientierte Betriebswirtschaft und Heinz-Nixdorf-Inst., Paderborn

Laakmann, F.; Nayabi, K.; Hieber, R. (2003) *Market Survey 2003: Supply Chain Management Software – Detailed investigation of supply chain planning systems*, Tech. rep., Fraunhofer IPA Stuttgart, Fraunhofer IML Dortmund, ETH Zürich BWI

Schragenheim, E.; Ronen, B. (1990) *Drum-buffer-rope shop floor control*, Production and Inventory Management Journal, Bd. 31, Nr. 3, 18–22

Silver, E.; Pyke, D.; Peterson, R. (1998) *Inventory management and production planning and scheduling*, Wiley, New York, 3. Aufl.

Tibco (2007) Homepage, www.tibco.com, Datum: 19. Juli 2007

18 Der Implementierungsprozess

Ulrich Wetterauer[1] und Herbert Meyr[2]

[1] J & M Management Consulting AG, Willy-Brandt-Platz 5, 68161 Mannheim, Deutschland
[2] Technische Universität Darmstadt, Fachgebiet Produktion & Supply Chain Management, Hochschulstraße 1, 64289 Darmstadt, Deutschland

Eine erfolgreiche Einführung des ausgewählten APS ist das offensichtliche Ziel eines jeden Unternehmens, das sich für die Durchführung eines Supply Chain Projekts entschieden hat. Im ersten Abschnitt dieses Kapitels wird auf Basis vieljähriger Praxiserfahrung ein detaillierter Ansatz zur erfolgreichen Umsetzung einer Supply Chain Initiative vorgestellt. Im zweiten Abschnitt wird ein APS-Implementierungsprojekt aus einer eher modellierungsorientierten Perspektive betrachtet.

18.1 Das APS-Einführungsprojekt

Da ein SCM-Projekt Auswirkungen auf verschiedene funktionale Bereiche eines Unternehmens – wie Vertrieb, Produktion, Einkauf und Beschaffung, Distribution oder Auftragsmanagement (siehe Kap. 16) – hat, sind die Risiken eines Einführungsprojekts erheblich. Viele Unternehmen haben aus unterschiedlichsten Gründen, die nur zu einem erstaunlich geringen Teil mit Technologie oder IT zu tun haben, negative Erfahrungen mit Aufsehen erregenden Projekt-Fehlschlägen machen müssen. Als Auslöser für das Scheitern solcher Projekte werden immer wieder aufgeführt:

- Das Prozessdesign wird nicht von der Geschäftsstrategie getrieben.
- Die Erwartungen der Anwender werden nicht erfüllt.
- Die Realisierungszeit ist wesentlich länger als erwartet.
- Die Realisierungskosten sind wesentlich höher als geplant.

Im Folgenden soll ein erprobter Ansatz für die erfolgreiche Umsetzung von Supply Chain Projekten im Detail vorgestellt werden. Er bietet eine Orientierungshilfe für die fünf wesentlichen Phasen einer APS-Einführung (siehe auch Abb. 18.1):

- Projektdefinition,
- Design der Lösung,
- detailliertes Lösungskonzept,
- Projektdurchführung und
- Projektabschluss.

Für jede Phase werden die notwendigen organisatorischen Aufgaben, einige bewährte Ansätze zur Vermeidung der wesentlichen Fallstricke und die wichtigsten Ergebnisse der jeweils durchzuführenden Maßnahmen vorgestellt. Das Unternehmen, das sich für eine APS-Einführung entschieden hat, wird im Folgenden als *Kundenorganisation* oder *Kunde* bezeichnet.

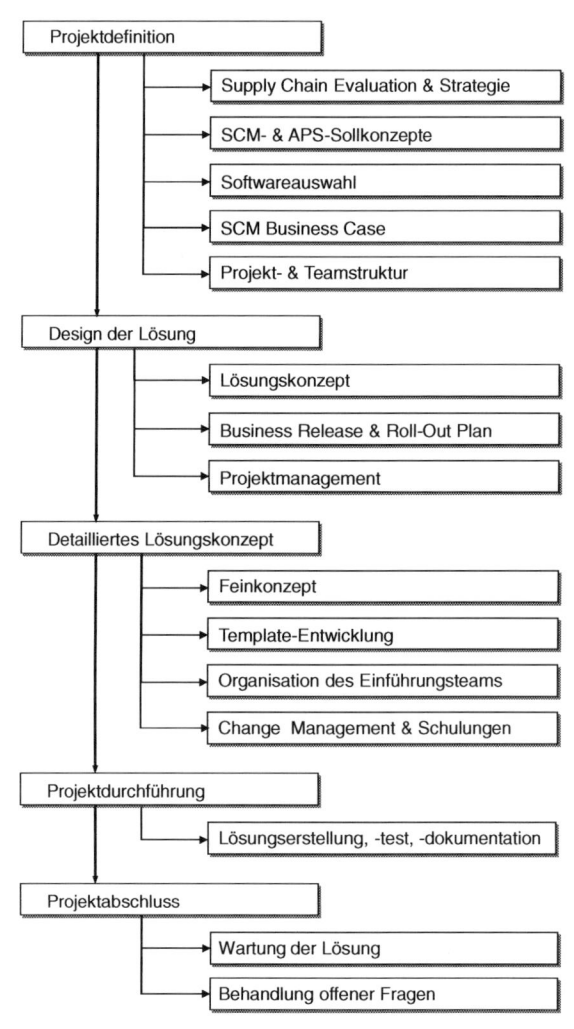

Abb. 18.1. Phasen und Aktivitäten eines Implementierungsprojekts

18.1.1 Projektdefinition

In der Phase *Projektdefinition* werden die Unternehmensvision und die SCM-Strategie des Kunden in Beziehung gesetzt zu der gundlegenden Motivation für ein Supply Chain Management (in der Regel Realisierung von Benefits und Kostenreduktionen) und darauf folgend zu den Zielen der SCM-Initiative. Beispiele für solche Ziele sind Bestandsreduktion, Profitoptimierung oder Verbesserung des Lieferservice.

Das wesentliche Ergebnis dieser Phase ist der sog. *Business Case*, der dem Senior Management präsentiert werden soll. Eine systematische Vorgehensweise zur Definition eines Supply Chain Projekts einschließlich der Business Case Methode wird in Kap. 16 vorgestellt (siehe auch Abb. 16.2).

In diesem Kapitel liegt der Fokus auf den wesentlichen Aufgaben und Ergebnissen dieses Prozesses.

- **Supply Chain Evaluation:** Die aktuellen Prozesse, bestehenden Organisationseinheiten und verwendeten Systeme werden analysiert und dokumentiert. Vorteile (sog. „Benefits") können sich durch ein Supply Chain Projekt in verschiedenen funktionalen Bereichen wie Vertrieb, Produktion oder Beschaffung ergeben. Sie beinhalten unter anderem die Steigerung des Umsatzes durch den Gewinn neuer Kunden, die Reduktion der Bestands- und Beschaffungskosten und die Reduktion der Durchlaufzeiten in der Produktion. Alle wesentlichen Verbesserungspotenziale müssen im Ist-Analyseprozess identifiziert, entsprechend der Unternehmensrichtlinien dokumentiert und in der Entwicklung des Soll-Konzepts berücksichtigt werden.
- **Geschäftsstrategie und Vision:** Auf Basis der Geschäftsstrategie und -vision sowie der SCM-Strategie des Kunden wird der Umfang (sog. „Scope") des Projekts definiert und sorgfältig dokumentiert. Es müssen nicht nur die erforderlichen Funktionalitäten, sondern vor allem auch die notwendigen Änderungen in den Geschäftsprozessen berücksichtigt werden – kein noch so großer Funktionsumfang kann ineffiziente Prozesse ausgleichen. Die Zeit, die für diese Maßnahme aufgewandt wird, ist gut investiert und kann Überschreitungen der geplanten Kosten aufgrund von Scope-Erweiterungen in den späteren Projektphasen verhindern. Auch Bereiche, die sich nicht im geplanten Projektumfang befinden, sollten sorgfältig dokumentiert werden, um die Erwartungen an das Projektergebnis entsprechend steuern zu können und dadurch zu einem späteren Zeitpunkt Diskussionen und Verzögerungen zu vermeiden.
- **SCM-Sollkonzept & APS-To-Be-Modell:** Auf Basis von industriespezifischen Best Practice Prozessen (siehe auch Abschnitt 3.2.2) und Mitarbeiter-Anregungen werden Lösungsoptionen und ein grobes Sollkonzept bzw. Sollmodell („To-Be-Modell") entwickelt. Der Projektumfang wird verfeinert und detailliert. Diese Aktivität kann die Selektion eines geeigneten Softwarepakets beinhalten (für eine detaillierte Beschreibung des APS-Auswahlprozesses siehe Kap. 17 und Abschnitt 18.2). Best

Practice Prozesse und APS-Funktionalitäten werden auf ihr Potenzial zur Unterstützung des zukünftigen Geschäftsmodells untersucht. Die geeigneten Funktionen und Prozesse sollten durch einzelne Aktivitäten auf detaillierter Ebene näher beschrieben werden (z. B. Prozess: Absatzplanung → Aktivitäten: Beschaffung historischer Verkaufsdaten, Ermittlung der Bedarfsstruktur, Generierung eines Konsens-Absatzplans, Übergabe der Prognose an die Produktionsplanung), um diese Aktivitäten auf die Module und Funktionalitäten des gewählten APS abbilden zu können. Das Team, das diese Phase durchführt, sollte vermeiden, sich zu früh mit der Betrachtung von detaillierten Softwarefunktionalitäten zu beschäftigen – die obigen Analysen könnten durchaus auch zu dem Ergebnis führen, dass für die Erreichung der wesentlichen Ziele und Benefits überhaupt keine technische Implementierung erforderlich ist.
- **Supply Chain Potenzialanalyse:** Es werden Potenzialbereiche identifiziert und die Baseline-Informationen für die entsprechenden Benefits mit Hilfe geeigneter, abgestimmter Methoden berechnet.
- **Umsetzungsplan:** Auf Basis des Sollmodells (möglicherweise einschließlich mehrerer Lösungsoptionen) wird eine Umsetzungsstrategie – inklusive der zugehörigen Projektphasen und -aktivitäten – entwickelt und in einen groben Projektplan überführt.
- **Berechnung der Benefits:** Die Benefits, die sich aus den verschiedenen Lösungsoptionen ergeben, werden über den im Umsetzungsplan beschriebenen Zeitraum berechnet.
- **Ermittlung der Implementierungskosten:** Es folgt die Bestimmung der im Umsetzungszeitraum anfallenden direkten und indirekten Kosten, wofür auch Ressourcenanforderungen ermittelt und Risikoabschätzungen getroffen werden müssen. Bezüglich der Risiken sollte sich das Management des Kunden bewusst sein, dass die Realisierung von strategischen Geschäftspotenzialen auf Basis von Supply Chain Verbesserungen fast unweigerlich eine Anpassung der Geschäftsprozesse erfordert. Mögliche Änderungen betreffen jeden Aspekt des Unternehmens einschließlich der Prozesse, der verwendeten Technologie und der Mitarbeiter.
- **SCM Business Case:** Die Annahmen werden verifiziert, im Business Case zusammengefasst und dem Management präsentiert.

Die Phase *Projektdefinition* wird in der Regel gemeinsam von Mitarbeitern des Kunden, welche die unternehmensspezifischen Anforderungen abdecken, von Spezialisten mit ausgeprägter Software-Erfahrung und von externen Beratern, die ihre Erfahrung in industriespezifischen Best Practice Prozessen einbringen, durchgeführt. Das Management sollte die Verfügbarkeit und die Fähigkeiten der internen und externen Teammitglieder sorgfältig prüfen und sicher stellen, dass etwaige Lücken schon in dieser frühen Phase des Projekts geschlossen werden. Da die Definition einer geeigneten Projektstruktur und die Besetzung des Teams kritische Aktivitäten in jedem Projekt sind, werden diese Aspekte im Folgenden detaillierter beschrieben.

18 Der Implementierungsprozess

Das Design der *Projektstruktur* erfolgt in mehreren Schritten. Zum einen müssen ein Projektsponsor und die internen Auftraggeber gefunden bzw. die Teamstruktur erarbeitet werden. Zum anderen müssen die Projektkosten- und -berichtsprozesse, ebenso wie die Projektregeln, definiert werden. Diese Schritte werden nun detaillierter diskutiert.

Der *Projektsponsor* muss über den Einfluss verfügen, Änderungen im Unternehmen durchsetzen zu können und ausreichend Druck für einen pünktlichen, schnellen Abschluss der Implementierung ausüben zu können. Um Supply Chain Management Strategien erfolgreich umsetzen zu können, müssen in der Regel historisch gewachsene funktionale Barrieren und sich widersprechende Zielsysteme und Kenngrößen (durch die lokale Optima, nicht ein globales Optimum unterstützt werden, wie beispielsweise die lokale Kapazitätsauslastung) abgebaut werden. Diese Beseitigung von Hemmnissen zu unterstützen, ist die maßgebliche Aufgabe des Projektsponsors.

Es müssen die grundlegenden Beziehungen zu den Dienstleistern bzw. *Auftragnehmern* aufgebaut werden. Beratungsfirmen stellen in der Regel Experten mit Erfahrungen in Best Practice Prozessen, Software-Funktionalitäten und Projektmanagement. Softwareanbieter können Teammitglieder mit detailliertem technischen Wissen zur Verfügung stellen. Da APS komplexe Softwareprodukte sind, ist es ratsam, die Unterstützung des Softwareanbieters im Falle der Notwendigkeit von Software-Anpassungen und Programmiertätigkeiten sicher zu stellen.

Der Prozess der *Projektsteuerung* muss definiert werden, beispielsweise indem das Zusammenspiel zwischen Lenkungskreis, Eskalationsprozessen und dem Projektmanagement festgelegt wird. Klare Berichtsstrukturen und Verantwortlichkeiten tragen entscheidend zum Erfolg des Projekts bei, vor allem wenn mehrere Parteien wie beispielsweise verschiedene Abteilungen oder interne und externe Mitarbeiter an der Projektführung beteiligt sind.

Projekte können nur mit einem effizienten Projektteam erfolgreich durchgeführt werden. Bei der Teamzusammensetzung muss daher sowohl auf die Abdeckung der Anforderungen an technisches Know-how und fachliches Wissen (z. B. über verschiedene Abteilungen oder Bereiche) als auch auf die jeweiligen Charaktereigenschaften geachtet werden. Die Struktur des *Projektteams* spiegelt üblicherweise die Verteilung der Verantwortung zwischen den beteiligten Parteien, also Kundenorganisation, APS-Anbieter und Beratungsfirma, wider.

- **Projektmanagement:** Für die Themen *Projektmanagement und -steuerung* sowie für die *Qualitätssicherung* werden vor allem bei größeren Projekten Vollzeit-Ressourcen benötigt, sowohl interne als auch externe. Besondere Aufmerksamkeit muss dabei auf die effiziente Integration der verschiedenen Teilprojekte gelegt werden.
- **Teamleiter:** Die wesentlichen Projektbereiche (beispielsweise *funktional*: Demand Planning und Master Planning oder *organisatorisch*: unterschiedliche Abteilungen oder Geschäftsbereiche) werden in der Regel

durch Teilprojekte repräsentiert, für die jeweils ein interner und ein externer Team- bzw. Teilprojektleiter erforderlich sind. Die Teilprojektleiter tragen die Verantwortung dafür, dass die Geschäftsanforderungen erfüllt werden, und begleiten die Konzeption und die Konfiguration der Lösungen.

- **Koordinatoren:** Durch die Einführung eines APS werden die täglichen Arbeitsabläufe der Mitarbeiter und die Kommunikationsprozesse in der Regel radikal geändert. Außer bei kleinen Pilotprojekten werden bei erfolgreichen SCM-Projekten meist Grenzen organisatorischer Verantwortungsbereiche überschritten. Daher sind neben den Projektleitern die sog. *Koordinatoren*, die im Projekt als Experten für die unternehmensspezifischen Prozesse dienen, die wichtigsten Teammitglieder. Jeder Koordinator repräsentiert eine eigene Geschäftseinheit oder Gruppe, die durch das Projekt betroffen ist. Ohne ihre Beteiligung und ihre Akzeptanz in jeder Phase des Projekts kann eine SCM-Initiative nicht erfolgreich sein. Die Koordinatoren haben die Aufgabe, das Design und die Validierung des Lösungskonzepts zu unterstützen, die Kommunikation zwischen dem Projektteam und der Unternehmensorganisation zu verbessern, das Unternehmen auf die erforderlichen Änderungen vorzubereiten und letztlich die finalen Ziele des Projektes zu erreichen. Es ist daher unerlässlich, die Motivation der Koordinatoren durch monetäre oder andere Anreize auf einem hohen Niveau zu halten.
- **Funktionale und Prozess-Teams:** Die funktionalen Anforderungen eines jeden Bereichs müssen durch erfahrene Teammitglieder abgedeckt werden. Dabei liefern interne Ressourcen das unternehmensspezifisch notwendige Fachwissen, während externe Berater als Best-Practice- und Applikationsspezialisten agieren. Sie spielen zusätzlich eine integrative Rolle zwischen den verschiedenen Teilprojekten und Arbeitsbereichen. Die Auswahlkriterien für die Teammitglieder werden in Abschnitt 18.1.3 detaillierter beschrieben.

Das Projektmanagement berichtet an das sog. „Steering Committee", einen Kontroll- und Lenkungsausschuss, der sich in regelmäßigen Abständen – beispielsweise alle zwei Wochen – trifft. Die Aufgabe dieser Institution ist es, das gesamte Projekt auf Basis von Projektberichten zu überwachen, über größere Änderungen im Projektplan zu entscheiden und die Projektergebnisse abzunehmen. Das Steering Committee sollte Repräsentanten aus den Führungsstäben aller vom Projekt betroffenen Organisations- oder Geschäftseinheiten enthalten.

18.1.2 Design der Lösung

In dieser Phase wird das Grobkonzept der geplanten Lösung verfeinert und an die Anforderungen der gewählten Software angepasst, ggf. unter Verwendung der erarbeiteten Lösungsansätze. Die Kernprozesse und wesentlichen

Funktionalitäten werden validiert, um potenzielle Risiken und Restriktionen für die Implementierung zu identifizieren. Es ist essenziell, dass alle von dem Projekt tangierten Organisationseinheiten an der Erarbeitung des Lösungsdesigns beteiligt werden – nur auf diese Weise kann in der Realisierungsphase Widerstand gegen die voraussichtlich notwendigen Veränderungen vermieden werden. Diese Beteiligung wird typischerweise durch die im letzten Abschnitt beschriebenen Koordinatoren erreicht. In diesem Zuge müssen alle voraussehbaren Hemmnisse für die Implementierung des erarbeiteten Designs bewertet werden. Das in der vorhergehenden Phase festgelegte *Lösungskonzept* wird in den drei Bereichen *Konzept*, *Aktivitäten* und *Scope* detailliert (siehe auch Abb. 18.2).

Konzept

Das Lösungskonzept wird unter Berücksichtigung der zukünftigen Prozesse, Organisationsstrukturen und IT-Systeme entwickelt:

- **Prozesse.** Die Prozesse können in die Bereiche *Supply Chain Planung*, *Supply Chain Execution* und *Supply Chain Controlling* unterteilt werden. Supply Chain Planung bezieht sich auf die in den Kapiteln 5 und 6 eingeführte SCP-Matrix, einschließlich der integrativen Prozesse und des Collaboration Planning. Da die Supply Chain Planung eine direkte Auswirkung auf operative Prozesse wie die Produktion (z. B. durch die Erzeugung von Auftragsvorratslisten) oder die Auftragsbestätigung (durch die Berechnung von ATP-Mengen und -Terminen) hat, müssen auch die zum SCM in Beziehung stehenden transaktionalen Prozesse (als Supply Chain Execution bezeichnet) berücksichtigt werden. Schließlich müssen die für das Supply Chain Management relevanten Kennzahlen durch das Supply Chain Controlling überwacht und analysiert werden, um als Basis für die Einführung eines kontinuierlichen Verbesserungsprozesses dienen zu können.
- **Organisation.** Die Realisierung der SCM-Prozesse wird aller Wahrscheinlichkeit nach organisatorische Veränderungen erfordern. Beispiele dazu sind die Verlagerung von Verantwortungsbereichen und die Einführung von Supply Chain Planungsgruppen bis hin zur Gründung einer neuen SCM Abteilung.
- **Systeme.** Sowohl die Systemlandschaft als auch die Entwicklung von Schnittstellen und Programmerweiterungen müssen die Planungs- und Controllingprozesse unterstützen. Dabei sollten die Vorteile, die durch die Erfüllung der Prozessanforderungen (was eine Abweichung von den vorgegebenen Software-Standards bedeuten kann) entstehen, und die entsprechenden Kosten für die Entwicklung und Betreuung der IT-Lösung gegeneinander abgewogen werden.

Die Abbildung des detaillierten Lösungskonzepts auf die Funktionalitäten der gewählten Software erfordert typischerweise aus zwei Gründen eine Anpas-

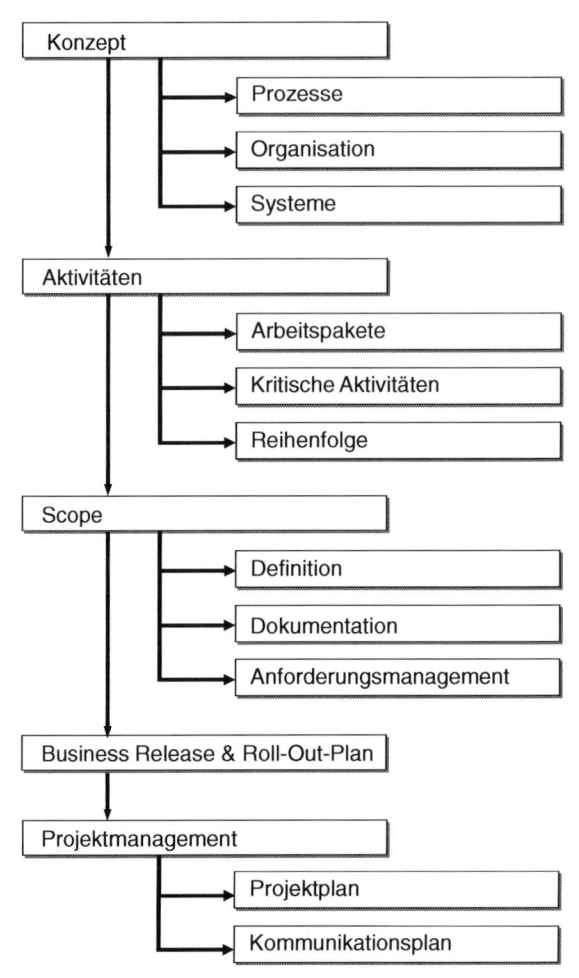

Abb. 18.2. Aufgaben in der Phase *Design der Lösung*. Anstelle der Aktivität *Lösungskonzept* sind die detaillierten Arbeitsschritte *Konzept*, *Aktivitäten* und *Scope* aufgeführt.

sung des Konzepts. Erstens hat jedes Unternehmen spezielle Prozessanforderungen, die durch kein APS vollständig im Standard abgedeckt werden können und dadurch zu funktionalen Lücken führen. Zweitens werden, um Zeit und Kosten für das Projekt zu reduzieren, relativ oft industriespezifische, vorkonfigurierte Templates eingeführt (falls verfügbar, siehe auch Abschnitt 18.2). Daraus folgt, dass die meisten Unternehmen Kompromisse in Bezug auf die funktionale Unterstützung ihrer Sollprozesse eingehen müssen, was in der Regel zu einer Anpassung des Projektumfangs oder zu einer Änderung der internen Prozesse führt.

Um die funktionalen Lücken zu ermitteln, werden die Kernfunktionalitäten, die zur Unterstützung des Lösungskonzepts erforderlich sind, validiert. Dies kann beispielsweise durch die Entwicklung eines kleinen Piloten unter Verwendung eines begrenzten Satzes an Daten geschehen. Es ist wichtig, die wesentlichen Funktionalitätslücken in dieser frühen Phase des Projekts zu entdecken, um eine solide Basis für die Kosten- und Risikoabschätzung zu erhalten.

Aktivitäten

Das detaillierte Lösungskonzept wird in Arbeitspakete bzw. detailliertere „Aktivitäten" aufgeteilt, die die Basis für einen ersten groben Projektplan bilden. Die kritischen Aktivitäten müssen identifiziert und in eine Reihenfolge gebracht werden, um den kritischen Pfad zu bestimmen. Falls möglich sollten Meilensteine zur Verbesserung der Sichtbarkeit des Projektfortschritts definiert werden.

Die Entwicklung einer verlässlichen Abschätzung der Einführungskosten und -dauer ist eine wesentliche Anforderung an erfolgreiche Projekte. Gartner schätzt, dass bei 40 Prozent der Unternehmen, die in 2004 ERP- oder ERP-II-Systeme eingeführt haben, die Budgets für Kosten und Zeit bei diesen Einführungsprojekten um mehr als 50 Prozent überschritten wurden (Strategic Analysis Report, Zrimsek et al. 2001). Berücksichtigt man die Tatsache, dass SCM-Projekte in der Regel aufgrund ihres bereichsübergreifenden Charakters noch komplexer als ERP-Einführungen sind, kann man sicherlich auch in diesem Sektor von ähnlichen Zahlen ausgehen. Es ist daher unerlässlich, dass das Kosten- und Risikomanagement von versierten Teammitgliedern durchgeführt wird (möglicherweise durch externe Berater), die in diesem Bereich ausreichend große Erfahrung auf Basis erfolgreich durchgeführter Projekte haben.

Scope

Besondere Aufmerksamkeit sollte auf den geplanten Umfang oder „Scope" des Projekts gelegt werden. Der Scope muss sorgfältig definiert, dokumentiert und kommuniziert werden, um die Erwartungen an das Projekt auf das Machbare zu begrenzen. Wie mit Anforderungen und Erwartungen umgegangen werden sollte, wird im Detail später in diesem Abschnitt diskutiert.

Business Release & Roll-Out-Plan

Für eine reibungslose Umsetzung des Lösungskonzepts in der *Ausführungsphase* (siehe Abschnitt 18.1.4) muss ein geeigneter Business-Release- & Roll-Out-Plan erstellt werden. Mit einem „Business Release" ist ein Satz von Funktionalitäten im Rahmen des Lösungskonzepts gemeint, während „Roll-Out" die Realisierung eines Lösungskonzepts oder Business Releases bedeutet.

Die Business-Release-Planung sollte wie folgt vorgehen:

- Einfach und mit begrenztem Umfang unter Berücksichtigung von Standard Supply Chain Prozessen starten.
- Mit der Entwicklung von Funktionalitäten für die weniger komplexen Regionen beginnen.
- Den Anteil an komplexen Funktionalitäten und automatisierten Planungsabläufen erst nach einer Lernphase steigern.
- Die Entwicklung von nicht wertschöpfenden Funktionalitäten durch ein stringentes Scope-Management vermeiden.

Die Roll-Out-Strategie muss in der Regel sowohl regionale Bereiche als auch funktionale Aspekte abdecken. Beispielsweise könnte ein Business Release zunächst nach Italien und dann erst nach Frankreich und Osteuropa ausgerollt werden. Oder die Absatzplanungs- und Master Planning Module eines APS (die das erste Business Release bilden) werden in einer ersten Phase implementiert und erst in einer folgenden Phase wird das Feinplanungsmodul (zweites Business Release) ausgerollt.

Projektmanagement

Der Implementierungsplan (einschließlich aller Aufgaben in den Bereichen „Konzept", „Aktivitäten" und „Scope") wird durch die für das Projektmanagement und einen geeigneten Kommunikationsplan erforderlichen Anstrengungen vervollständigt. Aufgrund der Bedeutung dieser Themen für den Projekterfolg werden sie im Folgenden etwas tiefergehend diskutiert.

Die Erfahrung hat gezeigt, dass viele SCM-Projekte die gleichen Charakteristika aufweisen: Budget- und Zeitüberschreitungen sowie nicht erfüllte Erwartungen der Unternehmensmitarbeiter. Nicht alle dieser Probleme können auf ein unzureichendes Projektmanagement zurückgeführt werden, doch für (zu) viele trifft es zu. Die Bedeutung der Projektsteuerung kann aus der Vielzahl von Veröffentlichungen, die zu diesem Thema existieren, abgeleitet werden (siehe z. B. Kerzner 2006, Project Management Institute 2004 und Meredith und Mantel 2006). In diesem Abschnitt geben wir eine allgemeine Einführung in das Thema und zeigen einige wesentliche Fallstricke auf.

Projektmanagement-Aktivitäten müssen so geplant werden, dass sie die komplette Dauer des Projektes abdecken. Geeignete Kontroll- und Berichtsstrukturen sind zur effektiven Steuerung eines jeden Projekts erforderlich, unabhängig von dessen Größe oder Umfang. Meilensteine und Frühwarnsysteme sind dabei wesentliche Bestandteile des Berichtsprozesses. Die definierten Abläufe müssen es erlauben, den Projektfortschritt zu steuern, offene Fragen zu klären und die Risiken zu managen. Dabei sind als Hauptaktivitäten des Projektmanagements zur Minimierung von Kosten und Risiken festzuhalten:

- das Management der Stakeholder,
- die Strukturierung des Projektumfangs,
- die Planung und Steuerung der Projektaktivitäten,
- die Organisation der Ressourcen und
- die Qualitätssicherung.

Das Ziel des *Stakeholder Managements* ist es, die wesentlichen Vertreter aller Interessensgruppen mit ihren spezifischen Anforderungen zu identifizieren, um durch deren Einbeziehung und eine geeignete Informationspolitik den Erfolg des Projekts sicher zu stellen. Dazu müssen die am Projekt beteiligten bzw. durch das Projekt betroffenen Personen oder Personengruppen identifiziert und in Bezug auf ihre Bedeutung, ihre Interessen und Erwartungen und ihren Einfluss auf das Projekt bewertet werden. Anschließend werden die Maßnahmen definiert, die notwendig sind, um eine kontinuierliche Unterstützung durch die Stakeholder zu erreichen und zu erhalten.

Die *Strukturierung des Projektumfangs* erfolgt über die Aufteilung des Scopes in geeignete Abschnitte und Unterabschnitte. Dabei ist es wesentlich, die Integration der verschiedenen Arbeitsbereiche sicher zu stellen, vor allem bei SCM-Projekten mit mehreren gleichzeitig zu realisierenden Initiativen. Ein Beispiel dafür ist die Umsetzung eines Supply Chain Planungskonzepts mit den Bereichen Absatzplanung und Master Planning, bei dem das Ergebnis der Absatzplanung die Eingangsgröße für den Master Planning Prozess ist. In diesem häufig anzutreffenden Szenario würde das Projekt üblicherweise in zwei Teilprojekte „Absatzplanung" und „Master Planning" organisiert. Das Projektmanagement-Team muss dann sicher stellen, dass die Lösung für den Master Planning Prozess auch die Konzepte und die Zeitplanung des Teilprojekts „Absatzplanung" berücksichtigt.

Der *Projektplan* ist das grundlegende Werkzeug zur Steuerung eines komplexen Projekts. Er sollte aus einem Projekt-Masterplan für das Gesamtprojekt, der nur einen begrenzten Detaillierungsgrad enthält, und sehr genauen Projektplänen für die einzelnen Teilprojekte bestehen. Die Projektpläne müssen in gut unterscheidbare Phasen gegliedert und von den Projektleitern regelmäßig aktualisiert werden. Die Erfahrung hat gezeigt, dass wöchentliche Projektmanagement-Meetings erforderlich sind, um die verschiedenen Teile des Projekts unter Kontrolle halten zu können.

Es gibt unterschiedliche Wege, den *Projektplan zu organisieren* – in der Regel unter Verwendung von Software-Tools wie Microsoft Project oder MS Excel. Jeder Projektmanager sollte sich der Herausforderungen bei der Überwachung des Projektfortschritts bewusst sein. Daher ist eine für ihn geeignete Methode der Projektsteuerung sehr sorgfältig zu wählen. Die meisten Methoden basieren auf der Überwachung eines kritischen Pfades. Leider wird das Hauptproblem, nämlich ungeplante Verzögerungen bei gleichzeitig vorhandenen Interdependenzen zwischen den Aufgaben, oft nicht mit dem erforderlichen Nachdruck adressiert. Es liegt in der Natur von Einführungsprojekten, dass unvorhergesehene Aufgaben auftreten, die trotzdem ohne Verletzung des

Abschlusstermins erfüllt werden müssen. Deswegen sollten Zeitpuffer, die im Projektplan enthalten sein müssen, mit großem Verantwortungsbewusstsein verwendet werden. Sie dürfen nicht verschwendet werden, da ansonsten Verzögerungen im Projektzeitplan unvermeidlich sind (siehe Goldratt 1997 und Leach 2004). Die Kommunikation dieser Tatsache sollte für die Projektleiter eine hohe Priorität haben, insbesondere bei einem unerfahrenen Projektteam.

Der Projektplan muss die erforderlichen Ressourcen für die verschiedenen Einführungsphasen berücksichtigen. Typische Phasen sind:

- die Erarbeitung eines unternehmensweiten, standardisierten Templates,
- der Roll-Out dieser Standardlösung in einem Pilotbereich, um das grundlegende Konzept zu validieren, und
- der Roll-Out der Lösung in alle Bereiche einschließlich lokaler Anpassungen und Erweiterungen.

Die Sicherstellung der Verfügbarkeit der erforderlichen Ressourcen liegt in der Verantwortung des Projektmanagementteams.

Die *Qualitätssicherung* basiert auf periodischen Überprüfungen des Konzepts, auf der Einführung geeigneter Genehmigungsprozesse und auf der proaktiven Betrachtung potenzieller Risiken. Als Ergebnis dieser Projektmanagementaktivitäten wird eine Reduktion bzw. Begrenzung der Projektkosten und -risiken erwartet.

Es wurde schon erwähnt, dass, neben den Projektmanagementprozessen, ein geeigneter *Kommunikationsplan* für den Erfolg des Projekts erforderlich ist. Alle Ziele und erwarteten Benefits sollten an die betroffenen Personen kommuniziert werden. Dabei sollte mit einem sorgfältig vorbereiteten Kick-off-Workshop begonnen werden, um eine Atmosphäre der gespannten Erwartung und Motivation zu erzeugen. Diese Aktivitäten müssen ebenfalls in der Kostenabschätzung berücksichtigt werden.

Obwohl die Kommunikation der Ziele und erwarteten Benefits wichtig ist, reicht sie allein noch nicht aus, um die für eine erfolgreiche Implementierung nötige positive Grundstimmung zu erzeugen. Beispielsweise sind darüber hinaus gehend zusätzliche Schulungen für die Key-User aus allen betroffenen Bereichen zur Erläuterung grundlegender SCM-Ideen und -Konzepte sehr hilfreich. Es ist unerlässlich, schon in einer frühen Phase des Projekts eine durch Akzeptanz, Engagement und Begeisterung geprägte Haltung zu erreichen, sowohl im Team als auch in der Projektumgebung (Planungsabteilungen, Auftragsmanagement, Vertrieb etc.) und im unterstützenden Management (Bereichsleiter etc.). Dies kann durch die Umsetzung folgender Richtlinien erreicht werden:

- Die Teilnehmer sollen die Vorteile des SCM-Konzepts, z. B. durch interaktive Simulationen, selbst erleben.
- Die (grundlegenden) Funktionen und Eigenschaften des APS werden demonstriert bzw. vorgeführt.

- Die existierenden Risiken werden vor allem für das Projektteam deutlich dargestellt.
- Es sollte stärker auf Akzeptanz und Begeisterung als auf reines Fachwissen fokussiert werden.

Der Aufwand für solche Aktivitäten muss wiederum in der Kostenabschätzung enthalten sein.

Neben den Kick-off-Meetings und den Schulungen sollten in regelmäßigen Abständen Workshops mit den zukünftigen Anwendern organisiert werden, um den Projektfortschritt zu kommunizieren und die Unterstützung der Anwender aufrecht zu erhalten bzw. zu vergrößern. Vor allem in Langzeitprojekten besteht sonst die Gefahr, den Fokus auf die Ziele und die erwarteten Benefits zu verlieren, was zu Entmutigung und sogar Widerstand bei den Mitarbeitern des Unternehmens führen kann.

In jedem SCM-Projekt werden unerwartete Probleme auftreten, die nicht durch das Einführungsteam allein gelöst werden können. Beispiele für solche Schwierigkeiten sind schwere Softwarefehler oder unerwarteter Widerstand innerhalb der Kundenorganisation. Zusätzlich zum Projektmanagement ist es daher erforderlich, einen Prozess für die Behandlung solcher Widrigkeiten zu etablieren, der vom gesamten Projektmanagementteam gut verstanden ist und schon in einer frühen Phase des Projekts eingeführt wird. Als Aktivitäten, die in diesem Zusammenhang definiert werden müssen, sind die Analyse der Sachverhalte, die Zuordnung von Verantwortung und die Nachverfolgung bzw. Lösung der Probleme zu nennen.

Der Umgang mit Anforderungen und Erwartungen ist ein weiterer wichtiger Aspekt beim Management solcher offenen Fragen. Unrealistische Erwartungen und ein Fokus auf schnell sichtbare Erfolge können eine Verschiebung mit sich bringen, die von einem auf nachhaltige Verbesserungen ausgerichteten Realisierungskonzept hin zur Einführung kurzfristiger Verbesserungsmaßnahmen geht, die die fundamentalen Probleme des Unternehmens nicht dauerhaft lösen können. Zusammen mit dem Fehlen eines formalen Prozesses zur Definition der Geschäftsanforderungen kann dies zu einem Verlust des Fokus (dem sog. „Scope Creep") und damit zu dramatisch erhöhten Implementierungszeiten führen. Durch einen konsequenten, formalen Prozess zur Festlegung und Erweiterung bzw. Veränderung der Anwenderanforderungen kann dies vermieden werden. Hierbei sollten vorzugsweise die Koordinatoren als Filter für weniger wichtige Anforderungen dienen.

Der Implementierungsplan bildet – zusammen mit der Benefit-, Kosten- und Risikoabschätzung – den Businessplan, der die Basis für den von den Entscheidern zu genehmigenden Projektantrag ist. Nach der Genehmigung sollte das Management seine Unterstützung für das vorgeschlagene Grobkonzept explizit demonstrieren und offen in der Organisation kommunizieren.

18.1.3 Detailliertes Lösungskonzept

In dieser „Detaillösungsphase" werden die Details der vorgeschlagenen Lösung und, soweit sinnvoll, Software-Templates erarbeitet. Darüber hinaus wird der Projektplan weiter verfeinert, und es wird eine detaillierte Beschreibung der zum Projektabschluss notwendigen Arbeitsschritte erstellt. Dies schließt auch einen Plan für den Roll-Out, für die Schulungen der verschiedenen Bereiche und Anwender und für Change Management Aktivitäten ein. Abschließend müssen die Arbeitspakete den jeweiligen Teammitgliedern zugeordnet und die sich ergebenden Aktivitäten entsprechend der Verfügbarkeit der erforderlichen Ressourcen eingeplant werden.

Feinkonzept & Template-Entwicklung

Die Konzepte der vorhergehenden *Designphase* werden nochmals überprüft, um ein vollständiges Verständnis für die Auswirkungen der Umsetzung des Lösungsdesigns auf die verschiedenen Geschäftseinheiten und auf die Organisation als Ganzes zu gewinnen. Es muss sicher gestellt werden, dass die verfügbare Funktionalität des gewählten Softwareproduktes auch auf der detaillierten Ebene geeignet ist, obwohl dies im Grunde schon in der Auswahlphase durch die Entwicklung von kleineren oder größeren Prototypen getestet worden sein sollte (siehe Abschnitt 18.2). Noch fehlende Funktionalitäten müssen aber spätestens jetzt identifiziert werden.

Gewöhnlich wird ein *Template*, das alle Standardprozesse – inkl. etwaiger Neuentwicklungen für die oben angesprochenen fehlenden Funktionalitäten und inkl. unternehmensweiter Systemanpassungen (dem sog. „Customizing") – abdeckt, als eine Art „Schablone" zur Mehrfachverwendung in unterschiedlichen Standorten entwickelt (siehe auch Abschnitt 18.2). Ein Beispiel für diesen Ansatz wäre die Einführung eines Produktionsplanungssystems für ein Unternehmen mit mehreren Produktionswerken. Die Standardprozesse, die in allen Werken verwendet werden, würden im Template berücksichtigt werden, während die werksspezifischen Erweiterungen erst in der folgenden Phase „*Implementierung und Ausführung*" während des Roll-Outs der Lösung entwickelt werden würden.

Organisation des Einführungsteams

Das *Einführungsteam* musste zu Beginn des Projekts noch nicht komplett besetzt sein. Die Personalplanung wird in dieser und der nächsten Phase aber immer wichtiger. Im Projektplan muss natürlich berücksichtigt werden, falls einige Teammitglieder nicht Vollzeit für das Projekt abgestellt sind. Selbst für exklusiv abgestellte Mitarbeiter sollten aber nicht mehr als 80% der verfügbaren Arbeitszeit eingeplant werden, um Reisezeiten, Aufwand für administrative Aufgaben und Urlaubszeiten berücksichtigen zu können. Da die Koordinatoren die Verantwortung für eine erfolgreiche Projektumsetzung über die gesamte Projektdauer hinweg tragen sollten, ist wesentlich, dass sie dem Projekt mit ihrer vollen Arbeitszeit zur Verfügung stehen.

Die Erfahrung hat gezeigt, dass SCM-Projekte typischerweise zu etwa gleichen Teilen mit internen und externen Ressourcen zu besetzen sind. Die Auswahl und Bereitstellung geeigneter interner Projektmitarbeiter ist daher ein wichtiger Schritt. Externe Experten können zwar mit ihrer Erfahrung und ihrem technischen Wissen wesentlich zum Erfolg beitragen, doch nur die in der Organisation verankerten Mitarbeiter des Unternehmens können letztendlich das Projekt zum erhofften Ende bringen. Da die Einführung eines APS abteilungs- und bereichsübergreifende Anstrengungen erfordert, sollten unter anderem die folgenden Kriterien für die Auswahl der richtigen internen Teammitglieder angewandt werden:

- Erfahrung: Alle bedeutenden Aspekte des Projekts sollten abgedeckt sein, z. B. Vertrieb, Produktmanagement, Auftragsmanagement, Produktionsplanung, IT etc. Mitarbeiter mit Einfluss in Schlüsselbereichen würden sehr wertvoll sein.
- Fähigkeiten: Benötigt werden nicht nur Know-how-Träger, die die Geschäftsprozesse und -anforderungen sehr gut kennen, sondern auch interne Berater, mit deren Hilfe eine Wissensbasis aufgebaut wird, die auch nach dem Ende des Projekts im Unternehmen bleibt.

Für externe Berater kann ein ähnliches Auswahlschema aufgestellt werden. Die Anforderungen beinhalten in der Regel:

- Erfahrung in den Bereichen „Projektmanagement", „Change Management", „Best Practice Prozesse" und in der technischen Implementierung des Softwareprodukts.
- Fähigkeiten in den Bereichen „Erarbeitung der Anforderungskataloge", „Customizing und Anpassung des Softwareprodukts", „Roll-Out-Aktivitäten" und „Anwenderschulungen".

Obwohl es nicht möglich ist, jedes Projekt ausschließlich mit erfahrenen Mitarbeitern zu besetzen, ist es vor allem bei langfristig angelegten Projekten mit dem über die Projektlaufzeit fast unausweichlichen Austausch eines Teils des Teams wesentlich, einen hohen Level an Erfahrung und fachlichen Fähigkeiten bei den internen und externen Teammitgliedern einzufordern und zu überprüfen.

Change Management und Schulungen

Ein wichtiger Teil eines jeden SCM Projekts, der in der Regel durch externe Berater durchgeführt wird, ist der Bereich „Change Management". Die Einführung eines APS führt fast unausweichlich zu Änderungen an der Organisationsstruktur oder sogar -kultur. Im Folgenden werden die Phasen aufgelistet, die eine Organisation bzw. deren Mitarbeiter bei einem Veränderungsprozess durchlaufen und die in der Implementierungs- und Ausführungsphase berücksichtigt werden müssen (für vertiefende Literatur zum Thema Veränderungsdynamik in Verbindung mit Prozessen und Teams siehe z. B. Hayes 2007, Belbin 2004 bzw. DeMarco und Lister 1999):

- *Schock*: Konfrontation mit unerwarteten Ereignissen oder Rahmenbedingungen.
- *Ablehnung*: Die Notwendigkeit, das eigene Verhalten als Reaktion auf die veränderten Rahmenbedingungen zu ändern, wird nicht erkannt bzw. akzeptiert.
- *Rationale Einsicht*: Die rationale Notwendigkeit zur Veränderung wird erkannt, die Bereitschaft, die eigenen Verhaltensweisen zu ändern, ist allerdings noch nicht vorhanden, da dadurch die eigene wahrgenommene Kompetenz sinken würde.
- *Emotionale Akzeptanz*: Sowohl neue Chancen als auch entsprechende Risiken werden erkannt. Die Bereitschaft, Werte und Verhaltensweisen wirklich in Frage zu stellen, wächst und führt dazu, dass die Notwendigkeit der Veränderung akzeptiert wird.
- *Lernen*: Die Akzeptanz zur Veränderung führt zu einer hohen Bereitschaft für einen Lernprozess, wobei neue Verhaltensweisen und Abläufe ausprobiert und getestet werden.
- *Erkenntnis*: Die gewonnenen Erfahrungen helfen zu entscheiden, in welchen Situationen welches Verhalten angemessen ist.
- *Integration*: Die neu entwickelten Denk- und Verhaltensweisen sind völlig integriert und in die tägliche Arbeitsweise übernommen. Sie sind akzeptiert und werden weitgehend unbewusst vollzogen.

Zusätzlich zu den üblichen Problemen bei Veränderungen (Widerstand gegen Veränderung im Allgemeinen, Zufriedenheit mit dem aktuellen Zustand, Bedrohungen für die Sicherheit des Arbeitsplatzes oder die Karrierechancen etc.) gilt es, bei APS-Implementierungen noch zwei weitere, spezielle Barrieren zu überwinden: die *mangelnde Akzeptanz von Automatisierung* und die *Verlagerung von Verantwortungsbereichen*.

APS basieren auf Problemlösungs- und Optimierungsalgorithmen, die helfen sollen, auf eine geänderte Rahmenbedingung durch automatisch generierte Lösungsvorschläge und Warnhinweise (oder sogar durch automatische Entscheidungen) schnell zu reagieren. Es ergeben sich umfassende Auswirkungen auf die tägliche Arbeit von Vertriebsmitarbeitern, Produktionsplanern und anderen an den Planungsprozessen beteiligten Personen, da sich die Verantwortung für ein gutes Planungsergebnis wenigstens teilweise von diesen Mitarbeitern zum Planungstool verschiebt (und damit auch indirekt zu den Personen, die mit der Pflege der Stammdaten beschäftigt sind).

Ein Beispiel dafür ist ein Szenario, in dem ein Produktionsplaner eines Werks dann dem Produktionsplan eines APS vertrauen muss und dadurch nur noch die Probleme, die die Software durch Alerts, Warnhinweise oder Nachrichten aufzeigt, betrachtet und löst. Der Teil des Plans, für den die Software keine Probleme erkannt hat, würde direkt an die ausführenden Bereiche transferiert werden. Der Planer muss also davon ausgehen können, dass die Berechnungen durch die Software richtig durchgeführt werden (was in der Regel zutrifft) und dass die Eingangsdaten, die die Basis für die Berechnungen bilden, korrekt sind (sauber gepflegte Vor- und Durchlaufzeiten, Ausbeuten etc.). Letzteres ist typischerweise nur der Fall, wenn die Personen, die für die Pflege der Daten verantwortlich sind, ihren Einfluss auf den gesamten Planungsprozess kennen.

Widerstand gegen das Planungswerkzeug aufgrund des Verlustes an Verantwortung und Einflussmöglichkeiten ist eine offensichtliche Konsequenz. Dieses Problem kann nur durch einen geeigneten Change-Management-Ansatz (Kommunikationsplan, Einbeziehung der Mitarbeiter, Anerkennung und Belohnungen etc.) gelöst werden.

Es gibt noch einen anderen Aspekt, der speziell bei APS-Einführungen berücksichtigt werden muss: Typische SCM-Prozesse erfordern eine zentrale Planungsorganisation, beispielsweise in den Bereichen „Absatzplanung" (Konsolidierung der Prognosen aus den verschiedenen Vertriebsorganisationen, zentrales Verwalten von Allokationsmengen) oder „Master Planning" (Koordination der Material- und Kapazitätsengpässe über die gesamte Supply Chain). Daraus ergibt sich, dass der Verantwortungsbereich der lokalen Planer eingeschränkt wird. Diese Verschiebung der Verantwortung von lokal nach zentral wird von den betroffenen Personen in der Regel wenig positiv aufgenommen.

Die Verfügbarkeit und Qualität von Stamm- und Bewegungsdaten sind weitere wesentliche Herausforderungen in APS-Projekten. Ein APS hat deutlich höhere Anforderungen an die Qualität der Stammdaten als die meist existierenden Prozesse und Altsysteme, die sich im Unternehmensumfeld entwickelt haben und daher stärker an die aktuelle Datensituation angepasst sind.

Bezüglich der Verfügbarkeit von Stammdaten wird das Projektteam mit dem Problem konfrontiert, dass SCM ein bereichs- oder sogar unternehmensübergreifender Prozess ist. Daher sind in der Regel Daten aus den verschiedensten Applikationen und Systemen (mit den entsprechend unterschiedlichen Software- und Hardwarekonfigurationen) zu integrieren. Daraus ergibt sich gewöhnlich, dass die Pflege der Daten bei Personen liegt, die keine übergreifende Verantwortung haben und die in einem langsamen und manchmal schmerzhaften Prozess zu einer Verbesserung der Datensituation gebracht werden müssen.

Das Fehlen notwendiger Daten bzw. eine mangelnde Datenqualität führen zu Verzögerungen in allen Phasen des Projekts: Entwicklung, Konfiguration und Test der Softwarelösung werden schwierig, der produktive Einsatz der erreichten Lösung wird unwahrscheinlich. Um die mit Daten verbundenen Fallgruben zu vermeiden, muss der Prozess der Datenerzeugung und -pflege überprüft und, falls notwendig, schon zu Beginn des Projekts geeignet aufgesetzt werden.

Die Anforderungen an die Datenpflege müssen an alle relevanten Mitarbeiter in der Organisation kommuniziert werden. Generell werden in dieser Phase die Anstrengungen im Bereich „Kommunikationsplan" intensiviert. Als Maßnahmen kommen der Versand von Newslettern, die Durchführung von Workshops und vorbereitende Schulungen in Frage, um den Anwendern die Konzepte des SCM und die Funktionalitäten der ausgewählten Software näher zu bringen.

18.1.4 Projektdurchführung

Während der nun folgenden *Implementierungs- und Ausführungsphase* werden die Hauptkomponenten der Detaillösung erstellt, getestet und dokumentiert. Dies beinhaltet die Entwicklung und kundenspezifische Konfiguration der Software, die Implementierung von Best Practice Prozessen und die Schulung von Anwendern. Das während der *Detaillösungsphase* entworfene Template wird um zusätzliche unternehmensspezifische Anforderungen erweitert und gegebenenfalls auf andere Standorte ausgerollt. Zur Begrenzung von Zeit und Kosten dieser Phase ist es notwendig, die folgenden Erfolgsfaktoren festzulegen und einzuhalten:

- Fokussierung auf Ziele und Nutzen,
- Eingrenzung der Implementierung auf den festgelegten Umfang,
- stetige Unterstützung seitens des Senior Managements und
- Sicherstellung einer effektiven Kommunikation zwischen den Projektteilnehmern.

Die Komplexität eines APS-Projekts ist der Grund für einen der gefährlichsten Stolpersteine während dieser Phase: einen schleichender Zuwachs an Funktionen oder Scope Creep – mit anderen Worten: einen Verlust der Fokussierung. Im Gegensatz zu einem sorgfältig auf den erarbeiteten Konzepten der vorherigen Phase basierten Vorgehen führen die außerplanmäßige Modellierung und Implementierung jeglicher Details plötzlich aufkommender kundenspezifischer Anforderungen zu drastisch ansteigenden Implementierungszeiten oder sogar zum Scheitern des gesamten Projekts.

Die Installation eines konsequenten Änderungsmanagement-Prozesses mit dem Ziel einer Neubewertung einer jeden neuen Anforderung seitens der Anwender und der Ablehnung (oder zumindest der Aufschiebung und späteren Freigabe) derjenigen Anforderungen, die nicht erfolgskritisch sind, sondern lediglich Erweiterungen darstellen, ist der einzige Weg, um einen schleichenden Funktionszuwachs zu vermeiden. Nur der Teil der Anforderungen, der nach diesem Prozess noch übrig bleibt, sollte entwickelt und in das Modell einbezogen werden.

Solche Entwicklungsarbeiten müssen durch eine gut abgestimmte Testumgebung sowie eine sorgfältig ausgewählte Datenbasis für die Validierung der freizugebenden Software und laufender Erweiterungen unterstützt werden. Insbesondere im Hinblick auf eine finale Abnahme seitens des Kundenmanagements ist ein formales Test-Plan-Managementsystem mit einem integrierten Abnahme- und Freigabeprozess erforderlich.

Die IT-Infrastruktur beinhaltet typischerweise:

- ein Entwicklungssystem,
- ein Test- und Übungssystem,
- ein Qualitätssicherungssystem und
- ein Produktivsystem.

Die konfigurierte Hardware muss für jedes dieser Systeme, auch das Testsystem, ausreichend Leistung gewährleisten. Das Vorgehen zum Portieren von Entwicklungen von einem System zum anderen, z. B. vom Testsystem zum Qualitätssicherungssystem und schlussendlich zum Produktivsystem, muss frühzeitig und sorgfältig definiert werden.

Um Probleme im weiteren Verlauf des Projekts zu vermeiden, ist es erforderlich, ein Dokumentationssystem aufzusetzen sowie von Beginn an auf umfassende und ausführliche Dokumentationen zu bestehen. Ein professionelles *Dokumenten- und Wissensmanagementsystem* reduziert den Implementierungsaufwand. Es ist hilfreich bei der Erstellung von Schulungsmaterialien und, im nächsten Schritt, beim Aufbau einer Abteilung für Support und Wartungstätigkeiten. Dennoch wird dieser Aspekt leider zu häufig ignoriert, besonders in den frühen Phasen des Projekts, wenn die Komplexität noch niedrig und der Bedarf an konsequenter Dokumentation sowie für ein erweiterbares Dokumentationssystem noch nicht zwingend vorhanden ist. Zusätzlich zu den technischen Dokumentationen sollten Protokolle aller wichtigen oder offiziellen Besprechungen für spätere Verweise im Dokumentationssystem festgehalten werden.

Die Anwenderschulung basiert auf Projektdokumentationen, die während der *Detaillösungsphase* und der *Implementierungs- und Ausführungsphase* erstellt wurden. Darin sind sowohl die Soll-Prozesse als auch sämtliche Funktionalitäten der Software aufzuführen, die für das tägliche Geschäft der Anwender erforderlich sind. Die Anwenderschulung sollte praktische Übungen am Übungssystem mit einschließen. Zusätzlich sollte das Team Schulungsmaterialien, wie z. B. Handbücher und Übungen, zum selbstständigen Lernen zur Verfügung stellen. Die Anwenderschulung muss, insbesondere im Rahmen von APS-Einführungsprojekten, zeitnah und mit ausreichend Unterstützung durchgeführt werden. Andernfalls kann unzureichender Wissenstransfer den Fortschritt der angestrebten Lösung bremsen.

Wie in der *Detaillösungsphase* beschrieben, müssen sowohl der Arbeitsfortschritt als auch das Budget sorgfältig überwacht und verfolgt werden. Um die Akzeptanz des Projekts innerhalb der Organisation zu erhalten und zu steigern, ist es wichtig, Erfolge, Zielerreichungen und erfüllte Meilensteine regelmäßig als Teil eines Gesamtkommunikationsplans zu veröffentlichen.

18.1.5 Projektabschluss

In dieser späten Phase des Projektes wird der Wartungs- und Nachbearbeitungsprozess geplant und organisiert. Er umfasst:

- die Wartung der IT-Umgebung,
- die Wartung der Lösung und
- das Management noch offener Fragestellungen.

Die Wartung der IT-Umgebung (z. B. Produktivsystem, Qualitätssicherungssystem, Schnittstellen etc.) kann durch die IT-Abteilung des Unternehmens durchgeführt werden. Alternativ kann allerdings auch über eine Fremdvergabe dieser Aufgabe nachgedacht werden.

Am Ende der *Implementierungs- und Ausführungsphase* sollte das für die Wartung und die Erhaltung der Lösung (d. h. die durch das APS abgedeckten Funktionalitäten und die Stabilität und Verfügbarkeit der Software selbst) erforderliche Team etabliert sein. Es muss wenigstens zum Teil aus erfahrenen Teammitgliedern bestehen, die schon an der Einführung der Lösung beteiligt waren. Dieses Team sollte auch alle noch offenen Fragestellungen behandeln, die nach dem Ende des Projekt identifiziert werden, wie beispielsweise Anwenderanforderungen, Fehlerbehebung oder Probleme mit der Performance.

Die Dokumentation muss abgeschlossen und durch Kundenvertreter abgenommen werden. In der Regel werden dies die Koordinatoren sein.

Schließlich müssen Messsysteme für die Kennzahlen installiert werden, die eine Beurteilung des Erfolgs der realisierten Lösung erlauben. Die Abnahme der Lösung durch die Führungsmannschaft beendet das Projekt offiziell.

18.2 Modellierungsphasen eines APS-Projektes

Der letzte Abschnitt, in dem die fünf Haupt-Implementierungsphasen eingeführt wurden, zielte primär auf Aspekte des Projektmanagement und des Change Management ab. Im Folgenden wird ein APS-Implementierungsprojekt aus einer *Modellierungsperspektive* betrachtet. Dem Leser sollen die unterschiedlichen Arten von Modellen näher gebracht werden, die implizit und explizit eine Supply Chain und ihr zugehöriges Planungssystem während der APS-Implementierung und in der späteren Ausführung repräsentieren. Darüber hinaus werden einige Richtlinien zur Modellierung und integrierten Planung mit APS skizziert, wobei jeweils auf die Kapitel dieses Buches verwiesen wird, die für die angesprochenen Modellierungsphasen relevant sind.

18.2.1 Hauptphasen

Aus den Ausführungen des Abschnitts 18.1 wird deutlich, dass zwei Grundsatzentscheidungen bei der Einführung eines APS maßgeblich sind: es ist zu klären, ob eine Computer-Unterstützung der Planung überhaupt sinnvoll und nötig ist (und damit ob die Einführung eines APS überhaupt näher geprüft werden soll) und welches konkrete APS letztendlich zur Implementierung ausgewählt werden soll. Aus einer Modellierungsperspektive lassen sich damit drei Hauptphasen einer APS-Implementierung identifizieren, nämlich:

- die **Evaluierungsphase**, in der *unabhängig von einem speziellen* APS ein Konzept für die zukünftige Unternehmensplanung entwickelt wird. Dabei werden grundsätzliche Entscheidungen über das Planungssystem und die Planungskoordination der unternehmensweiten Supply Chain in den Bereichen Beschaffung, Produktion, Transport und Absatz getroffen. Für die nachfolgenden Betrachtungen ist nur die Erkenntnis von Interesse, ob eine Planungsunterstützung durch ein APS von Nutzen sein kann und die Einführung eines APS näher geprüft werden soll. Diese Phase entspricht im Wesentlichen der in Abschnitt 18.1.1 beschriebenen „Projektdefinition".
- die **Auswahlphase**, in der *unter den am Markt befindlichen* ein konkretes APS ausgewählt wird und die damit verbundenen Kosten und Risiken genauer abgeschätzt werden. Im Rahmen der Risikoanalyse sind in Frage kommende APS auch auf die nötige Planungsfunktionalität hin zu überprüfen. Wie Kap. 17 gezeigt hat, kann dies beispielsweise erfolgen, indem Fragelisten mit Funktionalitätsanforderungen durch die APS-Hersteller zu beantworten sind, indem Hersteller ihre Grundfunktionalitäten in Softwaredemonstrationen vorführen, oder indem besonders kritische Planungsfunktionalitäten durch die Implementierung von *anwenderspezifischen* Prototyp-Planungsmodellen nachgewiesen werden. Die risikominimierende letzte Variante ist aufgrund ihres Kosten- und Zeitaufwandes allerdings nur für einen oder wenige APS-Hersteller durchführbar. Am Ende dieser Auswahlphase steht die Kaufentscheidung für eines (oder gegen alle) der sorgfältiger getesteten APS an. Diese Phase entspricht im Wesentlichen dem in Abschnitt 18.1.2 angesprochenen „Design der Lösung" (bzw. der *„Designphase"*).
- die **Einführungsphase**, bei der die Entscheidung für ein spezielles APS bereits gefallen ist, die i.d.R. auch nicht mehr (oder nur unter hohen Kosten) revidiert werden kann. Unter diesen Vorgaben sind dann mit dem *bereits ausgewählten* APS Anwendungsmodelle zur strategischen und mittel- bis kurzfristigen operativen SC-Planung im Sinne der SCP-Matrix aus Abb. 5.3 zu erstellen. In der Einführungsphase sind damit die oben angesprochenen Phasen „Detailliertes Lösungskonzept" (bzw. *„Detaillösungsphase"*), „Projektdurchführung" (bzw. *„Implementierungs- und Ausführungsphase"*) und „Projektabschluss" subsumiert.

Erst am Ende der Einführungsphase existiert ein Planungssystem, bestehend aus einzelnen Planungsmodellen und einem verbindenden Informationsfluss, aus dem mit Hilfe eines konkreten APS und seiner Optimierungsmethoden *direkt* Entscheidungen oder zumindest Entscheidungsvorschläge resultieren, die den physischen Materialfluss einer Supply Chain regeln. Die ersten beiden

Hauptphasen dienen eigentlich nur dazu, diese finale Anwendung vorzubereiten. Dennoch werden in ihnen bereits wichtige Richtlinien zur Planung aufgestellt und so der spätere Materialfluss in wesentlichen Zügen vorbestimmt.

18.2.2 Teilphasen der Modellierung

Wie Abbildung 18.3 zeigt, lassen sich den oben eingeführten Hauptphasen detailliertere Teilphasen bzw. einzelne Modellierungsschritte und daraus resultierende Modelle zuordnen. Die nachfolgende Diskussion dieser Teilphasen und Modelle kann zwar nur einen Überblick geben. Dies wird aber durch Verweise auf die zugehörigen Buchkapitel, in denen weiterführende Information zur Modellierung zu finden ist, kompensiert.

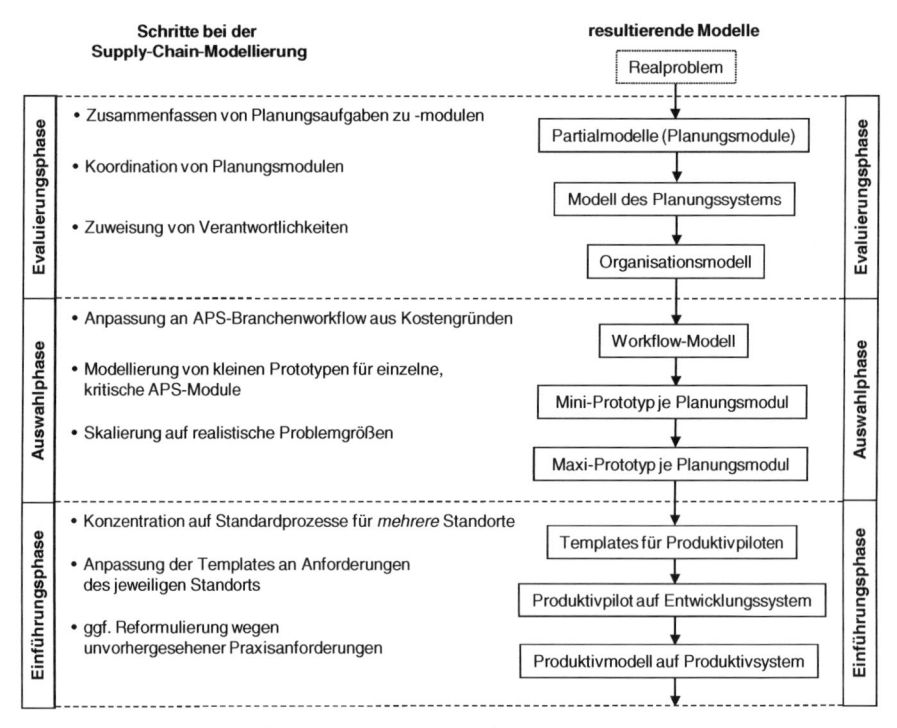

Abb. 18.3. Modellierungsphasen eines APS-Implementierungsprojektes

Treten in der betrieblichen Realität in einer Supply Chain Abweichungen der gemessenen Performance-Indikatoren gegenüber erwarteten oder erhofften auf, so ist eine tiefergehende Analyse der Gründe für diese Abweichungen nötig. Diese Analyse kann dazu führen, dass Planungsprozesse überdacht und verbessert werden sollen. Hierzu müssen zunächst die Planungsaufgaben mit dem größten Verbesserungspotenzial identifiziert werden. Wie Kapitel

5 bereits gezeigt hat, sind diese dann unter Abstraktion von weniger relevanten Aspekten der Realität in überschau- und lösbaren Planungsmodellen abzubilden. Hierbei sind Planungsaufgaben, die wegen enger Wechselbeziehungen und eines ähnlichen Planungshorizonts simultan betrachtet werden sollten, *zu Planungsmodulen zusammenzufassen*, die jeweils in der Verantwortlichkeit einer Person oder Unternehmenseinheit liegen. Da SC-Planung sich auf mehreren Planungsebenen mit unterschiedlichen Planungshorizonten abspielt, sind die resultierenden Planungsmodule allerdings nur *Partialmodelle* eines Gesamtplanungssystems, in dem die einzelnen Planungsmodule wiederum in gegenseitiger Wechselwirkung stehen.

Diese *Planungsmodule* müssen *koordiniert* werden, so dass die Supply Chain als Ganzes eine bestmögliche Performance und höchstmögliche Integration aufweist. Um die Koordination zu erreichen, sind vielfältige Informationen zwischen den einzelnen Planungsmodulen auszutauschen. Beispielsweise können Vorgaben von übergeordneten, koordinierenden Planungsmodulen an untergeordnete, koordinierte Planungsmodule weitergegeben werden oder Rückmeldungen in umgekehrter Richtung nötig sein (vgl. z. B. Abb. 14.1). Daraus ergibt sich das *Modell eines Planungssystems* (d. h. der Planungsmodule und ihrer gegenseitigen informatorischen Verbindungen), in dem der grundlegende Informationsfluss zwischen den einzelnen Planungsmodulen geregelt ist. Kapitel 5 gibt Hinweise, wie dies mit Hilfe der hierarchischen Planung umgesetzt werden kann. Da wesentliche Aspekte der Planung, wie beispielsweise ihre technische Realisierbarkeit, nur rudimentär erfasst bzw. grob abgeschätzt werden (zu diesem Zeitpunkt wird ja noch kein konkretes APS betrachtet), stellt dieses Modell lediglich einen Grobentwurf des Planungssystems dar, der später noch entsprechend angepasst werden muss, in seinen Grundzügen aber nicht mehr verändert werden sollte.

Der oben beschriebene Grobentwurf des Planungssystems erfolgte weitgehend losgelöst von der bestehenden Organisationsstruktur des Unternehmens. Deswegen müssen das Planungssystem und die Organisationsstruktur des Unternehmens noch miteinander abgeglichen werden, indem den bestehenden Organisationseinheiten *Verantwortlichkeiten* für die einzelnen Planungsaufgaben und -module *zugewiesen* werden. Hier ist zu erwarten, dass die als „ideal" identifizierte Planungsstruktur und die derzeitige Organisationsstruktur nicht in Einklang stehen. Aus Planungssicht wäre es wünschenswert, wenn die Organisationsstruktur an das in der letzten Modellierungsphase entwickelte „ideale" Planungskonzept angepasst werden könnte. Im Regelfall bestehen in einem Unternehmen aber bedeutende organisatorische Zwänge, die zu einer Revision des bisherigen Planungsmodells führen, beispielsweise weil die derzeitige Unternehmensorganisation nicht grundlegend verändert werden darf oder weil bei einer Reorganisation der Verantwortlichkeiten andere Aspekte als die Planungsintegration eine wichtigere Rolle spielen. Dann wird das letztlich resultierende *Organisationsmodell* deutliche Abweichungen gegenüber einem vorangegangenen, organisatorische Aspekte noch unberücksichtigt lassenden Grobentwurf des Planungssystems aufweisen. Auch hier erweist sich die hierarchische Planung wieder als hilfreich, da sie – wie Kap. 5 erahnen lässt – auch organisatorische Hierarchien abbilden kann.

Die drei Teilphasen „Zusammenfassen von Planungsaufgaben", „Koordination von Planungsmodulen" und „Zuweisung von Verantwortlichkeiten" zur Herleitung des Organisationsmodells ergeben zusammen einen Grobentwurf des zukünftigen Planungskonzepts, der üblicherweise im Rahmen einer Business-Process-Reengineering-Studie in der Evaluierungsphase erarbeitet wird. Ergebnisse sind dann der oben angesprochene Business Case und die Entscheidung zur näheren Prüfung einer APS-Unterstützung. Im Weiteren ist der APS-Markt zu sondieren (vgl. Kap. 17), und es ist – falls überhaupt Kandidaten geeignet erscheinen – eine Eingrenzung zu treffen, welche Systeme zur Minimierung der Risiken einer späteren Implementierung einer sorgfältigeren Prüfung zu unterziehen sind. Diese Prüfung erfolgt in der zweiten Hauptphase, der *Auswahlphase*. Für jeden nach der Eingrenzung verbleibenden Kandidaten sollten die drei nachfolgenden Modellierungsphasen durchlaufen werden.

Um Zeit und Geld während der Implementierung zu sparen, bieten APS-Hersteller manchmal (industriespezifische) „Workflows" für ihre Systeme an, d. h. Planungskonzepte mit vorkonfigurierten Datenverbindungen zwischen den Softwaremodulen. Diese Planungskonzepte wurden entworfen, um die speziellen Anforderungen „typischer" Unternehmen einer bestimmten Industrie oder Branche zu erfüllen. Die prinzipielle Vorgehensweise zur Herleitung solcher branchenspezifischer Planungskonzepte wurde ja bereits in Kap. 4 und in Abschnitt 5.3 skizziert. Um generell einsetzbar zu sein, wurden die Branchenworkflows unabhängig von unternehmensspezifischen Organisationsstrukturen konzipiert. Deswegen ist wiederum davon auszugehen, dass keine hundertprozentige Übereinstimmung zwischen Organisationsmodell und Branchenworkflow vorliegt. Aus Kostengründen kann es sinnvoll sein, das Planungskonzept *an* den *bereits existierenden Branchenworkflow* des APS-Herstel-lers *anzupassen*. Falls kein Workflow für die betrachtete Branche existiert oder ein vorhandener sich als absolut ungeeignet erweist, muss geprüft werden, inwieweit das Organisationsmodell mit den durch das APS gegebenen Möglichkeiten zur Verbindung von Softwaremodulen technisch überhaupt nachgebildet werden kann und ob eine solche Vorgehensweise wirtschaftlich vertretbar wäre. In beiden Fällen ist das Ergebnis ein „*Workflow-Modell*", das die mit dem betrachteten APS mögliche Koordination einzelner Planungsmodule wiedergibt.

Der Aufwand und die Kosten, dieses Modell mit dem betrachteten APS in der Auswahlphase tatsächlich physisch zu implementieren und anhand eines Prototypen zu testen, sind im Regelfall zu hoch. Allerdings besteht die Möglichkeit, einzelne als kritisch eingeschätzte Partialmodelle als Prototypen zu implementieren oder vom betrachteten APS-Hersteller implementieren und vorführen zu lassen. Dies ist notwendig, um zu testen, ob a) ein Softwaremodul alle funktionalen Anforderungen abbilden kann und ob b) Lösungen mit einer ausreichenden Lösungsgüte in einer akzeptablen Rechenzeit ermittelt werden können (andernfalls spricht man von einem „Lösungsdefekt").

Bei Nicht-Erfüllung ergeben die aus a) resultierende „Modellierungslücke" und die aus b) resultierende „Lösungslücke" die „Funktionalitätslücke", die in Abschnitt 18.1.2 bereits angesprochen wurde. Um die Modellierungslücke eines Softwaremoduls zu identifizieren, sollte ein kleiner und leicht lösbarer *„Mini-Prototyp"* des zugehörigen Planungsmoduls implementiert werden, der von der Struktur her alle kritischen Elemente der erwünschten Applikation aufweist. An diesem kann gezeigt werden, ob das angedachte Planungsmodul mit den im Softwaremodul gegebenen Modellierungsmöglichkeiten grundsätzlich abbildbar ist. Falls einige der erwünschten Funktionalitäten in der Software nicht enthalten sind, muss überprüft werden, ob ein angepasstes Modell noch akzeptabel wäre. Umgekehrt sind APS-Hersteller eher selten bereit, fehlende – nur für wenige Kunden relevante – Funktionalitäten in ein neues Softwarerelease aufzunehmen (vgl. Kap. 17). Der Mini-Prototyp bildet aber noch nicht vollständig die praxisrelevante Anwendungssituation ab, da er von seiner Dimension her so klein ausgelegt ist, dass Lösungsdefekte keine nennenswerte Rolle spielen können.

Erst wenn die grundsätzliche Struktur des Mini-Prototypen verifiziert ist, sollte er in einem nachfolgenden Schritt *auf realistische Problemgrößen skaliert* werden. Falls hierbei tatsächlich ein Lösungsdefekt zu überwinden ist, kann eine Re-Modellierung (z. B. gemäß den in den Abschnitten 5.1 und 9.2 im Rahmen der hierarchischen Planung vorgestellten Prinzipien der Aggregation und Dekomposition) hilfreich sein. Der daraus resultierende *„Maxi-Prototyp"* kann sich strukturell deutlich vom Mini-Prototypen unterscheiden. Bestenfalls ist hierbei nur eine geringfügige Verschlechterung der Lösungsgüte in Kauf zu nehmen. Im schlimmsten Fall stellt sich aber heraus, dass das betrachtete Planungsproblem mit dem getesteten Softwaremodul in einer anwendungsrelevanten Dimension nicht effizient gelöst werden kann. Wie Kap. 21 zeigen wird, kann dies beispielsweise auftreten, wenn die Anzahl der ganzzahligen Variablen eines gemischt-ganzzahligen Optimierungsproblems zu stark erhöht wurde. Um teure Fehlinvestitionen in die falsche Software zu vermeiden, ist ein sorgfältiger Test der Modellierungs- und Lösungsfähigkeiten eines Softwaremoduls bereits in dieser frühen Auswahlphase, d. h. *bevor* es gekauft wird, dringend anzuraten.

Mit den drei Modellierungsschritten der Auswahlphase kann der Grobentwurf des Business Case mit Daten für die jeweiligen Prototypen versehen und hinsichtlich eines konkreten APS verfeinert werden, um die Kosten und Risiken einer Einführung des APS abschätzen zu können. Damit wurden das Planungssystem und die einzelnen Planungsmodule noch nicht für den letztlichen Anwendungsfall modelliert, sondern es wurden lediglich kritische Grundfunktionalitäten abgeprüft. Die Ergebnisse der Auswahlphase sind dann ggf. eine Kauf- und Implementierungsentscheidung für ein konkretes

APS, ein detaillierter Plan, was implementiert werden soll („Final Business Case"), und ein Projektplan zum Ablauf und zu den Verantwortlichkeiten der Einführung („Implementierungsplan"). Die *Einführungsphase* beschäftigt sich anschließend mit der tatsächlichen Umsetzung des Vorhabens. Auch hier werden nachfolgend drei Modellierungsschritte unterschieden.

Falls ein Planungs- und Softwaremodul in ähnlicher Form an mehreren Standorten zum Einsatz kommen soll, kann es aus Kosten- und Zeitgründen sinnvoll sein, (ähnlich zum Branchenworkflow eines APS-Herstellers, aber nun unternehmensspezifisch) für dieses Modul eine *Standard-Implementierungsvorlage* (ein sog. *„Template"*) mit Modelleigenschaften zu *erstellen*, die an möglichst vielen dieser Standorte vorkommen. Zugunsten einer Vereinheitlichung wird dabei teilweise auf Funktionalitäten verzichtet, die an manchen Standorten zwar erwünscht wären, aber nicht unbedingt benötigt werden, und es werden evtl. Funktionalitäten implementiert, die an einzelnen Standorten überflüssig sind. Davon abhängig unterscheidet sich das dem Template zugrunde liegende standardisierte Planungsmodell mehr oder minder stark von den jeweils angestrebten Planungsmodulen der Standorte.

Als nächster Schritt erfolgt der sog. „Roll-Out", d. h. die Ausbringung der Templates an die jeweiligen Standorte. Dabei wird zunächst auf einem Entwicklungssystem gearbeitet und ein Pilotmodell für die später auf dem Produktivsystem genutzte Implementation erstellt. Dazu ist das *Template* wieder an die Anforderungen des jeweiligen Standortes *anzupassen*. Hierbei kann es vorkommen, dass wegen des (zur Realisierung von Synergieeffekten notwendigen) „Umwegs" über das Template nicht mehr alle im Planungsmodul des Standortes ursprünglich angestrebten Eigenschaften implementiert werden können. Deswegen wird sich der auf Basis des Templates entwickelte *Produktivpilot* i. d. R. von einer Lösung unterscheiden, die mit demselben Softwaremodul ausschließlich auf den Standort zugeschnitten worden wäre. Letztlich muss also für jeden Standort entschieden werden, ob die durch das Template erzielten Einsparungen auch tatsächlich alle Kompromisse wert sind, die später im operativen Betrieb eingegangen werden müssen.

Der Übergang (sog. „Go Live") vom Entwicklungssystem auf ein sich im täglichen Einsatz befindliches und zu bewährendes Produktivsystem erfordert u. a. die erstmalige faktische Vernetzung der Planungs- und Softwaremodule, die bisher bestenfalls im Workflow-Modell antizipiert und in Ausschnitten implementiert worden ist. Darüber hinaus steht im Regelfall die Anbindung an ein (meist bereits bestehendes und im Einsatz befindliches) ERP-System und weitere OLTP-Systeme (vgl. Abschnitt 14.2) an. Hierbei sind vielfältige „unliebsame Überraschungen" möglich, wie beispielsweise ein Fehlverhalten aufgrund nicht vorhandener oder schlecht gepflegter Daten, eine (trotz allen Tests) ungenügende Skalierbarkeit der Hardware bzw. Software oder Ähnliches. Wegen dieser unvorhergesehenen Praxisanforderungen und des dadurch bedingten *Reformulierungsbedarfs* können die letztlich auf den Produktivsystemen eingesetzten *Produktivmodelle* wiederum beachtlich von den ursprünglich entwickelten Produktivpiloten abweichen.

Während die Reihenfolge der drei Hauptphasen „Evaluierung", „Auswahl" und „Einführung" durch die zu treffenden Entscheidungen vorgegeben ist, hat sich die obige Abfolge der Teilphasen und Modelle zwar in vielen Anwendungen bewährt, ist aber sicher nicht die einzig mögliche und sinnvolle.

Es bleibt anzumerken, dass im operativen Einsatz ein beständiges Monitoring und Controlling der implementierten Modelle anhand geeigneter Leistungskennzahlen erforderlich ist (vgl. Abschnitt 3.3). Im Rahmen dessen ist zu prüfen, ob die verwendeten Modelle der Supply Chain und die zugehörigen Planungsmodelle noch aktuell sind oder ob sich – z. B. durch Aufnahme neuer Produkte ins Produktspektrum, durch die Anschaffung neuer Technologien o. ä. – wesentliche Voraussetzungen für deren Anwendung verändert haben, die ein erneutes Update erzwingen. Modellierungskenntnisse sind also nicht nur bei der Einführung und ersten Inbetriebnahme einer APS-Lösung nötig, sondern durchgängig im laufenden Betrieb.

Literatur

Belbin, R. (2004) *Management Teams*, Butterworth-Heinemann, 2. Aufl.

DeMarco, T.; Lister, T. (1999) *Peopleware: Productive Projects and Teams*, Dorset House, New York, NY, 2. Aufl.

Goldratt, E. (1997) *Critical Chain*, North River Press, Great Barrington, MA

Hayes, J. (2007) *The Theory and Practice of Change Management*, Palgrave Macmillan, Basingstoke, 2. Aufl.

Kerzner, H. (2006) *Project management: A systems approach to planning, scheduling and controlling*, Van Nostrand Reinhold, New York, 9. Aufl.

Leach, L. (2004) *Critical Chain Project Management*, Artech House, Boston, 2. Aufl.

Meredith, J.; Mantel, S. J. (2006) *Project Management : A Managerial Approach*, Wiley, New York, 6. Aufl.

Project Management Institute (2004) *A Guide To The Project Management Body Of Knowledge*, Project Management Institute, Pennsylvania, 3. Aufl.

Zrimsek, B.; Phelan, P.; Karamouzis, F.; Frey, N. (2001) *Estimating the Time and Cost of ERP and ERP II Projects – A 10-Step Process*, Tech. rep., Gartner Group, www.gartner.com, Datum: Juli 2007

Teil IV

Zusammenfassung und Ausblick

19 Zusammenfassung und Ausblick

Hartmut Stadtler[1] und Christoph Kilger[2]

[1] Universität Hamburg, Institut für Logistik und Transport, Von-Melle-Park 5, 20146 Hamburg, Deutschland
[2] J & M Management Consulting AG, Willy-Brandt-Platz 5, 68161 Mannheim, Deutschland

19.1 Zusammenfassung zum Advanced Planning

In den vorausgegangenen Kapiteln wurden die einzelnen Schritte zur Einführung eines APS in Industriebetrieben gezeigt. Diese begannen mit einer Analyse der bestehenden Supply Chain und dem Redesign. Darauf folgte die Modellierung der Supply Chain ausgehend von den langfristigen bis hin zu den kurzfristigen Entscheidungs- und Planungsebenen. Die Integration aller Planungsaufgaben, die zum Auftragserfüllungsprozess gehören, wird eine neue Ära der Unternehmensplanung und der Supply Chain Planung einläuten. Dabei werden die APS nicht nur zu Verbesserungen in den drei wesentlichen Determinanten der Wettbewerbsfähigkeit – Kosten, Qualität und Zeit – führen, sondern auch

- die (Planungs-)Prozesse transparenter machen,
- die Flexibilität erhöhen und
- die Engpässe in der Supply Chain aufdecken.

Die Supply Chain-weit zur Verfügung stehenden Informationen ermöglichen einen *transparenten* Auftragserfüllungsprozess. Sowohl Unternehmen als auch Supply Chains sind nunmehr in der Lage, ihren Kunden genaue und verlässliche Informationen zum Auftragsstatus zu geben und gegebenenfalls Warnhinweise (sog. „Alerts") zu versenden, falls ein unerwartetes Ereignis die Auslieferung eines Auftrags verzögert. Bevor ein derartiger Warnhinweis notwendig wird, ist der Entscheidungsträger in der Lage zu prüfen, ob der Auftrag eventuell von einem anderen Lager oder Werk rechtzeitig ausgeführt oder dem Kunden ersatzweise ein höherwertiges Produkt angeboten werden kann. Ferner erlauben transparente Prozesse geringere Verschwendungen entlang der Supply Chain, da z. B. Überbestände oder unausgelastete Ressourcen schnell erkannt und Maßnahmen zu deren Behebung ergriffen werden können. Noch wichtiger erscheint, dass die mit den APS verbundene Optimierung der Pläne die Verschwendungen von vornherein auf ein Minimum beschränkt.

Kurzfristige Änderungen der Märkte und der Kundenerwartungen erfordern, dass Supply Chains nicht nur schnell reagieren, sondern neue Trends antizipieren. In einigen Fällen kann dies durch die Einbindung der Schlüsselkunden in die Supply Chain gelingen. Andernfalls kommt die *Flexibilität* ins Spiel, die in zwei Ausprägungen zu betrachten ist: Die eine erlaubt den Ausgleich von Bedarfsschwankungen durch vorhandene Lagerbestände und den Einsatz von Produktionsfaktoren bzw. Personal. Die andere versucht, Marktänderungen über die Zeit abzufedern (mitunter auch als „Agilität" bezeichnet, siehe Pfohl und Mayer 1999). Ein APS unterstützt beide Ausprägungen. Zum Beispiel kann ein APS aufzeigen, wie die Lagerbestände bestmöglich eingesetzt werden können. Auch ist eine Reoptimierung der Maschinenbelegung mit einem neuen Auftragsmix leicht möglich. Die Flexibilität wird durch APS weiterhin durch eine erhebliche Reduktion des Fixierungshorizontes (engl. „frozen horizon") verbessert. Mit Hilfe der Hauptproduktionsprogrammplanung (engl. „Master Planning") sollten nicht nur die dezentralen (Planungs-)Einheiten koordiniert, sondern auch ein angemessener Grad der Flexibilität im Zeitablauf erreicht werden. Schließlich unterstützt das ATP eines APS eine flexiblere Zuordnung von verfügbaren Produkten zu Bedarfen und damit die Erfüllung von Kundenaufträgen.

Um die Wettbewerbsfähigkeit zu verbessern, kommt der Aufdeckung von Restriktionen bzw. *Engpässen* des Systems eine große Bedeutung in einem kontinuierlichen Verbesserungsprozess zu (vgl. auch Goldratt 1999). Restriktionen können auf allen Planungsebenen erkannt werden. Zum Beispiel bietet das mittelfristige Master Planning nicht nur optimale Lösungen für eine gegebene Planungssituation, sondern zeigt auch diejenigen Beschränkungen auf, die eine noch bessere Zielerreichung verhindern. Mit dem Erkennen und der Aufweichung von Restriktionen, z. B. durch flexible Einsatzmöglichkeiten der Mitarbeiter, lässt sich die Wettbewerbsfähigkeit steigern. Dieses Vorgehen führt zur Definition verschiedener Szenarien, von denen eines letztendlich auszuwählen ist. Dabei ist die Aufstellung von Szenarien – im Gegensatz zu früheren Zeiten – eine Angelegenheit von Stunden und nicht Wochen. Dies erlaubt eine viel engere und wirksamere Zusammenarbeit zwischen Planern und Entscheidungsträgern als je zuvor.

19.2 Weiterentwicklung der APS

Manche der obigen Aussagen sind bisher allerdings noch eher als Visionen zu verstehen. Es gibt aber bereits eine Reihe von Industrieanwendungen, die das beeindruckende Potenzial von APS-Implementierungen demonstrieren. Um diese Erfolge auf ein breiteres Spektrum an Unternehmen und Supply Chains ausdehnen zu können, sollten in Zukunft vor allem die folgenden fünf Aspekte adressiert werden, auf die nachfolgend näher eingegangen wird:

- die Modellierungs- und Lösungsmöglichkeiten von APS weiter verbessern,
- sicherstellen, dass alle benötigten Stamm- und Bewegungsdaten jederzeit verfügbar und konsistent sind,

- APS enger mit dem Controlling verknüpfen,
- die Anwendbarkeit von APS auch auf polyzentrische Supply Chains ausweiten und
- spezielle Schulungsmaßnahmen für Manager, Planer und Berater bereitstellen.

Obwohl APS jetzt bereits mehrere Jahre auf dem Markt sind, ist für die nahe Zukunft die Einführung weiterer Funktionalitäten zu erwarten. Allerdings sollten dabei die Systemarchitektur und das standardmäßige Zusammenspiel der Module beibehalten werden. Erfahrungen im Umgang mit einigen der Module haben gezeigt, dass es immer noch schwierig sein kann, einen bestehenden (Produktions-)Prozess adäquat zu modellieren. Da Supply Chains in der Lage sein müssen, sich schnell an Veränderungen des Marktumfeldes anzupassen, sollte die Modellierung mit APS einfach zu erlernen sein und Implementierungen sollten schnell umgesetzt werden können. Darüber hinaus wäre es sinnvoll, dass alle Module des gleichen APS-Herstellers eine ähnliche Modellierungssprache und -umgebung verwenden (was bisher leider nicht immer der Fall ist).

Des Weiteren mussten wir feststellen, dass nicht alle erzeugten Modelle in akzeptabler Rechenzeit lösbar waren bzw. eine zufriedenstellende Lösungsqualität lieferten. Jedoch konnte die Lösbarkeit manchmal durch geringfügige Änderungen am Modell deutlich verbessert werden. Deswegen sollten APS-Hersteller sich auch zukünftig um eine erweiterte Modellierungsfunktionalität und robustere, besser skalierbare Lösungsverfahren für große Probleminstanzen bemühen.

Modelle und Pläne haben nur dann einen Sinn, wenn sie erkennbar auf Entscheidungs- und Ausführungsprozesse in Supply Chains wirken. Diese eigentlich offensichtliche Aussage wird in der Praxis leider oft ignoriert. Zum einen müssen qualitativ hochwertige Stamm- und Bewegungsdaten vorhanden sein. Zum anderen muss auf zeitliche Aspekte geachtet werden: Wenn die Realität sich schneller ändert als der Plan, der Ausführungsprozesse anstoßen soll, wird der Plan nicht akzeptiert werden. Die für die Ausführung verantwortlichen Personen werden sich in diesem Fall ihr eigenes „Decision Support System" bauen – das dann meist Excel zu Rate zieht. Falls jedoch zuverlässige Daten vorliegen, das Modell ausreichend detailliert ist und die Planungsergebnisse die betriebliche Realität genau genug abbilden, kann und sollte der Plan auch tatsächlich genutzt werden, um die Ausführung anzustoßen. Manche Unternehmen haben sog. „Supply Chain Manager" etabliert, die als eine Art „Kontaktvermittlung" dienen sollen, um die Akzeptanz des Plans bei den Ausführenden zu verbessern. Allerdings sind deren Verantwortungsbereiche häufig nicht klar genug definiert, so dass ihr Handlungsspielraum zu begrenzt ist.

Heutzutage ist die Unternehmensleitung eher geneigt, Werkzeuge aus dem Controlling – wie beispielsweise Budgets oder die Balanced Scorecard – zu nutzen als sich auf APS zu verlassen. Deswegen sollte man eine *engere Ver-*

bindung zwischen APS-Modulen und dem Controlling schaffen. Dies kann entweder dadurch geschehen, dass man Entscheidungsmodelle mit den Schlüsselkennzahlen des Controlling besser in Einklang bringt oder – was sicherlich zu bevorzugen wäre – dass man APS sogar in den Werkzeugkasten des Controlling aufnimmt.

Bisher wurden APS vor allem auf Supply Chains mit zentraler Kontrolle ausgerichtet, d. h. in der Hauptsache auf intra-organisationale Supply Chains. Obwohl Informationsaustausch für APS, die in einer inter-organisationalen Supply Chain installiert sind, technisch kein großes Problem wäre, besteht häufig kaum Bereitschaft, Informationen (z. B. bezüglich Kosten oder verfügbaren Kapazitäten) den anderen Supply Chain Partnern gegenüber offen zu legen. Module zum Collaborative Planning (siehe Kap. 15) existieren zwar. Das Wissen, wie Pläne, die in unterschiedlichen Planungsdomänen erzeugt wurden, miteinander abgeglichen werden sollen, ist aber noch nicht ausgereift.

APS-Hersteller unternehmen beachtliche Anstrengungen, um offene Planungsfragen der Industrie, wie beispielsweise die Sicherheitsbestandsplanung in mehrstufigen Supply Chains oder (regelbasierte) Losgrößenplanung auf unterschiedlichen (hierarchischen) Planungsebenen, in ihren Systemen abzubilden. Darüber hinaus stellt eine stärkere Fokussierung auf Branchenlösungen eine weitere Maßnahme der Hersteller dar, um den Erwartungen der Praxis besser gerecht zu werden. Als dritter Trend ist festzustellen, dass dezentrale Steuerungsmechanismen mit Elementen einer Zentralplanung, die auf einer stärker aggregierten Ebene stattfindet, verknüpft werden. Wie Daganzo (2003) gezeigt hat, kann auch dezentrale Kontrolle in einer Supply Chain zu guten Lösungen führen, die nahe an das (bei zentraler Koordination erreichbare) Optimum heran reichen. Hierzu müssen geeignete Regeln definiert und von allen Supply Chain Partnern beachtet werden. Diese Regeln könnten beispielsweise die Produktionsmengen eines bestimmten Produktionsprozesses so glätten, dass sich vor- und nachgelagerte Supply Chain Stufen auf eine kontinuierliche Versorgung innerhalb festgelegter Grenzen verlassen können. Viele dieser Regeln wurden im Kontext des Lean Manufacturing (vgl. für einen Überblick Womack und Jones 2003) entwickelt. Einige APS-Hersteller, wie z. B. die SAP AG, haben Initiativen gestartet, um ihre SCM-Suiten (inkl. der APS) entsprechend zu erweitern.

In der Einführung dieses Buches wurde bereits angesprochen, dass SCM und APS stark von neuen Entwicklungen in der Informations- und Kommunikationstechnologie profitieren. Da zunehmend Geschäfte über das Internet abgewickelt werden, ergeben sich neue Herausforderungen für den Auftragserfüllungsprozess. Aufgaben wie „Supply Chain Execution" (Ausführungsprozesse in der Supply Chain) oder „Customer Relationship Management" (das Management der Kundenbeziehungen) müssen in diesem Zusammenhang neu überdacht werden. Bei einigen APS-Herstellern bildet ein APS lediglich einen kleinen Teil einer sehr umfangreichen Software Suite. Das sollte den Blick aber nicht dafür schmälern, dass eine konsistente Integration der Softwaremodule und Datenflüsse innerhalb eines APS immer noch eine sehr große Herausforderung bleibt – insbesondere wenn man bedenkt, dass sich die Softwarearchitektur von integrierten Standardsoftwaresystemen, wie sie beispielsweise von Oracle oder SAP angeboten werden, ständig ändert.

Anstatt auf der einen Seite hochintegrierte, monolithische Systeme wie SAP R/3 und auf der anderen Seite locker gekoppelte Systeme wie APS vorzuhalten, wird in Zukunft mit dem Konzept der sog. *„Service Oriented Architectures"* wohl ein stärker systematisierter Ansatz, um Systeme und Module zu integrieren, verfolgt werden. Dann werden Softwaresysteme wie APS die Dienste, die sie anbieten, formal beschreiben und öffentlich zur Verfügung stellen. Die Parametrisierung der Funktionsbausteine sollte konsequenterweise aus einem Prozessmodell abgeleitet werden und im Einklang mit dem Geschäftsmodell erfolgen. Ob sich dieser Ansatz zur Integration und kundenspezifischen Anpassung auch auf die Modellierung innerhalb der APS übertragen lässt, ist allerdings zum jetzigen Zeitpunkt noch offen.

19.3 Management der Veränderungen

Damit APS sinnvoll genutzt werden können, benötigen Manager und Planer *spezielle Schulungsmaßnahmen*, die sie in die Lage versetzen, Ergebnisse zu interpretieren, Wechselwirkungen mit anderen Bereichen der Supply Chain zu erkennen, Szenarios zu definieren und auf Warnhinweise geeignet zu reagieren. Über das Wissen zum Projektmanagement, zum Veränderungsmanagement („Change Management") und zur Informatik hinaus müssen Berater nun Kenntnisse und Erfahrungen in der Supply Chain Modellierung mit unterschiedlichen Softwaremodulen von APS aufweisen können. Diese Modelle, die weder zu detailliert noch zu grob sein dürfen, müssen zur Entscheidungsunterstützung beitragen und in akzeptabler Rechenzeit mit einer vernünftigen Ergebnisqualität lösbar sein. Denn ungeeignete Modelle würden die Wettbewerbsposition einer Supply Chain sogar noch schwächen anstatt sie zu verbessern.

Die Einführung eines APS bedeutet nicht nur, ein weiteres Softwarepaket den in einem Unternehmen bereits vorhandenen hinzuzufügen. Im Gegenteil, ein APS wird viele individuelle Softwarelösungen ersetzen, die vorher in der Verantwortung einzelner Mitarbeiter lagen und von diesen evtl. aufwändig (z. B. in vielen Tabellen) „gebaut" wurden. Manche Entscheidungen, für die früher sogar mehrere Verantwortliche eingebunden werden mussten, wie beispielsweise die Erzeugung eines detaillierten Maschinenbelegungsplanes für eine Werkstatt, können nun (weitgehend) automatisch getroffen werden. In der Konsequenz müssen manche Mitarbeiter wohl ihre bisherigen Aufgaben und Positionen wechseln, was zu Widerständen führen kann. Auf der anderen Seite bieten die Optimierungsfunktionalitäten der APS die Möglichkeit, bessere und schneller verfügbare Pläne zu erzeugen. Dies lässt zeitlichen Spielraum, um gegebenenfalls mehrere potenzielle Lösungsalternativen interaktiv zu evaluieren, was zu größerer Sicherheit und Zufriedenheit bei den beteiligten Planern führt.

Darüber hinaus sollte man sich vor Augen führen, dass die Einführung eines APS auch die Organisationsstruktur eines Unternehmens oder einer Supply Chain tangiert. Will man Prozesse definieren, die speziell auf die Anforderungen unterschiedlicher Marktsegmente zugeschnitten sind, müssen sich diese auch in der Organisationsstruktur widerspiegeln. Beispielsweise müssen für rechtlich selbstständige Unternehmen oder Profit-Center innerhalb eines Unternehmens Anreizsysteme gefunden und installiert werden, die es ermöglichen, die für eine als Einheit betrachtete Supply Chain beste Lösung zu realisieren. Sie dürfen nicht die Gefahr in sich bergen, dass einzelne Teilnehmer Lösungen präferieren, die im Sinne der gesamten Supply Chain suboptimal sind (vgl. z. B. Fleischmann 1999).

Aktuelle Berichte über APS-Einführungen bestätigen, dass die oben angeführten Empfehlungen ernst zu nehmen sind. Einige APS-Nutzer haben eine überraschend große Diskrepanz zwischen ihren Erwartungen, den Versprechen der Softwarehersteller, den Fähigkeiten der Berater und den Funktionalitäten der Softwaresysteme erfahren müssen. Zulässigkeitsstudien und die Implementierung von Prototypen erscheinen als probate Hilfsmittel, um allen Beteiligten ein realistisches Bild der Möglichkeiten zu vermitteln. Darüber hinaus sollte man nicht versuchen, große Visionen in einem einzigen Schritt umzusetzen. Stattdessen erscheint eine phasenweise, sukzessive Einführung von SCM-Ideen und diese unterstützender Software besser geeignet.

19.4 Abgrenzung und Zukunftsaussichten des SCM

In den vergangenen Jahren wurden mehrere empirische Studien durchgeführt, die zum Ziel hatten aufzuzeigen, was eine effektive, anderen überlegene Supply Chain prägt. Wie zu erwarten war, wurde eine große Anzahl solcher Faktoren vorgeschlagen und getestet. Zwei davon, die auch als signifikant eingestuft wurden, wollen wir besonders hervorheben. Jayaram et al. (2004) beschreiben sie als „... *structural elements such as having an integrated information system, and behavioral relationship building elements such as trust and commitment* ...". Dieses Ergebnis entspricht auch den in diesem Buch vorgestellten Erfahrungen bzw. Empfehlungen. Nämlich, dass sowohl strukturbezogene Faktoren, wie die Nutzung eines integrierten Informationssystems, als auch Partnerschaften prägende Faktoren, wie Vertrauen und Selbstverpflichtungen, wichtig sind.

Es existieren unterschiedliche Wege, um Supply Chains auf ihre jeweiligen strategischen und operativen Unternehmensziele auszurichten. Das Redesign von Organisationen und Prozessen basiert auf diesen strategischen Zielen, aber auch auf unterstützender Informationstechnologie. Das „Performance Management" ist für die Bereitstellung von Werkzeugen und Methoden verantwortlich, die allen Mitarbeitern helfen, Ziele umzusetzen. Es muss aber auch Transparenz zur Kontrolle der operativen Zielerreichung schaffen. Innovative Informationstechnologien – wie APS – sind die Grundlage, um neue Arbeitsabläufe zu schaffen, Geschäftsprozesse zu beschleunigen und strategische Erfolgspotenziale zu erzeugen („Business drives IT & IT drives Business" ist ein gern genutztes Schlagwort, um diesen wechselseitigen Einfluss zwischen Informationstechnologie und ökonomischen Interessen knapp zu umschreiben). Change Management dient als verbindendes und bindendes Element, wenn es darum geht, die Geschäftstransformation dauerhaft wirksam zu machen, indem sowohl Kenntnisse und Fähigkeiten als auch das Verhalten und Wertesystem der beteiligten Personen angesprochen werden.

Von zukünftigen Entwicklungen des SCM ist zu erwarten, dass nicht nur der Auftragserfüllungsprozess im Vordergrund stehen wird, sondern dass auch benachbarte Prozesse wie das Produktlebenszyklus- und das Finanzmanagement stärker einbezogen werden.

Literatur

Daganzo, C. F. (2003) *A Theory of Supply Chains, Lecture notes in economics and mathematical systems*, Bd. 526, Springer, Berlin, London

Fleischmann, B. (1999) *Kooperation von Herstellern in der Konsumgüterdistribution*, in: E. Engelhard; E. Sinz (Hrsg.) *Kooperation im Wettbewerb. Neue Formen und Gestaltungskonzepte im Zeichen der Gobalisierung und Informationstechnologie*, Gabler, Wiesbaden, 68–196

Goldratt, E. (1999) *Theory of constraints*, North River Press, Croton-on-Hudson, N. Y.

Jayaram, J.; Kannan, V.; Tan, K. (2004) *Influence of initiators on supply chain value creation*, International Journal of Production Research, Bd. 42, 4377–4399

Pfohl, H.-C.; Mayer, S. (1999) *Wettbewerbsvorteile durch exzellentes Logistikmanagement*, Logistik Management, Bd. 1, Nr. 4, 275–281

Womack, J. P.; Jones, D. T. (2003) *Lean thinking*, Free Press, New York, 1. Aufl.

Teil V

Anhang

20 Prognoseverfahren

Herbert Meyr

Technische Universität Darmstadt, Fachgebiet Produktion & Supply Chain Management, Hochschulstraße 1, 64289 Darmstadt, Deutschland

In Kap. 20 soll demonstriert werden, wie eine Prognoseplanung für Zeitreihen, die Saisonalität und Trend aufweisen, durchgeführt werden kann. Eine umfassende Einführung zu Prognosemodellen und -methoden ist beispielsweise bei Mertens und Rässler (2005) oder Tempelmeier (2008, Kap. C) bzw. in englischer Sprache bei Hanke und Wichern (2008) oder Makridakis et al. (1998) zu finden.

20.1 Prognose bei Saisonalität und Trend

Abschnitt 20.1 stellt das *Verfahren von Winters* (Winters 1960) vor, welches für multiplikative Saisonmodelle geeignet ist (vgl. Kap. 8). Es basiert in seiner Grundidee auf einem Vorschlag von Holt (1957) und wird deswegen alternativ auch als Holt-Winters-Verfahren bezeichnet. Im nächsten Abschnitt 20.2 soll aufgezeigt werden, wie die Startparameter des Verfahrens initialisiert wurden. Als „Nebeneffekt" lässt sich dabei auch das Grundprinzip der Linearen Regression nochmals veranschaulichen. Zum besseren Verständnis beruhen die Ausführungen auf einem Zahlenbeispiel, das nun kurz eingeführt und motiviert wird.

20.1.1 Zahlenbeispiel

Abbildung 20.1 zeigt Verkaufsmengen von Furnituren eines großen deutschen Schuhhändlers. Die Daten sind über das gesamte Absatzgebiet aggregiert und umfassen einen Zeithorizont von vier Wochen. Im Zahlenbeispiel werden die ersten drei Wochen (Tage -20, ..., 0) als bekannt angenommen. Das Ende des Tages 0 beschreibt den Ist-Zeitpunkt, von dem ausgehend Tag für Tag eine Prognose der zukünftigen Tagesabsätze der Woche 4 abgegeben werden soll.
Analysiert man die Tagesverkäufe der ersten drei Wochen fallen zwei Eigenheiten auf:

- Es scheint ein sich wöchentlich wiederholendes Absatzmuster vorzuliegen. Samstage weisen für gewöhnlich den höchsten Tagesabsatz auf, Sonntage dagegen den niedrigsten. Es kann also von einer wöchentlich auftretenden Saisonalität mit einem Saisonzyklus von $T = 7$ Tagen ausgegangen werden.

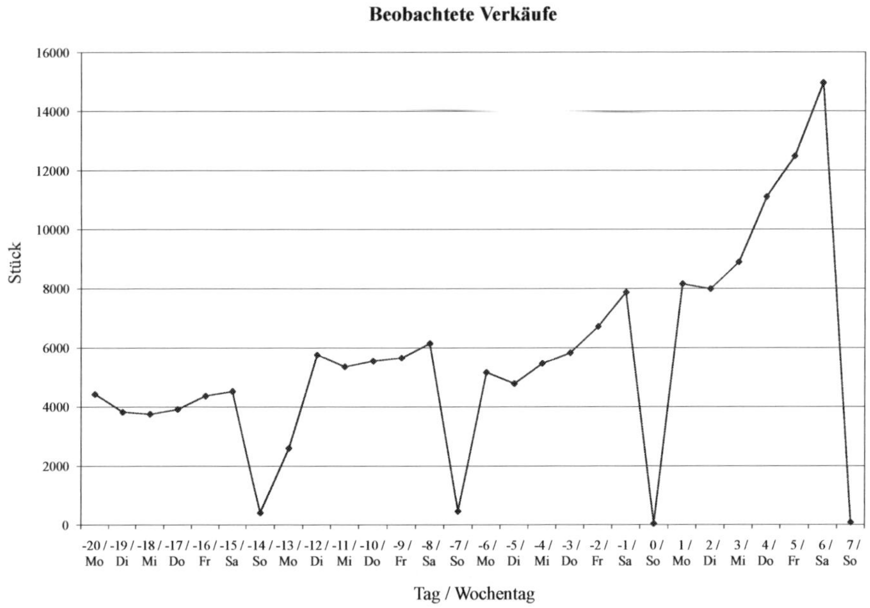

Beobachtete Verkäufe

Abb. 20.1. Verkaufsmengen von Furnituren eines deutschen Schuhhändlers

- Die Verkaufszahlen scheinen von Woche zu Woche beständig anzusteigen. Dieser Trend ist besonders gut ersichtlich, wenn man alle vier Wochen betrachtet. Aber bereits schon in den Verkaufszahlen der ersten drei Wochen ist ein (schwach) ansteigender Verlauf erkennbar.

Da auch die Amplitude der saisonalen Ausschläge ansteigt, erscheint ein multiplikatives Saisonmodell angebracht. Mit diesem Zahlenbeispiel soll nun eine tägliche Prognose nachgeahmt werden.

20.1.2 Modellierung von Saisonalität und Trend

In Abschnitt 8.4 wurde bereits gezeigt, dass ein multiplikatives Saisonmodell durch die Parameter a und b, die Basisniveau und Steigung des Trends abbilden, und die Saisonkoeffizienten c_t, die den saisonalen Ausschlag der Periode t repräsentieren, charakterisiert werden kann. Abbildung 20.2 illustriert, dass der Trend als eine lineare Funktion $a + b \cdot t$ in Abhängigkeit der Zeitperioden t (in unserem Zahlenbeispiel Tage) ausgedrückt werden kann.

Eine Absatzmenge x_t, die für Periode t beobachtet wurde, kann dann durch das multiplikative Saisonmodell

$$x_t = (a + b \cdot t) \cdot c_t + u_t \tag{20.1}$$

beschrieben werden. Dabei verstärken oder dämpfen die Saisonkoeffizienten c_t den zugrunde liegenden Trend. Wenn alle Saisonkoeffizienten den Wert 1

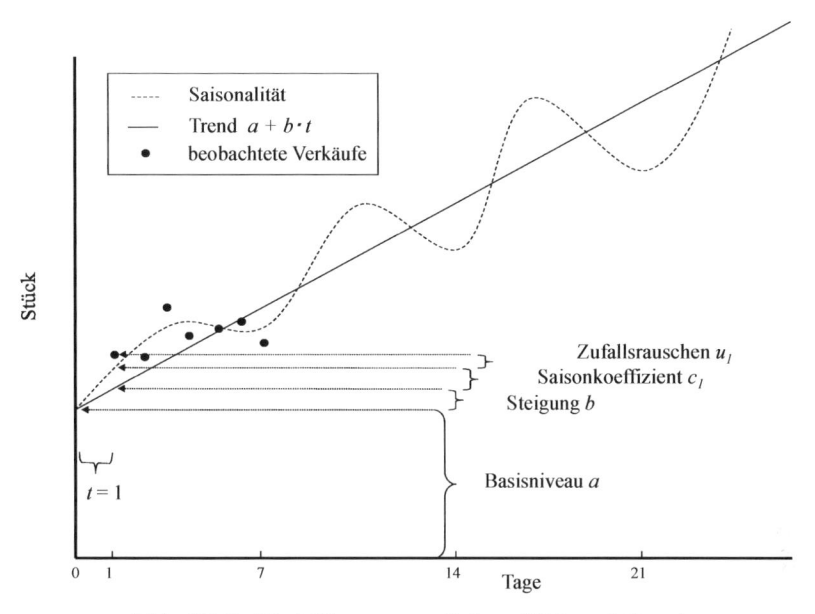

Abb. 20.2. Modellierung von Saisonalität und Trend

annehmen würden, läge keinerlei Saisonalität vor und das Modell würde sich auf ein einfaches lineares Trendmodell (vgl. z. B. Silver et al. 1998, S. 93f.) reduzieren. Die Terme u_t lassen sich als „rein zufälliges Rauschen" interpretieren, das nicht vorhergesagt werden kann. Sie repräsentieren die Planungsunsicherheit, wegen der die anderen Parameter nicht exakt gemessen werden können, sondern vorhergesagt werden müssen.

Nachfolgend wird das Symbol ˆ genutzt, um zwischen einer Prognose, die für ein noch unbekanntes, zukünftiges Ereignis abgegeben wurde, und der zugehörigen, nach Eintreten des Ereignisses gemessenen Beobachtung (kein ˆ) zu unterscheiden. Für Verkaufsmengen ist dieser Zusammenhang leicht nachvollziehbar. Mit dieser Notation bezeichnet $\hat{x}^t_{t+s}$ eine Prognose, die in Periode t für den noch unbekannten Absatz der zukünftigen der Periode $t+s$ ($s = 1, 2, \ldots$) abgegeben wurde, und x_{t+s} den (in der Vergangenheit) tatsächlichen beobachteten Absatz der Periode $t + s$. Analog stehen (bei Vernachlässigung der Prognosevorlaufzeit) $\hat{a}_t, \hat{b}_t$ und $\hat{c}_{t-T+1}, \ldots, \hat{c}_t$ für Schätzungen der tatsächlichen Werte von a., b. und c..

Allerdings lassen sich hier, wie oben erwähnt, wegen des unbekannten Zufallseinflusses u_t diese den Trend und die Saisonalität beschreibenden Parameter leider nie real messen, sondern immer nur schätzen. Als Folge können in der Periode t erstellte Absatzprognosen des nächsten Saisonzyklus gemäß

$$\hat{x}^t_{t+s} = (\hat{a}_t + \hat{b}_t \cdot s) \cdot \hat{c}_{t+s-T} \quad (s = 1, \ldots, T). \tag{20.2}$$

nur indirekt aus den Schätzungen der Trendparameter und Saisonkoeffizienten, die zum Zeitpunkt t gerade vorliegen, abgeleitet werden. Gleichung (20.1) dient also lediglich als modellhafte Beschreibung der Realität, aus der die Vorschrift (20.2) abgeleitet wird. Die eigentliche Problematik der Absatzprognose liegt in der Bestimmung guter Schätzer der Trendparameter und Saisonkoeffizienten, der wir uns im folgenden Abschnitt widmen wollen.

Für unser Zahlenbeispiel, anhand dessen im nächsten Abschnitt das Verfahren von Winters vorgestellt werden soll, ist es ausreichend, sich auf Absatzprognosen des jeweiligen Folgetages, d. h. auf $s = 1$, zu beschränken. Deswegen kann im Weiteren statt der etwas aufwändigen Schreibweise $\hat{x}^t_{t+1}$ die vereinfachende Notation $\hat{x}_{t+1}$ eingesetzt werden.

20.1.3 Das Verfahren von Winters

Das Verfahren von Winters (1960) nutzt das Prinzip der Exponentiellen Glättung, das in Kap. 8 bereits vorgestellt wurde, um die in Gl. (20.2) verwendeten Trendparameter und Saisonkoeffizienten zu schätzen. Die Grundidee der Exponentiellen Glättung lässt sich mit folgender Gleichung nochmals ins Gedächtnis rufen:

$$\text{neue Prognose} = sc \cdot \text{jüngste Beobachtung} + (1 - sc) \cdot \text{letzte Prognose} \quad (20.3)$$

Die *neue Prognose*, die am Ende der aktuellen Periode für die Folgeperiode(n) erstellt wird, gewinnt man, indem die *jüngste Beobachtung*, d. h. der in der aktuellen Periode gemessene Wert, mit der *letzten*, am Ende der Vorperiode erstellten *Prognose* geglättet wird. Die vorzugebende Glättungskonstante $sc \in (0; 1)$ bestimmt das Gewicht, das man auf die jüngste Beobachtung legt. Je höher die Glättungskonstante, desto größere Bedeutung wird der jüngsten Beobachtung zugesprochen. Tabelle 20.1 verschafft einen Überblick, wie Winters in Periode $t+1$ mit Hilfe der Exponentiellen Glättung die Parameter $\hat{a}_{t+1}$, $\hat{b}_{t+1}$ und $\hat{c}_{t+1}$ schätzt, aus denen gemäß Gl. (20.2) eine Absatzprognose $\hat{x}_{t+2}$ für Folgeperiode(n) $t + 2$ (etc.) abgeleitet wird.

Tab. 20.1. Einsatz der Exponentiellen Glättung im Verfahren von Winters

neue Prognose	Glättungskonstante sc	jüngste Beobachtung	letzte Prognose
$\hat{a}_{t+1}$	α	$x_{t+1}/\hat{c}_{t+1-T}$	$\hat{a}_t + \hat{b}_t \cdot 1$
$\hat{b}_{t+1}$	β	$\hat{a}_{t+1} - \hat{a}_t$	$\hat{b}_t$
$\hat{c}_{t+1}$	γ	$x_{t+1}/\hat{a}_{t+1}$	$\hat{c}_{t+1-T}$

Tab. 20.2. Prognosen für Woche 4 mit Hilfe des Verfahrens von Winters

t	Wochentag	x_t	$\hat{x}_t$	$\hat{a}_t$	$\hat{b}_t$	$\hat{c}_t$
-6	Montag					1,245693
-5	Dienstag					1,115265
-4	Mittwoch					1,088853
-3	Donnerstag		Initialisierung			1,135378
-2	Freitag					1,178552
-1	Samstag					1,229739
0	Sonntag			5849,0	123,3	0,006520
1	Montag	8152	**7440**	**6429,8**	**489,3**	**1,2523...**
2	Dienstag	7986	7717	7112,3	643,9	1,1175...
3	Mittwoch	8891	8445	8083,6	905,8	1,0922...
4	Donnerstag	11107	10206	9624,0	1413,5	1,1410...
5	Freitag	12478	13008	10677,6	1125,5	1,1756...
6	Samstag	14960	14515	12092,8	1357,3	1,2319...
7	Sonntag	81	88	12628,5	700,0	0,0065...

Die Bedeutung der drei Gleichungen wird am besten an unserem Zahlenbeispiel ersichtlich. Wir starten mit der Berechnung am Ende des Tages $t = 0$. Tabelle 20.2 veranschaulicht das weitere Vorgehen:

1. **Initialisierung**:
   Um beginnen zu können, müssen Startwerte $\hat{a}_0$, $\hat{b}_0$ und $\hat{c}_{-6}, \ldots, \hat{c}_0$ (Saisonkoeffizienten für jeden Wochentag) vorliegen. In den Abschnitten 20.2.2 (für $\hat{c}.$) und 20.2.3 (für $\hat{a}_0$, $\hat{b}_0$) wird gezeigt werden, wie diese sich aus den beobachteten Absatzzahlen der ersten drei Wochen (Tag -20, ..., 0) gewinnen lassen. Für den Moment soll davon ausgegangen werden, dass diese bereits bekannt sind und die in Tab. 20.2 benutzten Werte $\hat{a}_0 = 5849,0$, $\hat{b}_0 = 123,3$ und $\hat{c}_{-6} = 1,245693$ aufweisen.[1]

2. **Prognose des Absatzes in Periode** $t + 1$:
   Mit Hilfe von Gl. (20.2) lässt sich der Absatz $\hat{x}_1$ in Periode 1 schätzen als:
   $$\hat{x}_1 = (\hat{a}_0 + \hat{b}_0 \cdot 1) \cdot \hat{c}_{-6} = (5849,0 + 123,3) \cdot 1,245693 = 7440$$

---

[1] Für die Startwerte der Saisonkoeffizienten $\hat{c}_{-6}, \ldots, \hat{c}_0$ sind zwei zusätzliche Dezimalstellen angegeben, um anzudeuten, dass das Zahlenbeispiel – obwohl die Ergebnisse nur auf eine Nachkommastelle gerundet abgedruckt sind – eigentlich auf mehrere Nachkommastellen genau gerechnet wurde, wie es in APS, Programmiersprachen und Tabellenkalkulationen üblich ist.

Der lineare Trend ($\hat{a}_0 + \hat{b}_0 \cdot 1$) berücksichtigt keinerlei saisonale Einflüsse und wird deswegen nachfolgend als „*saisonbereinigt*" bezeichnet. Da Absätze an Montagen etwa um 25 % höher als die Verkäufe eines durchschnittlichen Wochentags sind ($c_{-6} = 1,245693$), muss der Trend entsprechend nach oben angepasst werden. Es sei angemerkt, dass analog am Ende von Tag 0 die Absätze von Tag 2 (Dienstag) auf $(\hat{a}_0+\hat{b}_0 \cdot 2)\cdot \hat{c}_{-5} = 6798$ geschätzt werden könnten. Allerdings lässt sich am Ende von Tag 1 eine (in der Regel) bessere Schätzung für $\hat{x}_2$ abgeben, in die die neue Information einfließt, die durch die zusätzliche Beobachtung x_1 der Verkaufszahlen von Tag 1 gewonnen wurde.

3. **Beobachtung in Periode $t+1$:**
An Tag 1 werden 8152 Stück (Stk) verkauft, d. h. am Ende von Tag 1 liegt die Beobachtung $x_1 = 8152$ vor.

4. **Mit der jüngsten Beobachtung die Trendparameter und Saisonkoeffizienten aktualisieren:**
Die jüngste Beobachtung x_1 verbessert die Prognose des Trends und des Saisonkoeffizienten für den Wochentag „Montag". Hierzu werden die Glättungskonstanten $\alpha = 0,8$, $\beta = 0,8$ und $\gamma = 0,3$ analog zu Tab. 20.1 in folgender Weise benutzt:

(a) Das Basisniveau $\hat{a}.$ des Trends wird aktualisiert gemäß:

$$\hat{a}_1 = \alpha \frac{x_1}{\hat{c}_{-6}} + (1-\alpha)(\hat{a}_0+\hat{b}_0) = 0,8 \cdot \frac{8152}{1,245693} + 0,2 \cdot 5972,3 = 6429,8$$

Dabei dienen der „saisonbereinigte" Absatz $\frac{x_1}{\hat{c}_{-6}}$ des Tages 1 als jüngste Beobachtung des Basisniveaus und ($\hat{a}_0 + \hat{b}_0 \cdot 1$) als eine Schätzung des neuen Basisniveaus von Tag 1, die auf Grundlage des Wissens am Ende von Tag 0 abgegeben wurde.

(b) Mit dieser neuen Schätzung $\hat{a}_1$ kann nun $\hat{b}_1$ als aktualisierte Prognose der Steigung des Trends gewonnen werden:

$$\hat{b}_1 = \beta(\hat{a}_1 - \hat{a}_0) + (1-\beta)\hat{b}_0 = 0,8(6429,8 - 5849) + 0,2 \cdot 123,3 = 489,3$$

Zwischen Tag 0 und Tag 1 hat sich das Basisniveau verändert (in Abb. 20.2: erhöht) von $\hat{a}_0$ auf $\hat{a}_1$. Da $\hat{a}_1$ auf Grundlage der jüngsten Beobachtung x_1 gebildet wurde, kann die Differenz beider Werte als „jüngste Beobachtung" der Trendsteigung $b.$ interpretiert werden, die wiederum mit der letzten bekannten Prognose $\hat{b}_0$ der Trendsteigung gemäß Gl. (20.3) zu glätten ist.

(c) Dasselbe Prinzip wird auf den Saisonkoeffizienten $\hat{c}_1$ angewandt:

$$\hat{c}_1 = \gamma \frac{x_1}{\hat{a}_1} + (1-\gamma)\hat{c}_{-6} = 0,3 \frac{8152}{6429,8} + 0,7 \cdot 1,245693 = 1,2523$$

$\hat{c}_{-6}$ war die letzte Prognose für den Saisonkoeffizienten des Wochentags „Montag". Die jüngste Beobachtung des saisonalen Einflusses eines Montags lässt sich ermitteln, indem der zuletzt gemessene, saisonalen Einflüssen unterliegende Montagsverkauf x_1 durch das saisonbereinigte, eben geschätzte Basisniveau $\hat{a}_1$ dividiert wird.

5. **Ein Schritt vorwärts im Zeitablauf:**
Nun kann zum nächsten Tag übergegangen werden, d. h. t um 1 erhöht werden. Nach erneutem Durchlauf von Schritt (2) liegt am Ende des Tages 1 eine Absatzschätzung $\hat{x}_2$ für Tag 2 in Höhe von

$$\hat{x}_2 = (\hat{a}_1 + \hat{b}_1 \cdot 1) \cdot \hat{c}_{-5} = (6429,8 + 489,3 \cdot 1) \cdot 1,115265 = 7717$$

vor. Für die Folgetage wird analog verfahren...

Tabelle 20.2 zeigt die Ergebnisse, wenn das Verfahren von Winters für die Tage 2 bis 7 angewendet wird.

Abbildung 20.3 illustriert die Auswirkungen einer Variation der Glättungskonstanten α und β, die zur Trendschätzung genutzt werden. Häufig werden Glättungskonstanten aus den Intervallen $\alpha \in [0,02; 0,51]$, $\beta \in [0,005; 0,176]$ und $\gamma \in [0,05; 0,5]$ empfohlen (vgl. Silver et al. 1998, S. 108). Für unser Zahlenbeispiel haben sich allerdings $\alpha = \beta = 0,8$ als am besten geeignet herausgestellt. Dies bedeutet, dass die jüngsten Beobachtungen eine sehr hohes Gewichtung erhalten und nur ein geringer Glättungseffekt eintritt. Damit wird die Prognose in die Lage versetzt, schnell auf den starken Verkaufsanstieg in Woche 4 zu reagieren.

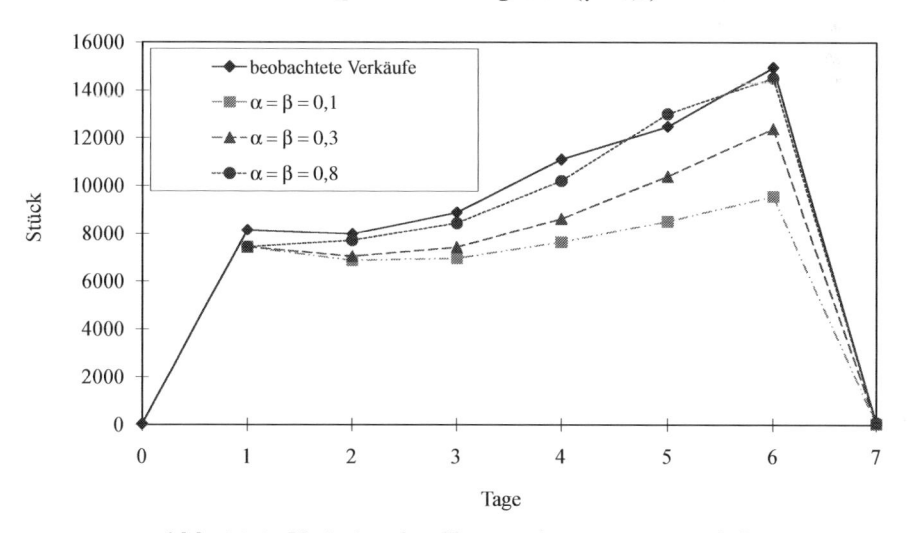

Abb. 20.3. Variation der Glättungskonstanten α und β

20.2 Initialisierung der Trendparameter und Saisonkoeffizienten

Es wurde bisher noch zurückgestellt, wie die Startwerte $\hat{c}_{-6}, \ldots, \hat{c}_0$ der Saisonkoeffizienten und $\hat{a}_0$ bzw. $\hat{b}_0$ der Trendparameter aus der Information über die Abverkäufe der ersten drei Wochen gewonnen werden können. Dies ist Aufgabe der Abschnitte 20.2.2 und 20.2.3. Zunächst soll allerdings noch beispielhaft demonstriert werden, dass die in den nackten Abverkaufszahlen enthaltene und damit in der Datenbasis abgespeicherte Information oft durch Einbezug zusätzlichen Wissens der Planer weiter verbessert werden kann.

20.2.1 Einbezug zusätzlicher Information

Betrachtet man die Daten der ersten drei Wochen (vgl. Abb. 20.1) scheinen zwei Phänomene gegen die Annahme eines multiplikativen saisonalen Trendmodells zu sprechen:

1. Die Verkäufe am Montag der zweiten Woche (Tag -13) sind verblüffend gering. Während in den anderen beiden Wochen 1 und 3 die Montagsverkäufe den Absatz des darauf folgenden Dienstags deutlich übertreffen, beträgt am Montag -13 der Absatz nicht einmal die Hälfte des Verkaufs am Dienstag -12.
2. Obwohl der Trend ansteigender Wochenverkäufe insgesamt sehr offensichtlich ist, bleibt der Absatz an Sonntag 0 deutlich geringer als der Absatz an den Sonntagen der ersten beiden Wochen (Tage -14 und -7).

Eine Analyse der den aggregierten Werten zugrunde liegenden detaillierten Datenbasis und Rückfragen in den Verkaufsfilialen haben ergeben, dass diese Ungereimtheiten nicht einfach nur Zufall sind, sondern dass die Gründe dieser scheinbaren „Anomalien" durchaus identifiziert werden können:

1. In einigen – aber nicht allen – Teilen Deutschlands war Montag -13 ein Feiertag. Deswegen waren 58 % der Verkaufsfilialen des Schuhhändlers an diesem Tag gar nicht geöffnet.
2. Normalerweise haben Schuhgeschäfte in Deutschland an Sonntagen geschlossen. In den ersten beiden Wochen wurden von relativ vielen Städten Sondergenehmigungen im Rahmen „verkaufsoffener Sonntage" erteilt (z. B. wegen eines dort an diesem Wochenende stattfindenden Frühjahrs- bzw. Herbstmarktes). Rückfragen haben ergeben, dass angenommen werden kann, dass ab Woche 3 einer um $93\frac{1}{3}$ % geringeren Anzahl Filialen solche Sondergenehmigungen vorliegen werden.

Mit diesem zusätzlichen Wissen kann nun die Datenbasis bereinigt werden, so dass einmalige Sondereinflüsse der Vergangenheit, die sich in der Zukunft nicht wiederholen werden, für die Prognose keine verfälschende Wirkung aufweisen. Aus diesem Grund werden die Verkäufe von Tag -13 um 138,1 %

($x_{-13} = 2600 \cdot \frac{100}{100-58} = 6190,4761$) erhöht und die Verkäufe an Sonntag -14 (410 Stk) und -7 (457 Stk) um $93\frac{1}{3}$ % gesenkt. In der korrigierten Zeitreihe, mit der wir in den folgenden beiden Abschnitten weiter arbeiten wollen, wird also von (eigentlich nicht beobachteten, „fiktiven") Absätzen $x_{-14} = 27,\overline{3}$, $x_{-13} = 6190,4761$ und $x_{-7} = 30,4\overline{6}$ ausgegangen.

20.2.2 Bestimmung der Saisonkoeffizienten durch Zeitreihendekomposition

Nun soll am Beispiel der Ratio-to-Moving-Averages-Methode (vgl. z. B. Makridakis et al. 1998, S. 109f.) gezeigt werden, wie sich die Startwerte für die Saisonkoeffizienten ermitteln lassen, die in Tab. 20.2 vorausgesetzt wurden. In Abschnitt 20.1.3 hatten wir bereits folgende Beziehung angewandt:

beobachtete Verkäufe in t = saisonbereinigte Verkäufe in t ·
· Saisonkoeffizient der Periode t

Wenn wir also saisonale Einflüsse „isolieren" und in Form von Saisonkoeffizienten erfassen wollen, müssen wir obige Gleichung einfach umformen:

$$\text{Saisonkoeffizient der Periode } t = \frac{\text{beobachtete Verkäufe in } t}{\text{saisonbereinigte Verkäufe in } t} \quad (20.4)$$

Dabei drücken die *saisonbereinigten Verkäufe der Periode t* Absatzmengen aus, die keinerlei saisonalen Einflüssen unterliegen. Aber wie lassen sich diese ermitteln?

An unserem Zahlenbeispiel wird schnell offensichtlich, dass der Gesamtabsatz einer vollen Woche als aggregierte Größe frei von saisonalen Einflüssen ist, da sich Verkaufsspitzen unterschiedlicher Wochentage dort gegenseitig ausgleichen. Es liegt also nahe, als saisonbereinigte Größen einfach Tagesverkäufe heranzuziehen, die als Durchschnitt einer vollen Woche berechnet wurden. Für die Wochen 1 bis 3 würde man so Durchschnittstagesverkäufe in Höhe von $\frac{4419+\ldots+27,3}{7} = 3544,6$, $4951,6$ und $5122,4$ Stück erhalten (vgl. Tab. 20.3). Dabei diente jeweils der Donnerstag als Wochenmitte.

Man kann dasselbe Grundprinzip aber natürlich für beliebige (zusammenhängende) Zeiträume von sieben Tagen anwenden bzw., anders ausgedrückt, andere Wochentage als Wochenmitte wählen. Zum Beispiel ergibt sich für den Zeitraum Tag -19, ..., -13 mit Freitag -16 als Wochenmitte ein Durchschnittstagesabsatz in Höhe von 3797,7 Stück. Wie Tab. 20.3 veranschaulicht, lassen sich auf diese Weise in unserem Zahlenbeispiel für jeden Tag im Zeitraum -17, ..., -3 Tagesabsätze ermitteln, die als Durchschnitte voller Wochen saisonbereinigte Größen darstellen. Weil dabei das Zeitfenster von sieben Tagen jeweils um einen Tag nach vorne verschoben wird, also quasi über den Betrachtungszeitraum „gleitet", spricht man in diesem Zusammenhang von „Gleitenden Durchschnitten" bzw. „Moving Averages" gl_t, die dann gemäß

Tab. 20.3. Die Ratio-to-Moving-Averages-Methode

Woche	Tag	Wochentag	(korr.) x_t	Gleit. $\oslash$ (gl_t)	$o_{Wo.tag}^{Woche}(t) = \frac{x_t}{gl_t}$
1	-20	Montag	4419		
1	-19	Dienstag	3821		
1	-18	Mittwoch	3754		
1	-17	Donnerstag	3910	**3544,6**	1,1031
1	-16	Freitag	4363	**3797,7**	1,1489
1	-15	Samstag	4518	4074,0	1,1090
1	-14	Sonntag	$(27,33\bar{3})$	4302,3	0,0064
2	-13	Montag	$(6190,4761)$	4535,1	1,3650
2	-12	Dienstag	5755	4719,0	1,2195
2	-11	Mittwoch	5352	4951,1	1,0810
2	-10	Donnerstag	5540	**4951,6**	1,1188
2	-9	Freitag	5650	4804,1	1,1761
2	-8	Samstag	6143	4664,6	1,3169
2	-7	Sonntag	$(30,466\bar{6})$	4680,6	0,0065
3	-6	Mondtag	5158	4721,8	1,0924
3	-5	Dienstag	4779	4873,8	0,9806
3	-4	Mittwoch	5464	5120,8	1,0670
3	-3	Donnerstag	5828	**5122,4**	1,1377
3	-2	Freitag	6714		
3	-1	Samstag	7872		
3	0	Sonntag	42		

Gl. (20.4) durch Division ins Verhältnis („in ratio to") zu den beobachteten Tagesabsätzen x_t der jeweiligen Wochenmitte gesetzt werden müssen, was dem Verfahren offensichtlich seinen Namen gab.

Daraus resultieren für jeden Wochentag mehrere (drei für den Donnerstag und zwei für jeden anderen Wochentag) Repräsentanten $o_{Wo.tag}^{Woche}(t) = \frac{x_t}{gl_t}$ des Wochentagseinflusses, die immer noch das Zufallsrauschen u_t enthalten. Um dieses zu reduzieren, bildet man in einem nächsten Schritt durchschnittliche Saisonkoeffizienten $o_{Wo.tag}^{\oslash}$ pro Wochentag (vgl. Tab. 20.4). Beispielsweise

Tab. 20.4. Reduktion des Zufallseinflusses in den Saisonkoeffizienten

Woche	Mo	Di	Mi	Do	Fr	Sa	So	$\sum$
1				**1,1031**	1,1489	1,1090	0,0064	
2	1,3650	1,2195	1,0810	**1,1188**	1,1761	1,3169	0,0065	
3	1,0924	0,9806	1,0670	**1,1377**				o^{total}:
$o^{\oslash}_{Wo.tag}$	1,2287	1,1000	1,0740	**1,1199**	1,1625	1,2130	0,0064	**6,9045**
$\hat{c}$.	1,2457	1,1153	1,0889	1,1354	1,1786	1,2297	0,0065	7,00

erhält man für den Donnerstag:

$$o^{\oslash}_{Donnerstag} = \frac{o^{Woche\,1}_{Donnerstag}(-17) + o^{Woche\,2}_{Donnerstag}(-10) + o^{Woche\,3}_{Donnerstag}(-3)}{Anzahl\ Wochen} =$$

$$= \frac{1,1031 + 1,1188 + 1,1377}{3} = 1,1199$$

Würde ein reiner Trend ohne irgendwelche saisonalen Einflüsse vorliegen, wäre zu erwarten, dass alle Saisonkoeffizienten den Wert 1 annehmen (vgl. Abschnitt 20.1.2) würden und sich für einen Saisonzyklus von einer Woche deswegen zu 7 aufsummieren. Wie Tab. 20.4 zeigt, bleibt die Summe aller durchschnittlichen Saisonkoeffizienten $o^{total} = \sum_{Tag=Mo}^{So} o^{\oslash}_{Tag} = 6{,}9045$ aber unter diesem Wert. Um den Trend korrekt abzubilden, müssen deswegen also die $o^{\oslash}$ durch Multiplikation mit der Konstanten $7/o^{total}$ noch normalisiert werden. Daraus ergeben sich letztlich die finalen Saisonkoeffizienten der Wochentage „Montag",..., „Sonntag", die als $\hat{c}_{-6},\ldots,\hat{c}_0$ bereits aus Tab. 20.2 bekannt sind.

20.2.3 Bestimmung des Trend durch Lineare Regression

Zum Abschluss bleibt noch zu zeigen, wie die Trendparameter a und b bestimmt werden können. Aus Gl. (20.5) ist ersichtlich, dass der Trend $a + b \cdot t$ – verdeckt durch ein Zufallsrauschen $\frac{u_t}{c_t}$ – resultiert, wenn die beobachteten Verkäufe durch Division mit c_t um saisonale Einflüsse bereinigt werden:

$$d_t = \frac{x_t}{c_t} = \frac{(a + b \cdot t) \cdot c_t + u_t}{c_t} = a + b \cdot t + \frac{u_t}{c_t}. \quad (20.5)$$

Die Parameter a und b können nun mittels *Linearer Regression* (vgl. Wood und Fildes 1976, S. 76f.) prognostiziert werden. Abbildung 20.4 veranschaulicht, dass geeignete Schätzer $\hat{a}$ und $\hat{b}$ beispielsweise gewonnen werden können, indem man die (quadrierten) vertikalen Abstände zwischen den saisonbereinigten Verkäufen $d_t = \frac{x_t}{\hat{c}_t}$ und der Trendlinie $\hat{a} + \hat{b} \cdot t$ minimiert. Wie in Abschnitt 8.4.2 bereits gezeigt wurde, stellt diese Methode auch einen wichtigen Weg dar, um sich bei kausalen Prognosen des Zufallsrauschens zu entledigen.

Lineare Regression

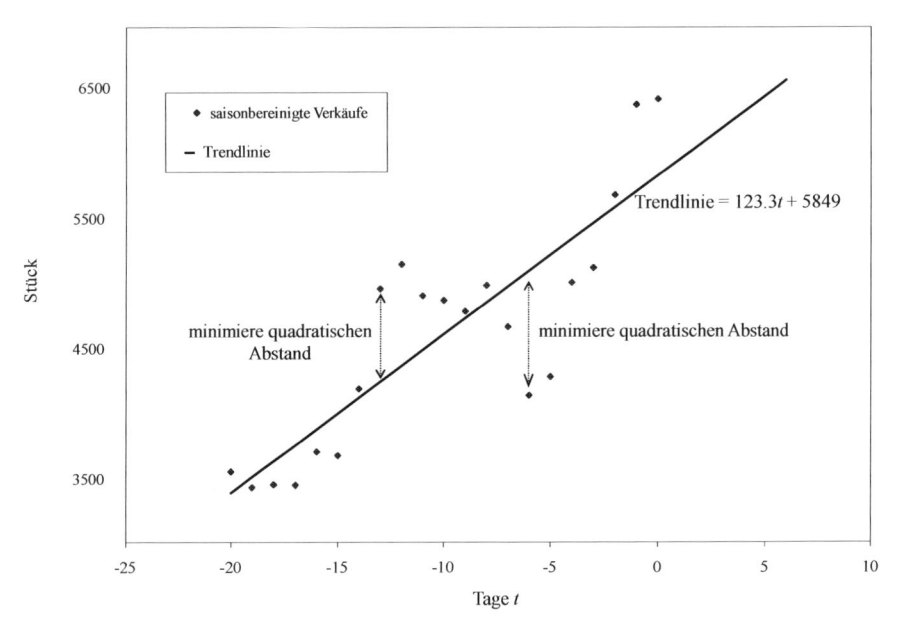

Abb. 20.4. Visualisierung einer Linearen Regression

Tabelle 20.5 und die Gleichungen (20.6) bzw. (20.7) illustrieren, wie mit Hilfe der Linearen Regression die Trendparameter $\hat{a}_0$ und $\hat{b}_0$, die in Abschnitt 20.1.3 als Startwerte für das Verfahren von Winters gedient hatten, berechnet wurden:

$$\hat{b_0} = \frac{\sum_t (t - \bar{t})(d_t - \bar{d})}{\sum_t (t - \bar{t})^2} = \frac{94943}{770} = 123,3 \qquad (20.6)$$

$$\hat{a_0} = \bar{d} - \hat{b_0} \cdot \bar{t} = 4616 - 123,3 \cdot (-10) = 5849. \qquad (20.7)$$

Dabei beschreiben $\bar{t} = \frac{1}{21} \cdot \sum_t t = \frac{-210}{21} = -10$ und $\bar{d} = \frac{1}{21} \cdot \sum_t d_t = \frac{96936}{21} = 4616$ die Mittelwerte von t und d_t in den ersten drei Wochen unseres Zahlenbeispiels.

Man beachte, dass ähnliche saisonbereinigte Verkäufe bereits aus der Berechnung der Gleitenden Durchschnitte im letzten Abschnitt hervorgegangen sind. Diese hätten auch zur Schätzung von $\hat{a}$ und $\hat{b}$ mittels Linearer Regression herangezogen werden können. Allerdings wäre die Stichprobe in diesem Fall mit 15 statt 21 saisonbereinigten Verkäufen deutlich kleiner ausgefallen, was die Chancen zur Reduktion oder Elimination des Zufallsrauschens spürbar gemindert hätte.

Tab. 20.5. Rechenschritte der Linearen Regression

Woche	Tag	(korr.) x_t	$\hat{c}_t$	$d_t = \frac{x_t}{\hat{c}_t}$	$(t-\bar{t})^2$	$(t-\bar{t})(d_t - \bar{d}_t)$
1	-20	4419	1,2457	3547	100	10686
1	-19	3821	1,1153	3426	81	10709
1	-18	3754	1,0889	3448	64	9347
1	-17	3910	1,1354	3444	49	8206
1	-16	4363	1,1786	3702	36	5484
1	-15	4518	1,2297	3674	25	4710
1	-14	$(27,333\bar{3})$	0,0065	4192	16	1695
2	-13	$(6190,4761)$	1,2457	4970	9	-1060
2	-12	5755	1,1153	5160	4	-1088
2	-11	5352	1,0889	4915	1	-299
2	-10	5540	1,1354	4879	0	0
2	-9	5650	1,1786	4794	1	178
2	-8	6143	1,2297	4995	4	759
2	-7	$(30,466\bar{6})$	0,0065	4673	9	170
3	-6	5158	1,2457	4141	16	-1901
3	-5	4779	1,1153	4285	25	-1655
3	-4	5464	1,0889	5018	36	2413
3	-3	5828	1,1354	5133	49	3620
3	-2	6714	1,1786	5697	64	8646
3	-1	7872	1,2297	6401	81	16068
3	0	42	0,0065	6442	100	18256
$\sum$	-210			96936	770	94943

Literatur

Hanke, J.; Wichern, D. (2008) *Business forecasting*, Pearson/Prentice Hall, New Jersey, 9. Aufl.

Holt, C. (1957) *Forecasting seasonals and trends by exponetially weighted moving averagess*, Research Memorandum 52, Office of Naval Research

Makridakis, S. G.; Wheelwright, S.; Hyndman, R. (1998) *Forecasting: Methods and applications*, Wiley, New York, 3. Aufl.

Mertens, P.; Rässler, S. (2005) *Prognoserechnung*, Physica–Verlag, Heidelberg, 6. Aufl.

Silver, E.; Pyke, D.; Peterson, R. (1998) *Inventory management and production planning and scheduling*, Wiley, New York, 3. Aufl.

Tempelmeier, H. (2008) *Material-Logistik – Modelle und Algorithmen für die Produktionsplanung und -steuerung in Advanded Planning Systemen*, Springer, Berlin, Heidelberg, New York, 7. Aufl.

Winters, P. (1960) *Forecasting sales by exponentially weighted moving averages*, Management Science, Bd. 6, Nr. 3, 324–342

Wood, D.; Fildes, R. (1976) *Forecasting for business: Methods and applications*, Longman, London

21 Lineare und Gemischt-Ganzzahlige Optimierung

Hartmut Stadtler

Universität Hamburg, Institut für Logistik und Transport, Von-Melle-Park 5, 20146 Hamburg, Deutschland

Die *Lineare Optimierung* (engl. Linear Programming (LP)) gehört zu den bekanntesten Optimierungstechniken. Sie wurde von den beiden Forschern Kantarowitsch im Jahr 1939 und von Dantzig im Jahr 1949 unabhängig voneinander entwickelt (Krekó 1973). Die LP ist in Entscheidungssituationen anwendbar, in denen Mengengrößen (z. B. Transportmengen(-variablen)) durch reellwertige Zahlen beschrieben werden können, deren Wertebereich durch lineare (Un-)Gleichungen, z. B. durch die Fahrzeugkapazität, beschränkt ist. Trotz dieser einschränkenden Prämisse hat sich die LP als äußerst nützlich zur Lösung von Entscheidungsproblemen in der betrieblichen Praxis erwiesen. Die LP wird in APS eingesetzt, z. B. im Master Planning, aber auch in der Distributions- und Transportplanung. Um linearen Modelle zu lösen, stehen heute sehr leistungsfähige Algorithmen zur Verfügung. Optimale Lösungen von LP Modellen mit tausenden von Variablen und Nebenbedingungen lassen sich heute innerhalb von Minuten auf einem PC berechnen.

Falls einige Entscheidungen nur ganzzahlige Werte annehmen können, z. B. die Anzahl der Zusatzschichten in einer Woche auf einer Engpassanlage, erzeugen LP Modelle in der Regel keine zulässigen Lösungen. Auch ist es mitunter erforderlich, logische Bedingungen durch binäre Entscheidungsvariablen abzubilden. Als Beispiel sei eine Fließlinie betrachtet, auf der in einer bestimmten Periode auf ein Produkt gerüstet wird oder nicht: Der Wert „0" steht für die Entscheidung „nicht rüsten" und der Wert „1" für die Entscheidung „rüsten". Weiterhin ist eine Beschreibung des Nebenbedingungssystems durch lineare (Un-)Gleichungen möglich. Besteht das Modell ausschließlich aus ganzzahligen Variablen, handelt es sich um ein ganzzahliges Entscheidungsmodell (engl. *Integer Programming* (IP) Modell). Beinhaltet das Entscheidungsmodell hingegen sowohl ganzzahlige als auch reellwertige Variablen, so spricht man von einem Modell der gemischt-ganzzahligen Optimierung (engl. *Mixed Integer Programming* (MIP)).

LP und MIP Modelle erfordern aufgrund ihrer besonderen Eigenschaften spezifische Lösungsverfahren. Hierzu gibt es eine große Anzahl an Aufsätzen und Lehrbüchern (z. B. Domschke und Drexl 2007, Martin 1999, Winston 2004 und Wolsey 1998), die das umfangreiche Wissen auf diesem Gebiet widerspiegeln, dessen Wiederholung den Rahmen dieses Kapitels sprengen würde. Daher soll im Weiteren lediglich ein Grundverständnis für LP und MIP anhand von numerischen Beispielen vermittelt werden.

Als erstes soll ein LP Modell betrachtet und grafisch gelöst werden (Abschnitt 21.1). Dieses Modell wird dann in ein rein ganzzahliges Modell umgeformt und mit Hilfe des „Branch & Bound" gelöst (Abschnitt 21.2). Dabei ist für jedes Untermodell ein LP grafisch zu lösen. Den Abschluss bilden Anmerkungen und Empfehlungen zu den Einsatzmöglichkeiten und Grenzen von LP und MIP in der betrieblichen Praxis (Abschnitt 21.3).

21.1 Lineare Optimierung

Es sei ein fiktives Produktionsplanungsproblem mit den beiden Produkten A und B und einem Planungszeitraum von einem Monat betrachtet. Die herzustellenden Produktionsmengen werden durch die (reellwertigen) Variablen x_1 und x_2 ausgedrückt und haben die Maßeinheit [10 t]. Beide Produkte müssen den gleichen Produktionsprozess durchlaufen. Die verfügbare Kapazität der Engpassanlage beträgt 20 Arbeitstage (im 2-Schichtbetrieb). Die Produktion von 10 Tonnen (oder 1 Mengeneinheit) von Produkt A dauert 5 Tage und von Produkt B 4 Tage. Dieser Zusammenhang wird durch die Ungleichung (21.2) beschrieben.

LP Modell:

$$\text{Max!} \quad 19x_1 + 16x_2 \quad (21.1)$$

u.d.N.

$$(1) \quad 5x_1 + 4x_2 \leq 20 \quad (21.2)$$
$$(2) \quad -x_1 + 2x_2 \leq 5 \quad (21.3)$$
$$(3) \quad 2x_1 + 5x_2 \geq 10 \quad (21.4)$$
$$(\text{NNB}) \quad x_1 \geq 0,\ x_2 \geq 0 \quad (21.5)$$

Ungleichung (21.3) stellt die Absatzbedingung dar: Lediglich der Absatz von Produkt B ist begrenzt. Allerdings kann diese Grenze überschritten werden, wenn gleichzeitig auch Produkt A am Markt angeboten wird. Bei einem Absatz von jeweils 2 Mengeneinheiten von A erhöht sich die Absatzgrenze für B um eine Mengeneinheit (als Begründung sei hier angeführt, dass bestimmte Kundengruppen mehr von Produkt B kaufen, wenn ein ganzes Sortiment zur Verfügung steht). Neben dem Ziel einer Maximierung des Umsatzes (21.1), soll auch sichergestellt werden, dass im nächsten Monat ein Deckungsbeitrag von mindestens zehntausend € erreicht wird (21.4). Zu beachten ist, dass in der Deckungsbeitragsbedingung die Maßeinheit „tausend" auf „eine" Einheit skaliert wurde. Da man keine negativen Produktionsmengen herstellen kann, werden noch sog. Nicht-Negativitätsbedingungen für die Variablen ergänzt (NNB, siehe (21.5)).

Dieses LP Modell kann natürlich auch algebraisch mit Hilfe des Simplexverfahrens gelöst werden (oder mit einer seiner Varianten, siehe Martin 1999). Allerdings wollen wir hier die grafische Lösung betrachten (Abb. 21.1). Die

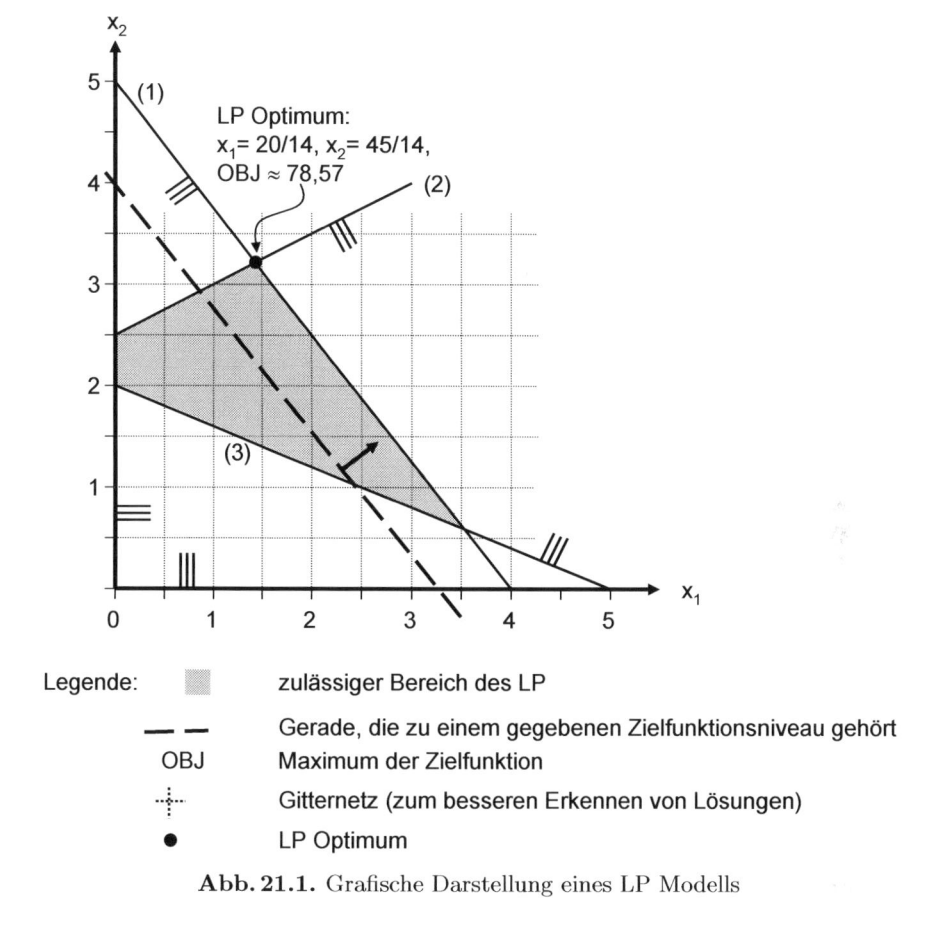

Abb. 21.1. Grafische Darstellung eines LP Modells

Variablen x_1 und x_2 stellen die zwei Koordinaten dar. Die Ungleichungen beschränken die zulässigen Werte der Variablen. Die Grenzen der zulässigen Lösungen werden durch die Geraden (1), (2) und (3) sowie die Achsen des Koordinatensystems dargestellt, die die Nicht-Negativitätsbedingungen abbilden (siehe Abb. 21.1). Ob die zulässigen Lösungen oberhalb oder unterhalb der Geraden liegen, zeigen die angefügten drei kleinen Striche, die in dem jeweiligen zulässigen Bereich liegen.

Die Schnittmenge aller durch die (Un-)Gleichungen beschriebenen zulässigen Halbräume definiert die Menge der zulässigen Lösungen (siehe die graue Fläche in Abb. 21.1). Die Zielfunktion bildet für einen bestimmten Zielfunktionswert ebenfalls eine Gerade (siehe die gestrichelte Gerade in Abb. 21.1, die zu einem Zielfunktionswert von 76 [€ 000] gehört). Da im vorhinein nicht bekannt ist, wie hoch der optimale Zielfunktionswert sein wird, nehmen wir verschiedene Zielfunktionswerte an und tragen die dazugehörigen Geraden in das Koordinatensystem ein. Ein Pfeil zeigt die Richtung der Verschiebung der Zielfunktion, die zu einer Erhöhung des Zielfunktionswertes führt. Das Maximum ist erreicht, sobald die Zielfunktion(-sgeraden) bei einer weiteren Verschiebung in Pfeilrichtung den zulässigen Bereich verlassen würde. In dem Beispiel ist dies in dem Eckpunkt $x_1 = 20/14$ und $x_2 = 45/14$ erreicht, der zu einem Umsatz von 78,57 [€ 000] führt. Die optimale Lösung wurde an dem Schnittpunkt der Ungleichungen (1) und (2) ermittelt. Es lässt sich zeigen, dass die Suche nach einer optimalen Lösung auf die Schnittpunkte der (Un-)Geraden beschränkt werden kann. Auf die grafische Darstellung bezogen, heißt das, dass lediglich die „Eckpunkte" des zulässigen Bereichs (allg. des Polyeders) als optimale Lösungen in Betracht kommen.

Der Simplexalgorithmus (und dessen Varianten) führen die Suche nach einer optimalen Lösung in zwei Phasen durch. Diese sind

- die Erzeugung einer ersten zulässigen Lösung und
- das Auffinden einer optimalen Lösung.

Eine erste zulässige Lösung für unser Beispiel lautet $x_1 = 0$ und $x_2 = 2$ verbunden mit einem Umsatz von $2 \cdot 16 = 32$ [€ 000]. Es schließt sich nun die zweite Phase an, die eine verbesserte Lösung nämlich $x_1 = 0$ und $x_2 = 2.5$ mit einem Umsatz von 40 [€ 000] erzeugt. In der nächsten Iteration wird die Variable x_1 mit einem positiven Wert in die Lösung aufgenommen, was dann zu der oben genannten optimalen LP-Lösung führt.

Nicht immer lässt sich eine (eindeutige) optimale Lösung zu einem LP Modell erzeugen. Als erstes sei angemerkt, dass ein LP Modell mitunter keine zulässige Lösung besitzt. Als Beispiel sei angenommen, dass ein minimaler Deckungsbeitrag von 22 [€ 000] gefordert wird (siehe Ungleichung (3') in Abb. 21.2). Die dazu gehörige Lösungsmenge ist leer, folglich existiert keine zulässige Lösung.

Als zweites untersuchen wir den Fall, dass die Produktionskapazitätsbedingung nicht vorhanden ist (d. h. es wird die Ungleichung (1) gestrichen). Dies führt zu einem unbeschränkten, grau markierten Bereich (Abb. 21.3) und einem unbeschränkten Zielfunktionswert. Dieser Fall wird auch bereits in der ersten Phase des Simplexverfahrens erkannt. Für die Praxis bedeutet dieser Fall, dass entweder die Modellierung oder die eingehenden Daten nicht korrekt sind.

Der Vollständigkeit halber soll auch der dritte Fall behandelt werden, in dem es (mindestens) zwei Eckpunkte mit demselben optimalen Zielfunktionswert gibt. Dann lassen sich auch beliebig viele optimale Lösungen mit demselben Zielfunktionswert als Linearkombination dieser beiden Eckpunkte erzeugen (bildlich gesprochen verläuft die begrenzende Nebenbedingung parallel zur Zielfunktion).

Erwähnt werden soll auch, dass die LP Lösung nicht nur die optimalen Ausprägungen der Entscheidungsvariablen beinhaltet, sondern auch die *Dualwerte* der einzelnen Nebenbedingungen. Als Beispiel sei die Produktionskapazitätsbedingung (21.2) betrachtet. Sollten wir in der Lage sein, die Anzahl der Arbeitstage im Planungszeitraum von 20 auf 21 Tage zu erhöhen,

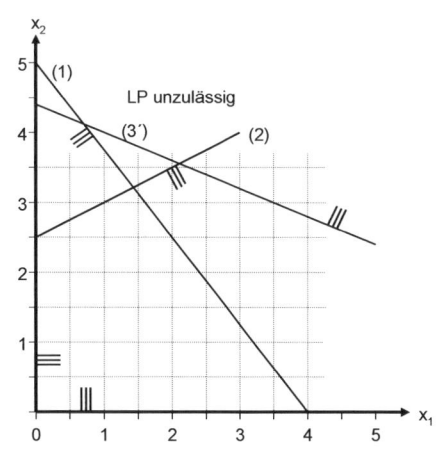

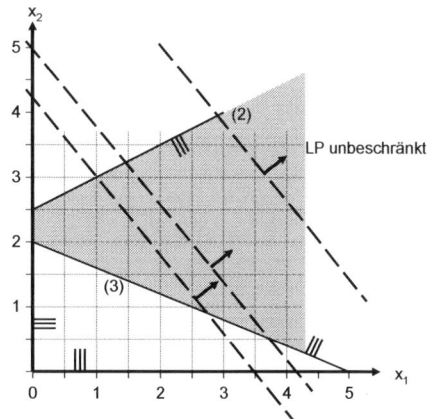

Abb. 21.2. Ein LP Modell ohne zulässige Lösung

Abb. 21.3. Ein LP Modell mit unbeschränktem Lösungsraum

würde sich der optimale Zielfunktionswert von 1100/14 auf 1154/14 erhöhen. Folglich hat eine zusätzliche Kapazitätseinheit einen (Dual-)Wert von 3,86 [€ 000]. Mit diesen Angaben kann die Unternehmensleitung prüfen, ob es Möglichkeiten zur Kapazitätserweiterung gibt, die sich lohnen, d. h. die weniger als 3,86 [€ 000] pro Arbeitstag kosten. Zu beachten ist, dass nur solche Nebenbedingungen einen positiven Dualwert besitzen, die die aktuelle optimale Lösung begrenzen. Auch wenn die Dualwerte mit Vorsicht zu interpretieren sind, bieten sich doch wertvolle Hinweise, wie die aktuelle (optimale) Lösung weiter verbessert werden kann.

Wie bereits zu Beginn des Kapitels ausgeführt, wurden zur Lösung von LP Modellen sehr leistungsfähige Algorithmen entwickelt und in entsprechender Standardsoftware implementiert (z. B. CPLEX (IBM 2010) und XPRESS-MP (Fair Isaac Corporation 2010)). Allerdings, müssen sich die Anwender nicht direkt mit dieser Standardsoftware (engl. Solver) befassen. Vielmehr haben die APS-Anbieter bereits die für die jeweiligen APS-Module benötigten Modellierungsbausteine definiert und ausgewählt, um Modellierungsfehler weitestgehend zu vermeiden. Dennoch ist auch der APS-Anwender angehalten, auf die Modellgröße und den Wertebereich der eingehenden Daten zu achten. Falls möglich, sollten die eingehenden Daten so skaliert werden, dass die Koeffizienten von Variablen (absolut betrachtet) im Bereich zwischen 0,01 und 100 liegen, um numerische Probleme bei der Lösungsfindung gering zu halten.

21.2 Ganzzahlige und Gemischt-Ganzzahlige Optimierung

Im Weiteren nehmen wir an, dass die Produkte nur in ganzzahligen Vielfachen von 10 Tonnen hergestellt werden können, da die Produktion in Kesseln erfolgt und diese immer vollständig entweder mit Produkt A oder B befüllt sein müssen. Folglich ist das obige Modell (21.1)–(21.4) durch weitere Nebenbedingungen zu ergänzen

$$x_1 \in N_0 , \quad x_2 \in N_0 \tag{21.6}$$

Die Menge der zulässigen Lösungen verringert sich dadurch drastisch (siehe die fünf ganzzahligen Lösungen in Abb. 21.4). Modelle der betrieblichen Praxis weisen allerdings immer noch eine sehr große Anzahl möglicher Lösungen auf, so dass der Aufwand zur Bestätigung einer optimalen Lösung üblicherweise extrem hoch ist.

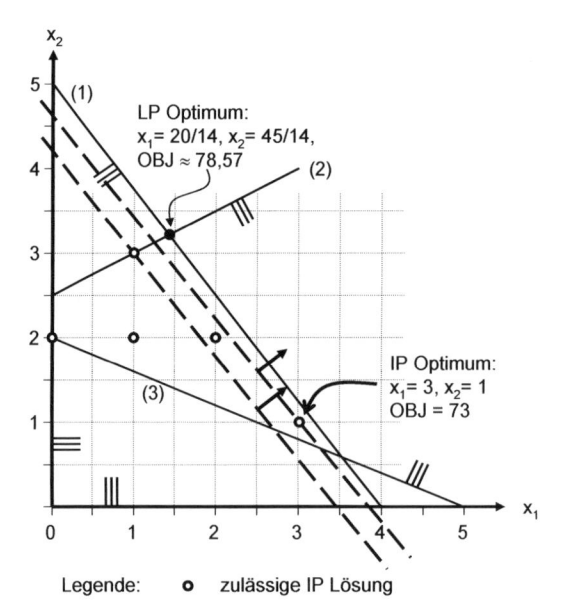

Abb. 21.4. Eine grafischen Darstellung eines ganzzahligen Modells

Wie aus der Abb. 21.4 unmittelbar ersichtlich ist, führt die Rundung der optimalen LP Lösung auf die nächstliegende (zulässige) ganze Zahl ($x_1 = 1$, $x_2 = 3$ zu einem Umsatz von 67 [€ 000]) – aber nicht zur optimalen Lösung (diese lautet $x_1 = 3$, $x_2 = 1$ mit einem Umsatz von 73 [€ 000]).

Dennoch kann für bestimmte Anwendungen eine intelligente Rundungsheuristik durchaus geeignet sein. So nutzen auch einige APS Rundungsheuristiken, da diese i. d. R. sehr viel weniger Rechenzeit benötigen als ein Branch & Bound Verfahren. Letzteres ist Gegenstand der weiteren Ausführungen.

Das *Branch & Bound* Verfahren besteht aus den vier Bausteinen

- Relaxation,
- Verzweigungsregeln,
- Suchstrategien,
- Auslotregeln.

Die beiden Bausteine *Verzweigungsregeln* und *Suchstrategien* beziehen sich auf das „Branch" während die *Relaxation* und die *Auslotregeln* zum „Bound" gehören. Diese Bausteine sollen nun anhand unseres Beispiels erläutert werden.

Auch wenn die optimale Lösung des zugehörigen LP Modells nur in bestimmten Ausnahmefällen bereits ganzzahlig ist, lässt sich die Aussage treffen, dass die Menge der zulässigen ganzzahligen Lösungen eine Teilmenge der zulässigen LP Lösungen ist. Gelingt es uns, die nicht-ganzzahligen Lösungen „abzuschneiden" gelangen wir schließlich zu den ganzzahligen Lösungen.

Dieser Idee folgend werden zuerst die Ganzzahligkeitsbedingungen (21.6) der Variablen entfernt („relaxiert") und stattdessen die üblichen Nicht-Negativitätsbedingungen zum Modell hinzugefügt (21.5). Das sich ergebende Modell wird *LP Relaxation* genannt. Wenn die LP Relaxation eines Maximierungsproblems gelöst wird, bildet der Zielfunktionswert eine *obere Schranke* für die ganzzahligen Lösungen, die in der Lösungsmenge der LP Relaxation enthalten sind. Falls nun die Lösung der LP Relaxation auch die Ganzzahligkeitsbedingungen erfüllt (21.6), lässt sich folgern, dass dies auch die *optimale* ganzzahlige Lösung des (Teil-)Modells ist.

Als Nächstes werden Untermodelle durch Einführung zusätzlicher Nebenbedingungen erzeugt und zwar so, dass ein Teil der reellwertigen, nicht-ganzzahligen Lösungen eliminiert werden (siehe Abb. 21.5). Dort wird die Nebenbedingung $x_1 \leq 1$ hinzugefügt und führt zum Untermodell SM^1 während die Nebenbedingung $x_1 \geq 2$ das Untermodell SM^2 ergibt. Nun müssen für die beiden Untermodelle mit verkleinerten Lösungsräumen die optimalen Lösungen bestimmt werden. Zu beachten ist, dass die Vereinigungsmenge der zulässigen *ganzzahligen* Lösungen der beiden Untermodelle mit der ursprünglichen ganzzahligen Lösungsmenge übereinstimmt, d. h. es geht keine zulässige Lösung durch die *Zerlegung* verloren.

Untermodell SM^1 führt zu der ersten *ganzzahligen* Lösung ($x_1 = 1$, $x_2 = 3$ mit einem Umsatz von 67 [€ 000]; dieser entspricht der lokalen unteren Schranke von SM^1). In Kenntnis dieser zulässigen Lösung interessieren uns nur noch Lösungen mit einem Zielfunktionswert, der größer ist als 67 [€ 000]. Entsprechend setzen wir die globale untere Schranke auf 67 [€ 000] (OBJ = 67). Der Begriff "global" soll den Bezug zum ursprünglichen ganzzahligen Modell herstellen. Da das Untermodell SM^1 eine *ganzzahlige Lösung* ergeben hat, die nicht weiter verbessert werden kann, wird es von der Liste der „offenen" Untermodelle entfernt, d. h. es wird *ausgelotet*.

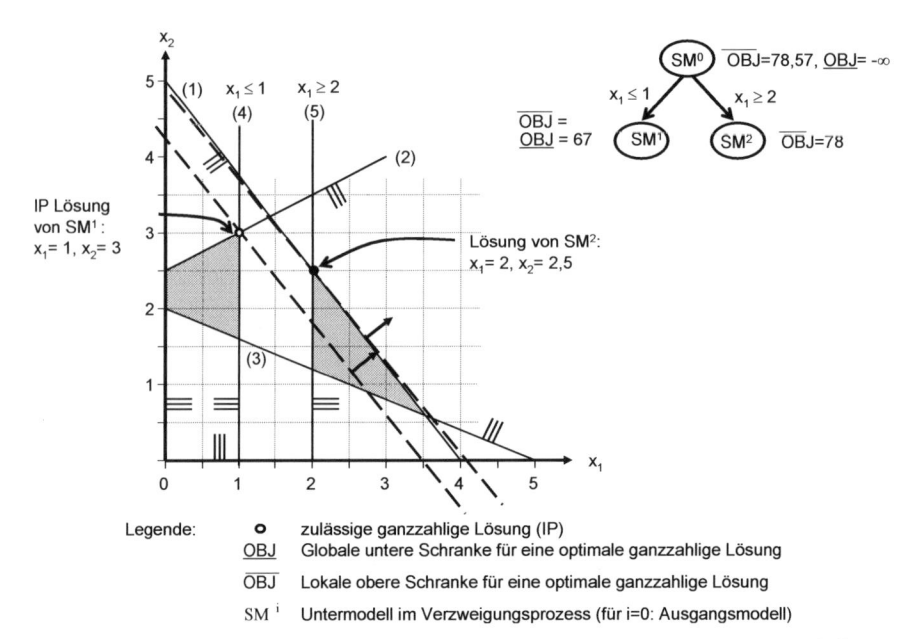

Abb. 21.5. Eine grafische Darstellung des ersten und zweiten Untermodells

Das zweite Untermodell besitzt eine obere Schranke von 78 [€ 000], die eindeutig besser ist als die gegenwärtige globale untere Schranke – allerdings ist die dazu gehörende Lösung nicht-ganzzahlig ($x_2 = 2, 5$).

Die Suche nach der optimalen Lösung kann durch einen *Suchbaum* visualisiert werden (siehe die rechte Seite der Abb. 21.5). Jeder Knoten bezieht sich auf ein bestimmtes LP (Unter-)Modell.

Als nächstes wird ein noch nicht ausgelotetes Untermodell zur weiteren Zerlegung ausgewählt. Gegenwärtig ist nur das Untermodell SM^2 nicht ausgelotet. Nun ist noch die Entscheidung zu treffen, welche Variable mit nichtganzzahligem Wert verzweigt werden soll. Die Regeln, die diese beiden Entscheidungen leiten, bilden die *Suchstrategie*. Je nach Eignung, können sie einen erheblichen Einfluss auf den Rechenaufwand eines Branch & Bound Verfahrens haben.

Die einzige nicht-ganzzahlige Variable in der optimalen Lösung des Untermodells SM^2 ist x_2. Nunmehr werden zwei neue Untermodelle erzeugt, Untermodell SM^3 mit der zusätzlichen Nebenbedingung $x_2 \leq 2$ und Untermodell SM^4 mit der zusätzlichen Nebenbedingung $x_2 \geq 3$. Zu beachten ist, dass zu einem Untermodell alle Nebenbedingungen gehören, die auf dem Pfad von dem Wurzelknoten (SM^0) zu dem Knoten des betrachteten Untermodells ergänzt wurden (hier $x_1 \geq 2$).

Da das Untermodell SM^4 keine zulässige (reellwertige) Lösung besitzt (siehe Abb. 21.6) kann es *ausgelotet* werden. Für das Untermodell SM^3 konnte eine nicht-ganzzahlige Lösung mit einer oberen Schranke von 77,6 [€ 000] be-

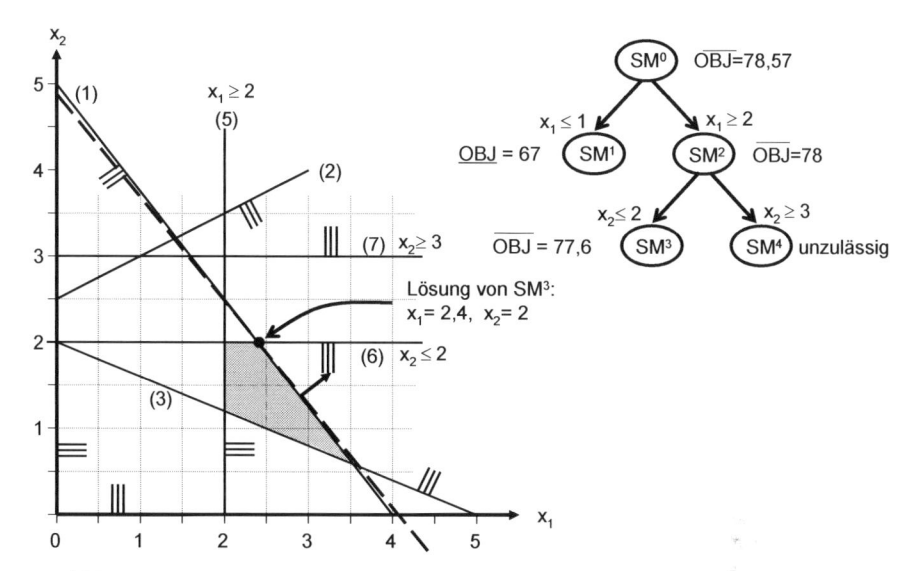

Abb. 21.6. Eine grafische Darstellung des dritten und vierten Untermodells

rechnet werden. Da diese lokale obere Schranke die globale untere Schranke übersteigt (d. h. den besten bekannten Zielfunktionswert), kann das Untermodell SM^3 nicht ausgelotet werden.

Bis zum Erreichen des Untermodells SM^9 (Abb. 21.7) werden noch drei weitere Zerlegungen benötigt. Dieses Untermodell besitzt eine optimale ganzzahlige Lösung mit dem Zielfunktionswert 73 [€ 000].

Im Allgemeinen werden noch viele weitere nicht ausgelotete Untermodelle existieren, die im Laufe des Suchprozesses erzeugt wurden. Aus der Menge der nicht ausgeloteten Untermodelle wäre dann wiederum eines auszuwählen und zu separieren. Dieses Vorgehen ist so lange zu wiederholen, bis alle Untermodelle ausgelotet sind. Ist dies der Fall, stellt die beste bisher gefundene zulässige, ganzzahlige Lösung die optimale Lösung für das Ausgangsmodell dar.

In dem obigen Beispiel ist der Suchprozess mit der Lösung des Untermodells SM^{10} beendet, da es keine zulässige Lösung besitzt. Da nun alle Untermodelle ausgelotet sind, ist bewiesen, dass die Lösung des Untermodells SM^9 das globale Optimum darstellt.

Abschließend sei noch erwähnt, dass das Branch & Bound Verfahren für gemischt-ganzzahlige Modelle in ähnlicher Weise abläuft wie für rein ganzzahlige Modelle. Als Beispiel dient wiederum das obige Modell, allerdings wird nur für die Variable x_2 die Ganzzahligkeit gefordert. Dann würde die Zerlegung mit der Variablen x_2 beginnen (d. h. $x_2 \leq 3$ und $x_2 \geq 4$). Lediglich die zusätzliche Nebenbedingung $x_2 \leq 3$ ergibt eine zulässige Lösung der LP Relaxation. Da diese Lösung auch die Ganzzahligkeitsforderung erfüllt, handelt es sich hierbei um das globale Optimum.

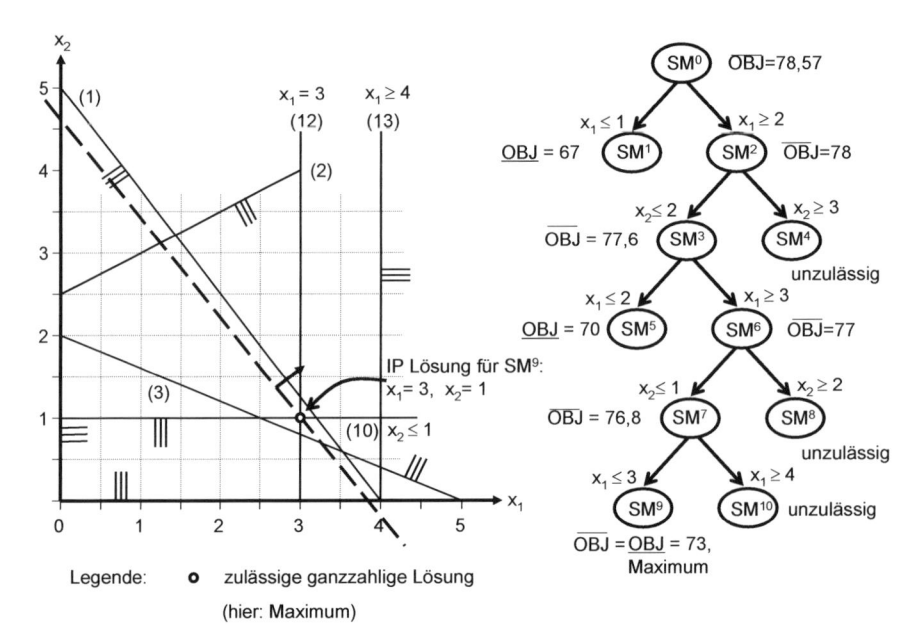

Abb. 21.7. Eine grafische Darstellung der optimalen ganzzahligen Lösung und des vollständigen Suchbaums

21.3 Anmerkungen und Empfehlungen

Obwohl die obigen Beispiele ziemlich einfach sind, zeigen sie doch deutlich die Unterschiede zwischen der Lösung eines LP Modells und eines MIP Modells. Zur Lösung eines LP Modells werden „einige" Simplexiterationen benötigt, mit denen man von einem Eckpunkt des zulässigen Lösungsraumes zum nächsten gelangt und schließlich die optimale Lösung erreicht. Die Lösung eines MIP Modells mit dem Branch & Bound Verfahren erfordert jedoch die Lösung eines LP (Teil-)Modells in *jedem* Knoten des Suchbaumes – und davon kann es mehrere tausend zu untersuchende Knoten geben – bis schließlich die Optimalität der besten gefundenen Lösung bestätigt wird.

Eine Möglichkeit, die Anzahl der zu untersuchenden Untermodelle zu verringern, besteht darin, den Suchprozess vorzeitig abzubrechen. Zum Beispiel könnte der Anwender entweder eine obere Schranke für die Rechenzeiten angeben oder aber festlegen, dass nach der k-ten gefundenen zulässigen Lösung die Suche beendet wird. Die Schwierigkeit des vorzeitigen Abbruchs liegt allerdings darin, dass man im Vorhinein nicht weiß, zu welchem Zeitpunkt eine zulässige und gute Lösung gefunden wird.

Eine andere Option, den Rechenaufwand zu begrenzen, besteht darin, im Vorhinein anzugeben den Suchprozess zu beenden, sobald feststeht, dass es *keine* Lösung gibt, die die aktuell beste Lösung um mehr als $\delta\%$ verbessert. Damit ist es uns möglich, ein Anspruchsniveau (dynamisch) zu berechnen, indem der Zielfunktionswert der gegenwärtig besten Lösung mit $(1+\delta\%)$ multipliziert wird. Die Frage, ob es gegebenenfalls noch zulässige Lösungen gibt, die das Anspruchsniveau überschreiten, lässt sich durch die maximale obere Schranke aller noch nicht ausgeloteten Untermodelle beantworten. Liegt das Maximum unterhalb des Anspruchsniveaus, wird der Suchprozess beendet.

In unserem Beispiel (siehe den Suchbaum in Abb. 21.7) unterstellen wir ein $\delta = 10$. Nachdem die erste zulässige Lösung erzeugt wurde (OBJ = 67), ergibt sich ein Anspruchsniveau von 73,7 [€ 000]. Da das Maximum der oberen Schranken der noch nicht ausgeloteten Untermodelle 78 [€ 000] beträgt (Untermodell 2), wird die Suche fortgesetzt. Bei Erreichen der zweiten ganzzahligen Lösung mit einem Zielfunktionswert von 70 [€ 000], ergibt sich ein Anspruchsniveau von 77 [€ 000]. Somit endet der Suchprozess, sobald das Maximum der oberen Schranken der noch nicht ausgeloteten Untermodelle den Wert 77 [€ 000] unterschreitet; dieses Abbruchkriterium greift, nachdem Untermodell 8 gelöst wurde.

Die Anzahl der zu untersuchenden Untermodelle hängt wesentlich von der Differenz zwischen dem Zielfunktionswert der LP Relaxation und dem Zielfunktionswert der optimalen ganzzahligen Lösung ab, bezeichnet als *Ganzzahligkeitslücke*. In unserem Beispiel ist die Ganzzahligkeitslücke mit (78,57-73)/73 = 0,076 oder 7,6%) relativ gering. Je kleiner die Ganzzahligkeitslücke ist, desto größer ist die Wahrscheinlichkeit, dass Untermodelle ausgelotet werden können und so der Suchbaum klein bleibt. Gegenwärtig werden große Forschungsanstrengungen unternommen, um zusätzliche Nebenbedingungen, sog. *Schnittebenen (engl. Valid Inequalities oder Cuts)*, zu erzeugen, die die Ganzzahligkeitslücke der Untermodelle verringern helfen (siehe Wolsey 1998, Pochet und Wolsey 2006).

Eine weitere Option, die in heutigen MIP Solvern eingesetzt wird, um den Suchprozess zu begrenzen, ist das *Preprocessing*. Dabei werden systematisch die Abhängigkeiten der einzelnen Nebenbedingungen des Modells betrachtet, um den zulässigen Wertebereich der ganzzahligen Variablen vor Beginn des Branch & Bound einzugrenzen. In unserem Beispiel können die Wertebereiche der Variablen x_1 auf $\{0,1,2,3\}$ und für die Variable x_2 auf $\{1, 2, 3\}$ beschränkt werden. Das Preprocessing ähnelt in vielen Ideen dem Constraint Programming (Kapitel 23).

Eine häufig gestellte Frage lautet: „Wird unser Master Planning Modell auch in vertretbarer Rechenzeit lösbar sein?" Bevor diese Frage beantwortet werden kann, muss zunächst einmal geprüft werden, ob es sich um ein LP oder MIP Modell handelt und ob es mit Hilfe eines optimierenden Verfahrens (wie dem Branch & Bound) oder einer einfachen Heuristik gelöst werden soll.

Wie bereits gesagt, lassen sich LP Modelle sehr viel leichter lösen als MIP Modelle. Tatsächlich sollte das Lösungsvermögen heutiger LP Solver ausreichen, um beinahe jede Anwendung in der Industrie lösen zu können. Falls die Rechenzeit ein wichtiger Faktor ist, sollten einige kleinere Experimente zu Beginn eines Implementierungsprojektes Klarheit schaffen: Die Idee ist, ein

LP Modell zu erzeugen und zu lösen, das nur eine Teilmenge J^r der Produkte über einen verkürzten Planungszeitraum T^r betrachtet, allerdings die Struktur des Modells beibehält, d. h. alle Nebenbedingungstypen des eigentlich zu implementierenden Modells enthält. Nehmen wir an, dass die Rechenzeit (engl. CPU-time) CPU^r beträgt, dann lässt sich die zu erwartende Rechenzeit für das vollständige Modell gemäß der Faustformel

$$CPU \sim \left(\frac{T}{T^r} \cdot \frac{|J|}{|J^r|}\right)^3 \cdot CPU^r \qquad (21.7)$$

berechnen.

Dieser Faustformel liegt die Beobachtung zugrunde, dass die Rechenzeiten zur Lösung eines LP mit Hilfe des Simplexverfahrens eine kubische Funktion der explizit im Modell vorhanden Nebenbedingungen ist, also eine Verdoppelung der Anzahl der Nebenbedingungen zu einer Verachtfachung der Rechenzeiten führt (Hillier und Liebermann 2005, S. 161).

Für MIP Modelle ist es oft nicht möglich, eine optimale Lösung innerhalb vertretbarer Rechenzeiten zu ermitteln. Daher wird der Suchprozess häufig vorzeitig abgebrochen (siehe oben). Auch muss zu Beginn der Suche nach einer MIP Lösung immer auch ein (relaxiertes) LP Modell gelöst werden. Bei Vorgabe einer Rechenzeitschranke sollte diese so bemessen sein, dass zumindest eine erste zulässige MIP Lösung erzeugt werden kann.

Vorausgehende Experimente mit dem MIP Modell können auch hier wertvolle Einsichten bieten. Eine erste Möglichkeit besteht darin, das MIP Modell zunächst als LP Modell durch Relaxation der Ganzzahligkeitsbedingungen zu lösen. Falls dieses Modell einfach zu lösen ist, können schrittweise einzelne Variablen(-typen) als ganzzahlig deklariert und das Rechenzeitverhalten beobachtet werden, bis ein guter Kompromiss zwischen den Ganzzahligkeitsforderungen und der Rechenzeit gefunden ist.

Eine zweite eng verwandte Möglichkeit relaxiert die Ganzzahligkeitsforderungen für ausgewählte Variablentypen des vollständigen MIP Modells in späteren Perioden des Planungszeitraums, in denen oft ein grober Kapazitätsabgleich ausreicht.

Einige Softwareanbieter unterstützen auch eine dritte Möglichkeit, nämlich die zeitorientierte oder stufenweise Dekomposition. Hierbei wird das MIP Modell (automatisch) in kleinere (überlappende) Teilmodelle zerlegt, die dann sukzessiv gelöst werden. Beispielsweise wird ein MIP Modell mit einem Planungszeitraum von 13 Perioden in vier Teilmodelle mit je vier Perioden zerlegt (wobei immer die letzte Periode eines Teilmodells mit der ersten Periode des folgenden Teilmodells überlappt). Die Verknüpfung der Teilmodelle wird über die Lageranfangsbestände sichergestellt. Nachdem alle vier Teilmodelle gelöst sind, erhält der Anwender eine (heuristische) Lösung des Modells über 13 Perioden.

Unabhängig von den aufgezeigten Möglichkeiten der Lösungsgenerierung ist der Anwender gut beraten, mit der Verwendung von ganzzahligen oder binären Variablen sparsam umzugehen – bereits bei MIP Modellen mit (nur) einhundert ganzzahligen Variablen kann die Rechenzeit explodieren!

Literatur

Domschke, W.; Drexl, A. (2007) *Einführung in Operations Research*, Springer Verlag, Berlin, 7. Aufl.

Fair Isaac Corporation (2010) *Homepage*, http://www.fico.com, letzter Abruf am 19.07.2007

Hillier, F.; Liebermann, G. (2005) *Introduction to Operations Research*, McGraw-Hill, Boston, 8. Aufl.

IBM (2010) *Homepage*, http://www-01.ibm.com/software/integration/optimization/cplex/, letzter Abruf am 19.07.2007

Krekó, B. (1973) *Lehrbuch der Linearen Optimierung*, Deutscher Verlag d. Wiss., VEB, Berlin, 6. Aufl.

Martin, R. (1999) *Large scale linear and integer optimization: A unified approach*, Kluwer Academic, Boston

Pochet, Y.; Wolsey, L. (2006) *Production planning by mixed integer programming*, Springer, New York, Berlin, 1. Aufl.

Winston, W. (2004) *Operations Research: Applications and algorithms*, Thomson/Brook/Cole, Belmont, California, 4. Aufl.

Wolsey, L. (1998) *Integer Programming*, Wiley, New York

22 Genetische Algorithmen

Robert Klein und Oliver Faust

Universität Augsburg, Lehrstuhl für Analytics & Optimization,
Universitätsstraße 16, 86159 Augsburg, Deutschland

22.1 Grundidee

Viele Optimierungsprobleme in der Ablaufplanung („Scheduling") und Tourenplanung („Routing") (vgl. Kap. 11 und 13) sind kombinatorischer Natur, d. h. Lösungen werden gebildet, indem man die Lösungselemente kombiniert und in eine Reihenfolge bringt. Sollen solche Probleme optimal gelöst werden, so wächst die Anzahl der zu untersuchenden Lösungen exponentiell mit der Problemgröße. Beispielsweise existieren für n Lösungselemente, die in eine Reihenfolge zu bringen sind, $n!$ verschiedene Anordnungen.

Seit den 1990er Jahren haben *genetische Algorithmen* (GA) als Mittel zur heuristischen Lösung solcher Optimierungsprobleme (d. h. zum Finden annähernd optimaler Lösungen innerhalb akzeptabler Zeit) an Beliebtheit gewonnen. Einer der Hauptgründe für diese Beliebtheit ist die relativ unkomplizierte Implementierung. Zudem haben viele Forscher empirisch belegen können, dass bereits einfache Grundversionen von GA sehr akzeptable Ergebnisse liefern, ohne übermäßige Feinabstimmungen auf ein vorliegendes Problem durchführen zu müssen. Da GA auf einer Repräsentation (Kodierung) eines Problems arbeiten (vgl. Abschnitt 22.2), ist es zudem möglich, existierende GA-Implementierungen relativ einfach an modifizierte Versionen eines Problems anzupassen oder ein allgemeines Computerprogramm zum Lösen vieler verschiedener Probleme zu schreiben. GA wurden anfangs von Holland und seinen Mitarbeitern an der Universität Michigan entwickelt. Die erste systematische, jedoch eher technische Anwendung wurde von Holland (1975) publiziert. Eine ausführliche Einführung in die Thematik bieten beispielsweise Nissen (1997), Pohlheim (2000), Mitchell (1998), Gerdes et al. (2004), Sivanandam und Deepa (2008) sowie Weicker (2007). Für Darstellungen aus einem praxisorientierten Blickwinkel verweisen wir auf Goldberg (1989), Haupt und Haupt (2004), Michalewicz (1999) sowie Reeves und Rowe (2003). Übersichtsartikel zu erfolgreichen Anwendungen von GA zur Lösung kombinatorischer Optimierungsprobleme sind beispielsweise in Dowsland (1996) und Reeves (1997) zu finden.

Entsprechend der biologischen Evolution arbeiten GA mit *Populationen* von *Individuen*, die zulässige Lösungen für ein betrachtetes Problem repräsentieren. Die Populationen werden iterativ über eine bestimmte Anzahl von *Generationen* konstruiert. Der Idee des Darwinismus („Survival of the Fittest") folgend, soll dabei grundsätzlich jedes Individuum der aktuellen Generation zu der folgenden gemäß seiner Qualität beitragen, welche durch einen

Fitnesswert gemessen wird. Hierzu führt man jeweils eine zufällige *Selektion* von Individuen durch, wobei die Wahrscheinlichkeit, ein bestimmtes Individuum auszuwählen, von dessen Fitnesswert abhängt. Zur Konstruktion der nächsten Generation aus den selektierten Individuen existieren zwei elementare Operationen. Ein *Crossover rekombiniert* die Eigenschaften von zwei (Eltern-)Individuen zu einem neuen Individuum oder mehreren neuen Individuen (Nachkommen). Durch *Mutation* werden einige Eigenschaften eines Individuums zufällig modifiziert. Ein allgemeines Muster für eine Iteration eines genetischen Algorithmus ist in Abb. 22.1 dargestellt. Üblicherweise führt man GA bis zum Erreichen eines zuvor festgelegten Abbruchkriteriums aus, beispielsweise bis eine bestimmte Anzahl an Generationen evaluiert oder ein Zeitlimit erreicht wurde.

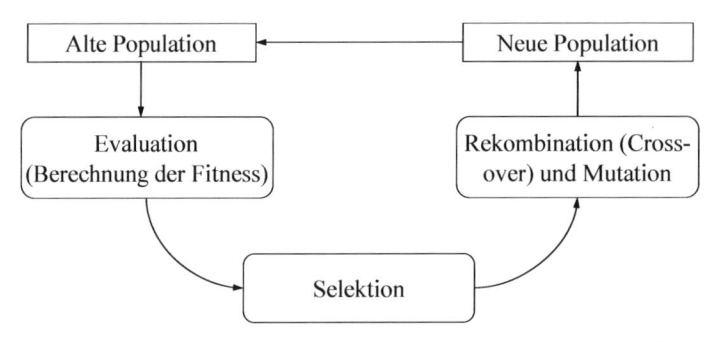

Abb. 22.1. Allgemeines Muster für eine Iteration eines genetischen Algorithmus

Im Folgenden diskutieren wir die unterschiedlichen Aspekte von GA detaillierter und betrachten zur Veranschaulichung das folgende *Produktionsplanungsproblem*. Eine bestimmte Anzahl n an Aufträgen muss auf einer einzelnen Maschine bearbeitet werden (die gleichzeitige Bearbeitung mehrerer Aufträge ist nicht möglich). Jeder Auftrag $j = 1, \ldots, n$ hat eine bestimmte Bearbeitungszeit (Dauer) von d_j Zeiteinheiten, eine Unterbrechung ist nicht erlaubt. Zudem kann Auftrag j nicht vor seinem Freigabetermin rd_j gestartet werden und sollte bis zu seinem Fertigstellungstermin dd_j beendet sein. Falls der Auftrag später als dd_j beendet wird, entstehen Strafkosten c_j für jede Zeiteinheit der Verspätung. Das Problem besteht folglich darin, einen Ablaufplan zu finden, d. h. eine Startzeit s_j für jeden Auftrag festzulegen, so dass die Gesamtsumme der Strafkosten minimiert wird. Die Daten eines Beispiels mit $n = 8$ Aufträgen sind in Tabelle 22.1 gegeben.

22.2 Populationen und Individuen

Wie zuvor erläutert, besteht eine Population aus einer Menge von Individuen. Jedes Individuum wird durch einen Vektor (*String*) fester Länge re-

Tab. 22.1. Daten eines Beispielproblems

j	1	2	3	4	5	6	7	8
d_j	5	4	7	8	3	2	6	4
rd_j	0	2	4	16	18	28	25	28
dd_j	17	10	13	28	22	31	36	36
c_j	3	2	5	3	4	1	3	4

präsentiert. In jedem String kodiert man die entsprechende Lösung durch die Zuweisung spezifischer Werte zu den Elementen des Vektors (*Stringpositionen*). Um die mit dem Individuum assoziierte Lösung zu erhalten, muss der entsprechende String *dekodiert* werden. Sowohl die Dimension (Länge) des Strings als auch die Definitionsbereiche (Mengen zulässiger Werte) der Stringpositionen hängen davon ab, welche Repräsentation für die Kodierung der Lösung verwendet wird.

In unserem Beispiel kann eine Lösung durch eine Folge S von Aufträgen repräsentiert werden, d. h. der String besteht aus n Positionen und jede Position kann einen der Werte $1 \ldots, n$ annehmen (wobei alle Positionen verschiedene Werte haben). Für die Dekodierung des Strings gehen wir wie folgt vor. Die Aufträge werden gemäß ihrer Reihenfolge in der Folge S einbezogen. Ein aktueller Auftrag j wird zum frühestmöglichen Zeitpunkt $s_j \geq rd_j$ begonnen, an dem seine Ausführung nicht mit einem bereits eingeplanten Auftrag kollidiert. Nachdem alle Aufträge eingeplant wurden, lassen sich die gesamten Strafkosten berechnen. Für unser Beispiel wird der String $S = \langle 1, 2, 3, 4, 5, 6, 7, 8 \rangle$ betrachtet. Durch die Dekodierung dieser Folge erhält man die im Gantt-Chart in Abb. 22.2 gezeigte Lösung. Die Zahlen innerhalb der Balken bezeichnen die Auftragsnummern sowie die Verspätungen der Aufträge. Die Längen der Balken entsprechen den Ausführungszeiten.

Auftrag 1 kann zum frühestmöglichen Zeitpunkt der Planungsperiode gestartet werden. Die Einplanung von Auftrag 2 führt zu $s_2 = 5$, da die Ausführung von Auftrag 1 keine frühere Startzeit erlaubt. Nach Abschluss von Auftrag 2 erfolgt zum Zeitpunkt $s_3 = 9$ der Start von Auftrag 3. Dieser Auftrag endet demnach drei Zeiteinheiten nach seinem Fertigstellungstermin $dd_3 = 13$. Die Aufträge 4 und 5 werden anschließend eingeplant. Für Auftrag 6 ist ein Beginn nicht vor dem Zeitpunkt $s_6 = rd_6 = 28$ möglich. Schließlich werden die Aufträge 7 und 8 einbezogen, wobei letzterer nach 40 Zeiteinheiten beendet wird. Die gesamten Strafkosten betragen $3 \cdot 5 + 5 \cdot 4 + 4 \cdot 4 = 51$.

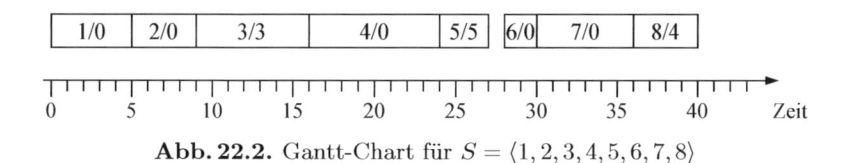

Abb. 22.2. Gantt-Chart für $S = \langle 1, 2, 3, 4, 5, 6, 7, 8 \rangle$

Anzumerken ist, dass wir die obige Repräsentation gewählt haben, da sie für eine große Anzahl von Problemen der Ablauf- und Tourenplanung gut geeignet ist und daher von vielen GA für solche Probleme verwendet wird (Reeves 1997). GA werden am häufigsten mit einer Repräsentation beschrieben, bei der die Probleme bitweise kodiert werden, d. h. jede Stringposition kann entweder den Wert 0 oder 1 annehmen. Für die meisten kombinatorischen Optimierungsprobleme ist diese Repräsentation allerdings nicht dienlich.

Die Wahl einer effizienten Repräsentation für die Kodierung von Lösungen ist wichtig für die Leistungsfähigkeit des zu entwickelnden genetischen Algorithmus. Die Repräsentation sollte so konzipiert werden, dass zum einen die Dekodierung keinen zu hohen Aufwand erfordert und sich zum anderen die Crossover- und Mutations-Operationen effizient durchführen lassen. In unserem Beispiel könnte eine alternative Repräsentation der Lösungen z. B. darin bestehen, einen String mit n Elementen zu verwenden, bei dem jede Position $j = 1, \ldots, n$ eine Priorität für Auftrag j vorgibt. Diese Repräsentation kann in zwei Stufen dekodiert werden. Zunächst bestimmt man eine Auftragsfolge S, indem die Aufträge beispielsweise gemäß nicht-fallender Prioritäten sortiert werden. Anschließend lässt sich ein zulässiger Ablaufplan wie oben für die reihenfolgebasierte Repräsentation konstruieren. Die Sortierung erfordert zusätzlichen Aufwand, der nur dann gerechtfertigt werden kann, wenn die Repräsentation über andere Vorteile verfügt und beispielsweise effizientere Crossover- und Mutations-Operationen ermöglicht. Die Bedeutung dieser Aussage soll an einem Gegenbeispiel verdeutlicht werden: Wenn man eine Repräsentation verwendet, bei der jede Stringposition die Anfangszeit d_j eines Auftrags j bezeichnet, gestaltet sich die Implementierung der Crossover- und Mutations-Operationen in der Regel schwierig. Wie zuvor erläutert, besteht eine Mutation aus der zufälligen Modifikation eines Strings (vgl. Abschnitt 22.4 für weitere Details). Eine einfache Veränderung der Startzeit eines einzelnen Auftrags kann aufgrund einer resultierenden gleichzeitigen Bearbeitung mehrerer Aufträge zu einem unzulässigen Ablaufplan führen. Bei der Rekombination von Individuen ist das Problem der Unzulässigkeit sogar noch schwieriger lösbar.

In jeder Anwendung eines GA besteht eine wichtige Aufgabe darin, eine angemessene *Populationsgröße P* zu wählen, also die Anzahl an Individuen, die in jeder Iteration betrachtet werden sollen. Wenn die Populationsgröße zu klein ist, wird der Suchraum zulässiger Lösungen ggf. nur teilweise evaluiert, da nur wenige existierende Individuen in jeder Iteration rekombiniert werden und diese Individuen sich in jeder weiteren Generation immer stärker ähneln. Andererseits besteht die Gefahr, durch eine zu große Populationsgröße auch eher schlecht bewertete Individuen für die Rekombination heranzuziehen. Dies ist insbesondere dann unvorteilhaft, wenn für jeden neuen String große Teile der entsprechenden Lösung wie in unserem Beispiel neu konstruiert werden müssen, was einen bedeutenden Rechenaufwand bedingt. Mit steigender Problemgröße wird der Großteil der Rechenzeit daher für die Konstruktion von Lösungen und nicht für die Untersuchung des Lösungsraums verwendet, und die Suche im Lösungsraum führt nur langsam zu qualitativ hochwertigen Lösungen. In der Literatur wird für die meisten erfolgreichen Anwendungen von GA eine geradzahlige Populationsgröße $P \in [50, 100]$ verwendet (Reeves 1997).

Schließlich müssen wir eine *Startpopulation* festlegen, bevor ein genetischer Algorithmus angewendet werden kann. Die entsprechenden Individuen gewinnt man üblicherweise durch eine zufällige Zuweisung von Werten zu den Stringpositionen. In unserem Beispiel könnte man Reihenfolgen von Aufträgen zufällig konstruieren. Alternativ lassen sich einfache Heuristiken, wie zufallsgesteuerte, prioritätsregelbasierte Ansätze (siehe z. B. Drexl 1991), anwenden, um die Suche mit vielversprechenden Lösungen zu starten.

22.3 Evaluation und Selektion von Individuen

Wie zuvor erwähnt, tragen Individuen mit einer ihrem Fitnesswert entsprechenden Wahrscheinlichkeit zur nächsten Generation bei. Zu diesem Zweck wird ein *Genpool* bestehend aus P Kopien von Individuen konstruiert. Für diejenigen Individuen mit einem hohen Fitnesswert fügt man mehrere Kopien zum Pool hinzu, d. h. die Individuen werden mehrfach ausgewählt, während für solche mit niedrigen Fitnesswerten möglicherweise gar keine Kopien hinzugefügt werden. Dies spiegelt die Analogie zur biologischen Evolution wider. Die besseren Individuen sollten am häufigsten zur nächsten Generation beitragen, d. h. ihre positiven Eigenschaften werden in vielen der neuen Individuen reproduziert. Im Gegensatz dazu sollten die schlechteren Individuen, denen eine geringe Selektionswahrscheinlichkeit zugewiesen wird, vernachlässigt werden und dementsprechend „aussterben".

In der einfachsten Form besteht die Berechnung der Fitnesswerte v_i für die Individuen $i = 1, \ldots, P$ in der Berechnung der Zielfunktionswerte f_i der entsprechenden Lösungen.

Für Maximierungsprobleme kann der oftmals für GA verwendete Selektionsprozess in die beiden folgenden Schritte unterteilt werden. Im ersten Schritt konstruiert man ein Rouletterad mit $i = 1, \ldots, P$ Fächern. Die Fächer werden entsprechend der Fitnesswerte $v_i = f_i$ dimensioniert. Zu diesem Zweck wird die Gesamtfitness der Population durch $T = \sum_{i=1}^{P} v_i$ berechnet. Anschließend weist man jedem Individuum i sowohl eine Selektionswahrscheinlichkeit $p_i = v_i/T$ als auch eine kumulierte Wahrscheinlichkeit $q_i = \sum_{h=1}^{i} p_h$ zu. Im zweiten Schritt wird das Rouletterad P-mal gedreht. In jeder Iteration wird ein Individuum ausgewählt, d. h. eine Kopie wird wie im Folgenden erläutert zum Genpool hinzugefügt. Nach der Generierung einer Standardzufallszahl $\beta \in (0,1)$ wird das Individuum $i = 1$ im Fall $\beta \leq q_1$ ausgewählt. Andernfalls wählt man das i-te Individuum mit $q_{i-1} < \beta \leq q_i$.

Eine Schwierigkeit des oben beschriebenen Selektionsprozesses besteht darin, dass eine Transformation der Zielfunktionswerte durchgeführt werden muss, wenn (wie in unserem Beispiel) eine Minimierungszielsetzung an Stelle einer Maximierung vorliegt. Für eine einfache Transformation lässt sich eine obere Schranke F definieren, die alle möglichen Zielfunktionswerte übersteigt. Nachfolgend verwendet man den Fitnesswert $v_i = F - f_i$. Eine andere Schwierigkeit kann auftreten, wenn der Maßstab, mit dem die Werte gemessen werden, nicht angemessen berücksichtigt wird. So lassen sich beispielsweise die Werte 1020 und 1040 schlechter unterscheiden als die Werte 20 und 40.

Daher finden sich in der Literatur zwei Alternativen für die Gestaltung des Selektionsprozesses. Bei der Verwendung eines *Ranking*-Ansatzes erfolgt die Anordnung der Individuen gemäß sich nicht-verschlechternder Fitnesswerte, wobei r_i den Rang des Individuums i bezeichnet. Anschließend kann eine Selektionswahrscheinlichkeit beispielsweise durch $p_i = 2r_i/(P \cdot (P+1))$ berechnet werden. In diesem Fall wählt man das beste Individuum mit $r_i = P$ mit der Wahrscheinlichkeit $p_i = 2/(P+1)$ aus. Dies entspricht in etwa dem Doppelten des Medians, dessen Selektionswahrscheinlichkeit $p_i = 1/P$ beträgt. Mit den Werten p_i lässt sich die Selektion durch Drehen des Rouletterads wie oben beschrieben durchführen.

Die andere Möglichkeit ist die sog. *Turnierselektion* („tournament selection"). In diesem Ansatz erhält man eine Liste von Individuen durch die zufällige Permutation ihrer Indizes $i = 1, \ldots, P$. Aus dieser Liste werden sukzessive Gruppen von L Individuen entnommen. Darunter wird das Individuum mit dem besten Zielfunktionswert zur Reproduktion ausgewählt und eine Kopie dem Genpool hinzugefügt. Anschließend führt man den Prozess mit den nächsten L Individuen fort, bis entweder die Liste leer ist oder der Genpool P Kopien enthält. Im ersten Fall setzt man die Turnierselektion fort, um nach der zufälligen Bestimmung einer neuen Liste die fehlenden Elemente des Genpools zu ermitteln.

Mit Ausnahme der Turnierselektion haben die oben beschriebenen Ansätze die Gemeinsamkeit, dass es keine Garantie für die Selektion der besten Individuen für die Reproduktion gibt. Vom Standpunkt der Optimierung ist dies möglicherweise nicht effizient. Daher wurde das Konzept der *Elite* eingeführt, das darin besteht, standardmäßig eine Kopie des besten Individuums zum Genpool hinzuzufügen und die Rouletterad- und Ranking-Ansätze nur $(P-1)$-mal auszuführen. In allgemeinen Versionen wird eine größere Anzahl an Individuen standardmäßig ausgewählt.

22.4 Rekombination und Mutation

Für den *Rekombinationsprozess* wählt man ein Paar von Individuen entweder zufällig oder systematisch aus dem Genpool aus. Mit einer bestimmten Wahrscheinlichkeit γ wird ein *Crossover* durchgeführt, d. h. aus dem Paar ergeben sich zwei neue Individuen. Erfolgt keine Rekombination, so werden die ursprünglichen Individuen mit der Wahrscheinlichkeit $(1-\gamma)$ Teil der neuen Population. Dieser Prozess wiederholt sich so lange, bis P Individuen ausgewählt wurden und man somit eine neue Population mit P Individuen erhält. In der Literatur finden sich verschiedene Vorschläge für γ, wobei Werte mit $\gamma < 0,6$ nicht als effizient erachtet werden (Reeves 1997).

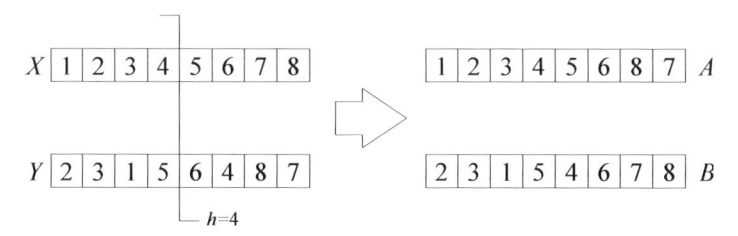

$$X\ \boxed{1\ 2\ 3\ 4\ 5\ 6\ 7\ 8} \qquad \boxed{1\ 2\ 3\ 4\ 5\ 6\ 8\ 7}\ A$$

$$Y\ \boxed{2\ 3\ 1\ 5\ 6\ 4\ 8\ 7} \qquad \boxed{2\ 3\ 1\ 5\ 4\ 6\ 7\ 8}\ B$$

$$h=4$$

Abb. 22.3. 1-Punkt Crossover für reihenfolgebasierte Repräsentationen

Im Folgenden beschreiben wir den einfachen *1-Punkt Crossover*, der am häufigsten Verwendung findet. Üblicherweise wird er für Strings mit einer Länge n wie folgt definiert. Für jedes Paar von Elternindividuen X und Y bestimmt man zufällig einen *Crossover-Punkt* $h \in [1, n-1]$. Anschließend wird ein erstes Individuum durch die Konkatenation der ersten h Stringpositionen von X mit den $n-h$ letzten Positionen von Y konstruiert. Das zweite Individuum ergibt sich analog. Leider ist diese Definition nicht auf jede mögliche Repräsentation von Lösungen anwendbar. In unserem Beispielproblem führt solch ein Crossover zu Individuen mit zulässigen Lösungen, wenn die prioritätswertbasierte Repräsentation angewendet wird. Der Crossover scheitert hingegen bei der Anwendung auf reihenfolgebasierte Repräsentationen. In diesem Fall entstehen zum einen Individuen, bei denen Aufträge doppelt enthalten sind, und zum anderen solche, bei denen Aufträge fehlen.

Daher wird für reihenfolgebasierte Repräsentationen ein anderer Ansatz verwendet, dessen Funktionsweise wir für die beiden möglichen Strings unseres Beispielproblems anhand von Abb. 22.3 veranschaulichen. Nach der zufallsgesteuerten Wahl eines Crossover-Punktes $h \in [1, n-1]$ werden die ersten h Stringpositionen des Elternindividuums X in den Nachkommen A kopiert. Anschließend füllt man die verbleibenden $n-h$ Positionen mit denjenigen Elementen auf, die bislang noch nicht enthalten sind. Dabei werden diese Elemente in der Reihenfolge ihres Vorkommens im Individuum Y in den Nachkommen A kopiert. Die Konstruktion von B erfolgt entsprechend, wobei nun mit den ersten h Positionen des Individuums Y begonnen wird. In unserem Beispiel liefern beide durch den Crossover erhaltenen Individuen bessere Zielfunktionswerte als die Elternindividuen. Die gesamten Strafkosten des durch X und Y repräsentierten Ablaufplans sind 51 bzw. 93, während wir für A und B die Werte 47 bzw. 29 erhalten.

Neben der Rekombination erfolgt eine *Mutation* für einige der neuen Individuen, um die Suche zu diversifizieren, d. h. um die wiederholte Untersuchung großer Teile der gleichen Population über mehrere Generationen hinweg zu vermeiden. Zu diesem Zweck ist eine Wahrscheinlichkeit δ vorzugeben, mit der jedes Individuum mutiert wird. Entsprechend des Selektionsprozesses lässt sich eine Entscheidung bzgl. der Mutation eines Individuums mithilfe einer Standardzufallszahl aus dem Intervall $(0,1)$ treffen. Die Ansätze zur Bestimmung des Wertes δ bestehen darin, entweder einen sehr kleinen Wert wie z. B. $\delta = 0,01$ oder einen Wert $\delta = 1/n$ zu verwenden, da einige theoretische und praktische Anhaltspunkte dafür sprechen, dass dies für viele Probleme ein adäquater Wert ist (Reeves 1997). Im Allgemeinen besteht die Mutation darin, den Wert an einer zufälligen Stringposition zu verändern. Zur Aufrechterhaltung der Zulässigkeit bei reihenfolgebasierten Repräsentationen existieren zwei weitergehende Mutationsmöglichkeiten. In einer *Tauschmutation* („exchange mutation") werden zwei Stringpositionen zufällig ausgewählt und die entsprechenden Elemente vertauscht. In unserem Beispiel führt die Wahl der Positionen drei und sechs für Individuum A zu der mutierten Folge $A' = \langle 1, 2, 6, 4, 5, 3, 8, 7 \rangle$. Eine *Verschiebungsmutation* („shift mutation") besteht darin, zufallsbasiert eine Stringposition auszuwählen und das entsprechende Element eine zufällige Anzahl an Positionen nach links oder rechts zu verschieben. Nach der Wahl von Position sechs in Individuum B und einer Verschiebung nach links um drei Positionen erhalten wir $B' = \langle 2, 3, 6, 1, 5, 4, 7, 8 \rangle$.

22.5 Fazit

Das Ziel der vorangegangenen Ausführungen ist es, einen Überblick über die grundlegenden Ideen von GA im Kontext der Lösung kombinatorischer Optimierungsprobleme zu geben. Sie zeigen auch, dass bei der Implementierung von GA für spezielle Probleme eine Vielzahl von Design-Optionen existiert. Dies betrifft die Wahl einer Kodierung der Lösungen, eines Selektionsmechanismus sowie effizienter Rekombinations- und Mutationsstrategien. Erfreulicherweise sind, wie eingangs erwähnt, bereits grundlegende GA-Versionen in dem Sinne robust, dass sie zufriedenstellende Lösungen für viele Probleme liefern.

In Abhängigkeit von dem zu lösenden Problem kann es schwierig sein, Restriktionen angemessen zu erfassen, d. h. unzulässige Lösungen im Verlauf des Verfahrens zu vermeiden. In der Produktionsplanung können solche Restriktionen aufgrund allgemeiner Vorrangbeziehungen zwischen Aufträgen oder wegen Zeitfenstern für deren Ausführung entstehen. Zur Überwindung solcher Schwierigkeiten wurden verschiedene Konzepte entwickelt. Der am häufigsten verwendete Ansatz besteht darin, die Zielfunktion durch die Einführung von Strafkosten zu modifizieren, so dass unzulässigen Lösungen ein niedriger Fitnesswert zugewiesen wird.

Literatur

Dowsland, K. (1996) *Genetic algorithms – A tool for OR?*, Journal of the Operational Research Society, Bd. 47, Nr. 4, 550–561

Drexl, A. (1991) *Scheduling of Project Networks by Job Assignment*, Management Science, Bd. 37, Nr. 12, 1590–1602

Gerdes, I.; Klawonn, F.; Kruse, R. (2004) *Evolutionäre Algorithmen*, Vieweg, Wiesbaden

Goldberg, D. (1989) *Genetic Algorithms in Search, Optimization, and Machine Learning*, Addison-Wesley, Reading/Massachusetts

Haupt, R.; Haupt, S. (2004) *Practical Genetic Algorithms*, John Wiley, Hoboken, New Jersey, 2. Aufl.

Holland, J. (1975) *Adaptation in Natural and Artificial Intelligence*, University of Michigan Press, Ann Arbor, Michigan

Michalewicz, Z. (1999) *Genetic Algorithms + Data Structures = Evolution Programs*, Springer, Berlin, 3. Aufl.

Mitchell, M. (1998) *An Introduction to Genetic Algorithms*, MIT Press, Cambridge/Massachusetts

Nissen, V. (1997) *Einführung in Evolutionäre Algorithmen*, Vieweg, Braunschweig

Pohlheim, H. (2000) *Evolutionäre Algorithmen*, Springer, Berlin

Reeves, C. (1997) *Genetic Algorithms for the Operations Researcher*, INFORMS Journal on Computing, Bd. 9, Nr. 3, 231–250

Reeves, C.; Rowe, J. (2003) *Genetic Algorithms – Principles and Perspectives: A guide to GA*, Kluwer Academic, Boston

Sivanandam, S.; Deepa, S. (2008) *Introduction to Genetic Algorithms*, Springer, Berlin

Weicker, K. (2007) *Evolutionäre Algorithmen*, Teubner, Wiesbaden, 2. Aufl.

23 Constraint Programming

Robert Klein und Oliver Faust

Universität Augsburg, Lehrstuhl für Analytics & Optimization,
Universitätsstraße 16, 86159 Augsburg, Deutschland

23.1 Überblick und Grundidee

Constraint Programming (CP) ist eine relativ neue Technik zur Ermittlung zulässiger (und optimaler) Lösungen für kombinatorische Entscheidungsprobleme, wie sie beispielsweise in der Ablaufplanung („Scheduling") und Tourenplanung („Routing") auftreten (vgl. Kap. 11 und 13). Mitte der achtziger Jahre wurde CP als eine Technik der Informatik durch die Kombination von Konzepten der *Künstlichen Intelligenz* („artificial intelligence") mit neuen Programmiersprachen entwickelt. Mittlerweile hat diese Technik sowohl in der Praxis als auch in der *Operations Research* (OR) Gemeinde beachtliche Aufmerksamkeit erfahren, insbesondere seitdem sie in kommerzielle Softwarepakete (wie beispielsweise IBM ILOG OPL-CPLEX Developer Edition) integriert wurde. Die Grundidee von CP besteht in der Bereitstellung eines integrierten Frameworks zur Formulierung und Lösung von Entscheidungsproblemen basierend auf einer bestimmten Programmiersprache. Zu diesem Zweck beinhalten CP-Systeme verallgemeinerte Lösungsverfahren, deren Anwendung vom Nutzer kontrolliert werden kann. Im Gegensatz zu klassischen OR-Techniken, wie beispielsweise der gemischt-ganzzahligen Optimierung („mixed integer programming"), spezifiziert der Nutzer nicht nur das zu lösende Entscheidungsproblem, sondern legt auch fest, wie die Suche nach entsprechenden zulässigen Lösungen erfolgen soll.

Im Gegensatz zur mathematischen Programmierung beruht CP zur Lösung von Entscheidungsproblemen auf sog. Constraint Satisfaction Problemen, die im Wesentlichen über Variablen, Domains (Definitionsbereiche) und Constraints (Restriktionen) definiert sind (Abschnitt 23.2). Für jede Variable bezeichnet eine zugehörige *Domain* eine Menge zulässiger Werte, die nicht notwendigerweise reellwertig oder ganzzahlig sein müssen. Die Variablen sind untereinander durch *Constraints* verknüpft, welche Restriktionen beschreiben, die von zulässigen Lösungen erfüllt sein müssen. Grundsätzlich müssen Constraints keine einfachen Ausdrücke sein, insbesondere muss es sich dabei nicht um lineare Ungleichungen oder Gleichungen handeln, wie es in der gemischt-ganzzahligen Optimierung üblich ist. Mögliche Beispiele mit zwei Variablen x_1 und x_2 sind $x_1 \neq x_2$, $x_1 \cdot x_2 < 10$ oder $x_1 > 3 \Rightarrow x_2 > 7$. Das entsprechende *Constraint Satisfaction Problem* (CSP) besteht darin, jeder Variable einen Wert aus ihrer Domain so zuzuweisen, dass jede Restriktion erfüllt ist. Ein CSP unterscheidet sich von einem klassischen Optimierungsproblem dadurch, dass keine Zielfunktion betrachtet wird. Das Lösen eines

CSPs zielt also darauf ab, zulässige Lösungen anstelle von einer optimalen Lösung für reale Probleme zu finden. Dennoch kann eine Zielfunktion auch in einem CSP durch spezielle Constraints abgebildet werden. Die Optimierung erfolgt in diesem Fall durch die konsekutive Lösung mehrerer CSPs.

Zur Berechnung zulässiger Lösungen für ein CSP mittels CP werden üblicherweise sog. Constraint Propagation-Techniken mit speziellen Suchalgorithmen kombiniert. *Constraint Propagation* stellt einen effizienten Mechanismus zur systematischen Reduktion der Domains von Variablen dar. Dabei werden die Constraints für das gegebene Problem sorgfältig analysiert und Inkonsistenzen aufgelöst (Abschnitt 23.3). Die *Suchalgorithmen*, die für CP zur Anwendung kommen, basieren auf der systematischen Enumeration aller zulässigen Lösungen eines CSPs (mit reduzierten Domains) unter Verwendung eines Backtracking-Ansatzes (Abschnitt 23.4).

Zu den größten Vorteilen von CP zählen die einfache Anwendung sowie die Flexibilität, neue Constraints zu bestehenden Problemen hinzuzufügen. Dies ist aufgrund der umfangreichen Menge möglicher Constraint-Arten und der angewendeten Suchalgorithmen möglich. Ein Nachteil kann hingegen die eher schlechte Performanz im Hinblick auf die Lösungsqualität und die Rechenzeit sein (Brailsford et al. 1999).

Im Folgenden beschreiben wir die verschiedenen Komponenten des CP detaillierter. Zur Veranschaulichung verwenden wir das Beispiel und die Notation des Produktionsplanungsproblems, welches in Kap. 22 eingeführt wurde. Für weitere Einführungs- und Übersichtsartikel zum Constraint Programming siehe beispielsweise Brailsford et al. (1999), Lustig und Puget (2001), Apt (2003) sowie Hofstedt und Wolf (2007).

23.2 Constraint Satisfaction Probleme

Wie im vorigen Abschnitt erwähnt, arbeitet ein CSP auf einer Menge von n *Variablen* $x_1, x_2, \ldots, x_n$. Jeder Variable x_j ($j = 1, \ldots, n$) ist eine endliche *Domain* (Menge) D_j möglicher Werte zugeordnet. In unserem Produktionsplanungsbeispiel (vgl. Kap. 22) können die Variablen x_j beispielsweise die Anfangszeiten der Aufträge $j = 1, \ldots, n$ bezeichnen. Geht man davon aus, dass alle Aufträge bis zu einem gemeinsamen Fertigstellungstermin T (d. h. T Zeiteinheiten nach dem Start der Planungsperiode) abgeschlossen sein müssen, so ist $D_j = \{rd_j, \ldots, T - d_j\}$ die Domain eines Auftrags j, da er nicht vor seinem Freigabetermin rd_j begonnen werden kann und spätestens d_j Perioden vor dem Zeitpunkt T starten muss. Im Allgemeinen müssen die Werte von D_j nicht zwangsläufig eine Menge aufeinander folgender ganzer Zahlen sein. Darüber hinaus müssen sie nicht einmal numerisch sein, sie können beispielsweise Elemente einer allgemeinen Menge sein. Falls die Domains wie bei der Linearen Programmierung nicht endlich sind, müssen die in den folgenden Abschnitten beschriebenen Lösungsverfahren modifiziert werden.

Die Variablen sind durch eine Menge von *Constraints* verknüpft. Formal entspricht ein Constraint C_{ij} zwischen zwei Variablen x_i und x_j einer zulässigen Teilmenge aller möglichen Kombinationen der Werte von x_i und x_j, d. h. $C_{ij} \subseteq D_i \times D_j$. Wenn $(x_i, x_j) \in C_{ij}$ gilt, so nennt man den Constraint *erfüllt*. Sind beispielsweise $D_1 = \{1, 2\}$ und $D_2 = \{3, 4\}$, dann ergibt sich für den Constraint $x_1 + 2 = x_2$ die Teilmenge $\{(1, 3), (2, 4)\}$ der Menge aller möglichen Kombinationen $\{(1, 3), (1, 4), (2, 3), (2, 4)\}$. Für Constraints, die sich auf eine größere Anzahl an Variablen beziehen, kann diese Definition leicht erweitert werden.

In der Praxis bieten die Programmiersprachen der CP-Systeme effizientere Ansätze zur Repräsentation von Constraints. Für unser Produktionsplanungsproblem erhalten wir die folgende CP-Formulierung, wenn wir die Zielfunktion vernachlässigen:

$$x_i + d_i \leq x_j \text{ oder } x_j + d_j \leq x_i \text{ für } i = 1, \ldots, n, \ j = 1, \ldots, n,$$
$$\text{und } i < j \quad (23.1)$$
$$D_j = \{rd_j, \ldots, T - d_j\} \text{ für } j = 1, \ldots, n \quad (23.2)$$

Die Constraints (23.1) werden üblicherweise als *disjunktive* Constraints bezeichnet. Diese besagen, dass für zwei Aufträge i und j entweder Auftrag i vor dem Beginn von Auftrag j fertiggestellt sein muss, oder dass Auftrag j beendet sein muss, bevor Auftrag i begonnen werden kann. Diese Art von Constraints spielt in vielen Produktionsplanungsproblemen eine wichtige Rolle, wo zwei Aufträge nicht parallel auf einer einzelnen Maschine bearbeitet werden dürfen, wie dies z. B. in unserem Beispiel oder in einem Flow-Shop oder Job-Shop Problem der Fall ist. In einem gemischt-ganzzahligen Modell ist eine geradlinige Formulierung disjunktiver Constraints wie in (23.1) nicht möglich. Dort müssen zu diesem Zweck Binärvariablen („Indikatorvariablen") eingeführt werden. Dies ist auch für eine Vielzahl weiterer Constraint-Arten der Fall (Williams und Wilson 1998). Ein anderes Beispiel für Constraints, die leicht durch CP definiert werden können, in einem gemischt-ganzzahligen Modell aber schwierig auszudrücken sind, liegt vor, wenn jeder der fünf Variablen $x_1, x_2, \ldots, x_5$ ein unterschiedlicher Wert aus dem Intervall $[1, \ldots, 5]$ zugewiesen werden soll.

Eine *zulässige Lösung* eines CSPs besteht darin, jeder Variablen einen Wert aus ihrer Domain zuzuordnen, so dass alle Constraints eingehalten werden. Grundsätzlich könnten wir daran interessiert sein, nur irgendeine oder alle zulässigen Lösungen eines CSPs zu berechnen. Wenn eine optimale (beispielsweise eine minimale) oder zumindest eine gute Lösung für eine bestimmte Zielfunktion ermittelt werden soll, sind mehrere CSPs nacheinander zu lösen. Zu diesem Zweck wird zusätzlich eine Zielwertvariable („objective variable") definiert, die dem Zielfunktionswert entspricht. Nach der Bestimmung einer ersten zulässigen Lösung erhält man ein modifiziertes CSP, indem man einen neuen (Ziel-)Constraint einführt, in dem gefordert wird, dass der Zielfunktionswert kleiner als in der Anfangslösung sein muss. Dadurch wird eine obere Schranke für den Zielfunktionswert festgelegt, so dass nur Lösungen mit kleineren Werten zulässig sind, wenn das modifizierte CSP gelöst wird. Dieser Prozess wird so lange wiederholt, bis ein CSP resultiert, für das keine zulässige Lösung existiert. Dies geschieht durch die Verschärfung der oberen Schranke für jede neue zulässige Lösung. Die letzte gefundene Lösung weist dann einen minimalen Zielfunktionswert auf. Falls der Prozess beispielsweise aufgrund begrenzter Rechenzeit vorzeitig abgebrochen wird, liegt nur eine heuristische Lösung vor.

Für unser Beispiel definieren wir $y = \sum_{j=1}^{n} c_j \cdot max\{x_j + d_j - dd_j, 0\}$ als Zielwertvariable. Soll die in Abb. 22.2 dargestellte Lösung mit gesamten Strafkosten in Höhe von 51 verbessert werden, so ergibt sich ein CSP bestehend aus den Constraints (23.1), (23.2) und $y < 51$.

23.3 Constraint Propagation

Die Grundidee von *Constraint Propagation* besteht darin, die Effekte der Modifikation der Domain einer Variablen auf jeden Constraint „zu propagieren", der mit dieser Variable interagiert. Durch die Analyse der einzelnen Constraints werden mögliche, aus der Modifikation resultierende Inkonsistenzen erkannt und anschließend durch Entfernen der inkonsistenten Werte von den Domains der verbleibenden Variablen im betroffenen Constraint aufgelöst. Diesen Schritt bezeichnet man üblicherweise als *Domain-Reduktion* („domain reduction").

Im Folgenden beschreiben wir das Prinzip der Domain-Reduktion für Constraints mit nur zwei Variablen, wie z. B. bei den im vorigen Abschnitt beschriebenen disjunktiven Constraints. In diesem Fall lassen sich die Variablen und die Constraints in einem Constraint-Graphen darstellen, wobei die Knoten des Graphen Variablen repräsentieren. Pfeile werden genau dann zwischen zwei Knoten eingeführt, wenn ein Constraint C_{ij} zwischen den entsprechenden Variablen x_i und x_j vorliegt. Des Weiteren wird der Pfeil (x_i, x_j) als *(Pfeil-)konsistent* („arc consistent") bezeichnet, wenn es für jeden Wert $a \in D_i$ einen Wert $b \in D_j$ gibt, so dass die Zuweisungen $x_i = a$ und $x_j = b$ den Constraint C_{ij} nicht verletzen. Jeder Wert $a \in D_i$, auf den dies nicht zutrifft, für den also kein entsprechender Wert b existiert, kann aus D_i entfernt werden, da er in keiner zulässigen Lösung enthalten sein kann. Verfährt man für alle diese Werte aus D_i entsprechend, so ist die Zulässigkeit für den Pfeil (x_i, x_j) gewährleistet. Dies kann am besten anhand eines Beispiels erläutert werden. Seien x_1 und x_2 zwei Variablen mit den Domains $D_1 = \{1, \ldots, 5\}$ und $D_2 = \{1, \ldots, 5\}$. Der zu untersuchende Constraint sei $x_1 < x_2 - 2$. Durch die Untersuchung der Variablen x_1 stellen wir fest, dass der Constraint aufgrund von $x_2 \leq 5$ für die Werte $x_1 \in \{3, 4, 5\}$ nicht erfüllt werden kann. Diese Werte können daher aus D_1 entfernt werden, woraus $D_1' = \{1, 2\}$ resultiert. Führt man anschließend den gleichen Test für x_2 durch, so erhält man $D_2' = \{4, 5\}$ aufgrund von $x_1 \geq 1$. Allgemein wird ein Constraint mit mehr als zwei beteiligten Variablen als konsistent bezeichnet, wenn sich jeder mögliche Wert der Domain einer betroffenen Variablen jeweils einem Wert aus den Domains aller anderen Variablen so zuweisen lässt, dass der Constraint eingehalten wird. Des Weiteren ist ein CSP konsistent, wenn dies für alle Constraints erfüllt ist.

In einem Constraint Programming-System wendet man Constraint Propagation üblicherweise iterativ an, um die Domains jeder Variablen so klein wie möglich zu machen und dabei insgesamt ein konsistentes CSP zu erhalten. Zu diesem Zweck wurde eine Vielzahl von Algorithmen entwickelt. Der am häufigsten eingesetzte Algorithmus ist AC-5 (Van Hentenryck et al. 1992).

Im obigen Beispiel führt die Evaluation des Constraints $2x_1 = x_2$ für die anfänglichen Domains $D_1 = \{1, \ldots, 5\}$ und $D_2 = \{1, \ldots, 5\}$ zu den reduzierten Domains $D_1'' = \{1, 2\}$ und $D_2'' = \{2, 4\}$, wodurch die Konsistenz der entsprechenden Pfeile garantiert wird. Propagiert man nun die Ergebnisse der Domain-Reduktion, die auf den Constraint $x_1 < x_2 - 2$ angewendet wurden, so lassen sich die reduzierten Domains $D_1' = \{1, 2\}$ und $D_2' = \{4, 5\}$ in der Evaluation verwenden. Damit erhalten wir $D_1'' = \{2\}$ sowie $D_2'' = \{4\}$ und damit die einzige zulässige Lösung des betrachteten CSPs.

Obgleich Constraint Propagation für dieses kleine Beispiel als relativ einfache Technik erscheint, kann das Verfahren im Falle komplexerer Constraints sehr viel komplizierter sein. Ein typisches Constraint Programming-System erlaubt dem Nutzer daher die Definition neuer Propagation-Algorithmen sowie neuer Regeln zur Domain-Reduktion. Glücklicherweise stellen moderne Systeme wie IBM ILOG OPL-CPLEX Developer Edition große Bibliotheken mit vordefinierten Constraints, wie beispielsweise den disjunktiven Constraints in unserem Beispiel, zur Verfügung. Daher ist es oftmals nicht notwendig, neue Constraints und spezielle Propagation-Algorithmen zu entwickeln.

23.4 Suchalgorithmen

Üblicherweise enumerieren Algorithmen zur Lösung von CSPs systematisch alle möglichen Wertzuweisungen zu Variablen und prüfen dabei für jede Kombination von Werten, ob diese einer zulässigen Lösung entspricht. Die Algorithmen können daher die Bestimmung einer zulässigen Lösung garantieren, falls eine solche existiert, oder andernfalls beweisen, dass das Problem unlösbar ist. Der einfachste und gebräuchlichste Ansatz dieser Art ist das sog. Backtracking. Zur Verbesserung der Leistungsfähigkeit von Backtracking-Verfahren wurden mehrere Erweiterungen vorgeschlagen, unter denen das sog. Forward-Checking und die explizite Beibehaltung der (Pfeil-)Konsistenz am vielversprechendsten erscheinen (Brailsford et al. 1999).

Durch *Backtracking* wird systematisch ein mehrstufiger Enumerations-(Such-)Baum konstruiert. Jeder Knoten des Baums entspricht einer Teillösung, in der für eine Teilmenge der Variablen bereits Werte bestimmt wurden. In jedem Knoten auf der aktuell betrachteten Ebene des Baums wählt man eine bislang nicht berücksichtigte Variable aus. Anschließend weist man dieser Variablen einen Wert aus ihrer Domain zu, wodurch ein Knoten auf der nächsten Ebene des Baums definiert wird. Wenn für diesen Wert ein Constraint zwischen dieser Variable und den bereits im Baum berücksichtigten Variablen verletzt ist, so wird eine *Sackgasse* („dead end") erkannt. In diesem Fall wird die Wertzuweisung verworfen und man erhält durch die Untersuchung des nächsten Wertes aus der Domain der Variablen einen neuen benachbarten Knoten. Ist die Zuweisung hingegen zulässig, so wird die nächste Variable, für die bislang noch keine Festlegung eines Wertes erfolgte, ausgewählt und auf die gleiche Art behandelt. Sobald alle Werte einer Variablen untersucht worden sind, geht das Suchverfahren zur vorigen Ebene zurück und weist der entsprechenden, dort betrachteten Variablen einen neuen Wert zu. Für ein CSP lässt sich die Suche beenden, sobald man eine vollständig konsistente Lösung erhält, d. h. wenn man jeder Variablen einen Wert zugewiesen hat und alle Constraints berücksichtigt wurden. Wenn keine zulässige Lösung existiert, bricht der Suchalgorithmus ab, sobald alle Möglichkeiten der Wertzuweisung zu Variablen untersucht worden sind.

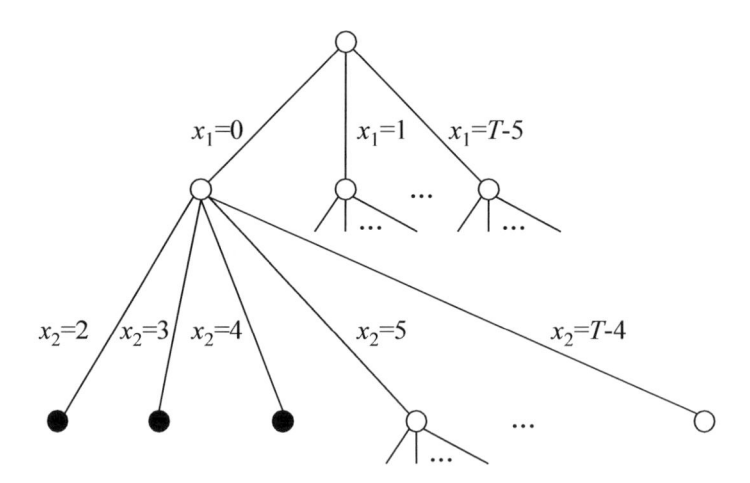

Abb. 23.1. Suchbaum mit Teillösungen für das Beispielproblem

Abb. 23.1 zeigt einen Teil des Suchbaums, der für unser Produktionsplanungsproblem entsteht. Auf der ersten Ebene des Baums wird die Variable x_1 ausgewählt. Nach Zuweisung des Wertes $x_1 = 0$ wird die Variable x_2 auf der folgenden Ebene des Baums betrachtet. Die Werte $x_2 \in \{2, \ldots, 4\}$ sind jedoch nicht zulässig, da die Constraints (23.1) verhindern, dass Aufträge parallel ausgeführt werden und somit zu Sackgassen führen (schwarze Knoten). Für $x_2 = 5$ kann die Suche mit der Auswahl von beispielsweise Variable x_3 fortfahren. Nachdem alle möglichen Werte von $x_2 \in D_2$ für $x_1 = 0$ und alle möglichen Zuweisungen für die restlichen Variablen auf den nachfolgenden

Ebenen des Baums untersucht wurden, geht das Suchverfahren zum Wurzelknoten zurück und betrachtet den nächsten Wert für x_1. Anschließend sind alle Werte $x_2 \in D_2$ für $x_1 = 1$ erneut zu prüfen.

In der soeben beschriebenen Form prüft das Backtracking-Verfahren lediglich die Constraints für die aktuell betrachtete Variable sowie für die Variablen auf den vorigen Ebenen des Baums. Mittels *Forward-Checking* untersucht man nach der Zuweisung eines Wertes zu der aktuell betrachteten Variable alle von dieser Variable tangierten Constraints. Werte der Domains von bislang unberücksichtigten Variablen, die mit dieser Zuweisung kollidieren, werden vorübergehend entfernt. Existieren für eine dieser Variablen keine Werte aus der entsprechenden Domain mehr, so lässt sich keine zulässige Lösung durch die Vervollständigung der aktuellen Teillösung erreichen. Der aktuell betrachtete Wert für die Variable ist daher unzulässig und die Suche startet auf der vorigen Ebene des Baums erneut. Bei der expliziten *Beibehaltung der (Pfeil-)Konsistenz* wendet man zusätzlich alle verfügbaren Constraint Propagation-Techniken an, sobald einer Variablen ein Wert zugewiesen wurde, um vorübergehend die Domains der noch nicht fixierten Variablen zu reduzieren. So werden auch Inkonsistenzen in Constraints erkannt, welche die soeben fixierte Variable zwar nicht selbst enthalten, die allerdings indirekt durch diese Zuweisung betroffen sind.

Die Reihenfolge, in der die Variablen ausgewählt werden, hat einen bedeutenden Einfluss auf die Größe des Suchbaums. Dies trifft insbesondere dann zu, wenn die Wertzuweisungen einiger Variablen auch die Reduzierung der Domains anderer Variablen ermöglichen. In diesem Fall sollten diejenigen Variablen zuerst ausgewählt werden, deren Fixierung zur größtmöglichen Domain-Reduktion führt, um den Suchbaum so klein wie möglich zu halten. CP-Systeme bieten daher meist die Möglichkeit, die Reihenfolge festzulegen, in der die Variablen auszuwählen sind (Van Hentenryck 1999, Kap. 7).

23.5 Schlussbemerkungen

In den vorigen Abschnitten wurde deutlich, dass CP klassischen OR-Verfahren bezüglich der Modellierung kombinatorischer Entscheidungsprobleme zumindest ebenbürtig und teilweise sogar überlegen ist. Dies ist vor allem der einfachen Definierbarkeit logischer Restriktionen, wie beispielsweise disjunktiver Constraints, zu verdanken, die oft in Produktionsplanungsproblemen auftreten (Abschnitt 23.2). Für gemischt-ganzzahlige Optimierungsprobleme ist eine Formulierung solcher Constraints deutlich schwieriger (für weitere Beispiele siehe Williams und Wilson 1998). Für einen CP-Ansatz, der gegenüber modernen Methoden des OR, wie beispielsweise hochentwickelten Branch-and-Bound Verfahren oder Metaheuristiken (z. B. Genetischen Algorithmen), konkurrenzfähig ist, sollten die zu lösenden Constraints des Problems allerdings sehr restriktiv sein, wie beispielsweise in der Produktionsplanung bei knappen Fertigstellungsterminen. Constraint Propagation erlaubt in solch einem Fall durch die Fixierung einer Variable eine Vielzahl an Domain-Reduktionen für andere Variablen. Der Nachteil von Constraint Programming, dass sich Zielfunktionen nur indirekt in Form von Constraints berücksichtigen lassen, bleibt jedoch bestehen. Das Suchverfahren muss daher nach Finden einer verbesserten Lösung stets neu gestartet werden, so dass bestimmte Teile des Suchbaums ggf. wiederholt zu konstruieren sind. Dieser unnötige Rechenaufwand schränkt die Anwendbarkeit von CP, insbesondere für große Probleminstanzen, beträchtlich ein. Eine Möglichkeit der Reduktion des Suchaufwands besteht darin, ein Anspruchsniveau für den Zielfunktionswert festzulegen, statt diesen zu optimieren. Dabei sollte allerdings berücksichtigt werden, dass ein nutzerspezifiziertes Anspruchsniveau weit von der optimalen Lösung entfernt sein kann oder dazu führen kann, dass keine zulässige Lösung gefunden wird.

Im Allgemeinen kann CP von OR-Techniken profitieren, wenn ein Problem mittels CP optimal gelöst werden soll. Zu nennen sind insbesondere Bounding-Techniken sowie weiterführende Techniken zur Evaluierung von Suchbäumen (siehe beispielsweise Klein und Scholl 1999 sowie Dorndorf 2002, Kap. 5). Wenn CP zur Bestimmung heuristischer Lösungen eingesetzt wird, lohnt die Einbeziehung von Konzepten lokaler Suchverfahren. Solche Ansätze werden beispielsweise von Nuijten und Aarts (1996), Dorndorf (2002, Kap. 7.2) sowie Shaw et al. (2002) diskutiert.

Literatur

Apt, K. (2003) *Principles of Constraint Programming*, Cambridge University Press, Cambridge

Brailsford, S.; Potts, C.; Smith, B. (1999) *Constraint satisfaction problems: Algorithms and applications*, European Journal of Operational Research, Bd. 119, Nr. 3, 557–581

Dorndorf, U. (2002) *Project Scheduling with Time Windows – From Theory to Applications*, Physica-Verlag, Heidelberg

Hofstedt, P.; Wolf, A. (2007) *Einführung in die Constraint-Programmierung: Grundlagen, Methoden, Sprachen, Anwendungen*, Springer, Berlin

Klein, R.; Scholl, A. (1999) *Scattered branch and bound – An adaptive search strategy applied to resource-constrained project scheduling*, Central European Journal of Operations Research, Bd. 7, Nr. 3, 177–202

Lustig, I.; Puget, J.-F. (2001) *Program Does Not Equal Program: Constraint Programming and Its Relationship to Mathematical Programming*, Interfaces Journal on Computing, Bd. 31, Nr. 6, 29–53

Nuijten, W.; Aarts, E. (1996) *A computational study of constraint satisfaction for multiple capacitated job shop scheduling*, European Journal of Operational Research, Bd. 90, Nr. 2, 269–284

Shaw, P.; Furnon, V.; De Backer, B. (2002) *A Constraint Programming Toolkit for Local Search*, in: S. Voß; D. Woodruff (Hrsg.) *Optimization Soft-*

ware Class Libraries, Kap. 8, Kluwer Academic, Norwell/Massachusetts, 219–261

Van Hentenryck, P. (1999) *The OPL Optimization Programming Language*, MIT Press, Cambridge/Massachusetts

Van Hentenryck, P.; Deville, Y.; Teng, C.-M. (1992) *A Generic Arc-Consistency Algorithm and its Specializations*, Artificial Intelligence, Bd. 57, Nr. 2-3, 291–321

Williams, H.; Wilson, J. (1998) *Connections Between Integer Linear Programming and Constraint Logic Programming – An Overview and Introduction to the Cluster of Articles*, INFORMS Journal on Computing, Bd. 10, Nr. 3, 261–264

Index

AATP (Allocated ATP) 216
Absatz
- -kanäle 25
- -planung 337

Advanced Planning System *siehe* APS
Aggregation 94, 197
Alert Monitor 288
All-Units Discount (Stufenrabatt) 261
Allokation 339, 340
Allokationsregel
- Fixanteil 222
- Nach Priorität 221
- Nach Prognose 222

Antizipation 187
APS (Advanced Planning System) 24, 93
- Anbieter 358
- Anzahl von Installationen 361
- Auswahl 357, 358
- Eigenbeurteilung 365
- Funktionalität 352
- Implementierung *siehe* APS-Implementierungsprojekt
- Industriefokus 358
- Integration 290, 294, 367
- Lizenzkosten 363
- Nachbetreuung 370
- Prototyp 366
- Releasewechsel 371
- Super-User 371
- Support 370, 371
- Systemadministration 371

APS-Implementierungsprojekt 367
- Anforderungen 365
- Auswahlphase 357
- Definitionsphase 365
- Implementierungskosten 363
- Implementierungszeit 363

APS-Modul
- Aufbau 125
- Collaborative Planning 130, 303–326
- Demand Fulfillment & ATP 126, 207–228
- Demand Planning 126, 153–183
- Distribution Planning 127, 267–284
- Maschinenbelegungsplanung 231–249
- Master Planning 126, 185–205
- Material Requirements Planning & Purchasing 127
- Production Planning 126, 231–249
- Scheduling 126
- Strategic Network Design 125
- Transport Planning 127, 267–284

APS-Module
- Interaktion zwischen 286
- Koordination von 286–289

Arbeitsbestand 340
Assemble-to-Order (ATO) 213
ATP (Available-to-Promise) 102, 208, 210, 273
- Allocated *siehe* AATP (Allocated ATP)
- Allocation Planning 223
- Dimension 225
- Dimension „Produkt" 212
- Granularität 212
- Konsumgüterindustrie 213
- Konsumption 227
- Kundenhierarchie 220
- Mehrstufig 214
- Regelbasiert 227
- Struktur 212
- Suchregel 225
- Zeitscheiben 215
- Zurückgehalten 222

Auftrags
- -bearbeitung 340
- -entkopplungspunkt *siehe* Entkopplungspunkt
- -erfüllung 207
- -fertigung 214
- -management 340

B2B (Business-to-Business) 16

B2C (Business-to-Consumer)   17
Bedarfsschwankungen   348
Beer Distribution Game   29
Belegungsplan   231
Best Practice   48
Bestand
– -sanalyse   61
– -skomponenten   61
– Im Transport   274
Bestellpunktverfahren   182
Bestellrhythmusverfahren   182
BOC (Bill of Capacities)   254
BOM (Bill of Materials)   siehe Stückliste
BOM Explosion   siehe Stücklistenauflösung
Branch & Bound   433
Budgeting   295
Bullwhip Effekt   27, 31, 103
Business
– Case   334, 354
– Intelligence   294

CDCM (Collaborative Development Chain Management)   304
Change Management   387
Closed Loop   296
Collaboration   306
– Kundengetrieben   308
– Lieferantengetrieben   308
– Material   310
– Materials and Services   315
– Prozess   317
– Service   314
Collaborative Planning (Unternehmensübergreifende Planung)   306, 326
– Software Support   324–326
Computerindustrie   113
– Absatzplanung   114
– Distributionsplanung   113
– Integration   118
– Kapazitätsplanung   113
– Koordination   118
– Losgrößenplanung   117
– Maschinenbelegungsplanung   117
– Produktionsprogrammplanung   113
– Transportplanung   117
Configure-to-Order (CTO)   213

Constraint Propagation   452, 454
CP (Constraint Programming)   437, 451
CPFR (Collaborative Planning, Forecasting and Replenishment)   303
CSP (Constraint Satisfaction Problem)   451
CTP (Capable-to-Promise)   102, 215

Data Mining   294
Dauerniedrigpreise   99
Decoupling Point   siehe Entkopplungspunkt
Demand Fulfillment & ATP   207–228
Demand Planning   153–183, 337
– Geographische Dimension   220
– Kausale Prognose   166
– Rahmenwerk   155
– Regelbasierte Prognose   164
– Saisonalität   166, 168
– Statistische Prognose   154, 165
– Trend   166, 168
Deployment   278
Disaggregation   197
Discount
– All-Units (Stufenrabatt)   261
– Incremental (Blockrabatt)   261
Dispositionsstufe   253
Distribution & Transport Planning   267–284
Dokumenten- und Wissensmanagementsystem   391
Downstream   347
Duale Vorgaben   200
Dualwerte   203, 430
DW (Data Warehouse)   290, 324
– APS Integration   294

EAI (Enterprise Application Integration)   296
– Integration Adapter   297
– Integration Facade   298
– Integration Mediator   298
– Integration Messenger   298
– Process Automator   299
EDI (Electronic Data Interchange)   16
Einkauf   339
Enabler-KPI-Value Netzwerk   352

Engpass 101, 186
Entkopplungspunkt 12, 75, 212, 335
Ergebnisplanung 295
ERP (Enterprise Resource Planning) 93, 251, 343
ERP-Systeme 348
Every-Day-Low-Price *siehe* Dauerniedrigpreise
Exponentielle Glättung 167, 416
Externe Variabilität 347

Fahrzeug
– -beladung 281
– -einsatzplanung 273, 281
Finanzielle Leistungsindikatoren 345
Flexibilitätstrichter 339
Fließlinien 245
Fokales Unternehmen 15
Forecast Value Added 175
Frozen Horizon *siehe* Gefrorene Zone

GA (Genetische Algorithmen) 441
Gantt-Diagramm 241
Ganzzahlige Programmierung 427
Gefrorene Zone 92, 190, 243, 249
Gemischt-ganzzahlige Programmierung 193, 427, 432
Gleitender Durchschnitt 167

Heuristik 91, 441
Hierarchische (Produktions-)Planung 33
Hierarchisches Planungssystem 93
House of SCM 9

i2 Technologies
– TradeMatrixLink 368
Implementierung
– Auftragnehmer 377
– Business Case 375
– Businessplan 385
– Design der Lösung 378
– Detailliertes Lösungskonzept 386
– Einführungsphasen 373
– Implementierungs- und Ausführungsphase 390
– Kommunikationsplan 384
– Projektabschluss 392
– Projektdefinition 375

– Projektdurchführung 390
– Projektmanagement 382
– Projektsponsor 377
– Projektsteuerung 377
– Scope 375
– Umfang 375
Incremental Discount (Blockrabatt) 261
Inkrementelle Planung 242, 369
Integer Programming (IP) *siehe* Ganzzahlige Programmierung
Integration 9
– Modus 369
– Von APS 290

Just-In-Time 99

Kapazität 350
KDD (Knowledge Discovery in Databases) 294
Kennzahl (Key Performance Indicator, KPI) 11, 48, 52, 57, 67, 334, 351
– Auftragsdurchlaufzeit 58, 207, 211, 340
– Bestandsalter 60
– Cash Flow 345
– Funktion einer 52
– Gewährleistungskosten 60
– Grad der Auftragserfüllung 340
– Ist-Wert 353
– Kapitalumschlag 59
– Kosten 60
– Lagerumschlagshäufigkeit 59, 211
– Lieferfähigkeit 57, 211
– Liefertreue 58, 207, 210, 224, 340
– Planungszykluszeit 59
– Produktionsdurchlaufzeit 340
– Profil 353, 354
– Prognosegenauigkeit 58
– ROA (Return on Assets) 345
– ROCE (Return on Capital Employed) 345
– Servicegrad 57
– Supply Chain Flexibilität 58
– Supply Chain Reaktionsfähigkeit 58
– Vermögen 59
– Wertschöpfung der Arbeitskraft 60
– Zielwert 353

Key Performance Indicator (KPI)
  siehe Kennzahl
Kommissionierbestand 66
Konsensbasierte Prognose 310
Konsumgüterindustrie 105
– Absatzplanung 106, 115
– Distributionsplanung 105
– Integration 109
– Kapazitätsplanung 105
– Koordination 109
– Losgrößenplanung 107
– Maschinenbelegungsplanung 107
– Master Planning 106
– Produktionsprogrammplanung 105
– Prognoseplanung 107
– Reihenfolgeabhängige Rüstzeit 107
– Saisonalität 105
– Transportplanung 108
Kontinuierliche Verbesserung 354
Kooperation 27
Koordination 9, 27, 306
Koordination von APS-Modulen
– Demand Fulfillment & ATP 287
– Demand Planning 286
– Distribution & Transport Planning 288
– Master Planning 287
– Production Planning & Scheduling 288
– Purchasing & Material Requirements Planning 288
– Strategic Network Design 286
Kostenplanung 295
KPI (Key Performance Indicator) *siehe* Kennzahl
Kunden
– -service 11
– -servicegrad 340
Kundenauftrag
– Bestätigung 340
– Lebenszyklus 340

Lagerfertigung 102, 212
Lenkungsausschuss 15, 378
Lieferant
– Beschaffungszeit 339
– Flexibilität 339
– Kontrakt 339
– Prognose 339

Life-Cycle-Management 176
Lineare Programmierung (LP) 91, 193, 279, 427
Lineare Regression 169, 423
Logistik 23
Logistikdienstleister 267
Losgrößen
– -bestand 62, 270, 278
– -regeln 240
Losgrößen- und Maschinenbelegungsplanung 231–249
Lost Sales 179

Make-to-Order (MTO) *siehe* Auftragsfertigung
Make-to-Stock (MTS) *siehe* Lagerfertigung
Management des Produktlebenszyklus 98
Management-by-Exception 288
Marketing 338
Master Planning 185–205, 210, 271
– Daten 191
– Entscheidungen 190
– Ergebnisse 192
– Modellanpassung 204
– Modellbildung 193
– Planungshorizont 188
– Planungsprofil 196
– Ziele 191
Master Production Scheduling 100
Mean Absolute Deviation 173
Mean Absolute Percentage Accuracy 173
Mean Absolute Percentage Error 173
Mean Squared Error 173
Mehrstufiges ATP 214
MIP (Mixed Integer Programming) *siehe* Gemischt-ganzzahlige Programmierung
Modell 89
– Optimierungs- 90
– Prognose- 90
– Simulations- 90
MRO (Maintenance, Repair & Operations) 260
MRP (Material Requirements Planning, Materialbedarfsplanung) 69, 93, 101, 251–260

Multikriterielles Entscheidungsproblem 91

Nachlieferungen 179
Netzwerkfluss-Modell 278

OLAP (Online Analytical Processing) 294
OLTP (Online Transaction Processing) 290
Operations Research 24, 91
OPT (Optimized Production Technology) 357
Optimierungsproblem 441
Oracle 343, 348
Order
– Promising 207, 224
– Promising (MRP Logik) 209

Pegging 258
Peitscheneffekt siehe Bullwhip Effekt
Periode 246
Phase-in/Phase-out 176
Planung 89
– -sdomäne 303
– -shorizont 90, 125, 188
– -smodule 93
– -sszenario 347
– -szeitraum 231
– Ereignisgetriebene 92
– Operative 90
– Rollierende 92
– Strategische 90
– Taktische 90
Planungsaufgaben
– Kurzfristig 102, 103
– Langfristig 97–100
– Mittelfristig 100–102
POS (Point-of-Sale) 31
Postponement siehe Verzögerungsstrategie
PPM (Produktionsprozessmodell) 237
Preise, Planung auf Basis von 177
Primale Vorgaben 200
Prioritätsregeln 240
Production Planning & Scheduling 231
– Aktivität 237
– Arbeitsgang 237
– Arbeitspläne 237
– Maschinenfolgen 240
– Modell 236
– Ressourcengruppen 247
– Standorte 237
– Teil 237
– Ziele 240
Produkt
– -lebenszyklus 338, 349
– -management 338
– -qualität 340
– -substitution 227
Produktions
– -Losgrößenbestand siehe Losgrößenbestand
– -planungsproblem 442
– -programmplanung 100
– -prozessmodell 237
Profitabilität 296
Prognose siehe Demand Planning
– -fehler 170
– -güte 170, 173
– -genauigkeit 58, 339, 341
Prognoseplanung
– Saisonalität und Trend 413
– Saisonkoeffizient 414
– Verfahren von Winters siehe Winters' Verfahren
Projekt
– -kontrolle und -berichte 382
– -koordinatoren 378
– -management 377
– -mitarbeiter 387
– -phasen 373
– -plan 383
– -team 377, 387
– -teamleiter 377
– Funktionale und Prozess-Teams 378
– Roadmap 350
– ROI (Return on Invest) 354

Ratio-to-Moving-Averages-Methode 421
Regelbasiertes ATP 227
Regression Analysis siehe Lineare Regression
Reihenfolgeabhängige Rüstzeiten 247
Return on Assets (ROA) 345, 351

Index

Return on Capital Employed (ROCE) 345
Rollierende Planung 92
Runtime Objekt 239

Saisonaler Bestand 64, 105, 186, 192
SAP
– APO (Advanced Planner and Optimizer) 367
– R/3 343, 348, 367
SCC (Supply-Chain Council) 44
SCEM (Supply Chain Event Management) 299
SCM (Supply Chain Management) 25
– Bausteine 9, 25
– Definition 9
– Nutzen 344
– Projekt 331
– Strategie 19
SCOR-Modell (Supply Chain Operations Reference-Modell) 43
– Anwendung 50
– Best Practice 48
– Deliver (Lieferung) 45
– Ebenen 44
– Kennzahlen 48
– Make (Produktion) 45
– Plan (Planung) 45
– Prozesselemente 47
– Prozesskategorien 45
– Prozesstypen 44
– Return (Rückgabe) 45
– Source (Beschaffung) 45
– Standardisierte Terminologie 44
SCP-Matrix (Supply Chain Planning Matrix) 96, 125
Servicegrad 57, 182, 340
Sicherheitsbestand 66, 100, 101, 181, 192, 277
Software
– -komponente 125, 128, 129
– -modul 125, 126, 128, 129
Sporadischer Bedarf 178
Spreadsheet 342
Stückliste 237, 254
Stücklistenauflösung 254
Stockout 347
Strafkosten 201
Strategic Network Design 135, 270
– Bestände 144
– Implementierung 145
– Modell 139, 147
– Planungsebenen 135, 139
– Planungshorizont 135
– Szenarien 146
– Transferzahlungen 143
– Umwelt 135
Strategic Network Planning siehe Strategic Network Design
Strategie 19
Supply Chain 7
– Überangebot 216
– Evaluation 334
– Nachfrageunterdeckung 216
– Performance Benchmarking Studie 49
– Planning Matrix siehe SCP-Matrix
– Potenzialanalyse 344
– Prozess 125
– Topographie 75
– Transparenz 301
– Typ 128

Theory of Constraints 357
Time-to-Market 341
Topographie einer Supply Chain 75
Transitbestand 64
Transparenz 301
Transport Planning siehe Distribution & Transport Planning
Transport-Losgrößenbestand 63
Typologie
– Absatztyp 73
– Beschaffungstyp 70
– Distributionstyp 73
– Funktionale Attribute 70
– Integration und Koordination 76
– Produktionstyp 72
– Strukturelle Attribute 75

Umsatzplanung 295
Umschlagspunkt 267
Unternehmensübergreifende Planung siehe Collaborative Planning
Unternehmensplanung 295
– APS integration 295
Upstream 347
– Planning 311

Verfahren von Winters *siehe* Winters'
  Verfahren
Verteilungsschlüssel 295
Vertrieb
– -saktion 348
– ATP-Konsumption 222
– Prognose 339
– Regionen 337
– Zentral 337
Verzögerungsstrategie 25, 338
VMI (Vendor Managed Inventory) 82,
  99, 313
Vorlaufzeiten 255

Werkstattfertigung 245

Wertgetriebene APS-Implementierung
  351
Winters' Verfahren 180, 416
– Saisonkoeffizienten 168, 180
WIP (Work-in-Process Bestand)
  64–66, 340

Zeit
– -reihenanalyse 165
– -scheibe 188
Zielfunktion 90
Zusammenarbeit (Collaboration) 130
Zyklusbestand *siehe* Losgrößenbestand

Über die Autoren

Oliver Faust ist seit Abschluss seines Studiums der Wirtschaftsinformatik an der Technischen Universität Darmstadt im Jahr 2008 wissenschaftlicher Mitarbeiter am Lehrstuhl für Analytics & Optimization von Prof. Dr. Robert Klein an der Universität Augsburg. Seine Forschungsinteressen liegen im Bereich der ganzzahligen und kombinatorischen Optimierung im Airline Scheduling. Er kann unter der E-Mail-Adresse ⟨oliver.faust@wiwi.uni-augsburg.de⟩ kontaktiert werden.

Prof. Dr. Bernhard Fleischmann ist Inhaber des Lehrstuhls für Produktion und Logistik an der Universität Augsburg. 1971–1978 war er bei der Deutschen Unilever GmbH, Hamburg, im Bereich Operations Planning tätig. 1978–1991 leitete er den Lehrstuhl für BWL mit Schwerpunkt „Quantitative Methoden" an der Universität Hamburg. Seine Forschungsinteressen liegen im Supply Chain Management von Industrie, Handel und Logistik-Dienstleistern auf der Basis quantitativer Methoden. Schwerpunkte sind die Gestaltung von Transportnetzen, Distributions- und Tourenplanung, Bestandsmanagement sowie Produktionsplanung und -steuerung. Er kann unter der E-Mail-Adresse ⟨bernhard.fleischmann@wiwi.uni-augsburg.de⟩ kontaktiert werden.

Prof. Marc Goetschalckx ist Associate Professor an der School of Industrial and Systems Engineering am Georgia Institute of Technology. Seine Forschungsschwerpunkte liegen in der Analyse und dem Design von Materialfluss-Netzwerken – ausgehend vom strategischen Bereich (Design globaler Supply Chains) bis hin zum operativen Bereich (Fahrzeugeinsatz-Planung). Er hat zahlreiche Aufsätze geschrieben, ist ein häufiger Referent auf internationalen Konferenzen und Lehrgängen, fungiert als Berater und entwickelte ein computergestütztes Planungs- und Informationssystem. Er kann unter der E-Mail-Adresse ⟨marc.goetschalckx@isye.gatech.edu⟩ kontaktiert werden.

Dr. Christoph Kilger ist Mitglied des Vorstands der J & M Management Consulting AG in Mannheim. Von 1996–1999 arbeitete Christoph Kilger als Projektleiter und Manager bei der KPMG Unternehmensberatung in Frankfurt. Seit 1999 leitet Christoph Kilger die Supply Chain Management Praxis von J & M und verantwortet das Wissens- und Qualitätsmanagement bei J & M. Er hat weitreichende Erfahrung mit internationalen Supply Chain Transformationsprojekten sowie APS-Implementierungen in vielen Industrie-Bereichen. Christoph Kilger ist Diplom-Informatiker und promovierte an der Fakultät für Informatik der Universität Karlsruhe. Seit 2009 hält Christoph Kilger Vorlesungen als Lehrbeauftragter der Fakultät für Maschinenbau an der Universität Karlsruhe. Er organisiert jährlich die Konferenz Supply Chain Days Heidelberg und ist Mitglied im Beirat der Deutschen Logistik Akademie und im Beirat der Zeitschrift Supply Chain Management. Seine Kontaktadresse lautet ⟨christoph.kilger@jnm.com⟩.

Prof. Dr. Robert Klein ist seit 2006 Inhaber des Lehrstuhls für Analytics & Optimization an der Universität Augsburg. Er ist Autor mehrerer Bücher und hat zahlreiche Artikel zur Anwendung quantitativer Methoden in Produktion und Logistik in international anerkannten Fachzeitschriften veröffentlicht. Dazu zählen Zeitschriften wie das International Journal of Production Research, das European Journal of Operational Research, das OR Spectrum und das INFORMS Journal on Computing. Prof. Klein kann unter der E-Mail-Adresse ⟨robert.klein@wiwi.uni-augsburg.de⟩ kontaktiert werden.

Prof. Dr. Herbert Meyr war im Zeitraum 1994-2003 am Lehrstuhl für Produktion und Logistik der Universität Augsburg und im Zeitraum 2003-2006 am Institut für Transportwirtschaft und Logistik der Wirtschaftsuniversität Wien beschäftigt. Nach seiner Dissertation im Bereich der simultanen Losgrößen- und Reihenfolgeplanung bei kontinuierlicher Fließfertigung weitete er seine Forschungsinteressen auf Modellierungs- und Integrationsaspekte der intraorganisationalen Supply Chain Planung aus. Derzeit leitet er das Fachgebiet für Produktion und Supply Chain Management der Technischen Universität Darmstadt. Seine Kontaktadresse lautet ⟨meyr@bwl.tu-darmstadt.de⟩.

Dr. Boris Reuter ist Partner bei der J&M Management Consulting in Mannheim. Er ist verantwortlich für die Themen Business Intelligence und Finanzplanung. Seit seinem Hochschulabschluss als Diplom-Wirtschaftsingenieur 1996 beschäftigte er sich mit der Analyse von Supply Chains, der Entwicklung von Optimierungsalgorithmen, der Ausgestaltung von APS, der Implementierung von Collaborative Planning, der Konzeption und Umsetzung von Data Warehouses, Data Mining, Kennzahlensystemen und Anwendungen zur integrierten Unternehmensplanung. Er hat an der Technischen Universität Darmstadt am Fachgebiet Produktion und Supply Chain Management promoviert. Seine Kontaktadresse lautet ⟨boris.reuter@jnm.com⟩.

Dr. Jens Rohde ist im Entwicklungsbereich Product & Solutions der SAP AG, Walldorf, Deutschland tätig. Im Rahmen seiner Tätigkeit arbeitete er in verschiedensten Projekten zur Neu- und Weiterentwicklung integrierter Gesamtlösungen für Unternehmen und Supply Chains. Seine Dissertation über die Antizipation kurzfristiger Entscheidungen im mittelfristigen Master Planning mittels künstlicher neuronaler Netze verfasste er am Lehrstuhl Produktion und Supply Chain Management der Technischen Universität Darmstadt. Seine Kontaktadresse lautet ⟨jens.rohde@sap.com⟩.

Prof. Dr. Hartmut Stadtler ist Inhaber des Lehrstuhls für Logistik und Transport an der Universität Hamburg, Fachbereich Betriebswirtschaftslehre. Von 1990-2004 hatte er den Lehrstuhl für Produktion und Supply Chain Management an der Technischen Universität Darmstadt inne. Von 1987-1990 war er als Unternehmensberater für den Bereich Produktionsmanagementsysteme angestellt. Er hat zahlreiche Aufsätze im Operations und Supply Chain Management veröffentlicht, u.a. in den Zeitschriften International Journal of Production Research, Management Science, Operations Research, OR Spectrum und Production and Operations Management. Er ist Department Editor der Zeitschrift für Betriebswirtschaft und im Herausgebergremium des International Journal of Production Research. Kontaktadresse: ⟨h.stadtler@t-online.de⟩.

Dr. Christopher Sürie ist derzeit als Expert Consultant SCM Optimization bei der SAP Deutschland AG & Co. KG (Walldorf, Deutschland) beschäftigt. Im Rahmen dieser Tätigkeit ist er in unzählige Implementierungsprojekte der Software SAP SCM mit einem Fokus auf Planung und Optimierung in den Bereichen Produktion und Transport involviert. Zuvor war er Mitarbeiter am Fachgebiet Produktion und Supply Chain Management an der Technischen Universität Darmstadt, wo seine mit mehreren Preisen ausgezeichnete Dissertation über Produktionsplanungsprobleme in der Prozessindustrie entstanden ist. Er ist erreichbar unter ⟨c.suerie@sap.com⟩.

Dr. Michael Wagner ist als Director Business Process Management bei der Paul Hartmann AG, Heidenheim, für die Prozessoptimierung zuständig. Sein Arbeitsschwerpunkt liegt auf den SCM-Prozessen und deren Unterstützung durch IT-Lösungen. Vor dieser Funktion war Dr. Wagner für die Advanced Planning Systeme bei der Paul Hartmann AG und das globale Replenishment zuständig. Während seiner Zeit als Doktorand an der Universität Augsburg führte Dr. Wagner zahlreiche SCM-Projekte mit Schwerpunkt in der Konsumgüterbranche durch. Seine Forschung befasst sich mit dem Bestandsmanagement in globalen Supply Chains. Seine Kontaktadresse ist ⟨michael.wagner@hartmann.info⟩.

Dr. Ulrich Wetterauer ist Senior Manager bei der J & M Management Consulting AG in Mannheim. Zwischen 1998 und 2000 war er als Supply Chain Management Consultant und Technical Implementor bei der KPMG Consulting (heute BearingPoint) angestellt. Seit Juni 2000 ist er bei J & M tätig. Dort ist er als Solution Architect und Projektmanager für eine Vielzahl von internationalen Supply Chain Management- und APS-Implementierungsprojekten verantwortlich. Zusätzlich ist er für die Konzeption und Umsetzung von SCM-Schulungen zuständig. Dr. Wetterauer promovierte auf dem Gebiet der Physik an der Universität Heidelberg. Er kann unter ⟨ulrich.wetterauer@jnm.com⟩ kontaktiert werden.

Printed in Germany
by Amazon Distribution
GmbH, Leipzig